诸天统御

万象宗师

以道德自觉安身
以文化自信立命

太中書院

天　　　　　人　　　　　地

藏相论

王爱品 著

图书在版编目（CIP）数据

藏相论 / 王爱品著.
—北京：中央编译出版社，2017.8（2024.4重印）
ISBN 978-7-5117-3335-1

Ⅰ.①藏⋯
Ⅱ.①王⋯
Ⅲ.①哲学－研究－中国
Ⅳ.①B2

中国版本图书馆CIP数据核字（2017）第108499号

藏相论

责任编辑：	邓永标
执行编辑：	舒　心
责任印制：	李　颖
出版发行：	中央编译出版社
地　　址：	北京市海淀区北四环西路69号（100080）
电　　话：	（010）55627391（总编室）　（010）55625179（编辑室）
	（010）55627320（发行部）　（010）55627377（新技术部）
经　　销：	全国新华书店
印　　刷：	北京文昌阁彩色印刷有限责任公司
开　　本：	710毫米×1000毫米　1/16
字　　数：	549千字
印　　张：	43.5
版　　次：	2017年8月第1版第1次印刷
印　　次：	2024年4月第3次印刷
定　　价：	309.00元

新浪微博：@中央编译出版社　　微　信：中央编译出版社（ID：cctphome）
淘宝店铺：中央编译出版社直销店（http://shop108367160.taobao.com）（010）55627331

本社常年法律顾问：北京市吴栾赵阎律师事务所律师　闫军　梁勤
凡有印装质量问题，本社负责调换，电话：（010）55627320

目录

[总论] /001

[天卷] 藏相系统论 /003

简述：从形上道和形下器两种根本形态的位域，联系道→母→器与性→相→用程式，关联精神域、精神相域、物质域，构建出由乾藏界、相虚界、坤形界来界说位域的藏相系统。从乾藏界的乾天与如来藏义、坤形界坤体与用德维度下的烦恼藏义、相虚界体性与相用下的相虚特性，结合唯识的净染对待入手生命唯识因缘，言说藏相系统立于生化本质、生化原理和生化过程，在真如心性、唯识因缘、坤尘器物三位域维度大生命形态的源流变关联。

界说位域，形上道与形下器 /005

精神域、精神相域、物质域，生化与源流变 /028

乾藏界，乾天与如来藏义 /052

坤形界，坤体与用德维度 /083

相虚界相虚特性，体性与相用 /105

太极浑沦相，阿赖耶识净染对待 /128

唯识与十二因缘，先天六识与后天意识 /151

［地卷］藏象生命论 /187

简述：立足"生生→生主→生入→生成→生育"后天五生太极五生象生育过程，以太极五生象生育系统、精气神界域流变转换系统、五藏神与阴阳五行之藏统御系统、天地人五行经络运相系统、意识三脑传导与熏习系统为藏象生命五系统，描述精气神在先天运相界域、后天藏象界域、人体命象界域的三次天人离一移精变气的流变转换过程，通过负阴抱阳机理下的命门离转与中位离散，聚焦胎光玄精与藏象命门发生的先天因缘秉受布局，以及五藏神内外丹田能量体转换，从而构建了独特的生化与生育体系。

  藏象生命太极五生象总论 /189

  神主气精，精气运相关联 /198

  胎光玄精，藏象命门 /224

  黄庭三宫，宫库田轮内外丹田 /245

  命门离转与中位离散，五藏神与内景 /259

  七门窍与十二结节，平衡视野与禀受布局 /297

  生命藏与生命象，精气神界域流变 /338

〔人卷〕道元论与藏相动能论 /371

简述：论述道元论和藏相动能论下的大道"生"哲学。依循顺置返哲学和负阴抱阳机理，立足时空体往象模型单元构成的气数哲学的内微、外宏、大彰数理逻辑，并伴随生化动能向人体运化动能"交接"融合的流变转换，通过六识传导与返熏对心脏动能的赋予并启动五行之藏脏腑关联，到人体经络系统的维度升降以及精气源流，呈现了气数哲学精气本根论下的藏相动能四维动态实质，形成了藏相系统与藏象生命系统源流变关联的动态完整的大生命观。

  道元论，界膜理论 /373

  循顺置返哲学与负阴抱阳机理，动能三阶单元 /403

  左旋而右转双螺旋动态，五行枢纽与河洛八卦本原 /428

  天人离一移精变气，天地人五行之藏 /468

  心动能与初始精气，人脑三界构与意识三脑 /512

  六识传导与返熏，经络维度升降与精气源流 /552

  藏象平衡，道德与精气养生视野 /607

〔附录〕参考文献 /635

总论

藏相论。在大一元广三元道元论之大道本原哲学构建下，以道元论和藏相动能论视野，在藏相系统内围绕真如心性、唯识因缘、坤尘器物的生化源流变关联，把生命联系在先天五太与后天五生生化程式中，形成广域视野的本质生命观；立足"生生→生主→生入→生成→生育"太极五生象生育过程，以及精气神三大界域动能源流变过程，通过气数哲学的内微、外宏、大彰数理逻辑所在的精气本根四维动态，并伴随生化动能向人体运化动能"交接"融合的流变转换，去认识生命从唯识生化发端起，到微观生育过程乃至胎体合而成形后，所形成的藏象生命五系统；从藏象生命五系统主导并运转生命多维度多视野的命象与运相机理，形成广义精气神含义所统摄的大生命形态的大道"生"哲学论。

从形上道和形下器两种根本形态的位域，结合乾藏界的乾天与如来藏义、坤形界坤体与用德维度下的烦恼藏义、相虚界体性与相用下的相虚特性，言说藏相系统立于生化本质和生化过程下的源流变关联。从唯识的净染对待入手生命唯识因缘的相虚义出发，无论是性与命的本质"源"生化，还是升降维度下的动能流变生化，都是依赖大道"生"哲学呈现藏相动能义下的源流变动态关联。在天地人三才结构的大生命观里，以太极五生象生育系统、精气神界域流变转换系统、五藏神与阴阳五行之藏统御系统、天地人五行经络运相系统、意识三脑传导与熏习系统为藏象生命五系统，描述精气神在先天运相界域、后天藏象界域、人体命象界域的三次天人离一移精变气的流变转换过程，通过负阴抱阳机理下的命门离转与中位离散，聚焦胎光玄精与藏象命门发生的先天因缘秉受布局，以及联系五藏神内外丹田能量体转换所赋予的大脑和心脏的动能，从而构建了独特的生化与生育体系。它既呈现了藏象生命五系统主导运转生理生命的数理哲学逻辑，又赋予了生理生命通过人体经络下的维度升降以及精气源流，产生天地人五行之藏至微至彰变动不居联系的实质。围绕生命的大命象结构与大运相关联，形成以唯识和十二因缘为载体，由"天地人五行经络"全时空因素关联的生命"命"哲学论。

　　大道本原"生"和生命本质"命"的藏相论，以周易易周本体论，九易法则、气数哲学精气本根、左旋而右转双螺旋动态等法则认识论，藏象五系统、三次天人离一、天地人五行之藏等结构视野论，通过循顺置返哲学、负阴抱阳机理、界膜理论、动能三阶单元、时空体往象模型单元、界说位域、藏象与生理平衡等诸多方法论，将生命的命象与运相，通过道元论与藏相动能论融入生命形态，由天人合一全息元象总览天地人经络全时空因素关联下的动态完整的大生命观。

天卷 · 藏相系统论

界说位域，形上道与形下器

藏相系统为由乾藏界、相虚界、坤形界构成的界说空间位域。其"界说"取自《易·系辞》"形而上者谓之道，形而下者谓之器"中以"形"分"上""下"之界。"形"取"在天成象，在地成形，变化见矣"中"地形"，界定"地"为形，且与"天"构成变化关系。天地在《周易》和中国哲学体系中，又为乾坤的取象比类落点或代称，通常把乾坤与天地构成乾天与坤地的联系，也以此归类天地的本质属性，即天为乾性，地为坤性。故其"地"的形，界说为坤形界，而与之有内在变化（变化见矣）关联的天，界说为乾天（藏）界。

从"形而上者谓之道，形而下者谓之器"来说，乾天的"道"的属性，显大道如如来去的真如自性，为如来藏，为一目了然乾天与大道如如本来的关联，显大道本来的内涵，故取乾天为乾藏界，这个藏就是大道本来如来藏。那么坤形界，自然就是坤地与"器"属性的关联，显"器"所呈现的内涵，为何不定义为坤器界，而要取"在地成形"中地形的含义界说成坤形界呢？那是因为从乾和坤的变化关联来看，且以此"形"的上下之界说，我们还界说了相虚界。此相虚界从真如心性与色尘万物来说，应该划分到坤尘的范畴，这也就是我们特别强调的，其坤形除了显"器"的内涵外，还包含了狭义的"相虚"的内涵。为何说狭义的"相虚"内涵呢？再往更深一步，从乾藏界、相虚界、坤形界之间围绕在圣、圣化凡、在凡、凡转圣的内在变化联系上说，乾藏界也有"相虚"的内涵，如元亨利贞圣德周行，无极而太极先天五太过程中气形质等，乾藏界中的"相虚"内涵，从某种程度上找到了坤形界中"无明缘行"的无明从哪里来。故要给予"相虚"作为联系乾和坤内在变化内涵下，界说成相虚界。

界说位域的"位域"含义，"位"取自《易·系辞》"天地之大德曰生，圣人之大宝曰位"中所落脚的"位"。"域"取自《道德经》"域中有四大"的"域"。此"位"是"天""地""圣人"所指，由天地人三才涵盖的大道内容而形成独特的空间域，是天地人三才之于藏相系统中以位域来说的主要研究对象和内容，藏相系统的最终落脚点是围绕人的生命如何联系乾天、坤地，而系统讲述藏象生命以及联系诸多与大道体性相关联的元素、内容、性质，去提高对生命认识的广度与深度，故天地人三才位域是藏相系统乃至大道基本的哲学内容和命题。

"位"，圣人之大宝曰位，圣人的大宝是什么？是德性四体之于天地人三才来落点的玄德、圣德、用德、证德，德性四体之于天地人三才是"大德曰生"的关系，我们知道大道如如本来是体性合相同体承载的交互作用，才有在圣、圣化凡、在凡、凡转圣的周易易周动态的生命形态。否则一切都是隔绝的，无"生"化关系和联系的，就不会有"在天成象，在地成形"的天地、象形之间关联。之所以说"生"，便要落入大道本来的体性合相同体承载的本质上，道生德蓄道生之的真机，离此视野和深度，便无法将天地之大德、圣人之大宝、生、位说清楚，以及去明晰他们之间的关联。位，是德性四体作用道体四域而有的大道本位，大道本位则体性兼备、同步具足，故能生。这也同时说明，天地万物的生非毫无规律毫无规则的乱生，而是有一套精密的法则与法度在主导，是要当位、称位、配位的位生。位生就是大道体性的法度与规律按照位域关联有生化过程的"生"，有了天地人三才的位生，则把天地人三才所关联的道体四域和德性四体联系起来。"位"就是大道中独特的空间域位，是界域的一种呈现。但位非孤立的空间域，而是由"生"联系的整体观。故天地人非孤立，它建立在道体四域和德性四体交互作用的关系里，形成藏相系统的动态生命脉搏。

"域中有四大"的"域"狭义含义为大道体性中所指的道体四域，即道大、天大、地大、王大道体四域，为《道德经》中"故道大，天大，地大，王亦大。域中有四大，而王居其一焉。"所说的道体四域；广义的"域"又有多个层次，首先，域为大道五具足道统观所指的大道本来。在"域中有四大"的叙述中，"域"在前面，故前提视野为大道体性含义所代指的大道本义，这个大道本义为以其无所不包，无处不在，纳一切时空性而独立不改、周行不殆，并以其自然性并因果性主导与运转着万物，莫之能说，却又处处可说；虽处处可说，而又处处说不尽妙处、言不明大道真机。

其次，在大道本来域界视野中，为大道体性的综述。想要真正透彻莫之能说的大道，就得在大道体性层面，从道体四域和德性四体去言说大道真机，关于如何在大道体性层面言说莫之能说的大道真机，《道统》一书中关于大道五具足广义道统观所透析的大道本来，就是以大道体性层面所承载的。大道五具足之道统观，特别强调大道体性圆融合相同体承载之尊道贵德、全提道德。故大道体性的综述是圆融合相同体承载的域说。那么这个域说与大道本来的域说有什么区别呢？区别就在于大道体性也只是大道本来的一种强说，字之曰道而已，是大道真机的所说与能说，只不过这种以文字义理剖析的强说，从某种层面上最能言传意会大道真机，作为字之曰道的一种凭借，有着前所未有的深度与视野。

再次，域为大道体性中所指的道大、天大、地大、王大道体四域，既是道体四域的统称，又可以是各位域具体所指，在具体所指对待中，就有"位"含义的独特空间域，从而可以结合位域，形成道大、天大、地大、王大道体四域位。也正是有"位"含义的定位，让这道体四域呈现各自独特的体、性、体性合相内涵，从而赋予了域位中不逾矩的局面，同时也以"位"建立起相互之间的联系。这种内在的联系，是我们理解在圣、圣化凡、在凡、凡转圣的周易易周动态的生命形态的必然哲学观，因为在界说、域说藏相系统时，界和域都是分开的含义，而位则是能将界和域的隔阂感串联起来。另外，说到位域的具体对待，域又是我们研究对象的具体事物所指，既可以是宏观、整体的，也可以是局部的、某事物中的一部分、局部中某具体对象等，更可以是微观的或微观中的具体对待。

从"位"和"域"之大道体性的视野，再来看"天地之大德"，自然就明晰了以"天地"所指道体四域的体域界说，以"大德"所指德性四体的德域界说。其"天地之大德"的"天地"从乾天和坤地来说，便是指界说空间，即乾藏界和坤形界的空间域，而"大德"则与道体四域交互合相作用的德性四体的"德"性。由此可见，圣人作《易》，视野是放在大道体性的体性合相的层面，来呈现宇宙万物的"生"。大道体性的层面，"大德"的本质，是《道统》中全提道德根本视野，从这个根本视野出发言说大道五具足之本来，现在以大道体性层面的"生""位"，来说藏相系统界域里"生"的内在和关联，能发生这个"生"的便是乾天和坤地内在关联，展开来说便是乾藏界、相虚界、坤形界界说的位域。我们在前面说，圣人的大宝是什么？是德性四体之于天地人三才来落点的玄德、圣德、用德、证德，德性四体之于天地人三才是"大德曰生"的关系，天地人三才以人为视野来说，是乾藏界和坤形界的空间域，而人的视野，便是藏相系统落脚的"生命"对待。归纳起来，便是体性圆融合相同体承载的当位、称位、配位即为"圣人之大宝"，故道生德蓄而有道生之。从圣人作《易》立在"位"和"域"的大道体性视野的表述，中国古代哲学从一开始就是登峰造极，从《易》与《道德经》的本质上看，更是相互佐证了圣人在道体四域和德性四体的极致视野，以及大道体性圆融合相同体承载的玄妙智慧，由此，大道本来的"生"，落脚点就必然是在圣、圣化凡、在凡、凡转圣的周易易周本体论，而它就是藏相生命论里的大生命观。与人相关联的天地人三才，在大道体性上的内在联系，任何一元素，无不是生命脉动的形态。

界说空间位域，是藏相系统中以大道体性的内容结构，从周易易周本体论出发，从道生之的"生"联系道体四域和德性四体的"位""域"内涵，而见乾天、坤地、相虚之间的"变化见矣"，从而又把框定的界说域的隔阂联动起来，以道生之的"生"串联，来言说

"生命"命题，就从根本上认识在圣、圣化凡、在凡、凡转圣在"生命"上的本体动态。那么如何以道生之的"生"串联，来言说"生命"命题呢？就要赋予乾藏界、相虚界、坤形界内容、特点、性质，再在里面找到关于"生"的生命生化联系，而在圣、圣化凡、在凡、凡转圣的动态程式过程，就成为"生"在大道体性上的转换。"生"在乾藏界，为在圣，道体域界为道大、天大，德性域界为玄德、圣德，"生"在相虚界，为圣化凡或凡转圣，道体域界为地大，德性域界为用德，"生"在坤形界，为在凡和凡转圣，道体域界为地大、王大，德性域界为用德和证德。乾藏界、相虚界、坤形界的界说位域，在道生之的"生"串联下就构成了围绕"生命"的宏观程式。

从大道体性所承载的大道五具足内涵出发，藏相大生命论所摄的哲学命题自然是对大道本来和生命的本体认知，这也是为何我们说周易易周本体论之于宇宙与生命的本质与本原哲学的意义所在，且以这种藏相大生命论哲学观，以乾藏界、相虚界、坤形界之界说，便将乾藏界、相虚界、坤形界所包含以及能包含的内容，按照"生命"建立新体系化的认知，从内容概论上说，乾藏界围绕真如心性、相虚界围绕唯识因缘、坤形界围绕无明及器物交互作用，而这些内容都是透析大道本质的体系。如果从界域本身通融了这些体系并且再把他们围绕"生命"命题找到内在的联系，便建立了基于透析大道本质的独特视野，而新体系化去构建的广义生命系统。

以乾藏界、相虚界、坤形界构成界域的藏相系统，其位域的界说是一种哲学视野，之所以可以分位域来界说，前提是整体观，其次是在整体观下的位域联系，然后从整体到局部再综合联系到整体的关系。在整体与位域的针对不同事物的认识上，整体上可以形成相、度、性、证、德多角度视野，在位域上的立场上去联系整体，又可以把相、度、性、证、德多角度视野融入到道、法、体、用、证建立不同的模型和体系，形成多维度的视野空间，更让位域的界说形成方法论，帮助我们建立哲学模型以及相互之间的联系的认知。

藏相系统里的界说空间位域，其界说的藏、相、形以及乾、虚、坤，是从"形而上""形而下"的"形"而有上下之界定。那么"形"的界如何定呢？《易·系辞》曰："天尊地卑，乾坤定矣。"以乾坤天地定尊卑，按体性来说，天地指道体域，则乾坤指道性域，这个"定"是整体观的定，即大道体性圆融一体同体承载，同时又体性各域。那么尊卑何位呢？为德位，德为道性，故为道性作用的道体的内容与阶段不同，而有尊卑，乾作用天，显圣德，坤作用地，显用德，圣德为体，用德为用，坤为乾化，用为体出，故乾天圣德显尊位，坤地用德显卑位。立于体用法则和体用相上，便能将性体之位界定，又能定尊卑之位。

在"天尊地卑，乾坤定矣"后面还有一段话："卑高以陈，贵贱位矣。动静有常，刚柔断矣。方以类聚，物以群分，吉凶生矣。在天成象，在地成形，变化见矣。"上面析"尊卑"便知道其道性作用道体的内容阶段不同而分出尊卑之位，乾天圣德显尊位，坤地用德显卑位，这是第一个位域的维度。"卑高以陈，贵贱位矣"是从在圣与圣化凡的角度来说，坤为乾化，用为体出，乾为心性光明世界，坤为色尘无明世界，这是大明终无明始的描述，故《乾卦》里有"大明终始"；现在坤地的无明世界已然形成，如佛家描述的"无明缘行"，无明的世界已经存在，乾坤已然隔绝，此时的位域对待便是坤地用德域，在乾天尊的如如来去、不生不灭的十方圆明境界里，坤卑之地是一个狭窄的视野，界域的狭小，便显"卑高以陈"，也就是平常所说的失去了大视野大格局的对比，把眼里的东西放大了，说的便是"卑高以陈"视野。在卑位坤地用德域里，又是什么法则呢？为"贵贱位矣"，说的是三界六道里以善恶之行的福德相呈现的贵贱，三界六道以善行和恶行呈现三善道和三恶道的福德相的轮回轮转，这是第二个位域的维度。在第一个位域的维度和第二个位域的维度里，乾天尊，坤地卑，善行贵，恶行贱，说的便是道体德性，落在大道体性交互作用关系上，当然重点是德性四体的不同。道体德性的差异，其密码是什么呢？便是"动静有常"，也就是动静二相，以动静的刚柔关系，而联系乾天尊、坤地卑，善行贵、恶行贱之间的联系，而且是内在的关联。那么它内在的关联是什么呢？它是变化的"化"，是"变化见矣"的"化"，是圣化凡的"化"。这就是内在联系的形迹，也成为"形"的根本视野和落脚点，这个内在联系的形迹是什么呢？便是以道生之的"生"串联，来言说"生命"命题，它是"生命"的形迹，有了此视野，就洞悉了大生命体系的真相，就从根本上认识藏相系统中在圣、圣化凡、在凡、凡转圣在"生命"上的本体动态。看第一个位域维度里的尊卑和看第二个位域维度里的贵贱，如何类聚和群分呢？本质就是德性和德行。何以生吉凶呢？本质就是善恶；何以成象和成形呢？便是动静刚柔；动静刚柔何以呈现联系成象和成形的变化呢？所涉及的便是以上两个位域维度之间的联系，这便是第三个位域的维度。在这三个位域维度的整体观下，可成为"形"的界定内涵。

从三个位域维度的内容、性质、联系所探讨的问题，是关于大道本质和本来的，它们内在联系的形迹，构成大道体性和体性联系（动静刚柔关系）的整体观。从某种意义上说，我们解析的大道本来，因为它已经是本质中的本原了，可是能说出来它还是一种所说和能说，也就是凡是能说和所说的极致的表达，这种"形"，这种凭借，这种"字之曰道"，就从所说和能说转换到莫之能说的境界和地步了。所以，立在本质和本原上的莫之能说，就是形而上，就是"道"，而一切所说和能说的，对本质与本原的解释、解析、解剖、应用等，就是形而下，就是"器"。这个层次的"形"的内涵界定就是佛家说的般若智慧，在《道德经》里为"字之曰道""强为之名""莫之能胜"，在《金刚经》里为"是名说法"，《孟子》里为"莫之能御"。有了"形"的内涵，自然就区分了形而上和形而下的"上下"，从"上下"的域位以及联系形而上和形而下来说，形而上所对应的为真如心性的问题，形而下对应的是坤尘器物的问题。这种对应是基于大道本来总体哲学观，前面说到了三个位域维度内在联系的形迹，为"形"的根本视野和落脚点，便是联系大道本来莫之能说的部分与所说能说之间的"相"的问题，也是心性和尘器之间的"相"的问题，如何理解呢？刚才说了"字之曰道""强为之名"的莫之能说，凡是对大道所说和能说的，就露了语言、名词、意识、思辨等可用来凭借的马脚，也如显了形"相"。心性和尘器之间的形"相"关系，构成如来藏与烦恼藏的玄妙关系。

　　"形"的界定内涵是什么呢？首先，为形而上与形而下在心性和尘器位域间的形迹。形迹，是莫之能说不可名宣的大道真机显处处可说之强名，其对大道以强名的所说与能说的"迹"，或者说是圣凡智慧的差别，为圣凡之间因智慧差别以及在凡执着所显的一切。从形而上与形而下在位域上说，形而上与形而下的上下位域显九易法则中两仪法则，而"形"的界定为两仪法则的中间体用相，如终始法则，心性的形而上位域为大光明，而尘器的形而下位域为无明，"形"则为大明终始间的光明与无明平衡状态，可以理解为太极浑沦相阶段。无有法则中，心性的形而上位域为无（为莫不能说的无，非断灭的无，此无为真空实有），尘器的形而下位域为有，"形"则为无生有过程中圣化凡无极而太极过程后的太极浑沦相平衡状态。九易法则的两仪原理就是分析形而上与形而下在心性和尘器位域间"形迹"最好的方法论了，可以一目了然基于两仪法则的中间体用相的"形"，而言说"上下"，并明了"形迹"在形而上与形而下的内涵界定。

其次，为形而上与形而下在圣凡区别下的形相。形相，是以强名的所说与能说的相，莫之能说的形而上，只要以强名来所说和能说，就会有形而下器物的相，诸如语言、名词、意识、思辨等可用来凭借的形相，这些形相的本质是圣化凡过程中以在凡可见的相，如天下万物可见的器型、文字、语言等，包括唯识范畴不可见思维意识等都是形而下的形相。

再次为形而上与形而下在形迹和形相内涵下的位域界说的形界。形界，把形迹和形相共同内涵范畴下的域界看作形界，也就是形而上的界和形而下的界，它就构成了广义含义下的具体的位域空间，比如形而上为乾藏界的在圣，而形而下为坤形界的在凡，其"形"的界定为圣化凡的临界态。以此形界下的位域空间，可分上下。乾藏界真如心性的在圣为"上"，称为"道"，坤形界凡尘器物的在凡为"下"，称为"器"。

从形上道、形下器来说，"上下"是哲学范畴的综合表述，非物理空间的上下，也非从上下含义延伸的高低对比。此"上下"容易让人理解成物理空间的上下，且上道、下器的联系从字面上容易误解成道在上，器在下，形成高低之分别，就误解成道高器低，一般会觉得谈形而上位域的"道"会高，谈形而下位域的"器"会低，这都是因"上下"词汇的常规含义所带来的高低之别，这种分别属于见浊的范畴。一般在常规的哲学领域，也就是世间的认同感上，会出现道高器低的分别，且是普遍的，但从合相圆融同体承载的广域视野上说，这种分别是有障碍的，形而上的道为大道体性在圣的圆明态，自然为高，但形而下的器实际上是器为性显，它也是大道真性的所在，在实相层面，它就是大道的妙有。那么既然说到了界说位域，形上道和形下器，"上下"是带有物理属性的空间感的，它在哪里呈现呢？它只能在形下器的范畴来分上下，只能在无明障碍坤地形下器的位域来界定，为狭义的哲学，因为乾藏形上道是如如来去，不落一处而达所有。这也就是天圆地方的根本义，"天圆"为形而上道乾天如如来去心性圆明，而"地方"为形而下器坤地因无明障碍无法圆满，呈"方"的无明障。

形上道、形下器所传递的非世俗高低之别，它是通过界说位域呈现大道体性的差异。大道体性的差异，怎么跟形上道、形下器结合呢？形上道的位域"体"为在圣位，作用形上道在圣位的位域"性"为圣德，而形下器的位域"体"为在凡位，作用形下器的在凡位的位域"性"为用德，这种差异呈现出来的哲学观，就是"天尊地卑，乾坤定矣"，其尊卑的本质是位域性（德性）作用的位域体不同，圣德与用德的差异，乾坤定矣的"定"便是形而上、形而下的"形"的界定内涵，由形迹、形相、形界内涵下对乾坤的定，这个"定"，既界说了位域体，即道体，又界说了位域性，即德性。所以尊卑的位域的定，就不再是世俗的高低，也不再是政治上以尊卑高低来论的阶级化或阶层分别。凡是以天地尊卑贵贱之位界，来引申或影射古代政治体制上的阶级化和阶层分别的哲学出处，来夸大或贬低古代为政哲学的，均是未解其本义，都是从字面到字面的臆断，从这一点上可以看出，政治经常拿哲学当幌子，忽悠的是望文生义的人，极其肤浅的参政议政误国误民；反过来，如果透达本质的哲学用来指导和服务政治，就会出现另外一番当位、称位、配位下的合理与和谐，从形上道与形下器的综合视野与哲学本义，来指导和服务形下器的政治，是一件可观的盛景。

以界说位域解析的形上道和形下器在大道体性上的差异，就显而易见地不能把宇宙与生命的诸多事物放在同一个对待上去分析，是要根据体和性以及体性圆融来区别对待，然后再从中找到相互之间的联系，这样就从宏观位域以及内在联系上，解构了大道体性的多维度多视野的体性差异，且形象生动地联系了道体四域德性四体之间的关联，让我们对藏相系统中以乾藏界、相虚界、坤形界界说位域有了多维度立体化的认知，同时成为《道统》中以《道性篇》来说"尊道贵德""全提道德"而提出的大道体性（道体四域和德性四体）的另一番解读和佐证。

通过形迹、形相、形界内涵下的形而上位域和形而下位域，从"形而上者谓之道，形而下者谓之器"，便是"天尊地卑，乾坤定矣"的中国哲学的本原广域视野，本原哲学的所指就在以大道体性的层面，说形而上和形而下的本质。以此界域说，说的是莫之能说的形而上，与强名来所说和能说的形而下，合相圆融同体承载的实相圆融态。广域视野，便是从天地道体和尊卑道性的内在联系，对在圣、圣化凡、在凡、凡转圣过程的描述。这种中国哲学的本原广域视野，佛家和道家在宗教层面的终极关怀指向，也无法超出此域视野，也就是说成佛了道的终极圆满也在其中，它便是道→母→器程式整体观下的实相圆融态，"道"和"器"在形而上和形而下既构成界说位域，又构成合相圆融同体承载。

说到中国哲学关于形而上位域和形而下位域的呈现，在《周易》中的"天地""乾坤""尊卑""道器""方圆""大生与广生"等均是本原的高度，《易》为大道之源，它涵盖万有的孕育与发祥了中华文明，其他均是从本原哲学里延伸和延展开的分支、经络、法则、济用等。在《道德经》中，"道"和"德""上德"与"下德""上"与"病"的归位，就是必须要在界说位域"性"上归位，从位域性再作用和联系位域体，才能循着老子的道眼看到更深更远，才能懂得这部丹道圣经。

我们从"形"的形迹、形相、形界内涵层面所承载的形而上道和形而下器哲学视野，从界说藏、相、形以及乾、虚、坤，明晰了如此界说的根源为它们在大道体性上的差异，从而呈现不同位域维度的藏相系统，在藏相系统里把界说的藏、相、形以及乾、虚、坤以大道体性联系起来，从而有了界说空间位域来划分构成的乾藏界、相虚界、坤形界。这种空间位域界说的划分，既是形而上和形而下哲学观与内涵的呈现，又是以形而上和形而下哲学观与内涵功态承载的大道体性的综述，是大道体性（道体四域和德性四体）立于大道本来，以道、法、体、用、证的维度体系，包含了相、度、性、证、德等多角度视野，而有"乾坤""尊卑"的界定，以及所延伸开的"象""形""变化""见"等特征，串联起乾、虚、坤与藏、相、形的大道体性位域，内在联系的在圣、圣化凡、在凡、凡转圣动态生命观。

对于在圣、圣化凡、在凡、凡转圣的动态生命观与周易易周本体论，也要用到界说位域方法论去认知。从圣凡上说，为形而上位域和形而下位域的直接呈现，在圣凡的内在关系上，为圣化凡和凡转圣，也就是圣凡在大道体性上内在的必然"变化"，而这种"变化"的结果就是

"见"，为"变化见矣"的"见"，从事物对待上呈现象和形的视觉与思维感官。圣化凡和凡转圣内在联系的落点，为"化"和"转"，之所以能"化"和"转"以及如何"化"和"转"，就是由乾藏界、相虚界、坤形界构成的藏相系统的命题，这个命题为在形而上和形而下的范畴，在乾藏界、相虚界、坤形界位域界，从在圣、圣化凡、在凡、凡转圣动态视野，找到形上道与形下器联系的生命形态，如何在大道体性的本质上，有"生命"的形迹、形相、形界，真正形成藏相大生命视野。

"化"是形上道在圣到形下器在凡的化，"转"是形下器在凡到形上道圣的转。这两者均指向运转大道体性位域的动能变化，为动能的源、流、变的流变规律而形成的"化"和"转"，所发生的源、流、变的动能流变规律，是精神与物质在不同维度位域里的流变与转换，并且构成象和形上的变化，我们依据在地成形的器型找到与其相应的关联，就找到"化"和"转"的密码，这也就是解构生命的密码，让我们去认识在圣、圣化凡、在凡、凡转圣之于生命的动态。

从形上道与形下器说到精神与物质，那就应该从大道体性的界说位域的不同维度去界定精神和物质，从而摆脱常规世俗里的精神和物质含义的束缚。这样才能清晰的认知从精神与物质之间的关于动能的源、流、变的流变规律，因为在常规世俗里的关于精神和物质含义是不构成多位域维度的，基本上无法从形上道与形下器的界说位域，以及联系在圣、圣化凡、在凡、凡转圣来认识。对于常规世俗里的精神和物质含义，基本上是围绕在凡的体性位域来定义的，然后有一些关于意识、思维、神志等大脑和心理活动的延伸，而且也无法准确归位和定位。从形上道与形下器说到精神与物质，既然区分了"上下"非狭义物理范畴的空间分别，也非世俗高低之别，那么我们在这里谈的形而上位域的道和形而下位域的器，与常规所说的精神与物质范畴又有何区别呢？

如果把"物质"的基本释义定位为五蕴中的"色"法范畴，有可见可对色的色尘、可对不可见色的受尘、不可对不可见色的法尘，而且涵盖了科学中对物质形态以及运动形式的界定的话，是否除了这种"物质"的界定外的就是"精神"范畴呢？在传统佛学领域里，把唯识中的八识认为是精神的范畴，为眼识、耳识、鼻识、舌识、身识、意识、末那识（我识）、阿赖耶识。前六识只能了知现前的东西能对根、尘起了别的作用，第六识意识和第七识我识在了别的基础上，以我执而形成分别，而前七识的根本和所依的就是第八识阿赖耶识（也作含藏识），它是一切业种子（一切善恶种子）所依的地方，且与六根尘相互熏习作用而辗转循环。在辗转循环的阶段，识、根、尘在人身上和合集聚，形成色蕴、受蕴、想蕴、行蕴、识蕴集聚成身，既形成外在物理空间，也构成在人身上出现的精神与物质的联系和转换关系。但是我们现实中对精神与物质探讨的哲学视野，并没有围绕五蕴六识六根尘深入解构精神与物质的内涵，经常是以范畴来归位，也并没有和狭义的形而上与形而下联系起来看待。概括来说，通常我们把心王（八识心王）认同为精神的范畴，心王与心所的交互熏习作用产生心的活动（在凡夫为诸烦恼）构成"精神"的主体，又因为从心王对心所依阿赖耶识的见分、相分、自证分、证自证分的功能，其色蕴的妄见（一切可见、可分别根尘内外的色）与可用来起领取纳受（身受与意受）在受蕴中的尘相，可以界定为世俗中对物质范畴的归类。

以上是佛学（含道家的某些表述集合）从心王与心所所对的五蕴六识六根尘来给精神和物质划分的位域，到目前为止人类对精神和物质的认知还远远没认同到这个程度，尤其是普世应用的价值取向上，还是以西方科学视野里的精神与物质范畴为主。在佛家所探讨的哲学体系里，以立三世两重因果并以十二因缘主轴生起轮回轮转为研究对象，把人从出生到老死在生长上"物质"的显现，结合十二因缘的内容来从唯识系统，说精神与物质的范畴，以及精神与物质的联系和转换原理。在道家和中医的体系里，也是以人生长在"物质"上的现象，结合主导并运转生理生命的藏象经络，围绕阴阳五行哲学思想，构建天地人三才合一整体观，从广义精气神领域来说精神与物质的范畴。

从形上道与形下器大道本原哲学，以及大道体性的界说位域谈精神与物质的范畴，就能透析关于精神与物质的多位域维度，以及位域体性联系下的精神与物质在动能上的源流变规律。形上道，乾藏界真如心性的在圣为"上"，称为"道"，形下器，坤形界凡尘器物的在凡为"下"，称为"器"，从以此"形"（形迹、形相、形界内涵综述）的上下位域界说，结合乾天的体性和坤地的体性，从道与器联系的圣与凡本质范畴来说，立于本质和本原上莫之能说的形上道为精神范畴，而立于本质和本原上的一切所说和能说的延伸的形下器为物质范畴。

这是大道本来从"道""器"而言的根本界说，也是本质与本原哲学观的最佳界域，在此界域所说的形下器为形上道的延伸，则是精神与物质的联系。这里界说的广域"物质"是指器发源于"精神"道的一切所说和能说，这种"延伸"的描述就是从源和流上的顺承，物质发源并延伸于精神，就是广义精神与物质形成的源流变关系。

从形上道界说的"精神"范畴是莫之能说的"道"的表达，为源；而"器"立于本质和本原上的一切所说和能说的延伸，为流；从源和流的关系上看，道显所有能说和所说之性，并表达了一切"器"的所说与能说。故，从大道本质、本原具足的莫之能说，大而无外小而无内的层面，"精神"范畴为永恒，即道的不生不灭，如如本来莫之能说，不落一处而达所有，既不能断见一处说之即错，而说之也非。那么如何说道？就要依赖形迹、形相、形界含义的"母"去孕育"天下万物"的器，由器的所说与能说"转""化"母性，大道真机则显。为何我们通过寻常可见的器无法转化大道真机呢？那是因为执着和颠倒在器的型、象上，落了一处自然障了所有，更重要的是我们不懂"母"生万物的法则和法度，中间割裂了如何以法则与法度的层面认知"转"和"化"，以及在"转"和"化"内容与内涵承载下见大道真机。

广义含义下物质发源并延伸于精神，只特指本质与本原哲学界说，也是关于心性与器物的界说。从道→母→器程式内容上讲述"延伸"含义下精神与物质形成的源、流、变关系，如无极而太极过程的先天五太，与太极而生万物的后天五生过程里，有一个临界状态，即乾贞临界坤元的太极浑沦相，太极浑沦相便是以"延伸"来说广义精神与物质形成的源、流、变关系，同时，太极浑沦相在形上道与形下器的界说位域上，具足"形"的内涵。而"延伸"的含义，从太极浑沦相来说为上承无极而太极的先天五太过程，下启太极生万物的后天五生过程，其"承"和"启"的关系，便是以"下启"从"上承"的延伸，是一体的常自然的恒顺生势。再从坤形界凡尘器物的形下器来说一体的常自然的恒顺生势，则是道→母→器程式所承载的"道""母""器"内涵，其"母"可以特指太极浑沦相上承与下启在"道""器"位域间的"母"性，显"形"的界说位域内涵。

浑沦相的实质是以相虚义还没有出具象的"型"与"象"，"视之不见，听之不闻，循之不得"就是浑沦相无名无相但真空实有在"型"

与"象"角度上的描述。为何要在这个角度描述呢？因为基于人们以眼见为实的常态，故在描述浑沦相的时候以"视""听""循"的常规角度来说明，这也是说明"型"与"象"为世间人常常著相的常规角度。相对"视""听""循"的"型"与"象"的角度来说，浑沦相就具备无名无相但真空实有的实质，再延伸开来就是和浑沦相类比的同类其他一切具备无名无相但真空实有的实质性的事物，即是道→母→器的"母"法性。"母"法性的"形"与"有"性，均是无名无相但真空实有的，不能用常规的"视""听""循"的世间"型"与"象"来给予定义与赋予内涵。从道→母→器的简单顺承关系，器为"天下""有物""混成"等有名有相或有名无相、无名有相；母则为显独立不改和周行不殆的特性、不可捉摸无法眼见的无名无相，其"母"的名为比喻和形容的强名，准确地说是只见其显露的"形"迹，而此见也不能直接眼见，而是通过器的有名有相来彰显的；道则是包含器与母所有形象、特点、特性，无论是可见、非可见还是强名寓意、比方形容等，即是包含一切的有名有相、有名无相、无名有相、无名无相的集合。所以无论是"天下"所有一切有名有相或有名无相、无名有相"器"的范畴的万物，还是显运转其"器"独立不改和周行不殆特性"母"范畴真空实有的规则与法则，都是"道"之所表、所呈、所主、所生、所化等，而不能直接把有名有相的事物狭义地理解为器，为色尘，把无名无相真空实有的理解为道或者就把道等同于无名无相，都是很不全面的。如果能理解其无名无相真空实有的特性，已经很难能可贵，如果再能全面地去看问题，就更能彰显智慧了。

道本无名相，以能说和所说之用，以"道"来命名并述之于形象，其相对于名相"器"的象假言来说，"道"以能说之性和所说之性，而显所有能说与所说。这段话实际上就是上面解析的一个总结，那就很有必要把这段话的内涵解析出来。先从《易·系辞》"形而上者谓之道，形而下者谓之器"来说，以"母"无可捉摸不能眼见但实际存在的特性为"形"，因为"母"是以其独立不改、周行不殆的法则和规则孕育与发端"器"，同时"母"并不能眼见其形状，能眼见其形状的是"有物混成"，这是属于"器"，其"母"不能眼见如同"器"一样的形状，但是显露了孕育与发端"器"的规则与法则的形迹属性，我们以此内涵认为"母"有"形"性，通俗地认为这就是所说的"形而上者""形而下者"的"形"，但绝对不是"器"可眼见的形状，此"形"为规则与法则的形迹。统摄天下万物所有名相（含有名有相、有名无相、无名有相）的"天下"为"母"孕育和发端，为"器"，所以"器"的特性就是天下万物所有名相，即含有名有相、有名无相、无名有相，是可以相当清晰地表达和认知的。那么可以清晰表达和认识的名也好，相也罢，这些都是能说的和所说的，"能说"和"所说"就是"器"的显而易见，容易辨别和认知，即能说和所说就是"器"范畴的一切可以用来说明、命名、有形可识、有状可辨的形象。通常"器"则有型，此"型"即是有可见和可认知的范畴与范围。相对于"器"有型可见和可认知的范畴与范围来说，"母"是孕育与发端"器"的规则与法则，是真正的"形"；相对于"形"孕育和发端万物的规则法则来讲，"型"是"器"的用，有能说和所说之用。我们依托"器"的"型"以说明、命名、认知、认识等方式方法来表达"形"，即是以能说和所说之用，来给"形"述之于形象，所以不能以能说和所说之用来等同于"形"，因为能说和所说之用的"型"过于局限，是具象的个体，就算以"天下万物"来说，也无法等同于"形"的"母·性，"形"的规则与法则达于"型"的任何整体、局部，而且范围更广，适用于天下万物，而

"型"是死板的，固定的。如果以"天下万物"为"器"的话，那么"型"即是"器"的象，这个象，以"形"规则与法则的实质来说，此象为假象，我们通常以"器"的象来描述和强名一些规则与法则，而有"如来所说三千大千世界，则非世界，是名世界"。这一切根本就不是象所能表达和表现的。真正的道是有是无、非有非无、即有即无、含有含无、一切自如来去彰显的，只能以能说和所说之用，以"道"这个字和名称来命名，述之以形象，在这个形象里，"道"这个中文字即是笔画结构可见的"型"，这个"型"就是"器"的有名有相。而若着"道"中文字的"型"则为着相，这个"道"的名称则是"器"的有名无相，如果从"形"孕育出来天下万物的规则与法则来说，则是无名与无相。以"器"的"型"为能说和所说之用来说，"形"的规则与法则，也就是"母"性，为能说之性和所说之性，即"器"的一切的用也好，象也罢，都是"形"（"母"性）的规则与法则所孕育发端、所主的。能说和所说的本性，就是能说之性和所说之性。在这一点上，"形"所主的本性是合道的，但仅仅是合道，并非道的全部。比如"一阴一阳之谓道"，其阴阳是规则与法则，阴阳无形无相，只能通过万物的"器""型"去认知，针对万物"器""型"能说和所说之用和象来说，阴阳显能说之性和所说之性，但阴阳并非道的全部，只是道（九易法则中的一个法则）的一部分而已，但其阴阳的能说之性和所说之性是合道体的。道是最根本的本质，处处显达而又不落任何一处，所以它能显所有能说之性和所说之性，同时又兼达表现一切"器"的所说与能说。有了这样逐渐深入的表述和表达后，就能知道在说道的时候，为什么不能断见一处了，说之即错，不说也非，这就是拈花一笑的禅宗心性真机了。何况一切"型"为能说和所说之用，为象，为假象，如果言语道断都落在"器"的色尘之象上，更是南辕北辙。未悟真机的众生，起心动念皆在象上，而且颠倒执着，其害甚大，不仅在能说和所说上处处碰壁，颠倒是非，对于"形"的规则与法则的理解都已经相当困难。

如何认知"母"关于"生"的法则与法度而延伸"器"的天下万物，从而把精神与物质"转""化"下的源、流、变梳理清楚，是藏相系统以乾藏界、相虚界、坤形界联系真如心性、唯识因缘、坤尘器物交互作用的主体，它既是"道"所代表的位域与"器"所代表的位域的上承与下启，又是"母"自身作为位域的独特对待，也就是说我们研究的是道→母→器程式中整体程式、位域阶段以及整体与阶段间的相互联系，从而构成源、流、变的延伸，成为一体承载的常自然恒顺生势。

藏相系统是大道本来围绕生命和以生命为视野的具体呈现。藏相系统的大生命论是大道本来的一种内容和认识视野，大道本来从《道统》"大道如如本来以诸法空性与实相具足、道体与德性合相具足、乾性与坤尘圆融具足、究竟义理与实证功态具足、性体相用时空显达同步具足之五种具足究竟圆融态"的立论中，有了对本不能言说的大道本质，建立了"体""性"的内容、以及体性如何交互作用而达大道本质的诸多认识，还以九易法则、循顺置返哲学、三易体证及动静二相方法论等，以相、度、性、证、德视野角度构建了性体相用的哲学模型。而藏相系统就是立足于大道体性结构与内涵中，依性（体）→相（法）→用（象）程式，分阶段分层次分角度系统性综述关于"生命"的内容和含义，由此可见，藏相系统的空间界域是宏观巨大的，它以乾藏界、相虚界、坤形界的界域几乎涵盖了研究大道本来所能囊括的空间范畴。

首先，它承载了道体四域与德性四体的大道体性的内容含义，大道体性为大道〇、乾道、坤道、人道所呈的道大、天大、地大、王大道体四域，以及与道体交互合相的玄德、圣德、用德、证德之德性四体的统称。其次，围绕生命和以生命为视野的藏相系统，既能从大道本来的层面给予藏相论本质与本原哲学的支撑，又能通过对藏相系统中生命的认识，以另外一种视野去认识生命和大道，并且这两者相互通融支撑，赋予生命广度与深度，从而形成基于大道本来关于生命新的认识论。再次，围绕生命和以生命为视野的哲学模型，为依性（体）→相（法）→用（象）程式分阶段、分层次、分角度，并且围绕生命来阐述如何发生关联和作用。或者说将大道本来这个哲学命题赋予了具体的内容，同时通过生命这个具体的研究对象，又反过来透析大道本来。第四，藏相系统里的围绕藏象生命的对待（含内容与本质），遵循九易法则尤其是体现藏相法则的独特性，并且以藏相法则将藏象生命放在由乾藏界、相虚界、坤形界构成的界域中研究，把真如心性、唯识因缘、精神、意识以及自然物质的关联和作用联系起来，从而让性（体）→相（法）→用（象）程式在不同的阶段有了具体的内容内核，而且围绕这个内容内核，通过藏相法则的内涵，把多维度视野赋予的内涵立体化，既让我们通过所探讨的生命命题有了不同维度的生命内容，尤其是生命内涵的广度与深度，又让我们认识到九易法则（含藏相法则）对认识事物的本质所起的法则作用。第五，多维度多界域的联系，并在多维度多界域中找到贯通相互的哲学模型，通过一定的方法论和认识论，再去分别认识多维度多界域里的"生命"命题，然后再来把多维度多界域的联系统一起来，从而让藏相系统里的生命论，依性体相用不同对待延伸出丰富的内容、内涵。第六，藏相系统的界域所转换的就是多维度多空间的视野，在"生命"命题上，就有不同的生命领域，从而解构了常规的生命形态，如果把不同界域里的不同生命领域动态联系起来，便形成一个动态完整的生命观。比如在乾藏界、相虚界、坤形界动能形态下的源流变关系，而这种源流变关系既是联系界域的动态视野，又是围绕生命构建的认识模型，就能在多维度多空间的联系里，找到精神和物质的动态内容。在《道统》中以相、度、性、证、德视野角度，分层次分阶段认识大道体性在不同维度里的内涵，然后又在性体相用层面综述大道本来五具足的实质。

之所以从大道本来层面以及大道体性内容本质来入藏相系统视野，就是要转换我们习以为常的直线式或平面式思维，这样在我们认识事物时，就有相、度、性、证、德多角度视野，同时又可把多视野多维度中的内容以道、法、体、用、证建立体系化的认识，从而可以看到事物之间复杂多变的联系，无论是内与外、宏观与微观，还是相互之间内在的交互作用，都能从局部的认识到逐渐形成动态联系，再把诸多动态结构以哲学模型串联起来，形成整体观。这便是藏相系统为何要基于透析大道本质来形成独特视野的原因，也正是有了这种哲学思维，才能理解藏相系统是新体系化构建的广义生命系统。习以为常的直线式或平面式思维是短视的、固化的、孤立无联系的、也通常是以眼见为实的，这些不仅对改造自然的现实意义有束缚作用，且对体悟生命也是毫无帮助的。藏相系统视野可以把标榜以眼见为实的诸多事物赋予哲学模型联系起来，从而以此建立对未知领域的哲学思考。比如说水的气、液、固态就能在三阶界膜理论中，以能量和物质的转换关系，把多领域多内容联系起来，并找到他们的本质。藏相系统视野，是一套基于透析大道本质的独特视野而构建的新体系化广义生命系统，在这种整体观下，就有了认识周易易周本体论诸多方法和条件，从而指向宇宙与生命的本质与本原哲学的终极关怀。

精神域、精神相域、物质域；生化与源流变

　　从大道体性承载的大道本质与本原哲学，来广义地界说精神与物质的范畴，认为形上道为精神域，形下器为物质域。可是在传统佛学领域里，把唯识中的八识（眼识、耳识、鼻识、舌识、身识、意识、末那识、阿赖耶识）认为是精神的范畴。而八识所在的"识"范畴明显非形上道精神域。把业种子辗转循环中其识、根、尘在人身上和合集聚，形成色蕴、受蕴、想蕴、行蕴、识蕴集聚成身，色蕴的妄见（一切可见、可分别根尘内外的色）与可用来起领取纳受（身受与意受）在受蕴中的尘相，既形成外在物理空间，也构成在人身上出现的精神与物质的联系和转换关系，界定为物质的范畴。以此来比对，是否会觉得广义位域里界定的精神与物质的范畴，与传统佛学中对精神与物质范畴的界定出现了不一致，尤其是位域空间的指向。根据"识"范畴的根本属性，为妄

识，为烦恼藏，故传统佛学里的"精神"指向应该为广义界说里的物质域，并且广义界说里的物质域包含了传统佛学的物质域。那么如何把广义界说与传统佛学位域统一起来，形成一个位域维度明晰的精神与物质界说模型，这就是藏相系统以界说位域的方法论来构建精神与物质系统的所在。

其实这里面并没有出现界说不一致的界定划分，而是道→母→器程式所包纳的域的内容囊括了一切形态，在这样的体系里，界说，只是根据方法论的需要，按照一定的体系和脉络去给予划分，是需要以某一系统去统一然后再去细分，再去界说。既然说到了体系位域的不同，比对道→母→器程式下广义的界说和传统佛学的体系我们不难发现，广义的位域所研究的为在圣、圣化凡、在凡、凡转圣的道→母→器程式体系，而传统佛学所围绕的为"无明缘行"在凡与凡转圣对待，并在某些局部问题上联系在圣态的描述，以唯识系统围绕"无明"因缘和合讲开悟的维度与修证的问题，但也并非不涉及圣态与圣凡关系，其视野重点不在这个位域界里，而凡转圣的位域里，佛家依圣果的次第，有大量的经藏讲述了修证中和修证后的凡圣关系，其凡转圣的圣果次第是有明晰和明确的体系，但这个圣凡关系是立于无明域中凡转圣，也就是说诸多圣果世界的证悟，还是无明域的对待。有了这个认识，就不难发现，传统佛学里诸多命题的对待都是以无明域为重点，而无明域中对无明的承载体就是围绕阿赖耶识的八识心王法与五十一心所法。

藏相系统关于精神与物质位域的界说，按照乾藏界、相虚界、坤形界有三种形态的位域维度，为精神域、精神相域和物质域。

乾性如来藏界为精神域。传统佛学里把真如心性作为对待，界说到乾藏界并划分为形上道的精神域。在传统佛学领域把性相一体说，都归类为精神范畴，在诸法性本通里把性中有相与相中有性综述为精神范畴。其如来藏之心性，性宗认为，一切众生的心并非由断惑始得清净，而是本来清净的，故众生之心即为法性。这种界说，并非是超越了传统佛学精神域的认知，而是还在其范围之内，只不过八识心王及其心所皆有所依，其能依所依的根本为真如，也就是阿赖耶识能依所依的为如来藏，如来藏与心王只不过是本性与妄心的关系；在心王法中以及所依阿赖耶识的见分、相分、自证分、证自证分的功能中，尤其是证自证分，说的就是真如，唯一佛性，本来如是的真如藏，是体性一如、识相无二的。从唯识的五位法（四有为法加无为法）中的无为法，即"不生不灭，无去无来，非彼非此，绝得绝失"之法，其不生不灭、无去无来、非彼非此、绝得绝失的就是真如。又，从法性宗以及佛家诸多对清净无染、不生不灭的真如自性的终极指向作为宗教关怀来说，把乾性如来藏界说为精神域是顺理成章，且是对传统佛学精神域哲学观的致敬。同时，以在圣、圣化凡、在凡、凡转圣的周易易周本体论上，把乾性如来藏界说成精神域，从莫之能说的形上道与一切所说与能说的形下器来看，主要是"在圣"所对待的大道体性域位具备本来清净之位域。况且，我们立于在圣、圣化凡、在凡、凡转圣的周易易周本体论上，通过精神与物质范畴的界说，要把精神与物质"转""化"下关于能量的源、流、变梳理清楚，就要增加和增强对有"源"作用的"在圣"位域的认识，通过在圣"源"的体性位域，成为一个特殊的位域对待，从而立于在圣位域来讲述圣位的体性，以及圣化凡的顺承关系，而不是立于无明域的在凡位去联系圣来说明诸多问题。从乾性如来藏界为精神域的界说，延伸出来的是视野上的转变，也增加了藏相系统的领域深度。

相虚唯识因缘界为精神相域。相虚界中所指的唯识因缘主要是唯识宗里八识心王法与五十一心所法的综述界位，把在无明域对待里，业种子辗转循环生现行的有为法中，除色法外的心法、心所法界说为精神相域。精神相域相对于精神域来说，其本质的区别为性——精神域为形上道的性域，而精神相域的"相"为性相，是性对相的关系，在唯识宗中五法三自性中，其五法中的心王法、心所法的法相皆具足三自性。其性宗与相宗为佛法在显教的二大部，而相宗为唯识、法相或法相唯识等，又通常在唯识学中众多的"名相"为法相所摄的范畴。八识心王为眼识、耳识、鼻识、舌识、身识、意识、末那识、阿赖耶识，而五十一心所为遍行五所（触、作意、受、想、思）、别境五所（欲、胜解、念、定、慧）、善十一所（信、精进、惭、愧、无贪、无嗔、无痴、轻安、不放逸、行舍、不害）、烦恼六所（贪、嗔、痴、慢、疑、恶见）、随烦恼二十所（忿、恨、恼、覆、诳、谄、骄、害、嫉、悭、无惭、无愧、不信、懈怠、放逸、惛沈、掉举、失念、不正知、散乱）、不定四所（悔、眠、寻、伺）。

坤形器物界为物质域。坤形界由于围绕无明及器物交互作用，尤其是从心不相应行法和色法范畴来说，主要体现"器"含义下的型和象在物质性的事物现象，为形质互相起障碍之质碍，色法为眼、耳、鼻、舌、身、色、声、香、味、触、法处所摄色，色法和合集聚为色蕴，我们说传统佛学对物质域的划分为色蕴的妄见（一切可见、可分别根尘内外的色）与可用来起领取纳受（身受与意受）在受蕴中的尘相，既形成外在物理空间，也构成在人身上出现的精神与物质的联系和转换关系，界定为物质的范畴。其色蕴的妄见、可用来领取纳受的尘等，其实这还是对色法的物质域的一种解释，尤其是形质之质碍的有型有象的物质。针对从"乾"性内涵对比"坤"的广域，"坤"的内涵不仅限于色法，尤其是色法中形质之质碍的有型有象的物质，还有很多无质碍作用，不与色法相应，也不与心、心所相应，不与无为法相应，它是心色不相应行有为法的集聚，有得、命根、众同分、异生性、无想定、灭尽定、无想报、名身、句身、文身、生、住、老、无常、流传、定异、相应、势速、次第、方、时、数、和合性、不和合性二十四种，它增加了以色尘来说坤器的内涵，增加了"坤"域内涵的更深延展。由于坤对于"地"的含义，相对于乾天的性来说，坤地为坤形器物界，故我们世俗常说的"天"，即三界（欲界、色界、无色界）二十八天从本质上属坤地的范畴，它和我们见的三维世界一样属于尘相，且三界二十八天包含了我们的物质世界。在《周易》中有"用九天德"就说了两个位域维度的"天"，这两个维度一个指乾性的真天，一个指坤尘的非真天，其非真天就是坤形器物界的一种形式。如果还要在物质域里再来划分，可以把色法范畴中眼、耳、鼻、舌、身、色、声、香、味、触、法处所摄色里，有形质之质碍的有型有象的物质称为物质域，把心色不相应行法所含的无质碍作用，不与色法相应，也不与心、心所相应，不与无为法相应的划分为物质域。如果狭义的把色法的物质域认为是万法唯识所变现的主观作用，那么依心王、心所、色法三法分位假立之法的心色不相应行法可认为是客观，但它都是唯识的范畴。

由此可见，围绕真如心性、唯识因缘、坤尘器物三个基本位域维度，以大道体性位域并结合传统佛学中对精神域与物质域的界说，把乾性如来藏界为精神域，相虚唯识因缘界为精神相域，坤形器物界为物质域。其精神域、精神相域、物质域为依性→相→用程式视野联系乾藏界、相虚界、坤形界的综合界说。其综合体现在乾藏界、相虚界、坤形界的界说位域体现为"体",是大道体域的一种界说,而与域体相对的性、相、用体现为形态功能对待,之所以为形态功能,是因为这里不能把性、相、用说成是"性"层次的域,从作用域体的域性层面来说,乾藏界为玄德与圣德,相虚界为用德体(乾性层面体用一如,故不分体用,而用德因界域不同,故分体用,为用德体与用德用,用德用简称用德),坤形界为用德。性、相、用只是域性呈现出来的形态功能,或者说成立足于形态的本质功能,它是性域在"性"层面上的表达与传递,尤其是在形下器范畴里,其域性并非直接呈现,而是要通过相、用等形态功能来表达、来传递,也就是常说的相由性显,其形态功能的相与用为域性而显。尽管如此,性、相、用还是从域性作用域体的层面传达了"性"的信息。

精神域、精神相域、物质域就是乾藏界、相虚界、坤形界依性→相→用在形态功能上的界说。在形态功能上,精神域对应性,精神相域对应相,物质域对应用,这样就能把道→母→器程式联系起来。道、母、器是乾藏界、相虚界、坤形界在域体上综述,乾藏界真如心性的域体综述为道,相虚界的唯识因缘的域体综述为母,坤形界的坤尘器物的域体综述为器。道→母→器程式为道、母、器所对应的乾藏界、相虚界、坤形界的内在整体观的联系,内在的整体观联系体现在道→母、母→器与道→母→器的位域,在内在是有联系的——为相互关联与交互作用,而道→母→器程式则是整体观的体现,它是立足于位域而破位域界说的整体观。

从道→母→器与性→相→用以及精神域、精神相域、物质域,来言说的乾藏界、相虚界、坤形界,逐渐有了从体、性、形态功能、能量流变等多维度和多视野的位域来看待藏相系统中的三大界域。

从形上道与形下器大道本质与本原哲学观出发，也就是从上和下的单独对待来说，形上道乾性如来藏界精神域，形下器相虚唯识因缘界精神相域与坤形器物界物质域，上与下的具体所指就是两个域体，怎么分了三个出来呢？首先，从性与色（识）的本质对待上说，除了乾性如来藏界为形上道外，与性相对应的为形下器，故相虚唯识因缘界精神相域与坤形器物界物质域归类为形下器。其次，在形下器的范畴又分出来唯识因缘的精神相域，而精神相域所对应的为"母"，所以疑问就迎刃而解，在性与色的对待上，色的生，为从唯识因缘的精神相域的"母"，依性而生。再次，以"母"的生万物的特性，其精神相域为性与色的关系对待，这个"母"是性与色的临界中间态，类似于太极浑沦相，以及唯识宗中的证自证分，看什么样的立场对待来归入性还是色，还是以性联系色以及以色联系性。

这就不难理解精神相域独特的"母"性，有了此"母"性，万法就能在唯识因缘里呈现"唯识所变现"的佛法观，同时立足于"唯识所变现"的佛法观看待"母"性，也就是《道德经》所说的"可为天下母"与"天下万物"。这也从另一层面说明了如来藏的性与阿赖耶识的识的关系，同时也从佛家的角度去理解《道统》中关于太极浑沦相临界态的内涵了，太极浑沦相上承无极而太极的先天五太在圣域，下启生万物的后天五生的在凡域，而太极浑沦相的临界态就是圣化凡的阶段，凡的色为依圣的性，通过阿赖耶识唯识变现或太极浑沦相"言万物相浑沦而未相离也"的"母"性而生，"母"性的呈现正是"无极易而太极毕、太极毕生万物具"的证自证分中的唯一真如佛性与阿赖耶识种子源的关系，它们在太极浑沦相的临界态是生而未分，依转一体。在太极浑沦相或如来藏与阿赖耶识临界态（关于如来藏与阿赖耶识能否等同，后文再解析），便是圣化凡中"化"在圣性与凡识能量"流变"临界态。

从"生"和"化"的角度，生为大道依体性合相显道法常自然的道生之，其道生德蓄的常自然（无为而无不为之性）是大道恒顺生势的根本。"道生之"在《道统》中有诸多章节呈现其哲学内容和解析原理、方法、应用，本书在《道元论与藏相动能论》有更加深入地剖析其数理哲学逻辑的章节。从道→母→器整体观上说，"化"为圣化凡，也就是如何从道域到器域，中间要有母域去生。说化是指位域界的转换，呈现的是化的内涵。从在位域界中的变化谈"生"，归在由"生生"（生生之谓易）承载的生、变、易内涵上。

生与化的关系为因生而易与依易而化。大道恒顺生势，因道生德蓄（体性合相之无为而无不为真性，也是玄德作用无极道体的描述）的本质而有道生之，"生"为生、变、易过程呈现的生变易的"生"，这也是位域体与整体位域观的关系。生是贯穿化的主轴，道生之的恒顺生势，因道生德蓄的体性合相作用的真如性，就必呈现道生之的生变易，故"生"内涵下的道生之是恒定的，由生贯穿的主轴，在一定的位域阶段就会出现"化"，这个一定的位域阶段就是道→母过程，如果从内容上说即为无极而太极先天五太阶段（太易、太初、太始、太素、太极）的太极阶段。道→母过程中由生变易贯穿的生，宏观生的过程里有易道，即因生而易。易在位域体中有了道生德蓄的积蓄后，就要呈现出化，化又为易的积累，这就是依易而化。

生、易、化是道→母过程的综述，也是器在母位域阶段的临界，在内容上就出现了无极而太极先天五太阶段过程中气、形、质的变化，为先天五太内容，太极浑沦的临界便呈现了"化"在"母"性的反应。源于"道"的生、易、化变化，便是"母"的来与去；同时，源与"母"的化，便是"器"的来去；而"器"为"母"依"道"而化。从界说位域方法论，就能明了这两个视野维度的不同对待。生与化关系中的因生而易，为基于源而说源、流、变的问题；依易而化，为源、流、变整体所在的源流变关系呈现的"母"性对器物的孕育问题。而这个孕育问题非"母"性独用，而是源于道，流于母，变于圣凡临界。从这个关系来看物质与精神、精神相的关系，就知道他们内在的本质联系，我们眼前有质碍的色尘世界，就不再是孤立而冰冷的。从在圣、圣化凡、在凡、凡转圣程式中的化与转的临界"形"域来说，化为精神域动能向物质域动能的走向，是一个高维度向低维度的走向；而转为物质域动能向精神域动能的走向，是一个低向高的转换。

在唯识中，"唯识所变现"种子与种子现行生起的世界所依的阿赖耶识就是"母"性内涵佛学化的呈现，种子与种子现行生起的世界就是形下器的凡为现量。种子与现行为在圣的生、易、化过程综述而立于"母"位域的视野，"变现"所能对应的便是生与化的内涵唯识传导的过程。从阿赖耶识的"母"性来说，真如自性的精神域为种子源，此为证自证分所说的唯一真如佛性，种子源为道→母过程的种子众因缘和合集聚，才有阿赖耶识种子的"无明缘行"。它们为同一种内容在不同位域的描述，也就是我们所说的临界态。为什么一定要有这个临界态呢？那就是性与识位域本质的不同，体现在位域体和位域性皆不同，我们说大道恒顺生势的道生之，为大道依体性合相，性与体同体承载交互作用，性位域的体性位为天大与圣德，而识位域的体性位为地大与用德体。临界态就是性与识在生化过程中的临界接口，类似形而上与形而下界说上下的"形"，在道→母→器的圣化凡过程中，就一定有"形"内涵（形迹、形相、形界）承载的可以结合两边来界说的位域，这就是"母"的"形"内涵，也是临界态的哲学逻辑。

从道→母→器与性→相→用界说精神域、精神相域、物质域体性流变关系上看，阿赖耶识母性的精神相域依真如体形上道的精神域，形成道→母的生的关系；唯识所变现的在凡的物质域，为阿赖耶识母性所化，而"母"则为临界圣凡，有不同位域视野的独特对待，它既可以圣域的对待归入形上道，也可以凡域的对待归入形下器，故以此独特对待界说为母位域。从唯识的角度来看，则是种子源、种子、种子与现行的关系，再来深入一下，种子源→种子→种子与现行它们贯穿的连贯关系，则是真如实相，也就是说种子和种子与现行的世界皆为大道真性妙显，而种子源→种子→种子与现行的整体观则为一合相的如如圣境，为法界体性智（转第九识真如心、自性清净心的清净识）妙化、妙用、妙显，也为玄德，从法界体性智的清净识而证悟成佛来看，如来藏与阿赖耶识是不能全部等同的，能等同的为阿赖耶识中的证自证分指向的真如性，其余都为性与识范畴的本质区别。

因生而易与依易而化的生化关系所联系的道→母→器程式动态观，把大道中任何至微至彰的事物都从本质变化上联系起来，赋予了认识"道"的视野和研究"道"的思维模式，这便是中国哲学辉煌灿烂的沉淀，从中华文明的肇始初始对宇宙大道的洞悉，就从登峰造极的顶峰给予了启示，这种形而上连同形而下整体观下的大道本来的表达，是多么令人赞叹的景致。基于大道本来的整体观，不仅是万物的统一，而且是道→母→器的统一，还是本体论的统一，从统一再到局部的位域，然后再从位域本身联系整体，一切自然任运，连贯一体，就如老子的青牛出函谷，则头顶一片万象紫炁，然后才有这万般的慢条斯理，如如本来。

在整体观下的位域对待，然后再从位域本身联系整体的哲学思维，通过界说位域方法论，认识精神域、精神相域、物质域的界说视野和位域中的体性关系，是把"道"这个含义从遥不可及与莫不能说的层次拉到我们可以识别的视野，也就是通过器的型与象，以及我们身边的任何一物，乃至任何一念，它都原原本本以现量陈述着大道的内容，都联系着那个本来的真相。可为何我们通过寻常可见的器物，以及起心动念，无法转化和识别大道真机呢？那是因为执着和颠倒在器的型与象上，落了一处自然障了所有。唯识所变现而落在识的圈套里。把所障的局部（凡器里极小的一部分，眼的识、根、尘也只是唯识系统里的一部分）当成了所有，所以不知"心"在哪里，不仅无法明了被障了的心，还无法透器物显性，这就是佛家也好道家也好，在说到证悟的层面，为何要强调明心见性了，尤其是要实证见性，因为只有见性才是串联道→母→器的唯一所在，也是根本所在，它是在证悟的层面上，反过来说为打开一切的光明"母"性，我们要依赖见性的"母"转换唯识的圈套。

从见性的"母"去转换障碍与烦恼的圈套，就要透析并依赖"母"承载的法则与法度。依性而生的母，有什么样生万物的法则与法度，让我们能透析"母"承载的法则与法度而达性呢？这个"母"承载的法则与法度为大道独立不改周行不殆呈现的三易体证的九易法则。我们被器的型与象色法所障，所质碍，就是中间割裂了运转器物的法则与法度，凡夫境把器的色法割裂了，见不到母的真容，自然就不知道去如何转如何化了。

从道→母→器程式中的道、母、器分段位域来看，形而上的精神道域如如本来，莫之能说，不落一处而达所有，可谓不生不灭、自在无碍；母域也因临界态，能上承如来真性而有种子源，也是在圣的对待，自母域下启种子与现行的物理世界，且唯识变现而有形下器的凡，识、根、尘交互作用相互熏习，无明开始障碍真心，一切都失去了本来自在，其母性承载的九易法则的两仪规则中，也都走向了另外一仪，世界开始随根尘蕴结和合集聚而相互断裂、失去联系，心王与心所的烦恼从藏相动能里封闭起来，色法的世界开始凝聚，重物质的出现以及自从那个黑洞的世界堕落下去，就有了器域质碍、缓慢、无知。器域的物质界，在这里狭义的指色法范畴里眼、耳、鼻、舌、身、色、声、香、味、触、法处所摄色，尤其是有型有象（指可眼见）物质性事物现象在形质上互相起障碍之质碍的范畴；如果再把从心不相应行法狭义的理解成不受任何主观与客观而存在的物理空间，就是色法物质的外在客观空间含义。其器域的物质界因质碍的色法与物理空间把道→母→器程式的位域连贯性，从以眼见为实的障碍前隔断，既无法觉察器域中物质之间交互作用的关系，又无法透析母性的法度，就更不用说心性形而上道域的认知，三位域之间的整体联系关于大道的真机就在物质域的质碍中被障碍，成为牢不可破的无明。无明在佛学里，是指不知意识心之虚幻，执为实不坏我，故令阿赖耶识起行支，依于末那之执我而执名色，遂至轮转生死。在形下器的位域里，维度越低、物质越实（内部结构越密致）所造成的障碍越深，黑暗愈烈。

无明是和光明相对应呈现在形下器的动能态的一种反应。形上道真如心性的不垢不净的净，为光明，形下器唯识变现的种子与现行世界为染，为无明。形上道的光明域能量态的反应为遍照十方三世一切时空，而形下器的无明域能量态的反应为因执着和颠倒障碍，按源、流、变呈阶段性虚幻不实。何为阶段性虚幻不实呢？首先，因执着和颠倒障碍而无法见实相，无实相则为虚幻不实。其次，阶段性则为唯识变现的种子与现行世界按六识六根尘的五蕴境而显不同虚幻不实，五蕴十境与五十一心所烦恼，皆是导致无明的根本，而这个根本又是因执着与颠倒。再次，动能态，按形上道的精神域和形下器的物质域，分为精神域动能和物质域动能，精神域动能是大道源动能，表现为十方三世的遍布朗照，为圆明；物质域动能按照母域与器域以及现行世界中五蕴十境与五十一心所烦恼的不同，呈现源、流、变的形态，表现为障碍的"方"的局限性。"方"则为根据五蕴十境与五十一心所烦恼的体性关系和唯识因缘变化，而体现空间结构的局限性，就如灯泡有屋子的局限，太阳有太阳系的局限等。

无明在形下器的母域和器域按源、流、变呈阶段性虚幻不实，就是种子与现行世界中五蕴十境与五十一心所烦恼唯识空间体的不同，这就是道→母→器程式中位域的维度差异，道域、母域、器域中光明和无明的差别，根本为大道位域体和位域性的不同，而产生位域体和位域性不同的根本为真与妄的不同对待，乃至对妄的颠倒与执着，以此本质才呈现动能的源、流、变与相对应的唯识空间的动能态上的差异。在位域阶段上讲，与道、母、器所对应的精神域、精神相域、物质域，就是依光明与无明在动能上的具体描述，他们之间的关系体现为动能的源、流、变关系，其动能的源、流、变又如何呈现精神域、精神相域、物质域的本质呢？这就是藏相动能论的内容。藏相动能论就要把道→母→器程式中精神域、精神相域、物质域动能差异和生化原理，以藏相动能论的视野来作为藏相大生命的内容。

光明的十方三世朗照与无明的虚幻不实，在《周易》里有"大明终始"关于光明与无明以及转换关系的描述，且在六十四卦里有关于大明终无明始的象数逻辑呈现，这种象数逻辑如上文描述的一样，为唯识空间的不同而对应出来卦体世界说。

从道→母→器与性→相→用程式，以及所界说的精神域、精神相域、物质域，联系形上道心性光明与形下器虚幻无明，把藏相系统以界说位域视野，界说为乾藏界、相虚界、坤形界界域空间，并从精神与物质、光明与无明的界域广度属性上赋予了一定的内涵特征。从道→母→器程式综述的形上道圣与形下器凡以及基于形的母性内涵，将藏相系统中界说的阶段位域，以道生之的恒顺生势联系起来，连贯形成基于内在联系的整体观。这个整体观是从道→母→器程式言说形上道的层面，除了莫之能说的道域层面，就连一切所说和能说的母域和器域，也因器由性显，将形上道与形下器归入大道真性范畴，属于见性后的实相境界，虽然大道真相是连续而连贯的，由于它立于证悟层面为一般境界而能为人所知，大道真机也只有基于实相具足的联系才是体性交互贯穿的，否则由于无明所障，母域和器域是与道域的"性"割裂开来，而形成习惯性的迷惑、执着、颠倒，在位域阶段里执妄迷失，认假成真。

尽管如此，我们探讨它们之间内在联系，是在整体观大道真性统摄下，以大道体性在不同位域的体的内容、性质所显和能显的特征不同，又从位域阶段独特对待，立足于形上道圣与形下器凡以及基于形的母性内涵，找到了藏相系统所贯穿的真如心性、唯识因缘、坤尘器物在性（体）→相（法）→用（象）程式下的联系，它的联系便是道生之的恒顺生势，因道生德蓄的本原而有生的恒定，立在大道的道生之的"生"上，才出现《道生德蓄恒顺生势图》所述，以生内涵纳的生、变、易以及贯穿生变易过程的长、育、成、熟、养、覆过程；随着"物形之""势成之"在一定因缘条件下的和合集聚，再以道生之的恒顺生势贯穿，就有了圣凡之间的临界与转换，这个临界就表现为"母"性，通常在圣化凡态上特指太极浑沦相，而转换就表现为"化"。以母的生和圣凡之间的化，以及以生化关系和内涵承载，又将在阶段位域"化"的含义，联系并连贯到道→母→器程式上，这种位域阶段的相联系并连贯到整体的方式，我们并不陌生，例如通常以天人合一来表达天与人之间的密切联系，且它们的关系以"合"的内涵将天和人两个位域阶段的域体联系起来，并找到了相互之间的法则属性，从而形成认识世界与生命的视野。

  以此内在联系明了藏相系统中之所以有不同的位域可以界说，而这些不同的位域在道、法、体、用、证各层面形态与内容皆又存在着差别，究其原理，为位域间反映大道体性的内容和性质不同，而大道体性在不同位域间的差异，又是以大道恒顺生势的生化关系发生联系的。因生而易与依易而化的生化关系在贯穿在圣、圣化凡、在凡、凡转圣位域间，成为圣与凡之间"化"和"转"的转换关系，这种立于生化关系的转换内涵，在真如心性、唯识因缘、坤尘器物之间按照位域的不同，呈现动能的源、流、变实质。这就把藏相系统中依生化关系呈现的内在联系，分阶段分层次分角度系统性综述，在不同位域阶段因大道体性的差异，产生道、法、体、用、证各层面的差别，以及呈现出动能的源、流、变实质中，如何认识不同位域阶段呈现的动能的源、流、变实质，成为至关重要的内容，它对于既能找到无明之于光明的障碍，又能立足于动能的源、流、变把位域阶段存在的大道体性梳理出不同的层次和维度，将诸多事情以分阶段分层次分角度做不同的对待，形成全新的认识提供很大的帮助。

  关于源、流、变的内涵又是如何呢？源，以来源、根源、源泉的含义,在这里特指无极道体的本源,此本源为大道恒顺生势道生之中"生"的本原和本质的发源。在道→母→器程式中,我们说形上道在圣的精神域为精神相域和器域的源,把如如来去的真如体在圣态作为天下凡的源头,从而以此生化关系而有母域和器域的顺生,但我们描述的道→母→器程式的"道"域也有一个源,它就是只能以"无极"来形容的假定的源头。纵然把无极强说为源,可这个真正的源也莫不知其所踪,非以智慧而不能言说,《太始经》云:"昔二仪未分之时,号曰洪源","洪源"所描述"二仪未分之时"的无极为弥纶无外、虚生自然之态,后在"洪源"的溟涬濛鸿的幽原之中,化生玄元始之三者九玄之气,同时也为太无变而三气明的过程,以上的描述为《云笈七签·卷二·混元混洞开辟劫运部》所载,它是诸如《太始经》《天真科》《上清三天正法经》《灵宝天地运度经》《老君戒文》等《正统道藏》中关于混元、混洞、劫运等内容的归类与总结。又因《道德经》曰:"复归于无极。"我们把这个大的这个"源"以"无极"来强名,有了无极的源以及道生德蓄的本原和本质,而有道生之。以此起"源"的生,逐渐有了以道生之贯穿的三者九玄之气、先天五太,从无极而太极过程的在圣态生化坤尘凡物,而有形下器的一切所说与能说。

立于道→母→器程式而说源,为无极道体的源,以及基于无极道体而起源于无极道体的"生",为道生之的"生"在无极体的源头。这两者的"源"的含义,又因道生德蓄的本原是一切的根本,包括从无极道体的描述以及道→母→器程式所包纳的一切,因大道本原才有因本原而"生"源,才有大道恒顺生势贯穿的道→母→器程式。本原为哲学属性,为大道本性、真性上的综述,我们在《道统》里称为无为而无不为真性(它是一切包含圣德性、用德性、证德性等作用不同道体的大道心性的统称），它是体性合相的一种存在也是大道本来最精深、最玄妙、最不可言说的如如，有此本原的大道真性妙用，才有本原真性作用后发生变化的开端，即为源，故本源为本原哲学的妙显，本原为起源开端成本源的同体承载的真性。本原哲学在所说与能说上体现为道生德蓄的合相，为大道的体域（道生）和大道的性域（德蓄）交互圆融同体承载，生的源头为德性的阳蓄，道体显金与阳的延展性，为玄德妙显的"生为长"之性，以此发端，而有长育成熟养覆的物形之道生，顺延道生而有势成之，大道恒顺生势。

源含义所呈现的在道生德蓄本原哲学的统摄下，所指的是无极道体的源以及道生之生的本质，为根本的源头。往往在界说位域的视野里，"源"可以理解为下一个位域与上一个位域产生联系的发端，也就是说不必都基于最本质的源头，而是指向一件事物发生在联系上的来源。从来源处产生的延展性联系，为流。

流者，动也。动，就是大道依道生的"生"而动，是动的本质和最微观的形态，从最微观的形态来看，动的发生，是生的延展，对比生的延展之前的状态，则为"流"。若想把"动的发生，为生的延展"以及"对比生的延展之前的状态"解析清楚，就要从循顺置返哲学视野上解析，也就是老子曰"反者道之动，弱者道之用"的循顺置返哲学视野，它是老子观宇宙与生命的一双道眼，从它看出去的风景没有极处。我们来回顾一下《道统》中对大道恒顺生势道生之的描述，以此来理解大道依生而动，并有生的延展，体现"流"的本义。

道体至阳金性，显金与阳的延展性，此延展性为阳蓄而大，阳大则为元，自元阳之大而蓄积生动，成物形之与势成之顺生之势，"故道生之，德蓄之，长之育之，成之熟之，养之覆之。"长，为道体与玄德妙显蓄阳而长；育，为阳长而积；成，为阳蓄积而成大；熟，为阳大生延，延为基于未蓄之前的延展性；养，为延蓄积而养，阳大之生后继续蓄积之养，此养因阳大继续蓄养而变，为熟的延展性的基础上的变，也可以看出进一步的成与熟；覆，为蓄变而易，为阳蓄养到了一定阶段，可以把生与变连贯起来而生的易，这个易的产生就是生与变持续的发展，用覆字非常绝妙，既体现出循顺置返的哲学思想，又表现出变易的实质，所以覆为生变易一体的"易"。从生到变的过程发展，是不断蓄阳的过程，长、育、成、熟、养这五者均为依赖生并依生而变，直到发展到实质性的阶段，而有"覆"的易，从覆置返来看长、育、成、熟、养这五者，这就是"反者道之动"的哲学思想。覆就是在前五者连贯动态的基础上而有的实质性变化，针对覆的当下，前五者呈现为已经过去的弱态，但以前五者连贯的动态来呈现、反应并作用的，这就是"弱者道之用"。当然，由长养成熟养覆的生变易过程承载的内涵，只是循顺置返哲学视野的一种基本形态，大道恒顺生势道生之的生变易过程，是循顺置返哲学的具体呈现和表达。

从阳蓄而大，自元阳之大蓄积生动而有蓄阳而长的"长"开始，长→育→成→熟→养→覆过程，都是"动"的发生，且是依生的延展而动，在生的延展上对比生的延展之前的状态，呈现"流"的含义，此含义为"流"的本义。流除此基于本质的生，以及因生而动"流"的本义外，立于"在生的延展上对比生的延展之前的状态"的位域对比，"流"常指在位域间有跨越性的变化。生的延展之前的状态与生之后的状态，构成了位域，换句话说，长→育→成→熟→养→覆过程就构成了长域→育域→成域→熟域→养域→覆域的位域变化，而依生而动的流，则是要把这种"动"态跨越并穿越各个位域，才能形成完整的长→育→成→熟→养→覆的生变易过程，这便是"流"基于本义的引申义。

流的引申义与由"动"承载的变化，便是"变"的内涵。从"源"的内涵，源的生、流、动以及生变易的每一个微观的变化、延展、流变、位域间的转换，都是由变所贯穿，且除了生的缘起外，其他道生之恒顺生势生化发展的一切，皆为"变"的内涵所承载。生、变、易微观变化承载的生变易过程，为生生之谓易中"易"的基本内容形态，而"易"又是大道○从无极道体至→母→器的整体观来看，包含周行不殆的在圣、圣化凡、在凡、凡转圣的周易易周全过程。由"易"依附于"大道"的所有变动不居过程而终始贯穿，成为易道。我们解析易道，它既依生而易，贯穿大道恒顺生势的道生之，又以遵其九易法则之易道，以三易体证作用周易易周的完整过程，彰显道运转的法度。

源、流、变为易道在贯穿道生之过程的基本形态，是基于生、变、易微观过程的宏观发展。直接体现在立于道→母→器程式而说源、流、变，依源、流、变的本义内涵，呈现大道位域体性的不同。从源、流、变的内涵延伸出来还有源流、流变之义，其源流与流变一般要基于宏观位域或者宏观程式之间的关系。

源流是指有动态生变易的事物发生在联系上的来源，以及基于来源的变化。它里面有两层含义，第一层为事物本身要具足生变易动态发展，然后以事物动态发展的位域，去联系动态发展的源头，指向事情自身所在位域的前一个位域。第二层为两个位域间发生源和流内在关系，在位域间的源与流的内在关系，构成从源头位域发端的源流变化。有了这两层含义所指，就可以明白源流非一个固定的源头指向，而是要基于源头说发端于源头的联系性变化，同时它又是以"流"含义所贯穿的源流动态集合。我们从道→母→器程式来说，大道〇从无极道体炁为源头，在圣的道域为源流，它呈现在源流动态集合为元亨利贞圣德周行。虽然我们通常说道→母→器程式是把大道〇从无极道体炁为源头包含在道域之内而广泛言说，但在说源头、来源的本质的时候，就要分开来说，因为道域所指不是一个固定的源头属性，而是集合属性。道域为源流，它本身具足生变易动态发展，且发生了元亨利贞圣德周行的宏观道体域。联系动态发展的源头，则是大道〇从无极道体炁的源头，这就从自身所在的位域指向了前一个位域，道域与源头域。从无极道体炁的源头来说，在道域的"流"则体现为元亨利贞多位域体，元亨利贞的多位域体的连贯集合成为道域圣德内容。从源头域到圣德贞域，就是从源头位域发端的源流变化。

大道〇从无极道体炁的源头，到乾元→亨→利→贞圣德位域变化，从源流含义延伸的多位域间的联系（含位域自身的流变）就是流变，流变多用于位域间转换，以及特指临界转换的状态。比如从无极道体炁的源头的生，有了源头的生才有道域的元亨利贞圣德内容的源流与流变，圣凡之间转换的流变，道域→器域的流变。这种临界转换的流变指向大道体性位域发生变化的宏观表达，通常认为圣态与凡态在大道体性的不同所发生的圣凡转换的流变。我们虽然在道→母→器程式中以道域再分元→亨→利→贞位域变化，但大道体性的总格局没有发生改变，一般还是用源流含义来指"流"的动态发展，就算在元亨利贞多位域体的源流变化，但涉及到临界的变，就不用流变的特指。

源流与流变的不同在于是否有位域间的转换，无论是宏观还是微观，延续源流的发展凡涉及到易变的独特对待和不同位域的转换，就是特指流变。流变由源流贯穿，源流的发展，集聚在因缘和合的临界态时，则发生流变，以此类推，道→母→器程式中母域与道域、器域与母域、器域与母域连同道域，皆是源流内涵贯穿，在位域临界转换中又以流变特指。在微观的"生"上，长→育→成→熟→养→覆生变易过程中，其生变易的其他过程为源流特征，而到"覆"阶段就彰显流变特征；宏观上的道→母→器程式中，大道恒顺生势的各个位域阶段为源流特征，而道域与器域的圣凡生化转换则是流变彰显。

在唯识领域，种子源→种子→种子与现行则是由源流与流变内涵贯穿在道→母→器程式宏观视野。唯识中阿赖耶识证自证分的唯一真如心性，是种子源，它是以在圣如来藏真如体的立场归入性，而这部分又因显母性、临界性与色的生化，被我们以太极浑沦相称为"母"，种子源在母域中，独特对待母域，则为种子，只是种子的源头为在圣如来藏的性，从道域到母域的种子源与种子的转换，则是源流特征。由于母域为道域与器域的临界态，归入道域显性，归入器域显识，故种子的对待视野，也有两者，归入道域显性，为种子源，归入器域显识，为种子，它们为源、流、变综合贯穿源流与流变关系。虽然临界态的种子也为圣，但它呈现了流变的特征，而且对待立场从道域转换到了母域，跨越并穿越了域界，故显流变特征，尤其是呈现了"变"的内涵，对待的变、视野的变。这种"变"会导致属性的改变，同样的真如佛性，就呈现了种子源与种子两个不同的对待变换，这就是独特的相依源流与流变。

相依源流与流变就特指种子与种子为同一种事物在不同位域立场上的相依源，种子源为种子的源，而种子源与种子为源流与流变的相依状态。相依源流与流变是从三界两域独特来说临界状态的，道→母→器程式中有三个界域位，为道域位、母域位、器域位，这三个界域构成道

→母和母→器两个界说空间体，那么唯识中种子源与种子所指的真如心性，则是以"母"性在母域并上承道域下启器域的临界状态。真如心性在性与识的临界状态特征，就是相依源流与流变的独特形式，从母→器域来说，它是源流，从道→母域来说，它是流变，但它临界在"母"域中，显"母"性，呈现太极浑沦相的诸多特性和特征，如恍惚态的夷希微、视听循以及"其上不皦，其下不昧""是谓无状之状，无象之象，是谓恍惚。"等。作为种子源与种子在相依源流与流变上的内涵，我们知道种子源与种子作为独特的临界态，下启种子与现行唯识所变现的无明坤世界，又因相依源的关系，母与如来真性的"道"域"故混而为一"，所以如何去透析太极浑沦相，以及太极浑沦相的成因，对我们认识宇宙与生命的哲学视野有至关重要的意义。

从大道体性层面，在大道体域有无极而太极的先天五太"太易→太初→太始→太素→太极"的"无极五生象"图，在大道性域有坤元临界乾贞，从道域的乾元亨利贞圣德周行到器域的坤元亨利牝马之贞的用德，都从不同的视野与角度，说明太极浑沦相是如何在道域中依道生之的源流与流变，而有独特的母性。

说到了种子与现行唯识所变现器域的无明坤世界，并依种子与种子现行，明晰种子源为道域承载的真如心性，那么唯识中的种子源和大道〇从无极道体炁的源头是不能等同的，不仅不能等同，且在"源"内涵下关于源头指向的本原属性都是不同的。

大道〇源，是以无极道体炁来言说，为立于大道本原哲学而说源的所说与能说，此源基于道生之而有源头可述，而道生之的根本为道生德蓄无为而无不为真性所主的大道本原，也因道生德蓄赋予从无极道体的起源"生"。恒顺此生，而有自源头起，以道生之贯穿的三者九玄之气、先天五太的无极而太极过程的在圣态，再从圣态生化坤尘凡物，而有形下器的一切所说与能说。一切的指向都为无极道体域中因道生德蓄本原的"生"源，这个"生"源就是道生之顺生之势的缘起，道生德蓄所显的无为而无不为真性是一切道生之的总摄，且无为而无不为真性为道体与德性合相具足而妙显，此因过于玄妙而无从言说，所以经常在大道体性的层面，把体和性独立赋予内涵，然后再找体性之间交互圆融同体承载的联系。在无极道体域中则为玄德与其合相，道体以金与阳之性与玄德的生为长之性圆融结合，从大道〇蓄阳而大，成为从太无到乾元所有生变易过程中，最初始的"生"的缘起，而此"生"为生变易共同承载的生生之谓易的易道本质，实际上缘起的"生"非一个定点的源头，而是从源头起的一个生势。这个生势的形成，既为金与阳性的延展特性，更为玄德蓄积的"蓄"的结果，且从玄德妙用以及玄德与道体妙显起，就是大道〇道生之的生势，顺生之势成，则意味着乾元之势成，从乾道在圣的圣德元亨利贞周行，故而就有了无极而太极之势成，乃至乾道变易坤道的势成，乾道流变为坤道则有了太极浑沦相的独特临界状态，以此临界态生化形下器的万物，故这个顺生之势成的源头，为道所显的一切内容的根本缘起。

种子源，又要分两个视野，第一个视野为太极浑沦相的独特临界态，也就是上文在解析"相依源流与流变"关于种子源与种子时，它所对的立场为在圣态的真如心性，它是从道→母域来说，它显道域的真如特性，但却以母性来言说，所以要弄清楚是立于种子才说种子源，故这个"源"就指在圣的真如心性。如果从大道体性展开来解析的话，则有乾道体域为无极而太极过程，乾道性域为元亨利贞圣德妙显。这就自然指向了第二个视野，为立于种子而说的种子源从哪里来？我们说太极浑沦相为在圣态的独特对待，但它又是在凡的独特对待，因为临界圣化凡，故有两域界说的立场对待，从在凡来看，它为无明的源头，问种子源从哪里来？也就可以弄清楚无明出现的根本以及过程。从太极浑沦相说德性界域的流变来说，为乾贞（圣德性域）临界坤元（用德性域），故，在乾道无极而太极的道生之过程中，就有了无明种子源的因缘产生。无极而太极为乾道在圣的道体内容生势过程，而元亨利贞为圣德，圣德妙用，才有乾道体与圣德妙显，无极而太极依"生"承载的内容，在乾道体性圆融的道生之中，乾道为在圣如如来去的圣境，为至阳金性，但大道〇道生之本原规律与法则中，就算是在至阳金性中也必有阴性的出现，无明显阴性，种子以在凡的对待来说，则为无明阴性。在九易法则解析大道法则与法度时，以终始法则说大明终无明始，以无有法则说无中生有，以阴阳法则说阴阳盈虚等，其大明的终和无明的始以及至阳金性的阳与无明阴性的阴，都是在大道道生之过程中，以自然法则出现且有一定的过程和内容。关于至阳金性的道生之如何有阴性无明的元素，如何的大明终始以及无中生有，并随大道的恒顺生势和合积聚，产生一定的种子源而生化万物的原理，将在后文呈现它的精妙。

从种子源的两个视野，我们经常说佛与道的境界为如如不动妙化万有，这个如如不动是清净光明的整体观，而妙化万有就是如如不动中的玄妙变化，虽然有道生德蓄的本原，有大道体性圆融交互同体承载，但它如何依道生之的"生"在动，在妙化，以及阶段位域内如何的生，如何的动，又构成怎样的内在联系而显妙化呢？便是道→母→器程式承载的藏相系统中，乾藏界、相虚界、坤形界如何以源、流、变关系，在大道体性层面呈现不同层次、维度、视野下的内容、特性与特征之所在。

乾藏界，乾天与如来藏义

以乾藏界、相虚界、坤形界构成界域的藏相系统，从界说位域并联系精神与物质属性，围绕真如心性、唯识因缘、坤尘器物三个基本位域维度，把乾性如来藏界说为精神域，相虚唯识因缘界说为精神相域，坤形器物界说为物质域，从而构成界说位域的视野。赋予藏相系统依大道体性位域的不同呈现不同的结构、内容、性质，而这些各位域阶段在大道体性上的特点与内容，又从道→母→器与性→相→用程式下生化源、流、变关系，形成内在关联并交互作用的系统，那么乾藏界、相虚界、坤形界究竟如何彰显真如心性、唯识因缘、坤尘器物的内容与内涵呢？

先从形上道和形下器来说圣凡两个位域。从性与色（识）的本质对待上，形上道乾性如来藏界精神域，形下器相虚唯识因缘界精神相域与坤形器物界物质域，上与下的具体所指就是两个域体，除了性如来藏界为形上道外，与性相对应的为形下器，故相虚唯识因缘界精神相域与坤形器物界物质域归类为形下器。那么形上道和形下器所对应的根本世界为圣凡域，也就是通常我们以乾和坤来称谓的天和地，从而形成形上道乾天圣和形下器坤地凡。形上道乾天圣和形下器坤地凡是基于天和地在藏相系统中延伸的内涵，故在言说藏相系统中关于乾藏界、相虚界、坤形界位域内涵时，我们从常规天和地的视野，来赋予藏相系统的认知。

天，为乾，为心，为清净，为形上道，为在圣，为光明，为如来藏，为真如性，故有形上道乾天圣。地，为坤，为妄，为污染，为形下器，为在凡，为无明，为唯识变现坤形器物，故有形下器凡。此天地为从周易易周本体论出发，立于在圣、圣化凡、在凡、凡转圣的广义所指，是基于大道本来的一种哲学表述，在前文以"形"的含义从形而上与形而下联系道与器的特性而说尊卑时，是从位域体与位域性哲学范畴的综合表述来言说天地所指的上下，非世俗常规认为抬头看的天空为"天"，脚踩的土地为"地"，而有天上地下所指的狭义天地，天上地下非物理空间所指以及上下含义延伸的高低对比。为了区别传统狭义天地之义，故以形上道乾天圣和形下器坤地凡来言说广义的天地。

形上道乾天圣和形下器坤地凡为结合广义天地含义并以此延伸出的诸多大道本质属性，为在不同视野、角度、阶段所产生的所说与能说之用而有的集合名词。这种集合名词以视野维度的需要，从对大道本质出发来言说大道位域特性的所说与能说，非随意臆想攀扯，而是对大道本质的深入透析，立于大道本来的综合表述，是各位域视野以本质通融并集合在一起的体现。比如，心、清净、形上道等这些名词的本身都有精确的含义和概念所指，那么以这些名词来共同言说"天"的特性，是以大道在"天"展现的本质，从心、清净、形上道等不同的视野来言说，我们把心、清净、形上道对大道本质属性的指向通融在一起，便形成了解析"天"含义的多维度、多视野的层次结构。那么对于大道在"天"展现的本质含义，则是借用了心、清净、形上道等含义所指，成为所说与能说之用，丰富了对"天"的理解。

如果把诸如心、清净、形上道等所承载的含义，看作一个位域单元的话，这种集合名词就为多位域单元的集合，从横向上为名词位域单元相互之间的通融交互，从纵向上为通过名词位域单元本身的含义，透析本质而将诸多共性集合在一起，并围绕同一指向。从广域视野上来看，则是立于相互之间通融交互以及透析本质的共性集合上的一种统纳。这种统纳就如在道→母→器程式中，"道"就能把心、清净、在圣、乾、圣德、精神域、光明等诸多名词承载的含义指向，集合在一起，形成对"道"的认识，这种认识论无疑是借用了庞大的概念体系，从多学科、多视野、多层次去解构集合名词的内涵，同时让集合名词的内容属性延伸到这些借用的名词概念上，形成更广域的认知。

这种集合名词的方法与视野，是一种跨越或者超越，是我们更新和产生更深认识的行之有效的方法，之所以行之有效是因为诸多学科与概念为常识性认知，且名词位域单元本身有自己的哲学属性，它从名词与概念本身能带动不同视野与位域的认知。但并非所有的都能去集合、通融以及统纳，而是要在一定的哲学范畴内，有相同并相通的哲学共性，而且通融与统纳并非是所有的位域单元都穿同一样的衣服，把通融与统纳看成让多学科的诸多概念领域穿上同件衣服的，那是形式上机械化的统一，是格式化的。且如果是形式上的统一，就不会出现多学科及多概念领域，而是同一种事物了，只要是不同的事物就不会有格式化与机械化的统一，所以要强调的是本质上的统一，立足多学科多概念领域且在本质上的统一就具足了集合属性。以此延伸，在学术上的新发现、新学说、新体系的创立，便可采用此方式方法，多学科跨学科的相互联系，立于所发现的视野从不同领域有所借用。

从广义天与地而言说的形上道乾天圣和形下器坤地凡，是立于天与地本义，以集合名词从位域广度联系不同位域单元的集合性综述，目的就是要呈现藏相系统中真如心性、唯识因缘、坤尘器物集合在乾藏界、相虚界、坤形界的内涵特征。我们把形上道乾天圣借用的乾、心、清净、形上道、在圣、如来藏真如性、光明、圣德、精神域等诸多名词与概念，立于乾藏界这个体系来交融交汇，同时借用这些名词与概念的所说与能说之用，将他们对"道"的本质通融集合在一起，同时延伸乾藏界的内容体系。

乾藏界的形上道域，特性关键词为"乾"与"藏"，具光明、圆明、大生、刚健、清净、德普施、如如来去等特征，在道→母→器程式中特指"道"域，在性→相→用程式中特指"性"域，在周易易周本体论所摄的在圣、圣化凡、在凡、凡转圣独立不改周行不殆大道法度视野里为在圣，在大道○的道法体用证动能源流变实质中，为如如不动妙化万有与大道恒顺生势。从道体四域与德性四体的大道体性结构与内涵中以界说位域来说，在大道体域上为天、形而上、道域、无极而太极过程；在大道性域上圣德元亨利贞周行；在大道体性综述为乾、为心；在大道体性呈现道→母→器程式内容为先天五太之无极五生象图（太易→太初→太始→太素→太极）、气形质。乾藏界形上道域的本源为无极道体发端道生之的本源，为由长→育→成→熟→养→覆生变易过程承载的最微观"生"的易道哲学，而乾藏界连同无极体源的本原哲学为无为而无不为真性妙用的道生德蓄合相妙显。

坤形界的形下器域，特性关键词为"坤"与"体"特性，具无明、方体、广生、柔顺、污染、顺承天、唯识变现、质碍等特征，在道→母→器程式中特指"器"域，在性→相→用程式中特指"用"域，在周易易周本体论所摄的在圣、圣化凡、在凡、凡转圣独立不改周行不殆大道法度视野里为在凡，在大道〇的道法体用证动能源流变实质中，为妄想颠倒之迷失道与顺得常。从道体四域与德性四体的大道体性结构与内涵中以界说位域来说，在大道体域上为地、形而下、器域、后天五生过程；在大道性域上用德元亨利牝马之贞周行；在大道体性综述为坤、为妄与迷；在大道体性呈现道→母→器程式内容为后天五生之太极五生象图（生生→生主→生入→生成→生育）、三魂七魄与人身长大而三界轮转。坤形界形上道域的本源为道→母域中显道域的真如特性，并以乾贞临界坤元太极浑沦相，以其独有的"母"性可以为天下母呈现的圣化凡的生化哲学，体现太极浑沦相（阿赖耶识）在种子源与种子上的独特的相依源流与流变关系。坤形界因无明颠倒与妄想的障碍，显器形之界域，以分体用而有用德体和用德用，用德用简称用德。

以形上道乾天圣来集合称谓的乾藏界，界说视野围绕"天"，在以《周易》承载的中国哲学上，"天"的内涵指向了乾，虽然从天与地广义含义上，把天与乾紧密结合在一起，甚至在描述与解析问题方便时而有对等转换，当然这是对大道的宏观描述，如果视野落在以"天"的内涵来解析"乾"的特性，就要把它们是否能对等转换分辨清楚。从《易·乾卦》："大哉乾元，万物资始，乃统天。"看出，乾元统天，乾元在"天"（在圣义）的发端或乾元为天道的源头，结合道大、天大、地大、王大道体四域与玄德、圣德、用德、证德之德性四体可以看出，乾元之前的源头可对应道大，乾元之后的乾元亨利贞可对应天大。我们又说大道○源，因道生德蓄赋予从无极道体的起源"生"，这个"生"源就是道生之顺生之势的缘起，恒顺此生，而有自无极道体发端，后才有从乾元起，故乾元与天不能在同一位域视野上，它们之间存在源流变关系，非同一事物的对待。若以乾元的源来界说，无极道体为源前域，乾元后的乾元亨利贞之天大为源后域，这就构成了无极道体（道大）→乾元→天（天大）的位域结构。由此可见，乾元作为天大的起源，乾与天有位域及源流变上的差异，同时天大又包含了自乾元起后元亨利贞四圣德体，乾与天又能相互包含。以此，道大与天大的集合，为乾，呈现乾道；同理，地大与王大的集合，为坤，呈现坤道。

虽然我们把乾与天、坤与地在解析与描述宏观位域无论是体或性，在哲学概念和内容属性上经常对等转换，但当视野聚焦在乾与天含义上时，应该知道他们的位域区别，因为他们所承载的大道体性不同。由于在传统世俗里对乾与天并没有如此深入的认知，更无法从体与性内涵上加以解析并区分，通常从宏观上将其对等，也是一种哲学上的视野方法。在上文我们也知道乾与天既有位域上的差异却又能相互包含，故而有这种对等，且熟悉了这种哲学上的视野方法，应该运用在对事物宏观的描述上，把陌生的概念与含义转换到熟知可对等的名词与概念上来，也是升起的一种智慧。那么也恰恰是这种对等与对等转换，乾与天的对等以及不同事物之间的转换，就把"天"的内涵因"乾"的承载，指向了"天"的广义含义上；同理，坤与地亦然。故我们要真正从中国哲学的广度与深度去认知古人的智慧，引领我们去体解大道。

乾藏界的特性关键词为"乾"与"藏"。在《易·乾卦》中有"天行健""大哉乾乎？刚健中正"这种联系天与乾的描述，而这种描述由天与健、乾与刚健中正的关系产生了内涵转换。由此，我们可以通过"刚"与"健"所表达的特性来认识天与乾，刚健为"纯粹精也"的至阳金性之刚，健为道生之恒顺生势生生之健。那么以此刚和健的内涵承载的便是，道体至阳金性，显金与阳的延展性，此延展性为阳蓄而大，阳大为元，自元阳之大而蓄积生动，成物形之与势成之顺生之势，乾元生生之健之势成，以此生生之健，而有天大在圣的圣德元亨利贞周行，形成先天五太的无极而太极过程。故依此"刚"与"健"而有乾道（道大与天大的集合表述）的大生、如如来去、德普施、神与圣。再往深层探讨，至阳刚健的生生之健的道生之，从无极道体顺生之势的源头后，天大的先天五太无极而太极过程以及圣德元亨利贞周行，为大道体性交互圆融同体承载之所在，故在此广域视野上，乾与天的内涵以刚与健在大道体性圆融的展现层面而同体承载，成为上文关于乾天圣的描述，故乾天圣这个集合名词，并非只是词汇的组合与堆砌，而是基于不同的大道体性位域与维度层次，形成的集合表述。

需要说明的是，此"刚"与"健"内涵只是天与乾的一种特性描述或呈现，只是天与乾依本义，落在刚与健广义含义上对待，或者直接说这是刚与健依天与乾的广义含义所包纳的特性，既然有广义含义所指，自然狭义就为刚与健在世间的认知，但这种广义含义却指向了刚与健的根本义，也就是基于大道层面的本质，是刚与健落在至阳金性的刚、刚极的生以及生生之健的哲学视野。至阳金性为刚的至极，极致的刚则有物极必反的阳刚蓄积生动，呈现为生，为刚极的生，生生之为易则为健，是刚极的生的延展和本质变化，由此可见，这些广义哲学观的含义自然就包纳了世俗狭义的认知，只是我们常常通过世俗的认知还无法达到刚与健的哲学层次。

道体至阳金性，显金与阳的延展性，此延展性为阳蓄而大，阳大为元，自元阳之大而蓄积生动，成物形之与势成之顺生之势，乾元生生之健之势成，以此生生之健，而成乾道。乾道因生而有体，为道体四域中的"天大"，《易·乾卦·彖》曰："大哉乾元，万物资始，乃统天。"自无极道体域中因道生德蓄本原的"生"源的"道大"起，从"大哉乾元"的"天大"始，到"万物资始"的太极浑沦相圣化凡生化临界的"地大"，这个自→从→到的过程，就描述了道体四域中自无极体的源头起，到万物凡的地大，中间经过在圣的天大所有过程，这便是道体四域中的乾圣体，那么乾圣体的内容便是自无极而太极的先天五太过程，为何直接言说先天五太过程而不从无极源头的"太无"说起呢，那是因为有域界的视野跨越，乾圣体为先天五太过程内容，太无为道大域中的体。作用乾天圣体的为元亨利贞圣德周行，也就是自"大哉乾元"始，元→亨→利→贞四圣德周行与乾圣体交互合相，显先天五太过程的道生之。《易·乾卦·文言》曰："乾元者，始而亨者也。"乾元者，始，为乾元位域的表述，而始而亨者，为从元始而说乾亨位域，这是从元→亨的描述，这种视野又要表达什么呢？首先为圣德至阳金性的生生之健，自乾元始，就显了亨态特征以及元亨利贞尽显，为生生之健的易道变化，显如如来去的圣境，自元始的易生，就不落一处而达万有，遍十方圆明道体域界，这就是乾道的圣德性。其次为立于乾道的圣德性显"德普施"之大象，无论是自乾元始，还是乾元亨利贞周行，所在"天大"的乾道体域里妙显德普施的大象，乾体圣境大光明无碍，如果联系坤凡万物的生化关系，则乾体圣德的德普施为坤凡万物生化的动能源，关于从乾元到坤元的动能源流变过程，在藏相动能论里再详解。再次，立于乾道圣德性而显的德普施，为大道无为而无不为真性的妙显，如何就妙显了无为而无不为真性呢？在"乾始能以美利利天下，不言所利"中，"能以美利利天下"描述的为乾道圣德周行普施的大光明圣境，如何美？为"美之至也"，为立于凡态美的极致不能形容，以此普施而利大光明圣境的状态，则是遍十方圆明界，成为"利天下"之言说，所以它是玄之又玄的玄德。"利天下"的遍十方圆明界域的普施，为无不为，在十方圆明境里已经是大而无外小而无内了，"利"的为是达其极致，极致的为则为无不为。而"不言所利"则是无不为基础上的无为心，就如做了好事不求回报的道理一样，不去言说十方普施无不为的利，实际上为"不住色布施，不住声香味触法布施"的层次与境界，所以无为而无不为真性妙显的坤道圣德性，显如如来去的"如是"之究竟义。《金刚经》中"菩萨应如是布施，不住于相。何以故？若菩萨不住相布施，其福德不可思量。"其落点的根本义就是此，乾道圣境真心妙显，圣德普施万物之大愿，不言所利，不住相布施，不住福德相布施，而显如是之福德性。

这是立于十方圆明大圣境言说，以无为而无不为真性妙显，自乾元始而亨者的圣德普施，从而有了"大哉乾元"→"万物资始"的过程产生的圣化凡的生化关系。在这个过程的中间，前文说中间经过在圣的天大所有过程，为先天五太的无极而太极过程，如果在圣境界皆为同乾元态一样的十方圆明如如真境，则圣德的内容就不会有元亨利贞四部，只需要以乾元一部而来表圣德，既然是乾元亨利贞四圣德周行，自然就有位域上的转换与动能上的源流变，这就是为什么会有圣化凡的逻辑关联。"利贞者，性情也"，自乾元始而亨后，在利贞的圣德位域就发生了变化，利域与贞域显圣德的性情态，从圣德在利域与贞域显性情态的特征，就可知在元域与亨域显美利利天下的美利态，所以乾道圣德元亨利贞周行所显的圣德特性为普施、美利、性情、资始。

从大道〇无极源起，无为而无不为真性妙显玄德十方圆明普施，自乾元始而亨者，能以美利利天下，以及利贞者之性情，到万物资始的过程，为整个乾道变化的过程，为"乃统天"。变为自生生之健的生变易起，乾体为太易→太初→太始→太素→太极的无极而太极过程，乾性为无为而无不为真性→圣德性→用德性过程，且在过程域界中显普施→美利→性情→资始体性状态。化为体与性变化中各位域的源流变关系，体的变也好，性的变也好，都是通过位域的转换而形成实质性阶段的化。以道生之恒顺生势易道贯穿之，结合体与性位域的源流变之变化，则有圣化凡的"化"果。

从普施→美利→性情→资始所连贯起来的体性状态可以看出，自无极道源玄德十方圆明普施的源能是在逐渐的衰减，到了圣化凡的化果的坤道后，玄德与圣德不再十方彰显，其位域流变也转换成坤道与用德。如果从整体观看乾道（道大与天大的集合）的德性（玄德与圣德的集合）为德普施特征的话，那么坤道（地大与王大的集合）的体性因无明的迷与妄而要进德修业，"君子进德修业"，为坤道无明迷与妄的"德"视野。围绕"德"的视野维度，我们可以把乾元美利普施看作心的领域，而利贞显性的领域，资始为情的领域，从而有心→性→情的视野维度，从这种解析与抽离，就可以从乾道圣态看出心与性的差别，乃至心、性、情的差别，如果再转换到坤道视野，心、性、情更不能放在同一层面上去讲，它们之间的道元维度相差甚远，道元维度不同呈现的体与性自然就不同。从资始为情的领域来划分到坤到万物凡域的话，在乾道圣态说的心与性，因皆为在圣态故还能合相同指。虽然有很多位域上的差别，尤其是动能的源流变上，乾道利贞的性和大道心来说，还存在着差异，只不过说到圣态所指的话，诸多问题都形成了一个集合概念，以乾、心、如来等代称作为一种位域和境界的指向，而不去细究与深究，同时也会因智慧与学识所限而无法去究。

在乾道德性的所指中，乾道为道大与天大的集合，以乾道的统摄指向在圣态；乾道德性为玄德与圣德的集合，常以在圣态的"圣"的称谓——圣德来代指，意味着圣德包含了玄德，综述之，为大道体性在乾域的乾道圣德。有了这样一个层次的分析后，说乾道德性元亨利贞四部圣德周行，表现出来并呈现在道体上的特征为普施、美利、性情、资始，它结合乾道德性以道生之贯穿的内容来看，正是先天五太的太易→太初→太始→太素→太极表现特征，太无与太易呈现普施态，太初与太始呈现美利态，太素呈现性情态，太极呈现资始态，是一个完整的道体德性彰显的无极而太极过程，且依大道恒顺生势的道生之贯穿，从太极的资始态则为坤道坤元初始。

说到了乾道圣德在体与性上所显的特征，那么应该再深入地以乾天圣为视野，结合《乾卦》所述，看看广义的精气神含义如何在乾天圣域呈现，这是我们在藏相系统里认识藏象生命非常关键的体系。大道自无极道域的"源"起，从乾元亨利贞的无极而太极过程，我们以乾天圣来称谓的大道体性，统称为元神态，元，自然为乾元始的真元，为大道自无极道域的"源"起，生生之健的元，道生之生变易最微观的生的元，为太无至太易始的元；神，为"神也者，妙万物而为言者也"（《易·说卦传》），为如如不动妙化万有的乾元亨利贞周行之综述，是万物自元始的总源头，从乾元始到万物资始整个过程，就是神的过程，为如如不动妙化万有的真实写照，此过程本无以言说，以"神"示之。妙万物而为言者，通俗一点说，就是当你看到了万物，就指向了玄妙生化万物的总源头以及生化的过程，就是对"神"的综述，如果把万物看作"情"态，则有从情→性→心的所指，性为生化关系，从万物到情态再到总源头，中间过程彰显的就是"性"态呈现的生化关系，心为总源头，为乾元之先，乾元玄妙生于心，故心为元之源。再从情→性→心的所指的过程，就是"神"态。再反过来从大道无极道域的"源"起，心性情的综述为如如来去之十方圆明态，为元神。从心→性→情的指向来看，心与性在乾道综述为一体，显如如来去的十方圆明圣境，而情为心与性的生化，为妙化，"妙万物"之所谓也，可以看作为心性下的有情身，故就形成心性情一体的本源，为如来法身。所以元神为心性情的乾道圣德道元维度下，以大道体性在乾道圣德上如如来去妙化万有的一合相，元神说的心性情的位域前提为乾道视野所在的道元维度。《易·说卦传》里对"神"之言说可谓至深之极，同时《易·系辞》中曰"神无方而易无体"则是对元神如如来去之十方圆明圣态的描述。从心为元之源而说心性情的神态，元神也称为心神；从心性情一体本源的合相，元神则为如来法身。

精之所指，在《易·乾卦·文言》里有"大哉乾乎？刚健中正，纯粹精也"的描述，在"大哉"乾道里说的"纯粹精也"就是元精。特征就是"纯粹"，纯就是无任何烦恼污染，为清和净的含义，清和净为佛家与道家对终极对待的"心"的特性描述，体系庞大，且达至根本；粹为极端的精华精粹，为最高动能的齐全、集聚之态，以此彰显乾道体性的刚、健特性。气之所指，在《易·乾卦》里有"品物流形""六龙御天"等对气的形态和特性的描述。在道家说道源的哲学中，有道为炁说，道与炁相互关联并具根本的一致性的所指，不仅有具体的三者九玄之气，还有先天五太中"太初者，气之始也"的描述，气在不同的位域视野中又有不同的形态，如三者九玄之气为元炁，太初之气为化气，也称为先天之气，还有我们说藏象生命里的后天之氣，以及呼吸的凡气。关于炁、氣、气在不同位域视野里的内容以及同为气却有不同的写法和用法，后文将详述。《列子·天瑞》："有太易，有太初，有太始，有太素。太易者，未见气也；太初者，气之始也；太始者，形之始也；太素者，质之始也。气形质具而未相离，故曰浑沦。"有关于气、形、质的描述，都以具体的名称和过程描述它们的特性，这里就不结合太易→太初→太始→太素→太极先天五太的气、形、质过程来解析乾天圣为视野的精气神，可参照后文《精气神界域流变》等章节内容。

乾藏界的特性关键词除了"乾"外，还有"藏"（读音：zàng），为具足清净与周圆妙明之清净藏与如来藏，含如如真如与如如来去如来之义，显清、净、不动等真如特征与朗照、周圆、妙明、妙有、妙化等如来特征。同时，真如与如来在法报化或精气神（最广义最根本的视野维度）上呈如如不动妙化万有的动静二相，从而具足圣凡一合相及在凡实相大圆圣境。具足清净的真如特征为乾道（道大与天大的集合）域的整体观；周圆妙明的如来特征为乾道域在道大、天大、地大（生万法与万物）的源流变视野。所以这里解析如来藏为以具足清净与周圆妙明特征，从真如与如来两个含义视野，既赋予真如在元神、法身上的整体视野，又讲述如来在真如层面发生生变易而有源流变的来去之圣境。如如为乾道位域的整体观，如如来去为乾道位域的源流变。除此以外，真如与如来内涵下的如来藏在道→母→器程式过程的生化关系中，又显无明、烦恼、染污之源头，以如来藏与阿赖耶识之"母"性，从如来藏缘起记为藏源。

具足清净的真如，显清、净、不动等特征。这是真如在乾道域的整体观视野，如何理解此整体观呢？便是从道大的无极体"源"起，贯穿天大在圣的整个过程，从太无到先天五太过程的太极阶段，把乾道圣域体（道大与天大）看作一个整体，或者从道→母→器程式说针对道域的对待，这就是真如体。此真如体为具足清净显清、净、不动等特征。

清，为寂寥至极的清，为大道心，为心清，为无极体"源"视野层面的大道〇源体特性，为大道〇无极体的道大合相玄德彰显无为而无不为真性总摄的范畴。净，为至刚不染，为性净，从心清到真如体域界，在圣法身为至阳金性显至刚，玄德性和圣德性彰显的道生之周遍十方圆明境而不染，一丝不挂。在真如体的整体视野里，为心清性净，在大道体性域上，为道大合相玄德——清，天大合相圣德——净，同时，真如体的整体视野为心与性无二，为如来藏层面的心与性同指、同用。不动，为法身常住，不生不灭；从真如体的整体视野上说，不动不是不"生"，而是没有发生位域流变的化，其对待还为在圣的域界范畴，这就是整体视野，如果不强调这个整体视野，我们知道在圣的乾界，道体德性的生变易是很具体的，如乾元亨利贞圣德周行下的先天五太过程等，都是有道生之贯穿的，所有不动不是指没有大道的"生"，而是这个生变易的"生"所发生的范畴没有产生位域流变，还是在圣域，那么法身常住的不生不灭所说的"不动"为没有发生本质上的流变，是同一个性质范畴的生生之健，为真如法身在"健"内涵下的具足清净。所以真如体的大道观则是不生不灭，其不生不灭是因真如体具足清净。

寂寥至极的"清"，寂而常照。是从无极体源——心，到乾元亨利贞——性。寂而常照为大道心生化性（真如体如来义）的关系，照为玄德与圣德放大光明照，又为心清性净一如照。心清寂寥至极，从《道德经》"先天地生，寂兮寥兮"的描述为"清"的寂寥圣境。在道教中有关于从太无言说三气、三清与三尊的对应说法，可指向无极体源的诸多问题。在《云笈七签·卷二·混元混洞开辟劫运部》："元气未形，寂寥何有？至精感激而真一生焉，元气运行而天地立焉，造化施张而万物用焉。混沌者，厥中惟虚，厥外惟无，浩浩荡荡，不可名也。""元气于眇莽之内，幽冥之外，生乎空洞。空洞之内，生乎太无。太无变而三气明焉。……上气曰始，中气曰元，下气曰玄。玄气所生出乎空，元气所生出乎洞，始气所生出乎无。故一生二，二生三，三者化生以至九玄，从九反一，乃入道真。……上三天生于三气之清，处于无上之上，极乎无极也。"以及 "原夫道家由肇，起自无先，垂迹应感，生乎妙一，从乎妙一，分为三元，又从三元变生三气，……三元者，第一混洞太无元，第二赤混太无元，第三冥寂玄通元。从混洞太无元化生天宝君，从赤混太无元化生灵宝君，从冥寂玄通元化生神宝君。"《太真科》："道境极地，妙气本一，唯此大罗生玄元始三燕，化为三清天也。一日清微天玉清境，始气所成；二日禹余天上清境，元气所成；三日大赤天太清境，玄气所成。"道教以三清与三尊言说"源"的问题，实际上是对"清"的哲学本原义的延伸，"清"含义下的本原哲学的一种形式，道教的经藏言说也好，佛教的经藏也有诸多表述，且儒家、中医皆有"清"含义下的哲学属性，所以不能把"清"含义直接与道教的三清对等，或者说因为道教说三清，而从佛教的视野去诋毁"清"对于心的本原哲学的联系，《俱舍论·卷十六》："远离一切恶行烦恼垢故，名为清净。"《坛经·机缘品》："大圆镜智性清净。" 文子《道原》："真人体之以虚无平易，清净柔弱，纯粹素朴，不与物杂，至德天地之道。" 那么又如何看待道教的三清与道家哲学上的"清"呢？道教的"清"为宗教视野，道家的"清"为哲学视野。它们两者在哲学对待上，基于言说"清"的内容而有相互关联，成为立于哲学属性上的相互衬托。关于如何取舍宗教与哲学的视野，要看自己的视野立场，不能把诸多问题放在一起，这样就不至于因为宗教属性上的问题把哲学层面的深度全部否定。

周圆妙明的如来，为真如体显周圆、妙明、妙有、妙化等特征。这要解构两个层次的含义，第一个层次为如如来去的如来特性为真如体的如来，或者说为具足清净的真如体来承载的如如来去圣境；第二个层次为从真如体的整体观，描述乾道圣域体中各位域特征，或者说在真如体整体观的在圣域界里，探讨界域中各组成位域的共性特征。真如整体观的界域为在圣的对待，未发生位域本质的流变，以此为前提和承载，研究乾道域在道大、天大、地大（坤元临界态，坤元与乾贞的临界）各位域间的源流变。此真如体的周圆妙明如来，显周圆、妙明、妙有、妙化等特征。

周圆为周遍与圆明之义。周遍为十方三世大道〇具足的一切显至微至彰全时空显达性，至微至彰全时空显达性以真如体清净具足、圣德周遍而显至阳金性大光明，此大光明周遍，呈大道〇具足圆明圣境或称十方圆明圣境态。大道〇具足的一切（十方所说能说的一切）没有一个固定的中心点即没有我相，也没有一个固定的方向，大而无外、小而无内，无边界无内核，无时间无空间，而过去、现在、未来的一切时空里的所有变量，都本来如是地显现，不落一处而达所有，所有世界与变量集合的都在大道妙显并以至微而落一处时不丢失大道真性。周遍与圆明为同步具足，周遍以圣德大光明遍十方三世，圆明以至微至彰全时空显达同步周遍。从至彰的大而无外以及至微的小而无内，从道生之贯穿的生变易，至微以至彰显、至彰以至微达，任何至彰的"大"都是通过至微的生来达，任何至微的末端又都全息交易着至彰所包含的一切。

妙明，为真如法身在周遍与圆明圣境而妙显性觉大光明，并寂而常照。妙为至微至彰全时空显达性呈大道无以言说的清净自然，为说之即错但显性觉妙明态的如如圣境；明，为具足清净大光明，因周遍与圆满故而大光明朗照，大光明为真如法身至阳金性，显阳与金的光明相。觉分法界体性智觉和大圆镜智觉。《楞严经》中有"性觉妙明，本觉明妙"的描述。在解释本觉与性觉、明妙与妙明前，要回顾"心清性净，在大道体性域上，为道大合相玄德——清，天大合相圣德——净"的内容。明妙的本觉为心（大道○无极指向）层面，大道源心，在体与性上的内容为无极体与玄德性合相；本觉的心层面为明在前，妙在后，可以看出无极道"源"生元的关系，可以看作源→乾元过程为妙，那么承载源→乾元的大道无极体则是明，大道○具足"清"而明，清彰心，故本觉为大道心"清"层面的明妙。而净显性，则为源→乾元。性觉则为"净"内涵下妙明，妙在前，明在后；妙在前心的源生生乾元，净显生生后的性，是心清→性净的过程，在这个过程中生生为主体，可以看作心清生性净而显妙，心清性净本为一体故明在后。

结合周圆与妙明含义，可知清彰心、净显性，清净彰显心性。这句话并不简单，它既是清净两个对待下的本觉与性觉含义，又是心与性在道大与天大位域上的体性所指，而且真如的"觉"为法界体性智觉，如来的"觉"为法界体性智觉和大圆镜智觉。"觉"的说法一般为凡转圣立于凡态的迷和妄而言觉，虽然指向皆为说圣域的觉，但以在圣、圣化凡、在凡、凡转圣程式内容与过程中三圣三凡的位域指向来说，皆是不一样的，所以这里说的"觉"是真如体的净觉，即本来如是的智慧或者说为大道○具足的慧态。那么真如与如来的"觉"的区别又是什么呢？区别是真如与如来呈现的境界差异，真如为整体观，为心清性净一体以心言说，而如来为在真如整体观前提下有真如体界域里各位域的变化，也就是说发生了心清→性净过程，这个过程本质是周圆与妙明至微至彰全时空显达性，内容是大道〇道生之有了大道体性上的生生之健，大道体域上为道大生天大，大道性域上为无极"源"生生了乾元亨利贞。心清→性净过程视野既有真如体具足清净的本性，又有大道体性的过程与内容在大道恒顺生势贯穿发生，那心清→性净过程呈现了什么呢？呈现了妙有和妙化。妙有为心清性净有了大道体性诸多的内容与过程，妙化为大道恒顺生势的道生之以生生之健化了如此多的内容与过程。可谓真如体如如来去境则生妙有，妙有周圆妙明而有妙化。

有了妙有与妙化内涵承载的心清性净含义与心清→性净过程，再来理解上文所说"清彰心、净显性，清净彰显心性"的内涵。"清彰心、净显性，清净彰显心性"这句话的整体含义指向为真如体特征，而讲述"清彰心、净显性，清净彰显心性"承载的心清→性净过程视野并呈现妙有与妙化过程的就是如来之义。在心清→性净过程视野中，有大道体域上为道大生生天大，大道性域上为无极"源"生生了乾元亨利贞，这就指向了在大道体性上发生了位域间的源流变，这就把上文所说分两个层次，从整体观与位域流变视野，结合周遍、圆满、本觉、性觉、妙明、妙有、妙化把周圆妙明的如来真实义解析清楚了。

那么又何谓真如与如来呢？"如"在《说文》从随也，有依照之义，是对"真"含义的一种表达，"真"相对于妄而有唯一真心之义，唯一真心便是大道本来，莫之能说的大道真机。真如以"真"来言说不可言说的大道，来表达就是那么一回事，就如直指见性一样，如是。莫之能说，说之即错，说之即落入语言与文字的形象中，从而产生分别，让无所不包无处不在的大道真机落入可言说的断灭中，从而毁谤了大道的真实义。真如可以看作对大道本来圣境的一个描述表达。而如来为在真如体的大道本来层面下，言说大道如如来去的超然玄妙圣境。如何如如来去呢？在周遍圆明的真如体境，以至微至彰达大而无外小而无内的道体，且是全时空显达性，已不是所谓的一念达所有，而是连一念都没有且已经是所有。有人说这其中不是还有心清→性净过程如来义么？还有乾元亨利贞周行，先天五太过程等，这就是又被所说与能说障碍，思维堕入污染被见识包裹，而无法周遍圆明产生的凡夫见。这就是为何要在前面说真如体具足清净或者以具足清净为前提来表达"藏"特性的真实义了，它具足清净连凡夫概念的禅机都没有却又包罗了所有真机，那是因为凡夫的禅机为六识六根尘范畴，还要以七识来恒审思量进行分别，本身就是污染的见识，也就是常说的自以为是的我执，以及觉得自己分析的方式方法都合乎正念正法的法执，有此二执则对乾道真如体的真实义的认知一定是千差万别的。但象又由性显，还是要借助语言、文字的所说与能说之用，去不断的熏习恶见、边见、断见等。

　　心清性净真如体，真如体境中心清→性净过程如来义，便是真如与如来在乾道域"藏"特性下的玄妙内涵。从道元维度视野上说，真如体下的乾道域为整体视野观，而如来义为真如体视野下乾道域内体性内容流变视野，这两者是从两个层面对大道体性的综述，我们之前说大道○本来，述之以内容经常以大道体性（道体四域与德性四体）来归位视野以及承载内容，而真如体与如来义就是对乾道域形上道乾天圣的综述。那么很多人问了，虽然同为乾道域形上道乾天圣的表达，同样也是具足清净、周遍圆明、大生、刚健、清净、德普施、如如来去等特征，那怎样去对待这两个名词含义下的乾道表述呢？这就是在乾道域形上道乾天圣以真如和如来承载的动静二相。

乾道圣域中以真如和如来承载的动静二相就是如如不动妙化万有。真如体法身常住，从乾域的整体视野上说，为如如不动，在真如体狭义视野（只关注乾道整体视野，不涉及乾道域内的源流变，故称狭义。）的"不动"含义上，加上如如，就是从真如体的狭义视野转换到如来义上，呈现动静二相的动态观，不动非绝对的静止与没有变化，而是有如来义的妙用与妙化，也就是有乾道域内各内容位域的"生"，道生之的生变易在真如体整体视野范畴内的源流变关系。也就是以心清→性净过程承载的，真如体如如来去则生妙有，妙有周圆妙明而有妙化。这就构成了玄妙的如如不动真如体显如来义妙化万有，而有如如不动妙化万有的动静二相。真如体如如不动为"静"，法身常住、不生不灭，立于在圣、圣化凡、在凡、凡转圣程式的时空观上表达，为道体的恒常不动的至静，此如如不动的"至静"为净念至极的静物极必反而有道生之的动，故显道体恒常的如如态，又为大动。动则同真如体周遍圆明达大而无外小而无内的动，显如来义的妙有与妙化，为"动"，由于又显道体周遍圆明态，故此动为周遍一切的大动，即为至动，而至动至极的大动就又显真如体的静，呈现如如不动。这种至静显动，为从乾道心清性净格局真如体的整体观，到心清→性净过程承载的道生之最微观的生、动，为如来义妙有妙化的大动；心清→性净过程承载的道生之最微观的生、动的大动，至动至极在真如体含义下的整体观来看，又显如如不动的静，这就是动静二相内涵下的动静体用相。

那么谁为体谁又为用呢？这里讲的为乾道圣域，一切皆为具足清净、周遍圆明、心性一如，不能理解成真如体为体，如来义为用。它们虽在名词上用了以整体观来观之的如如不动，以及以位域源流变观之的妙有妙化，但真如体不是体，如来义也不是用。可它们又构成了体用关系，呈现最微妙最精深的动静体用相，相互为体用与相互为相的转变。以动静体用相来呈现如如不动的至静显如来义的动，与至动至极的大动显真如体的静。再深入地说，从心清性净的内在维度上说，可以把大道心层面的理解为动静二相，把乾道性层面的理解为体用相，他们共同呈现在圣的如如之圣境。真如体整体观，如来义源流变观，以及动静二相体用相观，这些以各种层次视野与不同层面的转换的方法论，构成道元维度下哲学逻辑。以往很难把在圣态的真如与如来义以及动静二相圣态的体用相解析清楚并赋予哲学逻辑，就是因为没有运用道元维度视野，道元维度不清，层次与阶段不明，导致把诸多问题煮成了一锅粥。

真如体与如来义的动静二相内涵，除了以形上道乾天圣来说乾道域的妙显圣境外，在道→母→器程式的指向上，如如不动妙化万有的指向就是乾道圣态下万物的化生为圣化凡的独特对待，也就是乾道圣与坤道凡的关系。"上天有好生之德"，好生的"生"为大道道生之的必然生，为心清→性净过程下如来义妙有妙化的生；好生之德的"德"为乾道玄德性与圣德性统称的大道真性，这便是道生德蓄下的道→母→器程式，从而让坤凡的万物因大道真性妙有妙化，成为大道○密不可分的一部分。

联系乾圣与坤凡的对待，就呈现大道○道体德性合相具足真如体如如来去妙有妙化，乾性坤尘圆融具足如如不动妙化万有，而有道→母→器程式下的"藏"义。这个"藏"义就是广义的"藏"义，广义的藏义含清净藏、如来藏、烦恼（统摄）藏。在乾道（道大与天大）所解析的藏的特性为清净藏，也就是上文所说的具足清净与周圆妙明之藏。如来藏就特指从如如不动妙化万有到圣化凡万物生阶段中，道域与母域下的藏义。烦恼（统摄）藏就是阿赖耶识范畴里能藏、所藏、我爱执藏三种藏义,为污染和烦恼,含五阴、六入、十二处、十八界之相用,统摄藏的相用又为阿赖耶识种子与现行唯识所变现。

清净藏与如来藏的区别在于清净藏只针对乾道域在圣态来说藏义,而如来藏有关于坤凡的生化关系,他们同为真如体与如来义共同承载,在不说生化万物凡时,两者为同一所指,可同用,常认作如来藏,若单独对待如来藏之大道○本来本原层面则有清净藏,或者说清净藏为如来藏在道域位域指向上的独特所在,也可认为是如来藏以在圣言说的位域认知。从位域界说上,清净藏为在圣域的指向,而如来藏为在圣与圣化凡的指向,含有"母"性立于在圣的范畴,由于"母"的视野为圣凡临界态,故如来藏取圣化凡"母"性临界态里在圣的对待。所以,真如与如来内涵下的如来藏在道→母→器程式过程的生化关系中,又显无明、烦恼、染污之源头,以如来藏与阿赖耶识之"母"性,从如来藏缘起记为藏源。据《胜鬘(mán)经·自性清净章》(全称《胜鬘狮子吼一乘大方便方广经》,也称《狮子吼经》),万有悉为如来之自性,由自性之义而言,称为如来藏,就是立于如来之自性以在圣清净说的如来藏的藏义。在圣清净如来藏含义,在《佛性论·自体相品》与《胜鬘经·自性清净章》又有五种藏义特性,为如来自性的如来藏、圣人修行正法而生之对境的正法藏或法界藏、得如来法身之果德的法身藏、超越世间虚伪从一切真实义而言的出世藏或出世间上上藏、一切法清净秘密义之自性清净藏。有此五种藏义特性呈现的如来藏就是乾道域在圣态视野所说的圣清藏与如来藏的藏义的综述。

烦恼藏也可称为统摄藏,由于它对在凡态的阿赖耶识种子以及种子与现行生起的藏识相用具统摄义,故称统摄藏。它是阿赖耶识种子与现行视野范畴里的藏义,为污染和烦恼,也是以污染与烦恼的统摄藏来对比清净在圣的如来藏。以此清浊的比对和维度界说来联系阿赖耶识与如来藏的关系，所以阿赖耶识就为临界态，具足"母"性。

圣化凡"母"性临界态立于在凡的对待，就是阿赖耶识，为以"母"性承载的所有种子。故，圣化凡的母域临界态的"母"，上承清净如来藏，下启染浊烦恼藏，从在圣的视野来说阿赖耶识为如来藏，从在凡的视野来说阿赖耶识为烦恼藏，它们为同一种事物在不同道元维度与位域上的对待。为了区别两种不同的视野均用阿赖耶识来称谓容易混淆，故，立于在圣清净的视野，阿赖耶识就为如来藏的一种内容和形式，称为如来藏缘起；立于在凡烦恼的视野，阿赖耶识就为统摄藏的一种内容和形式，且为统摄藏中独特的种子库，成为如来藏识。综述之，阿赖耶识有净、染两种藏义，净范畴的藏义为如来藏缘起，染范畴的藏义为如来藏识。

如来藏缘起与如来藏识为阿赖耶识在两种不同位域视野上的对待。如来藏缘起与如来藏识皆为阿赖耶识的种子态。它们虽为母域的临界态，但它们之间也存在差别关系；为如来藏里有阿赖耶识的种子源（藏源），阿赖耶识呈现如来藏识的因缘果。但藏源只能在如来藏缘起里说，不能在如来藏里说，藏源来源于在圣的乾道，而如来藏识为坤道范畴。

那么立于圣化凡与在凡视野来说的如来藏与烦恼藏在阿赖耶识的对待上又有哪些内涵呢？首先如来藏缘起，如来藏缘起为立于在圣清净的视野来言说的阿赖耶识，因临界态故而从凡的视野说烦恼。如来藏虽覆藏于烦恼中，却不为烦恼所污，具足本来绝对清净而永远不变之本性。又一切染污与清净现象，皆缘如来藏而起之教法，称作如来藏缘起。

《胜鬘经·法身章》："如来法身不离烦恼藏，名如来藏。"立于法身与烦恼藏之比对，就把如来藏缘起的临界义一目了然，如来藏缘起就是临界态的阿赖耶识。据《胜鬘经·法身章》，若顺此藏则得清净，反之则成染浊，由秘密义而言，称为自性清净藏。从清净的秘密义而言，自性清净藏可被染浊，一切法染浊秘密义则为阿赖耶识。其次如来藏识，为立于在凡染浊的视野来言说的阿赖耶识，已经跟如来藏缘起发生了位域的流变，已经从如来藏缘起的"母"域流变到了器域，完全为坤凡的对待。佛经云："在染中的如来藏是一切众生的本源。"就是如来藏的染浊之义的视野，从法身如来藏到染浊如来藏的净与染二义，呈现了如来藏识的在凡视野。再次，烦恼藏统摄，从如来藏识范畴的阿赖耶识统摄一切坤道域内种子与现行唯识变现的世界，为如来藏识的特性说起，在阿赖耶识范畴所说的藏义就是能藏、所藏、我爱执藏三种藏义内涵统摄下的烦恼藏，为污染和烦恼，含五阴、六入、十二处、十八界之相用。那么要注意，这里说的是含烦恼相用，五阴、六入、十二处、十八界之相用不能记为如来藏识来以"藏"义说，而只能以"识"义说，这就是为何要加烦恼藏统摄，就特指如来藏识范畴，除此以外就是纯粹的阿赖耶识"识"范畴。所以立于在凡说烦恼藏时，不能把如来藏与阿赖耶识等同，说八识心王与五十一心所而言说的阿赖耶识，已经跟如来藏识不在一个道元维度了，那就更别说如来藏缘起与在圣的如来藏视野了。

从悟与迷，清净与染浊结合道→母→器程式位域视野来梳理。在形上道域与形下器域视野，如来藏与烦恼（统摄）藏两种圣凡域界根本藏，结合悟与迷，清净与染浊来说，形上道乾天圣为清净如来藏，形下器坤地凡为污浊烦恼（统摄）藏。从阿赖耶识具足母域呈现的"母"性临界态视野出发，联系道域与器域而有两种视野对待，阿赖耶识在母域存在两种形式，这两种形式为联系不同的位域视野来言，一种为乾道在圣视野并联系乾道清净如来藏对待上来说，为如来藏缘起，另一种为坤道在凡视野并联系坤道染浊烦恼藏对待上来说，为如来藏识。器域烦恼藏与阿赖耶识为迷、为污浊，若视野放在阿赖耶识具足"母"性临界态上，从圣化凡对待上，则有如来藏缘起为悟，如来藏识为迷。

从乾道域在圣的视野来说，清净如来藏范畴里就有清净藏、如来藏、如来藏缘起三类法身清净属性，故此三类均为如来藏在圣视野的作为乾圣道域的藏义表达，常以如来藏统称或代称，它有所摄、隐覆、能摄三义。《佛性论·如来藏品》谓"藏"有所摄、隐覆、能摄三义，所摄义为一切众生悉摄于如来之智内；隐覆义为如来法身无论因位、果位、俱不改变，然众生为烦恼所覆，故不得见；能摄义为如来果德悉摄于凡夫心中。除此以外，如来藏还具足五种视野形态，这五种如来藏视野形态，是诸如以不同的视野说自性、因、至得、真实、秘密等时，它呈现出来的独特的如来藏视野形态藏义，为如来自性藏、正法藏或法界藏、法身藏、出世藏或出世间上上藏、自性清净藏五种如来藏视野形态。这五种视野形态既围绕在圣、清净、法身等"乾"与"藏"的特性，又能充分表达如来藏的所摄、隐覆、能摄三义，因为如来藏五种形态视野的藏义是以在圣视野而言，而所摄、隐覆、能摄三义是联系一切众生、众生烦恼来言说如来藏特性。

从坤道域圣化凡与在凡的视野来说，污浊烦恼（统摄）藏范畴里就有如来藏识、烦恼藏、阿赖耶识相用三类凡夫染浊属性，此三类为烦恼藏在凡视野作为坤凡器域的藏义表达，常以烦恼藏或阿赖耶识称谓，它有能藏、所藏、我爱执藏三义。如来藏识为圣化凡过程中阿赖耶识的独特对待，对一切唯识变现的烦恼具统摄义。在圣化凡的母域视野，如来藏识就是阿赖耶识，那为何这两个名词要区别对待呢？就是道元维度视野的不同，位域视野落在乾道圣域则是如来藏缘起，为阿赖耶识的种子源；位域视野落在坤道凡域则是如来藏识，为阿赖耶识的种子库。这就是圣化凡过程母域的"母"性的独特对待，阿赖耶识临界态呈现的如来藏缘起与如来藏识义，但说在凡域视野时，是不说如来藏缘起，而只以如来藏识说阿赖耶识的种子库，因种子库的特性，烦恼藏的如来藏识统摄阿赖耶识"识"范畴的相用，常以"识"义而不归入"藏"义。能藏、所藏、我爱执藏三义中，能藏者，是阿赖耶识有摄持一切色法与心法种子的功能，是一切事物所由生之原因，含藏于自体中；这里以能藏说的为如来藏识的种子库特征，有摄持统摄功能，而且种子源和合集聚已经形成完备的烦恼种子因了。所藏者，是一切心法及色法将其种子薰附于所依的第八识处。我爱执藏者，是第八识恒常被第七末那识执为自我，而不暂时舍弃，与第七识永远相伴。

如来藏从真如与烦恼上又因空与不空、在缠与出缠而又有不同的镜，如在《胜鬘经·空义隐覆真实章》中如来藏超越烦恼，或与烦恼不同，亦即于如来藏中烦恼为空，为空如来藏，也是《大乘起信论》中所说如实空境。如来藏具足一切法，而与烦恼不离、不脱、不异，为不空如来藏，《大乘起信论》中所说为因熏习镜。又在《胜鬘经·法身章》说在缠，被烦恼所缠缚之状态，包含空与不空二如来藏。空如来藏与不空如来藏为在缠，《大乘起信论》中所说法出离镜与缘熏习镜为出缠。除此以外，在《释摩诃衍论》还有立十种如来藏，大总持如来藏、远转远缚如来藏、与行与相如来藏、真如真如如来藏、生灭真如如来藏、空如来藏、不空如来藏、能摄如来藏、所摄如来藏、隐覆如来藏。这些诸如如实空、不空、空与不空二面，以及十种如来藏等含义下的藏义都是如来藏的不同视野形态，不要被这些纷繁复杂的各种视野各种角度所迷惑，就如同好不容易明白了这个视野形态的含义了，结果换了件衣服就又不认识了，这是常见的情况。怎么样能做到不被迷惑和扰乱呢？也就是找到它们的本质与共性，通过道元视野维度的位域方法把阿赖耶识的净、染义弄清楚，然后综合道→母→器程式去理解如来藏到底是在什么位域视野界说其中的含义，从而归类出它言说藏义的范畴。

如来藏在阿赖耶识对待呈现含一切善、恶、无记（不善不恶）诸种子，从如来藏缘起的在圣义可知，它由真如体与如来义妙有妙化所生，呈现生化属性，所以我们记为藏源，而藏源又是通过真如体与如来义妙有妙化过程诸因缘和合集聚而来，故在藏源的基础上又有藏源因缘。生化属性指向的从藏源因缘的微妙的生，实际上就导致圣化凡的结果，生化属性就有源流层面的生化与流变生化。源流层面的生化为真如体如来义下的妙有与妙化呈现的种子源的因缘以及诸因缘，按照一定的法则法度和合积聚；流变层面的生化为当种子源的因缘和合积聚到一定阶段一定量的时候，就呈现了太极浑沦相状态，就要发生乾道与坤道之间位域流变的"化"了，就是圣化凡，生天下万物。所以，太极浑沦相的母域，就是阿赖耶识种子态，且以此指向种子源，从种子源指向因缘和合集聚的种子源因缘，并呈现生化过程。这就构成了初始无明从哪里来的真相，诸多经藏里讲"无明缘行"，说无明的世界已经呈现，但初始无明世界又从哪里来呢？秘密义在于如来藏缘起承载的阿赖耶识真相，指向了真如体如来义的藏源与藏源因缘。这门学问在这里就不再涉及，总之不升起智慧不基于实证是无法探讨多道元维度下合相视野里的秘密义。除了真如体如来义所生种子外，又由于在初始无明世界染污后，在轮回境中继续沾染熏习，识、根、尘和合集聚而由外返熏，返熏的种子以阿赖耶识能藏和所藏的功能进行存储。这是阿赖耶识的来，那么阿赖耶识的去呢？就得通过凡转圣阶段的转识成智，通过转识成智除尽无明，现真如体法身大光明并达如来义之周遍圆明圣境，在转识成智的视野里，第六识意识转为妙观察智，第七识末那识转为平等性智，第八识转为大圆镜智，诸法所依的体性亦为在缠的如来自性转为法界体性智。

从清净如来藏与染浊烦恼（统摄）藏来呈现的"藏"义，让我们围绕阿赖耶识的独特对待，把道→母→器程式立于乾道视野，从母域的"母"性到坤道凡，目睹了如来藏含义下的广域视野，这个广域视野就是说不能狭义地把目光停留在道域来探讨乾道在圣的如来藏，而是要具足清净与染浊来看如来藏。我们说阿赖耶识有净、染两种藏义，净范畴的藏义为如来藏缘起，染范畴的藏义为如来藏识，在阿赖耶识的如来藏缘起、如来藏识两种对待上，前面分别从在圣清净的视野说如来藏缘起，从在凡染浊的视野说如来藏识，那么如来藏缘起和如来藏识以净染具足义来看又是如何呢？它指向了法报化三身圣凡一合相大道圆融圣境下的"藏"义。以诸法空性与实相具足、道体与德性合相具足、乾性与坤尘圆融具足、究竟义理与实证功态具足、性体相用时空显达同步具足之大道本来五具足的大道〇视野。既然是一合相圆融圣境视野，则有以真如体发生与乾性坤尘圆融具足法身世界；真如体如来义下周遍妙明，至微至彰全时空显达性，为报身，彰显大道体性相用同步具足一切的法则与法度，大而无外小而无内的域视野，为报身世界；真如体如来义下的妙有妙化，如如不动妙化万有为化身，指向了圣化凡生万物的种子与种子源因缘和唯识所变现的天下万物，以及人在三界六道内无量的轮回轮转的集合，人身长大净染具足义为化身世界。从法身与法身世界、报身与报身世界、化身与化身世界再来看如来藏的"藏"义，就不会把"藏"局限在以"乾"对应的含义了，但往往我们只能先从乾道，从形上道圣域来展开乾道真如体与如来境，然后再提升道元维度视野，去智慧地看待哲学上的实际问题。道→母→器程式中的道母器整体视野，先立域的界说，再破域破了这个界说，呈现圆融实相境。在圆融实相真境里呈现的乾圣与坤凡乃至大道所呈能呈的一切，皆是大道圆融的真相，并非只有乾圣为唯一的正确，这就是证悟态的真境视野。但一定要是证悟的前提，或者是必定功态实证明心见性，否则就是百无一用的口头禅，想真正去把如来藏与阿赖耶识承载的净、染与净染具足的极其微妙的玄义理解清楚，明了这其中的位域视野和层次，一定要基于实证而升起般若智慧。

乾藏界的"藏"特性，在前文说"为具足清净与周圆妙明之清净藏与如来藏"，在解析真如体如来义的具足清净的如来藏义时，又联系如来藏独特的"藏"义，从清净与染浊的阿赖耶识在如来藏缘起、如来藏识两种对待上，解构了阿赖耶识的净、染两种藏义，从而将视野指向了道→母→器程式位域视野，以道母器整体观解析广义如来藏义。不仅立于圣化凡与在凡的视野认识了阿赖耶识在如来藏识层面统摄诸烦恼而有烦恼藏，且又从"识"范畴的相用层面，赋予如来藏净染具足的圆融实相。从而真正地以道→母→器程式的界说位域视野，串联起在圣、圣化凡、在凡、凡转圣的动态的本体藏论。在宏观而宏大的本体藏论里，还有独特的藏相法则，以及联系在凡以人身长大的视野说藏象生命，其含义落点上都有"藏"的特性，这就是由如来藏、藏相法则、藏象生命三个层次与体系，从道、法、相（用）视野层面承载了"藏"含义。如果说如来藏是立于乾藏界来言说藏特性的藏义的话，藏相法则则是针对藏相系统中乾藏界、相虚界、坤形界构成的整个道→母→器程式视野中的法则，而藏象生命又是坤形界位域中并以人身长大联系藏相系统关系与藏相法则来言说的独特内容。

我们在说真如体如来义下的妙有与妙化呈现的生化含义时，阿赖耶识的种子源与种子源诸因缘按照一定的法则法度和合积聚，从而有源流层面的生化到流变层面生化的转变，呈现圣化凡的乾道与坤道之间位域流变的"化"，从而赋予阿赖耶识种子库的独特属性。所以，这个按照一定的法则法度和合集聚的法则就是九易法则，遵其"有无、终始、阴阳、体用、藏相、顺返、生灭、色空、方圆"九易法则，以大道道生之恒顺生势的生化指向道→母→器程式承载的在圣、圣化凡、在凡、凡转圣的周易易周过程。而这里不再全面叙述九易法则的内容以及如何作用净染具足的如来藏实相（详见《道统·道度篇》），只针对九易法则中的藏相法则简述"藏"义。

"藏相法则"是道体本身与色尘之间交互内外的一个法则。从藏相这个词的整体观来说，是说道体本体的，本体是自性真如的如来藏，是大光明之藏，即是道体如如来去的真性的体现。藏相里的"藏"与"相"的含义是什么呢？"藏"为道体如如来去的光明藏，道体的如如来去真性通过什么表现呢？就是性与色尘的交互合相。"藏相"法则的内涵可以总结为：道体清净时，则为如来藏，相为道体所彰显之德相；在色尘时，道体真性为藏（cáng）在色尘背后妙显的如来宝藏，并与色尘交互合相，以其体用分别彰显真性之德相合色尘之德相。如果我们把色尘的象当作外的话，那么藏（cáng）在色尘背后妙显的真性如来宝藏则为内，当然藏（cáng）在色尘背后的说法是非常不准确的，在这里说只是为了方便解释而已。因为色为性显，性色圆融并没有藏（cáng）在色尘背后这一说法，藏（cáng）的含义为相对不能直接表达来说的，为不能显而易见。有了这个内和外，体和用怎么来理解呢？体，为内藏，如来真性宝藏；外，为外象，色尘的表象。立在体和用的角度，结合了内与外来说，就把藏与象的关系显而易见了。如果把内藏与外象联系起来并把体用动静连贯起来，那是什么呢？那就是内相。这个内相怎么说呢？在藏与象之间本来就是交互深入的，故有"相"，而"内"就是针对不能直接体现和显而易见来说，而有"内"，内相即是联系并连贯内藏与外象的体用动静。联系和深入到内藏与外象的体用动静即内相，这三者之间的交互深入才能叫作交互合相，圆融一体，在交互合相于一体时，之前所立的体和用，就已经在三者一体之中，即是破了所立。所以我们说的"藏相"法则不是内藏，不是外象，也不是内相，而是三者体用动静圆融一体，一般我们视野落在色尘里，应该先有外象，从外象入手，看到某一阶段的法则与外象的深入交互，而有内相，后再从内相入道体，即见到内藏，再把三者以其体用和体用动静联系起来，便是"藏相"法则的全部了，这就是说"藏相"法则不能单纯地理解为内藏外象。在"人"身上体现的"藏相"法则就是藏象生命，以体用动静来表述这个藏象生命过程的话，就是"人"的元神为体、有生灭的识神与七魄主导的生理生命为用，藏象生命过程就是体用动静，藏象生命过程是主导生理生命的"人"生命的真相，一切生命的终始，都依赖于藏象生命过程所体现的"藏相"法则。藏象生命只是"藏相"法则的象，是法则的特别表现，而藏象生命又是通过生理生命来呈现和体现。从"藏相"法则、藏象生命与生理生命，就可以理解"相"与"象"的含义。

坤形界，坤体与用德维度

以形下器坤地凡来集合称谓的坤形界，界说视野为围绕"地"。在以《周易》承载的中国哲学体系里，"地"的内涵指向了坤，同上文解析天与乾方法论一样，人们常常把地与坤紧密结合在一起，在对待具体问题时以熟知的"地"的内涵与坤进行转换。地大与王大的集合，为坤，呈现坤道。与道大与天大的集合为乾，呈现乾道不同；形下器坤地凡，因处于在凡态，大道体性皆与乾道的在圣态产生了差异，乾道在圣态因显如来去本性，圣德与乾道合相妙用以其如如不动妙化万有之性显元亨利贞之圣德体相，圣德体用一如，故体用刚健，如如来去无有障碍；而坤道因无明颠倒与妄想的障碍，显器形之界域，又因性与妄的本质区别发生在藏相法则中显现的内藏、内相、外象交互关系，从太极浑沦相"母"性圣化凡的生化作用后，在道→母→器程式中有了道、母、器域的不同，以及位域间动能发生了源流变变化，坤形界用德分体用而有用德体和用德用，用德体与圣德为相依源流与流变特性，为同一种事物在不同位域立场上的对待，可以看作用德体呈坤德性，但表述不同，立在用德体的立场为用德体为元亨利牝马之贞，用德用简称用德，在称坤道的用德时，常以用德用（用德）简述或代指坤道德性。在坤道用德里，又因体用法则的体用相而有内外，为德用内相和德用外相，这便是地与坤相比天与乾更复杂之所在。从唯识来看，由于相虚界和坤形界皆为形下器的范畴，同形上道为性与识的位域差别，故在形下器（精神相域与物质域）所说的唯识因缘为种子与现行唯识变现的复杂世界，表现为八识心王法与五十一心所法，其中又以八识心王法与五十一心所法按其大道法度因缘和合（唯识变现也要遵循大道法则与法度），依其善恶福德相在三界（形下器坤道内的无色界、色界、欲界）里轮回轮转。那么研究地大与王大集合的坤道特性与特征，就要透彻迷与妄的本质，这个迷与妄是同乾道的心与真形成对比，且还要发生联系，对比则是坤道迷与妄是主题。如何迷与妄呢？是无明障碍乾道真心。那么是坤道没有心和不谈心了么？不是，坤道呈现出来的是妄心。在唯识里，种子源与种子因发源于乾道如来藏而为真心所在，但由种子生起的种子与现行世界则是坤道的迷与妄了，也正是无明承载的迷与妄，在大道体性发生了变化，位域界也有了流变。

坤道在道→母→器程式呈现的大道〇的道、法、体、用、证视野格局里，为联系乾道真心呈现的妄想颠倒之迷失道与顺得常。有此维度视野的认知，就能理解坤道中的人所处的大道格局环境，由此突破眼见为实的维度视野认知，就不难理解因何要谈开悟与修证，同时中国传统的精髓也就豁然现前。坤形界的特性关键词为"坤"与"体"，在

《易·坤卦》中有"地势坤""坤其道顺乎？承天而时行"以地、顺、承、势来表达坤的内涵，在上文中我们说以对等内涵转换来解析不熟知的事物与概念，"坤"的内涵从《坤》卦里以地、顺、承、势来联系。

"承"与"势"的内涵以整体观并从生化流变联系上，指向了坤地是如何产生的。"承天"为上承乾道的"天"，为道→母→器程式中器域从母域与道域的"承"，从器域指向了坤的起源与来源为道域和母域，以及道→母的源流关系。那么如何承呢？为"承天而时行"，这里面针对"时"有两层含义，第一层为无明的形成所在，即在乾道里和合集聚呈现在种子源与种子上的微观时空过程，是生化过程时间轴的指向。在承天的生化关系上，也就是我们一直所讨论的母域显"母"性的临界态，圣化凡的生化本质为无明障碍真心，"时"则讲述了无明生成与障碍的过程，"时"在这里特指无明因缘在乾道中发生因缘和合的时空格局，呈现为无明因缘单元，也就是种子源与种子的形容态，由"时"所指的时间前后关系（因道生之可以理解为时间长度）说明种子源与种子也是经过无明因缘单元漫长的和合积聚才形成的，这一层次的"时"内涵直接解构了种子源与种子的微观态，至于它如何的微观态，这里不深讲，总之，它呈现了种子源与种子在乾道因缘和合的大道法则，这也指向了在坤器的时空体还未形成，时间已经存在乾道，且能构成围绕时间轴的前因后果关系，它解构了无明的微观态。第二层为无明的种子源与种子具足，按其"势"的大道法则与法度产生种子与现行的"时行"，为八识心王法与五十一心所法和合积聚交互熏习的坤形世界。"时行"非无规则无章法的乱行，胡乱唯识变现，而是"承"第一层含义已经形成的因果关系里，即依种子源和种子的因缘而时行，则为承势。

承什么势呢？有三层含义：第一层为承大道道生之恒顺生势，在道→母→器程式的任何领域，这都是大道法则。第二层为圣化凡生化关系所在的因缘之势，它由种子源和种子在无明形成的微观态上写就了因缘关系，坤的势只能顺承此因缘关系，因为总牵引因已经在乾道的时间格局里写就了。第三层为依种子源→种子→种子与现行世界（时行）动能的源流变之势，这个势的因写在种子源上，通过源流与流变关系呈现在种子与时行的坤世界里。由此，"时行"顺承因缘而有种子与现行的势，无明为妄，为柔，为阴，那么时行阴柔的无明妄，在唯识所变现里，时行呈现发生在因果关系里所指向的对心性光明的颠倒与执着。

以此"承"与"势"的内涵呈现的"坤"是否不再孤立了呢？答案是肯定的，不仅不再孤立而且形成了整体连贯的哲学视野。承天而时行的坤道，有了联系乾道以及种子源和种子所发生在源流变上的关系，自然就指向了"坤其道顺乎"为何"顺"了，承（此时特指"时"与"时行"的视野格局含义）上文所述的"势"的内涵则"顺"。坤之所以顺，在乾道就有了无明因缘，且以道生之时间轴按大道法则（五行与天地数）和合积聚，与乾道的圣有生化关系；同时，因在果形成后，只能恒顺因果而时行。也正是因为坤有了承势而顺的时空格局，自然就指向并明了坤"迷"的真相，《易·坤卦》曰："先迷后得主"，迷，为无明的因缘种子在坤道里顺势，且依因缘法则，种子与现行唯识所变现了万物，种子源→种子→种子与现行世界（时行）能量的源流变上发生了位域流变，动能不断衰弱，堕落之势无法阻挡而迷。顺，为柔顺，"坤至柔"柔的为无明阴性，顺的势为坤道堕落的态势。

为何呈现乾圣生化坤凡呢？那是因为乾圣光明的刚健与坤凡无明阴柔的平衡被打破，在乾道，阳大于阴，故阴只能积聚种子源与种子的因缘，集聚阴性能量。《易·坤卦》曰："阴疑于阳，必战"，当从太极浑沦相临界，阴大于阳的临界，从"必战"的大爆炸诞生坤地万物，顺势不可挡，迷也在所难免。"先迷后得主"，从承、顺、势解析坤道的至柔阴性之妄，无明之障碍，无明障碍真心之迷，对心性光明的颠倒与执着，是要强调坤道无明堕落的态势，是惊醒。"后得主"为载，得了什么"主"呢？为坤道以地势承载的厚德，"地势坤"，地呈现"载"的含义，"君子以厚德载物"为在坤道里举厚德行善法。《易·坤卦·文言》曰："积善之家，必有余庆；积不善之家，必有余殃。"如果不举厚德不行善法，就会继续坤势堕落，而出入无尽期，以三界六道中的人的立场来说，其堕落的还有三恶道。透析了坤道的承、顺、势、迷的特征与特性，以坤道举厚德行善法的法度，而得能左右自己的"主"，如何左右自己呢？通过举厚德行善法来说开悟、说修证、说凡转圣。

"先迷失道，后顺得常"中的"顺"则为在坤道位域内言说坤道法则与自然规律，前文说"坤其道顺乎"中的"顺"与"承天而时行"包含的承顺是从坤道联系乾道来言说的，是道、母、器位域间的联系，而"后顺得常"中的"顺"则为无明障碍的迷与妄坤道形下器域的世界已经形成，在坤道形下器世界里，根据承、顺、势、迷、妄所主的属性，找到坤道的自然法则，就像人已经生活在地球上，要根据地球显现的事物去总结自然法则，如四季更替、日月寒暑、春种秋收等，此"顺"为器域内局限的位域对待，或者更局限的视野，是以人的生命视野观来呈现。需要说明的是，在坤道形下器域内有人生命视野的世界非局限在地球上的人类，之所以在域内称世界而不直接说世界，是因为域的格局要大于世界，域中有多种多结构的多维世界，多维世界里有不同的生命形态和视野，不能为地球的人与人身所局限，这就是为何要深入解析多视野多维度的生命形态，形成藏相生命观之所在。在形下器域内"顺"其坤道自然法则与规律，而能得"常"，这个"常"为无常变迁中不变的常性，即通过以眼见为实和世间寻常认知的事物找到不变的自然法则与规律。要明白 "先迷失道"所说的坤道域内的无常变迁、变动不居、阴妄遮挡和障碍了乾性刚健，坤道域内的所有世界，皆为"牝马地类，行地无疆"的无常变迁，像脱缰的牝马，在唯识变现的法则里，迷与妄互逐，妄念升起的种子与现行世界横飞，随种子与现行的因缘而生灭无常，不恒久。而"得常"则是在无常中得常性，找到无常事物背后那恒久、长久不变的恒量规律。

如何"得"呢？为从迷中醒悟与破迷开悟。从迷中醒悟，为从无常中得常性，从无常变迁的生灭里找到万变不离其宗的不变规律和法则，这就要立于世间并向世间与自然取法，也是《道统》一书从《道德经》中总结与描述的 "人法地，地法天，天法道，道法自然"，从道取法，直入法与法相，而说如何识取大道的问题，其中"法"立于世间最直接的意思为效法、取法、用法这三层含义，通过万物环境而效法认识并适应自然的规律，并从效法自然规律中取能为掌握的法则来改造自然，再从取法中熟知其用法，此为效法所含的取与用的含义，但并不是取法的意思，效法可以说基于外象的效、取、用；取法，为从效法的效、取、用的结果中洞悉了规则与法则，已经从外部的象入了象所反映的规则与法度的相了，是一个由外入内，从外象入内相；用法，为从规则与法度的相而了然运转规则与法度的性。那么从无常中得常性的效法、取法、用法，非常人之所能，它要建立在宏大的时空因缘呈现在极高的悟性上，才能有所思考与建树，因为要破世间万象的表象，去洞悉规律与法则，非寻常的大众总结生活经验，日积月累的经世济用的层面，这也指向了世间为何有圣贤，圣贤除了能超出一般的自悟，还能将极深的智慧著述到经典中。在《易·乾卦》中所说："夫易，圣人之所以极深而研几也，唯深也。故能通天下之志；唯几也，故能成天下之务；唯神也，故不疾而速，不行而至。"指向了"易有圣人之道"，为何圣人的很多学问所反映的思想与智慧非寻常之用，也非寻常大众所能接受呢？因为它要通过"极深而研几"去把"唯深、唯几、唯神"的大道揭示出来，通天下之志，成天下之务。自己没有能力和机缘造化去从无常中得常性，就要跟随圣贤的教言，深入经藏智慧如海。

"得"的破迷开悟，与前文中的"从迷中醒悟"又有认知维度的区别，"醒"体现为知，而"破"则体现为行。如何行呢？则为证德体系中内外兼备性命双修。正所谓"君子以厚德载物"，从"德"在证德体系里的维度视野出发，为从德用外相举善法厚德而行德行与从德用内相内证德性。举厚德行德行总概括为积善法，而内证德性则为精气升阳的性命双修实质。德用外相积善法在《易·坤卦·文言》有云："积善之家，必有余庆，积不善之家，必有余殃。"积善厚德广行善法在"德"的阴阳法则属性里，有凡善行便积蓄阳气的阴阳盈虚转化过程，从而在福德相的因缘和合下，转为内证德性的性命双修。而内证德性性命双修的实质，在《易·坤卦·文言》有云："坤至柔，而动也刚，至静而德方，后得主而有常，含万物而化光。"其"动也刚，至静而德方"为从内证功态说动静二相功态哲学，"动"为厚德广行善法世间福德相之行动，举厚德行德行便有阴阳盈虚转化，蓄积阳气则刚，以阴阳法则属性来说可升阳。《说文》曰："德，升也。"便是此视野的落点，善法中升阳的阳性能量是张扬的、扩散的、上升的。"至静而德方"为"致虚极、守静笃"之功态写照，为内证德性，突破坤地无明的束缚而明心见性，与乾性在功态中交互联系起来。顺延内外兼备性命双修的德证，便有"含万物而化光"之境界，为打破坤地无明，打破颠倒执着，从凡转圣，从坤凡返乾圣了。这便是"得"的破迷开悟之知行合一层面，实为破迷开悟修真证道之大得，得万物化光凡转圣的大自在。

在坤道视野里，围绕"德"的维度，并结合德言说知行合一。如何的结合德说知行合一呢？知的层面为要明了坤如何以承、顺、势、迷、妄等所主的属性，呈现坤的内涵以及坤道法则，并连同道→母→器程式关系形成整体哲学观。有了这个层面的知，方为大知，透彻本质和本源的知。行的层面为从迷、常、得主的过程，将对坤道的知，转化为修证的实质，从迷中醒悟与破迷开悟。那么前面说的"知"的层面如何围绕"德"了呢？在坤道内承、顺、势、迷、妄等所主的属性虽然从广域上联系了道→母→器程式关系，但落在坤道域中，坤道现行世界是依从善、恶、无记法而形成的福德相来作为衡量标准，每一个现行世界的境全是由福德相因缘唯识变现，而福德相依善、恶、无记法和合集聚。举善法则为厚德，举不善法则为薄（缺）德，从这个福德相的层面来看，所说的积善之家与积不善之家的"家"，为福德相轮回轮转的"家"，指福德因缘种子唯识变现的内外境和合的家，不是指小家庭，而是身心所在的大世界。由于福德相轮转的法则（坤道内三界六道轮回所依的法则）是无法破坤道规则，知而不行，则为妄知，非正知，故从"得"的层面言说行，就是从德用外相积善厚德广行善法与从德用内相内证德性的性命双修。

德用外相积善厚德广行善法的行虽然也处在福德相的层面，但它为步入德用内相内证德性而有性命双修实质的关键前提，也只有广修福德，积蓄了足够的大福德因缘，才能破迷开悟，有修真证道之大得。

围绕"德"的视野维度来言说坤，从承、顺、势、迷、妄等所主的属性的知，结合从迷、常、得主的过程的行，便是"坤"的内涵。也只有纵观坤道知行的层面，从"德"的不同维度来言说坤，才能把"坤"的内涵呈现到精妙的地步。同样，以"坤"所能承载的大道体性内涵来言说德，便解构了德的多维度内容，立于道→母→器程式，坤域连同乾域以及坤域世界的源流变关系，便有关于德的道、法、体、用、证多层面的视野。结合人而言，更有由外相、身相、内相德行、德身、德性之维度。德的道、法、体、用、证多层面的视野为围绕"地大"的视野，德的外相、身相、内相德行、德身、德性之维度为围绕"王大"的视野，两者集合便是地大与王大的集合为坤，呈现坤道。虽然都是言德，而德也有世间的传统狭义认知，但与从德说坤以及从坤说德相比落点差别甚大。

综上，从"坤"与"德"的内涵和各自延伸出来的体系，构成相互诠释与交互包纳的立体化结构，它以多视野、多层次、多种内涵交汇承载了坤道的特性与特征，既透析了坤道的法则与规律，又呈现了坤与德的大道体性。在《易·坤卦·象》曰："坤厚载物，德合无疆。含弘光大，品物咸亨。"便是坤与德交相辉映呈现坤道境像的图画，从坤的迷与妄到德合无疆，它承载了超然于坤域的大道体性法则，描绘了以德合坤域无边无际且轮回轮转的"疆土"。打破疆土束缚为破坤域无明，得"含弘光大，品物咸亨"光明大自在的超然圣境。所以要围绕"德"，以"德配位"构建"德"当位、称位、配位体系，从德内外维度知行论来说"德"，既是基于大道的哲学本源，又能成为修身、治国、平天下等经世济用谐和万邦之道。

坤形界的特性关键词除了"坤"外，还有"体"。坤道特性的"体"，为坤域内（又特指三界内）可认知的时间与空间体，以及时空体在色法上型与象的具体呈现。坤道以"地"承载"地势坤"来言说厚德载物，前文从"势"透析的坤道特性来说，"地"所反应的则为坤域的"体"的表达。地，从土，作土地、田地、领土、地方、地区和地域讲，这个范畴都是我们特别熟知的，土地既为我们生产了粮食又承载了生活居住的空间，若从某位置或环境呈现的领域讲，则构成了时空要素。在《周易》的哲学范畴里，所说的"地"在道元维度上来讲，是属乾天坤地含义中广义的坤地，那么这里研究的"体"虽为广义"地"范畴的一种形式，但经常会把"体"与狭义的"地"混淆而去误解"地"还有广义的所指，会迷惑。为了以"地"的含义呈现"体"的特性，《坤卦》里用了一个词"疆"，为"德合无疆"的"疆"。疆，从土，从弓，从畺(田界)。《说文》曰："畺，界也。从田，三其界画也。指事。"从土、从田都比较好理解，从"弓"，表示以弓记步，即以弓来丈量土地，其丈量的含义则指向了地域、领域、边界所指的"界"，疆界或域界。坤道"体"特性从疆界或域界指向了广袤且时空形态多变的域界体，就如我们放眼望去的宇宙星空一样，呈无边无际的无疆。

用"德合无疆"来表述"体"特性，是从坤的大道体性来言说，疆为坤域体之所指，德为坤域性之所指。德合无疆一词是对在圣十方圆明境地和境界的描述，立于坤地言说，是指从坤凡以德证摆脱坤疆体的束缚后，心性圆明的境界呈现，无拘无束的大自在；同时从疆域体出发，强调"德"在坤道法则里的作用，坤道"德"的维度视野，为凡转圣的内证德性。德未能合"疆"，视野就要落入坤地广袤无垠的疆域体了，这里说疆域体就指无明在色法上具体呈现，基本理解为可见可知的"体"型范畴，它有型与象上的表达。德合无疆与德未合无疆为从德的视野来说明坤道"体"特性的维度与视野。这里从"疆"来探讨"体"，则是从德未合无疆的层面，单独对待坤域内的具象世界（人类所能眼见以及所知的所有范畴都只是极其微小的一部分）。

从德的不同维度来说坤，尤其是德未合无疆坤域内的具象世界坤的"体"特性，视野就落在德行承载的福德相上，为德用外相积善厚德广行善法。那么德用外相就指向了疆域所表的坤"体"，要在一定的疆域体发生行为关系，如人与人之间，人与社会之间乃至域体结构与域体之间等，就形成了个体、群体、域体等所指，这个层面是我们常规认同并熟知的领域。再从广义上说，在德证体系中，九卦所呈的德用外相积善厚德外修德行，为"和孝忠宽、惠廉养顺、谦在其中"的用九天德，常以用九天德来简称德用外相积善厚德之外修德行，而九卦所呈的用九天德是从《周易》的卦中总结而出，这就指向了更抽象的疆域体，这叫《周易》承载的卦体世界。

用九天德里用了"九"，"九"在这里既是实指又是代指，实指为从《履》《复》《恒》《损》《益》《困》《井》《巽》《谦》九卦所呈，从九个卦指向的卦体世界的共性特征与内涵。代指以"九"为数之极，为"应现九道体"来说坤"体"的无疆，坤地的"疆"特征就是以"九"来代指的坤地域无边无际，其"应现九道体"为九皇九真的写照，为龙汉（道家五祖劫之一的始劫）年间紫光夫人（中天梵气斗母元君）化生九子，而有九皇九真之所述的道体之极。《云笈七签》云："夫九星者，寔九天之灵根，日月之明梁，万品之宗渊也。故天有九气则以九星为其灵纽，地有九州则以九星为其神主，人有九孔则以九星为其命府，阴阳九宫则以九星为其门户，五岳四海则以九星为其渊府"，以九皇九真延伸的九星、九天、日月、九州、九孔、九宫、五岳四海等，皆是对坤域疆体的描述和具体对待，总之为包纳一切可认知的时间与空间体。故，用九天德所呈的德用外相积善厚德要以坤地疆域体来承载，来作为依托，同时也以"疆"的内涵解析了坤道"体"特性。

前面说以"九"来称量的德用外相中疆域所表的坤"体"，既有以九的数来实指又有以九的极数作为象征来代指，虽说实指，除去依托"履""复""恒""损""益""困""井""巽""谦"这九卦外，更多的是以这九卦来统称六十四卦对"德"的综述，也有以实数来言代指之义。《周易》六十四卦均有主体卦"德"，在儒家领域，延伸开来的六十四卦卦名就是主体卦"德"的综述。从道元维度来说，它是在"德"行的维度视野，既然六十四卦均有主体卦"德"，从大道体性的本质上讲，有德性域必有相应的道体域与之相应并交互作用，在坤道的大道体性中坤德与用德交互合相是总纲，但六十四卦德用外相主体卦德所说的德行，为用德性的外相表达，象由性显。那么说指向的就是同六十四卦德用外相主体卦德相互合相的道体域，便是以六十四卦为坤域内的六十四个卦体世界，为以《周易》的象数呈现的坤域内六十四个卦体世界所言说的疆域体。这里不展开具体的六十四个卦体世界所言说的疆域体的内容与内涵，要解析《周易》象数的呈现，要从道元维度来分层次讲，因为《周易》象数的呈现在道→母→器程式各域界以及在程式综述上，均有不同维度、视野在大道体性内容上的表达，而六十四卦体仅为器域内坤体的一种内容，但要从《周易》象数来呈现宇宙的疆域体形态，既精妙又难度极大。六十四卦体世界与六十四卦主体卦德，从大道体性在坤道的德性表达上，为用德彰显，且用德中就以体用分为德用外相，所指的就是以六十四卦主体卦德在用九天德上的简述，也就是说以九卦所呈的用九天德说的"九"是六十四卦的代称，这个代称非实数上的逻辑关系，而是同样以"九"的数之极而言说德行的广域领域，里面有六十四卦实数所指，更多是教导世人积善厚德广举善法无边无际，非有定域去言说，当然它是建立在六十四卦主体卦德的基础上而言说的代指。

在坤域里说"体"，从疆域到卦体世界与宇宙的形态。那么坤体中最独特的呈现，就是人，人的体，它才是坤"体"特性以及我们哲学研究的落点。围绕人在坤体的特性才能真正赋予生命的意义，以此展开关于道→母→器程式交互联系下的大生命观，其他的疆域"体"只是生命观相联系的因缘和时空环境。在坤道里说人，是因为人就是坤域的一部分，为"体"特性的个体形态，从坤说体，从体呈坤，必不可少要说人的"体"。所以我们构建了藏相系统，在藏相系统里研究独特的藏象生命，在藏象生命的内容里以后天五生之太极五生象图来描述生命形态与过程。后天五生之太极五生象图为生命在"生生→生主→生入→生成→生育"上的形态与过程，且与十二因缘构成交互联系，而十二因缘则是围绕人的生命过程来讲述诸因缘与时空联系，从而丰富了生命的维度与视野，组成大生命观的具体内容。在道体四域与德性四体的大道体性格局里，王大为道体四域中的人"体"域的综述，且地大与王大的集合，为坤，呈现坤道，疆域体呈现的"地"内涵和人生命观的"体"内涵的集合，才是地大与王大的内容，才是坤形界在大道体性上的整体对待。如果再深入一点，去联系乾道与坤道，再来说人，则是天地人三才道统观的哲学范畴。

再回到坤形界坤道特性"体"内涵，"体"为坤域内（又特指三界内）可认知的时间与空间体，以及时空体在色法上型与象的具体呈现。

解析"体"内涵要从三个维度来说明。第一个视野维度，为外尘的体，也就是宏观的域体。坤域内的时间与空间体，这是坤道无明呈现的一个特点，由于它非圆明的、刚健的、且为种子按因缘法和合积聚的、无量的种子与现行生起的现行世界，就各自呈现了不同的时间与空间体，这是坤域内"体"世界的宏观层面，每一个种子与现行生起的因缘世界，都构成了不同的时空体。与此同时，时空体内会出现色法的表达，体现为色法上可以"受"（六识与六尘相应）来认知的型与象，狭义的理解为能眼见为实，或者是以眼见为实来指向的类别，色法上的型与象，为时空体内的特征与特性，但它非时空体的全部，因为能见和能受的都还只是时空体的一部分，而时空体又只是坤域内的一部分，这就是千万不能以见和受的已知来代替见受未知的全部。时空体与时空体内的色法，遵循藏相动能理论。从唯识的种子源与种子因缘起，到种子唯识变现的现行世界，再到现行世界时空体里出现色法上的型与象，都是遵循藏相动能理论的法则，这就指向了外尘体的形成规则。

坤道特性"体"的第二个视野维度，为人身长大的体，简称为人身体，它是藏象生命系统独特的研究对待。在坤道特性的层面，人身体又分为外体与内体，以人身长大来界说内外，要看是否入了内证领域说识、根、尘，这就有了以内证的内识体来说外身体。从宏观上说，内识体与外身体是同为唯识变现的形式，都同为唯识的范畴，但因无明与色法（更深更重形式的无明障碍）的缘故，内识体与外尘体隔断了，外尘体的时空因缘在远古就形成，就如太阳系与地球，非现在以人来唯识变现的，它的时空体与人身的时空体不在一个时空层面上，同时以我们地球上人类的视野来说，认为外在环境是恒定不变的，而内识体又无法作用外尘体，呈现所说的唯识变现出现行世界，也就是说凡人不能以心识来转境，因为外尘体与人身体跟内识体不在同一视野和时空维度里，所以必须分开说，现在他们是割裂中断的，无法相互起应的，但入了内证系统，在一定的证悟境界和功态下，就能实现外、身、心识合一。

说到外身体与内识体的人身长大独特形式，就要认识这几个体域的不同。外身体（人身）从宏观上虽为外尘体的一种独特形式和形态，是外尘体在色法上的具体呈现，但它运转系统与形成原理，跟外尘体是不同的，或者以前文说，他们形成的时空体和维度是不同的，比如地球有几十亿年的寿命了，就有几十亿的恒定量，而人的寿命就呈现人的生灭因缘恒定量，这些生灭因缘恒定量，从源流变上均差异甚大。何况三界六道内各种层面的外尘体与外身体所呈现的恒定量均不同，如无色界就没外身体，而无色界域的外尘体与有人身的体已经不一样了，只不过外尘体的恒定量要大于人身体的恒定量。既然有体的恒定量，就有一定恒定生灭因缘的量，就必然要有成住坏空之往复循环。而主导成住坏空往复循环的根本又在内识体内，由人自己的内识因缘和合积聚。如何理解呢？就是内识因缘到了一定量的时候，就出现了生死轮转，当轮转到不同的外尘体时，前外尘体就呈生灭态了。当一个外尘体内的所有识的集合都出现了生灭态，就是整个外尘体的成住坏空。这里要说明的是，外尘体与人内识体有共业上的呈现，如何共业上呈现呢？便是在心识因缘中有共同的法则与规律，人虽不同，心识因缘也皆不同，但在识、根、尘领域里，有共同的法则与规律，共同的法则与规律则形成共业，共业通常就以外在的时空体呈现以及比较近似的福祸相等，打个比方，生活在地球上的人类，外在时空体就是太阳系与地球，其福祸相也在地球外尘体的范畴，它不会出现天界众的福报也不会出现地狱众的恶报。所以从根本上还是内识体在主导外尘体包括人身体，只是这个主导的形式是立三世两重因果，并非现报，正所谓："欲知前世果，今生受者是，预知来世果，今生作者是。"这就又指向了先天内识体与后天内识体。虽然说非为现报，那是以人颠倒执著的视野来说的，人身体与外尘体无时无刻不在发生着改变，人的每一念的出现，所相应的识、根、尘都在宏大时空和合集聚，以此在微观上改变着外体，也就是说每一时刻的体都是不同的，我们认为很多恒定不变的事物，只是我们的执著与妄想，在内证境界与功态上，如果生了法眼则能观察清楚。

坤道特性"体"的第三个视野维度，为至微至彰全时空体。至微至彰全时空体还是要立于人身长大来说，立于人身体从外说至彰的外尘体世界，从内说至微的易念升起的因缘世界。而这种内与外的联系和交互就是以人身来说的至微至彰，这个视野是多维度多视野结合在一起的哲学观，里面有非常多的位域结构的转换，外→人→内都有不同的位域属性，且每个位域属性内又有非常复杂的时空体结合，也就是不同的世界体所对应和换算的时间与空间皆又不同。尽管如此，古人们还是掌握了它的规则与法则，天人合一全息元象学说就是它独特而精妙的呈现。坤道里的至彰为宏大的外尘体，至微为以人身体来说识、根、尘的微观世界。这里说的外尘体如何宏大而构成至彰含义呢？在成住坏空上有一定时空周期的恒常量，这样的外体世界称为至彰，怎么理解呢？如我们观测到的银河系，银河系别说相对于人和地球，就是相对于太阳系来说它都大到要以非比寻常的当量来计算，更何况在宇宙中，如银河系这般的星系又浩渺无穷，单从地球几十亿年的寿命来比对银河系，它们的成住坏空恒定量都是无量大的，当然这个时空恒常量是以凡夫三维的视野和计量思维，非实相境界和圣境。以人身体来说识、根、尘的微观世界为这里"体"视野含义里的至微，本来从至微在大道本来的层面，是从大道最微观的道生之以及唯识里的一易念来称量的，而这里说识、根、尘的微观世界实际上已经是很综合的表述了，因为识、根、尘和合集聚的五蕴境从至微本义层面上讲，是无比宏大的，之所以没有深入至微的本义去说坤道内"体"视野含义里的至微，那是因为色法（有型与象的重物质）形成了时空凝滞而有相对时空不同的无明体世界，其色法的时空凝滞原理构成藏相动能论的动能减弱，也就是说无明体世界的色法凝滞隔绝了坤道内更微观的程度。换句话说，因无明障碍让其以人身体来言说的相对时空体里，无法到更微观以致去探讨至微的本义，其实如果不强调内证功态，跟一般大众来说识、根、尘的微观世界已经是无比精深的学问了，这就是为何说唯识很难懂很复杂的所在了。立于人身体而言说的至彰外体世界与至微识、根、尘的微观世界，在凡夫迷与妄的视野里是毫无关联的，可真正的大道本来，至微至彰是无时无刻不在发生密切联系的，这就是至微至彰的全时空体。

这里简单结合至微至彰本义从天人合一全息元象学说来说至微至彰全时空体。至彰，为大道内容尽含一切的"大"与道具恒顺生势、其内容尽含而体现出无量的时空延展性，以及作用人易念并主导人一切的因缘种子只增不减的至彰性。道大、天大、地大、王大道体四域中一切可反映的内容，都为大道尽含，无有超出者，大而无外的大，它显至彰性；大道具足恒顺生势、其内容尽含而体现出无量的时空延展性，生之的延展所体现的至彰性无以言说；作用人易念并主导人一切的因缘种子只增不减的至彰性，同人身长大的人身体一样，外尘体的一切外象世界皆为唯识因缘变现，而外部世界与作用易念的因缘种子以全息元象交易相互，而作用易念并主导人的一切的因缘种子无边无量，这个无边无量因人处于坤尘世界出入无尽期，当恒顺因果定律轮回轮转时因缘种子又无限累积增加，体现为只增不减而有至彰延展性。至微，大道所含的内容以道生之而显"生"的至微以及大道真性达大道任一处体现为至微的时空性。作为道生之基本单元的往象，都是有生变易的过程的，且这个生变易过程在长育成熟养覆蓄积中而生，从往象这个基本单元的"微"来说，在形成往象过程中用循顺置返方法来立足任何一个元素体现"生"的动态的话，那么它就体现为至微；道以如如来去的本性，极速达任何一处，这个极速非光速，而是连光速都望尘莫及连算数譬喻所不能表达的刹那，也如常说的一念而遍十方世界，这就是至微的体现和表达。至微至彰体现在大道时空性上的内涵，至微至彰不能独用，没有道生之的任何内容是纯粹以至微显或单以至彰显的。至微至彰一体才能很好地描述道生之的一切为道如如来去的本性妙显，任何至彰的"大"都是通过至微的生来达，任何至微的末端又都全息交易着至彰所包含的一切，这就是至微以至彰显、至彰以至微达所体现的至微至彰全时空显达性。天人合一全息元象学说将人身与全宇宙全息交易，宇宙万物统一在四象五行法则下进行的取象和比类，人与宇宙的天人合一全息元象，体现在天地同律、人天同构、人天同类、人天同象、人天同数，宇宙与生命的相互收受、通应，共同遵循"四象五行"的对待协调、生克制化的法则。从人身往外来说的垣、四象二十八宿、七政按照"大运相"规律与人体的五脏、经络、气血、精气乃至情志等方方面面的律动产生同步和联系沟通，以至彰、以至微呈现在坤道特性"体"内涵上，则构成前面两个"体"特性内涵呈现的体态。

综上，坤道三个视野维度"体"特性内涵，以及结合"体"呈现在色法上，或者狭义的说体现以"器"的"型"为能说和所说之用，让我们知道就算眼见为实的一切，亦并非寻常那么简单，都是玄机与奥妙无穷，所以从这几个层面来看，坤道的"体"特性与内涵，并不能放在三维里以习以为常的见识去衡量，而是维度与视野多变，且充满了交互联系。那么如何思考和计量坤域体承载的时空体以及色法上的型与象呢？从上文至微至彰全时空体的解析上知道，这是非常深奥的。尽管如此，在世间处处都有以它来经世济用的学问，时空体在色法上型与象具体呈现的学问，中国古代历法就是一套完整而精髓的指向，在世间常规用法上，很多人仅把中国古代历法作为时间计量和其他换算方法，但它除了在时间的属性上，还有天干与地支所代表的天与地的空间属性，再按照一定的象数规律，把以共业形式存在（体、疆、地的在"体"内涵上存在的共性含义）的相同规律和物理法则的共性，表达在时间和空间综合属性上成为历法。它既涵盖了天人合一思想，又是一套中国哲学象数逻辑，只不过这套中国哲学象数逻辑是带有道元维度的（除了三维常规的象数逻辑外，还带有维度跨越，也就是域界发生了转变），故形成了学习与理解上的障碍，但它包含了我们目前理解的历法维度，只不过我们没有弄懂哲学原理，所看到的自然就很局限了。在历法内容上，其斗建、三正、朔望、上元积年、岁星纪年、十二辰、十二次、二十四节气、三垣七政、二十八宿的距星和距度等思想，除了历法计量本身外，从它延伸开来关于养生、医学、人文思想、学术、天文、数学、星象、气象等多方面体系，已成为经世济用的精髓，它们一起发祥中华文明并成为中华优秀文化的典型代表，这也把历法能承载的思想与哲学指向了广阔视野。实际上，历法的理数本质为以大道道生之的阴阳生成数维度规律为主轴（阴阳生成数存在道元维度描述，道元视野不同，则维度落点不同，我们目前的计算方法把数理都放在同一维度逻辑里），以天干和地支作为时空域，再按照一定的数理关系，形成计算和计量方法，可以不同的坐标单位，计算宇宙中诸多"体"世界的相对时空，从而改变我们现行以科学衡量的宇宙观。

我们说坤道特性"体"内涵的全时空体，其实除了中国历法对于外时空的描述外，还有一套对内时空描述的内历法，它就是由《黄帝内经》呈现的建立在刚柔相配、阴阳相合、气血循环、时穴开阖上，以人体经络穴位、营卫气血等人体自然周期基础上的子午流注法。它不仅是因时施治、辨证循经通过针灸治病的一种方式方法，更是让通过认识脏象、病机、诊法、治则等医学范畴的学问，上升到关于生命的哲学系统，从而认识生命与宇宙的联系，形成大生命观的整体视野。从外尘体说中国历法通过多维度多视野承载坤域体时空体以及色法上的型与象的"体"世界，从内识体说经络子午流注法通过营卫气血盛衰的经络流注，在井、荥、俞、经、合的不同视野去联络脏腑，配以阴阳五行法则，结合五运六气内外时空观，形成多位域的内时空体，成为坤道特性"体"内涵的独特内容。如果说历法承载的外尘体很抽象的话，那么人体内可以形成的各种时空体则又是外时空体的一种映射与联系，这就立于人身长大，而说天人合一的内外合一，天人合一的内外合一有两个层次，一个为天人感应的合一和时空融合的合一，天人感应的合一以天人全息交易而本质的联系在一起，形成天人合一全息元象学说，而时空融合的合一是在天人合一全息元象学说基础上通过修真证道的实证而达到的超然境界。其天人合一学说在易家、道家、儒家以及医家（《黄帝内经》）都各有所表，而且都是核心思想和主流体系，在《道统》里对它们进行总结提领，延伸提出了天人合一全息元象学说。

从坤形界的特性关键词"坤"与"体"的内涵解析上，都是以大道体性为前提，坤道体与用德性，而言说坤道体特性时，又是从"德"的维度视野出发，去探讨坤与德交互下的内涵，我们说"德合无疆"的视野为落在坤道迷与妄下的坤疆体,为坤,为体,而研究坤体的含义,又指向由型与象承载的"形",这就托出了坤形界"形"的含义。"形"为坤域内坤体具象世界,色法在型与象上的综述表达,是具象型与象在法相上的描述,怎么去理解具象型与象在法相上的描述呢?在前文说:"德合无疆一词是对在圣十方圆明境地和境界的描述,立于坤地言说,是指从坤凡以德证摆脱坤疆体的束缚后,心性圆明的境界呈现,无拘无束的大自在;同时从疆域体出发,强调"德"在坤道法则里的作用,坤道"德"的维度视野,为能凡转圣的内证德性。"这是从圆融实相层面上的表达,从实相上,体呈现为"形"的内涵。"德合无疆"在实相上的观照境界,从唯识上说,坤疆体皆为种子以因缘和合生起的现行世界,在精气神范畴为精气关联的列星气轮义。那么当内证德性后入实相境界,虚空粉粹大地平沉,现行世界被唯识解构,呈现的只有识因缘,无量的识种子因缘时空出现,非一个具象的疆域体来显型与象。实质是本来有一个具象型与象的疆域体,在实相因缘上它被种子因缘的时空解构了,由此它便呈现种子与现行生起世界的因缘和合的法相。当识的无明转为智,以智观照,则只有种子与现行生起的诸因缘和合的形,它就成为了"形"内涵下的法相,它只有因缘和合的形,而具象型与象的疆域体则是诸法相因缘和合集聚下的果。所谓的解构为和合集聚形成具象型与象的疆域体这个果的因缘呈现了,被观照住了,它就是"形"内涵下的法相,在这种境界下,虚空自然粉碎,大地又何愁不平沉?这个层面极其难理解,因为是实相般若的层面,更是非一般的内证内景境界,且已超越了诸多所说与能说。

坤形界说"形"与形而上的"形",虽然用了同样一个词汇,但含义维度自然就不一样,坤形界说的"形"为体的一种形式,类似与物理认知的范畴，有型与象以及基于型与象而延伸的观照实相，是物理形态的不同阶段；而形而上的"形"，为哲学范畴，有前文解析过的形迹、形相、形界的内涵属性，尤其是形迹与形界描述下的位域的界说特性。如果联系道→母→器程式来说形的区别，坤形界说的形特指器域中的坤地外尘体、各种疆域体、人体等所指，又以器域的"体"形态联系母域中种子生起现行世界唯识变现的生化法则。而形而上说的形为道→母→器程式各位域的界，尤其是形上道乾圣与形下器坤凡的圣凡差异而言说的形迹、形界，乃至哲学范畴里的形相。

立于乾坤的道→母→器程式，乾的哲学为"源"哲学，从乾的内涵联系到人身则有心性为本；坤的哲学为整体观哲学，坤器要从母域与道域联系并发生生化关系，非单纯的一个位域对待，若孤立则成断灭见，必然要联系整体，从型与象找到本源属性上的生化关系，从坤的内涵联系到人身则有坤道的承载为体，诸体所显的器物型与象为用，这形成了本（源）→体→用的关系，而这个关系中的"体"可以理解为形，而有坤形界之说。

相虚界相虚特性，体性与相用

相虚界，是乾藏界与坤形界在大道生化关系上以唯识因缘交互往来联系。以生化法则中的"母"性形态而成相虚特性之界域，以独特的精神相域成为形上道与形下器在精神与物质范畴交互联系的源流变枢纽。既具大道生化法则性→相→用属性，又是生化法则下坤地凡器域中具体的内容形态，是藏相系统中各界域之间独特的道元维度视野，是阿赖耶识临界太极浑沦相以初始无明唯识变现之母域，是坤道凡器域一切体形世界的动能形态，更是轮回境中种子返熏之所藏，是运转和组成藏象生命系统和认知藏象生命的重要视野，还具修真证道领域中以人身长大内证德性的相虚实证功态境。

从相虚界的定义可以看出，相虚界作为藏相系统中三域界其中一域界，不是单纯以相虚界本身的唯识因缘内容与特性为研究对象，而是从藏相系统的三域界交互往来联系枢纽、大道生化法则、相虚界域内视野的唯识因缘内容、阿赖耶识在性→相→用属性上独特作用、相虚界对藏象生命认知的重要性等出发，视野广阔地去看待这一个界域应该有的道元维度和不同道元维度视野里的内容与属性。

相虚界的形下器精神相域，特性关键词为"相"与"唯识"，具生化、"母"性、唯识变现、相用、虚实、凝聚沉淀、法相属性、藏象、福德相等特征，在道→母→器程式中特指"母"域，在性→相→用程式中特指"相"域，在周易易周本体论所摄的在圣、圣化凡、在凡、凡转圣独立不改周行不殆大道法度视野里为圣化凡与在凡，在大道○的道、法、体、用、证源流变实质中，为圣化凡太极浑沦相临界态，阿赖耶识种子与现行唯识变现过程，以及人生命生灭后的轮回轮转中太极浑沦相独特形式的中阴身。从道体四域与德性四体的大道体性结构与内涵中以界说位域来说，在大道体域上为阿赖耶识太极浑沦相、地、形而下、器域、唯识变现过程；在大道性域上乾贞临界坤元，从形下器范畴说为用德元亨利牝马之贞周行；在大道体性综述为太极浑沦相的母性和坤的妄与迷。在大道体性呈现道→母→器程式内容中母域独具的阿赖耶识"母"性临界态，体现为如来藏缘起与如来藏识在圣与在凡视野的两种对待，以乾贞临界坤元太极浑沦相，以其独有的"母"性可以为天下母呈现的圣化凡的生化哲学，体现太极浑沦相（阿赖耶识）在种子源与种子上的独特的相依源流与流变关系。在形下器如来藏识范畴的阿赖耶识精神相域，体现为种子与现行唯识变现的八识心王法与五十一心所法，显器形之界域，为用德与坤道彰显。

相虚界在界说位域为形下器范畴，从精神与物质的界说位域来说，界说为精神相域，在展开形下器范畴对待相虚界的体性属性时，要先独特对待道→母→器程式母域呈现的太极浑沦相状态，它是圣化凡属性上，阿赖耶识临界太极浑沦相以初始无明唯识变现之母域。换句话说，相虚界作为形下器坤地凡的范畴来说，坤地凡最初始的无明世界是如何来的？它的指向就是阿赖耶识的初始态，初始种子以及种子源因缘的生化，为太极浑沦相临界态，以如来藏缘起的乾贞临界如来藏识的坤元，呈现阿赖耶识的初始真面目。从阿赖耶识的两种来源，一种为真如体如来义所生种子以如来藏缘起的秘密义承载的阿赖耶识真相，这叫初始阿赖耶识；另一种为在初始无明世界染污后，在轮回境中继续沾染熏习，识、根、尘和合集聚而由外返熏，返熏的种子以阿赖耶识能藏和所藏的功能进行存储，成为返熏阿赖耶识。相虚界在初始阿赖耶识对待上，为圣化凡的生化视野，是联系道→母→器程式的整体对待，而在返熏阿赖耶识对待上为人后天所造诸业形态的业库，就是纯粹的形下器坤地凡范畴，呈现唯识因缘唯识变现的八识心王法与五十一心所法，既有种子与现行的唯识特性，又因在器域而具足坤形界中的坤与体特性。

相虚界的特性关键词为"相"与"唯识"。"相"便是立于大道生化属性联系道→母→器程式的整体对待，从道域、母域、器域不同阶段呈现"相"的特性内涵，故不能把相虚界的"相"狭义地理解描述太极浑沦相以及坤地凡的"相"特性，而是一个广域的视野，从道、母、器角度呈现性相、法相、用相。道域在圣态，真如体如来义下的妙有与妙化，为性相；在凡态，唯识变现中唯识因缘和合集聚与动能沉淀呈现色法型与象，为用相；在大道生化属性上，大道恒顺生势的道生之是一切"相"的根本，大道道生之中任何宏观的体性都为最微观的往象恒顺生势变化而成，而呈现往象的易相则是大道包罗一切的法相，它可以理解成"化"的层面,它是化的过程,不是化的结果。大道恒顺生势的道生之贯穿在道→母→器程式下任何至微至彰的大道体性中,性相与用相,以及性和用的法相,都是以道生之来承载的,离开了大道的生生之健的"生",就无法谈"化"层面的法相,大道里的一切都无法联系在一起。所以在展开"相"之性相、法相、用相特征的解析前,我们先从道→母→器程式认识一下大道的道生之的生化法则。

由往象呈现的道生之,为大道体性最微观的生。那么什么是往象呢?大道〇体性合相而显的道生之的恒顺生势定律,由恒顺生势在"生生"之健上呈现的时空延展性的象,为往象,往象是道生之大象的微观视野。"往象"出自《道德经》:"执大象,天下往。往而不害,安平泰。"为取天下往的"往"与执大象的"象"。为何要从"大象"的含义里提出往象的称谓呢?这里有个视野转换的问题,大道莫之能说的体性合相,就是道生之大象,和真如体如来义一样周遍圆明,为十方圆明态,而往象则是视野落在大道体性最微观的生上,是从整体观的至彰转换到生生之健的至微,莫之能说却处处可说就是此意。但这里不是着相与执着的问题,而是呈现大道恒顺生势之定律,更是至微至彰全时空显达性的道元维度,就是至彰与至微兼顾具足,把道元维度推向视野全域的圆融态。那么何为道生之的大象呢?大象为离一切相的无所住真心,不落一处而又达所有尽显一切可包容的可显之象。这些一切可显之象是依大道〇而生,道与德合相的恒顺生势,此恒顺生势为大道常自然的必然性,其必然的"生"因大道纳无为而无不为真性,在无为而无不为真性里有玄德之性大道源动力,也是说道生之的"生"为常自然态的必然生势,为大道恒顺生势定律,呈现道生之大象。道生之大象呈现在乾道与坤道就是乾大生与坤广生承载的道体"生"的含义。

从大道道生之最微观的生变易过程解构往象内涵，会呈现往象、易相、法相之间的关系。我们把长→育→成→熟→养→覆生变易过程呈现的"变易"称为易道表现的基本单元，这个基本单元就是说凡是要呈现"易"道就必须包含以长→育→成→熟→养→覆为形容的生变易过程。在长→育→成→熟→养→覆生变易过程中，说长→育→成→熟→养这五者为生变易依顺的蓄积过程，当到了覆的阶段的话就到了"变易"的临界状态，从变易的临界状态"易"出来的象，就是往象。把这个过程详细地回顾一下，从生的缘起→长育成熟养→生变易蓄积过程→覆的变易临界状态→易显的象就是往象，这个程式过程是为了方便说明而用了递进的关系，实际上从"覆→易"具时空同步性，其覆阶段、变易为同步发生的，"覆、易"这两者为临界一体，这种临界视野类似太极浑沦相可见，往象为大道生变易呈现的最微观的果，在生变易过程"易"出来的象就是强调这个生的果，它就是往象。而在"覆、易"这两者临界一体的状态称为易相，它是总因到果的特殊状态，它就是法相。要理解法相就要解构"覆、易"这两者临界态去认识易相。

　　换个视野说，为何会产生易出来的往象呢？从长→育→成→熟→养→覆生变易过程都是生生的范畴，有了"覆"往流变性转变的发展，"覆"→往象生成的"易"态中，前面可以称为总因，往象可称为果。"覆""易"临界与往象的因果总称就是易相，称为"覆易"临界，作用"覆易"临界→往象的果的过程，就是大道道生之的法相。以此说，易相为大道中任何事物的根本法相，它是恒顺生势定律呈现的"相"的内涵，它由易道规则与规律在生化位域间起用。何为生化位域呢？长→育→成→熟→养→覆生变易过程中，长育成熟养覆为总因，往象为果，长育成熟养覆为总因→往象构成一个生化基本位域，为道最微观的生。

我们可以把"覆易"临界状态的易相，作为大道的根本法相，称为易相态，以易相态临界状态为立足点，便有覆阶段之前从生的缘起到长育成熟养的生变易蓄积过程，以及变易后显现的往象。以"反者道之动、弱者道之用"循顺置返哲学来说，从生的缘起到长育成熟养的生变易蓄积过程为置返的弱态，以此弱态循顺而用的话，就在易相中显现了往象。如果把这个过程在时间上以过去、现在、未来类比的话，就有从生的缘起到长育成熟养的生变易的弱态过程为过去，易相的临界态为现在，往象则为未来，这三者在时间态上的关系是，生变易的弱态过程为易相的置返并为易相而用，同样易相为往象的置返并为往象而用。我们说在从生的缘起到长育成熟养的生变易以及覆与易两者临界易相过程，所呈现的就是易道，这个过程简述之为生、生变易、覆易临界易相过程，其中"易"为易道所主。那么往象是什么呢？由易道所主的"易"显的象就是往象，这个"易"就包含了生、生变易、覆易临界易相过程，这就是往象的来源与内涵。

由此可见，虽然说往象是道生之大象的微观视野，但往象也有生变易过程呈现的因果法则，长育成熟养覆生变易过程的果就是往象，所以微观的基本单元也有至微的生的变化，并且在长育成熟养覆生变易的总因集合中，有易相（道之法相）在作用。那么往象、易相与法相的道元维度又是如何呢？往象是大道道生之的范畴，是大道道体内容的形态和组成部分，而易相为产生往象这个果的过程中，由"覆、易"这两者临界的状态，它是一个独特的形态，在这个独特临界状态中，法相显用，使其能从因到果，产生往象这个大道基本单元。法相是从大道体性综述对道体内容发生作用的一种形态，没有法相的作用是无法完成因到果的过程，这也就构成了往象依易相态的法相作用，而成为道生之生生之健最微观的基本单元，道生之的大象均由往象显至微至彰同步时空显达性，在乾道呈现周遍圆明如如来去的大生，在坤道呈现广生。

如何从乾大生与坤广生来理解立于大道生化属性的"相"的特性内涵呢？乾大生与坤广生是道生之大象至彰与往象至微以乾道的乾性以及以坤道的坤性承载的"生"的特性，以"生"来说的乾大生与坤广生的"相"的对待，便是从道域、母域、器域呈现大道生化属性中性相、法相、用相的"相"。乾道如如不动妙化万有的大生，坤道纯静无知凡物躁动的广生，便是道生之中乾道与坤道"生"的动态图画。《易·系辞》："夫易广矣大矣，以言乎远则不御，以言乎迩则静而正，以言乎天地之间则备矣。夫乾，其静也专，其动也直，是以大生焉。夫坤，其静也翕（xī），其动也辟，是以广生焉。广大配天地，变通配四时，阴阳之义配日月，易简之善配至德。"用《易》或"易"道呈现的大道广而大，这个广大用了"天地、四时、日月"来说明，那么既然说大道广而大，为何不更细致地描述其广和大的特性呢？这就是我们常常定型在如天地、四时、日月这些词语所表述的内容上了，这里用天地是说明其空间，用四时是说明其时间，用日月是说明阴阳盈虚关系而显现的内容与德性之间的交互作用问题，所以说这三个词语就说完了大道的一切，我们说"天地"是指其空间，如果把天地以乾坤来说的话就是大道无所不包，一切尽含，如果把天地就是以坤凡中的我们熟知的天和地来特指，也是指浩瀚无垠的星际空间，算数譬喻不能形容，故广大配天地则说明了大道的一切空间。"四时"如果以我们熟知的春夏秋冬一年四季来说的话，它也是时间周期的表述，从我们所处的一年四季四时，变而通，就能以其天人合一大运相来统纳天地同律、人天同构、人天同类、人天同象、人天同数，并以其全息元象统筹到"玄武、朱雀、青龙、白虎"所代表的二十八星宿的斗罡授时，再延伸到周天度数，所以这个四时实际上可变通成不同的世界所展现的一切时间，那么这个变通为八卦取象以"乾健、坤顺、震动、巽入、坎陷、离丽、艮止、兑说"为原则，对宇宙万象从八卦八个内涵属性上进行系统的类比和取象，从而可以体察一则洞察万，此"一"在此狭义地指宇宙整体中的任一局部，此"万"喻多样及复杂的无法言说、不可名状。《易·系辞》"易穷则变，变则通，通则久"，就是大道自然性并因果性在道生之所体现的恒顺生势的"生"的描述，用循顺置返来说，弱态穷，则为蓄积能量而"生"往象，恒顺往象的生势则为大道所显，故长久。

阴阳之义配"日月"就不单指日月这具象的星系关系，而是以日月法则来说明阴阳盈虚关系，阴阳盈虚关系就把"道"的层次统摄了，从乾道至阳到坤道至阴，为乾道与坤道以及乾与坤的阴阳盈虚消长的过程，也就是从乾到坤和中间的乾→姤→遯→否→观→剥→坤执妄迷失图呈现的便是阴阳盈虚关系，如果把大道所显的道大、天大、地大、王大四域按照阴阳盈虚关系来运转的属性即为道大与天大为乾道，地大与王大为坤道，所以阴阳之义配日月，就是从道与法的层面"阴阳之义"说到道之法相"日月"，日月为道显的内容，也就是道之法相的往象，阴阳盈虚关系为日月内容显的法则属性，并深入到呈现日月运转、阴阳盈虚的大道真性。"广大配天地，变通配四时，阴阳之义配日月"就从道所显的往象、道之法相、法、道、道显的性质、真性这些角度与内容而包纳一切，还把包纳这些内容与法则性质以"夫乾""夫坤"的阐述给予大道本性上的定位，即"夫乾，其静也专，其动也直，是以大生焉""夫坤，其静也翕，其动也辟，是以广生焉"。

乾的大生，静与专，动与直，这个内涵阐述直达根本，所说的便是乾道如如不动妙化万有的动静二相内涵，其静为如如不动的至静，如何如如不动而至静呢？就是净念之"专"，这个专为既不妄想也不是一念不生，而是以觉性照看所起之念为净念，形成如如不动之清净境，以此如如不动而显如如来去的无所不有。动与直，为如如不动至静而生动，"直"为妙化万有生起"有"的镜像而专注于"有"并同时不着有的相，照看"有"的镜像成净念，以免生其妄念从而贪执并著在相上。"直"有直奔主题的意思，就是在十方圆明境上，有至彰显的无时间无空间大而无外小而无内的至彰道体，妙化而生其"有"，直奔"有"而落在有的一处，为至微达的含义，但落这个"有"的一处并非丢了大道真性，并非被"有"镜像迷惑了障碍了，故还是十方圆明的至微至彰全时空显达性。故乾道的真相为如如不动妙化万有的动静二相，"其静也专，其动也直"的动静与专直，就是最深刻的表达了。一切生，乾道的生与坤道的生，而且坤道是依乾道恒顺生势的因缘和合而生，故言为大生，专、直以及专与直的含义表达即是至微至彰全时空性，因如如不动之"专"且以其净念而得妙明真心如来藏即大道至彰，直为直奔"有"的主题而落一处，即恒生至微。那么动与静则是显与达，如如不动的至静可显至彰，妙化万有生动而要以静不着镜像，则不丢真性可达至微，并且在这两者之间，显至彰的为包含无边无量的至微，达至微的为不丢大道真性的至彰而达至微，动、静与体用动静之间则为至微至彰全时空显达性，如何大生？就是以"静也专、动也直"的动静二相来如如不动妙化万有，便有了道生之的"大生"。

坤的广生，静也翕，动也辟，说的是什么意思呢？直入坤道的根本，其含义为坤道凡尘的纯静无知凡物躁动。翕为闭合、收拢的意思，坤道为顺承乾道生起的众因缘和合从坤元临界乾贞，依乾→姤→遯→否

→观→剥→坤执妄迷失图的阴阳盈虚过程而形成坤世界，由此便有了坤世界遵其因果定律，坤道世界就是无明包裹、障碍的世界，在至坤世界里无明包裹与障碍到什么程度呢？就是闭合收拢的程度，为密不透风，以乾道的大生的动静二相来说，坤道为无明障碍且遵因果定律而显"静"。这个静有两层视野角度，第一层从乾道看，坤道为无明包裹闭合收拢态，为纯静态的静，第二层从坤道本身来说，这个静实为非静，而是妄动或者叫躁动，何意呢？为因果定律中无明种子不停升起与熄灭的妄动，由于体现在因果定律上，类似与一切以顺承因果而显静，实际上是顺承因果的妄动；无明包裹缠绕，而显闭合、收拢的坤象，故表现为无知，此无知为知的有限，相对于乾道元神与妙明真心神与圣的无所不知来说，被无明业障包裹且顺承因果定律的坤道凡物为知之极其有限体现为无知。

刚才说从坤道的视野角度来看，因果定律中无明种子不停升起与熄灭的妄动，这个无明种子的妄动即为"辟"。辟，打开、开启，即运转了无明种子，从阿赖耶识的识藏中应缘而动，那么这个"动"即为无明种子的应缘而动，如何应缘而动呢？就是作用种子的时空因缘在种子升起的时刻发生了显现，这个时空因缘就是至彰时空显现，为发生阴妄蓄积过程中由根尘蕴结对境生心种的种子，时空因缘应缘而起用且起用在一个因缘种子上，这就是至微而达，只是坤道所体现的至微至彰时空显达性为顺承乾道因果。如乾道如如不动妙化万有一样，其纯静无知凡物躁动就是坤道最佳的描述，其"无知""躁动"的特点所表达的就是坤道"广生"的特点，何为广生呢？就是坤凡色尘因其无明因果且无明因果显现作用而显化成多维次时空的全宇宙，从乾道而来的因缘和合种子也为蓄积到了一定量后才能从乾道至阳体里逃遁变易出来，这个逃遁变易就是我们说的宇宙大爆炸，这个因缘种子的一定量即为无边无量，所以在三维世界观的宇宙大到无法形容，这就是"广生"，一句话来解释广生，就是在大道恒顺生势的因缘和合下，依无量无明因缘种子而生无边无量的坤尘凡物。纯静无知凡物躁动所彰显的至微至彰全时空显达性便是坤道世界的特性。乾道如如不动妙化万有的大生，坤道纯静无知凡物躁动的广生，便是道生之中的乾道与坤道"生"的动态图画，"以言乎远则不御，以言乎迩则静而正"如何言乎远而不御呢？就是如坤道的坤尘凡物已经依顺因果逃遁变易，自行运转了，已经顺承了无明因果坤道规则了，故远而不御；"以言乎迩则静而正"为在其迩近的动静，在还未生变易时，以其静则能正其妄，这说的是两层含义，一为如如不动妙化万有落在一处时，不可着境而被牵引被障碍，不能丢失其大道真性，就算被镜像迷惑也为迩近，还跑得不远，可以以静而正其妄；第二层为纯静无知凡物躁动时无明种子已经升起，就不要再无知躁动去逐妄了，要顺承其因果，然后以静制动，正其妄。"以言乎天地之间则备矣"最难理解，这说的就是既然明了乾道与坤道的真面目，那么如何悟道呢？就是天地之间即乾坤合相一体，这个"备"是什么？就是大道真性，最本来的真相，就是乾坤合相一体被什么运转，为何称备呢？就是本来如是，就是大道以自然性并因果性的常自然显现于乾道与坤道中任何事物，即无处不见性，无处不为真性所妙化，无处不显真性本来，备即为大道本来如是。

那么说完这一切，似乎彻悟其大道了，并且已经深入见性了，下面就要落在"易简之善配至德"上，何意呢？就是如何证道。如何证？以其简易之法就是修德，善为积善厚德，为用德所含的德用外相与德用内相，德用内相为"仁、义、礼、智、信""积中"身纳五德，德用外相为"履""谦""复""恒""损""益""困""井""巽"用九天德的外积德行，此为善法，为什么"配至德"呢？就是内修龙德到证玄德的阴德属性，从命功精气神三圆三全到性功圆满，并且证悟玄德之阿耨多罗三藐三菩提之无上正等正觉。以此善配至德内外兼修，如此证道而已。虽是内外兼修但是如何入手而打开呢？这就是要从"窈冥"与"往来阖辟"功态，"窈冥"功态与"往来阖辟"功态为筑基后正行功态，在《道德经》《易·系辞》中都是说得无比具体。如如不动妙化万有的"静与专、动与直"乾道大生，纯静无知凡物躁动的"静也翕、动也辟"坤道广生。

从道生之的道体内容，与道之德性运转内容的法则性上，将乾道与坤道各自如何体现至微至彰全时空显达性开辟了宏大的视野，不仅是因为从道生之的道体内容上讲已经尽纳道的一切，更是把乾道与坤道在如何运转、作用道体内容的法则性、德性紧密联系起来。如果把乾道与坤道各自表述的大生与广生的内容、性质、法则统一起来，会是什么样呢？或者说如何统一呢？这个统一的真相就是天地人三才中人道统摄乾道与坤道于人身。

前文说，乾大生与坤广生是道生之大象至彰与往象至微，以乾道的乾性以及以坤道的坤性承载的"生"的特性，以"生"来说的乾大生与坤广生"相"的对待，便是从道域、母域、器域呈现大道生化属性中性相、法相、用相的"相"。这就是为何要立于大道生化属性上言生，并延伸到乾道生的特性——乾大生与坤道生的特性——坤广生含义，既是呈现"生"在不同位域的特点与属性的不同，更是以"生"的大道生化属性来言说"相"。这个"相"应该是两种视野维度综述在大道体性上的特性，哪两种视野维度呢？便是道生之大象至彰与往象至微，如何综述呢？就是至彰与至微同步兼顾，至彰以至微显，至微以至彰达，宏观至彰的生，是立足于道生之往象的生，往象至微的生可按乾坤之性达其显相的特性。故，说"相"的特性就有了由乾坤之性呈现出来的性相、法相、用相。

大道"相"的特性，在乾道圣域为性相。性相，为真如体如来义下的妙有与妙化，体现在真如法身如如不动妙化万有的生化属性中显的相。如乾道域的往象和由往象基本单元恒顺生势呈现在乾道体性上的内容，乾道体为无极而太极过程中的太易、太初、太始、太素、太极等位域阶段，以及在无极而太极过程中的气、形、质具体内容；乾道性为乾元亨利贞圣德周行。由于性相是在圣态呈现清净藏与如来藏清净具足特性，它的"有"是妙有与妙化，是真空实有的非凡眼所见，为《大方广如来藏经》中"如是如来以佛智眼"所观现的圣境。性相的微观就是往象，为清净藏在大道无极体"源"以生生之健生化乾元，从太无呈现太易的往象；性相的宏观就是立足于大道生化属性下的周遍圆明态，遍十方三世。而先天五太位域阶段与无极而太极过程、乾元亨利贞都是宏观道体里的具体对待，是可以用来强说乾道内容的所说与能说之用，同时也是乾道性相的具体内容和可言说的形态，但一定要基于具足清净的乾道特性把"有无"的玄妙关系弄清楚，不可落空无亦不可成实有。

以此大道生化属性呈现的性相内涵的延伸，成为真如体如来义下的妙有与妙化的生化指向，为圣化凡。太极浑沦相临界态中，气形质毕具，从初始阿赖耶识在如来藏缘起与如来藏识的不同对待上，就能转换道元维度视野从如来藏识坤地凡视野，识取如来藏缘起在圣之性相，呈现了坤地凡的用相，以此用相可见可认识的型与象而指向象由性显，从用相找到了性相的必然联系。

大道"相"的特性，在坤道凡域为用相。用相，为恒顺道生之生化属性，以往象作为诸唯识因缘，按色法凝聚与动能沉淀所显的相，尤以色法中的型与象与人身为用相的显著特征。用相的"相"从根本上不能脱离大道道生之生化属性，大道体性合相恒顺生势的定律就是大而无外小而无内的主轴，而道生之的基本单元——往象便是用相里最微观的因缘单位，它在道→母→器程式生化过程中，按色法凝聚与动能沉淀而显相，呈现为坤道域的体与形的特点，很多有具象的型与象而为人所见。按色法凝聚与动能沉淀是道→母→器生化过程中源、流、变哲学的物理法则，它是藏相动能义与界膜理论在坤域的视野。延伸来说，用相在哲学认知与修证体系中，尤以色法中的型与象与人身作为显著的素材，而被广为指用，它能从可见的具象型与象的物理视线经过哲学模型的转换而形成用相的哲学视野，并以此延伸相由性显，去理解性相，以及往象内容和法相。

用相同色法中具象型与象的"象"还不能直接等同，不能直接说象的层面就是用相，它们之间有相与象的法则属性在，在相与象的法则属性里象为用相的一种形式，它们之间存在交互内外的联系。象，因有具象物理视线（肉眼见或科技手段见）可识别的型、象、状、态等，而能从"象"中找到与象有源流关系的必然联系，这种必然联系或许已经脱离了常规的物理视线和认知范畴，指向逻辑推理，称为哲学视野。故相与象的法则属性关系里存在"法"的问题。如"人法地，地法天，天法道，道法自然。"就是这种视野，人、地均为广为熟知的事物，而天与道以及道法自然的层面就非象的层面，而是从人、地的象为用，以此取法，从而有了天、道、道法自然的哲学指向。所以用相的最突出特征就是有一个可以立足的外象，这个外象一定是广为熟知和容易摄取认知的事物，一定要强调具象的物理视线，这就是外象的特征。

通过外象的"象"来以"法"贯穿用相，其中"法"最直接的意思为效法、取法、用法这三层含义。效法，先局限地来说，如地球上的人效法环境万物而认识并适应自然的规律，并从效法自然规律中取能为掌握的法则来改造自然，再从取法中熟知其用法，此为效法所含的取与用的含义，但并不是取法的意思，效法可以说基于外象的效、取、用；取法，为从效法的效、取、用的结果中洞悉了规则与法则，已经从外部的象入了象所反映的规则与法度的相了，是一个由外入内，从外象入内相；用法，为从规则与法度的相而了然运转规则与法度的性。这个效法、取法、用法是从外部法象而入内部规律，再从规律入运转规律的法则相，然后从法则相入道之性。同样，地为天覆（易），地法天之道统继而顺承，天又以道之德性而行周圆，道之德性与道合相而常自然，所以这就是为何有人法地、地法天、天法道、道法自然之说。这种效法、取法、用法所示的人法地、地法天、天法道、道法自然正是"反者道之动、弱者道之用"的循顺置返在取法与法相上的具体运用。大道〇以道大、天大、地大、王大四域如是而生。如何如是而生？全依无为而无不为真性妙显，直接体现在作用阶段内容的德性与道阶段内容合相，显阶段内容与阶段内容的往象，这是循顺而生的道之动；现以王大之域中，以人法（效法、取法、用法）于地，在地大之域中，以地法于天，在天大之域中，以天法于道，在道大之域中，以道法于常自然，这便是置返而用的道之用。

在用相以人身为用的显著特征里，人统乾道与坤道于一身，因人人本有如来智慧德相，其真如自性与圣无二，此真如自性遵循乾道法则，此为集乾道于真心；人的色身为坤世界中的凡尘，为五大假合的色尘世界，为根尘蕴结集妄因无明所成，色尘外相并遵循坤道法则，此为集坤道于色身，故人统摄乾道大生与坤道广生于一身。《易·系辞》："《易》之为书也，广大悉备。有天道焉，有人道焉，有地道焉。兼三才而两之，故六。六者非它也，三才之道也。"从天地人三才道统观来说，人身的象是我们以肉眼可见，眼见的为外象，在外象的人身，可以众多科技方法来探究其内在的运转法则，可从探究的运转法则中找到"法"的层面，以效法、取法、用法关联生命哲学，并指向宇宙大道的本质，而从外象探究运转法则中找到"法"的层面以及外象本身，这就呈现了用相的内涵。

同样是大道道生之恒顺生势定律下的往象单元，在乾道圣态显如如不动妙化万有的性相态，在坤道因无明沾染以及藏相动能法则下的生化过程中有源流变的转换变化，并在坤道生化法则属性里呈现用相，这个用相的本质还是立足于往象单元。但随位域视野转换到了坤道，在乾道性相态的往象单元，因其坤道生化法则属性的作用，便转换成了用相。在用相的层面按色法凝聚与动能沉淀的物理法则，而显外象。外象与用相呈现体用法则下的体用内涵，立于体用也是"相"独特的内涵形态，一般来说体用，是从立于本体然后通过大道生化法则的作用，呈现显化态或功用态的用，而有性→用之间言说体用，把大道生化法则的作用认为是相的层面，这是从道→母→器程式宏观地说体用法则，本体的体性与相用关系，但体用法则只要有上承下启的关系以及两者之间有能说与所说的立足点，就能以体用法则中的体用显化态去言说相联系的事物。

从界说的位域来看，器域为道域与母域的用相；从生化的源流变上看，道域与母域为体，器域为用。从哲学义上说，具有流变关系的位域之间，源位域为体，变位域为用；并且变位域为流变关系的用相，以此用相可明晰两个位域之间的流变关系。这个哲学模型可以用在任何两个相关联的事物中，尤其是有源流变关系，无论处于什么道元维度，当转换说"体"时，以大道、心、本来等心性的指向来言说体用的根本。

以性相和外象在体用法则的"体用"，本性为体，外象为用，其用相则为体用相。以用相和外象在体用法则的"体用"，用相为体，外象为用，用相与外象间的生化法则就为体用相，也就是用相的法相。这种立于体用法则又有的体、用、体用相等，可以通过熟知的事物把相互必然关联的事物与状态联系起来，从而去看待用相所在的整体，形成体用法则的哲学观。"用相"的实用与现实意义巨大，可以找出常规视野与思维看不见而且是必然性的联系，就能构成宏大的视野观，比如血，可见，血管里的气不可见，可气能生血、气能行血、气能统血，以此可形成气为血帅，血为气母的气血认知关系；又如血管可见，脉动也可触，可脉气与营卫不可见，经络亦不可见，如果立于血、血管的用相，以血的整体运行的机理来相联系，就可形成中医的关于气血的视野，它是哲学的认知，和西医对血与血管的认知不是一个道元维度，故存在差异。所以立于用相，把相互必然关联的事物与状态联系起来，从而去看待用相所在的整体。

相虚界的"相"特性，显性相、法相、用相内涵。从大道生化法则层面，通过认识往象以及形成往象过程中独特的临界易相，立于乾道道生之的大象结合往象，认识了性相；立于坤道恒顺道生之生化之往象结合诸唯识因缘按色法凝聚与动能沉淀所显的相，认识了用相。通过解析往象及往象生化过程中独特的临界态易相，让我们认识到事物在形成体相与用相间，还有法相在必然起用，也从往象为大道道生之的基本单元明了易相实则为任何事物的根本法相。法相，生化的主体与生化的果之间构成的必然规律的过程中，起用法则的过程为法相。从易相上说，易相则为任何事物的根本法相，它是由易道规则与规律在生化位域间起用。其生化位域何意呢？长→育→成→熟→养→覆生变易过程中，长育成熟养覆为总因，往象为果，长育成熟养覆为总因→往象构成一个生化基本位域，它是大道最微观的生。总因→往象这个过程是生化的必然规律，它们过程中"覆易"临界状态的易相就是法相，起用法则的过程如何来理解呢？"覆易"临界状态→往象还有一个流变的过程，从总因中的"覆易"临界状态流变的法的过程，就是法相。所以大道道生之生化属性中，其生化的结果，要法相起用与串联才能有道生之往象的果。

除了在大道生化层面言说的性相、法相、用相特征的"相"内涵外，还有"相"特性在藏相法则中相与象的关系以及立于体性与相用言说修证的应用，尤其是开悟层面说福德相以及以人身为用、以精气神为相的修真体系。藏相法则中相与象的关系，从藏相法则作用的藏象生命与生理生命来理解"相"与"象"关系，生理生命是依人体这个外形呈现出来可眼见、直观感受的一种生命特征，相对于藏象生命对生理生命的主导作用来说，它是一种表象。藏象生命只是"藏相"法则的象，是法则的一种特别的表现，而藏象生命又是通过生理生命来呈现和体现。圣化凡的藏相法则是道体为藏，凡尘为象，凡尘的象里有道体的显化；凡与凡的关系作用里，就是某一法则所主，而在表象和表层显示出象，即外象，作用外象的就是里面的法则与规则，有法则的相。

如果把色尘的象当作外的话，那么藏（cáng）在色尘背后妙显的真性如来宝藏则为内，（当然藏（cáng）的说法是非常不准确的，在这里只是为了方便解释而已。）色为性显，性色圆融并没有藏（cáng）在色尘背后这一说法，藏（cáng）的含义为相对不能直接表达来说的，为不能显而易见。有了这个内和外，体和用怎么来理解呢？体，为内藏，如来真性宝藏；外，为外象，色尘的表象。立在体和用的角度，结合了内与外来说，就把藏与象的关系显而易见了。如果把内藏与外象联系起来并把体用动静连贯起来，那是什么呢？那就是内相。在藏与象之间本来就是交互深入的，故有"相"，而"内"就是针对不能直接体现和显而易见来说，而有"内"，内相即是联系并连贯内藏与外象的体用动静。联系和深入到内藏与外象的体用动静即内相，这三者之间的交互深入才能叫作交互合相，圆融一体。在交互合相于一体时，之前所立的体和用，就已经在三者一体之中，即是破了所立。所以我们说的"藏相"法则不是内藏，不是外象，也不是内相，而是三者体用动静圆融一体，一般我们视野落在色尘里，应该先有外象，从外象入手，看到某一阶段的法则与外象的深入交互，而有内相，后再从内相入道体，即见到内藏，再把三者以其体用和体用动静联系起来，便是"藏相"法则的全部了。这就是说"藏相"法则不能单纯地理解为内藏外象，况且这个内与外都是我们假说与强说，只是一种行简易的方法论而已，不能执在这上面。

从"相"特性立于体性与相用言说修证的应用。要从两个方面去谈，一方面为立于福德性的明心见性而说迷惑于福德相的"相"开悟层面。另一方面为实际修证中，以人身为用、以精气神为相的修真体系中的"相"。从体性与相用上说，人人皆有如来智慧德相的真如体如来义为根本体性，它具足清净光明圆满，并且相对于如来法身而言说其他皆为相用层面，从道→母→器程式说，道域为根本体性，母域与器域的所有内容与形式皆为相用，这是体性与相用的最根本形态，这是道元维度的位域视野。从"道母器"大道圆融整体观来说，大道呈如如来去实相具足的体性相用同步具足的圆融实相，这是道元维度的实相视野，为凡转圣后的圣境视野，不在功态中实证明心见性也是很难理解的实相的层面，更无法从实相升起般若智慧去理解圆融实相。在道→母→器界说位域的视野中各位域间的源、流、变关系，可以把位域间的源流与流变立于体、用、体用相去用哲学观看待"相"的内涵，这是道元维度的位域间流变视野。从体性与相用的三种道元维度视野的内容可知，"相"强调用，以此"用"而入大道体性关于真如体如来义的真实义，从而明心见性。如何以此用相去入真如体如来义的真实义呢？这就要说福德性的明心见性与福德相的颠倒与妄想。

在《证德图》的德证体系里，我们从德用外相积善厚德外修德行，再积中累义成仁修身纳五德，从而健中正德内证龙德三方面说"德"证的外相、身相、内相。在德用外相积善厚德外修德行的内容中，以九卦所呈的用"用九天德"的"九"统称、代指统称六十四卦对"德"的综述，并且以此延伸，实则为同六十四卦德用外相主体卦德相互合相的道体域，是以六十四卦为坤域内的六十四个卦体世界，为以《周易》的象数呈现的坤域内六十四个卦体世界所言说的疆域体，以"用九天德"代称或统称，这就是坤道"体""形"承载的"相"的内涵，从道元维度来说它是在"德"行的维度视野，皆是福德相。坤地用德域在三界六道里以"德用外相积善厚德外修德行"取善恶之性的善恶法则，坤道现行世界是依从善、恶、无记法而形成的福德相来轮回轮转，每一个现行世界的境，全是由福德相因缘唯识变现去呈现依福德相善恶之行而轮转与轮回，由于在坤道内承、顺、势、迷、妄等所主的属性，福德相依善、恶、无记法和合集聚，所以福德相的轮回轮转仍为颠倒与妄想。立于道→母→器程式，坤域连同乾域以及坤域世界的源流变关系，从大道体性的本质上讲，有德性域必有相应的道体域与之相应并交互作用，在坤道的大道体性中坤德与用德交互合相是总纲，但六十四卦主体卦德所说的德行，为用德性的外相表达，象由性显，从而指向开悟见性的福德性。

一切坤尘地象包含人身色相，以及无量轮回轮转中的任何一人身色相，都是道生之的道体内容，都是由道生之显象的往象而成为人身色尘之象，以及众坤尘地象，皆为易道运转，遵其三易体证的九易法则，而且易道作用易相，易相显象往象，这种由性透内，再从内表象的藏相法则关系。透析福德相依善恶法轮回轮转的实质是继续返熏阿赖耶识，是种子的无量积累而形成出入无尽期的颠倒与妄想。那么打破坤地无明，就得依福德相所在的世间法为用相，入以人身为用，以精气神为相的修证系统，所以就要识别福德相之于如来真性的用相以及外象。其人身长大，独善其身对于修证知见上的关键因素和根本认识中，要明了一切人身乃至坤尘地象的相，皆为道体内容，为大道真性所显，所妙用，要从道之法相开悟并入手修持。

明了人身长大的人身皆无常生灭，不灭的是妙明真心，识取大道真性而开悟，不着其人身的相。《金刚经》："如来说人身长大。即为非大身。"说的是若未见性，则有相不大，无相为大，要透色尘而明根本，见大道真性，见如如来去的如来真心。这里的有相不大，无相为大，不是说有相不可用，无相可用，而是以人身长大的小用照见无相之大用，当见无相之性后，自然人身长大即为非大身。所以《金刚经》里的这段话，并非只是说透色尘而见性，而是透色尘见性之用里，何为大用与小用，在什么样的程度取大，什么样的程度取小，从人身长大的色相，到无相的空，再到色相与空相非大身的性，就自然有了人身长大色相之用，空相之用，乃至色相与空相而见性之用。

这个小用到大用乃至见性之用的过程里，就蕴含着到底什么是大道真性的问题。见其大道真性了，就不会以人身色相为空灭的无用，而是要真正明了一切人身的象，乃至坤尘地象，一切色尘空相，皆为道体内容，为大道真性所妙用。

大道"相"的特性还摄取与承载了"虚"的内涵，或者说为相虚界的"虚"特性。虚，从"相"的状态以及形态来说，指大道道元维度与位域视野的时空体。一、以太虚常言大道初始的状态以及无极体的体性描述，如《性命圭旨》："太虚寥廓，皓月粲然"与"一片太虚而所以不属乎形骸者，无极也。"《庄子》："是以不过乎崑仑，不游乎太虚。"二、虚，以哲学"气"的指向探索道家关于宇宙起源的描述，如张载《正蒙·太和》："太虚无形，气之本体。"《性命圭旨》："夫天地之有始也，一炁动荡，虚无开合。"三、虚，常对莫之能说不可名状的时空体以"气"作为指向，回归道家经典中"道为气说"本体论来描述哲学起源，而这个"气"为太虚气，是我们讨论的清净真如体的范畴，也专门对无极体三者九玄之气的"气"进行描述。四、虚，以虚空、虚无来言说不可名状的时空状态，如《易》曰："周流六虚"以及葛仙翁《玄玄歌》云："乾坤合处乃真中，中在虚无甚空阔。簇将龙虎窍中藏，造化枢机归掌握。"《性命圭旨》："逍遥虚空""天窍圆而藏性，地窍方而藏命。禀虚灵以成性，中天地以立命"。五、虚，指来处也指归处，是哲学的指向，非具象的时空体以及大道体性阶段。《性命圭旨》："夫道，太虚而已矣。天地、日月皆从太虚中来。故天地者，太虚之真胎也。日月者，太虚之真息也。人能与太虚同体，则天地即我之胎，日月即我之息，太虚之包罗即我之包罗。岂非所谓超出天地、日月之外而为混虚。氏其入欤。"六、虚，大道法则法度之义，以不空不有、似空似有摄空与色、有与无二义，兼具色空、有无、藏相法则诸多含义。七、内证功态的状态与境界描述。《道德经》："致虚极，守静笃""虚其心，实其腹"。《易·升卦》："升虚邑。"《庄子·人间世》："虚室生白。"张紫阳云："虚心实腹义俱深，只为虚心要识心。"《性命圭旨》："八脉九窍、经络联辏、虚间二穴，空悬黍珠，是人一身天地之正中，乃藏元始祖炁之窍也。"八、指世间道德修养与人生态度，《易·咸卦》："咸，君子以虚受人。"

太极浑沦相,阿赖耶识净染对待

在上文说相虚界为乾藏界与坤形界在大道生化关系上以唯识因缘交互往来联系,以生化法则中的"母"性形态而成相虚特性之界域,而乾道与坤道在生化属性上呈现的所指,就是相虚界以母域独特形态存在的——太极浑沦相。在藏相系统的界说位域与道→母→器程式的对应关系上,以乾藏界对应道域,以相虚界对应母域,以坤形界对应器域。相虚界从界说位域的视野来说,是要针对母域的内容、性质、形态来呈现大道生化关系,而相虚界所说的母域就是以太极浑沦相为独特对待来言说道、母、器关系。为何说以太极浑沦相的母域为研究是独特对待呢?那是因为在解析"相"内涵时,我们是立足在道域、母域、器域的视野来说,是从藏相系统的三域界交互往来联系枢纽、大道生化法则、相虚界域内视野的唯识因缘内容、阿赖耶识在性→相→用属性上独特作用、相虚界对藏象生命认知的重要性等出发，视野广阔地去看待这一个界域应该有的道元维度和不同道元维度视野里的内容与属性。那么这里就以圣化凡视野下的太极浑沦相态与天地人三才视野下的相虚态两种道元维度去解析道→母→器程式中独特对待的母域，并以母域独特的太极浑沦相形态来认识相虚界以及相虚界所在的藏相系统。

圣化凡视野下的太极浑沦相态，也是初始阿赖耶识的面目与形态。太极浑沦相作为从清净具足在圣的道域生化流变到染污烦恼在凡的器域，以初始阿赖耶识上承清净如来藏，下启染浊烦恼藏，成为圣化凡的临界态。从初始阿赖耶识视野来认识阿赖耶识在圣与在凡的两种内容形态，为如来藏缘起与如来藏识。

圣化凡为在圣、圣化凡、在凡、凡转圣周易易周程式下的"圣化凡"，在三圣三凡含义下的"化"就必须立足于生化原理与生化过程来呈现圣化凡，从生化原理上为因生而易与依易而化，以及从往象的至微与乾大生的至彰体现"生化"的精髓。从生化过程上为乾道源、流、变关系下的源流与流变，从无极源起的道大通过生化原理，在太极态临界凡态体现圣化凡。圣化凡视野下的太极浑沦相态为三圣三凡含义下"太极"的位域视野，为何要说明三圣三凡含义下的"太极"位域所指呢？就是以"太极"位域在三圣三凡所处的位域位置，太极不是哲学的终极指向，它只是在解析大道本源和万物生化源头上的一种特殊状态，并以此形成的哲学原理。立于"太极"所处的在圣、圣化凡、在凡、凡转圣周易易周程式位域更能一目了然太极哲学和太极呈现的大道本质，也可从此解构"太极"在传统文化中的模糊概念和定义，它不仅是哲学指向，在大道体性上更有具体的内容、性质、形态。在圣、圣化凡、在凡、凡转圣周易易周程式中的三圣三凡都有哪些具体所指呢？在圣的"圣"为玄德与道体合相以其无为而无不为玄德之性妙显在圣,也是我们常称的"无极圣"。圣化凡的"圣"为无极而太极的圣,通常简称为"太极圣",但一定不是特指太极这个临界点,而是无极而太极过程的"圣"。无极而太极过程正是圣德与乾道合相妙用以其如如不动妙化万有之性显其元、亨、利、贞之圣德体相,所以无极而太极过程正是元亨利贞圣德显用的过程。针对这两个"圣"的不同内容内涵和所指,就更能明析出其根本在于作用"圣"的"德"的不同。玄德显用为无极圣态,圣德显用为无极而太极圣态。还有一个凡转圣的"圣",是包括前两个圣态内涵的真如体如来义的自性圣,不是成一个外相所指的某个圣。圣化凡与在凡、凡转圣的"凡"的所指中,圣化凡的"凡"是从坤元执妄迷失而有坤世界的一切坤尘形态,即"天下万物凡"。在凡的"凡"则指坤世界里一切有情众生、无情具象事物(包含不可眼见的事物),一切色尘与物、事、理乃至一切见的"坤尘凡"。凡转圣的"凡"为特指三界里可以修真证道的一切有情众生,为"有情凡"。"天下万物凡"与"坤尘凡"虽同为遵坤道运转的坤凡,坤凡为坤道里的一切规律规则都成熟具备运转的凡,天下万物凡可以看作是正在走向坤凡过程的初级形态的凡。作用"圣"的"德"不同,自然作用"凡"的"德"也是不同的,作用"凡"的德主要为用德和证德,此"用"德主要是针对作用圣的"体"来说的。道与德合相彰显的程式过程中,玄德妙显显在圣与圣德妙用圣化凡,便是玄德与圣德妙用周而易的过程;用德彰显在凡与证德修持凡转圣,便是用德与证德蓄势常自然易而周。这便是"在圣、圣化凡、在凡、凡转圣"周易易周程式过程中的三圣与三凡的具体所指所呈现的内容与内涵,只有把这些分清了弄明了,就自然觉得三圣三凡体系下每个环节和内容都是丝丝相扣的。

大道生化属性下的圣化凡视野就是以三圣三凡含义下的圣化凡视野

所说，大道无极而太极过程下的太极圣特指，正是大道生化属性来呈现的道生之动态过程，这个过程所研究的对待为乾道的生化属性，并以乾道的生化因而有圣化凡的果。乾道生化因→圣化凡的果这么一个动态过程，依赖大道道生之恒顺生势定律，并以恒顺生势定律呈现生化原理来贯穿这个动态的生化过程。在大道恒顺生势生化原理中，主要以因生而易与依易而化为内容。因生而易与依易而化的内涵又以往象为标志、为承载，大道生生之健的生变易"生"出往象，而大道生生之健的内涵指向道生之"生"的哲学，且"生"的哲学本原为道生德蓄体性合相无为而无不为大道真性彰显，因此本质妙用而妙有妙化的生，道生德蓄体性合相的最根本的前提就是立于莫之能说的大道○本原与本质，来揭示道生之"生"的哲学。道生德蓄体性合相的大道具足清净、周遍圆明，以真如体如来义显金与阳的延展性，此延展性为阳蓄而大，阳大为元，自元阳之大而蓄积生动，成物形之与势成之顺生之势，乾元生生之健之势成，以此生生之健依顺而有长→育→成→熟→养→覆生变易过程，自"覆易"临界之易相态之易相（法相）作用后，以易相态这个临界状态为立足点，而呈现从生的缘起到长育成熟养的生变易蓄积过程以及变易后显现的往象，这便是因生而易与依易而化的生化原理。它诞生往象，也基于往象。往象这个最基本的道生之单元生化后，就成为道生之生化属性下的"物形之"，并以往象的物形依恒顺生势定律而成势，随着"物形之""势成之"在一定因缘条件下的和合集聚，再以道生之的恒顺生势贯穿，就呈现了乾道位域内的生化过程。

在"因生而易与依易而化"大道生化原理恒顺的生化过程中，便有了源——生与流——化三者一体生化哲学视野。源，为大道恒顺生势道生之中"生"的本原和本质的发源，常特指无极道体的本源，有了无极的源以及道生德蓄的本原和本质，而有道生之，以此起"源"的生，便是源与生的交互圆融同体承载，而源与生交互圆融同体承载又因道生德蓄在大道本性、真性上综述的本原哲学。正因为源——生的同体承载以此发端，而有长育成熟养覆的物形之道生，顺延道生而有势成之，成大道恒顺生势定律，这个过程便是流与化的形态所在。所以"因生而易与依易而化"大道生化原理下的源——生与流——化三者一体生化哲学视野，成为大道道生之动态观。

大道生化原理下道生之动态，呈现了大道生化过程，从源生与流化，立足于往象，逐渐有了以道生之贯穿的三者九玄之气、先天五太的无极而太极过程，以及在圣态生化坤尘凡物。在生化过程中，乾道源、流、变关系下无极而太极过程的源流与流变，就是我们要讨论的大道生化属性下的圣化凡视野，尤其是大道无极而太极过程下的太极圣特指，是建立在大道生化原理与生化过程的哲学逻辑下，在三圣三凡周易易周含义体系里的独特视野与具体内容。

大道生化原理与生化过程的指向，就是依大道恒顺生势定律，立足于往象的道生之基本单元贯穿，以真如体如来义的统摄妙有与妙化，便有乾元亨利贞周行而作用的太易→太初→太始→太素→太极无极而太极先天五太过程阶段的生化。太极浑沦相就是先天五太过程中"太极"阶段独特的内容形态，在乾道域呈现了大道体性层面下的太极浑沦相。太极浑沦相的大道体域为太极位域体，简称太极体，为太易→太初→太始→太素→太极先天五太过程阶段中的"太极"位域体；太极浑沦相的大道性域为乾贞临界坤元，从"性"的状态来说为乾道圣德临界坤道用德体，由于是乾道圣域与坤道凡域这两个位域的德性临界，故同太极浑沦相的"太极体"一样，是德"性"的一种集合状态。从"性"的本质上说，乾贞为圣德，而坤元为用德。乾道圣德体用一如，坤道用德因无明障碍呈现坤体唯识变现诸差异而分体用，为用德体与用德用。用德体与圣德为相依源流与流变体性，为同一种事物在不同位域立场上的对待，类似于阿赖耶识在如来藏缘起与如来藏识上的两种视野对待，又因用德体显真如圣德对待，在坤道无法彰显，故在坤道说德性为用德称之，在坤道用德里，又因体用法则的体用相而有德用内相和德用外相。这是从宏观的视野把圣德与用德体归入临界态，如果直接比较圣德与用德体的内容、生化属性以及特性的话，差异却很大，毕竟乾坤体性各异，圣德乾元亨利贞，用德体坤元亨利牝马贞，一个"牝马"之词，就凸显了乾真如体的刚健与周遍圆明的周行，而坤凡器阴柔散乱如牝马地类般行地无疆的妄念横飞，唯识变现又返熏交互。这里是谈太极浑沦相的大道体性层面，乾贞临界坤元的乾道圣德临界坤道用德体，也是从在圣与在凡的不同视野临界在太极浑沦相谈德性。大道生化原理与生化过程呈现的大道体性层面的流变尽在太极浑沦相，从它的临界态的上承与下启就能建立各道元维度视野的体性关系，从而直入大道的本来。

《列子·天瑞》："有太易，有太初，有太始，有太素。太易者，未见气也；太初者，气之始也；太始者，形之始也；太素者，质之始也。气形质具而未相离，故曰浑沦。浑沦者，言万物相浑沦而未相离也。视之不见，听之不闻，循之不得，故曰易也。易无形埒，易变而为一，一变而为七，七变而为九。九变者，穷也，乃复变而为一。一者，形变之始也。清轻者上为天，浊重者下为地，冲和气者为人；故天地含精，万物化生。"在《易纬乾凿度》和《列子》对先天五太的描述中，以气形质为重要的对象，从太易、太初、太始、太素先天五太位域阶段描述由大道生化原理与生化过程承载的易道。易道就是大道以生生之健依易相（大道基本法相）生化作用，立足于往象并在恒顺生势定律下呈现的生变易之道。

"易无形垺，易变而为一"便是叙述由易道贯穿的无极而太极过程的道元维度视野。如何的道元维度视野呢？为立足于先天五太各位域阶段再来说整体，"易变"指先天五太的太易→太初→太始→太素→太极的易道变化，这是立足于各位域阶段，然后再把各位域阶段的易变过程从一个整体的角度说"而为一"，注意这里的道元维度视野的转换，就如五个人站成一排，先认清五个人的位置，然后再从一排的视野看过去，五个人的站队为一排中的五个人，而一排是由五个人组成的一排。我们从源→生与流→化一体生化哲学视野来说，源→生为太易未易之初，也就是太无阶段的无极道体源，而由易道妙有妙化，则有先天五太各位域阶段的流→化，当太易→太初→太始→太素→太极易道变化完成后，再将源→生与流→化放在一个整体视野里说"一"。这个一就是从无极而太极过程的"太极体"，从源→生与流→化一体生化哲学视野来说，太极体，既是先天五太过程的综述，又是立足于先天五太过程中太极位域阶段的独特状态来描述整体。这就构成了源与生以及流与化以"太极体"态多维度融合，多种道元维度交互在"太极体"态中，构成太极浑沦相中的"太极体"视野。在前文从界说位域、源流变、生化原理与生化过程、各种道元维度视野的认识论与方法论，在这里就要利用这些认识论与方法论来体解"太极态"的玄妙，玄在它为真如体如来义统摄下的乾道在圣，其恒顺生势定律下的道生之"易无形垺"，它具足乾道在圣的如清净具足、周遍圆明、大生、光明、如如来去等各种特征，玄之又玄；妙在它具足道生之各种内容且还要转换多道元维度的视野去对待它的形态。当你说它是太极位域阶段的时候，它又具足源→生与流→化一体生化哲学，当你说它是无极而太极的整体呈现的时候，它又是各位域阶段的动态集合，所以只能立足于各位域阶段再来转换视野说整体，故有"易变而为一"的玄妙"太极体"态。为何用"态"来描述"太极体"呢？因为源→生与流→化一体生化哲学视野下的太极体，具足"浑沦"态。由此可见，太极浑沦相为太极体的"浑沦"状态。

我们从大道生化属性结合道元维度视野，认识了"太极体"的哲学面目，且明析"太极体"为三圣三凡格局下的大道无极而太极过程下的太极圣特指。"气形质具而未相离，故曰浑沦。浑沦者，言万物相浑沦而未相离也"便是立足于大道生化属性的先天五太内容形态来说"浑沦"的特性与内涵。从"气形质具而未相离，故曰浑沦。浑沦者，言万物相浑沦而未相离也"，我们从气形质内容、"未相离"的"相"、言万物等描述来言说"浑沦"的内涵。

气形质是什么呢？"太易者，未见气也；太初者，气之始也；太始者，形之始也；太素者，质之始也。"它们是太易、太初、太始、太素位域阶段在大道道生之恒顺生势定律下的生化内容。如果从太初对应气、太始对应形、太素对应质来说，无极而太极过程中太易→太初→太始→太素到了太极位域阶段，就是气、形、质都生化完成了，结合太初、太始、太素的位域阶段，就有气→形→质维度视野。那么立足于各位域阶段的生化内容而从整体观来言说"太极体"的生化内容形态，则为"气形质具"。从太初的气、太始的形、太素的质的气→形→质过程，就是到气形质的必然生化过程。气→形→质与气形质刚好就是两个位域维度视野的内容，气→形→质描述了先天五太的生化过程，是位域间的流变关系，而气形质则是立足于"太极体"的内容形态而联系整体先天五太过程。气形质与气→形→质的关系便是具足源与生和流与化一体生化哲学，而且是道元维度从位域间视野到太极体具体对待并联系整体的视野转换，这就是"太极体"形态下的气形质内容，依大道道生之生化过程而独具道元维度视野。

有了这样的道元维度视野观，再来说气形质的实质。气形质是元神元炁元精三者生而未分的三元三全，此三者为太极的"三"的本面目，实则是太极"一"的一体。说三就是元神元炁元精，说一即是太极，元神元炁元精的"三"为气形质的综合表述，为位域阶段视野在"太极体"的形态，太极"一"体则是道元维度从位域间视野到太极体具体对待并联系整体的视野。在真如体如来义下如如不动妙化万有的动静二相上，先天五太的气形质具为玄关一窍，有此玄关一窍，太极生而万物成。元神元炁元精三元，三者归一，一返道体即无极，元神元炁元精三元为太极之用，无极为太极之体。从无极到太极的这个过程而言，是各位域间在气→形→质过程的源流变关系，把气、形、质当作基本单元言说位域阶段，无极而太极则是道元维度整体观，把整个无极而太极过程当成一个位域单元，也就是把道域的乾道变化当成一个整体，在这种整体观下，具玄关一窍形态。故有，"气形质具""而未相离"就是"道生一、一生二、二生三"中的无极生太极、太极生两仪、两仪生元精元炁元神，此"一""二"也好、"三"也罢，均是"生"而未分，体用如一的。说"一"含"三"，说"三"归"一"。从气→形→质过程的"三"，到气形质之"一"，从先天五太过程各位域阶段作为单元，到无极而太极的归一，就是道元维度视野的转换，这种转换是对同一种事物在不同视野下的描述，形成多层次多阶段多视野下的不同内容与属性，但相互之间又建立联系，无极而太极过程的"太极体"可以"一"来言说，在"一"中元神元炁元精以及气形质却又是俱全才能转换到"一"上，这就是"气形质具而未相离"的哲学落脚点，既是言说道元维度视野，又是建立在内容性质上的综述。"具"而"未相离"描述了视野的转换，"具"为位域阶段的内容与性质在位域阶段生化毕具，"未相离"为转换到整体视野后为脱离位域阶段内容的毕具，以及建立在乾道性质上还未向坤道变化并分离。

"言万物相浑沦而未相离也"这句话妙在一个"相"字上，无极而太极中的先天五太是一个气形质的过程，有了此气形质，而显元神元炁元精三元一体，才有太极毕生万物具。此太极毕是指无极而太极的玄关一窍生成，太极毕时，则是生万物之初始。太极毕为上承无极而太易的先天五太过程，下启三生万物的万物孕育与发端的过程，联系太极毕这上承而下启的过程，为无极易而太极毕、太极毕生万物具。有了"太极毕"这个上承而下启的过程就能以它为立足点而明了无极道体至万物具的完整过程。

由此过程，可以总结出太极体气形质浑沦相的具→毕与毕→具的临界内涵，具→毕为无极易从无极"源"生起，先天五太中太初→太始→太素位域过程，而有气→形→质具，这个过程的具，到了"太极体"态则为气形质毕。这是太极浑沦相中的具→毕层次，位域阶段过程生化内容的具，转换到"太极体"视野的整体的毕。毕→具为"太极体"中气形质内容的元神元炁元精三元一体毕，到了坤道生化万物生而未分临界态的万物具。这是太极浑沦相中的毕→具层次，立足于三元一体如如不动妙化万有的生化毕，转换到"生万物"的生而未分的万物具。

如何描述浑沦上承下启的临界状态呢？这就要回到"言万物相"这句话上，首先，视野角度立足在"万物"上，而且此"万物"为能说和所说之用，所以可以"言"，是坤道里坤地的"有"，因万物的"有"

相对于真空实有生化莫不能说的"无"来说，是可言可说的，这就是万物的立足点和角度，用"言"字的精确所在。其次，在"万物相"中，此时的"万物"为太极下启而有万物，实际上是"太极体"毕→具的状态，叫生而未分，生而未分用所说与能说来讲，就是还没有万物具体的"象"出来，还是太极相虚的状态。这个"相"就是相互深入的意思，万物具里显太极之性，太极毕里含万物之端，由于万物生而未分，在发端之前，那就一定没有万物的"象"了，所以妙在"相"字上，一定是"相"而不是"象"。有了"相"字，就串联起来了由具→毕与毕→具的临界"无极易而太极毕、太极毕生万物具"的连贯过程。在这个过程中无极易而太极毕用了"而"，太极毕生万物具用了"生"，就是基于太极毕的立足点，无极到太极的精确内涵以及太极生万物的具体关系，无极太易到太极，一定不是强调位域阶段的生，而是整体视野的"生"，是生变易一切道生之综述，而太极与万物的关系就是"生"的关系了，这个"生"是生化的流变特指，一定要产生乾道与坤道位域的流变。再次，这里要重复一下，太极毕的这个阶段，上承无极易的先天五太过程，下启三生万物的万物孕育与发端的过程，它是无名无相但真空实有的，太极为强名，用太极的名来能说和所说之用的。针对三生万物的万物有型有象来说，太极毕显能说和所说之性。同样气形质与元神元炁元精也是无名无相却真空实有。有了以上的解析我们就应该有智慧明了，什么时候可以用名相来说，什么时候又要离名相，而所说的名相在什么时候或阶段是强名，什么时候是型和象。

从"太极体"形态下气形质内容看"浑沦相"，什么是"浑沦"呢？整个"无极易而太极毕、太极毕生万物具"的连贯过程就是"浑沦而未相离也"，为道→母→器程式中母域的状态，上承道域的无极而太极过程的无极易而太极毕，下启生化天下可为天下母的太极毕生万物具，以具→毕与毕→具的临界而具足"母"性圣化凡的生化内涵。所以立于"太极体"生化内容和性质上，气形质内容与过程一切毕具，有太极的浑沦之相的——太极浑沦相，为大道生化动态、道元维度视野转换动态、上承下启内容生化形态为一体，以"太极体"特殊视野，描述生而未分以及分后循生的综合道元维度视野下的生化状态。浑沦的实质是以气形质为主体而显元神元炁元精形态的生而未分之"浑"，与三生万物即将生而未离的"沦"态，又先天五太气形质"浑"浑然一体，天下万物以母性生化呈乾道位域与坤道位域之"沦"，临界浑然沉沦未离。

太极浑沦相，在道→母→器程式的母域，呈现生而未分与分后循生的综合道元维度视野的生化态。首先，视野独特对待道→母→器程式的母域，以母域具足"母"性圣化凡的生化内涵。如何具足"母"性圣化凡的生化，前文均有以各种视野和角度的叙述，生为大道恒顺生势定律下道生之生，以道生德蓄本原集一切生变易呈现"生"的易道；化为立足于道生之基本单元——往象，呈现由往象而生的大道体性位域区间，在大道体域与大道性域的位域区间的源流变过程。所以有大道生与化含义指向的母域，一定具足了大道从无极体"源"起乾道体性各位域阶段生化内容的集合，也就是说母域的"母"性是立于乾道体性位域的生化基础上，同时自身作为乾道位域视野的一部分（母域在圣的对待并未流变脱离乾道）既立足乾道的生化基础又有自身的生化特点。

其次，母域的"母"性视野对待是乾道生化内容上的综述与集合。母域立足乾道的生化基础，乾道体上为集太易→太初→太始→太素→太极的易道变化并有气→形→质位域阶段构成的生化过程；又有母域自身的生化特点，即是"太极体"的整体视野从先天五太位域阶段转换过来了，同时气→形→质位域阶段构成的生化过程成为气形质具的浑沦态。

再次，乾道在圣视野的生化过程中，太极浑沦相为气形质具与元神元炁元精三元一体毕，呈现生而未分。太极浑沦相依乾道生化原理与生化过程，而有气形质具，以及气形质形态下的元神元炁元精三元一体，浑然一体，显乾道在圣的真如体如来义，具足清净如如不动。

第四，母域圣化凡具足具→毕与毕→具状态的临界。浑然一体的真如体如来义如如不动妙化万有，妙有与妙化的因缘种子经过先天五太过程太易→太初→太始→太素→太极在"太极体"因缘和合后，浑然毕具一切总牵引因成熟，要产生流变性的圣化凡的状态，这个状态呈种子的因缘和合毕具成熟，"太极体"的种子，它就是独特的——如来藏缘起。

第五，如来藏缘起成即如来藏识果生，在具→毕与毕→具状态的临界的如来藏缘起界，真种子成为果，生万物呈现种子的最初始态。具→毕在"太极体"为如来藏缘起成，种子的因缘和合毕具成熟；毕→具在"太极体"为如来藏识果生，生万物的种子呈现最初始态，同时亦为真种子的终结态。

第六，具→毕与毕→具状态的临界就是如来藏缘起与如来藏识的临界。呈现真种子的终结态→生万物的种子最初始态。这就是初始阿赖耶识形态，独特的"母"性生化属性，由于它们皆为"太极体"下的状态，故叫生而未分。

第七，在临界态，生而未分以及分后循生。如来藏识生万物的种子最初始态为依如来藏缘起真种子态，两者临界，只是位域视野的转变与转换，生而未分的同时又有生万物的流变，你说它有生万物的流变却又没有脱离临界态的实质，但从位域视野来说，已经有了乾道与坤道的变化，在乾道视野为生而未分，在坤道视野为分后循生。分后循生，就是生万物位域流变的分，必须依种子的生，没有依"生"的生化流变无法完成孤立的生万物以及生万物位域流变，从乾道流变为坤道，这是循顺置返哲学下，以分来置返而循生，也就是要回到产生生化流变的必然的源头上，以流化来循源生。

第八，真种子具足清净，为乾道在圣的产物。真种子是以乾道在圣的生化过程对比坤道在凡的唯识变现的妄与迷，来说的真如体如来义下具足清净的"真"，真种子的含义就是种子与种子因缘皆为乾道和合集聚产生，真种子在"太极体"则为如来藏缘起，真种子因缘就是形成如来藏缘起种子的先天五太太易→太初→太始→太素→太极并生成气形质的过程。

第九，识种子下的如来藏识是生万物在凡视野的总因。生万物是指在凡视野种子唯识变现，生万物依种子的生化而有圣化凡的位域流变，它所依的种子就是如来藏识种子，它具足唯识变现的功能，故为识种子，识种子依唯识变现法则而生万物，故识种子是生万物的总因。

第十，真种子如来藏缘起与识种子如来藏识临界成为阿赖耶识种子库。真种子如来藏缘起为乾道在圣视野，识种子如来藏识为坤道在凡视野，两者临界，具足如来藏缘起与如来藏识为阿赖耶识在两种不同位域视野上的对待。同时，真种子与识种子因临界而成母域种子库，独具"母"性生化属性，圣化凡的"母"性生化就落入"太极体"的临界态，但不能割裂乾道种子因缘生化的关系。

第十一，从两种位域视野，太极浑沦相具足净、染两种藏义。从乾道在圣为净，坤道在凡为染。净与染二义具足的临界态，成为初始阿赖耶识的独特内涵，那么当坤道依种子库的种子唯识变现在凡世界形成后，因坤地无明的染、迷、妄特征，在八识心王法与五十一心所法的法则下，依福德相的轮回轮转而在五蕴六根尘中继续返熏，立三世两重因果，成为返熏阿赖耶识。所以从太极浑沦相"生而未分与分后循生"的内涵可知，上承道域的无极而太极过程的无极易而太极毕，下启生化万物可为天下母的太极毕生万物具，以具→毕与毕→具的临界构成真种子与识种子浑然一体，乾道与坤道沦而未离，具足"母"性圣化凡的生化内涵。

太极浑沦相呈现生而未分与分后循生的综合道元维度视野的生化态，"综合道元维度视野"又体现在哪些方面以及呈现什么样的生化临界态呢？太极浑沦相的体性视野，呈现圣化凡位域流变临界态。太极浑沦相的体性视野中，大道体域属乾道无极而太极过程，故太极浑沦相的对待是"太极体"的在圣，为形上道精神域；大道性域属圣德乾贞临界用德体坤元。太极浑沦相的大道体性同体承载显圣化凡位域流变临界态，当乾元、乾亨、乾利、乾贞四部圣德按照道与德合相显化的妙有所发展的过程，到一定阶段的一定量时，这个一定量为整个过程圣德周行诸因缘的和合积聚，也就是种子因缘集聚的过程。当众因缘和合蓄积到了临界点的时候，这个临界点是无比至阳金性的在圣，在"圣德"的作用下以无比宏大时空蓄积的太素至精动能为乾道在圣一体，在至阳里发展的阴的缘起也成熟起来，乾贞临界坤元，一切因缘成熟圣化凡态毕具，这就是乾贞临界坤元起变易的宏观过程。以此临界流变的延伸，乾道域流变为坤道域，坤道唯识变现的世界依种子而有种子与现行世界。

太极浑沦相的体性视野是宏观看待道→母→器过程，而且将母域赋予体性层面的内涵，作为圣化凡临界态。那么很多人要有疑问了，母域的范畴是精神相域，从形上道与形下器来说属形下器的范畴，这里在讲述大道体域时，把它划分到了乾道在圣体，这不是有划分不明析的地方？所以这就是初始阿赖耶识的形态，它是真种子，是乾道在圣的范畴，是立足于在圣的清净具足说临界，而且这个临界是生而未分，生是在乾道域里的生，非坤道染浊的层面，坤道万物生后染浊层面的为返熏阿赖耶识范畴，故为精神相域的形下器对待。从太极浑沦相的大道体性视野，呈现的就是源自道域的源流变关系，说母域时它能联系与转换视野的只能是在圣的道域，器域的一切体性还未生成，就连母域也是立于无极而太极的先天五太过程。

　　太极浑沦相的种子视野，真种子与识种子以"种子"对待的两种视野，呈现种子库态。太极浑沦相的种子视野就是初始阿赖耶识，在真种子与识种子以种子的临界体态里，呈现种子库态，就如集结后再出发一样。集结为果，再出发为因。在这个状态中有两种状态，一个就是集结的果态，为真种子下的如来藏缘起，为无极而太极过程中源于无极体"源"生起的生化流变过程，在这个过程以气形质内容和合集聚，为真如体如来义的妙有妙化显清净具足的真，和合集聚的集结在太极体称为果态，这个果态就是如来藏缘起在圣的视野对待，这个果态形成后产生的效果是什么呢？就是生而未分。生而未分中的生万物就是视野与位域流变后的形态，为如来藏识范畴的识种子。真种子与识种子作为"种子"在生化属性上，呈现真种子的终结态→生万物的种子最初态，也就是集结与再出发的寓意。生而未分与分后循生的临界态，是真种子与识种子作为"种子"这种事物在不同视野和位域的不同对待，对待不同则位份不同，但他们的整体观是真种子与识种子作为"种子"呈现的种子库，集结在种子库，出发也从种子库出发。

太极浑沦相的净、染视野，呈现如来藏下的初始阿赖耶识态。如来藏缘起的真种子形态为乾道在圣的产物，为真如体如来义下的"真"，为清净具足的"净"，而圣化凡的临界从乾道位域流变为坤道，坤道遵循如来藏识"识"种子唯识变现法则，坤地无明为染，为浊。而真种子的净义与识种子的染义交互临界，呈现初始阿赖耶识态。初始阿赖耶识同上文划分太极体为在圣一样，为如来藏义下的范畴。在识种子的对待上，是生而未分与分后循生的哲学视野，它生化的"生"的循顺置返依乾道的生，故具如来藏义。所以初始阿赖耶识和返熏阿赖耶识的道元维度视野区别甚大，初始阿赖耶识的对待是基于源而说的源流变关系，是从源头生化流变；而返熏阿赖耶识是坤道无明世界已成，道→母→器过程后道、母、器域界皆已具足，且以人身长大的"人"的视野来看待无明染浊以及如何打破无明的问题，而人身长大的"人"的域界在器域的范畴，只是坤地凡域的一个因素。从初始阿赖耶识的生化过程以及立足于初始阿赖耶识的净、染视野，同时也把源于初始阿赖耶识的返熏阿赖耶识的面目揭开。这就形成了阿赖耶识在净、染两义下的两种位份对待，为如来藏缘起与如来藏识，阿赖耶识在净、染两义下的两种对待共同的视野综述就是太极浑沦相。

太极浑沦相的生化与转换视野，为气形质毕具、元神元炁元精三元一体临界，呈现太极体的源流变动能态。生化与源流变的内容与内涵在前文皆有解析，太极浑沦相的生化与源流变需要厘清的就是它有生化的经过和动能源流变的转换过程，这样就能把源、流、变下的诸多内容联系起来。气形质毕具为无极而太极的先天五太过程，为基于大道无极体

"源"起，然后在太初、太始、太素等阶段生化成气、形、质内容，并在太极体毕具为气形质毕具一体。关于太极体的源流变动能态是从乾道圣化坤道凡来说，呈现动能态的流变，这个动能态的流变有位域与维度上转折性差别。如何的差别呢？乾道在圣的能量为大光明、周遍圆明、乾大生的至健阳刚态，而坤道在凡的能量为无明、方体质碍、坤广生阴柔污浊态。在圣化凡的阴阳盈虚过程中，产生了动能的流变，而这种动能转折性的差别，是源流变的过程在太极浑沦相发生了质变，从而产生圣化凡的本质转变。在动能态转折性的流变中，元神元炁元精三元一体就在坤道凡态成为神主气精态，神与气精依动能强弱和维度关系而有位份差异，或者说更加有道元维度差异。乾道元神元炁元精三元一体的含义，为真如体下的法身为元神，在如来义下的妙有妙化通过无极而太极过程，在太初、太始、太素产生了气、形、质，而气形质的实质就是元精态，无极而太极的先天五太过程的动态就是元炁态，无极而太极的整体道元视野就是三元一体且浑沦临界。在太极浑沦相的临界态为生而未分与分后循生，在圣化凡的乾与坤位域流变转换来说，从在凡来看，识种子唯识变现种子与现行世界生成，生万物时元神元炁元精三元因无明阴妄而不再三元一体，出现动能流变后的神主气精态。神主气精态就是藏象生命独特的视野，同时由于坤地呈现多"体"世界，道元维度皆有差异，故神主气精态随维度不同而呈现不同层次的动能态。

从太极体的源流变动能态，乾道在圣的元神元炁元精三元一体与坤道在凡的动能流变神主气精，它们生化转换的指向正是精神域与物质域的转换，乾道精神域为形而上道，莫之能说，一切皆因体性合相妙显而有所说与能说，虽处处可说，却也无法以所说与能说之用来言明大道真机，这正是形而上精神域的独特指向，它是形而上精神域的"道"的层面。反之，坤道物质域为形而下器，唯识变现且显色法型与象，象由性显处处可言，坤道一切的体、形、相皆为种子与现行按藏相动能论唯识变现成物质，以至于我们周遭熟知的一些物质元素、山川河流、日月星辰等，正是形而下物质域的独特指向，它是形而下物质域的"器"的层面。所以，从太极体的源流变动能态承载的精神与物质的范畴，成为大道的真机，也把凡尘中尤其是以人的视野来言说的精气神的来源做了源、流、变的指向，从而形成了藏相系统中藏象生命最独特的视野与内容。单从藏象生命的"生命"体系来看，从元神元炁元精三元一体到神主气精与人体的精气神，形成了精神域与物质域发生相互生化、流变、转换的必然联系，为精气神界域流变。

从精神域到物质域的流变，以及乾道真如生化坤道万物，呈现了在圣、圣化凡、在凡、凡转圣周易易周（周而易与易而周）程式过程中，由在圣与圣化凡内容与体性下的"周而易"的内涵，在周易易周关于"周"的含义所指中，第一个"周"则有无极圣与无极而太极圣两个圣态的"周"的含义，两者都具智慧圆满的周圆之性，周即无所不达，圆即无所不包，另外无极而太极圣的"周"就特指元亨利贞圣德周行，乾道所出现的乾元、乾亨、乾利、乾贞的阶段性内容也就是集聚向坤道变易的众因缘和合，当然无极圣也对元亨利贞周行有重要的源动力作用，因为从道体与玄德合相妙用有生的缘起到乾元这个阶段正是无极圣态显用，所以无极而太极的元亨利贞圣德周行只能是"周"含义的特指。周而易就是以"周"和"易"承载的内涵，跳出太极浑沦相临界视野，从道、母、器应有的整体位置来描述太极浑沦相，何为应该有的整体位置呢？就是无极圣与无极而太极圣两个圣态的"周"的含义所表达的乾道域内的生化流变联系，虽然说跳出视野，但是强调联系和整体观，或者上升了道元维度视野。

太极浑沦相的视听搏视野，呈现夷希微的恍惚态。前文一直来描述和解构太极浑沦相独特的"临界"态，如果我们跳出临界态去从道、母、器应该有的整体位置来描述太极浑沦相，又会是什么形态呢？就是从"有物混成"的角度来说，从视、听、搏三个世间认识视野，以夷希微来描述的恍惚态。《道德经》曰："视之不见，名曰夷；听之不闻，名曰希；搏之不得，名曰微。此三者不可致诘，故混而为一。其上不皦，其下不昧，绳绳兮不可名，复归于无物。是谓无状之状，无物之象，是谓惚恍。迎之不见其首，随之不见其后。执古之道，以御今之有，能知古始，是谓道纪。"在《道德经》里对浑沦的描述，老子将整个过程称之为"恍惚"，实际上是对比"有物混成"来说，"恍惚"更具备马上就要有生万物质变的临界状态。同样是视之不见、听之不闻、搏之不得的浑沦相，但老子在浑沦相的状态里，对"视""听""循"的三个世间型与象角度给予了内涵延伸，为"夷""希""微"，此"夷""希""微"即是恍惚的状若有物，但是无法视、听、循，并且以世间的型和象来看，更是可以等同于"复归于无物"，有型么？没有，是"是谓无状之状"，有象么？没有，"无物之象"。可见老子从人对型与象的着相角度给予了直接的解析。当无法从型与象上去捉摸了，就只有老子告诉你这里面的状态，就是"夷""希""微"的真空实有的"有物"。"故混而为一"，即是我们前面说的太极"一"，此"一"就是太极毕的浑沦相，这个太极毕的浑沦相上承无极而太易起，不断变易的先天五太气形质及元神元炁元精备具的过程，下启三生万物的万物孕育与发端的过程，所以"太极毕"的浑沦相就是十分特殊十分重要的临界点，在这个临界点，有"其上不皦，其下不昧"之不可捉摸，更不可致诘，无法说出所以然来。真的说不清么？当然不是。那是因为以世间着相的型与象去框定无名无相但真空实有、并需要慧见的大道态或内景态，所以就对不上需要给你说清的频率，但说清了没有呢？各种浑沦相、夷希微、气形质、先天五太等都是在说明，因为这一切本来就"绳绳兮不可名"，均是强名。用强名说这些无名无相真空实有的浑沦相，自然就是"迎之不见其首，随之不见其后"，不要认为我们有了"太极"这个词，解析了浑沦相、夷希微、气形质、先天五太这些名词与内容，甚至深入的内涵与特性，你就了解和掌握。不是，你跟随这些话就会又不见其首，得不到真相，不见其物迷惑眼前，就又执着在强名的名相上了，这是世间人因智慧不够的习惯和习性。

老子言"恍惚"的浑沦相中，气形质与元神元炁元精混而为一，太极状态齐备，而且老子从视听搏的角度将其定义为夷希微，以此区别世间的型与象的常规认知。我们也知道了夷希微的状态其实就是气形质与元神元炁元精的另一种表达，只不过气形质与元炁元精元神是内容，而夷希微是浑沦相的状态形容而已。那么，具体的"夷""希""微"是在讲什么呢？首先，视之不见，视什么呢？视形，其恍惚的浑沦相"有"形，肉眼却无法见到，它是乾道具足清净的真如体如来义，不可眼见，如何视？听之不闻，听什么呢？听音，怎么出现音呢？那是因为气生精的"易"而有动态，就是气的运动而有了声音，此声音为大音希声，非色身的耳能听，此音为金性之音，在功态里为金机飞电之音；同时，在气生精，精有形的过程中，气与精并非分离而且以精气关联的太素充实其浑沦相。故显"希"性，大音希声。搏之不得呢？搏什么？搏从无极而太易到浑沦相太极毕的过程，这个过程就是无极而太极的玄关一窍，是从太易第一初始易变开始到太极毕具的整个过程，搏之不得，那个如此漫长且宏大的浑沦过程，实则就是一易念的变易，也是反复说过这个时空的至微至彰一体的内涵。故显"微"性，易道精髓的至微。浑沦相的实质是还没有出"型"与"象"，"视之不见，听之不闻，循之不得"就是浑沦相无名无相但真空实有在"型"与"象"角度上的描述，为何要在这个角度描述呢？那是因为基于以眼见为实的常态，故在描述浑沦相的时候以"视""听""循"的常规角度来说明，这也是说明"型"与"象"为世间人常常着相的常规角度。相对"视""听""循"的"型"与"象"的角度来说，浑沦相就具备无名无相但真空实有的实质，再延伸开来就是和浑沦相类比的同类其他一切具备无名无相但真空实有的实质性的事物，即是道→母→器的"母"法性。"母"法性的"形"与"有"性，均是无名无相但真空实有的，不能用常规的"视""听""循"的世间"型"与"象"来给予定义与赋予内涵。

那么"夷""希""微"的形态本质就是"气""精""神"实质。如果把"夷希微"连贯一起的话，就是恍惚浑沦相即太极的元神元炁元精一体毕具。故有太极的状态叫恍惚或浑沦，太极的内容便是气形质一体的元神元炁元精一体，太极的特点为夷希微，它是形态与状态的描述。此太极上承无极而太易的先天五太，故有无极而太极，下启三生万物的万物孕育与发端，联合此过程，便是"道生一，一生二，二生三，三生万物"。"元"是因为这是在"道"化生与派生的初始，同时也是气精神最至阳的状态，我们说大道道生之恒顺生势定律的"生"的源起时，为无极体"源"起乾元亨利贞周行，故乾元为最初始，取元，以"元"来称谓的气、精、神为乾道在圣态的道元维度，强调此称谓是因为在藏象生命中神主气精与人身的精气神皆有不同的道元维度所指。

圣化凡视野下的太极浑沦相，呈现生而未分与分后循生的综合道元维度视野的生化态。分别以太极浑沦相的体性视野，呈现圣化凡位域流变临界态；太极浑沦相的种子视野，真种子与识种子以"种子"对待的两种视野，呈现种子库态；太极浑沦相的净、染视野，呈现如来藏下的初始阿赖耶识态；太极浑沦相的生化与转换视野，为气形质毕具、元神元炁元精三元一体临界，呈现太极体的源流变动能态；太极浑沦相的视听搏视野，呈现夷希微的恍惚态等内容，构成了道→母→器程式中母域对待下的独特"母"性生化特性。

唯识与十二因缘，先天六识与后天意识

从圣化凡视野下的太极浑沦相认识了初始阿赖耶识，并且明了在道→母→器程式所立的生化关系中，道域为具足清净，器域为无明染浊，器域坤地无明世界由太极浑沦相的母域依"母"性生化流变而来，而太极浑沦相视野下的"母"性特征里，以净、染临界同时也赋予了阿赖耶识在净染两义上的视野对待，阿赖耶识"净"对待下为如来藏缘起，阿赖耶识"染（识）"对待下为如来藏识。这个道元维度是讲述自大道〇无极体"源"起，依大道体性合相同体承载圆融交互作用，而有道生之生变易之流变，循顺道生之恒顺生势定律的生化过程逐渐有了道→母的源流变关系，这个关系就是大道生化属性下初始生化状态。以大道初始生化状态说圣化凡生万物，坤道无明所主的"器"域世界形成，讲述的是最初始的器域世界的生化原理和法则。初始生化状态后的道→母→器

生化程式在道元维度视野上，就转换成了道母器程式，而且是以立于器域的对待去联系道域与母域的关系，为器→道母器程式。

器→道母器程式，为"染"后无明所主的坤道世界立于凡态而言说大道生化属性的视野，它所呈现的就是天地人三才道统观。那么承接相虚界与初始阿赖耶识，我们探讨一下天地人三才道统观视野下的相虚界，也就是返熏阿赖耶识范畴。初始阿赖耶识为立于真如的净，来说染；而返熏阿赖耶识为立于坤器的染，来联系净。所以初始阿赖耶识与返熏阿赖耶识是不同道元维度视野下的产物，它们都是阿赖耶识在不同视野下的形态。初始阿赖耶识为大道初始生化状态下圣化凡生万物，母域以独特"母"性临界圣与凡的视野对待；而返熏阿赖耶识为器→道母器程式下天地人三才道统观视野对待。两种视野对待两种不同的形态，但都是阿赖耶识的范畴，只是以不同道元维度视野分了阶段与层次。

器→道母器程式下的天地人三才道统观立足于已生化与唯识变现已成的坤道无明世界，初始无明在初始阿赖耶识的对待下已经完成了生化与唯识变现的功能，器域的各种形态的"体"世界已经具足，人的形态也已生成，且人身长大的"人"身统纳乾道与坤道于一身。在太极浑沦相讨论的生而未分与分后循生的含义也因无明障碍，诸多坤地体世界已经无法相互往来交互。人在阿赖耶识唯识传导的禀受下不断造业，新的种子又不断的熏习作用，形成无量的轮回轮转。那么在天地人三才道统观下的阿赖耶识就指向了以人身长大的"人"的视野来看待无明染浊以及如何打破无明的问题，如何看待无明染浊呢？就是苦、集、灭、道的无常以及真如自性的恒有常。依阿赖耶识证自证分而转识成智，从初始阿赖耶识的生化过程以及立足于初始阿赖耶识的净、染视野，返熏义就是不断的沾染，从真如清净义上说，转识成智得大自在并非有"得"，而是无得之得，为无明染浊失去而自性清净之义。

　　道→母→器生化程式与器→道母器程式下呈现的阿赖耶识形态与内容，并非是对阿赖耶识解析的另类攀附，而是分开了不同的道元维度视野，也就建立了阿赖耶识不同视野形态下的哲学模型。为何要如此建立呢？因为器→道母器程式下天地人三才道统观下的阿赖耶识含义，皆被世人迷惑在同一个道元维度，既不明了它净义下的真如性更不清晰它染义下的唯识性。道→母→器生化程式下的净义（如来藏缘起）说染（如来藏识），就知道了证自证分立于何种道元维度；器→道母器程式下的染义（种子与现行世界唯识变现）说真如（唯一自性），就知道了人在轮回中的无明染浊与真如的本质。天地人三才道统观下所说的返熏阿赖耶识，作为阿赖耶识在染、熏义下的形态，同样具足如来藏缘起的真如"净"义与如来藏识的坤器染义，也就是说返熏阿赖耶识范畴也有真如对待，为阿赖耶识证自证分的功能，证自证分就是真如、唯一真心。由于坤道无明"染"，未破无始无明而犹迷的自性为自证分。自证分要依证自证分的真如、唯一真心义而自体自证自用证道。

　　在天地人三才道统观所说的阿赖耶识，不再以初始与返熏来言说阿赖耶识的视野与形态，它的真如义经常以证自证分来言说。从初始阿赖耶识的生化形态，以及它具足的真如、清净和"母"性属性，再到返熏阿赖耶识所说的证自证分，它指向了阿赖耶识的来与去，并通过阿赖耶识的来与去，言明了大道本来真机。从让人开悟的层面来说，构成了多元维度视野，且唯明心见性之开悟为根本，但这只是转识成智得大自在的起始。阿赖耶识的归处与启动，皆为从真处来，到真处去。从真处来为清净具足如如不动妙化万有，到真处去为转识成智，法界清净，一切皆为真如体如来义下妙化妙显，此来去处的"真"又因如如来去而无从中来亦无从中去，且又能达任何来去，具究竟义。

在道→母→器程式以母域太极浑沦相所言说的生化关系中，从元神元炁元精三元一体到坤道在凡的动能流变神主气精态，以及人身的精气神所指，为从初始阿赖耶识来说坤道在凡世界形成后，返熏阿赖耶识如何起用与发挥作用。神主气精与人身中精气神所指，与元神元炁元精三元一体具"浑沦"属性下圣化凡诸多临界态相比，无法以"元"义显如如来去的真如周遍圆明，其真如体如来义被无明障碍，一个"染"义，呈现多道元维度视野下的"体"无明。如何呈现多道元维度视野下的"体"无明呢？为乾坤生化转换后，在坤道一旦因妄而迷，则隔绝如如来去且周遍圆明的联系，一切都被遮挡割裂开来，要说明一个"体"无明的形态就得在这个"体"无明所在的道元维度去描述它。它就构成了天地人三才视野下的人与乾坤的联系，为人道统摄乾道与坤道于人身，乾与坤在人身上的联系统一在"往来阖辟"。

《易·系辞》曰："夫易广矣大矣，以言乎远则不御，以言乎迩则静而正，以言乎天地之间则备矣。夫乾，其静也专，其动也直，是以大生焉。夫坤，其静也翕（xī），其动也辟，是以广生焉。广大配天地，变通配四时，阴阳之义配日月，易简之善配至德。"在前文乾大生与坤广生的认识基础上，我们来看看天地人三才视野下的人身长大的"人"如何与乾坤"往来阖辟"。真如体如来义下如如不动妙化万有的"静与专、动与直"乾道大生，纯静无知凡物躁动的"静也翕、动也辟"坤道广生，从道生之的道体内容，与道之德性运转内容的法则性上，将乾道与坤道各自如何体现至微至彰全时空显达性开辟了宏大的视野，不仅是因为从道生之的道体内容上讲已经尽纳道的一切，更是把乾道与坤道在如何运转、作用道体内容的法则性、德性紧密的联系起来。如果把乾道与坤道各自表述的大生与广生的内容、性质、法则统一起来，会是什么样呢？或者说如何统一呢？这个统一的真相就是天地人三才中人道统摄乾道与坤道于人身，至微至彰全时空性显达性在人身上可以统一在"往来阖辟"。

《易·系辞》曰："《易》之为书也，广大悉备。有天道焉，有人道焉，有地道焉。兼三才而两之，故六。六者非它也，三才之道也。"此三才道统观分几个层次来解析一下，首先，人统乾道与坤道于一身，因人人本有如来智慧德相，其真如自性与圣无二，此真如自性遵循乾道法则，此为集乾道于真心；人的色身为坤世界中的凡尘，为五大假合的色尘世界，为根尘蕴结集妄因无明所成，色尘外相并遵循坤道法则，此为集坤道于色身，故人统摄乾道大生与坤道广生与一身。其次，遵其坤道的纯静无知凡物躁动所体现的至微至彰全时空显达性，因其无明所障，人无法彰显乾圣的神与圣，故以顺承坤道因果定律为主，以"静也翕、动也辟"的往来阖辟为至微至彰全时空显达性的主体。再次，往来阖辟为藏象生命系统与全息元象斗罡授时以至微至彰全时空显达性（内外授时历法）在人身上的具体体现。

往来阖辟在人身如何具体体现呢？《易·系辞》："是故，阖户谓之坤；辟户谓之乾；一阖一辟谓之变；往来不穷谓之通。见（现）乃谓之象；形乃谓之器；制而用之，谓之法。"何为"阖"？在《说文解字》中的解释为"阖，门扇也"，一曰闭也，原义为门窗，后引申为关门窗。何为"辟"？在《说文解字》中的解释为法也，从口从辛，节制其罪也，辟，开也。通常我们把阖关与辟开联系起来用，就更能直接说明阖辟的含义，但是这种联用并非阖辟含义的全部，只是以此为主。"阖户谓之坤；辟户谓之乾；一阖一辟谓之变；往来不穷谓之通"这就是从阖辟的本身含义与乾坤的联系，那么阖关与辟开在"变通"这个层次上就关乎乾道与坤道了，其往来变通就是直述乾道大生与坤道广生的至微至彰全时空显达性，关于乾道大生与坤道广生如何呈现至微至彰全时空显达性内涵，我们在前文已经解析过了。阖关与辟开如何从人身来关乎乾道与坤道呢？人统乾道与坤道于人身，从乾道角度来说，阖为关，是什么阖关了呢？为乾道如如不动妙化万有的神与圣阖关了，直接体现就是乾圣十方圆明无所不具无所不达的五眼六通，在人身阖关了。在此乾圣十方圆明态如如来去的神与圣阖关的同时，辟开了妙有真心的大道真性的作用，具体来说，以坤道具象为主体的人身，因人人本有如来智慧德相，而真如自性具足，运转坤道一切的即为真如自性的大道真性，我们在前面内容里知道，道生之的一切包括坤道里的一切，自然含人身，都具大道真性妙显的自然性并因果性的常自然性，即一切即为大道真性所显。

在乾道角度来说的阖关与辟开，为在大道恒顺生势下，坤道为顺承乾道的众因缘和合而生。也就是说尽管在坤道，辟开的为因缘和合的种子，其实也是乾道作用的具体表达，乾道以其众因缘种子还在主导与运转着一切。从坤道角度来说，阖关的是乾道大生的延续性，人身的生为遵坤道规则为生，乾道只能以因缘和合种子作用，为大生阖关，在大生阖关的同时，辟开的是坤道的广生，也就是坤道广生所体现的无明因果众因缘。从乾道的角度看阖关与辟开与从坤道的角度看阖关与辟开，必须统一在人身上全面地去看待，不能以某一个角度而抛开另一个角度去分析。这就是阖关与辟开通过人身关乎乾道与坤道的真相，阖关与辟开关乎的乾道与坤道通过什么作用呢？为往来变通，也就是以往来变通来体现的至微至彰全时空性，它所连接起来的就是先天与后天关系。

当明晰了阖关与辟开如何从人身来关乎乾道与坤道，乃至辟户之乾与阖户之坤如何在人身往来变通而显至微至彰全时空性，对解析"见乃谓之象；形乃谓之器；制而用之，谓之法"就很容易了，见之的是什么？就是道体显象的内容，也是"器"的型与象，一切可见者皆为坤尘凡物的范畴，从形来说"形乃谓之器"为形下器的象，以形而上者，制而用之的谓之法，这就是器象、象、法、道之间的关系，其中器象与象类似于往象与道之法相的关系，器象比象更具体更具型上的可识别，而象比器象更需要去见识和认知，但两者同为道生之的道体内容的显象，那么法就是基于作用器象与象的法则和法度，也可认为是道体内容显的阶段内容德性，类似于我们很多发明创造就是根据自然形象和属性来取法，但这个取法的法并不彻底，法要到九易法则的深度才能称之为法则；妙显法的就是道，这个道为道和德合相妙显大道真性的简称。一切还是要回归道，从道体内容的具体所指，从人所熟知的事物比拟，透过大道内容既能抵达明晰作用道体内容的德性，而且更能通达妙有妙用的大道无为而无不为真性，当你从大道内容，也就是前面所说的从道之法相、道生之所显象的往象、用人所熟知的事理比拟上开悟，而达作用事物的德性以及大道真性，这便是从微不足道的事理而入，抵达至彰的大道如如来去的真相。一般来说在阖户之坤的坤道里，人只能用肉眼看到器象与象，善于思考总结的人能从器象与象上取法，也即是说从物理时空到性质法则时空的认识与转换，少有人能从法则时空悟得道所运转的法则，只有证道圣贤能洞悉大道本来并了然与道合真之大道真性。所以凡夫多迷，皆为无明所障，如果说阖关的是乾道大生的神与圣，辟开的是众因缘和合种子，那么真相就是妙明真心被无明因果所障，故落为坤道凡尘。没有被无明障碍的即为辟户之乾的乾圣道，以其如如不动妙化万有而彰显至微至彰全时空显达性，表现为乾道神与圣的如如不动妙化万有，具十方圆明境，以如如来去本性不落一处而达所有。

《道德经》："执古之道，以御今之有，能知古始，是谓道纪。"从今而知古有，能知古始，如何能从眼前就能知古始？我们不可能看到遥远的远古，光地球都四十六亿年了，何况太极初始的浑沦相状态呢？那需要"御今之有"，何意呢？妙在一个"御"字，御就是降伏的意思，降伏什么？降伏"今之有"。何为今之有？这就是第二个问题，今之有的是什么？宇宙星辰与你所看到的和未看到但存在的一切器象与象？是却又都不是。是的层面为眼见的一切宇宙星辰、光怪陆离、肉身名利等均不是真"有"，均是色尘假象，为器象与象存在的假有。都不是的层面为通过器象与象的假有存在，可认知作用器象与象的法则和法度以及所作用的真如自性。真"有"的是什么呢？就是自性真如，自己的妙明真心，除此一真实，其余皆非真。御今之有即是御此心，就是如何降伏其心，若降伏其心，见一切色尘外缘为假，并实证"今之有"的真，即谓道纪，道就从这一刻开始运转，那是因为真心即是道，就能随"心"转法轮，此时的道纪还有纪么？当然是无纪而纪了，十方三世一切随处随时为纪，这就是老子讲道纪的真实义了，就是不要去管远古浑沦相，任何夷希微、气形质了，而是从当下明心见性，见性后实修，证悟道统。再回过头来说道纪，便是由斗罡授时大运相呈现的多维次时空共同遵守的周天度数法度，此周天度数法度（包含三维世界里时空）便是道纪的一种表现，更是宏大时空先天与后天因果联系的精确的纪相，上文从"往来阖辟"说天地人三才中人道统摄乾道与坤道于人身，至微至彰全时空显达性在人身上往来联系乾坤之道，除此以外，以人来言说的藏象生命系统，还有与全息元象斗罡授时以至微至彰全时空显达性相应的经络子午流注内历法，从而形成内外授时历法的道纪内容，此道纪内容的法度，为阿赖耶识形态下的唯识变现的规则与法则，虽然它们共同围绕三易体证的九易法则运转，但唯识领域还有具体的心王法与心所法，它们既是外时空又是内时空的法则与法度。

天地人三才道统观说相虚界，便是以"人"来联系乾坤，只有立于器→道母器程式，才是正确的道元维度视野。立于人，人为形下器域的范畴，以人联系乾坤而有与道母器的交互态。以人把乾坤相联系，便是器→道母器程式的视野，也是天地人三才道统观的独特内涵。《易·乾卦·文言》曰："夫大人者，与天地合其德，与日月合其明，与四时合其序，与鬼神合其吉凶。"以"夫大人"将天地、日月、四时、鬼神联系，讲述德、明、序、吉凶在天地、日月、四时、鬼神的道元维度视野下的特性；以人的视线来出发并联系与人相关联的天地、日月、四时、鬼神道元维度，以天地言乾坤说大道、以日月言阴阳说法度、以四时言秩序说济用，以鬼神言魂魄说情志，便构成了大道、法度、济用、情志由外到身再入内的不同道元维度，以乾坤、阴阳、秩序、魂魄之寓意建立了性→法→用的维度体系，在用上又以外四时之秩序联系鬼神所寓意的内情志，从人身又把外秩序与内情志统一起来，在外秩序中所映射与联系又是从秩序之"用"的根本指向，为大道法度与大道本质，四时的秩序只是外象的"用"而已。那么在以人来联系的天地、日月、四时、鬼神之视野，其道元维度下的体性综述呈现为德、明、序、吉凶，从天地乾坤而有德性（圣德与用德，道与德的根本层面），从日月光明与黑暗而阴阳盈虚的法度，从四时之更替轮转而有秩序，从鬼神言魂魄情志而说先天与后天意识。所以，立于人身并以人联系乾坤而有与道母器各位域产生联系，构成性法用多层面的交互态，它构成了一个复杂的天地人三才道统观，比起道→母→器生化程式来说，它既要遵循道→母→器生化程式的大道道生之定律，又要从人统乾道坤道于人身去联系乾坤而有与道母器的关系，形成性法用道元维度的层次化的视野体系，把性、法、用各层次立体化地展现在道元维度视野下，构成一个综合属性下的相虚界。

如何呈现综合属性呢？为言说器→道母器程式视野下的相虚界（唯识层面）的同时，又联系乾道（真如心性层面）与坤道（相用层面）并建立维度视野下的性→法→用体系联系。从人身来说，相虚界的唯识层面为法，而法是既直观不见摸不着又无法以经验（反复试验）去体察，为虚态；那么人身所联系的外象、四时秩序、日月阴阳等又是可以进行总结归纳并以济用，为从外象到相的层面。从而构成法虚而象实、以相来言表。所以在器→道母器程式视野下的相虚界里说"相"，此相就为外象与法之间的交互关系；因为在道→母→器下，联系道为性，器为用来说，母域的相虚界为法。但现在道元维度转换了，从道→母→器生化程式转换到了器→道母器程式视野，说的是天地人三才道统观下人与诸事物的交互联系。在相虚界来说人的天地人三才观，以人的识、根、尘之交互作用的联系的"相用"，指向了运转与作用"相用"的法，这个法就指向了阿赖耶识种子与现行唯识变现的三世因果关系。

天地人三才道统观的器→道母器程式视野中，立于人身并以人联系乾坤而有与道母器各位域交互联系，心性光明与坤器无明以阿赖耶识唯识变现，发生识、根、尘之间的交互反应与熏习作用。唯识，为阿赖耶识中种子所变现生起现行。那么器→道母器程式视野的根本就是识别坤道无明所主的坤体世界里的万物如何唯识所变。

说到"识"，在佛家"阿赖耶缘起"里，眼识、耳识、鼻识、舌识、身识、意识构成的六身识与唯识学增设的末那识与阿赖耶识共成为八识,阿赖耶识被看做为根本识,前七识依第八识转起,说明宇宙间一切为"识"所变,而有"万法唯识"缘起论。说到万法唯识以及宇宙间一切唯识所变现,很多人就将阿赖耶识与如来藏等同,关于如来藏是否能与阿赖耶识等同以及它到底存在什么样的关系,我们还是要把体系建立清楚,才能正确去看待问题。在前文解析"藏"含义下的如来藏,我们通过如来藏的"藏"义原理、内容、性质,从真如清净到烦恼染浊的流变过程,认识了阿赖耶识,我们再来回顾一下。

圣化凡"母"性临界态立于在凡的对待,以"母"性承载的所有种子构成阿赖耶识种子库。故,圣化凡的母域临界态的"母",上承清净如来藏,下启染浊烦恼藏,从在圣的视野来说阿赖耶识为如来藏,从在凡的视野来说阿赖耶识为烦恼藏,它们为同一种事物在不同道元维度与位域上的对待。为了区别两种不同的视野均用阿赖耶识来称谓容易混淆,故, 立于在圣清净的视野,阿赖耶识就为如来藏的一种内容和形式,称为如来藏缘起;立于在凡烦恼的视野,阿赖耶识就为统摄藏的一种内容和形式,且为统摄藏中独特的种子库,称为如来藏识。综述之,阿赖耶识有净、染两种藏义,净范畴的藏义为如来藏缘起,染范畴的藏义为如来藏识。从乾道域在圣的视野来说,清净如来藏范畴里就有清净藏、如来藏、如来藏缘起三类法身清净属性,故此三类均为如来藏在圣视野的作为乾圣道域的藏义表达,常以如来藏统称或代称,它有所摄、隐覆、能摄三义。从坤道域圣化凡与在凡的视野来说,染浊烦恼(统摄)藏范畴里就有如来藏识、烦恼藏、阿赖耶识相用三类凡夫染浊属性,此三类为烦恼藏在凡视野作为坤凡器域的藏义表达,常以烦恼藏或阿赖耶识称谓,它有能藏、所藏、我爱执藏三义。如来藏缘起与如来藏识为阿赖耶识在两种不同位域视野上的对待。如来藏缘起与如来藏识皆为阿赖耶识的种子态。它们虽为母域的临界态，但它们之间也存在差别关系，为如来藏里有阿赖耶识的种子源（藏源），阿赖耶识呈现如来藏识的因缘果。但藏源只能在如来藏缘起里说，不能在如来藏识里说，藏源来源于在圣的乾道，而如来藏识为坤道范畴。从悟与迷，清净与染污结合道→母→器程式位域视野来梳理。在从形上道域与形下器域视野来说，为如来藏与烦恼（统摄）藏两种圣凡域界根本藏，结合悟与迷，清净与染污来说，形上道乾天圣为清净如来藏，形下器坤地凡为污浊烦恼（统摄）藏。从阿赖耶识具足母域呈现的"母"性临界态视野出发，联系道域与器域而有两种视野对待，阿赖耶识在母域存在两种形式，这两种形式为联系不同的位域视野来言，一种为乾道在圣视野并联系乾道清净如来藏对待上来说，为如来藏缘起，另一种为坤道在凡视野并联系坤道染污烦恼藏对待上来说，为如来藏识。器域烦恼藏与阿赖耶识为迷、为污浊，若视野放在阿赖耶识具足"母"性临界态上，从圣化凡对待上，则有如来藏缘起为悟，如来藏识为迷。如来藏在阿赖耶识域时呈现含一切善、恶、无记（不善不恶）诸种子，从如来藏缘起的在圣义可知它由真如体与如来义妙有妙化所生，呈现生化属性，所以我们记为藏源，而藏源又是通过真如体与如来义妙有妙化过程诸因缘和合集聚而来，故在藏源的基础上又有藏源因缘。生化属性的指向虽然从藏源因缘的微妙的生，实际上导致就是圣化凡的结果，生化属性就有源流层面的生化与流变生化。源流层面的生化为真如体如来义下的妙有与妙化呈现的种子源的因缘以及诸因缘按照一定的法则法度和合积聚；流变层面的生化为当种子源的因缘和合积聚到一定阶段一定量的时候，就呈现了太极浑沦相状态，就要发生乾道与坤道之间位域流变的"化"了，就是圣化凡，生天下万物。所以，太极浑沦相的母域，就是阿赖耶识种子态，且以此指向种子源，从种子源指向因缘和合集聚的种子源因缘，并呈现生化过程。

　　太极浑沦相的净、染视野，呈现如来藏下的初始阿赖耶识态。如来藏缘起的真种子形态为乾道在圣的产物，为真如体如来义下的"真"，为清净具足的"净"，而圣化凡的临界从乾道位域流变为坤道，坤道遵循如来藏识"识"种子唯识变现法则，坤地无明为染，为浊。而真种子的净义与识种子的染义交互临界，呈现初始阿赖耶识态。这就形成了阿赖耶识在净、染两义下的两种位分对待，为如来藏缘起与如来藏识，阿赖耶识在净、染两义下的两种对待就是太极浑沦相。太极浑沦相的种子视野，真种子与识种子以"种子"对待的两种视野，呈现种子库态。太极浑沦相的种子视野就是初始阿赖耶识，在真种子与识种子以种子的临界的体态里，呈现种子库态，就如集结后再出发一样。集结为果，再出发为因。生而未分与分后循生的临界态，是真种子与识种子作为"种子"这种事物在不同视野和位域的不同对待，视野对待与位域对待不同则位份不同，但他们的整体观是真种子与识种子作为"种子"呈现的种子库，集结在种子库，出发也从种子库出发。

　　阿赖耶识在证自证分的真如层面有如来藏义的指向，体现在初始阿赖耶识的如来藏缘起上。但如果从返熏阿赖耶识的染义下的唯识性出发去对比如来藏的"藏"义真如性，"性"道元维度与"识"道元维度是不能等同的。我们这里讨论的阿赖耶识与唯识，为器→道母器程式下的天地人三才道统观的道元维度视野，在这个道元维度视野层次下，坤道无明世界已生化与唯识变现已成，初始无明在初始阿赖耶识的对待下已经完成了生化与唯识变现的功能，器域的各种形态的"体"世界已经具足，人的形态也已生成，且人身长大的"人"身统纳乾道与坤道于一身。在太极浑沦相讨论的生而未分与分后循生的含义也因无明障碍，诸多坤地体世界已经无法相互往来交互，以此并依性→法→相→用程式来说，其万法唯识与世间一切唯识变现，是在"法"的层面，而如来藏却是"性"层面的真如自性。我们在《道统》说九易法则之道度以及道性就能很明了"性"与"法"各自的层面与层次，不仅不能等同且相差甚远。《六祖坛经》："自性能含万法，名含藏识。"六祖指的自性便是佛心自性，也就是如来藏，其如来藏能含万法，为含藏识，也就是第八识阿赖耶识；为了避免前文以如来藏和阿赖耶识相互关系的诸多叙述中出现名词上的混淆含义，我们把这里讨论的阿赖耶识在如来藏识的义的名词，以含藏识来称谓。说到性与法的层面与层次问题，第八识是念念生灭的，而自性是不生不灭，本来如是的，通常在实证中，第八识为细微流注，行相微细，非一般的功态能照见，如《楞严经》所说："陀那微细识，习气成瀑流；真非真恐迷，我常不开演。"这又说明什么问题呢？就是佛心自心为大光明，而含藏识为无明，它是习气，且习气成瀑流，这个瀑流到什么程度呢，就是一弹指间约有三十六万因缘生灭，而这一弹指间的三十六万因缘生灭它是无明微细识，也就是第八识，为无明，而非真自性。

　　此含藏识，具能藏、所藏、我爱执藏三藏义。此识一类无记，受前七识诸法之熏，持前七识诸法之种，现在未来前七诸法一切现行，皆由此识所藏种子发起，为一切种识。此识能缘行相，极为微细，此识所缘外器世间，难可测量。此识无始以来，一类相续，常无间断，是谓为恒。念念生灭，前后变异，是谓为转。恒则非断，转则非常，非断非常，因果法尔。望前名果，望后名因，喻如暴流，长时相续，而非断常。此识如水，前七转识，依此得起，犹如波浪。此识所现境界之相，能与转识作增上缘，犹如猛风。此识阿赖耶名，以被第七识执为我故。以其与极善无漏之慧心所恒相应故，名之为大圆镜智。此识一转，此智一发，则法界洞朗，真俗等观，普照十方尘刹中也。

"一念不觉生三细"，对于含藏识的第八识要觉，此觉指见性之觉照，要有见性的功态前提，见性后就能觉照如来藏与含藏识的本质差别。在识得自性和有见性功态的实证中，我们通常又把第八识称为本识，这就是见性后如何依性起用，转识成智的妙境，这个智便是大光明的大圆镜智，是不生不灭的，把有生灭的无明业识以见性的觉照，转成大光明智，念起即觉，退藏于密从而净念相续。这样就能非常明晰且明确的知道如来藏与含藏识不能等同，在《道统》中我们有说过几大哲学模型，要自然地去发挥性→法→相→用程式的哲学引导作用，同时《大乘起信论》也说，分析真如佛性以及万法，都要从"体、相、用"归类层次分析，例如在谈论含藏识与如来藏这种极难的问题时候，才能形成正知见。以性→法→相→用程式来分析，若论唯识而不论自性，不识得自性和不以见性为前提，只停留在"识"的范畴而言说，则有五蕴妄想境而入五十阴魔，所以经常问我唯识问题的，我都会让其学楞严大义，其唯识处处以楞严观照，则不会偏离，若不以楞严观照，会形成非常大的障碍和烦恼。另外在实证中，能依见性觉照第八识，则能知晓第八识的妙用，此时为实证功态的实相层面，为说如何把无明业识当成宝，知幻即离，离幻即觉，以此慧观，一切众生种种幻化皆如来圆觉妙心。在如此的实相般若功态中，才能明了通常把含藏识的第八识称为本识的义趣，才能真正分清如来藏与含藏识，到这里，其性→法→相→用程式就变成一个整体，即相用层面与性法层面合相，而出实相妙境。

有了区分和识别如来藏与阿赖耶识在不同的道元维度视野下的相互关系，尤其是在"真如"的自性层面如何去对待他们之间的生化关系，有了这样明确和清晰的知见后，我们回到"识"，在性→法→相→用程式中，其"法"的层面有"万法唯识"缘起论，刚才说到，相对于心性大光明来说，含藏识为无明业识，为幻，其本识中，此幻便是种子与现行之间的交互关系，这种交互关系构成为因生果，果熏因，故含藏识（阿赖耶识）常被形象地称为业库，业库的种子与现行的因果关系构成"识"升起的因缘关系。

我们经常称种子为本识中能够生起依种子因缘的境相，从境相升起现行世界，单从这一层面上看，种子与现行构成先天与后天的因果关系。但种子以种子因缘应缘而生的因生果现象出现后，以这种现象生起，又通过前七识将其自身现行的境，去熏习到本识中，令种子因缘发生一系列的变化。种子因生果现象的自身境，能够觉知到的为现，生灭不已的为行，构成现行果熏因。为何叫依种子因缘呢？就是什么样的种子结什么样的果，种子的形成也是依众因缘和合，那么种子的现行也是如此，什么样的种子生起什么样的境相。至于种子如何来，这里不深论，因为过于精深和复杂，有智慧不可言说的地步，总之现在讨论的是种子与现行的因果关系，从而有先天识与后天识的划分。如果把种子划分为先天识因，那么种子现行就是后天识果，后天识果就形成了现量世界唯识起用，在现量世界熏习，以受想行识过程成为后天识。

之所以从这里就说先天识与后天识，是因为在实际情况中，凡夫的平常起心动念，为一粗念，其中的种子先天识因与种子现行后天识果是极其宏大无量的，是无法分辨和照见种子与现行的甚深境界的，换句话说，我们的业库里已经有了无量的种子，其外境唯识所变现的相分，已经庞大到无以计量的地步，也就是无明业识大到无以计量的地步，只是我们迷惑和执着，才让我们妄想颠倒，认为现实安稳，其实就一弹指间，就有三十六万的因缘生灭，构成种子与现行的因果关系。

怎么样来界定与划分先天识与后天识呢？须分层次说明，首先如果是讨论一念为单位（细微流注的念），则种子与现行构成先天与后天的因果关系，这需要非一般的功态境界，为常人所不能。其次，以一弹指的时间对照，我们现在的凡夫境，以及一切万法，一切外境皆为诸识变现所禀受赋予，所包裹以及所支配。再次，从大道恒顺生势的道生之来说，总要产生种子与现行的关系，且种子已经是无量的，这种恒顺因果，故而具三世两重因果的时空延展性，这种体现就是十二因缘。以十二因缘的生灭过程可以来界定与划分先天识与后天识，从而将我们讨论的"识"，从一念的微观上升到比较宏观的层面，更有利于我们结合现实生活的习气来说后天识的造化场。

《阿含经》所说十二因缘"无明、行、识、名色、六入、触、受、爱、取、有、生、老死"中，此十二支各前者为后者生起之因，前者若灭，后者亦灭；此十二支中，其前者与后者构成先天与后天关系，这种关系体现为因果的时空延展性上，从道体上看是道恒顺生势道生之的一种表达，这种恒顺生势，在凡则为先天与后天的因果关系。用《俱舍论》对十二因缘的解释，一刹那间心中具足十二支刹那缘起，其十二支连续不断形成前因后果之关系的连缚缘起，又有三世两重因果的分位缘起和十二只连续缘起可隔多世的远续缘起。又由于其十二支有刹那缘起、连缚缘起分位缘起以及远续缘起的特点，故把十二因缘直接理解成前者为后者因而有和十二因缘相似的先天与后天，又过于复杂，这不是我们要划分的先天与后天的范畴。

十二因缘中，"六入"在母胎十个月中由"名色"渐渐成长到六根完备，于出胎后对六尘境有互相涉入熏习的作用，从而有根、尘和合而成"触"，成为出胎后六根与一切外境之联系。依眼根、耳根、鼻根、舌根、身根、意根所接之尘有色尘、声尘、香尘、味尘、触尘、法尘六尘，以人身来说，相对于六根之内，而有六尘于外，此时的根尘和合为种子与现行交互因生果、果熏因的关系。何意呢？就是六根的种子便是含藏识（第八根本识）通过我识（第七末那识）的直接转起，而六尘也为含藏识（第八根本识）从境相升起唯识所变现的现行世界。六根尘和合便是从本识中转起的种子与现行的宏观相，在这里不能把六尘当作是六根种子的现行世界，他们都是本识生起的种子与现行。在根尘和合后，其根尘的果又熏习本识，产生受、想、行、识、果熏因过程，成为后天识。在后天识之前，六根尘依根本识生起的种子与现行的禀受赋予均为先天识。所以把根尘和合这一阶段以内外而分先天与后天，则是在一个合理的探讨范围。

出胎后根尘和合，从"触"阶段开始，便有明显的先天与后天关系，以十二因缘出胎根尘和合后的"触"而有后天识交互介入十二因缘过程。何意呢？就是说本来十二因缘的过程都是"识"系统的生灭过程，从大因果上讲都是前世因现世果，但立三世两重因果上讲，"无明"至"有"为因，"生""老死"为果，故立一重因果，然因与果必须异世，从而立二世一重因果。"无明"与"行"是过去世诸烦恼造业时之分位，依此过去世之二因，心识托生母胎，从"识"至"名色""六入""触"到"受"为现世之五果。所以从"触"阶段开始，自"触"到"受"便有现世六尘境相互涉入熏习作用。从"无明"至"受"此七支亦总称牵引因。自"受"后，"爱""取""有"三支为因，能生未来之"生"与"老死"两支。在十二因缘的三世两重因果中，无明→行为过去二因，识→名色→六入→触→受为现在五果，爱→取→有为现在三因，生→老死为未来二果。我们把"受"当作一个独特的阶段来对待，故把过去二因与现在五果作为牵引因看作先天识，而把现在三因与未来二果作为后天识。这是宏观的先天与后天之界说，但一定要注意宏观的十二支要立足于微观的现量，在现量传导过程会发生受、想、行、识微观过程，它是熏习所在的根本后天境。

从现世讲，从触→受之前的牵引因可以看作是先天识，而受→有三支的能生支（生起因）→老死的所生支（所引生），可以看作是后天识，这叫时间轴先天与后天之界说，时间轴上有空间体结构为识传导和熏习成识之所，中间有受、想、行、识微观过程构成现量时空体，一个时间横轴，一个"识"单元在受想行识整体过程的纵轴，前者为先天禀受，后者为后天熏习，并构成双螺旋圆周动能态。有了这样的先天识和后天识的划分，就能在这个先天与后天的界中，可以此界说，来说明现世中六根尘和合如何作用人，说明现世中人的起心动念攀缘造作如何累积业种子，这些业种子作为现世果入生死轮回成为下世因而无限循环的。为何要有先天与后天之分呢？这是三世两重因果的现实论，也就是在无量的轮回轮转中抽出一个片段出来，用一种内外的界说，把生死轮转的问题打破。

如果明了划分先天与后天界说的目的，就目睹了诸烦恼造业的根本面目，在无限制的轮回轮转中，就自然明了诸烦恼造业的苦，以此苦集，而有断诸烦恼的出离心，从而入十二因缘的还灭门，打破无明，转识成智，而入圆觉正途。所以这就要弄清后天识如何产生？它是如何在现世中发生，都有哪些具体的内容和生活中的思想、行为乃至一切发生关联呢？

内外六根尘和合，成为有后天业种子的作用及产生之所在，那么后天业种子又是如何在种子与现行的现世世界产生与作用的呢？它就是含藏识

（第八识）种子库里的六识（眼识，耳识，鼻识，舌识，身识，意识）发动六根而接触六尘，内外根尘和合作用，通过色、受、想、行、识五蕴，从而发生十二因缘中的"触、受、爱、取、有、生、老死"过程关系。也就是说识种子生起内外根尘和合作用在五蕴妄想境里颠倒执着，成为新的识种子熏习入含藏识（第八识）种子库，伴随生死轮转。

梳理一下，含藏识（第八识）种子依我识（第七识）转起而有万法及宇宙间一切的唯识变现，这是一切的根本总因，在生命形态上叫先天禀受赋予，也就是说这是一条总轴，是全时空一切坤尘无明世界的总和，在这条总轴里有十二因缘这条主轴，在立三世两重因果的十二因缘里，可以分从触→受之前的牵引因看作是先天识，以及受→有→老死的后天识。后天识为内外六根尘和合作用，从而作为先天识的果成为下世的业因。如果不想轮回轮转，就得认清后天识，从而断现世诸烦恼，入十二因缘还灭门，把下世业因斩断。在这里也把含藏识（第八识）与十二因缘的关系讲明了，含藏识（第八识）为总库，十二因缘为主轴，识种子依十二因缘过程发生因果关系。由于含藏识（第八识）为细微流注微细习气，不仅非显而易见而且非一般功态能观照，那么又如何看待识种子在作用呢？佛教给了我们方法，就是观十二因缘过程，这里有十二个显著的思辨阶段与过程，且都有现世中如从出胎到老死的象可眼见，不仅如此，还有客观世界的一切让我们感官，这一切都是识种子依种子因缘生起的境相，从境相升起现行世界，这就是万法唯识的过程与成因。那么这就是本来真相么？很多人把唯识当作真相，从如来藏与含藏识（第八识）的性→法→相程式关系上看，只有如来藏自性一真相，其含藏识（第八识）生起的现行世界为幻为妄，不见性，不以自性觉照，其唯识的世界就永远在五蕴妄想境里颠倒妄想，只不过既有现行过程又有现量结果。

在十二因缘的过程里，过去世的业"识"投生为今生的神识，后在母腹中，心物和合胎相初成为"名色"，从胎形到胎体中长成的眼、耳、鼻、舌、身、意六根完备，此时根尘交互作用，为"六入"，出胎后，根尘和合作用成"触"，根尘和合反应在违顺境界上而生起苦乐之感"受"。从"识→名色→六入→触→受"，便是六识六根尘这十八界与五蕴的交互关系，这里的过程有神识入胎、胎儿发育以及出胎生育和出胎后与外界发生关系的整个过程。很多人会讲那ej把这个先天与后天之分定在出胎不是更好理解么？那是因为相对于内根来说母腹里也有一个外境，六根尘和合已经发生了"触"与"受"而有苦乐之觉受，所以有从触→受之前的牵引因为先天识以及从受→有→老死为后天识之界说。

业识入胎之刹那"识"种子和合的因缘已经既定，为无明在前世缘行形成了现世的果报业识，也就是说无明缘行作为轮回总因，而业识入胎是现世识种子和合，也就是成什么样的胎形已经由无明缘行的业识因既定，这也是烦恼诸善恶业如何经过三世两重因果而累积到下一世的过程。业识入胎与胎形初成的过程在后文《藏象生命论》章节中有比较明确的描述，在这里不展开，但"后天五生"与十二因缘通融关系中间有非常精细的藏象生命与生理生命形成过程，也就是精气、经络、气血等五脏神与脏腑的形成过程和原理，从而有六根完备而出胎，然后根尘和合作用，而有五蕴六根尘。这里想说的是，此时的业识种子里，就有恒顺因果发展的六识种子而入，成为六根完备的因。为何叫恒顺因果发展呢？因为十二因缘的过程是有时空阶段性的，六入是在业识和合之后而显用的，但要注意的是，这里分开说业识和六入并不是把业识种子与六识种子区别开来。那要怎么理解呢？它们是本识在因缘和合上不同阶段的显用，说到根本还是一回事，还是要归入到"识"系统，我们经常把六识与八识分开说，并不是说六识独立于八识业识了，因为包含了前六识才能有八，数字不会直接出来"八"的，所以无明缘行的业识是一个总论，六入也是包含在业识范畴中的，但在分阶段分层次分析问题时，会特别的对待。

六识六根尘和合作用的五蕴境，便是后天识的造化场，同时也是先天识的演绎场，人内外世界或宏大或细微的任何一切，都在这十八界里生生死死。从六识发动六根而触六尘，六尘又熏习作用六根去由六识了别与分别而产生因缘种子的记忆，再从六识的记忆中显用，生起六根贪取六尘，从而善、恶、无记的一切种子交互回熏，将轮回轮转进行得周密无缝。

面对色蕴、受蕴、想蕴、行蕴、识蕴集聚成身，受无量生死的五蕴（阴），狭义的说其色蕴为物质性的事物现象，为四大种及四大种所造色，为形质互相起障碍之质碍，其质碍是《藏相论》里提出的体型世界，为藏相动能论义下的物质范畴，里面有藏相动能论义下的维度升降，万有引力就是其中的一种现象，除色蕴外，其他四蕴都属于精神现象。对境（顺境与逆境）领取纳受（身受与意受），六触因缘生六受和合积聚而有受蕴。于所知境领取诸境认识，执取形象，有意识与六尘相应而成六想，和合积聚而有想蕴。心所对其他之境迁流造作一切善、恶、无记诸行，和合积聚而有行蕴。心于诸尘境上，照了分别，和合积聚而有识蕴。

其"积聚有为，盖覆真性"的五蕴，便是业识种子的依因缘和合，积聚在因缘法上的具体显用，五蕴为种子现行因缘和合的现量境相。世间一切事物都是由五蕴和合积聚，所以本质上一切均是唯识所变现，但这个积聚唯识所变现的五蕴，是盖覆真性的，也就是说会障碍心性大光明，所以这也从本质上分开了如来藏和含藏识在性与识上不能等同，当然这里探讨的非实相维度视野。

五蕴和六识六根尘是什么关系呢？不难看出在五蕴中都有六根尘的直接作用，从色蕴上说，以根内尘外而分为内色与外色的五双色，也就是根境与尘境之极微和合积聚。在受蕴中，六识与六尘相应而有六受，眼识受色尘，耳识受声尘，鼻识受香尘，舌识受味尘，身识受触尘，意识受法尘。在想蕴中，意识与六尘相应，而有六想，意识着色想色，意识着声想声，意识着香想香，意识着味想味，意识着触想触，意识着法想法。在行蕴中，意识思想诸尘，造作善恶。在识蕴中，六识于诸尘境上，照了分别。可以看出，凡夫的一切心行不出五蕴，而五蕴中又尤以六识六根尘交互作用与相互熏习。

六识与六根尘与色受想行蕴和合作用，是整个唯识系统（所有八识的集合）如何立三世两重因果并以十二因缘主轴生起生生死死的轮回轮转的主要精髓和核心内容，在整个唯识系统中，由于八识极其微细且不直接显用，是通过第七识我识传导由六识与六根尘和合显用，所以六识与六根尘的精髓和核心内容就成为凡夫一切心行的要素。而这一切精髓、核心内容以及要素落在人的现世问题上，一切都变得意义重大，我们就能直观清楚的认识到，什么样的过去在作用我们现在的一切心行，又是什么左右我们的未来。这样就知道，过去的牵引因如何通过六识六根尘之五蕴中变现作用，而成为先天识的所谓注定因缘，同时，现实六识六根尘在五蕴中交互作用与熏习后，成为后天识把未来写得一清二楚。也就知道在这里透彻解析要在十二因缘过程中，把触→受之前的牵引因过程作为先天识，把受→有→老死过程的作为后天识的深意了，也就是用一双特别的眼睛带你走进奇妙微观而又宏大的生命世界，让你看清生死的根本，从而破迷开悟，这双特别的眼睛就是《道统》中循顺置返哲学观在唯识系统十二因缘上的具体运用。用一套严密的唯识系统聚合在十二因缘生灭过程里，通过先天与后天之分之界说，把无量轮回轮转中抽出一个现世片段来说明现行世界唯识所变现的真相，可谓精深至极，而真正包纳这种先天与后天之界说的循顺置返哲学观，才是运转无论是先天与后天宏观集合还是任何一部分的局部微观的玄妙智慧。也就是说在十二因缘的现世中以这种先天与后天之界说，只不过是循顺置返哲学观的具体运用。说到这里，还有一套异常高级并严密的以先天与后天关系所反映的识系统，便是《周易》里的象数关系，如果最后用《周易》的象数关系来说唯识系统聚合在十二因缘生灭过程，来讲述生命以及透析唯识所变现的现行世界，一定非常生动。

在现世十二因缘过程中的先天与后天界说，是要明了唯识系统在五蕴是如何变现，而有先天业识因和后天业种子立三世两重因果来作用生命，以及成为生命的一部分，而有大生命观。但识系统与五蕴交互作用是极其复杂的，就如九易法则同时作用一个事物一样，非智慧不能言说，由于六识与六根尘是凡夫一切心行要素的精髓和核心内容，所以六识与六根尘在五蕴中的交互作用，就变得不像第八识那么微观，直接从八识传导七识然后通过六识显用。这种极其微观的妙观察，如果没有一定实证的修为，光从法理上推导其实也是非常难的，因为这其中有很多见识上的障碍会阻挡我们的客观觉知。

先天业识牵引因是三世两重因果中的前世因全时空缘行的复杂系统，这个全时空性以当下一念来说，识种子传导与六根尘交互作用并熏习的时空同步性，包含生灭法则中生灭过程任何一环节（如主因主缘、助因助缘、因缘恒顺发展、果的形成与成熟、因的终结、果灭等依生而灭以及果再成因），而这些复杂过程又是无量世的因缘全时空积聚在一念来显用，同时发动六根尘发生交互作用，是极其精深的，是要有甚深禅定的妙观察智去觉知的。同样，后天识的发动返熏，是建立在先天业识牵引因的基础上，把先天业识牵引因当作一个集合概念，去发动六识六根尘作用，那么针对先天因的全时空性，后天识是先天业识因与六根尘交互在五蕴里的全方位性，体现在人的现量问题上，就是十二因缘所反映的触→受以及受→有→老死等支，一切的思想（精神）与行为（动作与物质等），把全时空性和全方位性集合到一条主轴上，而这条主轴所反映的又恰恰是道生之的恒顺生势。换句话说，就是无量轮回轮转中人的生命的宏观生长与微观生灭过程。后天识的发动从"受"支延伸受蕴，六识与六尘相应的六受，都是后天识的造化场，它全时空也全方位的发生着无量的交互关联与熏习，就比如说我们坐着不动什么也不去想，是否就不发生后天识的关联呢？殊不知，时间在流逝，空间在变幻，其境的无量因缘关系（境相变现）在全时空的生灭，同时六识依因缘又触境，所发生的六受就已经形成了于诸尘境上，照了分别，和合积聚形成无量的后天识，这是一个关于人和客观世界的复合而复杂的问题，貌似说我们不动什么也不去想，那是执着在自己上，或者说这个主观的意识上，实际上你不动什么也不想，世界也是无量大的生灭关系与你相应，这就是为什么说全时空性，其实在这里就可以破一些关于执着的问题。

十二因缘的"受"支与五蕴里的受蕴，同为"受"，是具有明显的对应关系的。受，领纳所缘名受，对境有领取纳受之意，所对的境分为顺境、违境（逆境）、俱非境（非顺非逆），从而与境相对应的纳受就有苦、乐和不苦不乐。六触因缘生六受和合积聚而有受蕴，眼、耳、鼻、舌、身、意触境，境为色、声、香、味、触、法六种可感知的客观对象，六识依因缘触境生六受，也就是六识与六尘相应而有六受，眼识受色尘，耳识受声尘，鼻识受香尘，舌识受味尘，身识受触尘，意识受法尘。这是关于"受"支与受蕴在"受"上的内涵，但"受"支里的"受"是"触"支的发展，六触后的结果，也就是说触→受构成前因后果，而且谈出胎之后的人成长过程是有时间概念的，同样也有空间属性，可受蕴是全方位非时空特指的，从上文说全时空性和全方位性来说，受蕴符合这个特征，可以看作"受"支只不过是受蕴的一个特别的展现，或者说受蕴里有无量的十二因缘过程乃至无量的"受"支集合。

　　识、境、根三者和合六受的苦、乐和不苦不乐感应，故在苦、乐和不苦不乐感应中就有了对境所起的一种贪染趋求。如何的贪染趋求呢？便是遇苦生厌离，遇乐而贪求，又于苦、乐和不苦不乐感应中对照境执取形象之"想"，然后随境不断的迁流变化，其感应的"受"与执取的"想"逐渐聚合在一起，形成贪、瞋、痴、忿、恨、恼、慢、疑等情绪之"行"，在"行"中无论是善还是恶或者是不善不恶，都会转化成业识，只不过通常我们只强调贪、瞋、痴等恶业。在行蕴中，意识思想诸尘，造作善恶，是受→想→行到识的关键要素，所以"意识"就又是六识六根尘中的特别对待，如何的特别对待呢？就是客观必然性和主观能动性。"行"之前面为"想"，在想蕴中，意识与六尘相应而有六想，意识着色想色，意识着声想声，意识着香想香，意识着味想味，意识着触想触，意识着法想法。客观必然和主观能动的"想"，就能决定"行"，意识如何思想诸尘，去造作善、恶、无记等行，在"行"的客观必然和主观能动作用下，就能明确后天识，就能为人在现量中以神志主观所主导。

由"受"连贯起受、想、行乃至后天识过程中，从"受"而有的贪染趋求和对照境执取形象便又是"爱"支与"取"支，顺延"爱"支的发展，而有我们说的后天识的界说，从"受"支的受→爱→取→有→生→老死过程，完成一个可观察可感知的人一生的生死过程。在这个过程中，每一个当下虽是牵引因发展的果，可又是后天识的造化因，它既有客观的注定又有主观能动性。客观注定是牵引因的发展都是业识种子升起的现量世界，它是因缘和因果发展的必然，但这都是识系统的范畴，可从六根尘和合作用的受、想、行到识的过程中，意识的主观能动作用，可以照了分别。从想蕴到行蕴，于诸尘境上觉知，从而有了主观能动的作用，想蕴中六想可以有主观意识，行蕴中意识思想诸尘，造作善恶等业。也就是说，由"受"而连贯起受、想、行、识，如果有意识的能动作用和熏习，就可能动六根尘交互作用，从而决定未来世的业识种子，未来世什么样子就由后天识因来主导，因为未来世的一切又是唯识种子所变现的现行世界。所以，当明了后天识如何在六识与六根尘与色受想行蕴复杂而有无量的和合作用后，并且知道当下意识（主观能动）作用对三世两重因果的未来世是有非常重要的决定意义的。

我们就来探讨一下后天意识造化场以及意识的能动问题。按照出胎后从受蕴和"受"支而分的界说，就非常明晰地知道受→想→行→识过程以及形成的受蕴、想蕴、行蕴、识蕴中，从想与想蕴起，所发生的六想与六想和合积聚的想蕴，其中意识的独特作用，并且还连贯地发生作用，以致从想→行→识都有意识产生的独特影响。同时，从"受"支的受→爱→取→有→生→老死过程，意识对境的贪染（爱）趋求（取），这种贪染（爱）趋求（取）的发生本质，又是想蕴中的想以及行蕴中的行为主导和主要内容，我们知道，这里有意识的独特作用且发生后续的连锁反应，所以对境的贪染（爱）趋求（取），也是以意识为主导和主要内容，有因有果，发生前际因（爱取）生后际果（生老死），从而产生业力牵引。

我们从六识与六根尘在五蕴交互和合作用与熏习，通过先天识与后天识的界说，以分层次分阶段围绕"受"在五蕴以及十二因缘的时空位置，明晰了意识在五蕴中以及十二因缘发展中的独特作用，从而通过对"意识"的独特研究，赋予人在当下的现实意义，解构生命的维度，指导我们认识生命乃至升华生命，并且找到达乎根本且行之有效的方法。但说到围绕"意识"的独特作用来看待五蕴和十二因缘，要知道"意识"作用的五蕴乃至十二因缘，是一个宏大的整体观，是六识六根尘交互和合的积聚，它是连续而连贯的，就连局部中某一意识的生起和作用过程，都不是孤立的，而是六识六根尘交互作用来相互影响和传导的，为何要这样强调整体观呢？那是因为执着的习性会时时成为我们思辨与觉知的障碍。

说到意识的独特作用，从六识与六根尘的交互作用可以看出，识要与相对应的根和尘联系起来，有了意识→意根→法尘的关系才能构成一个特别认识论来对待诸多问题。意识同其他五识一起同为识蕴中的识，识是依根缘外尘了别外境，了别是第一念知觉所对的境，如眼识依眼根了别色境，什么叫了别色境呢？眼看到颜色，这叫了别，但要知道是什么颜色，是红色还是蓝色，以及这些色构成什么图形等，这就叫分别。第一念知觉所对的境，没有加任何的语言去称呼它，称为了别；分别是在了别以后对于外境有连续的心念进一步去了解而产生分辨。

前面五根对五尘,而生五识时,通常是一个了别的状态,是未生分别的,那么生分别的是什么,是了别的识之后依然对境有连续的心念,这个连续的心念就是了别识生出来的分别识,这个分别识,带有"我"的思量分别,这便是第七识末那识(也称我识)。恒审思量的我识分别,为自无始以来,微细相续,不用外力,自然而起。此识恒与我痴、我见、我慢、我爱等烦恼相应。这里说到前五根对五尘生五识的了别,那么意根对法尘生的意识是了别还是分别呢?首先,它是了别的状态,其次,同时又因有非恒审的思量故有分别的状态,但第六识的思量是审而非恒,也就是说有时间上作用的,是非恒常相续的,但第六识的思量又是依于第七识,而第七识的恒审思量就能充分地作用我识分别,所以,第六识的分别带有第六识和第七识的共同作用。

根→尘→识,凡识所起,必有所依,前五识依于五根,第六识依于第七识,第七识所依的为第八识阿赖耶识,这便是"依彼转",依是依止义,转是流转义,为相续、转起的意思,依彼转中的"彼",指的就是第八识阿赖耶识。这里不展开所依门与依彼转的内容了,亦所谓是八识心王及其心所,皆有所依,第七识是第六识的近所依。

从意识、意根、法尘三者之间的交互作用和熏习来看,意识(第六识)依意根了别法境,意根对法尘又能产生意识,而法尘又是第六识(意识)所缘的对境,是过去、现在、未来三世的一切诸法,又能染污意根,从而从了别上加以分别,而生我痴、我见、我慢、我爱等相应烦恼,这种了别加以分别以及所生起的相应烦恼,就是第六识意识的思量以及所依的第七识思量,这种思量,就有了想(意识的思量作用),想里的六想和合积聚而有想蕴,从而启动了想→行→识过程,在过程中和合积聚就又有了想蕴、行蕴、识蕴,这个识蕴中的意识,从而就有了我们所关注的后天意识。

意识→意根→法尘三者之间的交互作用和熏习中，在意根对法尘了别与分别前参与的意识，我们界说成为先天意识；由先天意识了别与分别后从想→行→识过程升起的意识，为后天意识。

这样界说先天意识和后天意识有什么意义呢？首先，要明了无明恶业是通过先天意识与后天意识作用过程，而不断积累增加的。先天意识在作用过程中，是依意根了别法尘，而六尘境却是如盗贼般遍污六根，故而先天意识了别和分别作用后，产生的想→行→识这个过程，想非正念、正见、正思维，行非正业，再在一起和合作用，就是更甚的如杀生、邪淫、偷盗等恶业，循环积累往复更恶的种子，从而导致不断的堕落，而出入无尽期。其次，先天意识和后天意识虽有界说，可是非异世的，而是在根、尘、识这三者交互作用过程中，意识的交互参与过程中，发生对当下或未来的指导意义，尽管心念的了别和分别十分微观，但每念中是有庞大的时空因缘积聚，比如说一弹指间有三十六万因缘生灭（一刹那间有九百生灭），意识同根尘交互参与和熏习就又变得宏大起来，这便有后天意识生起时去用正念、正见、正思维以及正行去作用想→行→识这个过程，从而形成正念、正见、正思维以及正行和合积聚的未来。再次，我们知道意识能通过想→行→识过程作用五蕴以及十二因缘，这种作用的关键却又在于"思量"，如果我们在思量上加以转化，就能够从现实意义中转化我们的善恶业。而思量又是第六识以及第六识依止第七识共同作用的，看清了这一点，则知道执着迷妄为造诸恶业，执着贪爱之念谓之染，反之断灭烦恼恶业，光明心性，解脱之念及所解脱之法，谓之净，这也就是染净诸法（第七识又称染净识），这样就有了完全以主观能动的正念、正见、正思维去思量，再加上正行，长时间的去熏习"思量"的种子，让其在后天意识作用过程中，升起恒审作用的解脱之念以及所解脱之法。这就赋予了先天意识和后天意识界说的真实义趣。

从思量的想和从想生起想→行→识过程，以及在这个过程中的贪染（爱）趋求（取），生起的前际因（爱取）生后际果（生老死），导致根、尘、蕴又和合积聚，形成连续不断的业力牵引。

识、根、尘、蕴交互作用和熏习所导致的只有无明越来越甚，这其中或更有恶业加重，且六尘境遍污六根，犹如盗贼，劫夺一切善法善念，昏昧真性，所以一切的要领就在于要找到打破无明的方式和方法。通过对意识作用意根与法尘，乃至在整个识、根、尘中的关系，以先天与后天之界说，明晰了意识在五蕴中以及十二因缘发展中的独特作用，然后再以分层次分阶段围绕"受"在五蕴以及十二因缘的时空位置，看到由先天意识了别与分别后从想→行→识过程升起的后天意识。在先天意识与后天意识过程中，能以主观能动的正念、正见、正思维去思量，并且能够指导正行，从而生起解脱之念以及所解脱之法，打破无明。

我们以意根对法尘了别与分别前参与的意识界说成为先天意识，由先天意识了别与分别后从想→行→识过程升起的为后天意识。在先天意识和后天意识中，有想→行过程以及这个过程中和合积聚的想蕴与行蕴，如果把先天意识后的想→行归入到八正道中的正念、正见、正思维去思量，并且能够指导正行，以此去作用和熏习生起的后天意识，从而作为正能量的种子，去作用十二因缘其他的过程，乃至三世两重因果的未来。

《俱舍论颂疏》说："造作、迁流二义名行。"《杂集论》说：

"造作相是行相，由此行故，令心造作。""心"是造作的源头，这个源头的心便是意和思，思在这里就是想，而造作的行相便是造业的身与心活动，那么造作的果，便是业，而造作的业分为身、口、意三业，"三业皆是意等起故"这三业中"意"又是决定性和主要作用的，也就是有了意的决定性会影响身、口的造业，所以"行"，也是属于意能动作用的，而这些行业的造作积聚，便成了蕴，意的思有想蕴，身、口、意的行业又有行蕴。说到这里再解析一下，十二因缘里的"行"支和行蕴里的"行"，不能等同，也不是同样的内容与内涵，无明缘行的"行"支，是前世业识因缘和合的积聚过程，有了这个前世业的积聚过程，才有无明缘行，行缘识，才进入我们讨论识、根、尘、蕴，无明缘行的"行"是前世因现世果的行，而行蕴里的"行"是现量的显象。

意能动作用的身、口、意三业，便是先天意识了别与分别后从想→行→识过程升起的后天意识的主要内容，而这里的意，可以理解为意志、后天神志，决定和指导身、口、意造作成业的，而意志作用的场所在生理生命中就发生在人的大脑。大脑就是人进行思维、思量、意识活动的场所，大脑的意志反应，一般有主观思想和观念上的以及客观心理活动和情绪上的，都是烦恼本身以及产生连续烦恼（作用身、口、意造业）的根本。

把意识（先天意识和后天意识总称）后的想→行归入到八正道去做想和行，然后去作用意能动作用的身、口、意三业，就能从苦恼和痛苦的困扰中得到出离和解脱。《中阿含经》："云何苦灭道圣谛？谓正见、正志、正语、正业、正命、正方便、正念、正定。""念苦是苦时，习是习、灭是灭、道是道时，或观本所作，或学念诸行，或见诸行灾患，或见涅槃止息，或无着念，观善心解脱时。"八正道是舍苦乐二边的中道行，它既是出离和解脱苦恼与痛苦的修行指南，更是人为人处世的生活准则。

在藏相系统论中，我们以形上道与形下器的界说位域，分析了精神域乾藏界、物质域坤形界、精神相域相虚界的特性，并在藏相系统中以大道生化和源、流、变关系认识独特的太极浑沦相。同时又从"母"性生化特性识别了阿赖耶识净染二义下不同视野对待，从而依阿赖耶识种子与现行唯识变现，并结合十二因缘描述识、根、尘的和合作用。从大道生化本质与天地人三才视野串联解析不同位域维度下的生命的联系与状态，形成了一套既透析大道本质，又以独特视野构建的广义生命系统。

我们来看一看老子是如何从道元维度视野通过界说位域来言说大道真机的。《道德经》曰："天地不仁，以万物为刍狗；圣人不仁，以百姓为刍狗。天地之间，其犹橐龠乎？虚而不屈，动而愈出。多言数穷，不如守中。"天地为大道域界，万物为天地生化，天地与万物都是大道生化的域体，而可界说，也是描述莫之能说的大道从大道域体上的所说与能说。大道生化天地、天地生化万物，得有生化的本性，谓之德，体性合一大道恒顺生势道生之定律，谓仁，故仁为大道德性在道生之层面的一种生化形态，常配以仁德称谓。大道有仁则体性圆融，至阳刚健如如来去显清净具足，真如体如来义妙有妙化则生，此生为形上道之大生。大道不仁则阴柔迷妄侵袭而有乾坤轮转，乾道生化坤道，大道生化天地，天地不仁生化万物，此生为形下器之广生。《易·系辞》："夫乾，其静也专，其动也直，是以大生焉。夫坤，其静也翕（xī），其动也辟，是以广生焉。"大道不仁，天地不仁不是不生，也不是不以"仁德"而生，而是生的形态发生了变化，阴阳盈虚而有器下，这是呈现大道生化属性的哲学本质，有仁大生为实相，不仁广生为颠倒执着，为迷妄相。有仁德的大生谓至阳刚健，不仁的广生谓柔顺利贞，阴侵阳，柔盈刚，从大道生化属性上看，有仁的大生，为心性，一丝不挂，不沾不染谓之尊贵。从乾坤生化属性上看，"不仁"下的广生为器物，染浊烦恼，颠倒执着谓之卑贱。天地不仁，以万物为刍狗，刍狗寓意卑贱，为器下；天地仁德为尊贵，为道上。天地唯上，万物唯下；圣人唯上，百姓唯下，界说位域的两域界里，上下取中，取全，为动静二相与体用相之圆融中观，中观非单取中，而是先取全再取两仪之中。同时，上下取中、取全义下，为不可执上也不可颠倒下，为往来气机之一片和气。

大道有仁义下的大生与"不仁"义下的广生谓道元生化维度。在大生视野维度下，无尊无卑、无贵无贱，具足清净如如来去；在广生视野维度下，刚健与阴柔，大智与迷妄显道上与器下的维度差别。阴柔侵天地，则以"不仁"生万物，以生化原理显道上尊贵与器下卑贱之界说。大道不仁天地生，天地不仁，万物生，万物不仁，刍狗生，大道"域中有四大，王居其一"万物中有王大（道大、天大、地大、王大）域界之百姓。在尊卑所显的道上与器下的维度差别中，要照见万物对于天地来说的生化本质，离仁德大生之心性则被阴妄侵袭，谓如如不动妄念横飞，《周易》谓之"姤"，"姤，遇也、柔遇刚也"，从坤元临界乾贞，依乾→姤→遯→否→观→剥→坤执妄迷失图的阴阳盈虚过程而形成坤道万物世界，坤道广生，得以乾道恒顺生势的生，为乾坤所寓的天地同用，故显天地不仁。当坤道广生万物生成，则"静也翕，动也辟"，翕为闭合、收拢的意思，坤道为顺承乾道生起的众因缘和合从此便有了坤世界遵其因果定律，相对于乾道清净的真如体，坤道无明染浊的万物体为刍狗，对于清净的心性毫无用处。以万物为刍狗，以百姓为刍狗，则是从妄、迷、染处观照，清净真如的尊贵比对染浊无明的卑下。虚而不屈，一切唯识变现。

"虚而不屈，动而愈出"义下，为真种子阖关与识种子辟开，"母"性生化临界态之如来藏缘起与如来藏识，在大道生化天地的"橐龠"态（太极浑沦相之气机描述）是真种子与识种子在"种子"集结和合，真种子集结阖关后以识种子出发辟开，阖关为乾道真如心性，辟开的坤道无明。橐龠之虚而不屈，动而愈出，谓如如不动妙化万有之圣化凡动静二相，也为太极浑沦相状态下的唯识变现。真种子与识种子临界"橐龠"态，而有阴阳往来，至静则动，至动则静。

大道生化与人之修证为从何处来到何处去，以"橐龠"态生化而来，以"橐龠"功法修证而去。圣人寓意仁心，见性之心，百姓寓意唯识所变的一切妄，当舍则舍，"离一切相，方名诸佛"。不可执百姓，不可执万物，当作刍狗耳；刍狗又并非一无用处，为照见心性之假用，为用后即舍之不执不粘。《易》曰："显诸仁，藏诸用。"一切大道仁德下的生，皆无一废处，如何看破执着颠倒的妄想为用，并如何借诸用显仁心自性，便是刍狗的用处与意义，以现实中用完可弃的刍狗小用，观照到仁心心性之大境，谓之智慧。

"虚而不屈，动而愈出"把"橐龠"功法下的窈冥功态描述得如此具体，叹息无人识得？如何虚？如何入虚而证，这是讲致虚极守静笃的凝神入静以静功证虚态，进入"橐龠"功法下的气机态，此时动静二相立见，又如何虚而不屈？何动？何出？静功中又如何用动功？"多言数穷，不如守中"，"中"又为何意，不入"橐龠"功态，不行橐龠气机，何以知多言数穷不如守中的"中"，不知中何以守之？

在《易·乾卦》有"德普施""乾始能以美利利天下""利贞者，性情也""万物资始"的诸多描述中，其普施为大道心，美利为圣德相，性情为乾体的性相，资始为果，为用。它描述了大道生化属性下的心→性→相→用的道元维度视野。

乾大生与坤广生在生化关联上的道元维度可谓不可同日而语，无论是生化原理还是生化过程，乃至呈现的生化内容，以及在生化过程中交互作用互动的大道体性的各层面均有巨大的差别，各位域间的源、流、变皆无法在同一个道元维度去描述。所以藏相系统要用乾藏界、坤形界、相虚界来界说，在世俗习惯的思维中，经常以说禅，在虚相、假相、妄相里说色空，讲空，动不动就一法不立，从来处来那来处在哪里等诸多问题，很多打口头禅写开悟诗，以标榜开悟，岂不知，明心见性后的色空义又是不同的，在实相领域其色空义与性相用又是不一样的，以此对照开悟和开悟之间的层次还是很不一样的，这就是要从道元维度视野建立认知体系。

地卷·藏象生命论

藏象生命太极五生象总论

　　何为藏象生命？为依赖藏相系统生化本质和生化联系，以太极五生象生育系统、精气神界域流变转换系统、五藏神与阴阳五行之藏统御系统、天地人五行经络运相系统、意识三脑（大脑、心络脑、肺肠脑）传导与熏习系统为藏象生命五系统，在藏象五系统中围绕与人体相关联的藏象生命（含生理生命）的命象与运相，以及生命形态的源、流、变，形成以十二因缘为载体的天地人经络全时空关联因素整体视野，多维度多视野去总览一个动态完整的大生命观，以此所描述的"生命"。藏象生命为在藏象生命系统中立足于生育、流变转换、统御、大运相、意识传导与熏习视野，认识从生命唯识生化发端起，到微观生育过程以及胎体合而成形生育后，人体藏象生命系统（藏象五系统）主导并运转生命命象与运相的机理和整体过程，并在藏象生命动态中认识意识传导原理，尤其是后天意识如何在生命动态与环境（思想、行为、生活）中形成唯识种子因缘以及因果统一场认识，形成本质生命观下的广义生命内涵。

藏象生命所依赖的藏相系统为乾藏界、相虚界、坤形界来承载的道→母→器程式视野下的大道体系统，生化本质为大道〇道生德蓄道生之哲学本原，生化联系为大道生化原理与生化过程呈现的恒顺生势定律。在藏相三界域大系统中围绕与人体与生命相关联，有太极五生象生育系统、精气神界域流变转换系统、五藏神与阴阳五行之藏统御系统、天地人五行经络运相系统、意识三脑（大脑、心络脑、肺肠脑）传导与熏习系统藏象生命五系统。其中太极五生象生育系统为由"生生→生主→生入→生成→生育"后天五生太极五生象生育系统。精气神流变转换系统为围绕精气神和五藏神的各位域内容与形态，研究人体藏相动能流变转换和经络（奇经八脉）精气动能源流转换系统。阴阳五行之藏统御系统为立足于阴阳五行之藏统御藏象内五系统（肝心脾肺肾五系统）中的脏腑、经络、气血的命象与运相的统御系统。天地人五行经络运相系统为从天人合一大运相再关联人体与外时空统一的内外历法全运相形成"天地人五行经络"运相系统。意识三脑（大脑、心络脑、肺肠脑）传导与熏习系统为从先天意识与后天意识在唯识过程中，如何形成与人的生活心理情志相关联的识种子在人体里传导和熏习系统，并言说控制与反应机理。

我们在藏象生命系统里说藏象生命，在构建的藏象生命五系统中又依赖藏相系统生化本质和生化联系，这便是从大道生化上建立的藏相系统到藏象生命系统的联系。藏相系统是以乾藏界、相虚界、坤形界来承载的道→母→器程式视野下的大道体系统。在道→母→器程式视野下的大道体系统里，立于大道生化本质而有生化过程，这个生化过程产生的内容就是围绕"生命"来探讨的藏象生命的范畴，或者说立于藏象生命来看待道→母

→器程式视野下生化内容的联系。之所以要立于藏象生命来看，那是因为道、母、器各域的生化内容不仅宏大无比且无以言说，前文也只是从域界具足的特性上给予总结归纳，而围绕生命来探讨"生"的联系以及"命"的命象与运相，就能把道域生化的先天五太过程与器域生化的后天五生过程，联系在"生命"内容上。

在藏相系统里用了"藏相"，而藏象生命系统里用了"藏象"，藏相与藏象两者有何联系与区别呢？首先，藏相是描述大道生化原理与生化联系的系统，而藏象是从描述人体脏腑形象化象征并以象征义言说主导并运转生理系统的支配与运化系统；其次，藏相里的"相"为道→母→器程式中道对应性相、母对应法相、器对应用相的整体观，而藏象的"象"立足并依附人体肉身的外象，以及取外象形象化的象征义。再次，相与象为藏相法则中的法则属性与特征，藏象为藏相的独特形式与内容。一般来说，在用法上凡言说大道视野的常用"藏相"，而言说生命内容与形态的常用"藏象"。

从大道体性上说大道各域界生化的生命内容，在大道体域内容上（简称内容体），乾藏界承载的道域有太易→太初→太始→太素→太极先天五太无极而太极过程，为"无极五生象"。坤形界承载的器域有生生→生主→生入→生成→生育后天五生太极而生育过程，为"太极五生象"。相虚界承载的母域有独特的太极浑沦相呈现阿赖耶识种子与现行唯识变现过程，为道域生化内容跟器域生化内容的临界转换点，并发端器域生化形态，在说大道体域内容上，通常把太极浑沦相作为内容体，当说到这个临界状态转换时，以太极代称太极浑沦相，"太极"阶段落在先天五太过程为在圣道域对待，落在后天五生过程为在凡器域对待。立于道→母→器程式，太极不是大道生化起点，它是生育万物的起点和发端，是大道生化呈现万物生育的转折点。我们在藏象五系统讨论藏象生命，生育万物的起点和发端为"太极"，是从"太极"说生育，是从太极生而未分临界态时为后天五生的"生生"。太极生而未分临界态为立于在凡坤地器域视野，为识种子的如来藏识对待，为气形质毕具、元神元炁元精三元一体临界生而未分与分后循生流变起势。

在大道性域内容上（简称作用体或能量体），乾藏界道域圣德乾元亨利贞作用先天五太无极而太极过程，有元神元气元精三元一体的能量体态。坤形界器域用德体坤元亨利牝马之贞作用后天五生太极而生育过程，有神主气精和人身精气神能量体态。立于太极体生化转换，元神元气元精三元一体的能量体态流变转成神主气精和人身精气神能量体态，从而形成道→母→器程式视野下能量生化流变形态，道域为元态，器域从神主气精与人身精气神的差别而有先天和后天之分，成为围绕"精气神"为内容的元→先天→后天能量流变过程。人身精气神态为"器"的当下状态，为后天。神主气精态的太极"母"为生化人身精气神过程的来源，为器物唯识变现的先天，先天与后天的源头为道域的元神元气元精三元一体的元态。

藏象生命五系统，是立于道→母→器程式下母域生化万物发端，在坤地器域范畴研究人的生命哲学，故后天五生过程的"太极五生象" 太极而生育过程和生育后藏象内五系统（肝心脾肺肾五系统）的命象与运相为内容体，以及神主气精与人身精气神的能量体态为能量体的主要内容和对待。为了方便综述内容体和作用体（或能量体），把先天阶段的神主气精过程与后天五生的太极而生育过程统称为先天生育阶段，把后天阶段的人体精气神过程和生理命象与运相统称为后天生理阶段。从而就有先天生育阶段中，生育体域为生生→生主→生入→生成→生育后天五生太极而生育过程，生育性域为神主气精；后天生理阶段中，生理体域为生育后，藏象内五系统（肝心脾肺肾五系统）中的脏腑、经络、气血的命象与运相，生理性域为人体精气神。在先天神主气精与后天人体精气神的联系中，又形成了库轮形态下的内外丹田联系，在围绕精气神（先天神主气精与后天人体精气神的统称）库轮形态下的内外丹田能量联系的形态下，运转在人体藏象内肝心脾肺肾五系统，并通过人体经络系统密切关联的命象与运相。

立于坤地器域，以神主气精与人体精气神作用的先天生育和后天生理的主要对待中，按照生育、流变转换、统御、大运相、意识传导与熏习视野，又有太极五生象生育系统、精气神界域流变转换系统、五藏神与阴阳五行之藏统御系统、天地人五行经络运相系统、意识三脑（大脑、心络脑、肺肠脑）传导与熏习系统的藏象生命五系统。其中，太极五生象生育系统研究人体生化发育过程，以"生生→生主→生入→生成→生育"后天五生内容过程成为先天生育内容体。精气神界域流变转换系统研究作用体（能量体）如何以先天神主气精与后天人体精气神的源流变关系过程，以魂、神、魄、意、志五藏神为内容体。五藏神与阴阳五行之藏统御系统研究人体统一在阴阳五行主导与运转脏腑命象的机理，以藏象肝、心、脾、肺、肾内五系统为内容体。天地人五行经络运相系统研究外时空与人体以及内脏腑宏观视野下的必然联系，以天人合一全息元象与内外历法为内容体。意识三脑（大脑、心络脑、肺肠脑）传导与熏习系统研究藏象生命先天因缘秉受布局，并通过人体命象与运相控制和反应机理，以及生命动态与环境如何影响未来，其界说先天与后天意识以及三脑传导机理为内容体。

太极五生象生育系统为藏象生命五系统中研究人体生化发育过程以及动能流变转换并融入人体机理的系统。它以后天五生称谓的"生生→生主→生入→生成→生育"生化发育过程为宏观阶段，又以神主气精藏象命门成为生命内在动能运转机理为独特视野。从而构成集生命生化发育成形体与生命动能流变转换，从微观变化与宏观时空伴随生长与人体融为一体的生育论。后天五生生育论，不仅全面解构了能量体从元神元气元精三元一体元炁态到伴随人体生化发育过程中三大界域流转中的三次天人离一状态后，时空动能的流变过程与流变本质，并依赖能量体流变本质形成藏象系统主导并运转外在的生理生命。

后天五生生育论以"生生→生主→生入→生成→生育"为生化发育过程，生生为太极浑沦相生而未分与分后循生的天下万物生化发育发端，生主为识种子唯识变现天地构精和识神种子与精气媾和的运动态，生入为神主气精玄精入胎形成独特的天人离一视野下的藏象命门，生成为能量体通过三次天人离一后在藏象命门里通过胞胎孕育合而成形，生育为合而成形的生理生命初始发育完成生理生命。

以生、主、入、成、育来界说的先天生育位域阶段，是人体胚胎受孕发育成胎儿前的微观生育变化，是描述生命如何连接先天因缘并以先天的动能流变呈现后天生命形态的机理过程。在命体生化发育过程中我们既从生、主、入、成、育阶段来分位域界说，把视野聚焦在神主气精藏象命门成为后天五生生化发育过程的独特视野，尤其是要解构先天能量体如何经过三次天人离一在命体形成过程中产生动能流变，能量体在天人离一形态下流变过程以及存在形态，并以天人离一哲学为视野，进入精气神与五藏神能量体流变转换系统。所以对比藏象生命五系统来说，太极五生象生育系统是其他四系统的宏观框架，其他的流变转换、统御、大运相、意识传导与熏习视野下的诸系统是在太极五生象生育系统的宏观时空过程里孕育和变化，也就是说其他四系统都要在生生→生主→生入→生成→生育过程阶段里描述。这就构成了宏观时空阶段下的诸微观形态，太极五生象生育系统所说的宏观时空过程虽然描述的都是微观形态，但它立足于其他四系统的形成过程与机理有明显的可以界说的位域阶段，为以生、主、入、成、育来界说的先天生育位域阶段。描述生生→生主→生入→生成→生育先天生育过程的内容，以诸多系统、各种维度层面下的哲学视野形成后天五生生育论。

太极五生象生育系统中的"生育"为生化与发育，生化与发育就是要立足并依赖"生"的哲学，从而在生、主、入、成、育过程为系统里来说发育，故形成恒顺"生"而有生生→生主→生入→生成→生育过程阶段为生化发育系统。"生"的哲学为大道恒顺生势道生之定律下的生化本质、生化原理、生化过程，在太极五生象生育系统皆是以"生"来言说的生、主、入、成、育过程，故还是要回顾和梳理"生"哲学下的内涵，从而赋予后天五生生育论哲学基石，看看我们到底是在什么样的哲学模型和视野下谈论后天五生的"生"，以及立于后天五生生育论来谈生命。

简述大道恒顺生势道生之定律下的生化本质、生化原理、生化过程下的"生"哲学，生化本质为道生德蓄大道生生之健本原，因大道本原才有因本原而"生"源，这个生源记为无极体源起，故无极体源起只是生化本质中道生德蓄本原所生的内容和所显的形态，道生德蓄本原又是什么呢？为大道〇无极体与玄德性合相同体承载彰显无为而无不为大道真性，以此无为而无不为真性的道生德蓄本原为大道生化本质。在大道本原生化本质下的"生"源起，经过生生之健呈现的长→育→成→熟→养→覆生变易过程而生成的往象道生之单元，"生"源→生变易（长→育→成→熟→养→覆）→往象这个过程和呈现的往象之道生之内容为大道生化原理，一切至微与至彰的生皆是此生化原理，它是由大道生化本原作用下妙有的"生生"。由大道生化本质和生化原理共同作用而彰显的大道生生之健为大道恒顺生势道生之定律，也叫恒顺生势定律。那么在大道恒顺生势定律生化基础上，由道生之往象呈现一切大道体性的内容，无论是宏观还是位域阶段，以及位域界说域内的阶段变化，都构成生化过程，以上就构成"生"的哲学体系，大道一切位域阶段的体性皆依附和立足于此，道→母→器程式中器域的生化和"生"也是如此。故围绕"生"来谈生命，在生化本质、生化原理、生化过程视野下的"生"，从而对超越常规生命形态认知，把"生"的哲学下，无论是微观还是宏观以及微观与宏观之间的联系弄明白了，就目睹了大道的真面目与本质。

太极五生象生育系统中的生生为立足于太极浑沦相的在凡视野，为坤地凡器域的对待，属烦恼藏范畴。太极浑沦相在阿赖耶识形态下为染义承载的如来藏识，以种子唯识变现的"识"义而在种子库两种视野对待里转换了真种子的如来"藏"义，其根本为无明染浊。故，太极浑沦相临界态为太极五生象生育系统的发端，这个发端"源"为在凡万物的生化源，以太极称谓，具万物生化的"生生"态。但要特别说明，万物凡在太极的发端"源"不是大道的总源头，万物只是大道道→母→器程式域界中器域对待的内容，这个万物凡在太极的发端"源"与以无极体"源"起是不在同一体性道元维度上的，但它们构成了生化联系，以万物凡在太极的发端"源"循迹生化本质下的起源或本源，则为无极体"源"起，它是大道生化可以强说来言说的"生"的总源起。如果说万物凡在太极的发端"源"记为"有"，而大道在道→母→器程式道域域界中的体性内容记为真空实有的"无"，那么太极浑沦相就是无→有转换的体性动能枢纽，从而也形成凡态的道元维度。

在圣化凡视野下的太极浑沦相具足的综合道元维度视野与生化临界态的诸多特性与特征，在太极浑沦相的在凡视野，也就是万物凡在太极的发端"源"立场上,"生而未分与分后循生"的临界态全部转换成了在凡生而分的对待。故万物凡在太极的发端"源"的太极生生,为坤地凡器体性内容以及坤道在凡视野;在种子对待上为真种子依种子库转换成识种子;净染视野为无明染浊呈现烦恼藏的如来藏识态;在生化内容与能量转换视野上,为后天五生从生生源起发端与元神元炁元精三元一体流变成神主气精态;从视听搏视野上伴随后天五生生育系统的生化发育,其夷希微的恍惚态逐渐流变为有型可肉眼见的具生命体征的人体。

神主气精，精气运相关联

　　生生，为立于太极体，真种子依种子库转换成识种子，种子与现行唯识变现天地构精和识神种子与精气媾和的生化运动态，呈现的哲学为太极体一，一生二，二生三，三生万物。首先，立于太极体，太极浑沦相毕具且元神元炁元精三元一体，故太极为一。其次，真种子对待的真如义为乾道乾天圣，为天，为阳，识种子对待的烦恼义为坤道坤地凡，为地，为阴，此为阴阳的二。再次，天地构精的阴阳因无明染浊，且唯识变现的法则，呈现生而分的识神种子与精态气态的精气神的三。这就是"生生"含义下的三个层次与视野，"生化运动态"为临界一体被阴阳平衡打破，阴性牵引的作用和生而分的本质，"分"的状态描述，就是生化运动态。

太极体一，为元神元炁元精三元一体的"一"，从乾道在圣的乾元起，乾元亨利贞圣德周行作用，由太初气之始，太始形之始，太素质之始，成为先天五太气形质过程的元神元炁元精三元一体在太极浑沦相临界一体。此视野下的太极浑沦相，也是乾道在圣真如体所有大道心性层面指向的真面目，为在圣、具足清净、真如体如来义等。其元神元炁元精三元一体，非元神→元炁→元精程式过程，这是不同的道元维度视野，就如前文说道→母→器程式过程与道母器视野一样，一个是位域阶段源流变过程，另一个是基于位域阶段源流变过程的整体观，它包含了各位域阶段中内容形成过程，是升级了的道元维度视野的综述，非一个平面维度的讲述。升级了的道元维度视野的综述，立于道元维度视野的基础上称为升维度，反之，讲述道元维度视野内部位域阶段和内容为降维度，综述之为维度升降。如何定义升维度或降维度，要看选定的道元维度视野的参照是什么维度层次。从道元维度视野的升维度与降维度义，要明晰说这个"一"时，必然要透彻地明了二与三同时毕具，这里的二和三就是降维度内容，由二和三降维度内容构成升维度的一。同时一必须靠二作用，这个二的作用是在形成高维度视野的"一"时就在作用，就是阴阳，更广义的为乾坤。什么意思呢？阴阳作为"二"共同作用气→形→质过程，并通过气形质形成元神元炁元精三元一体，是一个漫长的逐步的阴侵袭阳的染浊过程，不是立刻呈现的，只不过阴侵袭阳的染浊过程经过和合集聚后，在太极浑沦相呈现了临界态，并有了生而分的状态。所以说形成整体高维度视野的"一"时，其实二（阴侵袭阳的阴阳）和三（气形质或精气神）都在发挥降维度位域内容的作用，那么这是乾道在圣态的三→二→一道元维度从降到升的过程。

这就是为何说要明晰说"一"时，必然要透彻地明了二与三同时毕具的原理。有了这个原理，太极三元一体的"一"含义下以恍惚态和浑沦相的描述，是圣人对太极体最精准的描述与形容。为什么呢？就是不给具体所指，而是阴阳具足、气形质毕具，元神元炁元精三元的升维度视野与降维度视野都有，恍恍惚惚好像说什么都行都有，可说什么也不是，就看你是什么立场和视野去认识。浑沦相也是如此，各种视野状态下的相都具足了，从最整体观为太极体，无论是从视野立场上去看，还是从视野立场的内部去看，都各显形态，都具足，可都什么也不能断定，因为不可说也不能断，说之断之即错。所以立于太极体说大道，都指向了那个如如来去的"如是"之义，以前说大道禅机，拈花一笑，大家不以为然，现在从内容、性质、形态、视野、阶段等各种层面与角度明晰何为大道莫之能说，不可言说说之即错。

有了道元维度视野的方法论，再来看太极体所说的恍惚态和浑沦相，这是"一"立于此，立于这些哲学内容和哲学原理，不得不感叹古人是何等的智慧。这个"一"，以三家之说，释家是三界六道四圣六凡的一真法界；是道家的"道生一"的"一"；是儒家的无极而太极的"太极"。这三家的"一真法界""一""太极"的本体即是"道"。释归本体，儒贯本体，道生本体。也如《易·系传》所说："《易》之为书也，原始要终，以为质也。"推究事物发展的始与终，而入最根本的本体实质，这也是《易》之为书的根本所在。《道德经》曰："昔之得一者：天得一以清，地得一以宁，神得一以灵，谷得一以盈，万物得一以生，侯王得一以为天下贞，其致之一也。"其天、地、神、谷、万物、侯王皆为大道所显的道生之所纳的道大、天大、地大、王大四域道体内容的具体所指，而清、宁、灵、盈、生、天下贞则为这些具体所指的道体内容得"一"后显的德性，所以"昔之得一者""其致之一也"

的"一",就是道与德合相一体的"一"。此"一"即为无为而无不为真性妙显,在无为而无不为真性妙显作用天、地、神、谷、万物、侯王等道体内容时,就有了清、宁、灵、盈、生、天下贞在道体的不同阶段内容而显作用阶段内容的德性,这些不同阶段内容与作用阶段内容的德性关系即是天以清、地以宁、神以灵、谷以盈、万物以生、侯王以天下贞,而这些阶段内容彰显作用阶段内容德性的根本就是道与德合相一体的"一"。

从太极体"一"的道元维度视野,既描述了乾道在圣态内容形态三→二→一道元维度从降到升的过程,又以道生德蓄本原出发从道与德合相一体视野认知大道体性层面的诸多内涵,故大道体性层面上的所有事物,都会因为道元维度视野的差异存在不同的结果,产生不同的结论。立于道→母→器程式,太极不是大道生化起点,它是生育万物的起点和发端,是大道生化呈现万物生育的转折点。我们在藏象五系统讨论藏象生命,从太极体的生而分界说为后天五生的"生生",有了三→二→一道元维度从降到升的视野,到了太极说生生的在凡视野时,就是从太极体一,生而分二,继而成三。

太极体生而分的阴阳之"二"。说二,是阴和阳的二。太极体"一"生阴阳二,阴阳二生精、气、神三,此为太极体一,一生二,二生三,三生万物的内容,万物的形态本质都为精、气、神的能量体态,包括色法物质也是能量体态属性下的物质形态。从太极三元一体的"一"生阴阳二,这个"生"就是分后循生义下的"分"承载的生——分生,为化万物已分,已经脱离了太极临界态了,生而分下的阴阳二就要研究脱离临界态的"分生"的状态。

太极临界态强调说分后循生，是以循顺置返哲学视野来强调圣凡生化但圣凡未相离的整体观，是为了明晰临界态依圣凡生化而有的不圣不凡的状态，或者说要把太极浑沦相中关于生化、生而未分以及分后循生等诸多概念和气形质等诸多元素，对待为一个未脱离的圣凡临界态。那么脱离临界态以"分生"来对待其他内容元素时，坤地在凡视野的太极态则能具体的讲述一生二、二生三的生而分。

三元一体在圣视野为至阳金性，为道→母→器程式中的道域，为形上道乾天圣，为真如体如来义下的具足清净，为何会呈现无极而太极过程并在太极体圣化凡呢？有两大因素，一是大道恒顺生势定律下道生之在乾道生化的乾道体性之集合结果，二是真如体如来义如如不动妙化万有过程中呈现的阴阳盈虚法则。这两大主因让至阳金性的真如体有了阴性的元素，经过无极而太极过程的阴性元素的和合集聚，到了太极阶段形成了阴侵阳而产生阴阳立判的结果。太极临界态就必然出现太极体一生二，阴阳二生三，精、气、神三生万物。在太极体一生阴阳二中，太极体中的元神元精元气三元一体的元神、元精、元气三者分开了，从太极体一的生而分原理可以看出，阴阳二是以元神、元精、元气三者为承载，也就是说最初始先天的阴阳二气，为元神、元精、元气的形态。其中分开的元神、元精、元气三者中元神为阳，元炁与元精为阴。

太极体一生而分呈现出来的阴阳态，又是什么哲学本质呢？元神为在圣真如体如来义下的圣体，呈至阳金性，至阳的"至"物极必反，故至阳中有阴态性质，显阳性的阴，但阳为主体，故元神为阳。我们说无极而太极过程中太初气之始，太始形之始，太素质之始，气、形、质为在真如体如来义至阳金性的圣体中生化而成，为至阳态在生化原理中物极必反显阴态性质的，在气、形、质生化最初为至阴态，为至阳金性物极必反遵生化原理所生，至阴物极必反呈阳态，故在乾道圣态的三元一体都是至阳性的，虽然元精元气为至阴态但此时非阴，有了无极而太极过程，阴阳才逐渐转化。所以元精与元炁的"阴"为至阴的阳态，至阴为主体，故元精与元炁为阴。至阳中的阴与至阴中的阳，又构成三元（元神元精元气）又以至阳至阴中的阴态与阳态交合，这就是太极"生生"最初始的三元与阴阳形态。三元一体的元神、元炁、元精都是至阳性，为何又出现了元炁与元精为阴之哲学思辨之说，一定要把至阴至阳与阴阳生化转换清楚。

元神、元精、元炁三者从太极体生而分后，以其阴阳属性所显的形态为何说成阴阳二气呢？以气的本质形态——生化运动态在太极生化转换流变时，"元"态流变转换为先天态，从而呈现更显著的流变运动特征。这里面分两个层次解析，第一个层次为"元"态转化为先天态。在太极体生而未分时为元神、元精、元炁三者的"元"态，什么是元态呢？为阴阳属性中的"至"态，如至阴或至阳，当生而分后，由于生→分的生化运动属性，元态转化为先天态，这个转化因圣化凡的生化流变，故生而分后呈现先天态，在阴阳二义下，有先天阴和先天阳。第二个层次就是气的本质形态——生化运动态含义。生而分义中生→分的运动属性，赋予先天阴和先天阳气的含义，为它们呈现气的本质形态即运动态。以运动态说阴阳二义，指向了阴阳二气，称为先天阴阳二气。并且以神、精、炁归类阴阳属性，先天阴炁为先天精与先天炁，先天阳炁为识神。为何气的本质形态即运动态呢？道→母→器程式中道域（无极体初始态）为炁说，道与气（炁）相互关联并具根本的一致性。从无极而太易起，还有玄、元、始三气，三气又合生九气，证道的圣人观道之生成，以此细分和微观下去，三者化生以至九玄，三合成德，而育生万物。从无极太易起到太极毕，其气形质的元神元炁元精一体毕具的过程，实质就是"气"的易变。一个无比漫长宏观的无极体三者九玄之气初始，从无比至彰的时空性一念就到了至微，为"气"的"易"变，也就是"道"能达任一一处的玄机，如果在功态中就叫"忽然超越"。这就是"气"与"道"相互关联并具一致性的根本所在。道为气说实际上呈现的就是大道如如来去的真面目，为真如体如来义妙用妙化的易道本质，呈现气的运动态，大道任何生的本质、妙化与妙有都是气的运动态的呈现，故气的本质形态为运动态，且这个运动态为精气关联的藏相动能义下的精气动能本质。

我们说真如体如来义下在圣视野的太极浑沦相为具足清净，为至静，显至阳态，至静中出现动，则是阴性彰显（元精与元炁显的阴态）与作用的运动态。那么作为元神元炁元精三元一体的三者生而分，且元神也呈现运动态也有元神流变转换为识神运动态流变的过程，那为何先天精和先天炁为阴，而识神为阳呢？那是因为元神此时是真种子的形态，还未经元精与元炁生化运动，还没有完成神主气精的变现形式，还未从元神完成识神的转换，这叫初始未熏种子态，这是一个层次的视野。那么第二个层次视野就是，真种子元神态随元精与元炁同步唯识变现运动，在至静显动的转换中，真种子就转换为识种子，识种子为已熏种子态，但它此时显真如性，为何呢？因为元神并非停止不动，它是三元一体中的一个元素，故它也随着一起。但它显真如性，这也就是人人皆有如来智慧德相在先天初始具足的，它的真如性是不生不灭的，从真种子转换到识种子的阴性无明沾染以及元精元炁阴性的运动态是不改真如性的。

在生而分的元神、元精、元炁三者中根据阴阳二义对三的转换，那么在称谓上其"元"就要转换为先天，为先天神（已熏的为识神）、先天精、先天炁，因为生而分后的三者在太极五生象生育系统中已经走向了生命的形态，从生生位域阶段流变为生主阶段。这在称谓上就有了"元"与"先天"之分，还有先天态转换到藏象命门视野后，又形成藏象系统中的"后天"与人体精气神状态，通过名称上以元、先天、后天、人体精气神等界定，就是要将位域流变产生的体性属性上的变化赋予给同样是精、气、神的名词，除了方便叙述和区分外，更主要是连接体性属性把位域通过名词给予界说。那么对于"气"的用法又是如何区分呢？一般在元态和先天态，用"炁"，在人体运化态用"氣"，而在人体精气神态统称或约定俗成描述时用"气"，一般在先天态也用元气或阴阳二气，并没有把"气"转换为"炁"那是因为约定俗成的习惯，但在非约定俗成而要特指元态或先天态的气时，要用"炁"，以强调特指属性。

太极体生而分的三者先天神（已熏的为识神）、先天精、先天炁。说三，是元态的元神、元精、元炁三者流变转换为先天态的先天神、先天精、先天炁，所以这里说三就要以先天态区分元态。三生万物，这三者究竟具足何等神奇呢？要想看到这三者的神奇，就要再透彻随着生而分一同解体的还有气、形、质，这个气、形、质同无极而太极过程中太初气之始、太始形之始、太素质之始所生的气、形、质不是同一种对待，为坤道在凡的视野，它是在太极浑沦相气形质毕具态中转化流变出来的。那么是将先天的三者与气、形、质三者对应么？不是，而是说先天三者中的每一者里都具足了气、形、质，先天神里有，先天精里有，先天炁里也有。它流变转换成什么格局了呢？就是三三九格局，先天任何一者中有三种形态，三者就是九种形态。它就具足并构成了唯识变现成坤地"体"世界的一切要素，世界万物的形态、形质、内容就由三三九格局按照种子因缘法则和唯识变现法则千变万化，万物以此三三九格局变化而生。

在先天神、先天精、先天炁与气、形、质三者的"三"义下说生生，就又要从太极浑沦相来说一二三。首先视野落在太极体的三上，为元神元精元气与气形质的三，二为元阴阳二炁，在三和二的道元维度视野上，升维度为三元一体，具足三义并统摄二义。浑沦相一体的"一"道元维度要高于三和二义的描述，或者说太极体一为整体视野，而三和二为整体内的内容对待。以此太极体，圣化凡位域流变转换，而有元阴阳二炁流变为先天阴阳二炁，元神元精元气三者流变为先天神、先天精、先天炁，并在先天神、先天精、先天炁的每一者中都具足坤地凡对待的气、形、质。这就是太极体一生二，阴阳二生三，精、气、神三生万物的哲学原理。

由此，太极体为万物凡在太极的发端"源"，是从"太极"说生育，故自太极之后生而分所承载的后天五生位域阶段和过程，构成以太极而言说的太极五生象生育系统。并且在太极体一生阴阳二，阴阳二生精气神三者的三，精气神三生万物的哲学原理下，就能目睹为何说太极为万物凡的发端或"生"的源起了，它从内容、性质、形态、视野、阶段等各种层面具足的恍惚态和浑沦相呈现的太极体，就是围绕生命说"生育"的源头，以及从气形质毕具、元神元炁元精三元一体生而分的流变起势，以此流变起势而有先天神、先天精、先天炁三者，以及气、形、质三者，形成三三九万物凡生化格局，以此来呈现先天最初始的精与炁的生化运动态。

前面我们在说元神转换流变为先天神时，把未熏习的元神真种子称为先天神，把已熏的称为识神。先天神与识神的称谓差别就在于它是初始生命还是轮回返熏生命。从阿赖耶识种子与现行唯识变现来说，真种子虽然流变转换为识种子对待了，但对于初始态来说，还是以真种子来种子现行唯识变现，故呈现初始生命，这是初始生命的原理，初始生命下的神态为先天神。在初始生命基础上，种子为轮回中（轮回为依善恶福德相在三界六道中轮转的过程）已经熏习沾染的识种子，故轮回中的生育为返熏生命，返熏生命下的神态为识神。这个识神的称谓既是从元神出发相对于元神的净义，而强调染义，同时识神又是唯识中阿赖耶识独特的种子形态，它以返熏义依第六识、第七识、第八识众多形态和内容存在。也是相对于精和气义来说神的独特存在，因为在能量体流变到人体精气神状态时，唯有识神的形态维度高于人体精和气的形态，无论是先天意识还是后天意识，以及轮回轮转中识神的支配作用等，均要以识神来称谓和对待。

关于"识神"的名词之用，中国古代的圣贤以及道家人物不仅有深刻的认知，而且在典籍里有广范应用和记载，尤以黄元吉最善用和常用。在黄元吉真人注释道德经的《道德经讲义》里，结合不同的内容有多层次和多视野的含义诠释，如"乃是正等正觉之元神，因其发动而有知觉，故曰识神""无思无虑而出者，元神也；有作为见解、自色身而出者，识神也。元神无形，识神有迹。""古人谓后天识神，因有形魄而生者也。此元神之大分别处也。但有生之后，元识两种神，交合一处。""用工之际，元神识神，不可不知。"除了黄元吉外，吕洞宾在《太乙金华宗旨》云："一切好色动气皆魄之所为，即识神也""元神居方寸，而识神则居下心。"同时识神与元神之用，还有古经云："先天元神，体也；后天识神，用也。无先天元神，大道无主；无后天识神，大道无用。"

通过太极五生象生育系统中的后天五生位域阶段的"生生"，谈论阴阳二气与精气神三者（约定俗成的称谓，故不以先天加以称谓，更不把"气"变换为"炁"），才是解构中国哲学的道统传承以及本质视野，不然就是不知其所以然的人云亦云，同样，理解了它就理解了万物生化的哲学观，就目睹了万物在大道（以坤道为主体）体性中的源流变过程，从而赋予生命广阔的视野和联系。在诸多经典中，对于万物凡的生化与太极、阴阳二气的诸多联系，皆有本质的论述与指向。如《混元述禀篇》曰："夫人生于天地之间，禀二气之和，冠万物之首，居最灵之位，总五行之英，参于三才，与天地并德，岂不贵乎？"《因缘经》曰："人始受身，从虚无中来，回黄转白，构气凝精，承天顺地，合化阴阳。"《云笈七签·卷五十七·诸家气法部二·服气精义论》："夫气者，道之几微也。几而动之，微而用之，乃生一焉，故混元全乎太易。夫一者，道之冲凝也。冲而化之，凝而造之，乃生二焉。故天地分乎太极。是以形体立焉，万物与之同禀；精神著焉，万物与之齐受。"其诸多经典中的论述，无不是围绕太极哲学，阴阳哲学，一生二、二生三、三生万物哲学赋予生命广大的视野和内涵，且皆是万物生化在体性形态下的本质论。

再回过头来看前文对"生生"的定义。生生，为立于太极体，真种子依种子库转换成识种子，种子与现行唯识变现天地构精和识神种子与精气媾和的生化运动态，呈现的哲学为太极体一，一生二，二生三，三生万物。可以说这是太极哲学与阴阳哲学下讲述万物凡生化原理与过程，是有本质指向的哲学定义。那么恒顺此万物凡自太极体"源"的生生，才能承载生主、生入、生成、生育关于生命的生化发育过程。

生主，天地构精和识神种子与精气媾和的唯识变现过程呈现神主气精态。在对生主的描述中，有三个层次的内涵，第一个层次为"天地构精"所指的坤道域坤地诸"体"世界生化变现完成，要以坤地"体"世界的位域空间完成生命"生"的时空条件，也就是说在生命形成之初始要有一个有利于生命"生"化形成的外部时空条件，这个就是天地构精层面的坤地诸体世界所指。坤地诸体世界从宏观上取类比象归类来说，可大致以六十四卦反映的六十四个卦体世界作为坤地"体"世界的综合描述，当然以六十四卦的数来说六十四的六十四次方所变现的世界，是无以计算和形容的，就如我们放眼望去的宇宙星辰一样，体态大到无以想象、数量多到无以计量，但这六十四个卦体世界是诸体世界的按取类比象来归纳归类的综述，或者说是诸多坤地体世界的六十四个根本属性，就如我们在描述"黑洞"世界的性质时是用《否卦》承载的"否"世界来称谓和定义它的哲学属性。

以"天地构精"所指的坤地诸体世界的形成原理中，它"构精"的法则是什么呢？是唯识变现中色法和合集聚为色蕴的事物现象，为四大及四大所造色。什么是色法呢？为一切有形的物质在形成中所遵循的规律与法则，通常把有形的物质特指为有型与象的重物质，即可肉眼见，为形质互相起障碍之质碍。那么色法以什么起用来和合集聚形成色蕴中的有型与象的重物质呢？就是地水火风空五大元素依五行和合集聚，形成了时空凝滞而有相对时空不同的无明体世界，所以还是指向了阴阳五行哲学观，它是一套色法基本属性和原理。以六十四卦反映的六十四个卦体世界作为坤地"体"世界的体空间的话，就有六十四种不同的地水火风空五大元素来共同作用。地水火风空五大依五行和合集聚在不同的坤体时空呈现不同的坤体世界，至少从取类比象归类来说有六十四大类（实际上多到无以计量）。同样是物质依色法的五大元素，怎么就呈现出巨大差异呢？因为所形成的具象内容不一样的本质是地水火风空五大在不同时空和状态下的差异。举个例子，同样是水，从基本面上说就有六十四种差异，而这六十四种差异是显著差异，实际上只要时空体环境不同，就有不同的差异。如何去想明白这个道理呢？就如每个人身上水的形态都是不同的，不仅如此水在不同器官环境里也是有差异的，我们把水看作常态和定性的物质而无法明了这其中的差异，只是现在的科技水平还未能达到这种认识程度，同时它是基于智慧维度观察的认知。

天地构精的"精"是什么呢？是藏相动能态下的能量体的形式，为道元维度下的能量形态，而精气关联就构成动能态。道元维度不同，精气动能态下的"精"能量体的形式则不同，但依藏相动能论，"精"的形态都是呈运动态。"精"在能量体的形式差异就是时空环境中形成诸坤体世界差异的本质，坤体世界为五大元素依色法和合集聚，五大元素中的"精"在能量体的形式不同，则一切皆在"精"能量体形式下产生巨大差异。"精"能量体形式差异，是道元维度下能量形态中元素能量体的源流变不同，呈现为"精"层面的性质不同，从而造成了时空环境差异的本质。就如同样是水，水里面的"精"在时空环境中的不同故水态是不同的。

在天地构精的含义所指中，其藏相动能态下的能量体形式如何理解呢？它是对精和气的本质再一次深入透析。"精"层面的本质，在藏相动能态下，就是一切神、精、气的状态都是"精"的能量体态，或者是都要以"精"的能量体态呈现，包括色法属性上所有的坤地体世界（包含所有重物质）都是精的能量态，这是藏相动能的视野，一切神、精、气能囊括的皆是能量态，为精。以藏相动能视野下的"精"义，精在不同位域阶段有不同的形态含义，如在大道无极体为至素至精，在道域的无极而太极过程中为太素，在母域相虚界为太素生命素（宇宙生命素），在器域的物质界为光子素，在五藏神为魄，在人体运化层面为水谷精微素。

那么先讲"气"层面的本质，为一切"精"的能量体呈运动态则为气，太极浑沦相生生后（阿赖耶识）种子与现行唯识变现的一切都是运动态的，无论是从宏观上（已经按色法形成的坤地体世界）还是微观上（识因缘的积聚）都呈现了"精"能量体视野下的气态。从至微层面讲，一切都是运动态的，其哲学就是易道哲学三易体证中的变易，一切恒常变化，呈生生之健。由于维度视野的差别，在体世界经常会有相对的动静，就如人在地球上，经常出现很多东西是恒常不变的错觉，那是因为维度和能量态的转换关系出现了相对应的层面，或者说我们常规觉知的事物里无法洞见更高维度的变化，也无法知晓低维度的变化，且维度高低与能量态的强弱构成运动态的差别，所以它取决于维度和能量态两者之间的关系。

生主含义下，"天地构精和识神种子与精气媾和的唯识变现过程呈现神主气精态"的第二个层次为识神种子与精气媾和。从"精"层面的藏相动能视野下能量体态，到"气"层面的能量体运动态，呈现的就是精气媾和的综合藏相动能态，也就是精和气在"生主"层面立于先天的关系。所以天地构精是一个宏大的哲学指向，它是坤道中坤地诸"体"世界生化变现综述，天地构精的坤地诸"体"世界生化变现不是"精"义独用，而是精和气在藏相动能态中互为形态，何为互为形态呢？就是在藏相动能态中精以气动，而气动必是精用，精气关系的视野必然以另一面来相依托，精的能量体运动则为气，而气的运动态必然是能量体——精的作用，所以这就是立于精和气义而有的精气媾和。精气媾和是什么呢？精气媾和是坤体世界的动态观，也构成藏相动能态的一种形态。一般来说，当说坤体世界时，视野在认知坤体世界时会把体世界描述为相对静止的状态，而实际上它是精气媾和的动态观。精气媾和是一切坤体世界空间物理形态的根本原理，坤体世界因道元位域不同，其"精"层面的能量体形式不同，故"气"态层面的运动也差异很大，如光子的运动中，光子素为能量体，而光子素运动呈现的光速就是气态，光速与空气中空气诸分子的速度相比，就是因为光子素的能量体态远远大于空气分子的能量体态，所以就从物理形态上显现出速度（气态）的差异。那么精气媾和的藏相动能态是什么在起作用呢？如何让精以气动、而气动必是精用的精气关联发挥出来呢？就是识神种子要与精气作用。关于坤体世界空间物理形态的根本原理，在藏相动能论中再来论述精气媾和的实质。

生主含义下，"天地构精和识神种子与精气媾和的唯识变现过程呈现神主气精态"的第三个层次为神主气精态。识神种子起用精气媾和的藏相动能态就是神主气精态。神主气精的含义从天地构精的坤地坤体世界形成原理，到从天地构精中解析"精"层面与"气"层面的含义，从天地构精与精气媾和的诸多哲学认识上，呈现神主气精的"生主"内涵。神主气精中的"神"为识神种子，从"生生"位域阶段的种子库中种子出发，在坤地无明的染义下，呈现唯识染义的识种子，而"神"是因为真种子对待在如来藏缘起义上具足的真如体如来义的净义真如，唯一心性，它不生不灭，无论净义还是染义，其"神"的真如性具足，不增不减，故有识神种子。识神种子与精气媾和为生命运相形态的初现，它是太极五生象生育系统在"生主"位域阶段独特的生命初始形态。

　　生命运相形态，为识神种子与精气媾和的神主气精态。生命运相形态在太极五生象生育系统中的发展，就会由运相逐渐转换流变呈现具象的生命命象，是生入、生成、生育的过程阶段呈现。从神主气精的"主"的含义上说，识神种子为内在，而精气媾和呈现的坤体世界为外在。是否就从生命运相形态上说，这个外在精气媾和下的坤体世界，就跟内在的识神种子产生了巨大差异呢？这就又有可能陷入隔离神与气精相联系的圈套，外在的精气媾和呈现的坤体世界为从"生生"位域阶段按照生而分以及唯识变现法则产生的，它也是识神种子唯识变现中识、根、尘境，直截了当的说外在也是识神种子因缘感召和唯识所现的现量。它在初始生命形态中，内外是一致形成的。现在说返熏义的识神种子，故就有了内在与外在，尤其是先天态下识神与气精和返熏后以人的视野来说的内在与外在的形态是不一样的，在道元维度下的体世界不同，呈现的识神与气精是不一样的，在三维世界别说识神态无法明晰，就连坤地体世界呈现的气精态也是难以理解，就如太阳光子素的光速运动就是三维世界精形态呈气态运动，更高维度的如太素等又是另外的形态。在人的轮转中，通常会形成神主气精的内在和外在是分离的错觉，实际上外在的世界是识神种子的一部分，是善恶法所依的福德相层面的一种形态，所以要真正深入理解唯识变现的心王法与心所法。

　　识神种子的内在与精气媾和的外在之间的关联，就是神主气精与生主的"主"的含义。在"生生"阶段所说的先天神、先天精、先天炁三者形态下，"主"就是以识神的识种子主导先天精、先天炁的流变以及先天精与先天炁形成坤地体世界的规律与法则。我们说藏相动能视野下能量体态的"精"与能量体运动态层面下的"气",在藏相动能态中精以气动与气动必是精用的精气关联,呈现天地构精以及精气媾和的动态视野。那么它所联动起来的就是识神种子的内在与精气媾和的外在联系,为神主气精态。在神主气精态下说内在与外在就是要强调识神种子的主导作用,唯识变现中唯的哪个识?就是真如体如来义下的元神从"生生"阶段生的先天神,生而分后染义下的识神,识神如何能主导精气媾和的动态呢?这是个非常深的学问,主要是识神种子里有诸多种子因缘,种子因缘经过和合集聚呈现在"生主"态后,诸多种子因缘就会各自起用,每一个因缘起用变现出来的因果动态,就是精气媾和的集合态。这就是识神能"主"天地构精和精气媾和的主要原因,也就是唯识变现体现在十二因缘中的"无明缘行,行缘识,识缘名色"的现行生起过程。如果把无明缘行和行缘识中的"行"看作是天地构精与精气媾和状态的话,那么无明与识就是先天神经过生生与生主过程后,流变转换为识神的形态。

如果把十二因缘无明→行→识过程中的"无明"看作是"生生"阶段的先天神,把"识"看作是"生主"阶段的识神,那么"行"则是由先天神向识神流变转换过程同步的天地构精与精气媾和态。而先天神与识神的"源"则是"无明"所指的阿赖耶识,并且在阿赖耶识的真如净义与烦恼染义的两种对待中,"源"指向了阿赖耶识的真如义,并由此真如义下的缘起性空无所明了启动了唯识变现的种子与现行生起的世界,这个世界的初始形态就是能量体态的"精"与能量体运动态层面下的"气",所形成的天地构精与精气媾和坤地体世界形态,那么它们的关系就是依赖无明→行→识过程中"行"承载的无明与识阶段的"神"的作用(由先天神向识神流变转换过程),也就呈现了神主气精的本质，或者说神如何主气精的规律与法则，它是由唯识中的十二因缘过程的内在与外在的关联。

这个内在与外在如何关联以及呈现什么样的含义呢？首先，是真如义下缘起性空无所明了的阿赖耶识无明种子库中种子的作用，也就是太极浑沦相阶段三元一体阿赖耶识种子库中的种子，向"生生"阶段先天神的流变过程，这构成第一个层次的内在。这个层次的内在指向了种子因缘的属性，为种子因缘的真如义，这是一个本质的内在，因这个元神（法身）层面本质的内在，才能依种子因缘对"生生"阶段三元生而分成三者的其他两者（先天精和先天炁）起用。

其次，在"生生"阶段，三元一体的太极浑沦相生而分为先天神、先天精、先天炁三者，这三者流变到"生主"过程后，先天精和先天炁因精以气动与气动必是精用的藏相动能下的精气关联，形成天地构精和精气媾和的"行"态，在这里就可以对十二因缘中"行"的内容和状态给予描述——为藏相动能义下形成天地构精和精气媾和的精气关联之动态变化，此行态为作用行态，因一个内在的作用而产生的行态。而这种动态变化，为精和气的藏相动能态视野下的"行"态，是因为种子因缘的作用。种子因缘的作用根据第一个层次的含义，作为内在作用在先，故藏相动能视野下的天地构精和精气媾和的"行"态为外在。

再次，当天地构精与精气媾和呈现藏相动能视野下的坤地体世界"行"的形态时，其起源于真如义的先天神也完成了由无明→行→识过程，且是"生生"阶段的先天神流变转换为"生主"阶段的识神的过程。那么就有了藏相动能义下的精与气的"行"态，与先天神（无明）流变转换到识神（识）的同步起用，相互作用。此含义下的"行"态既包含了精气关联之动态变化又包含了神的动态变化（先天神→识神），成为同步行态。

综述之，依据唯识中十二因缘无明→行→识过程，围绕"行"的精气关联的视野，循"行"态的因，为有内在的因作用，而产生精与气外在的作用行态，作用行态的结果就呈现了天地构精和精气媾和的坤地体世界形态（藏相动能视野下）。同时，作用行态发生时，同步形态也同步具足了，同步形态的结果就呈现了识神种子与精气媾和。两种行态两种结果，呈现了两种视野，作用行态下的结果呈现了内在与外在作用的关系的视野，是一个内外分离的视野，而同步行态的结果呈现了内在与外在产生作用关系的同时还在同步起用，成为内在与外在结合且同步融合的视野。依据两种行态下的"行"义，就有了两种不同的"主"义，因作用行指向的"主"为作用主，为内在对外在起主导支配作用的"主"，也就是识神作为内在主导精气的关联（天地构精和精气媾和的关联），也是神的内在与精气的外在分离的"主"。因同步行所指向的"主"为同步主，为内在与外在随因缘同步起用，构成的含义指向就是识神种子与精气媾和的唯识变现过程。

根据"行"义（作用行与同步行）与"主"义（作用主与同步主）就呈现了无明→行→识不同的道元维度视野，也解构了神主气精在两种"行"义与"主"义下的唯识变现法则。这也是为何要先从说先天神与识神作用主的内在，以及精气关联的作用行的外在，再从内在与外在的关联关系，指向在作用主主导并作用其作用行的基础上，而有同步主与同步行的时空同步义，成为太极五生象生育系统"生主"阶段"神主气精"中"主"的内涵。在"生主"阶段说神主气精，为何是神主气精不是神主精气呢？气在前精在后，那是因为气形态为宏观层面的视野，而精为气态的内在能量体动力，从状态描述上为先见气，气中存精。从能量维度上说，识神也是以精气形态承载，尤其是生入阶段的胎光玄精，识神入胎若无精，识神不足以形成库形态的高维度能量，无气，不足以精气关联且唯识变现现行运动而呈现藏相动能态。

在唯识的种子唯识所变现的立论中，种子所变现生起的现行的"行"中，其神主气精在"主"含义下的作用行态与同步行态的"行"，就是唯识"行"的具体内容，或者说是唯识法则下的具体形态。谈唯识的种子与现行的"行"首先要明确"主"，即为根本种子所主，也就是阿赖耶识缘起，在唯识变现的过程中，依无明染义的染浊程度而流变转换为作用主和同步主义。在"主"中谈行，视野就能放在根本种子所在的种子库——太极浑沦相形态的阿赖耶识。那么现在的"行"是从太极浑沦相形态的阿赖耶识产生了流变过程，有了"生生"阶段，也有了"生主"阶段。太极浑沦相形态下的阿赖耶识为三元一体，"神"的内在与"精气"的外在一体，既然唯识变现了，发生了种子变现生起了现行的"行"，自然唯识法则下的具体形态也产生了变化，所产生的变化的对待就是神主气精的具体内容。所以，从作用主与作用行上，既有识神层面的"神"的行又有"精气"的行，其中"神"行的过程为"生生"阶段的先天神转换流变为"生主"阶段的识神，精气的行为"生生"阶段先天精和先天炁流变转换为"生主"阶段的天地构精与精气媾和。

那么识神的行与精气的行又如何以阿赖耶识来观照呢？从唯识论的心识来讲，藏相动能视野下的精与气的"行"为心识也就是识神种子的另外一种形式，神与气精本来是具足一体的，为三元一体，皆为真如种子呈现，在"生生"阶段生而分，分成了与先天神相区别的先天精与先天氕，从而由能量体态的精和能量体运动态的气呈现天地构精与精气媾和的坤地体世界。不要因为在这里把外在的精气的行呈现了坤地体世界就把它们与识神隔离开来，精气行的结果为坤地体世界的现量产生，它只是基于心识的另外一种形式。我们讨论识、根、尘时，其坤地体世界的现量产生，就是六尘所在的色尘形成的过程和原理，同时六尘中的其他如声、香、味、触、法也是同原理，它是精和气"行"现量的结果，只是我们过于习惯说色尘可见的体世界了，而恰恰声、香、味、触、法也是现量的结果，也是心识的另外形态，而且一旦六识、六根与其对境，就产生了复杂的识、根、尘和合作用。这就是神主气精含义下识神种子与精气媾和的内容形态。无论是从阿赖耶识"源"起上观照，还是从行和主具备的同步义上说，精与气的"行"为识神的另一种形态。

另外一种形态如何理解呢？也就是在人体命象的生育系统完备后，诸多系统尤其是意识如何传导支配生理生命外在活动等，只是一种极其微观的联系并看不出明显的关联，既因为这种联系相对于人体命象的维度来说，是一种高维度联系，它的能量传导形态不是在人体命象维度层次；又因为精与气的行对比识神来说为识神另外形态的"行"，随着太极五生象生育系统各位域阶段的"生"，在"生主"阶段的同步主态和同步行态在"生入"阶段的藏象命门后，内在与外在彻底隔离，天人离一形态下的能量传导通道"离"了。另外也说明无法从人体命象表象维度看到联系并不代表着没有复杂且微观的高维度联系。在唯识学中，常有唯识七难的难题，所谓唯识七难不是没有答案，而是据于经文没有把道元维度下的诸多形态与内容明确清楚。

无论是从神主气精下的"行"义与"主"义，还是以唯识所变现的立论中种子所变现生起的现行的"行"，其"主"和"行"的过程，呈现了先天生命运相形态。先天生命运相形态就是"生主"阶段以天地构精和识神种子与精气媾和的唯识变现过程，诸多内涵以神主气精承载"生主"的精髓要义。"生主"所指的神主气精之所以独具形态并且能成为太极五生象生育系统中的位域阶段，就是神主气精在生命初始呈现的生命运相形态。

生命运相形态，有三大含义指向，天地构精所指的坤体世界生化形成的色法态、"精"层面与"气"层面的精气媾和态、识神种子与精气媾和的神主气精态。这三大含义的指向为先天生命在运相形态上的初识态，这个生命的初始态，立于先天，以神主气精的运相，呈现了第一次天人离一。

天人离一，为在人的生命命象形成过程中，伴随每一次神与气精形态的改变，以精和气形态在位域阶段的流变转换实质，呈现的命象——人体与先天状态——"天"的人天分离。这一次是以运相形态存在。我们说人的生命形成，从运相阶段到命象阶段，中间还有藏象阶段，为三次天人离一，也就形成了天人运相离一，天人藏象离一，天人命象离一的三个界域阶段。

"行"义（作用行与同步行）与"主"义同步后，就又要分。这时的分，就呈现了内在与外在的差异。外在通常有成住坏空的周期性，而内在的识神，为福德相做主。内在识神与外在精气媾和的坤地无明体世界的结合，就是生命在成住坏空坤地无明域里依福德相轮回轮转。同步后又要分以及太极浑沦相的生而分，其中"分"的本质是什么？就是无明阴妄的沾染，"分"就是随着无明阴妄的增多而体现逐渐堕落的过程，阴妄盈则能量体虚，就会出现作用体与能量体的流变转换，这个流变和转换的内容、形态、性质组成一个认知生命的系统，就是太极五生象生育系统。无明阴妄盈与能量体虚而体现逐渐堕落的过程就是生生→生主→生入→生成→生育后天五生阶段。既然在后天五生里谈论"分"和堕落，那它们就有具体的内容和形态呈现并与人体生命结合在一起。"分"和堕落具体的流变转换视野，就是在生生→生主→生入→生成→生育后天五生阶段的三次天人离一。

天人离一的三个阶段，就是从神主气精的"生主"开始描述识神、藏相动能视野下能量体态的"精"与能量体运动态层面下的"气"，构成生命在先天态下的不同时空视野的真面目和答案。为何要如此深入地解构先天态下的神主气精以及在"生生"阶段的先天神、先天精、先天炁三者呢？就是要从人体生命命象形成过程，明了生命在不同阶段和道元维度视野下的不同形态。换句话说，在三维世界的生命呈现人体生命命象，有个具象的人体，而在"生主"阶段就是神主气精态，且在"生主"阶段坤地体世界的精气形态同三维世界的体世界又有很大差异。如何去明了这种差异呢？从坤地凡视野下的气、形、质三者来说，坤地体世界所呈现出来的状态和三维呈现的重形态是不同的，所谓的重形态就是因质量差异而被引力支配的物质形态，就像与人体的质量相比地球有巨大质量的球体，而人被地球引力束缚的重形态。所以天人离一的三个阶段就是从神、气、精三者在不同的生育阶段，对人体命象形成过程如何产生作用以及变化的综述，而天人离一又是在后天五生阶段独特的视野形态，并构成太极五生象生育系统中后天五生生育论重要内容。

在"生主"的先天态的神主气精义下，又有三个内容层次，首先，是"生主"阶段先天态的精气关联。为能量体态的"精"与能量体运动态层面下的"气"，在"生主"阶段形成天地构精与精气媾和态，并且在"精"和"气"层面下，要清晰藏相动能态中精以气动与气动必是精用的精气关联。其次，为精气关联下的神主气精义。指向了神主气精下的"行"义与"主"义，以及通过"行"义的作用行与同步行与"主"义的作用主与同步主解构十二因缘过程中的无明→行→识不同的道元维度视野。再次，为神主气精义下的天人运相离一。天人运相离一的实质为"生生"阶段基于神主气精态在太极五生象生育系统中的发展，也就是说天人运相离一是神主气精态的动态指向，神主气精态结合前两个层次呈现的就是先天态的生命大运相，以"主"和"行"义呈现了运相，那么先天态的生命运相在神主气精态形成的流变结果就是天人运相离一。天人运相离一指向了先天态的运相生命恒顺太极五生象生育过程向命象转换，或者说经过天人运相离一后，太极五生象生育过程的"生主"阶段就流变转换为"生入"阶段，但在"生入"阶段之前，必然要有天人运相离一形态的转换，可以把天人运相离一看作是"生主"和"生入"阶段的临界转换形态。

作为"生主"和"生入"阶段的临界转换形态的天人运相离一，我们通过"生主"阶段神主气精态呈现的精气关联、精气关联下的神主气精义、天人运相离一这三个层次的内涵明晰了先天态的"运相"含义，也从太极五生象生育过程的整体过程，明了从太极源起的"天"，恒顺后天五生的生育过程，从"生生"到"生育"的人体命象形成的"人"。那么在"生主"阶段如何呈现太极五生象生育过程中的天人运相离一呢？天人运相离一，为元态"库"离，精气媾和"轮"位出，伴随神主气精呈现生命能量体的库轮态。何为元态"库"离呢？元态为"太极体一"中的元神元炁元精三元一体，从太极浑沦相形态的阿赖耶识义为种子库。从"库"的指向上说，为种子与种子因缘库和"生生"

阶段的元神、元精、元炁三者的能量体库。换句话说为元态（三元一体和元神、元精、元炁三者都是"元"态）的能量体"库"态流变为"轮"态。何为"轮"态呢？为天地构精与精气媾和视野下的坤地体世界形态，在藏相动能视野下，精以气动与气动必是精用的精气关联中，"精"层面为能量体态，"气"层面为能量体运动态，所以天地构精和精气媾和形成的坤地体世界形态就是藏相动能视野下以气态运动的能量体。由于天地构精和精气媾和为识神同步行所主，故依识神种子因缘所主的天地构精和精气媾和形成的坤地体世界，为以六十四个卦体世界来综述和描述的无以计算和形容的时空体世界。那么在藏相动能视野下坤地体世界的时空体则为能量体"精"态，且呈现时空体世界依能量体有气态的运动态，由天地构精和精气媾和所形成的各个独立时空体，指向了"轮"的含义。如何理解由精气关联义所说的坤地体世界的独立时空体为轮呢？举一个三维眼界里星云图像为例，如银河系般有明显运动旋涡形状的星云图，它就是精气关联义下的藏相动能视野下的精气能量体轮。三维眼界里如银河系般的星云图多到无以计量，但总体来说可以用六十四个卦体世界来综述和描述其共有属性。

从"库"和"轮"的含义，我们知道在"生主"阶段的神主气精态，构成了从先天精气关联态下的能量体视野宏观看待坤地体世界的本质。从坤地体世界（精气关联义下）被能量体库（识神库）所主来看，精气关联义能量体的运动态就是库轮含义，只是在叙述精气关联义的坤地体世界时，忽略了能量体库的所主（神主气精义下的作用主和同步主），但"主"的层面具足存在，只是存而不表。故说"轮"义的精气关联的坤地体世界时，其实是库轮义具足的。天人运相离一就是描述神主气精呈现生命能量体的库轮形态。由于库轮是以精气能量体来关联的，故每一个精气能量体轮，和它并存的一定有一个识神库，而且识神库的道元维度要高于精气能量体轮，这也指向了识神在库层面的道元维度和精气在轮层面的道元维度，共同构成藏相动能库轮视野。既然谈到了藏相动能库轮视野和神主气精的库轮形态，还可以在"生生"的先天态阶段去深入探究，或者说是目睹法报化三身的对应含义。

天人运相离一的库轮形态主要是从"库"和"轮"在神主气精义的各层面内容含义下，围绕生命在太极五生象生育过程中如何呈现天人运相离一"离"。"库"离"轮"出其实也是神主气精形态的真实写照，但"库"的能量体库虽说是离了，并非完全的隔离，只是以流变转换来说"离"，与其说离的隔离隔绝，还不如说是建立在流变转换上的联系。从能量体流变差异来说库和轮的离的形成，它们之间构成了界带，这个界带为生命先天孕育与后天发育的界，而带就是最终形成在人体的能量轮的指向。天人运相离一虽然言说"离"了，却还以界带形成联系。这个界带视野既是认识生命的藏相动能视野内容，又是在修真证道的实证中非常重要的关窍，它是炼神还虚阶段重要的玄关。所以"离"义下的库和轮结合神主气精动态观，就是神与气精中"主"和"行"的大运相，它是生命在先天态"生主"阶段的大运相。库轮形态从人体能量体流变转换来说是至关重要的，它的指向就是人体精气神的根本。

只有从天人运相离一、天人藏象离一、天人命象离一来说人体精气神的本质和联系，才能明了藏象生命系统真正的内核和精髓，才能真正地透析生命，形成哲学意义上的生命观。当人体命象生育完成后，我们以天人合一大运相来说人和天地自然之间的整体联系，天人合一大运相就是要在天人三次离一这种层面去解析坤体世界与人体运相关系，才能真正透析生命的来与去，从而谈修真证悟。

胎光玄精，藏象命门

生入，先天胎光以玄精的方式入胎成为后天人体初始胎体，伴随人体能量体三轮际出，并形成黄庭三宫统御的精气神聚合形态下的宫库田轮。说到先天胎光与后天人体初始胎体，就要从先天与后天的界说来解析生命的形态，在太极五生象生育系统里说先天与后天界，为描述生命形态而围绕人体生命在孕育、生育、发育过程来界说。在"生入"阶段因胎光玄精入胎而有人体初始胎体，故以胎光玄精入胎为标志来界说生命过程的先天与后天。以此，从先天界与后天界就有了关于生命过程的先天与后天视野。从运相、藏象、命象三义上理解，把先天视野看作为生命运相孕育形态，主要有后天五生中的生生和生主阶段；把后天视野看作为生命的藏象生育形态，主要有后天五生中的生入、生成阶段；把人体视野看作为生命的命象发育形态，有后天五生中的生育阶段。

以此界说，可以把后天五生过程分为生命运相孕育、生命藏象生育、生命命象发育三个阶段，并依此对应先天、后天、人体视野，从而有生命先天运相孕育、生命后天藏象生育、生命人体命象发育的界说。为何要在这里来界说生命过程的先天与后天视野呢？因为在"生入"阶段先天胎光以玄精的方式入胎，而有胎光玄精的人体初始胎体，故出现了运相孕育与藏象生育的流变转折点。我们说在太极五生象生育系统的后天五生过程中界说先天和后天，不是已经有先天五太的"先天"和后天五生的"后天"么？所以要弄清楚这两个先天和后天的区别。先天五太和后天五生是立于道→母→器程式而宏观总览大道生化过程，从生化性质上，据道域和器域在净染义上分先天和后天，真如净义承载的道域为先天，有太易→太初→太始→太素→太极先天五太无极而太极过程，为"无极五生象"；而烦恼染义承载的器域为后天，有生生→生主→生入→生成→生育后天五生太极而生育过程，为"太极五生象"。而太极五生象生育系统也以生命运相孕育、生命藏象生育、生命命象发育三个阶段来分先天和后天，这是在器域烦恼染浊的坤地凡，围绕生命形态的变化，从运相孕育、藏象生育、命象发育三个阶段过程，从胎光玄精入胎界说先天视野和后天视野，从藏象命门界说后天视野与人体视野。综述之，先天五太与后天五生的先天与后天，为藏相系统视野中道与器的总范畴；而后天五生中的"后天"视野为立足于器域的藏象生命过程。

从胎光玄精入胎界说先天视野和后天视野，就要立足于胎光玄精把先天的范畴和后天的范畴界说清楚，从而了解生命形态流变转换的过程。如果立于"生入"阶段为视野，把胎光玄精入胎前的"胎光"和"玄精"看作从"生主"阶段的先天态。而立于"生主"阶段可知，入胎前的"胎光"为识神种子，"玄精"为精气媾和态，这两者经过天人运相离一后，识神种子的"胎光"和精气媾和态的"玄精"发生了以围绕"生命"的紧密关联，在"生入"阶段形成胎光玄精，并且以此入胎成为后天人体初始胎体，从而有了先天与后天的视野界说。

在"生主"阶段，识神种子的"胎光"和精气媾和态的"玄精"是需要转换视野来识别的，或者说识神种子以"生入"视野来看就是胎光义，精气媾和态以"生入"视野来看就是玄精义。我们说识神以精气形态承载，识神若无精则不足于形成库形态的高维度能量，故识神具足"精"层面的能量体；识神若无气则不足于以精气关联的轮且唯识变现现行运动而呈现藏相动能态，故识神具足"气"层面的运动态。并且"精"层面与"气"层面又同时具足藏相动能态中精以气动与气动必是精用的精气关联。在这三方面的关系中，识神种子具足精的能量体且以气的运动态呈现，它依生命生化过程的因缘，生命种子入胎运动则是胎光，它具足的精气关联义的高维度能量则是玄精。所以识神种子以精气媾和的库轮形态，在"生入"阶段就必然与生命发育融为一体而形成胎光玄精，成为后天藏象生育的起点。

识神种子具足精气关联的精气形态，并要依生命生化因缘而在"生入"阶段入胎，从"生主"阶段库轮形态运动流变、转换到"生入"阶段的人体初始胎体形态，故视野落在"胎"上，联系"胎"义，为何又称为"光"呢？那是因为这是形成人体生命的希望之光，此时入胎还未形成人体命象时空体空间的束缚，智慧和能量要远远高于人体命象阶段，故也是生命的慧光；最主要的是以"光"来联系生命种子（识神）在人体初始胎体的超越光速的速度，很多人会疑问，在生命入胎阶段并未见到光的运动，这是为何呢？那是因为这就是玄精承载的含义，胎光的"光"非眼见光，眼见光为光子素为能量体"精"形态，而识神种子的"胎光"以太素生命素（宇宙生命素）为能量体"精"形态，不可眼见，但它呈现光态，且能量与速度远大于光子素的光速。同时，精气关联中的精气态以"气"视野来看藏相运动态，则也是光态，气在太素生命素的能量体作用下，是胎光态运动，因为气动必是精用，此胎光态的气运动，就是识神种子具足的太素生命素为能量体"精"形态在作用。太素生命素是精神相域范畴唯识动能形态，它的运行速度是宇宙速度常数，而光的能量体与速度要远弱于太素生命素的状态，尤其是肉眼可见光更是物质范畴的动能形态。所以只要具备"精"形态能量体的事物都呈光态，也就是常规所说的都发光，只不过能量有强弱而已，能量强弱就看它在气态上的反应，比如光子素的气态和空气的气态显而易见，它们发出的光和运动速度的对比都显而易见。从识神种子具足的精气关联的精气形态在生命转化状态的胎光义，指向了玄精义，识神种子具足的精气关联的精气形态就是"精"形态，只不过是识神种子的"精"形态。识神种子的"精"形态具足藏相动能态中精以气动与气动必是精用的精气关联，识神种子以"精"形态（太素生命素形态）运动，则是胎光，太素生命素形态中又具足生命种子的因缘义和精气的藏相动能义，故"玄"。识神种子以太素生命素的"精"形态的胎光气态运动入胎，这就是胎光玄精的含义。

从"生主"阶段的库轮义上可以看出，识神种子的库义和精气关联的精气形态的轮义，伴随天人运相离一，就以胎光和玄精的方式流变转换到了"生入"阶段。以此流变转换，就有了"生主"阶段生命运相孕育先天视野和"生入"阶段生命藏象生育后天视野的界说。在"生主"阶段的天人运相离一就指向了神主气精从"生主"阶段流变转换到胎光玄精的"生入"阶段。天人运相离一的指向，就是先天态的运相孕育生命恒顺太极五生象生育过程向后天藏象生育转换，并依赖生命后天藏象生育让生命随人体初始胎体发育成命象生命。或者说经过天人运相离一后，太极五生象生育过程的"生主"阶段就流变转换为"生入"阶段，但在"生入"阶段之前，必然要有天人运相离一形态的转换，可以把天人运相离一看作是"生主"和"生入"阶段的临界转换形态，也是生命先天运相孕育和生命后天藏象生育的临界转换形态，这也是为何要在后天五生过程里，并结合生命三个阶段形态的先天运相孕育、后天藏象生育、人体命象发育的界说来说天人离一。既然明晰了先天与后天界说，以及先天视野和后天视野承载的内容与内涵，故在"生入"阶段对生命的描述，就以胎光玄精为视野。

再从天人运相离一说说胎光玄精视野。《管子·心术下》说："一气能变曰精。"这句话就要从这样几个视野来解析。从气的视野来说，气的运动态必须是精用，如果在先天"生主"库轮阶段，就是胎光态的气运动，而胎光态的气运动必须是太素生命素为能量体"精"形态在作用。从精的视野来说，精作为能量体的"精"形态是以精气关联的气态运动，故精的外在形态为气的运动态，运动则呈现变化，故说气能变。气为何能变呢？从宏观形态来说，外在气的运动态是精的内在作用而有内外关联。从精和气的视野来说，精以气动与气动必是精用的精气关联义，气运动态为变，而变的能动作用的能量体为精；又因"精"形态能量体作用，故气必然为运动的变态。所以"一气能变曰精"呈现的是精和气相互关联与转换的内核，它是多个阶段的精和气关联的直接写照，无论是天地构精还是精气媾和，以及父母构精，都呈现了"一气能变曰精"的精和气的多重视野关联。

从精气关联的胎光玄精视野就指向了太素生命素（宇宙生命素），

它是凡物"生"的根本。故《管子·内业》说："凡物之精，此则为生，下生五谷，上为列星，流于天地之间……是故民此气，杲乎如登于天，杳乎如入于渊。"从"凡物之精"的"精"与"是故民气"的"气"可见描述能生五谷并上为列星的指向就是精气关联的太素生命素，凡物与五谷皆从太素生命素"精"的能量体而生，而且太素生命素往物质形态的转换就是光子素所在的可见光。"上为列星"何意呢？就是天地构精形成的坤地体世界在宏观上的轮态，如列星星云旋涡的轮一般，它是以精气关联的藏相动能态。以此藏相动能态的精以气动与气动必是精用的精气关联义，从三维的眼界来看，为列星；列星的实质却是库轮义下的精气关联义所说的坤地体世界的独立时空体。在列星的坤地体世界的独立时空体轮义下，对列星轮"气"态的运动如此描述"杲乎如登于天，杳乎如入于渊"，说列星的轮义如登于天和如入于渊，何意呢？如登于天是从列星轮义在三维眼界来看，如站在地球上通常认为银河系为天，有仰望的意思，为"登"；而如入于渊是从列星轮义的旋涡轮义的整体观来说，其旋涡的旋转运动并跟随旋涡的旋转运动像入深渊，有俯视的意思，为"入"。在描述列星的轮义如登于天和如入于渊时，用了"杲"乎如登天与"杳"乎如入于渊，以"杲"与"杳"呈现了列星轮义的藏相动能视野，为列星气轮义的旋涡动态内容。从如登于天仰望的"杲"义，指向了上升旋涡，为左旋；从如入于渊俯视的"杳"义，指向了堕落旋涡，为右旋。从"杲"与"杳"的内涵承载，构成了列星气轮义在藏相动能视野下的旋涡螺旋动态。

从列星气轮义在藏相动能视野下的旋涡螺旋动态，实际上从三维的眼界视野去描述精气关联的库轮义以及胎光玄精层面的太素生命素，它为凡物之精，可下生五谷。如何"下生"呢？就是此种太素生命素层面的"精"形态，为游行于天地之间，充斥在宇宙任何一个角落。它如何游行呢？按五天五运规则和运动规律。如何理解这个"下生"与"游行"呢？以地球上的凡物与五谷来说，它们依赖太阳的光子素能量，太阳光照就是下生义，太阳光在太阳系空间和凡物与五谷根据自身形态吸收太阳能为游行义，如植物的光合作用，游行于植物经络来转换能量。在藏相动能视野下，形成太阳光子素能量的来源材料就是太素生命素，也就是说太阳能的能量来源为太素生命素。《黄帝内经·素问·五运行大论》说："虚者，所以列应天之精气也。"描述"虚者"如何列应天之精气，也就是说如何与天——指五天五运的精气运动形成沟通往来的渠道。在太极五生象生育系统的后天五生过程里，从三元一体到元神、元精、元炁三者，以及神主气精和胎光玄精，它们之间的流变转换过程都有一个必然的联系。其实天人运相、天人藏象、天人命象描述的就是列应天之精气在人体的流变转换过程。这样就不难理解在《黄帝内经·素问·天元纪大论》说："太虚寥廓，肇基化元，万物资始。"以肇基化元指向了万物资始的根本和源流。

从"神"层面来讲，识神流变转换为先天胎光（胎光玄精入胎前的形态）。那么从"精"层面，太素生命素的"精"形态称为和精，从"气"层面，列星气轮义下的五天五运气的"气"形态称为和气。此处的和精与和气之称，就是取神主气精关联的精气态，它是五天五运气在先天运相界域发生五行之运周天交融态，尤其是以二十八星宿所在的辰次分野，是对列星气轮义与五天五运动态交融的精气态的综述，而且此综述的特征就是"和"。"和"除了五天五运之运气交融特征以外，还有阴阳交合之义，五天五运是五行属性的"天"气按照一定的规律交融，同时具备五行属性的天气也有一定的阴阳属性，故又是阴阳交合态。和气在中国古代哲学范畴里，不仅承载了万物化生之和气说，如《老子》："万物负阴而抱阳，冲气以为和。"认为万物"和气"而生；还以交融和交合特征来引申到世间成为吉利祥瑞以及人的道德情操修养的代名词，如汉代王充《论衡·讲瑞》曰："瑞物皆起和气而生。"明代杨慎《词品·雪辞》曰："满天和气，太平有象。"以及《礼记·祭义》曰"有和气者必有愉色"等。

从天人运相离一的胎光玄精视野和胎光玄精后天人藏象离一，就要明了"生入"阶段最重要的库轮界带下内关外窍。也就是从先天运相→后天藏象→人体命象藏相动能视野下的胎光玄精能量流变原理，只有透析胎光玄精的能量流变原理，才能在胎光玄精态下来说人体能量体的三轮际出以及形成的三宫统御内关外窍。那么就要立于胎光玄精的后天人体初始胎体讲述胎光玄精入胎的内容与形态。

胎光玄精入胎要经过天地构精以及以天地构精义下的父母构精。《黄帝内经·灵枢·经脉》说："人始生，先成精。"通过前文关于"精"形态和"气"形态以及精气关联诸多义，就能明了先成精的"精"的精妙含义。那既然是胎光玄精入胎，为何不直接说父母构精而要先说天地构精呢？那是因为天地构精为坤地体世界动态观，而父母构精为人体体世界动态观，人体体世界寄托于坤地体世界，坤地体世界必然要先于人体体世界形成。这是什么原因呢？从后天五生的位域阶段来说，坤地体世界构精形成为"生主"阶段天地构精和精气媾和，而人体体世界构精形成为"生入"阶段胎光玄精入胎后，从坤地域的时空观上，就有时间先后的迟缓。从库轮小格局来说，列星星云气轮观为人体体世界的库，人体的体世界必然要寄托于坤地体世界。

天地构精义下的父母构精是胎光玄精入胎的外在因缘要素。《黄帝内经·灵枢·决气》说："两神相搏（tuán），合而成形，常先身生是谓精。"这句话从三个阶段描述了胎光玄精突出的视野——"两神相搏"描述了"生入"阶段胎光玄精入胎的父母构精的外在因缘要素；"合而成形"描述了入胎"合"后，在"生成"阶段的藏象命门往人体命象的"形"体发展；"常先身生"描述了在两神相搏父母构精的胎光玄精入胎前，"生主"阶段后识神种子具足精气关联的精气胎光形态。"两神相搏"中的"相搏"就是胎光玄精以胎光气态运动入胎的描述，那为何把父母构精以"两神"来描述呢？我们都知道天地为乾坤义，在乾坤义中取类比象乾为父，坤为母，把父母构精的形态以"两神"来喻，就是为了区别天地构精，用"神"要突出表达有情从而去区别天地构精的无情。从唯识来讲，用"神"的有情为心王法，而用天地构精的无情为心所法或者纯粹强调色法。所以在独特的胎光玄精视野下，认识神、气、精在后天五生过程的流变转换形态，也就是从先天运相→后天藏象→人体命象过程，去呈现藏相动能视野下的胎光玄精动能流变原理。

藏相动能视野下的胎光玄精动能流变原理为：在"生生→生主→生入→生成→生育"后天五生太极而生育过程中，我们从万物凡在太极的发端"源"立场上，在"太极体一"生而未分与分后循生，有元神元炁元精三元一体。伴随太极体一、一生二、二生三、三生万物生化发育哲学的"生"，三元一体的元神元炁元精从太极体生而分有元神、元精、元炁三者。在"生生"阶段流变转换，有先天神、先天精、先天炁三者，以及结合气、形、质三者，形成三三九万物凡生化格局。在"生主"阶段以神主气精形态，先天神流变为识神，先天精和先天炁以精气媾和形态共同呈现，称精气媾和的"精"形态为和精，称精气媾和的"气"形态为和气。其"生生"和"生主"阶段因独特的天人运相离一，形成生命先天运相孕育之界域。经过生命先天运相孕育阶段后，在"生入"阶段以天人运相离一临界转换的库轮形态，识神流变为先天胎光，和精转换为太素生命素，和气转换为五天五运气。

什么叫藏相动能视野下的胎光玄精视野和胎光玄精动能流变原理呢？就是在随胎光玄精入胎，先天胎光的"神"层面、太素生命素的和精的"精"层面、五天五运气的和气的"气"层面，随先天运相到后天藏象的转换中，神、精、气融合一体成为胎光玄精。

在胎光玄精入胎形成人体初始胎体，临界藏象命门，以天人藏象离一结合人体初始胎体形成"宫库田轮"的黄庭三宫丹田三轮的人体藏象能量体结构。天人藏象离一过程中，其胎光玄精与太素生命素和五天五运气通过人体初始胎体的"宫库田轮"能量体结构重新统一在人体，形成人体藏象能量体结构。从而在"生成"阶段，流变转换成黄庭三宫丹田三轮"宫库田轮"统御下的内关外窍人体能量系统，并伴随人体天人命象离一，形成神魂魄意志五藏神，并以五藏神按五行之藏统御五藏精气能量，发育成人体经络系统。其"生入"阶段因独特的天人藏象离一和"生成"阶段的独特的天人命相离一，形成生命后天藏象生育之界域。经过生命后天藏象发育阶段后，在"生育"阶段为生命人体命象发育之界域。"宫库田轮"统御下的内关外窍人体能量系统和五藏神共同起用人体命象，发育成全身经络系统，"神"系统由"宫库田轮"转换为"三脑"（大脑、心络脑、肺肠脑）命象意识传导系统，"精"系统由宇宙生命素结合光子素由空气和食物经肺与脾胃运化，"气"系统由经络系统的营卫气血和呼吸凡气构成。

从胎光玄精视野和胎光玄精在藏相动能视野下的能量流变原理，我们要认识胎光玄精入胎形成人体初始胎体，以及以人体初始胎体临界的藏象命门。人体初始胎体的含义为胎光玄精与和精以及和气结合，伴随入父母构精的胎的过程发生天人藏象离一，形成胎光玄精与和精以及和气融合在藏象命门临界态上。形成真正意义上的"虚"态胎体，是能量体呈现的精气速度和时空空间的变化，描述了生命形态在无明染浊下从无形到有形的彻底堕落和被束缚的动态过程。这个人体初始胎体随胎光玄精形成的动态过程，我们通过以下几个视野层次解析。

从能量体形态上，有能量体呈现的精气时空空间的变化视野。能量体的精气时空空间变化视野是指什么呢？我们先看胎光玄精入胎前精气时空空间，胎光玄精入胎前，"精"层面为太素生命素的和精，"气"层面为五天五运气的和气，这个和精与和气的时空空间是如何的呢？以列星气轮义并五天五运来说为太素生命素充斥在宇宙列星的任何空间，为列星旋涡所在的坤地体世界所有空间都是和精和气的形态，它是时空空间广袤无垠的呈现，虽然说宇宙中列星气轮义层面的列星不计其数，但以银河系为例，银河系内部的空间别说和人体比，就是和太阳系来比都大得不得了，也正是因为有这样的时空空间的对比，再加上五天五运气的和气在宇宙间按照五天五运的规律，把四象二十八星宿联动起来，构成大宇宙的时空精气通道。以这样在和精与和气层面上的列星轮义上说时空空间，就是对整个宇宙的坤地体世界集合义上说，可谓大而无外，又因以列星星云为单位说太素生命素，故小而无内。以和精与和气层面来说时空空间，就是以列星气轮义为基本单位，对外说以五天五运气联系全宇宙的坤地体世界，对内以太素生命素下生游行来说充斥的列星内部空间。

那么在胎光玄精入胎后临界人体初始胎体的藏象命门精气时空空间呢？首先，在胎光玄精临界藏象命门，随着天人藏象离一，和精与和气层面的大而无外小而无内的广袤无垠，随界带而关闭了列星气轮义的精气层面的库轮。为在天人藏象离一的前后，藏象命门的界带隔离了入胎前的大时空空间，引来了基于人体初始胎体的小时空空间。其次，藏象命门是胎光玄精入胎成人体初始胎体的临界门户，由藏象命门对外为入胎前的和精与和气层面的列星气轮义，对内为入胎后人体初始胎体，故藏象命门形成了列星气轮空间和人体初始胎体空间的界带。这个界带随天人藏象离一而关闭。再次，随胎光玄精入胎的动态过程，尚未入藏象命门的界带前，被父母构精小时空空间所限。对比列星气轮义的大空间来说，父母构精的精子与卵子形成的受精卵空间有限，故构成了人体初始胎体在藏象命门界带前后的时空空间变化。所以就形成了有能量体呈现的精气时空空间的变化视野。

从能量体呈现的精气时空空间变化视野上说，胎光玄精入胎为识神种子具足精气关联的精气形态，故这是形成人体生命的主因，而父母构精为胎光玄精入胎并形成人体生命的外缘，从主因外缘在大小时空空间和合集聚因缘齐备时，人的生命通过胎生出现。这里就引发一个问题，生命到底如何被生，是否为父母所生？从人体生命胎生过程的主因和外缘上讲，人非为父母所生却又被父母所生。何意呢？父母构精在胎生过程中仅为外缘，而主因是识神种子具足精气关联的精气形态要在入胎的时空点而生，这个主因和父母的外缘是什么关系呢？为构成主缘的业因，为业力牵引而产生关系。生命种子的主因、父母的外缘因及业因的主缘，形成主因、主缘、外缘具备而产生生命"生"的时空环境。从这三者来说，父母构精的"生"仅为外缘，并未构成主因和主缘，故非为父母所生，但生命"生"的时空环境里，主缘业力所在必须要和父母发生因果联系，父母必定是胎生时空环境因素里重要的业力显现的因素，故生命又被父母所生。这个"被"就是业力因缘关系早已注定，父母先于生命存在于坤地体世界的小空间里，因业力牵引而有构精后的后入，从这个角度来说，业因的注定会形成亲缘关系。故生命非为父母所生却又被父母所生。

从生命胎生的时空因缘条件中，生命识神种子的主因、业因的主缘、父母的外缘在"生"的动态联系中，以胎光玄精入胎临界藏象命门时，其生命种子的主因、业因的主缘和父母的外缘要通过时空空间和道元维度的多种变化完成时空上的集合、并因缘和合集聚在一起，形成关于"生"的同步时空性。时空空间和道元维度的变化就是天人藏象离一要呈现的内容，伴随胎光玄精天人藏象离一，生命种子的主因、业因的主缘和父母的外缘多种内在与外在完成同步时空性。有了主因、业因、外缘在同步时空性中呈现的"生"，就不难理解佛在《金刚经》等经典中描述卵生、胎生、湿生、化生的四类生。

四类生指坤地凡器域内三界（无色界、色界、欲界）六道（地狱、饿鬼、畜生、人、阿修罗、天）有情所产生之四种类别，即胎生、卵生、湿生和化生。依《增一阿含经》《俱舍论》所述，所谓四生，即如鸟、鸡、鱼等由卵壳而生，名为卵生。如人及畜生等由胎藏而生，十二因缘经作腹生是名为胎生。如虫、蚊、飞蛾等由湿气而生，十二因缘经作寒热和合生是名为湿。如诸天、饿鬼等无所托、忽而有之，是为化生。又四生中，若依胜劣、多寡而判，以化生最胜、最多。众生托胎之缘有触生、嗅生、沙生、声生四种类别。触生，如男女交媾生子；嗅生，如牛羊等类，雌雄有欲心，雄以鼻嗅雌等根则便有子；沙生，如鸡、雀等，雌雀起欲心，以身垄尘沙之中，而有卵等生子；声生，如鹤、孔雀等类，有欲心，闻雄鸣声，亦生卵生子。观此四类生，就不会执着在父母外缘起用的"生"上，而是如四类生一样要依赖主因、主缘、外缘共同和合作用而生。

从能量体呈现的精气时空空间的变化视野看待人体初始胎体，既要从生命"生"的宏观因缘条件上明了生命种子的主因、业因的主缘和父母的外缘同步时空性具足，也就是一切"生"的因缘要具足；又要从生命"生"的动态过程明了时空空间变化产生的能量体流变转换，而这个时空空间变化产生的能量体流变转换就是以胎光玄精入胎临界藏象命门，从而伴随天人藏象离一发生能量体流变转换的动态过程。

从生命体形态上，有先天运相无形生灭流变转换为后天藏象有形生命视野。我们说人体初始胎体，虽然言明了"体"，但体为虚体，非如人体命象的实体，为有形并非有体。是"形"的概念，也是"生成"阶段从藏象命门言说的和而成形的"形"，那么这里的视野就是在还未"合"之前的胎光玄精临界藏象命门。此时，胎光玄精入藏相命门临界的动态过程中，生命的识神种子具足的列星气轮的精气义已经在天人藏象离一过程中，通过界带关闭了，而胎光以及和精与和气层面的先天运相已经流变转换为胎光玄精，先天运相的无形（识神种子具足的精气关联义）流变转换为后天藏象有形，称为生命体形态上的流变转换视野。

这里有个疑问，和精与和气层面的列星气轮义不是以列星星云旋涡可见么？这就要归到前文我们说列星气轮义时，以三维眼界为前提而举例说明列星气轮义具足的藏相动能视野，实际上在先天运相阶段的列星气轮义是无形的，就如太素生命素充斥在宇宙空间一样，就连现代物理学都很难认知一样，它就是藏相动能视野下的另外的一种存在，当然它包含了三维眼界可眼见的列星气轮旋涡的形状，只不过这个有形态的列星气轮旋涡仅是无形的列星藏相动能视野极小的一部分，这就是所谓的"暗能量"或"暗物质"之所在。所以，从先天运相无形生命体在胎光玄精临界藏象命门阶段后，流变转换为后天藏象有形生命体来看，生命体形态不是仅仅只有可眼见的命象体，可见的只是整个生命体形态非常局限和渺小的一部分而已。

此时说后天藏象有形生命体，并非是命象体那般的型体，而是虚体，是形的一种概念，为形体，之所以称为形体，那是因为胎光玄精入胎临界藏象命门是时空时间态上，诸多关于生命的时空空间都具足因缘，坤地体的时空空间体、父母构精的受精卵时空空间体以及天人藏象离一能量体流变形成的"宫库田轮"时空体，都构成了人体初始胎体的"生命"形体的框架和轮廓。实际上，在"生成"阶段从藏象命门言说的和而成形的"形"里，人体命象里的一切脏器、骨骼、经络、皮肤、血肉等可构成生命体的物质元素都已经由因缘写就。

生命体形态从先天运相无形向后天藏象有形流变转换，是建立在能量体形态呈现的精气时空空间的变化上，尤其要明晰人体初始胎体在藏象命门界带前后的时空空间变化，是生命体形态的转折，在这里可以看作时空空间跟能量体形成了对应关系。这种时空空间与能量体对应的根本原因是什么呢？就是无明染浊而导致的堕落的业力牵引，它是各维度空间产生变化联系和流变转换的根本因素，它就是万有引力的根本，物质域的物质形态产生的万有引力只是业力显象的一种形式。无明染浊而导致的堕落业力牵引，也是生命非为父母所生却又被父母所生中重要的主缘，这就是为何要固守清净，不要无知躁动攀缘附会，它只会给自己滚一个巨大的业因雪球。无明业消不了，就永远随它的业力牵引下去。

在藏象命门临界态的"虚"态胎体中，有精气神的聚合视野。立足于能量体形态呈现的精气时空空间的变化以及生命体形态从先天运相无形向后天藏象有形流变转换两大视野，就要指向胎光玄精临界藏象命门，产生"虚"态胎体的界带前后，通过天人藏象离一发生了精气神的聚合视野。前面说藏象有形生命体形态为虚体，这个"虚"字是中国哲学里对有形未有体并从形到体发展过程的最佳描述，或者是空中有实有的色空义最佳诠释。藏象命门的界带前后的虚态胎体，在界带的转换功能下，产生了精气神的聚合视野。为何是藏象命门的界带前后的虚态胎体呢？那是因为藏象命门临界前为无形的虚态，而临界藏象当还未发育成形体时，也是虚态。

藏象命门临界态中，藏象命门形成了列星气轮空间和人体初始胎体空间的界带，由界带形成了先天运相外空间和后天藏象内空间。在界带转换的临界态上，发生了精气神的聚合视野。藏象动能视野下的胎光玄精动能流变原理以及过程中，在随胎光玄精入胎，先天胎光的"神"层面、太素生命素的和精的"精"层面、五天五运气的和气的"气"层面，随先天运相到后天藏象的转换中，神、精、气融合一体成为胎光玄精。通过这一次融合后，后天藏象内空间产生了由精气神聚合后形成的"宫库田轮"人体初始胎体能量体空间。由此，以天人藏象离一，伴随人体能量体三轮际出，并形成黄庭三宫统御的内关外窍形态的宫库田轮。所以，藏象命门临界态的界带完成了精气神动能维度的升降转变，这种转变是右旋堕落流变。

综述之，以能量体呈现的精气时空空间变化视野、生命体形态从先天运相无形向后天藏象有形流变转换视野、藏象命门临界态的"虚"态胎体中有精气神的聚合视野，认识人体初始胎体，以及在人体初始胎体随胎光玄精临界的藏象命门而形成的动态过程。在"生入"阶段生命从先天形态向后天形态转换，这个转换的界域就形成了以胎光玄精对精气神各层面的融合，以胎光玄精自身具足的生命识神种子的胎光、以及玄精义下的精气，成为入胎临界藏象命门前的人体初始胎体的精气神结构。那么经藏象命门入胎后，其父母构精的两神相搏形成的受精卵就是构建人体初始胎体的人体外在时空环境，在这里就叫人体命象精气，是外在的，在这个受精卵外在时空环境里，其藏象命门界带对内的"宫库田轮"人体初始胎体能量体逐渐经过流变转换后，形成命象的形体后，才采用受精卵和母亲胞胎里的能量（营养），就构成外在命象精气了。

所以胎光玄精具足的胎光生命种子的层面与太素生命素的和精的"精"层面、五天五运气的和气的"气"层面，三者能量体的集合是人体初始胎体以及人体命象体的最主要因素，虽然经过了天人藏象离一和天人命象离一的流变转换，但是同步于生命时空空间的变化而产生的能量体流变原理，只有把这个过程解析并呈现清楚，就能目睹无明业呈现在能量体以及生命体形态上的面目，从能量体的堕落流变衰变转换，生命体形态从无形到有形以及到命象的发展，认识什么是无明业，什么是染污以及伴随染污体现在生命上的堕落方式，并以此叙述现代物理学在时空转换和空间物理形态上的哲学原理。

我们说先天运相与后天藏象界域的转换，把运相孕育的结尾阶段放在胎光玄精入胎前后，故只要胎光玄精与父母构精的两神相搏结合到一起，生命的孕育就叫怀孕。为何叫运相孕育的结尾阶段呢？因为在胎光玄精后第二次天人藏象离一后，天人运相离一就从母腹隔离了，藏象命门临界态的界带对内为入胎后人体初始胎体，界带随天人藏象离一而关闭，天人运相离一的库轮能量体流变为黄庭三宫丹田三轮的"宫库田轮"形态。

什么是天人藏象离一呢？天人藏象离一，为先天神主气精能量体的库轮义离，先天态运相结束而后天藏象的"宫库田轮"出，以藏象命门临界态的界带，形成黄庭三宫统御的精气神聚合形态下的宫库田轮能量体结构，并生化转换五藏神，形成藏象内丹田。

从先天运相说起，在"生主"阶段神主气精态呈现的精气关联、精气关联下的神主气精义、天人运相离一这三个层次的内涵明晰了先天态的"运相"含义，并且在"生主"和"生入"阶段的临界转换形态的天人运相离一的作用下，神主气精态完成了"生入"胎光玄精入胎前的转换。从"神"层面来讲，有识神流变转换为先天胎光，从"精"的太素生命素的和精层面，以及从"气"的层面五天五运气，具足了其精气关联下的列星气轮义，成为先天运相向后天藏象的形态转换。故先天胎光、和精（太素生命素）与和气（五天五运气）只是神主气精下的精气关联义的独特形态，是属于先天的范畴的，在"生入"阶段的胎光玄精入胎前的先天胎光、和精与和气状态，只是"生主"阶段神主气精态的发展，它们中间有天人运相离一的转换过程。所以要把先天运相的诸多层次、"生主"与"主入"阶段各具的形态识别清楚，为何先天运相在神主气精态下具足了诸多层次与形态呢？原因就是它们是基于生命形态的动态过程，在"生主"阶段有具体的形态和内容，同时它又在以天人运相离一在作用和运动，故在"生主"与"生入"阶段转换，会有多种交接转换发生，也必将出现诸多形态与内容的变化。

从先天运相说起的神主气精诸多形态以库轮义呈现，而随胎光玄精入胎临界在藏象命门临界态上时，先天运相库轮义随天人藏象离一完成了转换。胎光玄精临界藏象命门作为精气神的聚合状态，步入了后天藏象界域。我们把独特的藏象命门临界态的界带看作界说先天运相生命和后天藏象生命的界膜，成为先天运相界域和后天藏象界域的界说。有此界带之位域界说，就能以藏象命门临界态之界带，循界带先天之外，和胎光玄精入胎后天之内。就有了先天之外的神主气精库轮义离，在临界状态中，先天运相形态下的识神具足的精气关联义的神气精融合一体成为胎光玄精，这是临界态的胎光玄精的聚，在离与聚之义后，伴随胎光玄精入藏象命门，就有了后天藏象形态下的黄庭三宫统御的精气神聚合形态下的宫库田轮，而有"宫库田轮"态，在胎光玄精入胎藏象命门临界态的同时，先天运相在界带功能下关闭，先天神主气精库轮义随界带隔离，从而生命步入后天藏象界。

胎光玄精视野中的聚与入胎，描述的是临界藏象命门的动态过程，它对神气精融合一体的"聚"义恰好承载了先天运相界中先天神主气精库轮义的"离"，胎光玄精的"聚"义和先天运相的"离"义所指向的就是胎光玄精入藏象命门，而藏象命门就是先天运相层面的列星气轮空间和人体初始胎体空间的界带。从藏象命门时空空间的临界态来说，先天之外为精气神聚合的胎光玄精态，而后天之内为胎光玄精转换后的宫库田轮态。既然有关于藏象命门界带视野的先天之外与后天之内，为了避免把藏象命门界带视野理解成像门一样的开关出入义，所以这里就要说说藏象命门的先天与后天之流界门、胎光玄精与宫库田轮之离转门、窍关七门三门含义，以这三门含义说明藏象命门也是一个时空空间体，只有立足于这个独特时空空间体，围绕藏象命门界带时空体以及集合藏象命门的先天之外与后天之内，才能更好的呈现天人藏象离一内涵。

藏象命门的先天与后天之流界门，为在胎光玄精视野下，随胎光玄精入胎的先天与后天界域的临界门户。流界门的"流"就是以动态过程描述随胎光玄精入胎的运动发生的时空空间的变化。从先天运相来说，和精与和气层面的大而无外小而无内的广袤无垠大时空空间，当经过了藏象命门的先天与后天之流界门，就进入了基于人体初始胎体来说的小时空空间，而这个流界门的开关，就指向了随界带而关闭了列星气轮义的精气层面的库轮，所以这个流界门的"门"是一个动态的逐渐变化的界门。

藏象命门的胎光玄精与宫库田轮之离转门，为随先天与后天之流界门的时空空间的变化，藏象命门界带的后天藏象之内的临界态中而发生的能量体的形态离转。为胎光玄精形态离转成宫库田轮形态。为何要说藏象命门界带的后天藏象之内的临界态呢？那是因为胎光玄精本来就是先天运相中先天胎光的"神"层面、太素生命素的和精的"精"层面、五天五运气的和气的"气"层面的神精气融合一体，伴随入胎在藏象命门的临界，已经为后天藏象之内的范畴，也就是胎光玄精在藏象命门的视野，以此而有能量体形态上的离转门。离转门的"离"就是指先天运相层面先天神主气精能量体的库轮义随流界门而离。在先天运相随界门而离的前提下，天人藏象离一就是要解析在离转门下的胎光玄精与宫库田轮之间的转换。在离转门下的胎光玄精与宫库田轮之间的转换的实质就是人体初始胎体在藏象命门下能量体的形态，有了黄庭三宫统御的精气神聚合形态转换后的宫库田轮，就形成了在后天藏象界域内的能量体结构，抛开与先天能量体的联系不谈，在后天藏象界域内的宫库田轮能量体结构就是人体命象的总能量源。

藏象命门的窍关七门，为胎光玄精离转成宫库田轮能量体形态后，在宫库田轮基础上形成窍关七门的内关外窍形态，开始从后天藏象范畴步入人身范畴，为"生成"阶段基于藏象命门人体初始胎体言说人身虚体的视野。从先天与后天之流界门、胎光玄精与宫库田轮之离转门、窍关七门三门含义的胎光玄精视野与藏象命门临界态内涵，以三门义共同构成了界带内涵并承载了对人体初始胎体的认知。

黄庭三宫，宫库田轮内外丹田

黄庭三宫统御的精气神离转形态下的宫库田轮能量体结构，以黄庭三宫和丹田三轮为主体内容。黄庭三宫为上黄庭泥丸宫、中黄庭心绛宫、下黄庭命门宫。何为"黄庭"呢？在《黄庭经·内景经·上清章第一》曰："是为黄庭曰内篇，琴心三叠舞胎仙。"此"黄庭"为成胎之始，由先天精气神聚成胎光玄精，在胎光玄精入胎临界态，胎光玄精能量体流转称人体初始胎体的空间之所，为"舞胎仙"之义，是黄庭。舞胎仙是胎光玄精入胎藏象命门临界态的真实写照，"舞"字为先天与后天之流界门中的"流"的动态，从先天运相态"流"入后天藏象态，为舞。"胎仙"指人体初始胎体，还未形成人体命象空间之束缚，为先天运相义在后天藏象义的延伸描述，并有胎真、胎灵大神之描述。"琴心"何意呢？琴，表音，为先天运相境界中列星气轮精气运动呈现的天籁之音，《道德经》的大音希声的"大音"，为先天超然之境界，其音非人的凡耳能听；心，表识神所在的先天之境。"三叠"为三宫之寓，"叠"字描述了三宫分布的空间层次，非平面的三宫。所以"三叠舞胎仙"为注解的"黄庭"义便落脚于此，"黄"为先天态胎真境纯阳金性之描述，"庭"为时空体空间境的描述，具中义，为空间体境之中位。此"庭"的中位即为宫，成为黄庭宫，人体初始胎体有黄庭三宫。

在"琴心三叠舞胎仙"所说的先天态胎真境随胎光玄精入胎离转精气神能量体所寄时空体的黄庭义里，又有内黄庭义和外黄庭义之说。"是为黄庭曰内篇"既指此为《黄庭经》的内景篇，又以内景指外景，从世间以人体命象来言说丹道的黄庭义而言，此"三叠舞胎仙"入胎胎真境界的黄庭义为内黄庭义，可谓藏象黄庭义，而以人体命象来对应和言说的黄庭义以及道家性命双修言说的丹道义，皆指向外黄庭义，可为命象黄庭义。内黄庭义和外黄庭义不能说成内黄庭和外黄庭，"黄庭"只有同一含义所指，只是以什么样的时空体境地来对待，故围绕人体藏象和命象来说，不能误解成有内外两个黄庭。不同时空体境地的对待，是内黄庭义与外黄庭义很重要的区别以及差别，区别就是时空体境不同，内黄庭为胎光玄精入胎临界态的胎真、胎神时空体境，外黄庭为人体命象中运转命象精气神的本质。差别就是内黄庭为被人体命象等生命空间束缚，而外黄庭已然要跟人体命象结构相对应。为何要讲明内黄庭与外黄庭之义呢？因为从描述生命的"生"开始，告诉世人生命从哪里来，然后通过证悟到哪里去？虽然黄庭义的来和去并非圆满究竟，但果真能证道黄庭境地，又何止已经完全超越了生命呢？

有了藏象内黄庭义和命象外黄庭义，就能明晰如白履忠（号梁丘子）、欧阳修、刘处玄、蒋慎修、王明、董德宁、陈撄宁等人注、释的黄庭义为命象外黄庭义，是针对人体命象具体部位来对应并以此寓意或延伸来言说道家丹道学。但诸如《黄庭经》《太平经》《大洞真经》经文所指义大多为直陈内黄庭义，或者说直入本义。从内黄庭义的黄庭本义讲，外黄庭义结合人体命象部位对应来寓意或延伸的为黄庭延伸义。在对"黄庭"的释义中，多为结合《黄庭经》等诸经典而言说命象外黄庭延伸义。《正统道藏》梁丘子注序"黄者，中央之色也；庭者，四方之中也。外指事，即天中地中人中；内指事，即脑中心中脾中，故曰'黄庭'。内者，心也；景者，色象也。外谕，即日月星辰云霞之象；内谕，即血肉筋骨脏腑之象也。心居身内，存观一体之象色，故曰内景也。"王明《黄庭经考·释题》说："按黄庭三宫，上宫脑中，中宫心中，下宫脾中，黄为中央之色，庭为四方之中，并具中义。内景者，含气养精，内视神象：似义取双关。"陈撄宁认为庭乃阶前空地，故黄庭表示中空的意思，对人体而言就是脐内空处。总而言之，"黄"是中央之色，"庭"指四方之中，或指阶前空地，"黄庭"即喻指道家内修功夫的中空且呈现内景现象。

我们说黄庭三宫统御的精气神离转形态形成宫库田轮能量体结构，在胎光玄精入胎经过先天与后天之流界门，并在胎光玄精与宫库田轮之离转门里，胎光玄精又离转为藏象精气神，我们知道胎光玄精入胎前为运相精气神所聚，而入胎后在藏象命门临界态离转为藏象精气神，也就是说此前因入胎而聚的精气神，在入胎临界态后，又要离转为精气神三态，这三态的分布就形成黄庭三宫，精气神三态寄所的黄庭三宫就成为后天藏象精气神之能量体库。其中上黄庭泥丸宫为神库，中黄庭心绛宫为精库，下黄庭命门宫为气库。

在黄庭三宫的精气神三库轮态含义下，我们说黄庭的"庭"为时空体空间境的描述、具中义、为空间体境之中位，且"庭"的中位为宫，而有黄庭宫的含义，那么在黄庭宫所在的时空体空间境中位之外的外境能量体分布群即为轮。这就构成了中位庭宫库和中位外境轮。中位庭宫库有黄庭三宫的精气神三库，简称黄庭三宫库，那么与中位庭宫相对应的中位外境轮就有丹田三轮。中位庭宫三库和中位外境三轮即为宫库田轮。宫库田轮虽然同在人体初始胎体藏象时空体空间境内，但轮为宫的外景，轮和宫在不同的道元维度，它们之间能量体的流变呈尊卑位，庭宫为中，外境为群，群以中居，构成宫库田轮能量体结构。

当宫库田轮能量体结构形成后，才有藏象命门的窍关七门，藏象时空体又会围绕丹田三轮形成窍关七门的内关外窍，在窍关七门内关外窍基本形态下，才有奇经八脉、十二正经等人体经络的形成，才有合而成形长成人体命象的能量体结构。宫库田轮能量体结构与内关外窍能量形态一起构成藏象能量体与命象能量体结构。

根据黄庭中位三宫以及与中位三宫对应的外景三轮为丹田三轮，上黄庭泥丸宫神库中位外景为上丹田神田，中黄庭心绛宫精库中位外景为中丹田精田，下黄庭命门宫气库中位外景为下丹田气田。丹田，为后天藏象精气神的黄庭宫库态下形成的外境精气神能量体分布群。与黄庭中位三宫对应，它来源于先天态胎真境，经胎光玄精入胎并在藏象命门临界态流转，以黄庭宫库态下作为后天藏象精气神之居所，并在居所外境形成的能量体分布，为丹田。此丹田义为内丹田。同黄庭义一样，丹田义也经常因有多种说法和解释让世人摸不着头脑，在世间认为，丹田为道家围绕人体精气神三宝而修炼内丹的重要关窍场所，丹为内丹所指，田为以人体精气神三宝为素材耕耘（修炼）而所证得的内丹功态义的关窍场所。何为"关窍场所"呢？相对于命象身体部位而言，需要通过以精气神三宝为素材耕耘，通过修炼积累到一定阶段，而达到的一定的功态境界，就是说步入丹田了，或者说让精气神归入相应的丹田。这两种丹田含义一种为丹田在精气神能量体源流上的本义，而另一种则为道家内丹所指的关窍场所，它常跟人体命象部位对应。

当丹田跟人体命象部位对应时，就分出了内丹田和外丹田。内丹田是与黄庭三宫对应，上黄庭宫神丹田，中黄庭宫精丹田，下黄庭宫气丹田，它们以宫库田轮构成了宫库田轮人体初始胎体在藏象命门临界态的藏象能量体结构。而外丹田为在宫库田轮藏象能量体结构形态下，根据人体初始胎体的发育，因窍关七门的内关外窍与奇经八脉、十二正经等联系，为了运转人体生理生命和诸多生理功能，外丹田与人体命象相接，流变转换成为外丹田的上丹田为神田，中丹田为气田，下丹田为精田。和内丹田对比外丹田产生了精田与气田的变化。深刻认知内外丹田，对内丹金丹学圆满实修有着非同寻常的意义。尤其是如何阖闭外丹田的精田与气田，辟开内丹田的精田与气田是非常重要的功态层次与步入内景镜像的关键，古今透彻此大玄妙者屈指几人。

内丹田和外丹田有何不同呢？内丹田和外丹田为两种形态下的丹田，内丹田为藏象命门临界态的藏象能量体结构下的丹田含义，与宫库田轮功态形成人体藏象能量体结构，而外丹田为运转人体生理生命和诸多生理功能的人体命象能量体结构，如三脉七轮能量体结构人体经络气血所在的奇经八脉、十二正经、营卫气血等。外丹田与内丹田的联系就为窍关七门的内关外窍，此内关外窍随人体初始胎体的发育成人体命象而关闭且发生流转，但通过性命双修的一定功态功法实证，即可打通能量通道，证入生命的玄妙境界。

虽然外丹田也结合人体命象部位言说身体，但不能把外黄庭义和外丹田对等起来，把外黄庭义说成外丹田。无论是内黄庭义还是外黄庭义，都是围绕黄庭所在的道元维度对黄庭进行解释、阐述，为胎光玄精入胎流转成精气神能量体所寄时空体，为藏象能量体境；而外丹田的道元维度是在藏象能量体作用下，言说运转人体生理生命和诸多生理功能的人体命象能量体结构的能量体。所以他们的道元维度视野截然不同且内容含义也相差甚远，不能胡子眉毛一把抓。同时，黄庭和丹田都不是身体的命象部位，都只是为了言明生命本质真相，以此指导在实修中表述方便的需要，常常跟人体命象的身体部位结合起来说。无论是黄庭还是丹田，都是要通过性命双修的实证而达到的功态境界，并不能拿身体的部位直接直指。黄庭三宫丹田三轮随人体命象发育成熟，上黄庭泥丸宫与人脑位置相对应，中黄庭心绛宫与心肺、膻中位置相对应，下黄庭命门宫与腹脐位置相对应。以上黄庭泥丸宫与人脑位置相对应为例，这种对应关系不是直指地代表说泥丸宫就是人脑，它们是围绕人体命象结构构成的不同道元维度下的不同能量体，尤其是从后天五生过程可以看出，在胎光玄精临界藏象命门由胎光玄精离转成宫库田轮能量体形态所形成的黄庭三宫与丹田三轮时空体，要早于人脑发育生成的，从坤地时间与空间顺序来看，上黄庭泥丸宫与上丹田神库形成的时间要早于人体人脑，且空间体结构更要远远大于人脑的结构，它的道元维度要高于人脑。这就是为什么在性命双修具体练功时，最好不要盯着身体部位言说具体所指。人体不仅有命象，还有外丹田的人体精气象，更有宫库田轮的藏象，为何不直接炼虚呢？

宫库田轮形态下的藏象能量体结构中的精气神三宫三田，为胎光玄精流转后的能量体分布形态，为藏象能量体结构，由此也要明晰胎光玄精形成之前先天运相精气神聚合的原理和过程，这也是胎光玄精视野与胎光玄精能量体流变原理。恒顺精气神的内容与形态，在后天藏象界，通过宫库田轮来言说人体初始胎体在藏象命门临界态的精气神内容与形态，就是宫库田轮所指的精气神能量体分布。

上黄庭泥丸宫神库与上丹田泥丸神田，为藏象能量体结构中精气神之"神"之寄所，为众"神"之库，以泥丸黄庭宫为居，以宫庭外境丹田轮为布（分布），形成"神"之寄所中宫居与轮群布态的时空体。何为泥丸？《黄庭经·内景经》云："脑神精根字泥丸。"据此描述，泥丸为黄庭之宫，为丹田之轮，为脑神精根（摄胎光玄精未离转之义）洞房之主，在人体命象上为泥丸之人脑象。又有《黄庭经·内景经》云："泥丸百节皆有神。"为脑神精根所摄的胎光玄精未离转之义，虽说未离转之义，但实已离转，为取胎光的神与玄精的精为脑神精根，取人体命象的"脑"部位来言说，脑神精根的"神"之寄所与身体百节皆相通，为一切精气神的总摄，包含中黄庭宫精库与下黄庭宫气库等；并且与百节相通其间，还具有百节内的神真与其相对应，从而以泥丸统御万神，并以百节的神真者存命体、妙万物。

以宫庭外境丹田轮为布而言说的泥丸神田，《黄庭经·内景经》"一面之神宗泥丸，泥丸九真皆有房"言说泥丸为一面众神之神宗，其泥丸九真各有洞房以轮群布，九真为高真、天真、神真、上真、玄真、仙真、虚真、太真、至真。《大洞经》云："三元隐化则成三宫，三三如九，故曰三丹田。又有三洞房，合上三元，为九宫，中有九真神，三九二十七神，气和人当存之，亦谓九皇、九魂，变九气以为九神，各居一洞房也。"又有《八素经》云："真有九品，向外列位，则当上真。上向高真，南向太真，东向神真，西向玄真，北向仙真，东北向天真，东南向虚真，西南向至真，西北向天真者，不视而明，不听而听，不言而正，不行而从也。"以泥丸神宗统御宫库神轮。

《紫清指玄集》："头有九宫，上应九天，中间一宫，谓之泥丸，亦曰黄庭、又曰昆仑、又名天谷，其名颇多。"张景岳《类经》注道："人之脑为髓海，是谓上丹田，太乙帝君所居。"所谓"太乙"即一身之祖宫，位居至尊无尚，是诸阳之会，万神总会之都。《修真十书》云："天脑者，一身之宗，百神之会，道合太玄，故曰泥丸。"《道枢·平都篇》亦云："天脑者，一身之灵也，百神之命窟，津液之山源，魂精之玉室也。夫能脑中囻虚以灌真，万空立立，千孔生烟，德备天地，洞同大方，故曰泥丸。泥丸者，形之上神也。"

中黄庭心绛宫精库与中丹田心绛精田，为藏象能量体结构中精气神之"精"之寄所，为众"精"之库，以心房绛宫为居，以心房外境丹田轮为布，形成"精"之寄所绛房居与轮群布态的时空体。《洞真太上素灵洞元大有妙经》云："心为中丹田，号为绛宫，镇心之中央。"与《抱朴子内篇·地真》云："心下绛宫金阙，中丹田也。"有"绛宫""中丹田"与"心"结合的称谓。以"绛宫"为名一般指中黄庭，是黄庭义，以"中丹田"来描述为宫库田轮中的内丹田。我们说宫库田轮为精气神离转在藏象能量体结构的综述，它包含以黄庭三宫统御的精气神三库轮态——黄庭三宫与分布在黄庭宫库成为外境的三库轮态能量体分布群——丹田三轮，在宫库田轮整体视野上来说，以黄庭宫义称还是以丹田轮义述都是对中黄庭心绛宫——中丹田的整体描述。故要把各名词之间的转换关系弄清楚，在中丹田就涉及到藏象与命象阶段的不同，又分有内丹田和外丹田的不同视野下的内容。

据《太上元宝金庭无为妙经·三宫章第十七》载："中元绛宫者，乃神之舍宇。绛宫不动则精不驰，而神不疲"。言说中黄庭心绛宫为藏象能量体结构中精气神之"精"之寄所，为众"精"之库。"绛宫不动则精不弛"，言说"精"之所用，在宫库田轮层面言说的"精"是全身的"精"系统的总统御，在藏象能量体结构视野中，虽说精气神离转为精气神三库轮态，由于从经先天运相聚合的胎光玄精离转而来，故呈先天态性，为神中有气精，精中有神气，气中有神精的无法单独抽离之态，只是我们在后天藏象的范畴来言说它是先天态性，所以这里说的精不动神不疲就是此意，更因为精动需要神用，精不能自动，需神"识"的支配，故"精"视野下则是神的反照。这也说明为何在说泥丸时，以脑神精根称谓，神之所以神，必须是精根般的"精"能量具足，且泥丸为一面众神之神宗，以泥丸神宗总统御宫库神轮。反照过来，"精"库之精必有神用，无论它是居中位成中黄庭态，还是分布于中宫外境成丹田轮的分布群，必是精与神同用，成为"精"视野形态下的神之舍宇。且必与气相关联，精与神动或用，必是以气的形态用，在藏象能量体形态下随藏象系统和命象系统的发育，精库和精丹田会形成多种作用形态，如五藏神的魄精、呼吸和脾胃运化水谷精微的气微精、还有主生殖的生殖精等。从而形成多维度视野和能量体层次的"精"用，以此"精"用就形成了人体内多种能量层次的意识传导，而"精"用与"神"的统御、传导、支配、调度等都是以"气"的形态功态体载发生。故，精气神三者在宫库田轮形态必是无法相互抽离，只是在描述和用时，以什么作为主体视野而已。

在宫库田轮形态下的"精"库与"精"田，除了自身中黄庭心绛宫之"精"库与"精"田外，还有泥丸宫田的神精（气用）态与命门宫田的气精（神统），为中黄庭心绛宫统御。但一般在言说宫库田轮形态下的"精"库与"精"田都只用"精"来代指，宫库田轮形态下"精"库的"精"，为后天藏象与人体命象中能量维度最高的层面，为纯阳精，或称谓先天库轮精（简称先天精），之所谓可看作为先天态，此先天态非先天运相层面的精的特指，为先天运相的胎光玄精临界藏象命门，具先天义，但又还未转为藏象魄精，所以神精（气用）和气精（神统）所指的"精"库与"精"田，统称为先天精。对比宫库田轮形态下先天精，还有藏象能量体结构流变形态的藏象魄精，它为宫库田轮形态下外境丹田轮层面的离转流变形态，在人体藏象系统的藏象能量体结构中形成"魄"精系统，构成魄系统的为藏象魄精——为五藏神中的"魄"，以及素精形态中的太素生命素精与光子精。先天精和魄系统精一起组成内丹田"精"形态，为阳态。人体命象结构中通过肺肠系统、脾胃系统运化的水谷精微与呼吸凡气中的气微精，为运化精，为阴态。人体命象结构中通过身体生殖系统运化形成的生殖精，为生殖精，为浊阴态。其中运化精与生殖精一起组成外丹田"精"形态。

在宫库田轮形态下的"精"库与"精"田内容中，内丹田精由先天态精和魄系统精组成，魄系统精的形成为先天态精中的外境精田"精"形态离转流变而成，它们之间流变域界为结带膜。内丹田精与外丹田精的离转流变界域为窍关七门的内关外窍。外丹田范畴内运化精与生殖精的离转流变界域为双肾仪，为生殖系统所在的区域。其中内丹田在人体命象部位上与心绛宫所在的心肺区、心包络、膻中对应，而外丹田在人体命象部位上与腹脐区、命门穴、会阴穴等对应，所以在外丹田所指与人体命象部位对应关系中，精轮成为下丹田，而气轮成为中丹田。为了更好地区分内外丹田在人体命象的中与下位置所指的混淆，把对心绛宫所指的内丹田称为藏象精丹田，在身体部位的"中"；特点为藏象与心绛宫结合对应；外丹田在人体命象所指的"下"称为命象精丹田，特点为生殖宫在身体部位的"下"。但要特别明晰的是，这藏象精丹田和命象精丹田不是同一道元维度的丹田所指，有了这种认识就不会产生精丹田到底是心绛宫的"上"还是腹脐区的"下"。

为何会有这种内外丹田在人体命象部位上对位结构的变化呢？这是藏相动能视野下的藏象精气能量流转关系模式图，它既是从藏象到命象的"精"系统与"气"系统形成过程的真实窥照，又是基于这套本质运转模式的认知，去真正指导在性命双修的实证实质中的功态功法，真正做到次第修证，它更是识别是否真正通过实证明了诸多玄关窍的指南。对比如《黄庭经·内景经》中"玉堂绛宇尽玄宫"中以"绛宇"描述心绛宫之绛宫玉堂百节皆通的先天宫室内景态外，还有《本经》云："绛宫重楼十二级。绛宫，心也，或曰心下肾上之间。喉咙在心上，故曰重堂。喉咙者，津液之路也。流通上下，重楼生光，焕明八方，八方之神曰八威也。"则是从内丹功态上言说心绛宫之内景。这两者之间的对比而言，前一种在命象形成藏象之初，后一种在命象人体形成之后，以结合人体命象部位言说内景本质，指向了心绛宫的先天态（藏象范畴）。

下黄庭命门宫气库与下丹田命门气田，为藏象能量体结构中精气神之"气"之寄所，为众"气"之库，以命门宫为居，以命门外境丹田轮为布，形成"气"之寄所命门居与轮群布态的时空体。命门宫，为了区别人体经络穴位（《针灸甲乙经》中位于督脉腰椎二、三棘突间）的命门穴，以及中医对左肾右命门（《难经·三十六难》说："肾两者，非皆肾也，其左者为肾，右者为命门。"）以及双肾皆命门（张景岳《类经附翼》说："命门总主乎两肾，而两肾皆属于命门。"）和命门在双肾之间（《素问·刺禁论》说："七节之傍，中有小心。"）的称谓，以命门宫特指的命门义为在先天胎光玄精入胎临界藏象命门形成的后天藏象人体初始胎体能量体所在的时空体。它有独特的藏象命门三门与藏象命门界带内容，由藏象命门三门和藏象命门界带构成先天入胎视野下的人体初始胎体时空空间体，是完全属于先天运相（含胎光玄精视野）与后天藏象转换并临界于人体初始胎体的流变转换之时空体。其他一切针对人体命象结构而言说的"命门"义均不是命门宫所指。

命门宫为先天态精气神离转成宫库田轮义下藏象能量体之精气神三库轮态的转换通道，更是胎光玄精之寄所，其胎光玄精离转为宫库田轮义下藏象能量体之精气神三库轮态就是因为入胎临界在藏象命门，以此寄所在命门宫，并在命门宫发生"冲气以为和"的离转动态，而将胎光玄精离转为宫库田轮义下的藏象能量体之精气神三库轮态。在胎光玄精离转为精气神三库轮态的离转动态过程中，命门宫自藏象命门的三门与界带时空体形成，成为"气"库与"气"田，而"神"和"精"从命门宫离转冲升离开，"神"态形成泥丸宫神库与神田，"精"态形成心绛宫精库与精田。

在宫库田轮形态下的"气"库与"气"田内容中，从胎光玄精离转而出的精气神三库轮态皆是"气"的形态，除自身命门宫的气外，还有泥丸宫气神态与心绛宫气精态为内容与形态的气，为先天"炁"含义下的先天气，先天气以命门宫气库气田统御藏象与命象中所有"气"

的范畴,也包含泥丸宫神气态与心绛宫精气态的气,它们统称先天气(炁),为纯阳态。对比宫库田轮形态下先天气,还有藏象能量体结构流变形态的祖气,它为宫库田轮形态下外境丹田轮层面的离转流变形态,在人体藏象系统的藏象能量体结构中形成"祖气"气系统,之所以称为祖气是因为它为人体藏象和命象的生发之气,为根本命气,为藏象能量体结构中推动藏象系统和命象系统生长发育的生发与动力之气。构成祖气系统的为藏象祖气和后天之气,为阳态。祖气系统为先天气态下的命门宫"气"库与"气"田之气离转而成,和魄系统一起构成后天藏象与人体命象总精气系统。其中藏象祖气为五藏神的气态,为人体组织生发之气。藏象祖气和藏象魄精共同构成藏象精气系统。其中后天之气为宇宙生命素与光子素的素气,以及人体命象形成后由五藏神统御命象系统并运人体命象系统的运转动力之气。由后天之气离转而成的人体命象之气,为脏腑运化之气、经络之气、气血之气,为阴态。在人体命象结构中通过心肺呼吸的气为呼吸凡气,为浊阴态。

在宫库田轮形态下的"气"库与"气"田内容中,内丹田气轮由先天态气和祖气系统组成,祖气系统"气"的形成为先天态气中的外境气田"气"形态离转流变而成,它们之间流变域界为结带膜。内丹田气与外丹田气的离转流变界域为窍关七门的内关外窍,和魄系统一致。外丹田范畴内命象之气与呼吸凡气界域为心包络——膻中。

其中内丹田气轮在人体命象部位与命门宫所在的腹脐区、命门穴、会阴穴等对应,为藏象气丹田;外丹田所指与人体命象部位对应关系中与人体命象部位的心肺区、心包络、膻中对应,为命象气丹田;其中藏象气丹田在人体命象所指的部位为"下",特点为藏象和命门宫结合,命象气丹田在人体命象所指的部位为"中",特点为命象以心肺呼吸。

围绕胎光玄精视野，并以胎光玄精临界藏象命门，认识在藏象命门临界态的发生的先天运相胎光玄精→入藏象命门临界态→形成后天藏象人体初始胎体的动态过程，这个动态过程便是在天人藏象离一范畴下的内容。在天人藏象离一作用的胎光玄精视野与藏象命门临界态，构成了胎光玄精动能流变原理。此胎光玄精动能流变原理也是一个动态过程，为从先天运相态神主气精能量体的库轮义→胎光玄精聚合临界藏象命门时空体→胎光玄精精气神离转为后天藏象宫库田轮能量体结构。所以，以胎光玄精视野和藏象命门临界态，将生命形态中的后天藏象人体初始胎体承载在藏象命门时空体内，随着藏象命门三门中先天与后天之流界门随胎光玄精入胎临界后，胎光玄精与宫库田轮能量体离转而关闭，生命形态开始彻底步入后天藏象域。

我们从"生入"阶段的胎光玄精视野与胎光玄精的动能流变原理，认识了胎光玄精入胎临界的藏象命门。又在藏象命门临界态下，以人体初始胎体的内容与形态描述了胎光玄精基于藏象命门的流界门、离转门。所以伴随"生入"阶段的胎光玄精视野以及围绕胎光玄精在藏象命门态的天人运相离一，并在生命形态的后天藏象界域内而进入藏象命门时空体的"生成"阶段。

命门离转与中位离散，五藏神与内景

生成，为生命形态依藏象命门临界态，经藏象宫库田轮能量体三库轮态结构发挥统御、离转作用，在藏象命门时空体内，形成五藏神统御系统与命象精气神生发运化系统，从藏象发育开始主导人体命象的发育。"生成"阶段就是要围绕藏象命门临界态，去看待在人体命象结构发育前的藏象精气神能量体如何从藏象命门三门与界带的作用，从宫库田轮结构形成主导并运转生理生命的诸系统。

在藏象命门视野里，以藏象命门临界态离转原理、藏象命门三门与界带时空体、藏象精气神能量体诸结构为内容，认识自天人藏象离一作用后，人体初始胎体如何形成五藏神统御系统与命象精气神生发运化系统，从藏象发育开始主导人体命象的发育。在"生成"阶段聚焦藏象命门，根据藏象命门三门义，藏象命门的流界门为"生入"阶段范畴，而离转门为"生入"临界"生成"阶段，都在说藏象命门含义是因为天人藏相离一描述的是一个动态过程，要完成围绕胎光玄精如何以先天精气神聚合，然后入胎临界藏象命门，并完成胎光玄精在藏象临界态离转为后天藏象能量体结构，在宫库田轮的形态下，重新赋予藏象与命象精气神内容。在这个动态过程中呈现了胎光玄精多种变化，从而也赋予了藏象命门视野下的多种功能与作用。所以，在"生入"阶段以及伴随天人藏象离一解析的诸多关于藏象命门的形态与内容，是太极五生象生育系统中"后天五生"对生命过程的描述，在阶段内容上会有诸多界域的临界态，在临界态视野上就会因不同的阶段立场，产生不同的内容描述。如"生入"阶段中，围绕胎光玄精而入藏象命门形成藏象命门临界态视野，是以胎光玄精的主体来言说藏象命门临界态客体时空环境；那么在"生成"阶段，就是直接以藏象命门时空体为聚焦，循顺在藏象命门临界态时空体格局里，以藏象命门的视野来言说诸多阶段与过程中的藏象命门内容。

藏象命门临界态离转三大原理，为先天与后天生命域界流界离转、精气神随胎光玄精形态离转、藏象能量体向命象系统离转三大离转构成。其中先天与后天生命域界流界离转，为从先天态的神主气精运相，在天人运相离一作用下，随胎光玄精临界藏象命门，先天运相时空空间流转为后天藏象时空空间。以藏象命门时空体中的先天与后天之流界门（界带）成为先天运相生命形态域与后天藏象生命形态域的域界，从而形成生命的先天与后天之界，形成在藏象命门临界态的先天与后天生命域界流界离转。

精气神随胎光玄精形态离转，为先天运相精气神形态呈现的胎光生命种子的"神"层面与太素生命素的和精的"精"层面、五天五运气的和气的"气"层面，在天人运相离一作用和胎光玄精入胎过程，完成先天运相精气神的聚合。为精气神在先天运相界域里的聚合。当胎光玄精临界藏象命门，在藏象命门时空体内经胎光玄精与宫库田轮之离转门，胎光玄精先天库轮能量体离转为后天藏象能量体下的黄庭三宫丹田三轮的"宫库田轮"形态，为精气神在后天藏象界域内的离转，是精气神在胎光玄精聚合后的再离转。

藏象能量体向命象系统离转，为在宫库田轮能量体结构下，据精气神三元（道元维度视野下已离转成宫库田轮能量结构的精气神必然要再次发生向命象系统转换的变化）义，在藏象命门时空体里，发生精气神三元义的"冲气以为和"命门离转动态升降。在藏象能量体精气神三库轮态形态下，完成向命象系统转换的变化，形成"神"库轮系统下的藏象五藏神统御系统与命象三脑（大脑、心络脑、肺肠脑）传导系统，"精"库轮系统下的藏象魄系统与命象精系统，"气"库轮系统下的藏象祖气系统与命象运化、经络系统，从而形成藏象能量体向命象系统离转，并以此统御、主导和运转命象系统，成为人体的生理生命。

因藏象命门时空体有独特的藏象命门临界态离转三大原理，故而形成以藏象命门时空体为聚焦的人体初始胎体具体形态与内容，为精气神三元义的"冲气以为和"命门离转动态升降，简称为命门离转动态，也就是说在藏象命门临界态到底发生了什么，让胎光玄精离转为藏象精气神三库轮态呢？

命门离转动态，为胎光玄精经藏象命门临界态离转三大原理作用，依藏象命门三门的转换，按"冲气以为和"的负阴抱阳机理形成藏象精气神能量体的三库轮态，并以黄庭统御的内外丹田义发生藏象域界向命象域界的生发和转换。命门离转动态下有聚焦藏象命门临界态与藏象命门时空体两大视野。

命门离转动态下聚焦藏象命门临界态，先依胎光玄精临界藏象命门，以先天与后天之流界门离转，胎光玄精从先天运相态入先天与后天之流界门，流界门随胎光玄精入胎关闭，从而隔离了先天运相域界。此时的胎光玄精随流界门的关闭，胎光玄精能量体被此门时空体轨道束缚，能量维度从先天运相态流变为后天藏象态，而有藏象胎光玄精态。当流界门关闭的同步时空，其胎光玄精与宫库田轮之离转门开启，随流界门关闭与离转门开启，藏象命门临界态流变形成为藏象命门时空体，此时在藏象命门时空体的后天藏象胎光玄精依离转门的开启和作用，开始离转。离转的结果为形成藏象精气神三库轮态，彻底摆脱胎光玄精的形态。在离转发生时，此时需要明确的是聚焦的视野如何变化？为从藏象命门临界态的聚焦，随藏象命门时空体的形成（流界门关闭与离转门开启），转换为藏象命门临界态与藏象命门时空体同时并存的聚焦视野，态（临界态）与体（时空体）互存互载，态成为体的结构内容，而体为态的依存空间，并且随着时空体的形成，拓展了态的变化视野，从之前的流界门的入态，拓展成流界门关闭离转门开启，拓展成入态后的离转过程态。

在藏象命门临界态与藏象命门时空体互存互载的聚焦视野下，离转门开启，藏象胎光玄精离转成藏象精气神三库轮态的动态过程形成。首先，运相胎光玄精被流界门之界域门的作用形成藏象胎光玄精，它们构成道元维度层面下的先天能量体与后天藏象能量体的差异，步入后天藏象胎光玄精能量体视野。其次，离转门同步于流界门开启，在流界门关闭与离转门开启的同步形成一个界带轨道，此界带轨道在流转三大原理作用下，形成了命门宫。也就是说随着离转动态的发生，后天藏象胎光玄精在命门宫形成能量体结构。再次，后天藏象胎光玄精能量体维度高于命门宫空间，此时不是说藏象胎光玄精能量体空间大于命门宫空间装不下，而是能量体的道元维度高。随藏象胎光玄精在命门宫形成能量体结构形成，在道元维度的作用下以及流转三大原理的继续作用，发生了离转冲升。此冲升为"冲气以为和"下的负阴抱阳机理，离转冲升的发生标志着后天藏象胎光玄精的精气神聚合态发生了离转。

"冲气以为和"的负阴抱阳机理的离转冲升过程是什么呢？为后天藏象胎光玄精的精气神聚合态并以三者未离转的形态冲升。冲到藏象命门时空体能量体的最高点，能量体的道元维度与藏象胎光玄精道元维度一致，此时没有多余的能量可以进行冲升，便停留在最高点。此时因道元维度的作用，原本聚合态的藏象胎光玄精经过了冲升的能量消耗以及流转三大原理的继续作用，形成了藏象胎光玄精开始离转成为气、精、神三态，成为"神"态、"精"态和"气"态三者，此三者开始脱离聚合态，离转形成三态。由于三者三态的道元维度均不足于维持在最高点，故三者三态皆开始从最高点下降，"神"态停留并分离的点，以"神"库的中位形成泥丸宫。"神"态分离后，"精"态与"气"态又因"神"态分离的道元维度作用，在下降的过程中"精"态分离，以"精"库的中位形成心绛宫。"精"态分离后，"气"态因道元维度的作用继续下降，一直降到在冲升起点的藏象命门轨道，以"气"库的中位形成命门宫。从而黄庭三宫形成，为上黄庭泥丸宫、中黄庭心绛宫、下黄庭命门宫。中黄庭心绛宫在上下的中点位置，"冲气以为和"的离转冲升过程和下降的通道即是神秘无比的藏象天脉，它是和离转藏象精气神能量体同步形成的，故藏象天脉的能量维度仅低于藏象宫库田轮三库轮态能量体结构的道元维度，高于藏象与命象系统中的任何魄系统、精系统以及祖气系统、运化经络系统，更别说人体经络的奇经八脉、十二正经、营卫气血等层面。这条藏象天脉的通道是后天藏象生命与人体命象生命的根本，为宫库田轮三库轮态能量体，为祖脉，生发之源。

在命门离转动态下随离转冲升过程的发生，之前藏象命门临界态与藏象命门时空体互存互载的聚焦视野，转换为藏象命门时空体视野，而藏象命门临界态视野随精气神离转的黄庭三宫的形成，藏象命门临界态的胎光玄精入藏象命门的含义，已经随藏象胎光玄精离转，并伴随藏象精气神黄庭三宫态的形成而转换成为人体初始胎体所在的藏象命门时空体。或者说随离转冲升过程的发生，藏象命门临界态彻底转换为后天藏象人体初始胎体。藏象命门临界态视野下的离转门与流界门，全部离转成为藏象命门时空体能量维度轨道，其中流界门转换为藏象命门时空体最外层能量维度轨道，继续形成先天与后天之界带，而这层最外层能量维度轨道就是后天藏象生命界膜，在能量通道形态上成为界带膜。离转门则转换为藏象命门时空体中黄庭三宫最外层能量维度轨道，这层轨道随着藏象系统与命象系统的生发与生育，成为藏象能量体结构通往命象能量体结构之间的界膜，同时它也构成了藏象能量维度与命象能量维度的通道，在能量通道形态上成为结带膜。在结带膜上有藏象界联通命象界的关窍七门的内关外窍。在藏象命门时空体的这两层轨道构成了宫库田轮形态下的围绕黄庭三宫的内丹田，结带膜也是内丹田与外丹田的能量体通道，通过关窍七门的内关外窍形成内外丹田在能量体和意识传导层面的往来。

随离转冲升过程以及藏象命门临界态的转换，离转冲升之后的动态为围绕黄庭中位而有宫库离散，宫库离散逐渐分布成中位外境，构成轮，结合黄庭中位，由宫库离散形成的中位外境，即构成了宫库田轮态，这就是宫库田轮的生育机理和过程。离转冲升形成了黄庭三宫中位精气神三库态，这个三库态（在库轮态所指中，此时未形成轮）以天脉相互关联并构成三库态载体，也就是说天脉具足三库态的能量体维度，但在天脉形态外，会形成丹田轮，作为中位外境的丹田轮的能量维度与中位库态能量维度是有能量差别的，故天脉形态与中位形态的结合就形成了中界膜。从生育和生发机理来说，中界膜虽然言"中"，却是后天生命形态（含藏象与命象所有形态）里最初始、最"内"层（能量维度最高）的膜结构。说到最"内"层的膜可能都会认为是界带膜，而界带膜只是先天与后天时空体的界，并非藏象能量体结构内的内容形态。中界膜就是宫库态与丹田轮态能量维度差异分界线，虽然它们存在能量维度差异分界线，但它们在宫库田轮能量体结构下还是宫库田轮态整体。

那么围绕黄庭中位依宫库离散，形成中位外境的丹田轮的机理是什么呢？以及为什么会形成中位与外境的宫库田轮态呢？那是因为在藏象命门临界态未冲升之前，胎光玄精为精气神三者聚合态，三态聚合体的能量空间要远大于离转冲升作用后，在冲升过程中的三态离转的"神"态、"精"态和"气"态要比任何一态的能量空间要大。三态聚合体的能量空间是有能量轨道的，它就是离转门转换形成的结带膜。在三态离转后黄庭中位的能量体空间轨道要小于三态聚合体的能量空间，原因为每一个中位都有另外两态的离开，可能量轨道并没有消亡，时空空间体还存在，故三态集合体原本的能量体轨道——结带膜，形成了中位的外轨道，且中位已经有了离转三态的就位。在离转三态就位中位后形成中界膜，在中界膜外还有三态聚合体的能量空间——结带膜，就要有能量体充斥中界膜与结带膜之间的能量体空间，这个填充的能量空间没有别的来源，就是离散中位三态体的能量。当离散填充完成后，就在中界膜与结带膜之间的能量体空间形成了中位外境的丹田轮。

在宫库离散作用下，中位外境的丹田轮围绕黄庭中位形成，构成的宫库田轮态藏象能量体结构里，为什么说后天藏象胎光玄精的精气神聚合态在藏象命门临界态冲升时，先是冲升到藏象命门时空体的最高点，然后在离转作用下会下降？因为原本在冲升到最高点时发生离转作用，聚合态离转为三态三者，但离转发生的同时又有离散作用，消耗了黄庭中位三态的部分能量用于填充中界膜与结带膜之间的能量体空间，故形成中位能量强度的减弱，在随宫库田轮态形成后，能量的道元维度就与最高点存在差异，故下降。这就是后天藏象胎光玄精在藏象命门临界态，因命门离转和中位离散的作用，在形成后天藏象能量体宫库田轮态时，发生的离转冲升和离散下降的动态过程，为藏象命门动态升降原理。

说到藏象命门动态升降，就要解析"负阴而抱阳"的阴阳机理。我们说能量的道元维度和能量态，实际上都是对动态过程中临界态的描述，那么承载能量态和赋予能量属性的就是阴阳机理。尤其是在命门离转动态中，它能冲升并离转的本质就是负阴而抱阳。负阴而抱阳视野和哲学是后天藏象生命初始、命象发源、生化运转机理的根本形态，更是承载生命藏相动能源流变的根本所在，它既是先天运相域与后天藏象域之间重要的能量维度视野，又是后天生命发育的动能源泉，尤其是命象系统形成后心脏第一次律动并维持生理生命动能的破天玄机。

视野再次聚焦藏象命门临界态，在藏象命门临界态，后天藏象胎光玄精聚合态随流界门关闭与离转门开启，藏象命门临界态流变形成为藏象命门时空体。那么就在流界门关闭完成胎光玄精入藏象命门，先天运相能量随界带膜关闭了，后天藏象胎光玄精由于先天运相和后天藏象维度时空不同，产生了先天与后天能量维度之差别。此时的离转门开启，藏象命门时空体成为承载后天藏象胎光玄精聚合态的时空体空间。同样是胎光玄精聚合态，在入流界门之前，是先天运相形态，能量维度为先天态；而入流界门并依流界门关闭形成藏象命门时空体时，是后天藏象形态，能量维度为后天态。先天态与后天态的能量维度差别就是道元维度的升降流变，先天道元维度流变为后天道元维度。所以对比先天道元维度的先天态能量体来说，后天态的能量体要弱于先天态的能量强度，这种大界域格局的对比，如果把先天态能量体强度记为阳，那么后天态能量体强度则为阴。为了方便叙述和对比，我们把胎光玄精先天态能量体强度记为运相阳态，把后天态能量体强度记为藏象命门阴态；运相阳态与藏象命门阴态在流界门处（未关闭时）形成阴阳平衡，此为第一次阴阳平衡，此运相阳态与藏象命门阴态的阴阳平衡为后天藏象胎光玄精聚合态的能量属性。此为"负阴"态。

当流界门关闭，运相阳态随先天道元维度的关闭而隔离，此时在藏象命门临界态就形成了以后天藏象胎光玄精聚合态——藏象命门阴态为独特状态；当离转门开启，藏象命门时空体形成，藏象命门时空体为藏象能量体维度，此能量体维度的强度要低于藏象命门临界态，在这两个能量体维度差别中，之前藏象命门阴态就要在这两个能量体维度之间进行第二次阴阳平衡。这个第二次阴阳平衡是从藏象命门临界态维度转换到藏象命门时空体维度，为一个动态过程描述，这个动态过程产生了负阴而抱阳的从阴体中动态生阳而求阴阳，并逐渐达到阴阳平衡。过程为流界门关闭与离转门开启，此时能量体属性为以后天藏象胎光玄精聚合态——藏象命门阴态为主体，它对比藏象命门时空体来言为高维度和高能量体。那么孤阴不生独阳不长，此时的阴体随大道两仪法则必然阴体生阳，也就是说必然会在一个总阴体里按两仪法则生出阴态和阳态，这就形成了阴体动态生阳而求阴阳，也是以一体来一分二平衡原理。

阴体动态生阳而求阴阳的过程，就呈现了以阴体中生阳，而有冲气以为和的内在动态，对比藏象命门离转冲升过程，它为负阴抱阳的微观内在动态。也正是冲气以为和微观内在动态产生的道元维度能量体变化，才以此变化的差异推动了离转冲升冲气以为和的过程发生。从一体的阴体"负阴"，到阴体动态生阳而求阴阳"抱阳"动态过程，在第二次平衡时，就呈现了完整的"负阴而抱阳"动态过程，它也就平衡了因道元维度差异产生的能量体强弱的变化，随第二次阴阳平衡，藏象命门时空体能量维度形成，它的能量体总体属性低于藏象命门临界态，也指向了藏象命门临界态道元维度要高于藏象命门时空体道元维度。说到了道元维度的差异产生了能量强弱的差异，第二次平衡的阴阳总和再加上"冲气以为和"动态过程与离散过程的能量总量是与第一次平衡时，以及以藏象命门阴态为体时相一致。这就是为何在藏象命门临界态虽然发生了"负阴而抱阳"的动态过程，但能量总量的道元维度强弱差异必定会发生冲气以为和的命门离转冲升过程。当命门离转和中位离散过程发生后，才出现了因道元维度差异呈现为能量体强度差异，差异的原因既有道元维度空间体的变化，又因命门离转和中位离散动态过程中的诸多体态变化的能量消耗。

为何称为阴体动态生阳而求阴阳而不是阳体动态生阴而求阴阳呢？这里是从藏象命门临界态的视野，从运相阳态与藏象命门阴态在流界门处（未关闭时）形成阴阳平衡来说阴阳两仪，因为有先天与后天的流界门关闭，故藏象命门阴态随关闭称为隔绝状态，且藏象命门动态中的所有对待都以藏象命门阴态为主体，所以这里是"阴"为主体的视野所在，是阴体而不是阳体。以此延伸，视野从太极临界态生而分，也就是在道→母→器程式中，道域经过母域临界态向器域流变生化，从这个最宏观整体视野来说，器域坤地凡的一切相对比道域圣阳来说，为凡阴，故坤器域体总体格局为阴体，器域阴体的总体格局随万物生化与生命生育无论坤地体世界如何变化轮转，也改变不了阴体的总体格局。当说万物生化生命生育时，必然都是阴体为主体，然后在阴体动态生阳而求阴阳，称为"负阴而抱阳"阴阳平衡机理与动态模型，阴体动态生阳为大道两仪法则（九易法则中两仪性，为普遍规律）的自然平衡，为求阴阳。从这个层面也揭开了一个常识，说阴阳一词时，总为阴在前阳在后，就是此理，为器域凡态阴体当先格局。从第一次阴阳平衡到第二次阴阳平衡，为先天与后天的流界门关闭而隔绝了运相阳态，然后从阴体中生阳求阴阳再出现阴阳平衡，从而也产生新的道元维度能量体结构。

以此原理和过程，其实每一次道元维度的变化，都会产生平衡状态中的阳态的隔绝和丢失，也正因为阳态隔绝和丢失了，才会出现以阴体来生阳而求阴阳。每一次变化都是阳性的减弱，但每经过一个过程阴又生阳，阴也降了阳也降了，在低一个能量维度的时空体内重新形成平衡，在器域的整体能量维度视野下为阴性增加了，所以每一个维度平衡里，都会出现平衡后的负阴而抱阳，阴生阳平衡过程。阴性加重隔绝阳态的根本是什么呢？就是无明业障的加重，丢失为藏相动能视野的另一个动能态。

以太极五生象生育系统的后天五生过程，从太极浑沦相的染浊义，其能量体结构就构成了以道元维度的变化，出现围绕精气神而有染污→现行→现量→堕落→聚合→离转→分布的生命生育动态。在每一个阶段都会有道元维度的变化，都会出现能量体结构的再平衡，每一个能量体结构的再平衡，都是"负阴而抱阳"与"冲气以为和"阴阳平衡机理承载，所以这就构成了阴阳平衡机理根本原理。以阴体动态生阳而求阴阳的阴阳平衡机理与动态模型为原理和内容的"负阴而抱阳"，它构成了负阴而抱阳哲学原理。如果说把"反者道之动、弱者道之用"的循顺置返哲学观视野观看作认识大道本质的一双眼睛（天眼、法眼、慧眼、道眼）的话，那么负阴而抱阳哲学观则是这双眼睛下面大道最生动本质的内容，所以阴体动态生阳而求阴阳的阴阳平衡机理与动态模型下的"负阴而抱阳"同具循顺置返特性，是循顺置返哲学观关于能量时空体的变化视野。

藏象命门离转冲升的"冲气以为和"和负阴抱阳哲学机理下的"冲气以为和"，前者为"生成"阶段后天藏象能量体结构发生能量体结构转化和流变的过程，后者为循顺置返哲学观关于能量时空体的变化视野，从而也呈现能量体结构转化和能量流变过程。在"生成"阶段来说，负阴抱阳机理下的"冲气以为和"是发生藏象命门离转冲升"冲气以为和"过程的基础，也构成界域对待内的微观过程。对比藏象命门离转冲升过程，它为负阴抱阳的微观内在动态，也正是冲气以为和微观内在动态产生的道元维度能量体变化，才以此变化的差异推动了离转冲升冲气以为和的过程发生，微观内在动态就是发生在界域对待内的视野，或者说成在一个单一的界域结构里。其实，以此延伸到藏相动能视野，任何关于能量体结构的转化和能量维度的流变，都要基于两态相结合的"冲气以为和"原理。

动态升降的阴阳，在阴阳属性上是要梳理清楚的。《荀子·礼论》曰："天地合而万物生，阴阳接而变化起。"其中"阴阳接"便是负阴抱阳机理阴体动态生阳而求阴阳，从而形成新的阴阳平衡，而"变化起"为基于负阴抱阳机理发生的"冲气以为和"两种动态，既有藏象命门离转冲升过程又有负阴抱阳冲气以为和离转冲升过程，这就为何玄之又玄。在阴阳属性上，首先要明确阴体的来源和发生过程，然后在阴体的阴性仪里阴体动态生阳，出现新的阴阳平衡而有阴阳接。从阴阳属性上梳理就是要明确阴阳接的新的阴阳能量体要比阴体的能量体在道元维度上低，能量强度上要弱。虽然都是以阴阳来表达，但不能以阴阳体来划分能量强弱，形成阳强阴弱的固化观念，而是看以什么仪为体，这里以阴仪为体，故阴性能量体在未发生阴阳接之前，道元能量维度要高，能量体强度要强。而求阴阳生出去来新的阴阳平衡无论是从道元能量维度，还是能量体强度上，都发生了界域转换。动态升降的阴阳在阴阳属性上的视野，是精气神生化转换过程中必定要梳理清晰的，才能从道元能量维度转换上看清每一个阶段的变化，才能洞悉至微至彰内涵。

当命门离转动态和中位离散过程完成，所指向的就是藏象命门时空体宫库田轮能量体三库轮态结构毕具。首先，是藏相命门时空体的藏象空间形态形成，它由界带膜和结带膜构成空间域界。界带膜外为先天运相界，结带膜外为人体命象界。其次，在界带膜和结带膜构成的藏象命门时空体空间内有宫库田轮能量体三库轮态内容。命门离转形成黄庭中位精气神三库态，三库态的中界膜与结带膜之间的能量体空间又形成了中位外境的精气神三丹田轮。再次，库态和丹田轮态之间以中界膜形成库态和轮态转化膜，但库态和轮态又共同形成藏象空间内的后天藏象宫库田轮能量体三库轮态。以上便是藏象空间形态中藏象命门时空体与空间体内容。通过藏象空间形态中藏象命门时空体与空间体内容的形成过程我们得知，在藏象命门临界态的离转门，随命门离转动态和中位离散的发生，转换为藏相命门时空体的结带膜，从而构成后天藏象与人体命象的域界。那么结带膜转换完成后，离转和离散过程发生结束了没有呢？答案是从藏象空间体中宫库田轮能量体三库轮态，依离转与离散后的转换，生化五藏神并形成五藏神统御系统，以此形成宫库田轮能量体三库轮态的内丹田轮。

那么究竟如何来定义五藏神的出现呢？宫库田轮能量体三库轮态为藏象时空体空间中的整体内容，但在形成过程有命门离转与中位离散的作用，由命门离转形成了黄庭三宫三库态，由中位离散形成了中位外境的丹田三轮态。五藏神就是在藏象时空体空间出现的，以及以宫库田轮能量体三库轮态功态生化转换的。那么究竟是生化还是转换呢？其实就是再次聚焦藏象时空体以及宫库田轮的离转与离散形态，如果把藏象时空体空间与宫库田轮能量体三库轮态的内容看作一个整体，这个整体是由命门离转冲升与中位离散共同作用的结果，在这个整体位视野下其五藏神为生化，且构成生化的空间为中界膜与结带膜之间的三丹田轮。如果把宫库田轮能量体三库轮态的形成过程分成阶段和层次来看的话，可以看成中位外境的三丹田轮态为从黄庭中位离散而成，是经过黄庭中位三库态的逐渐转换，这个转换是依中位离散的作用；且循顺黄庭三宫库态的形成过程为从后天藏象胎光玄精离转而成，是经过藏象命门离转门后，依命门离转冲升转换而成，且转换的过程就是伴随冲升的升降过程。所以从藏象命门临界态的后天藏象胎光玄精，到命门离转冲升过程后的黄庭三宫库态，再从黄庭三宫的库态为中位，围绕中位而有中位离散形成中位外境，构成三丹田的轮态，此三者为在命门离转冲升与中位离散的动态过程依次转换而来。所以当五藏神形态出现，一定是在丹田三轮的空间域内，也是从丹田三轮的转换而成，故从阶段和层次发展过程来看，为转换。那么从生化和转换两者的视野来说，究竟如何来定义五藏神的出现呢？结合藏象时空体空间与宫库田轮能量体三库轮态整体以及它们阶段和层次的形成过程，为具生化属性的转换而出才是五藏神较准确的定位。

五藏神为具生化属性的宫库田轮三库轮态能量体结构转换而出，是后天藏象域从生命形态来说极其重要的转折，五藏神自生化转换而出就以五藏神统御系统形成对后天藏象能量体与人体命象形成总统御，是真正意义上围绕生命来说的具体形态。五藏神作为宫库田轮能量体结构中藏象系统内容，既以此统御藏象系统，又以总统御主导和运转人体命象系统。那么从五藏神转换视野来说，转换五藏神的能量体为宫库田轮三库轮态能量体结构，生化转换的空间为丹田三轮所在的中界膜与结带膜之间的时空体空间，材料为宫库田轮三库轮态能量体结构所承载的上黄庭泥丸宫神库与上丹田泥丸神田中的"神"形态、中黄庭心绛宫精库与中丹田心绛精田中的"精"形态、下黄庭命门宫气库与下丹田命门气田中的"气"形态。

从五藏神生化转换形成空间指向来看，在丹田三轮所在的中界膜与结带膜之间的时空体空间为宫库田轮能量体三库轮态下的内丹田，由此可以看出，五藏神为内丹田视野下独特的内容形态。所以就要梳理内丹田系统并结合五藏神生化转换的内容形态来说藏象时空体如何围绕生命进行生化转换。

"神"形态的宫库田轮三库轮态，中位为上黄庭泥丸宫神库，中位外境为丹田轮神田，"神"形态的内丹田为神、魂、魄、意、志五藏神中的神、魂、意（先天）、志态，并以内丹田统御"神"形态下的外丹田，为人脑三界构。

"精"形态的宫库田轮三库轮态，中位为中黄庭心绛宫精库，中位外境为丹田轮精田，"精"形态的内丹田为五藏神精态（具足精的能量形态）与魄系统，并以内丹田统御"精"形态下的外丹田，为人体命象的运化精系统与生殖精系统。

"气"形态的宫库田轮三库轮态，中位为下黄庭命门宫气库，中位外境为丹田轮气田，"气"形态的内丹田为祖气系统，以及五藏神气态（具足气的运动形态），并以内丹田统御"气"形态下的外丹田，为人体命象的命象之气和呼吸凡气。

从"神"形态、"精"形态、"气"形态三者的内丹田系统可知，五藏神既依宫库田轮三库轮态能量体形态生化转换而成，又以具体的神、魂、魄、意、志构成生命内容。所以五藏神为精气神三者离散形态皆具，就如同在宫库田轮三库轮态能量体结构原本已经离转成的精气神三态，又以五藏神重新聚合在一起一般。其实就是这种形态，宫库田轮三库轮态为精气神三态分离，但五藏神中又都有精气神三者的形态内容，具备了五藏神重新聚合被离转的精气神三态，只不过这种聚合并非全部能量体的聚合，而是"神"形态、"精"形态、"气"形态三者的部分能量体与内容以五藏神的融合，因为内丹田系统中还有除五藏神外的其他内容形态出现。从五藏神融合"神"形态、"精"形态、"气"形态三者的部分能量体与内容来看，五藏神可以构成精气神三态离转分散形态下的统御体，尤其是精气神三态离转分散后体现在对人体命象系统的主导与运转，五藏神具统御功能。

五藏神的"藏"又有哪些具体内涵呢？首先，直指人体命象中肝、心、脾、肺、肾五脏以及能统一在五脏里的六腑，以此脏腑含义来言说主导和运转的"藏"义，为在五脏系统中看不见的内在联系"藏"系统。其次，结合人体命象五脏与藏义运转系统而言说藏象义，藏象义是"藏"义的更深一层的指向，为联系五脏系统来说统御、主导和运转五脏系统的本质规律，为五脏系统和"藏"义主导运转系统两者构成，且有藏相法则中的五脏为外象系统，"藏"义系统为内相系统，为五藏神的藏象本义。

"藏象"二字，首见于《素问·六节藏象论》。"藏"，《说文解字》曰："藏，匿也。"就是隐蔽、藏匿的意思。《康熙字典》中记载：《易·乾·文言》潜龙勿用，阳气潜藏。又蓄也。《周礼·天官·疾医》参之以九藏之动。《注》正藏五，又有胃、膀胱、大肠、小肠。《疏》正藏五者，谓心、肝、脾、肺、肾，气之所藏。《白虎通》人有五藏六府，何法，法五行六合也。《说文》《汉书》通用臧。那么这个"藏"字大多是指隐蔽、藏匿，同时重点是医学的角度，指五脏六腑，五脏六腑统称"藏"。从四象五行义上说，这个"藏"应该广义的指五行之藏，因为五脏六腑统一在五行属性之中，五行之藏还泛指宇宙与生命的五行所有能统一的属性。"象"，《康熙字典》中部分记载：《易·系辞》在天成象。《疏》谓悬象日月星辰也。《礼·乐记·注》象，光耀也。又《韩非子·解老篇》人希见生象也，而得死象之骨，按其图以想其生也，故诸人之所以意想者，皆谓之象也。《易·系辞》象也者，像此者也。《疏》言象此物之形状也。一般来说，"象"有某些具体事物的表现、现象、形象的意思，《系辞》曰："易者，象也"，也和八卦乾、坤、巽、震、坎、离、艮、兑，取象天、地、风、雷、水、火、山、泽等。第二类是象征，象征的本义是指被象征的本体是抽象的，或不可见的某种物的可以看见的标记，这个尤其以卦爻为例，卦爻的象本体是抽象的，从卦爻的象推断自然和事物的变化以及相互之间的关系。《素问·六节藏象论》："帝曰：藏象如何？岐伯曰：心者生之本，神之变也，其华在面，其充在血脉，为阳中之太阳，通于夏气。肺者气之本，魄之所处，其华在毛，其充在皮，为阳中之太阴，通于秋气。肾者，主蛰，封藏之本，精之处也，其华在发，其充在骨，为阴中之少阴，通于冬气。肝者，罢极之本，魂之居也，其华在爪，其充在筋，以生血气，其味酸，其色苍，此为阳中之少阳，通于春气。脾、胃、大肠、小肠、三焦、膀胱者，仓廪之本，营之居也，名曰器，能化糟粕，转味而入出者也，其华在唇四白，其充在肌，其味甘，其色黄，此至阴之类，通于土气。"藏象学认为，藏指藏于体内的脏腑，象指表现于外的生理、病理现象，藏象包括各个内脏实体及其生理活动和病理变化表现于外的各种征象。藏象学说以脏腑为基础，脏腑是内脏的总称，按脏腑生理功能特点，可分为脏、腑、奇恒之腑三类：肝心脾肺肾称为五脏；胆、胃、小肠、大肠、膀胱、三焦称为六腑；奇恒六腑即脑、髓、骨、脉、胆、女子胞。目前医学界对藏象学说的定义为，藏象学说是研究人体各个脏腑的生理功能、病理变化及其相互关系的学说，它是在历代医家在医疗实践的基础上，在阴阳五行学说的指导下，概括总结而成的，是中医学理论体系中极其重要的组成部分。现代更广义的藏象五系统：心系统、肝系统、脾系统、肺系统、肾系统，形成藏象五系统。

五藏神的"神"之所以神，是因为五藏神生化转换为依宫库田轮三库轮态能量体，且在"神"形态、"精"形态、"气"形态三者的后天藏象视野，对比人体命象五脏系统来说，其道元维度要高好几个层次，故此"神"可以理解为精气神三者高能量态的生化转换，一切人体命象系统统御、主导、运转的发生，都是精气神系统以能量传导来实现，这个能量传导的本质就是以"神"所寓意的精气运动态，高维度和高能量传导运动的状态，类似于目前科学研究的量子意识，实际上要高出量子意识诸多层面的维度与能量态，不仅如此，它更是内丹田层面的"神"的写照。以此"神"义对比人体命象五脏系统和"藏"义运转系统来说，它为藏（cáng）在藏象义规律下且在高道元维度下的交互体用相义，是构成五藏神所有层面的能量"源"，且这个能量源依宫库田轮三库轮态能量体指向了后天藏象胎光玄精聚合态，以此聚合态联系先天和后天，有机联系了界带膜外的先天域界。

综述之，五藏神的"藏"义，为人体命象五脏系统以及基于五脏的藏义系统，前者构成外象与后者构成内相之藏象义，五藏神对人体命象诸系统的主导、运转乃至组织器官、经络气血的生化具统御功能和作用。除此，从五藏神的"神"义来说"藏"，为统御功能和作用背后的藏象原理的能量"源"。关于五藏神藏象原理能量源层面与藏象义下统御功能与作用，从命门离转和中位离散对宫库田轮三库轮态能量体的离转就可以窥见精气神能量的高维度状态。为了理解上的方便，把五藏神立在与五脏系统相联系的内容上去言说生命，为立足于藏象层面去言说人体命象，为从高维度能量态向低维度能量态的人体命象系统上叙述，从而从生化转换的过程和本质去显而易见主导与运转下的统御功能和作用。但五藏神的复杂就是在后天藏象时空体、在内丹田诸形态毕具后，五藏神就已经具人体命象的五脏义，只是还没有显化出来而已，所以对五藏神的解析就要先联系人体命象五脏和五脏系统来反过来说五藏神。

从五藏神言说统御功能和作用，除五藏神在内丹田的能量形态外，在外丹田与人体命象层面为以五行之藏规律来统纳运转。五藏神依五行之藏形成藏象与人体命象之间的联系，且在藏象系统中起统御的功能和作用。在五藏神含义解析里说人体命象的五脏系统（传统藏象学说系统）在藏象义下构成外象系统，而联系人体命象五脏的藏义系统在藏象义下构成内相系统。此外象与内相的关系为藏相法则（九易法则中的藏相法则）中的内涵与特性，构成一个基本的内藏外象内涵形态。五行之藏为木、火、土、金、水五种属性的藏象生命系统，统一在"五行"之中，五行为属性，具藏义，藏（cáng）在藏象与人体命象诸多系统之中，成为五行之藏规律与法则，其五行之藏，是运用五行学说对五脏六腑的特性以及脏腑间的关系加以说明与解释，一方面把五脏归属于五行，另一方面用五行的生克规律说明脏腑间的生化制约，使之处于平衡的运动状态，这就使藏象学说更为系统化、理论化。五行之藏除了人体的脏腑、经络、气血按照"五行"的生克规律来运转外，人体外的宇宙与自然也统一在五行之藏里，形成人与自然的相互感应的天人感应系统。这个系统是自如循环调节的严密系统，也是大宇宙与生命观的生命之轮。

在《黄帝内经》关于五行之藏对神志活动的分类为，肝属木藏魂，心属火藏神，脾属土藏意，肺属金藏魄，肾属水藏志。其魂、神、意、魄、志称为藏象五神，或五藏神。在这五藏神里按照五行生克规律联系，五藏神又总统于心神，《类经·疾病》："心为五脏六腑之大主，而总统魂魄，并该意志，故忧动于心则肺应，思动于心则脾应，怒动于心则肝应，恐动于心则肾应。"五行之藏的藏象系统，以五行的相生相克发生关系；同时，五藏间有经络系统相互作用，十二经脉在体内与脏腑相连属，其中阴经属脏络脏，阳经属腑络腑，一脏配一腑，一阴配一阳，形成了脏腑阴阳表里属络关系。即手太阴肺经与手阳明大肠经相表里，手厥阴心包经与手少阳三焦经相表里，手少阴心经与手太阳小肠经相表里，足太阴脾经与足阳明胃经相表里，足厥阴肝经与足少阳胆经相表里，足少阴肾经与足太阳膀胱经相表里。互为表里的经脉在生理上密切联系，在病理上相互影响，在治疗时相互为用，构成一个闭合循环的系统。《灵枢·本输》："凡刺之道，必通十二经络之所终始。"五藏神是藏象生命的重要特征，也是《黄帝内经》言藏象生命的精髓所在。

关于五藏神，在《黄庭经·内景经·心神章第八》："心神丹元字守灵，肺神皓华字虚成。肝神龙烟字含明，翳郁道烟主浊清。肾神玄冥字育婴，脾神常在字魂停。胆神龙曜字威明。六腑五藏神体精，皆在心内运天经。昼夜存之自长生。"以"心神"之称谓综述五藏神，无不是从五藏神的源头——后天藏象胎光玄精之识神来称谓，也是五藏神之所以"神"在依宫库田轮三库轮态能量体生化转换形态上，言说胎光玄精之先天识神（神主气精态）的本质。唐代女道医见素子胡愔曰："阴阳相成，结为五脏之气，散入四肢、十二部、三百六十关节；引为经脉、津液、血髓；蕴成六腑、三焦、十二经；通为九窍。散五脏者，为人形之主。一脏损则百病生，五脏损则百形灭。故立五脏者，神明、魂、魄、志、意之所主。是以心主神，肝主魂，肺主魄，脾主智，肾主精。发外为五事，上应五星，下应五岳，皆模范天地，禀象日月，触类而取，不可胜言。"

五藏神与五脏相配，有肝魂、心神、肺魄、脾意、肾志之藏象系统称谓，实则是以五藏神道元维度能量体的统御功能和作用，并以此统御完成对人体五脏系统的主导和运转。既然在后天藏象空间来言说五藏神，尤其是依宫库田轮三库轮态能量体形态生化转换而成，强调宫库田轮三库轮态所在的内丹田的道元能量维度，故先要立足于五藏神在道元能量维度上的统御功能和作用，再以此统御言说对藏象系统与人体命象系统的主导和运转，才有结合人体五脏与其相配，而有五藏神与五脏相配的藏象系统称谓的视野。其《黄庭经·内景经》与唐·胡愔《黄庭内景五脏六腑补泻图》就是专门立足于五藏神以及再从五藏神联系藏象系统言说生命实质的经典；这两部经典中，又以唐代女道医见素子胡愔的《黄庭内景五脏六腑补泻图》作为《黄庭经·内景经》的解读与阐释，以此两者结合认识五藏神玄妙内涵最能相得益彰。胡愔在《黄庭内景五脏六腑补泻图·序》中说："览《黄庭》之妙理，穷碧简之遗文，焦心精研，屡更岁月。伏见旧图奥秘，津路幽深，词理既玄。……按据诸经别为图式，先明脏腑、次说修行、并引病源、吐纳除疾、旁通药理、导引屈伸、察色寻证、月食食忌，庶使后来学者得以按图而云，诸法可见，万品照然。"我们立足于解析此两部经典的大义既能明晰五藏神在内丹田的内景玄妙含义，又能洞见五藏神如何来统御、主导和运转的藏象系统与人体命象系统，从而打开对生命的认识视野。

五藏神之魂，肝藏魂。《黄庭经·内景经·肝部章第十一》云："肝部之宫翠重里，下有青童神公子。主诸关镜聪明始，青锦披裳佩玉铃。和制魂魄津液平，外应眼目日月清。百疴所钟存无英，同用七日自充盈。垂绝念神死复生，摄魂还魄永无倾。"肝神"龙烟"，字"含明"。夫肝者，震之气，木之精，其象青，其象如悬匏，其神形如青龙。肝主魂，化为二玉童，一青衣、一黄衣，各长九寸，持玉浆出于肝脏，一云："肝有三童子，六玉女守之。"其神好仁，仁惠盖发于肝脏，故安其魂而延其治者，则当泽者被刍棘恩草。夫肝处三宫，主仁，使人凝萧慈惠及物，则魂安而形全也。

"肝部之宫翠重里，下有青童神公子"，东方青色入通于肝，开窍于目。肝部之宫为"木"宫，为东方震木也。"宫翠重里" 肝脉出于大敦，肝色青翠，重里为大小相重之象也。肝，居东方木位，主青，其神形如青龙，故曰青童。肝色青木，肝色也，如翠羽者生，如草滋者死也。味酸，其性收食，先走筋，筋病勿多食，则皮槁而毛落。其性仁，肝气主仁，其性喜木，好生而主喜。肝之东岳，上通岁星之精，春三月存岁星在肝中，亦作青气存也。

"主诸关镜聪明始"，肝开窍于目，左目甲，右目乙，在形为眼。"和制魂魄津液平，外应眼目日月清"肝者罢极之本，魂之处也。左目为日，为王父；右目为月，为王母，为泪为阴之精也。罢极之本、魂之处谓之"聪"；左目甲、右目乙、在形为眼谓之"明"，左目为日，右目为月，在外形为眼。主筋，故人之肝亏则筋急，人之皮枯者肝中热，人之肌肉斑点者肝风也，人之色青者肝盛也，人之好食酸物者肝不足也，人之发枯肝伤也，人之手足多汗者无疾，肺邪入肝则多哭。夫肝主筋，肝之有疾当用嘘。嘘者肝之气，其气仁，能除毁痛，皆自然之验也，不以为嘘者哉，此至理通玄之道也。肝号"大尚书"，亦号"大夫天"为清冷宫。肝生于左，肝为之语也。气通于肝，液为泪，肝者，用之液。肾邪入肝，则多泪也。六腑，胆为肝之府，胆与肝合；眼为胆之宫，肝食通则眼分明，肝实则目赤，肝合于筋其荣爪，肝之合也。筋缓而不能自收持者，肝先死也。

《太微灵书》云：每月三日、十三日、二十三日夕，三魂弃身游外。摄之者，常仰眠、去枕、伸足、交手心上，瞑目闭气三息，叩齿三通毕，存心中有赤气，如鸡子从内出于咽中，赤气转大，覆身，变成火，以烧身，使匝，觉体少热，呼三魂名曰"爽灵、胎光、幽精"。即微咒曰："太微玄宫，中黄始青，内炼三魂，胎光安宁，神宝玉室，与我俱生。不得妄动，鉴者太灵。若欲飞行，唯诣上清；若有饥渴，得饮玄水玉精。"又每月朔望晦光魄盛总交通，存思精炼反还之法。当此，乃仰眠伸足，掌心掩两耳，令指根绕于项上，闭息七遍，叩齿七通；心存鼻端白气，如小豆大，须臾渐大，冠身上下九重气，忽变成两青龙，在两目中，白虎在两鼻孔中，朱雀在心上，苍龟在左足下，腾蛇在右足下，两玉女著锦衣，手把火光当两耳门。毕，咽液七过，呼七魄名"尸狗、伏矢、雀阴、天贼、毒秽、臭肺"。即咒曰：素气九还，制魂邪奸，天狩守门，娇女执关，炼魄和柔，与我相安。不得妄动，看察形源，若有饥渴，听饮月黄日丹。

　　肝藏魂，常以肝魂称之。肝中有三魂，名曰：爽灵、胎光、幽精，目为之官，左目为甲，右目为乙。三魂"胎光、爽灵、幽精"，也称之为"主魂、觉魂、生魂"或"天魂、识魂、人魂"等。肝开窍于目，天干为阳甲与阴乙。其命门在目，关于命门宫中如何生双眼以"其形在眼"在"生育"阶段的合而成形内容再解析，所谓"在母腹中未有此身光有此穴，因有此穴，始生此身左为玄阳，右为牝阴，中穴实，通上下二眼。"在人体命象系统中，"魂"被现代医学认为是能伴随心神活动或梦幻活动的思维意识活动。《灵枢·本神》："随神往来者谓之魂。"《类经·脏象类》："魂之为言，如梦寐恍惚，变幻游行之境，皆是也。"把魂归入为意识传导系统，那是因为"魂"的生化转换源为库田轮三库轮态下"神"形态，"神"形态的道元能量维度不仅生化转换了魂，还有和意识传导有关联的魂、意（先天）、志态，而且在人体命象上的意识传导，不仅有外丹田的人脑三界构，还有三脑（大脑、心络脑、肺肠脑）参与，其实三脑意识传导系统所谓的意识传导的能量维度，是不能跟五藏神相提并论，这就要从它生化转换的"源"——库田轮三库轮态下"神"形态寻迹根本。

五藏神之神，心藏神。《黄庭经·内景经·心部章第十》云："心部之宫莲含华，下有童子丹元家。主适寒热荣卫和，丹锦飞裳披玉罗。金铃朱带坐婆裟，调血理命身不枯，外应口舌吐五华。临绝呼之亦登苏，久久行之飞太霞。"心神"丹元"，字"守灵"。心，火宫也。居肺下、肝上，对鸠尾下一寸，色如缟映绛，形如莲花未开之状。凡丈夫至六十心气衰，衰言多错忘也，重十二两。心象离火。丹锦衣裳，外阳也。披玉罗，内阴也。所谓离中空是也。

心者，生之本，神之处也。且心为诸脏之主，明运用生，是以心藏神，亦君主之官也。神明出焉，监饮四方，亦号"五神君"，亦号"太尉公"。心为帝王，正居中央，亦号曰："灵台"。五府，小肠为心之府，小肠与心之合为受盛之府。五官，舌为心之宫。心气通，则舌知五味；心病，则舌焦卷而短，不知五味矣。合于脉，其紫色也，心之合也。血脉虚少，而不紫于脏者也，府心先死也。其心者，色赤火，心色如火也。如雄鸡心色者生，黑色者死。味苦，其性坚，食之先走骨，骨病勿多食，多食而爪枯也。其具焦，心邪自然积恶焦也。其性礼，心气主其性乐，火性乐而生燥。心之应南岳，通荧惑之精。夏三月存荧惑在心中，亦作赤气存之者。

"主适寒热荣卫和"，为荣卫气血之总论，是故"卫行脉外，荣行脉中"也。心主荣，肺主卫；脾主阴血，肾主阴精；脾与肾之主精血，皆缘于肝脑之元阴元阳生发与节制。人体一气分气血，气血再分为荣、为卫、为阴血、为阴精。"寒热，阴阳静燥之义也。人常和适，以荣卫其身。气分阴阳，阳者为卫气，阴者为阴精；血分阴阳，阳者为荣气，阴者为阴血。气行于经，则卫行于经；血行于脉，则荣行于脉。"心安体和，则无病矣。

"外应口舌吐五华"，南方赤色入通于心，开窍于舌，在形为脉，出于中卫。心主口舌，吐纳五脏之津，识五行之味，故言外应五味也。心热者色赤而脉溢，心病者，颜先赤，口生疮、腐烂，心胸、肩胁、两肋、背、两鼻、臂皆痛，或夜梦赤衣人持赤刀、仗火来怖之。人心虚则胸腹腰相引而痛。又云：心病欲濡，急食盐以濡之，用苦以补之，甘以泻之。禁湿衣、热食，心恶热及水。心病，证当脐上有动气，按之牢。若痛苦烦心病手足心热。

心藏神，常以心神称之，在此内容体系里，一是将"心"所指的概念从后天藏象与人体命象层面指向识神，而不是指真如心性；二是将"神"所指的五藏神中的神，区别于精气神的"神"，虽然它们在不同层面上有相互包含的含义，但从五藏神的生化转换之源宫库田轮三库轮态能量体来说，为区分"神"形态所广义统御的神系统，此神系统包含心神含义与内容。而在人体命象精气神层面，心神是通常指心以君主之官统领和主宰精神、意识、思维、情志等活动。魂、魄、意、志四神以及喜、怒、思、忧、恐五志，均属心神所主。《类经·脏象类》曰："意志思虑之类皆神也。""神之为德，如光明爽朗，聪慧灵通之类皆是也。""是以心正则万神俱正，心邪则万神俱邪。"

五藏神之魄，肺藏魄。《黄庭经·内景经·肺部章第九》云："肺部之宫似华盖,下有童子坐玉阙。七元之子主调气,外应中岳鼻齐位。素锦衣裳黄云带,喘息呼吸体不快。急存白元和六气,神仙久视无灾害。用之不已形不滞。"肺神"皓华",字"虚成"。夫肺者,兑之气,金之精,其色白,其象如悬磬,其神形如白兽。肺生魄,化为玉童长七寸,素衣持兵杖,往来于肺腑也。一云:肺有七童子,十四玉女守之,其神多怒。人之怒者,盖发于肺脏。肺,金宫也,为五脏之华盖,本一居上,对胸有六叶,色如绮映红。凡丈夫八十肺气衰,魄离散也,重三斤三两。

"七元之子主调气,外应中岳鼻齐位",西方白色入通于肺,开窍于鼻。亦云:"左孔为庚,右孔为辛。"在形为皮毛。中岳者,鼻也。又为齐,齐为昆仑。鼻为七窍之门户,位犹主也。肺脉出于少商,肺者,脏之长气之本也,是以诸气属之。久卧伤气,气圆于肺。盖呼吸之津,传送之宫,治又魄门,亦为玉堂宫。肺者,相传之宫也。治节出焉于液,为涕。涕者,肺之液。肾邪入肺,则多涕也。肺生于右,肺为之嗽。六腑,大肠之府。大肠与肺,合为传泻行道之府也。五官,鼻为肺之宫,肺气旺则鼻通,肺病则不知香臭。肺合于脾,其荣毛也,肺之合也。皮缓而毛落者,肺气先死也。元阳子曰:七元之君,负甲持符,辟除凶邪而布气七窍,主耳目聪明。七元,七窍之元气根本来源也。饮食营养液、血液、肌肉、脂肪、骨骼、骨髓、精液等七种为基础七元,而从这基础七元又清浊分泌而生化出的津液称为正津。七液,指人的心液、肝液、脾液、肺液、肾液、气液、血液。

"急存白元和六气",肺也,色白金。《大洞经》云:"白元君居洞房之右是也。"肺色如象,音生色也,枯音死者也。味辛,其性散,食之先走气,气疾勿多食,则皮肤其臭腥。心邪入肺,则恶腥也。其性义，肺气之义其性怒，金性刚而主怒。肺之中，亦作白气存也。"风、寒、暑、湿、燥、火，此内经所谓六气也。天有六气，地有五行，六气者五行之气也，水气寒，火气热，金气凉，木气温，土气非寒非热，不温不凉，遇火则燥，遇水则湿。寒、热、温、凉、湿、燥，是为六气。风乃六气往来之动象，可寒可热，可温可凉，可湿可燥，乃六气之动，非气本身也。"夫肺主商之疾，当呬。呬者，肺之气也，其气义，能抽，然知肺之病。所以人之有怒填塞胸臆者，则长呬而洩之，盖自理也。向若不呬，必致伤败嗽，呬而获全乎。故肺疾当用呬泻之，夫人之无苦而呬者，不祥也。夫肺处七宫，主信使。人方正好直习先忠，则魄安形全也。且肺者，秋之用事三月，此为容平，天气以急，地气以明，雀卧鸡起，使志安宁，以缓秋唎，收敛神气，使气和平，无外其志。使肺气清，养生之则。伤则，咳嗽虮嘘也。

肺藏魄，肺中有七魄，一魄天冲，二魄灵慧，三魄为气，四魄为力，五魄中枢，六魄为精，七魄为英。又名曰：尸狗、伏矢、雀阴、吞贼、非毒、除秽、臭肺。在《云笈七签·卷五十四·魂神部·说魂魄》中有关于说魂魄与拘三魂制七魄法以及诸魂精魂魄法等内容。《灵枢·本神》："并精而出入者谓之魄。"《素问·六节脏象论》："肺者，气之本，魄之处也。"《灵枢·本神》："肺藏气，气舍魄。"《类经·脏象类》曰："魄之为用，能动能作，痛痒由之而觉也。" 肺为呼吸之根，上通炁至脑，下通炁至脾中，是以诸炁属肺，肾中白气与上肺连之为玉阙者。这里言说的"炁"形态就是五藏神所说的"精"形态的魄系统和精系统。在前文解析宫库田轮形态下的"精"库与"精"田而言说精魄体系时，有关于"精"形态的内丹田和外丹田之分。

肺藏魄所指的肺魄为五藏神所在的"精"形态的内丹田，在人体命象上为肺部，成为"气"形态的外丹田。从这两个形态就是解析肺为"魄之处"与"气之本"的根本。从黄庭三宫的藏象能量体统御层面，中黄庭心绛宫即为心神与肺魄所在的时空体空间，从"精"形态的内丹田上以及藏象系统属性上讲，为魂魄之宫库田轮。对比宫库田轮形态下先天精，还有藏象能量体结构流变形态的藏象魄精，它为库田轮形态下心绛宫外境丹田轮层面的离转流变形态，在人体藏象系统的藏象能量体结构中形成"魄"精系统，构成魄系统（魄之处，魄精的生发之源）的为藏象魄精——为五藏神中的"魄"，以及素精形态中的太素生命素精与光子精。先天精和魄系统精一起组成内丹田"精"形态，为阳态。在人体命象上的肺部，为"气"形态的外丹田，这就是肺为何为"气之本"，以此气之本，人体命象形成后由五藏神统御命象系统并运人体命象系统的运转动力之气。由后天之气离转而成的人体命象之气，为脏腑运化之气、经络之气、气血之气，为阴态。在人体命象结构中通过心肺呼吸的气为呼吸凡气，为浊阴态。肺为"魄之处"与"气之本"的根本只有从精气神生化转换的源流变视野上才能说到根本。

其魂魄如何作用人体命象系统呢？首先，第一个层次为五藏神的魂魄生化转换在内丹田后，发挥对藏象系统和命象系统起统御性的主导与运转作用；其次，为魂魄所承载的五藏神能量维度的精气神能量体，随着生命的生育过程，要藏（cáng）在藏象系统和人体命象，从而构成人体的能量系统，也就是五藏神的藏（cáng）魄藏精能量方式。再次，魂魄全面参与人体命象的生理机能。"魂昼寓目，魄夜舍肝。寓目能见，舍肝能梦。梦多者，魄制魂；觉多者，魂胜魄。"魂在白天在目，双目有神是指魂在起作用，在目，就能见；魄在夜就舍肝，而作用于做梦，梦多的，是魄制约于魂，梦是什么，梦就是梦幻颠倒。相对于梦，就是觉，觉悟与觉醒，觉就是魂。欲安其魄，而存其形者，当收思敛欲，合仁育义，不怒其怒，不声息其金，而后全其生，则合乎太和也。肺合于大肠，上主鼻，故人肺风，则鼻塞。人之容色枯者，肺干也；人之鼻痒，首鼻有虫也；人之多怖者，肺中魄离于外也；人之体鳌黯者，肺气微也；人之多声者，肺之盛也；人之不耐寒暑，肺劳也；人之好食辛味者，肺气不足也；人之肠鸣者，肺壅也；人之颜色鲜白者，肺无病也。肺邪，其人则好哭。制约于魄。

五藏神之意，脾藏意。《黄庭经·内景经·脾部章第十三》云："脾部之宫属戊己，中有明童黄裳里。消谷散气摄牙齿，是为太仓两明童。坐在金台城九重，方圆一寸命门中。主调百谷五味香，辟却虚羸无病伤。外应尺宅气色芳，光华所生以表明。黄锦玉衣带虎章，注念三老子轻翔，长生高仙远死殃。"脾神"常在"，字"魂停"。脾，土宫也，撑太仓在脐上三寸，色如缟映黄，凡丈夫至七十脾气虚，而皮肤枯瘦者矣。重二斤三两，中央黄色，入通于口，口为戊己，舌为己，在形为之。脾者，肉之本，意之本处也。脾为黄庭，亦为中主，为黄龙君也。亦为谏议大夫，亦为仓廪之宫，化物出焉，号为中黄宫。夫脾者，坤之气，土之精，其色黄，其象如覆盖，其神形如凤。脾主意，化为一玉女，长七寸，循环于脾脏也。其神烈，嫉妒人，人妒者，盖起于脾脏，土无正形，故无准也。

"消谷散气摄牙齿"，脾脉出为隐，曰："脾为五脏之枢"也。脾主于中，脾为之合，谷气通于脾为液。为脾液者，脾之液。肾邪入脾则多涎，六腑胃为五谷之府，胃与脾合，为谷府，五官口为脾之宫。脾气通则口知五味，脾病则口干不能食，不知五味好恶。脾合于肉则荣肉也，脾之合，肌肉消瘦不能肥。脾磨食消，生气，乃至齿为罗千，故摄牙齿。

"主调百谷五味香，辟却虚羸无病伤"，脾连于胃，上主于口，消谷府也。如磨转也，化其生而于熟也，食不消者，脾不转也。食坚物者，脾磨不尽化也，则为食患，故诸脏不调则伤质，伤质则损神，则伤人之速也，故人不欲食坚物者，全身之妙道也。人之欲不食者，脾中有不化之食。人多惑者，脾脏不安也；人之多食，脾虚也；人之食不下者，脾寒也；人之无颜色者，脾伤也；人之好食甘食者，脾不足也；人之明罔鲜白滑者，脾无病。脾邪入于脾，则多歌。

"外应尺宅气色芳，光华所生以表明"，脾赤者，鼻亦色黄，而濡鼻病者，体上游风习习，遍体闷疼身重，若肌肉萎足，不能行，喜声脚下通。脾虚，腹肚胀鸣，成溏痢，食多不化。脾寒之疾，多汗恶风，身体怠惰，四肢无力，不用症黄，不耆饮食。诊在鼻，其色黄，旺季夏，足太阴、阳明主治。其日戊己，脾若湿，急食苦以燥之。又曰："脾虚欲发缓急，食甘以缓，甘则补之，苦则泻之。" 夫脾之土宫，故脾之有疾，当用呼，呼者，脾之气，其气确能抽脾之疾，故人中热者，则呼以驱湿之弊也。

"黄锦玉衣带虎章，注念三老子轻翔"，脾主中黄，谓黄庭真人。服锦衣也。《玉清隐书》云："太上道君，佩神虎玉章也。"三老谓元老、玄老、黄老之君也。念脾中真人，自然变化。子谓受黄庭之学也。夫脾，主宫主信，使人意弘广大，屈己济人，于利忍分，不以自专为德，不以财争为事，则以脾安而形全也。且脾无定位，兴旺四季，随四气也，助气万物。脾育阳，脾义之道也。不以月屈为德，不以物说为功长，坤之理也，逆之则伤脾其性，信，脾食言信，其情恐惧，土性而主恐惧。脾之外应中岳，上通镇星之精，季夏并季秋，各十八日，存镇星在脾，亦作黄气存。

　　脾藏意。常以脾意称之，《灵枢·本神》："心有所忆谓之意。"《类经·脏象类》："谓一念之生，心有所向而未定者，曰意。"此"意"为六识中第六识意识。这个"意识"所指在脾意里，有先天六识和后天意识两个层次。脾意以先天六识和后天意识的不同道元维度，从而也分两宫，一宫为先天六识禀受生发之源即黄老中宫，另一宫为后天意识主导特点下的传导和熏习之所，与神魂紧密相连，为脾土黄宫，脾土黄宫的后天意识范畴分为脾意的传导与熏习特点和肾志的主导特点构成。其中黄老中宫为五藏神之中宫，是内丹田空间体内精气神三态以五藏神聚合后的中宫，同时也是外丹田的统御之宫。藏象精气神能量体宫库田轮的三库轮态在五藏神有个中宫，为五藏神之中宫，同时也是人体命象体的精气神三态——外丹田的统御之宫，此宫名为"黄老中宫"，有"中部老君治明堂"黄者为老君治脾之黄庭之宫称谓，黄庭老君字灵源名混康，其"混康"为混元阳受纳之，表安康义；"明堂"为黄裳元吉明亮之堂，此堂正位居体，黄中通理，为《坤卦·六五》之大象，此宫又分上中下三元，"上元老君居上黄庭宫，与泥丸君、仓华君、青城君及明堂中君臣、洞房中父母及天庭真人等，共为朋也。又中元老君居中黄庭宫，与赤城童子、丹田君、皓华君、含明英玄君、丹元真人等，共为朋也。又下元老君居下黄庭宫，与太乙君、魂停君、灵元君、太仓君、丹田真人等，共为朋也。常存三老和百神流通，部位营卫，无有差失也。"《大洞真经》云：三元隐化，则成三宫。三宫中有九神，谓上、中、下三元君，太一、公子、白元、无英、司命、桃康，各有宫室，故曰桃康丹田下神名桃康，主人之精、胎，能回通三田，成九神之气。那么脾意所指的后天意识传导与熏习之所的脾土黄宫，是"气"形态的内丹田和"精"形态的外丹田之统称。黄老中宫是所有内丹田的中宫以及外丹田的统御之宫。外丹田脾土黄宫所指的"明堂"为上应眉间入一寸是明堂，为关窍七门中的明堂门。

五藏神之志，肾藏志。《黄庭经·内景经·肾部章第十二》云："肾部之宫玄阙圆，中有童子冥上玄。主诸六府九液源，外应两耳百液津。苍锦云衣舞龙幡，上致明霞日月烟。百病千灾急当存，两部水王对生门，使人长生升九天。"肾神"玄冥"，字"育婴"。夫肾者，坎之气，水之精，其色黑，其象如悬石，其神形如鹿，两头主智，化为玉童，长一尺也。人之肾脏，其神和也，入之柔顺，其至而后全，其生则合夫太清也。肾水宫也，左肾右肾，前对脐，膊着于春色，如缟映紫。凡丈夫至六十，肾气衰，发堕；七十，形体皆极九十，如树之有根也。重二斤二两。

"主诸六府九液源，外应两耳百液津"，肾者，肾脏之本，精之处也。肾，为后宫为女，主肾经于上焦，荣于中焦，卫于下焦。肾者，作强之官，伎巧出焉。法于象，为之理，亦为久，而余气通于两窍，为液为唾。唾者，液也。气入肾，则多唾也。六腑，膀胱为肾府，膀胱与肾合为津庆之府。五官，耳为肾之宫，肾气通，则闻五音；肾病，则耳聋骨萎也。肾合于骨，其荣发也，肾之合也。骨萎不能起床者，肾气先死也。准此例矣。

"百病千灾急当存"合于骨，上主于齿，齿痛者，肾伤也。又主于耳，人之不闻声者，肾亏也；人之骨疼者，肾虚也；人之齿多龃者，肾虚也；人之耳痛者，肾气壅也；人之多呵欠者，肾邪也；人之腰不伸者，肾水也；人之色黄黑者，肾衰也；人之容色紫光，肾无苦也；人之骨鸣者，肾羸也，肺邪入肾，多伸。夫肾主羽，故肾病当吹也。肾之气，其气智，能抽肾之疾，故人有积气冲臆，则强吹，肾气沉滞，吹微通也。夫肾处一宫，主智，使人惠，利神采，疎郎不滞于事，则固而形全也。且肾者，冬之用乾，坤气闭，万物伏藏，成寝，寅起与玄阴并，外阴内阳以养骨，以恬其神，逆之则伤肾。

"两部水王对生门"，肾藏双对故曰两部。肾宫水旺，则化为赤子故曰对生门。北方黑色入通于肾，开窍于二阴，左肾为壬，右肾为癸，在形为骨，久立伤损骨，肾脉出于涌泉。其性，智，肾主智，其事悲，水性故悲，位也。肾之外应北岳，上通辰星之精，冬三月存辰星在肾中，亦作黑气存之也。

肾藏志。常以肾志称之。《灵枢·本神》："意之所存谓之志。"《类经·脏象类》："意已决而卓有所立者，曰志。"同样为人体命象中的精神活动，此肾志以后天意识主导特点来以区分脾意的后天意识传导和熏习特点。此肾志为六识中第六识意识的后天意识之特指，具后天意识的主导特性，为后天意识的生化之源。肾志和脾意同入脾土黄宫，共同构成后天意识的生发主导、传导和熏习的功能。在肾所在的人体命象"命门"区域为主体，连同脾胃所在的腹区，就是人体命象所指的脾土黄宫，它是"气"形态的内丹田和"精"形态的外丹田之统称。

从黄庭三宫的藏象能量体统御层面，下黄庭命门宫即为脾土黄宫（含人体命象"命门"区域）所在的时空体空间，从"气"形态的内丹田上以及藏象系统属性上讲，为意和志所在的第六识——意识之宫库田轮。对比宫库田轮形态下先天气，还有藏象能量体结构流变形态的"祖气"气系统，它为宫库田轮形态下命门宫外境丹田轮层面的离转流变形态，在人体藏象系统的藏象能量体结构中形成祖气系统。构成祖气系统的为藏象祖气和后天之气，为阳态，其中藏象祖气为五藏神的气态，为人体组织生发之气。"精"形态的外丹田在脾土黄宫转化为运化精和生殖精，其中运化精就是脾胃系统运化的水谷精微的气微精，为阴态；人体命象结构中通过身体生殖系统运化形成的生殖精，为浊阴态。按《玉历经》所载：下丹田者，元命之根本，精神之所藏，五气之元，在脐下三寸，附著脊，号为赤子府。男子以藏精，女子以藏胎，主和合赤子，阴阳之门户也。其丹田中气，左青右黄，上白下黑也。

以肝魂、心神、肺魄、脾意、肾志的五藏神综述之，就有三个视野层次再一次对它进行描述。第一为五藏神是内丹田视野下的道元能量维度生化转换的藏象系统的内容，内丹田视野为在后天藏象空间来言说五藏神，在后天藏象空间又以宫库田轮三库轮态能量体形态中，是在精气神三丹田轮形态生化转换而成，故必须在后天藏象空间体的内丹田视野确立五藏神的道元能量维度，有了这个立场和角度，五藏神在人体命象还未形成的藏象空间体为魂、神、魄、意、志五态。第二为以五藏神所在的内丹田道元能量维度，联系五藏神与之匹配的外丹田，依人体命象结构才有肝魂、心神、肺魄、脾意、肾志称谓的五藏神系统。它是由内丹田道元能量维度的藏象五藏神系统与人体命象结构的命象五藏神（外丹田）有机联系的整体系统，在这个整体系统里，藏象五藏神系统（内丹田）对人体命象五藏神系统（外丹田）起统御功能和作用。以此统御功能和作用，就形成了藏象生命系统和人体命象生理系统，它们共同形成了藏象生命，然而运转它们的核心就是五藏神在内丹田和外丹田不同形态的作用，以及有机联系下的共同作用。它指向了通过五藏神在内外丹田的不同形态，由藏象空间向人体命象空间转换，从而完成对生命的生育过程。第三以五藏神为视野对待，又有五藏神体系的黄老中宫，且黄老中宫是五藏神所分布在内丹田和外丹田总形态与内容的统御之宫，不仅统御主导五藏神，而且在生命系统中对藏象系统和人体命象系统又提供三元九神之气。

以上关于五藏神的三个视野层次，为立足于五藏神，先从五藏神生化转换之空间言说内丹田的藏象空间，再从五藏神分布在人体命象结构形成外丹田而言说人体命象空间，然后从五藏神在内丹田和外丹田总形态与内容言说黄老中宫的统御空间，这三大时空体空间，就构成关于五藏神的不同的道元维度，就真正把五藏神形态下的"生命"视野立体化构建起来。

说到黄老中宫是五藏神的统御之宫，与藏象空间体中的黄庭三宫又有什么区别呢？黄庭三宫是后天胎光玄精精气神聚合态离转成"神"形态、"精"形态、"气"形态三者分离态。再从黄庭三宫在"神"形态、"精"形态、"气"形态三者分离态中离散形成三者的丹田轮态，且在黄庭三宫与丹田三轮之间有中界膜来界说其宫库和田轮的道元维度差别。有了精气神丹田三轮态的出现，五藏神就在中界膜和结带膜之间的时空体空间生化转换而生，从而在中界膜和结带膜之间的时空体空间就构成了五藏神内丹田时空体空间，所以这里一定要形成这个视野，在这个五藏神空间里有了立足于五藏神的黄老中宫的统御之宫，这个统御之宫又形成了黄老中宫的空间体。

如何理解这个五藏神内丹田空间呢？如果把黄庭三宫的库态看作是胎光玄精精气神聚合态离转成"神"形态、"精"形态、"气"形态三者分离态，那么五藏神所在的丹田三轮的内丹田就是把精气神三者分离态重新融合聚合在五藏神身上，且有了五藏神内容，形成了新聚合态下的五藏神空间，在五藏神空间里精气神三形态以魂、神、魄、意、志五种内容承载。这就不难理解在五藏神空间的内丹田还有一个统御五藏神的黄老中宫，且黄老中宫在人体命象道元维度体呈现的就是脾土黄宫。综述之，在后天藏象界域内，黄庭三宫可以看作是五藏神生化流变层面上的能量源，它们构成能量体上的源流变关系，类似时间轴视野。在五藏神空间的内丹田，黄老中宫为五藏神内容形态上的生化之源，且起统御调度之功能和作用，类似于空间轴视野。

五藏神生化流变于宫库田轮三库轮态的内丹田藏象空间体，又有黄老中宫生化统御，尤其是对人体命象的生育起着统御形态下的主导和运转作用，以此可称谓五藏神之所以神了。《黄庭经·内景经·心典章第三十一》云："心典一体五藏王，动静念之道德行。清洁善气自明光，坐起吾俱共栋梁。昼日曜景暮闭藏，通利华精调阴阳。"言说五藏王——五藏神之王道，为心典所在的动静念之尊道贵德之本质。心典以心来言说识神的种子库，如典一样在五藏神层面历历在目。从而也指向了五藏神的内容形态和能量体形式为"心典"唯识领域，以动静念言说心的净和染义，为从妄心识真心。

如何动静念和道德行呢？就是五藏神的修真法则，为日夜间调和阴阳、坐立行走不离动静念行。从"盖因魄有精，因精有魂，因魂有神，因神有意，因意有魄"言说魄、精、魂、神、意之间五者运行不已。且无明遮挡的心，随之轮转。"是以圣人，万物之来，对之以性而不对之以心。性者，心未萌也，无心则无意，无意则无魄，无魄则不受生，而轮回永息矣。"照破无明，识得何为妙明真心，认一切为幻不可得，从自性本体上下手,"心未萌"即不起妄念,无妄念则无妄心,无妄心则无意,无意即真心之神,无真心之神就不受沾染,其精气能量就不会减弱成魄,能量不减弱则不会轮转。

七门窍与十二结节，平衡视野与禀受布局

五藏神统御下的内外丹田形态，指向了藏象空间体向人体命象空间体的生化转换的两种空间体内容。在人体命象空间体中有外丹田的命象精气神系统形成、精气经络、营卫气血、器官组织等逐渐合而成形。而作用藏象生育阶段向命象发育流变转换的就是天人命象离一。天人命象离一和天人运相离一以及天人藏象离一一样，在"生成"阶段和"生育"阶段动态作用，从而有各种生命形态的内容完成生化流变。天人命象离一作用藏象空间体向人体命象空间体流变转换的实质为如何从藏象空间体的结带膜突破，并依结带膜完成空间体的转换，从而也完成了藏象能量体向命象能量体的转换，那么天人命象离一作用结带膜的独特对待就是窍关七门以及七门下的十二结节。围绕结带膜窍关七门，既能梳理藏象能量体精气神系统向人体命象能量体精气神系统的流变过程，又

能依人体命象能量体精气神系统在人体命象空间的作用，目睹命象发育的合而成形。

窍关七门，为藏象空间体与人体命象空间体在结带膜上发生能量流变转换的关窍门户。结带膜为藏象空间域与人体命象空间域流变转换的界膜，这七门为泥丸天门、明堂前门、玄膺楼门、绛宫房门、玉枕后门、夹脊中门、尾闾地门。人体命象发育成熟后，七门窍关在人体命象的外丹田形成七处，称为人身七处，为百会天门处、慧中前门处、重楼楼门处、膻中房门处、玉枕后门处、夹脊中门处、会阴地门处。

窍关七门的生化标志着人体命象的发育，它既是人体命象生育之初精气神能量流变的通道，又是人体命象发育成熟后以人身七处进行养生之重要关窍。在窍关七门形成内关外窍的形态下，成为五藏神在内丹田和外丹田能量分布的门户枢纽。从藏象空间体与人体命象空间体两大域界来说，窍关七门是藏象道元能量维度与命象道元能量维度的转换枢纽。从道元维度能量体层面来说，在人体命象空间体内，它以人身七处的联络协调的形态，把人体精气神系统形态依人体命象而联络交融成一个整体，形成人体命象能量体系统，人身七处是依窍关七门，在人体命象能量体的内联络交融通道。

窍关七门它既是认识藏象空间体与人体命象空间体流变转换的桥梁视野，又独具"关"和"窍"的含义。窍关七门在结带膜上形成之初为窍，是藏象空间能量体——五藏神内丹田精气神形态，流变转换并生化人体命象空间能量体以及形成命象系统的通道，通过结带膜上的七门窍洞形成能量流变和转换，尤其是五藏神内丹田精气神形态与人体命象空间外丹田精气神形态的沟通和联系。在这个层面上，七门的窍洞是通融无碍的，它是两个空间体在结带膜上的通道。那么为何要提出在结带膜上的通道呢？那是因为藏象命门临界态结带膜的形成是由藏象命门空间体内的离转门在离转过程中转换形成的，既然称为了离转门就是说它已经是一条封闭的轨道，在这个轨道上有个可以通过的门，所以离转门在离转形成藏象空间体最外层的能量轨道，构成藏象空间体与人体命象空间体流变转换的界膜时，它是封闭的，藏象空间体和人体命象空间体在结带膜形态上是封闭的，不流通的，那么随着后天五生系统的生育发展，五藏神的内丹田精气神形态毕具后，就要生化转换成人体命象空间体，此时就需要有能量体联系通道，这个通道就是在结带膜上的窍关七门。窍关七门生成人体命象的发育，对比窍内藏象空间体，形成了窍外的人体命象空间体。从窍关七门的生成以及它在藏象和命象之间的联系，就可知道是立于人体命象来说结带膜对于人体命象空间是一层多么难以逾越的界膜，就连人体命象的发育和人体命象空间体形成之初始、且在藏象空间视野下，结带膜这层能量轨道都不是无形的随意跨越的空间，都只能生化成窍关七门来形成通道，而不是说在人体命象发育和人体命象空间体形成后才有结带膜这层轨道界膜形成。

这是从"窍"的通道视野上，言说藏相空间体如何生化转换成人体命象空间体的通道，那何为"关"呢？"关"是从人体命象视野来说，当藏象空间体的藏象内系统完成了通过七门对人体命象体的诸多系统的生化转换作用后，这七门就关闭了，从而藏象内系统就与人体命象系统隔离开来，和生理生命实质上很难有直接的关联。说到了藏象内系统，藏象外系统是什么呢？就是在人体命象空间体内的五藏神形态下的精气神三态外丹田，以及围绕外丹田内通道——中脉形成人体命象三脉七轮能量体结构。藏象内系统与藏象外系统构成藏象生命系统。七门的关闭使藏象内系统与藏象外系统隔绝了能量往来，从而人体命象系统中的所有能量来源就指向了藏象外系统的精气神能量体。这个"关"就关闭了人体命象空间体与藏象内空间体的联系，就如胎光玄精依界带的关闭使后天藏象空间与先天运相后天隔离开一样，形成实质性的界域能量维度的流变，这也是界带膜与结带膜之于界域能量维度差异的关键所在。藏象内系统与藏象外系统的七门关闭了，要想打开生命本来，目睹生命实质，只有内证一条路，而且是非一般的内证功态范畴。

藏象内系统与藏象外系统通过窍关七门沟通往来，我们说形成七门通道——七门窍开，是五藏神内丹田精气神形态生化转换外丹田精气神形态并依此生育人体命象时，此时七门作为窍通道，发挥着极其重要的枢纽转换作用。那么这七门通道何时关呢？就是五藏神外丹田精气神形态的内通道——中脉的形成，七门窍就关闭了，因为中脉是外丹田的统御中宫，围绕中脉中宫而有三脉七轮以及人体经络系统能量体结构。由于视野立场不同和时空体环境不同，故要把七门窍开和七门关分阶段和层次来说。在七门窍的视野中，发生了界域空间流变、五藏神外丹田精气神的形态分布生成、人体命象生命形态构成三大流变转换内容，这是通过天人命象离一动态作用下在人体命象空间体逐步向"生育"合而成形阶段生化转换。

生育，为藏象内系统依窍关七门，流变转换为五藏神外丹田精气神形态，以藏象外系统主导和运转人体命象的整体发育，在人体命象空间内以人体空间体形成胎形，在胎形中以中脉为主体的三脉七轮统御的人体经络系统合而成形生长成胎体。藏象内系统和外系统共同构成藏象生命系统，统御并生化人体命象生理生命的整体发育。"生育"阶段主要是从作用和运转生理生命的本质形态视野出发，言说各种层面能量体的关窍、结节、轮脉、精气营卫脉络的发育，从而形成基于命象外在的生理特征而指向藏象生命系统。

七门窍视野的界域空间流变，为藏象空间体生化转换流变成人体命象空间体，形成了藏象界域和人体命象界域。但并非藏象界就是藏象系统，人体命象界就是人体命象生理系统。而是藏象界域构成藏象内系统的同时，人体命象界还有藏象外系统，藏象界域的藏象内系统与人体命象界域的藏象外系统共同为藏象生命系统。当人体胎儿发育成熟并出胎后，主导与运转命象生理系统的为藏象生命系统中的藏象外系统为主体，此时的藏象界域的藏象内系统随七门窍的关闭，其精气系统已经基本隔绝往来了，只有"神"层面的高维度能量的意识传导和熏习，形成内系统传导先天意识到外系统，外系统熏习后天意识到内系统。

作为主导与运转人体命象生理系统的藏象外系统，为在结带膜的七门窍视野形态下，由五藏神内丹田诸系统流变转换为五藏神外丹田精气神形态，并以此五藏神外丹田精气神形态与内丹田共同作用生化发育人体命象生理系统，然后藏象内系统随七门窍的关闭而独有藏象外系统主导与作用人体命象生理系统。换言之，人体命象生理系统在生化发育时，由藏象内外两系统共同作用，而待人体命象生理系统发育完毕，并从生化发育的"形"合成"体"后主导与运转系统成为藏象外系统。藏象空间体与人体命象空间体在生化之初，有一个藏象平衡，这个藏象平衡是藏象内系统与藏象外系统在五藏神层面的内丹田与外丹田生化转换的平衡，后来此藏象平衡也随能量维度的变化以及七门窍的关闭失去平衡，这也叫藏象第一次平衡。藏象第一次平衡从内容形态上为五藏神外丹田精气神形态分布的生化而形成，也以此外丹田的形成构成了围绕结带膜的七门窍视野，形成藏象内系统和藏象外系统，故结带膜成为藏象空间体和人体命象空间体的界膜，七门窍成为结带膜上联系藏象空间体与人体命象空间体两大域界的门户枢纽，也是五藏神形成外丹田精气神诸形态乃至生化人体命象系统的能量（内容信息也以能量体的方式传导）通道。藏象第一次平衡从生化过程和形态上，在还未出现对人体命象系统的生化状态时，藏象内系统和外系统的平衡可以称为界域平衡。

在藏象第一次平衡里呈现了藏象精气系统的整体观，为藏象魄精系统和藏象祖气共同构成了藏象精气系统，且分别呈现在内外丹田。藏象魄精系统为五藏神中的"魄"，以及素精形态中的太素生命素精与光子精，为阳态，成为内丹田的"精"形态；而外丹田的"精"形态为运化精与生殖精，其中运化精为通过肺肠系统、脾胃系统运化的水谷精微与呼吸凡气中的气微精，而通过身体生殖系统运化形成的生殖精。藏象祖气系统为藏象祖气和后天之气，为阳态，其中藏象祖气为五藏神的气态，后天之气为宇宙生命素与光子素的素气，成为内丹田的"气"形态，而外丹田的"气"形态为人体命象之气所在的脏腑运化之气、经络之气、气血之气，为阴态；以及呼吸凡气，为浊阴态。内外丹田的藏象精气系统生化转换完成后，就形成了藏象第一次平衡，为藏象系统（内外系统）在内外丹田内容生化完成的平衡，也叫五藏神内外丹田精气系统生化毕具。这里说藏象系统中的藏象精气系统的生化毕具，为何不说"神"形态呢？那是因为五藏神的五种内容形态都是"神"形态生化的主体，精气系统里就有"神"统御的影子，藏象精气系统的生化毕具，承载在五藏神整体观上，就是"神"形态的集合，并且以此来说藏象精气系统的整体观，更能体现出在外丹田以及人体命象生理系统生化发育主要体现在"神"统御下的精气生化分布。

从结带膜与七门窍视野来说藏象第一次平衡因五藏神内外丹田精气

系统生化毕具成为了界域平衡。外丹田的生化让人体命象空间有了实质的内容和形态，也以此形成了藏象界域和人体命象界域，并依人体命象界域的外丹田义构成藏象外系统，而藏象界域内的五藏神精气神形态构成藏象内系统。藏象内外系统在结带膜与七门窍视野形成了藏象平衡。为何要把藏象第一次平衡以结带膜与七门窍视野看作界域平衡呢？因为从内容形态上藏象系统以内外丹田在五藏神内容生化形成了平衡，但在道元能量维度上是存在能量体差异的。这也是为何要在人体命象界域内言说外丹田内容形态，为藏象空间体的道元能量维度要高于人体命象空间体道元维度，它们之间有能量体的流变关系。分界域来言说藏相内外系统所在的空间范畴，就是要把这两个层面的能量维度的内容形态区分清楚。

　　藏象界域与人体命象界域从道元能量维度上的能量体差异，体现在内外丹田内容生化转换上为五藏神藏（cáng）魄，说到了五藏神的"藏（cáng）"义，在能量体上有藏魄和藏精两层含义以及两次藏匿蓄积的过程。五藏神从外丹田精气神的生化开始，以及七门窍关闭后以外丹田的藏象外系统统御主导人体命象组织器官的生化，在脏腑等器官组织的生化过程中，是遵循五行之藏的五行规律。五藏神与五行之藏规律在"藏"（cáng）义上，呈现的就是藏魄和藏精，藏魄和藏精统称藏匿与蓄积精气，这个精气广义所指，除了五藏神的"精"和"气"形态外，还有魄系统中素精形态的太素生命素精与光子精以及后天之气为宇宙生命素与光子素的素气，前者为生化转换过程中能量体在不同的道元维度空间的流变，后者为胎儿出胎后与自然发生的五行之藏的深刻联系。藏匿与蓄积精气的作用，在《灵枢·本神》曰："是故五藏主藏精者也，不可伤，伤则失守而阴虚，阴虚则无气，无气则死矣。"为通过命象能量体的盈虚来维持生命体征。

藏匿与蓄积精气中的藏魄为在外丹田生化过程中藏于十二结节以及七门空间；藏精为人体命象合而成形长成人体组织器官时藏于人体各组织器官。《素问·金匮真言论》曰："东方青色，入通于肝，开窍于目，藏精于肝；南方赤色，入通于心，开窍于耳，藏精于心；中央黄色，入通于脾，开窍于口，藏精于脾；西方白色，入通于肺，开窍于鼻，藏精于肺；北方黑色，入通于肾，开窍于二阴，藏精于肾。"这个藏并非只单单指人体的五脏，而是天与人的藏，在天，为东方、南方、中央、西方、北方的四象五行，总御得失的中央三垣与二十八星宿。在人，即是肝、心、脾、肺、肾五脏系统。除五脏外，还有与五脏紧密相连的目、耳、口、鼻、二阴等器官，这些器官与五脏的联系又是什么呢？为全身的经络、气血、精气，无不联动在一起。这是天人合一的大视野，所以说这个精、气、神在宇宙、人体、器官、自然界等无处不显，毛孔、毛发、器官、人体、自然界、星系、大宇宙等无不是指挥部、无不是生产车间，无不是生命的全部真相，一颗露珠，一个介子，一个星球，一个超级大星系等都是生命的真相，内证大道者，在觉悟的那天，从自己身体内部看去，无不是宇宙星辰身外的一切。如《黄帝内经·素问》所言："天地之间，六合之内，其气九州、九窍、五脏十二节，皆通乎天气。"

"藏"的目的，一是为了人体命象生理代谢，生命之轮的用。藏精，是因为精化气，精生血等一切生命运动都在消耗精，必须有足够的能量来支持。身体每一刻都在剧烈快速的运动，如微观到细胞分裂、气血运转，宏观到吃饭、睡觉、工作等都在消耗精，这个时候就需要精给予能量补充，藏就是这个目的，藏以致用。所以天人的大运相在给我们补充，脾胃运化在补充，肺系统在补充，我们每天每刻都在与宇宙自然发生密切联系，都在大运相，同时也反过来影响着宇宙的其他一切。

"藏"的第二个目的就是成为藏，宝藏的藏，对于人体命象的生理功能而言，这些魄与精能量体藏（cáng）起来就变成了生理活动与精神面貌的宝藏，尤其是补充营卫以防御外邪入侵形成正气成为无形的宝藏。为何呢？因为既要补充生命运动消耗的精，又要躲避生命运动带来的无明沾染，这是生命渴望光明的自发自觉，给自己的生命留一处宝藏。只要是生命运动包括起心动念都会增加无明障碍，所以在"神"需要明的作用下，要藏起来，躲起来，在五行之藏和五脏神的规律法则下，贮藏起来成为生命的宝藏。不然原本的胎光玄精，先天至阳的精气，就会越来越弱。鬼云为魂，鬼白为魄。先说何为"鬼"字，就是能量减弱，已经不再纯阳至精，再如此被无明障碍和堕落下去，只能成鬼了，以"鬼"喻是为警醒世人，不要再让魂魄堕落和沾染无明。《黄帝内经》上说病与精气关系的不胜枚举。其总纲莫过于《素问•上古天真论》："黄帝曰：余闻上古有真人者，提挈天地，把握阴阳，呼吸精气，独立守神，肌肉若一，故能寿敝天地，无有终时，此其道生。中古之时，有至人者，淳德全道，和于阴阳，调于四时，去世离俗，积精全神，游行天地之间，视听八达之外，此盖益其寿命而强者也，亦归于真人。其次有圣人者，处天地之和，从八风之理，适嗜欲于世俗之间。无恚嗔之心，行不欲离于世，被服章，举不欲观于俗，外不劳形于事，内无思想之患，以恬愉为务，以自得为功，形体不敝，精神不散，亦可以百数。其次有贤人者，法则天地，象似日月，辨列星辰，逆从阴阳，分别四时，将从上古合同于道，亦可使益寿而有极时。"以上古、中古真人以及圣贤者，如何提携天地，呼吸精气，守神、外不劳内不思，分别四时，积精全神，从养生到修道，到成仙证道。

那么生命发育过程中的藏魄和藏精两次储存宝藏的原理是什么呢？为七门窍开而生化，七门窍关内丹田精气系统在人体命象空间体因能量体的差异变为藏。在七门窍的界膜视野里，五藏神随七门窍的开启而生化在外丹田的精气神内容，当五藏神外丹田精气神内容形态生化开始，人体命象空间体就出现并运转，当五藏神的内外丹田在生化上出现藏象第一次平衡后，人体命象空间体中的藏象外系统构成，藏象外系统生化毕具与构成后，就是向人体命象生理系统进行生化转换，这里就产生了当界域平衡后的流变。因为人体命象生理系统与藏象外系统不是同一能量维度，虽然它们在同一人体命象空间体结构中。也就是在七门窍开启，外丹田生化毕具，藏象外系统流变生化人体命象生理系统过程中，就会出现藏匿与蓄积精气的过程。随着人体命象空间体的形成，在七门窍的通道作用里，内外丹田内容形态生化毕具过程中，此时有藏象第一次平衡，在藏象第一次平衡态里，就是负阴抱阳机理的重现，在藏象第一次平衡后随七门窍的关闭，出现了道元维度能量差异，再以"冲气以为和"阴体生阳求阴阳的原理，在生化外丹田过程中，就有能量体的逃逸和滞留，由于有各个时空体能量轨道的束缚，它们并没有逃逸到无边无际的地方，而是藏了起来。知晓了这个原理和真相，就需要我们把埋藏起来的宝藏找出来，那就是内证系统，可以打开人体能量体精气系统的本来，如果小用在人体生理活动上就是养生与祛病。

七门窍视野的五藏神外丹田精气神的形态分布生成，为七门形体结构下的十二结节人体空间体。我们说五藏神外丹田精气神形态的分布生成依五藏神内丹田精气神三态的转换，只不过在"精"和"气"形态上内丹田与外丹田在人体命象结构上的对应关系不同，"精"形态的中黄庭心绛宫内丹田，在人体命象上为心肺部，则成为"气"形态的外丹田，成为内精外气的"精"道元能量维度结构；"气"形态的下黄庭命门宫内丹田，在人体命象上为腹脐部，则成为"精"形态的外丹田，成为内气外精的"气"道元能量维度结构。强调七门窍视野，就是要联系内丹田来言说外丹田精气神的生化转换，生化转换形成后，才是立足于外丹田说外丹田精气神的形态分布。七门形体结构下的十二结节人体空间体实际上是对人体命象空间体的藏象外系统空间的描述，它具备七门形体结构空间以及其空间内的十二结节，类似于空间架构模型，如果把七门形体结构形容成外空间架构模型，十二结节就是此外空间架构模型内的具体定位结构。有了以七门形体结构空间和十二结节的内部定位结构的空间架构模型，就能完成五藏神外丹田精气神的形态分布，形成藏象外系统，所以七门形体结构空间和十二结节结构又称为藏象外系统空间。这里谈论的外丹田精气神形态分布既包含宏观上与人体命象部位对应的三丹田轮，又依外三丹田轮为主体周流藏象外系统空间为主体的人体命象空间，也成为外三丹田轮的主体向人体命象精气神系统生化转换的开始。

内精外气的"精"结构与内气外精的"气"结构，正是藏象内外丹田精气系统的全部生化内容，此内容的生化毕具标志着藏象生命系统由藏象内系统和藏象外系统有机统一起来，而在此生命形态中，七门窍是真正的内容生化与能量转换的通道，是以窍的形式洞开在结带膜上。内精外气的"精"结构与内气外精的"气"结构的藏象精气系统，才是五藏神外丹田精气神的形态分布的总体视野和生化转换的相依源，更是人体命象精气神系统生化转换的根本。

七门窍所在的七门空间体，在形成人体命象结构转换时，以七门义具体的空间定位描述构成人体形体结构，在泥丸天门、明堂前门、玄膺楼门、绎宫房门、玉枕后门、夹脊中门、尾闾地门七门中，按取类比象人体三维空间结构，其中天与地构成上与下，并与前中后构成一个具象三维空间体的描述。七门形体结构的形成指向了结带膜的七门窍空间体向人体命象结构的转换，以人体的三维空间体来对比，结带膜的七门窍空间体在未向人体结构转换前是高于三维空间体形态的，所以在描述人体命象精气神生化转换之前所描述的精气神所有形态的空间维度都是高于人体命象三维空间的，故精气神的形态也非三维形态。以七门窍在结带膜上的空间体以及七门人体空间体的转换来说，七门窍在人体空间体结构合而成形后是必然要关闭的。那么这个七门窍关闭的实质是什么呢？它有两个层次的关，第一个层次为七门窍关，是藏象内丹田系统与藏象外丹田系统通道的关闭，之前的藏象内丹田系统和藏象外丹田系统进行精气神的内容生化与能量转换的通道关闭了，也以此七门窍的关闭构成了藏象域与人体命象域两界域空间的隔绝。第二个层次为十二结节关，十二结节的关是人体空间体结构合而成形后，人体精气神能量体彻底与五藏神能量体系隔离了，只有藏象外丹田系统藏匿与积蓄的能量体称为人体命象精气神系统能量体运转之所在，在人体命象系统中形成了一个能量局限的空间体，从而需要依赖于运化精与呼吸凡气，通过肺肠系统、脾胃系统运化水谷精微与呼吸凡气中的气微精来作为人体命象生理系统的能量来源，就构成了呼吸和饮食的根本机理。

　　十二结节从形成之初到毕具的过程，就是藏象外丹田精气神系统关于人体命象精气神系统往来关系所在，未形成或形成之初为开，藏象外丹田精气神能量体流变到人体命象空间，随着十二结节的形成毕具，就是能量体往来关闭的过程。从人体命象空间的能量体结构视野来说，十二结节就是藏象外丹田能量体与人体命象能量体的十二个具体通道，但它一定是要在藏象外丹田能量系统生化成熟后，才能完成向人体命象系统的流变转换。十二结节的形成标志着人体命象精气神能量体与藏象能量体（通过藏象外丹田精气神形态）形成藏象与命象平衡，由于它是从藏象外丹田能量体向人体命象能量体生化转换的，故为藏象第二次平衡；同时也标志着在人体命象空间体中形成了人体空间体，由藏象外丹田空间体和人体空间体共同构成了人体命象空间体，从而也在人体命象空间体形成了藏象外丹田系统和人体命象生理系统。

藏象第二次平衡在结节态成为临界点。结节就是藏象外丹田能量系统分布后，并依对人体命象能量系统的统御和主导，就要流变转换成人体命象能量体，这种流变由于同样是在人体命象空间，故是无碍的生化转换，当转换完成后就要形成结节，以结节来形成关闭。结节的形成不是开启而是关闭，这构成了结节态的临界点。以结节形成的关闭就隔离了人体命象能量体与藏象外丹田的往来联系。那是因为人体命象能量体在藏象外丹田能量体流变转换结束后，就要合而成形长成肉体，肉体对比精气神能量体态为重型组织器官，重型组织器官就是物质域范畴的物质形态，为无明之体现，以形成的有型可见的重物质成为无明空间束缚，在这些重物质形态下，从能量维度上来说形成了隔离，它没有了高道元能量维度的补给，也无法联络传导信息，也就是俗话说的长死了。它只能在组织器官的重型空间内进行生理形态的代谢，虽然也是生命的动态，但终究只是在能量局限的空间体里依有限的能量短暂的成住坏空，体现在生命上就是器官生长与衰竭的过程形成的生老病死。《云笈七签·卷二十九·禀生受命部一·太上九丹上化胎精中记》云："故人象天地，气法自然。自然之气，皆九天之精，化为人身，舍胎养育，九月气盈，九天气普，十月乃生。其结胎受炁，有吉有凶，有寿有夭，有短有长，皆禀宿根。结气不纯，藏胃积滞，六府败伤，形神不固，体不受灵，死气入窍，何由得存？……凡人受生结九丹，上化于胞胎之中，法九天之气，气满神具，便于胞囊之内，自识其宿命，知有本根，转轮因缘，九天之气化成其身。既睹阳道，开广三光，而自忘其所生所由之因尔者，皆由胞根结滞，盘固三关，五府不理，死气塞门，致灵关不发，而忘其因缘也。"所描述随人体十二结节的临界态，不仅"胞根结滞"无法再受九天之精气，且"盘固三关，五府不理，死气塞门，致灵关不发，而忘其因缘也"，从而也是导致"藏胃积滞，六府败伤，形神不固"脏器败伤，以及"体不受灵，死气入窍"的形成生死轮回的实质，且"九天之气化成其身"的身体再也无法与藏象系统相联系，指向隔绝了生命形态应该有的广阔空间体。

十二结节。为胞胎所指的人体命象空间中，因胞根结滞所形成的结固，生成了与藏象空间失去联系之结节。据《云笈七签·卷二十九·禀生受命部一·解胎十二结法》所载："凡人生在胞胎之中，皆禀九天之气，凝精以自成人也。既生而胞中有十二结节，盘固五内。五内滞拥，结不可解，节不可灭。故人之病，由于节滞也。人之命绝，由于结固也。兆能解结于胞中十二结节，则求死亦不得也。胞上部有四结：一结在泥丸中，二结在口中，三结在颊中，四结在目中。胞中部有四结：一结在五脏中，二结在太仓中，三结在大肠中，四结在小肠中。胞下部有四结：一结在膀胱中，二结在阴中，三结在后门中，四结在两足中。"言明了胞胎结构（胞上部、胞中部、胞下部）中的十二结节位置。从胞胎所指的人体命象空间，为从"两神相搏"父母构精的受精卵在母胎的状态和阶段，以胞胎来说从合而成形的"形"已经生化到人体命象的"体"阶段了，也就是在肉体长成的过程中，胞胎中形成了结固之结节。但从胞胎结构所指的胞上部、胞中部、胞下部三部位置也不能完全等同胎儿肉体的三部位置，由此可见，为肉体胞胎发育之初始。

十二结节结固的原因为胞根结滞。何为胞根结滞？这里有两层含义，第一层为以"胞根"指向了生化胞胎肉体的根本，从源流变循顺置返，为先天运相系统和后天藏象系统之整体。如果以胞胎的肉体在这里称为后天胞胎生命，那么胞根就是孕育后天胞胎生命的先天根本，从后天五生过程我们知道是一个宏大的过程和复杂的机理，尤其是胎光玄精视野与五藏神能量体的统御作用，都是先天之胞根，如果再从心性上循之，又指向了种子的真如性。有了此胞根的含义指向就很好理解胞根结滞了，为后天胞胎生命与先天生命之根发生了隔离，这个隔离体现在以肉体结固的生长方式而长死了，把人体命象空间体中还存在的最后十二个与先天之根有联络的结节结固了。"结"就是结固，而"滞"则是沟通往来的停滞，从藏象外丹田精气神能量体流转转变为人体命象精神气能量体，随着胞胎肉体的生长而停滞了，本来联通了生命先天根本的宏大生命空间体（含运相和藏象空间体）变成了局限而狭小的肉体命象空间体。同时，胞根的"根"指向了识、根、尘所在的根尘蕴结之在人身的和合集聚，识→根→尘过程与识根尘和合集聚为唯识变现的法则完成后，才是地水火风空五大以色法集聚成为人身肉体。所以这个"根"的指向，应该是识→根→尘过程与识根尘和合集聚为唯识变现的法则，体现在生命先天之根以能量体形态和空间体形态上，而识根尘和合集聚为唯识变现的过程正是先天运相、后天藏象、人体命象围绕精气神三者形态的生化、转换、流变，实际上后天五生过程承载的先天运相、后天藏象、人体命象的精气神形态内容正是无法透彻言说的识根尘和合集聚为唯识变现整体过程的呈现。

胞根结滞的第二层含义为联通生命先天之根的通道以结节的形式结固了。胞根结滞胞胎肉体则长，胞胎的具象空间形成，生命形态从"生育"合而成形阶段到了在凡肉体阶段，在肉体成长阶段的能量体为父母构精能量体和母腹能量形式。如果说合而成形所在的后天五生完整生育阶段为胎光玄精能量体的生化转换而形成的，那么当胞根结滞的结节结固了，藏象外丹田精气神能量体失去了能量供给，而胞胎肉体生长需要的生命素（营养）就是两神相搏的父母构精，受精卵蕴藏的父母之精气能量以及母腹中的运化之精。所以胞根结滞的两个层次含义视野就是合而成形的"形"生化到人体命象的"体"，在生命以肉眼不可见与可见的形态上，有了形→体的生化转换。如果以"体"的肉体命象作为后天生命的话，胞根结滞后的能量体形式就是受精之初父母构精能量体与母腹运化之精，胎儿出生后就是自身命象精气神系统运转。对比"体"的后天则有"形"所在的"先天"，此先天为后天五生完整生育过程以及运相系统和藏象系统的集合称谓，同我们之前称为先天运相和后天藏象的先天与后天对待立场不同。

从能量体与时空空间体在人身命象肉体的源流变上来说生命的本质。十二结节胞根结滞的结固，为肉体在成住坏空上所显象的生老病死呈现了无明染浊诸义，以及藏相动能视野下的生命形态堕落消耗的本质。后天五生生育过程，围绕生命形态的能量体和时空空间体，经历从太极源起到先天运相、后天藏象、人体命象阶段过程，到十二结节胞根结滞的结固开始人体命象的肉体空间体开始生长发育。在整个生命形态生化与转换的过程中每一个阶段的精气神内容与形态的变化，都是无明染浊的不同程度以及不同形态。后天五生生育过程是一个连贯的过程，现在在胞胎里看到了胎儿的形迹，乃至出生后成长，可以肉眼见到活生生的"事实",所以说无明在哪里?色法质碍又在哪里?后天五生生育过程连续而连贯呈现的肉体本身以及一切可眼见的色尘就是最直接的证据。从藏相动能视野来说精气神或者说识根尘和合作用的过程,从先天运相、后天藏象、人体命象阶段过程显象的生命形态,无不是能量体堕落集聚的过程,精气神每一次转换形态的流变都是藏相动能义下的右旋堕落本质。肉身就是色蕴在色法上的显象,且整个人体命象就是色蕴、受蕴、想蕴、行蕴、识蕴集聚成身,受无量生死的五蕴(阴),而色蕴只是其中的物质性的事物现象,为形质互相起障碍之质碍。恰恰色法就是藏相动能义下的右旋堕落形态呈现的物质集聚的法则,高能量体魄精素气以右旋沉淀的形态堕落成色尘,色的和合集聚就是色蕴。从人体命象肉身色尘在藏相动能义上的呈现就知后天五生生育过程就是一个不断受无明染浊右旋沉淀堕落,并消耗能量体的规律。

十二结节胞根结滞的结固意味着什么呢?意味着人体命象能量体从来源上切断了先天联系,只能靠藏象系统主导和运转的人体命象生理系统来自身运化,通常体现为心肺呼吸、饮食脾胃运化以及睡眠减少消耗并做短暂的身体能量恢复来实现,但基本上是杯水车薪,延长不了人的百年寿命。藏象能量体的隔绝往来以及自身运化的有限,再加上身体器官组织在人体命象时空体有成住坏空上时间性,故呈现了生老病死规律。十二结节的结固既是生育过程中的必经过程,又是人体命象能量体隔绝藏象能量体的临界节点,《云笈七签·卷二十九·禀生受命部一·解胎十二结法》云:"上部四结,固人泥丸,落人华容,夭人生魂。中部四结,合凶为群,盘固太仓,迅人游魂,来妖通奸,景梦不专。下部四结,结人后门,遏人九孔,断人命根。帝君告灵,九天玉文,消解结节,灭诸根源。"这是从十二结节的内景视野,来言说十二结节对生命的危害，也是言说了对如何解结的认知，这也形成了道家养生要对十二结节进行解结。只有通过道家养生方法解开了这十二结节的结固导致的胞根结滞，那么生命就连接了先天的生机，还补充了衣食住行、起心动念被消耗的生命体能量，从而逐渐实现养生祛病、延年益寿，甚至得道成仙，实现生命回归后天藏象形态或先天运相形态，更有彻底打破无明证入生命圆觉的真如义，而成佛了道。以十二结节胞根结滞的结固来言说人体命象空间体中的藏象外系统和人体命象生理系统的界限是最合适不过了，也是藏象外丹田精气神形态流变为人体命象精神气形态，这里的流变视野就有命象补给和魄精蓄积两层含义，并呈现了十二结节临界态。

十二结节临界态为十二结节禀盈和十二结节结固过程，伴随人体命象合而成形以及肉身成体。十二结节禀盈就是还未形成结固的状态，为藏象外系统与人体命象生理系统还有沟通联系的禀盈态，成为人体命象生理系统在肉身成体之前禀受与充盈人体精气能量的过程，故称为禀盈。禀为禀受生命且具体为禀受先天"九天"之精气，为"凡人生在胞胎之中，皆禀九天之气，凝精以自成人也"的禀受"九天"先天（运相与藏象集合统称）之精气，九天之气的高能量体态被人禀受就是凝精，也正是精以气动与气动必是精用的精气关联能量体态。盈为精气充盈，为"故人象天地，气法自然。自然之气，皆九天之精，化为人身，舍胎养育，九月气盈，九天气普，十月乃生"。所说的禀受生命先天精气以及养胎胎气充盈。从禀盈我们可知两个过程，第一个过程为禀受生命先天之精气的过程，是胎形和胎体直接禀受所谓的九天精气么？不是，它能接受充盈灌溉的先天精气仅是藏象外丹田精气神形态的，之所谓九天之精气那是因为藏象外丹田精气神形态的能量体是从"九天"所指的运相阶段和藏象阶段流变转换过程的，而真正的"九天"高维度能量体的精气胎形和胎体是无法直接接受禀盈的，这个禀盈的过程实则指后天五生过程在精气神能量体的转换步骤上。从这个层面也就不难理解《黄帝内经》说："人始生，先成精"以及"两神相搏，合而成形，常先身生是谓精"，都以人体出胎生育前围绕"精"来描述关于"生"的本质，就是基于九天精气的禀受视野而连贯起来关于精以气动与气动必是精用的精气关联能量体态呈现在"精"上的实质。

第二个过程为胎形和胎体在母胎中养胎气有十月的过程，也是形成人体组织器官并逐渐形成有生理运化精气之功能的过程。从十二结节禀盈内涵，可窥见在胎形和胎体发育之初始，既有先天精气之实质转换关联又有母腹养胎过程，而如何在十二结节临界态来禀受生命之气变得尤为关键，那是因为这个禀受受气过程还存在着差异，所谓"其结胎受炁，有吉有凶，有寿有夭，有短有长，皆禀宿根。"而这里独用结胎受炁的"炁"，也就是先天禀受九天之气对后天命象有很关键的所在，在世间角度，其吉凶、寿夭、短长等取决于先天之气，这就是命炁，先天之禀赋，说到根本为识神种子主气精义呈现在五藏神能量体的生化上，而有人的命运各异，生命形态皆不同，识神种子因缘的任何一丝一毫皆不会出差错，并且已经依五藏神能量体转换来统御主导和运转支配这个肉身命象，从身体承载的大格局的生命信息来说，现在科学流行的说法也叫基因，但现代基因仅是从人体命象层面组织器官义上的解读和认知，如果真正的从精气神形态在先天运相、后天藏象、人体命象各层面结合，并依人体命象联通藏象阶段和运相阶段便可打开生命无比广阔的密码，这就如同对《周易》还仅仅停留在六十四个卦名的认知上，连卦体的含义，以及卦与卦、爻与爻乃至整体象数理关联都不知所云，而恰恰围绕生命形态的本质密码就在《周易》六十四卦与三百八十四爻象数关联里。禀受先天命炁在道家里也是有专门的方术可以调整生命信息，或者是从业力牵引角度在还未从胎形长成胎体前，可以消业的方式改变尘世吉凶、寿夭、短长等命运；反之，如果在后天以方术打开结节通道，亦能达到"回精凝神，解散紫胞结节之根，还精补胎，灵镇穷肠，内充外逸，九窍鲜明，炼髓易骨，节节纳真，其法高妙"之非同寻常的养生内景功态。

十二结节临界态的禀盈与结固过程，从人体命象能量体角度为藏象能量体（藏象外丹田精气神形态）发生在胎形阶段的生化转换，且为命象补给和魄精蓄积两层含义的流变。此过程的结束也就是十二结节禀盈态的结束，就以结节结固形成了人体空间体的界域。流变的命象补给和魄精蓄积为藏象第二次平衡的最后阶段，当这个阶段完成后，禀盈态结束，流变的结固态开始，人体空间体的界域随结固的产生由胎形发育长成胎体。十二结节结固前就是藏象第二次平衡过程，藏象第二次平衡为藏象外系统中的外丹田精气神能量体与人体命象系统中的命象精气神能量体在生化转换时因十二结节禀盈产生平衡，藏象第二次平衡的终结就是十二结节的结固，伴随十二结节的结固也产生了人体命象空间体有了人体空间体。以人体空间体的出现在人体命象空间体中区分开了藏象外系统和人体命象生理系统。

人体空间体在人体命象空间体独立出来，就是十二结节结固视野下的意义，也就是说从人体命象空间体的"形"，束缚成了人体空间体的"体"，从人体命象空间体有藏象外系统和人体命象生理系统可知，人体命象空间体的"形"从空间意义上要大于人体空间体的"体"，所以十二结节结固的胎形和胎体又是以此道元能量维度的流变。人体命象空间体的"形"既含藏象外系统统御与主导的外丹田能量体空间又含胎形，从这个层面上讲，合而成形的"形"并非是从纯胎形结构长成了胎体。这里有关于"形"层次的空间维度流变，它的理解难点就是要明了人体空间体（胎形义）是从人体命象空间体（合而成形义）依十二结节结固独立出来，这个独立就是长成人身胎体。

七门形体结构下的十二结节人体空间体就是人体命象空间体的合而成形义，它是人体命象空间体能量体结构在分布生成时的空间，也就是七门窍视野的五藏神外丹田精气神的形态分布生成，它分成七门窍空间体分布、七门窍内藏象外系统的外丹田精气神能量体按三丹田轮分布、十二结节禀盈人体空间体——胎形的分布三个部分组成。往往经常说藏象外系统与人体生理系统的关系，而忽略了在能量体形态分布之初始，七门窍也是空间体，它的空间体能量也是藏相系统能量体，而且还是内丹田生化转换外丹田时最早的能量体分布与空间充盈。七门窍作为空间体具足藏象精气神能量体的实质，对于胎体发育成熟后从人身角度谈道家养生和内证系统时，七门窍以人身七处在人身对应的关联，要充当极其重要的角色，它是内证实修中要依赖的重要凭借，就是因为它独特的藏象能量体结构，在行之有效的方法下，就能激活人身七处的关窍，成为诸多内证功法中的玄关一窍，且以人身七处和七门窍所存在的不同道元维度的视野，产生不同层面的功态和境界。世间人多知晓人体有七窍或九窍，但根本不知还有因道元维度的不同呈现在各层面形态下的玄关内涵均不一致，光是藏象内外丹田视野以及人体命象精气神层次就有不同的实证意义，再加上缺乏实证实质，诸多玄机都被混为一谈。

从能量体流变转换呈现的视野就形成了七门窍视野下的藏象第一次平衡和十二结节禀盈态视野下的藏象第二次平衡，从而也就有了藏象内丹田系统与藏象外丹田系统的关系，以及藏象外丹田系统与人体命象系统的关系。当精神气能量体分布随两次的藏象平衡关系的发生，七门形体结构与十二结节人体空间体就生化转变成胎形，胎形的产生让人体象空间体也发生向人体空间流变。所以，七门窍视野和十二结节视野，既是开启人体命象空间体从而形成藏象外系统与人体命象系统的通道，又是随七门窍和十二结节在两次藏象平衡后，从胎形到胎体独有人体空间体。但要注意的是，人体空间体形成人身后并发育成熟后，统御主导并运转人体生理生命系统的藏象外系统跟人体如影相随，只是不在人体空间体这个三维的视界里。为何要这样强调呢？因为这里又出现了能量体隔离视野和系统运转视野，七门窍关和十二结节结固形成了能量体隔离视野，也就是再也没有能量体的流变转换形态存在了，但它生化发育成了运转系统，以藏象外系统统御运转人体命象生理系统，所以不能从能量体关联关系的隔离也把藏象外系统与人体命象生理系统的关系隔离开了。所以，七门窍视野的五藏神外丹田精气神的形态分布生成，从人体命象空间体的三个部分的藏象两次平衡，最终要以七门窍关和十二结节结固来完成胎形长生胎体转换生成，以人体空间体统一藏象内系统和人体命象生理系统并形成有机整体。

对于七门窍视野的五藏神外丹田精气神的形态分布生成，为在人体命象空间体内，以三个部分的藏象两次平衡形成的能量体周流分布，而这三个部分除开七门窍空间体分布与七门形体结构下的十二结节人体空间体分布外，还有在七门窍和七门人体空间体在转换形成的中间态，也就是藏象外丹田精气神能量体按三丹田轮分布，以及立足于三丹田主体结构，周流分布于人体命象体空间，形成藏象外系统。藏象外丹田精气神能量体的中间态是形成于七门窍洞开之后，十二结节禀盈态之先，如果没有中间态能量体的充盈完成，就无法形成十二结节向人体空间体分布生成。那么现在就是聚焦这个中间态，以及它是如何从能量体分布充盈转换成藏象外系统的，并伴随人体空间体的形成来成为人体命象生理系统的主导。

立足于三丹田主体结构就是外丹田精气神三态的分布，为上丹田"神"形态的人脑三界构，中丹田"气"形态的膻中，下丹田"精"形态的关元。以此三丹田为主体并分布与周流于人体命象体空间，分布与周流为先生化分布再以精气周流生化的空间。这个分布与周流就形成了由经脉和络脉为主体的人体经络系统，经络系统主要分为十二经脉、十二经别、奇经八脉、十五络脉、十二经筋、十二皮部六部分组成。其中，十二经脉、十二经别、奇经八脉、十五络脉为主要经络，而十二经筋、十二皮部为经络的外延，经络相互连接交织，形成人体经络精气系统。五藏神外丹田精气神三态在人体命象空间体分布并周流后，由三态分的状态又形成聚合形成中脉，类似于五藏神内丹田的黄老中宫，它是五藏神外丹田精气神三态分布形成的"神"形态、"精"形态、"气"形态三者分离后的聚合态，与其说聚合态还不如说是立足于外三丹田主体结构并分布周流形成能量体空间的中脉主轴，以此主轴联系起三丹田的精气神诸形态和人体经络系统。当藏象外丹田精气神三态聚合成中脉后，围绕中脉就在人体空间体内形成了三脉七轮，以三脉七轮统御人体经络系统，以此就形成了人体空间体内能量体结构，从而真正把藏象内系统统御与人体命象生理系统结合在一起，而它们之间的有机联系就是围绕三脉七轮形成的人体经络系统，这也是藏象外系统的内容实质。以藏象外系统统御主导的人体命象生理系统来说，三脉七轮统御人体经络系统又是人体空间体命象器官组织发育形成能量体结构，所以胎形中人体的第一次分布与周流的能量体来源于五藏神内外丹田能量体生化流变转换的先天，只有在七门窍关与十二结节结固后，能量体才由父母构精和母腹养胎形态以及自身运化形态出现。

从七门窍视野与十二结节视野下的藏象第一次平衡和藏象第二次平衡，呈现了由七门窍开与十二结节禀盈状态下的人体命象能量体流变关系。为从五藏神内外丹田精气神能量体生化转换，在藏象第一次平衡后，再由五藏神外丹田精气神能量体与人体命象精气神能量体生化转换，在人体命象精气神能量体结构里，以外三丹田为主体并分布与周流于人体命象体空间，形成了外丹田精气神三态聚合成中脉，再围绕中脉就在人体空间体内形成了三脉七轮，以三脉七轮统御人体经络系统，就形成了人体命象能量体流变关系图。

在人体命象能量体流变关系里，藏象的两次平衡成为精气神能量体生化发展到人体命象能量体的关键所在，更构成了人体命象空间体的能量体流变形式，并以此把人体空间体随十二结节结固从人体命象空间体隔离出来，这种隔离就是胎形向胎体的器官组织的生长。如果说人体命象空间体与人体空间体的区别，在能量体上人体命象空间体为藏象外丹田精气神能量体生化流变人体命象能量体，并以藏象外系统统御主导人体命象系统；从空间体格局上说，人体命象空间含藏象外能量体空间和人体空间体，故人体命象空间体在时空格局上，体现为时间之先和空间之大，从胎形长成胎体在人身肉体的显象称为人体来说，人体命象空间体的道元能量维度要高于人体空间体，可以理解为人体命象空间体因含藏象外系统而非肉眼可见，而人体空间体随胎儿的肉体发育以肉身可见，并作为直观空间体。但在人体空间体里还有无法眼见的由藏象外系统统御并主导的人体经络系统，共同构成人体空间体中的能量体。

人体空间体是从七门窍视野出发，言说的从七门形体结构下的十二结节人体空间体，换句话说七门窍与十二结节的结构构成了人体空间体基本形态。那为何要从七门窍和十二结节言说藏象外系统以及围绕中脉的三脉七轮人体经络系统呢？这就是空间体与能量体的两者体系的不同对待，必须要转换清楚。在空间体结构成形之初始，就要先形成能量体的生化转换，在生化转换分布格局基础上再发生道元维度的流变，而成为空间体，虽然说了那么多的层次和过程，但发生能量体向空间体流变转换时又同样是在七门窍和十二结节结构下。所以就形成了能量体向空间体流变转换的过程，也可以是看作言说人体空间体结构的条件。

这个条件过程为：首先，要完成能量体生化分布，根据精气神三态所对应的三丹田结构，有内丹田和外丹田生化流转过程，以及外丹田向三脉七轮人体经络生化流转过程。以藏象两次平衡构成了两个阶段过程。其次，为能量体生化分布形成了界域转换，界域转换形成了空间体的总体格局，从藏象界域空间体转换到人体命象界域空间体，并从人体命象界域内随生化发育独立成人体空间体，但它只是界域的总体格局并非成熟格局，成熟格局为藏象两次平衡完成并随命象生理转换成诸系统。再次，为在总体格局的空间体内已经生化分布的能量体转换为系统，如藏象空间体内形成藏象内系统，人体空间体内形成藏象外系统与人体命象系统，之前生化转换的能量体以诸系统的形态存在，同样系统的统御主导与运转也是能量体维度的体现，也只能是高维度能量体系统统御主导并运转低维度能量体系统。最后，综合能量体、空间体、已经能量体在空间体内转换成的诸系统，成为有机整体下的成熟空间体形态，它的最后指向就是人体空间体内，藏象外系统统御主导并运转空间体内组织器官生化和围绕组织器官联系在一起的诸生理系统。而实现藏象外系统统御并主导来运转人体命象生理系统的标志，为能量体分布生成聚合成中脉以及围绕中脉形成的三脉七轮人体经络系统，它同时也是人体命象生命形态构成的标志，生命形态的构成就是从人体命象空间体中以人体空间体构成了胎形。或者说聚合形成中脉以及围绕中脉形成的三脉七轮人体经络系统就是人体空间体以胎形作为存在，此时在胎形空间体结构下七门窍和十二结节成了胎形的一部分。

七门窍视野人体命象生命形态构成。从七门窍视野的界域空间流变与七门窍视野的五藏神外丹田精气神的形态分布生成，以及界域空间流变和能量体分布后指向的人体空间体，就要发生关于人体命象生命形态的生化转换，从藏象生命形态生化成命象生命形态，并且转换成人体空间体，且在人体空间体有了可以合而成形的胎形。七门窍视野人体命象生命形态构成就是围绕胎形来言说命象精气神能量系统形成和胎形体的结构，这也正是后天五生"生育"阶段的内容主体，既是依藏象外丹田精气神形态流变转换到命象精气神形态，又是从藏象外系统主导运转命象生理系统，且逐渐随能量体与空间体的生化转换形成统一在胎形视野上，以此形成胎形视野下的命象精气神能量系统与胎形体。

命象生命形态构成的标志为能量体分布聚合成中脉，以及围绕中脉形成的三脉七轮人体经络系统，所以命象生命形态视野就构成了中脉视野形态，把中脉在命象生命形态上的诸多问题解析清楚，就能目睹命象空间体中以人体空间体构成的胎形过程。中脉视野形态有聚合中脉的能量体分布和能量体分布后的周流、天脉与中脉关联生化胎形、七门窍关和十二结节结固以及通道临界态下的界域流变、胎形结构体的人体经络之形与长成胎体四部分构成。

中脉视野形态下聚合中脉的能量体分布和能量体分布后的周流。中脉聚合的源流为五藏神外丹田精气神分布，三态依外三丹田分布就是精气神三者分离的形态，三态分离后再聚合形成了中脉。这里就有两个过程，第一个过程为依外三丹田结构分布，第二个过程为在三丹田分布结构体下再聚合，这就是中脉生化过程，类似于五藏神内丹田态下的黄老中宫，但中脉不能等同于内丹田的黄老中宫，黄老中宫在内丹田是整个五藏神的统御之宫，而中脉只是外丹田三态分离的联系通道。中脉联通的藏象外丹田精气神三态在人体空间体结构下再转换成三脉七轮，三脉七轮只是中脉能量体形态在人体空间体结构的再分布，或者说中脉是统一视野，而三脉七轮是中脉的内容形态。由于三脉里有围绕中脉的左脉与右脉合称为三脉，故在描述的时候突出中脉的主轴地位，称为以中脉为主体的三脉七轮。在中脉为主体的三脉七轮视野下来看藏象外丹田精气神三态，就能明确中脉对于精气神三态分离联系通道的作用和主轴地位。以中脉为主体的三脉七轮能量体分布形态出现后，能量体就发生了周流，就成为能量体分布后的周流，就是形成人体经络系统之所在了，这里形成的经络系统只是经络之形，人体全身七万两千多条经络组织就以十二经脉、十二经别、奇经八脉、十五络脉、十二经筋、十二皮部六部分组成。经络相互连接交织，在胎形长成胎体后，就形成藏象系统统御下的人体经络精气系统，又以人体经络精气系统主导和运转人体生理生命系统。

外丹田精气神三态的分布分离连通联系再聚合形成中脉，聚合成中脉标志着藏象外丹田能量体分布完成。而围绕中脉为主体的三脉七轮以及形成人体经络系统，则标志着中脉离散。如果说七门窍与十二结节在人体空间体结构上成为了胎形的一部分，是胎形的外观空间，而中脉离散形成的七万两千多条经络组织就成为胎形内部结构,这两者共同构成胎形的空间体,为进一步向胎体的实体生化发展。依中脉离散又如何在三脉七轮上形成人体经络系统呢?这要综合藏象系统能量体中的内丹田能量体、外丹田能量体以及人体命象能量体中的三脉七轮,再结合十二正经中的三阳经、三阴经与奇经八脉相联系,形成不同能量体维度下的经络联系,彻底把人体经络的维度层次和运转结合形态分离出来,以此视野再来看待生命的形态,才能真正建立道元维度去理解生命。

中脉视野形态下天脉与中脉关联生化胎形。天脉与中脉的关联,要从藏象命门临界态一直贯穿到中脉为主体的三脉七轮形成过程,实际上,这个关联是必然存在的,尤其是在七门窍未关闭与十二结节未结固前,从藏象命门临界态时离转冲升过程和下降的通道——藏象天脉(简称天脉),一直到胎形形态下的中脉(也称命象中脉),它是整个后天藏象界域与人体命象界域最核心的命脉所在,它们的联系与连通过程就是精气神三态在不同空间体和状态下的生化流变过程,以此形成藏象内丹田精气神形态、藏象外丹田精气神形态、命象精气神形态等。如果说藏象天脉构成了藏象界域的内主轴的话,命象中脉则为人体命象界域(含胎形体)的外主轴。它们之间的关联从命门离转冲升开始一直到人体经络系统所在的命象能量体形成,成为生命形态的重要组成部分,无论是从能量体和空间体生化转换,还是精气神各种形态下的内容都构成了源流关系,其间还有界域转换的流变。那么天脉与中脉的关联过程意味着什么呢?意味着生化胎形并形成胎形内的命象能量体结构,把一切的能量体和空间体生化转换完成,且把精气神各形态的流变结合到胎形上,形成天脉与中脉的关联态,天脉与中脉关联态就蕴藏了巨大的生命信息和秘密。

天脉与中脉关联态为胎形命象能量体结构全面冲升生化形成，并依胎形中的能量体结构有脏器组织的形生化形成。它的具体结构为天脉布局先天因缘系统以及中脉布局五脏五行系统，两者布局完成后胎形能量体结构以气机冲升的形态生化形成。同时，精气神三态在天脉层面和中脉层面的气机冲升动态过程中，天脉的内系统与中脉的外系统，这两者按五藏神五行之藏法则发生关联，这种关联皆以五藏神精气神的形态结合在一起，产生布局形态后的系统融合，这个系统经过七门窍和十二结节通道传导和生化，最后形成三脉七轮结构下的魂神魄意志五藏神精气神形态，构成胎形命象能量体，完成内外丹田五脏神能量维度的结合，形成藏象生命系统。

天脉与中脉气机冲升在关联态融合后，在此结构和状态下称谓的藏象生命系统对比之前言说的藏象外丹田生命系统，藏象生命系统既是融合了内外丹田能量体结构的综合体，又因两者"布局"而产生了局限性。关于藏象生命系统与藏象内外丹田生命系统的对比是一个难点。藏象内外丹田生命系统是我们在后天五生的阶段过程中，从五藏神内丹田能量体向外丹田能量体生化流变的阶段和局部言说的称谓，当到了人体命象阶段且在胎形视野下，之前的五藏神内外丹田能量体因为天脉与中脉关联并发生动态的气机冲升联系后，内外丹田能量体在精气神上的不同形态融合到了三脉七轮结构下的魂神魄意志五藏神精气神形态，形成了综合体。这就是藏象生命系统融合内外丹田能量体的机制，也同时是能量体发生在胎形阶段后形成的独有现象，也可以看成是内外丹田能量体在气机冲升后，融合集中到了中脉为主体的三脉七轮能量体结构下。由于藏象生命系统是从五藏神内丹田系统与外丹田系统经过阶段过程后而生化的结果，所以之前在某个阶段过程中称谓的如藏象内丹田生命系统（或藏象内系统）以及藏象外丹田生命系统（或藏象外系统），都与中脉为主体的三脉七轮能量体结构下藏象生命系统并没有在名词称谓上发生冲突，当在表述时出现了混淆状况，只要厘清它们的阶段过程就能做好对应关系。

何为因"布局"而产生了局限性呢？从"布局"过程和内容上看，为天脉布局先天因缘系统以及中脉布局五脏五行系统。"布局"在这里有三层内涵，第一个为生化转换义。天脉布局先天因缘系统，就是在藏象宫库田轮态与五藏神内丹田系统以及五藏神外丹田系统围绕以天脉为主轴，来布局先天因缘系统；中脉布局五脏五行系统，就是在人体命象能量体系统以及以中脉为主体的三脉七轮能量体结构下，围绕以中脉为主轴以五行之藏规则开始生化转换五脏系统，或者如前文所说的开始围绕五脏系统来藏匿与蓄积精气，体现为藏魄与藏精。天脉与中脉生化转换"布局"先天因缘系统和五脏五行系统的前提都是诸能量体结构已经形成，在诸能量体结构的基础上完成布局，或者看作是诸能量体结构生化转换最尾声也是最升华阶段。天脉在藏象宫库田轮态与五藏神内丹田系统以及五藏神外丹田系统的能量体结构基础上，并以天脉为主轴；中脉在人体命象能量体系统与中脉为主体的三脉七轮能量体结构基础上，并以中脉为主轴，然后完成能量体结构生化转换的升华——布局。

第二个层面为关联融合义。天脉的内系统与中脉的外系统融合在藏象生命系统中，胎形能量体把阶段过程发生的内容形态通过"布局"和气机冲升，把阶段过程发生的诸多内容形态和系统统一融合在以中脉为主导的三脉七轮结构下，形成胎形结构下的魂神魄意志五藏神精气神形态——指向了五行之藏的五脏系统。所以这个层面的布局融合义是能量体结构生化转换并升华后的结果，但这个结果的布局融合义需要天脉与中脉关联的同时，还要发生气机冲升过程，在气机冲升过程里发生交互、平衡、传导等融合形态。第三个层面为时空体变量集合——生命因缘布局。为生化转换升华并关联融合后，产生的时空体变量集合布局，此为局限性的关键，如果说前两义都是围绕关联融合来说，当一切毕具后，就是为因缘布局做基础和前提。

什么叫时空体变量集合——生命因缘布局呢？为识根尘交互融合立于三世两重因果，生起从胎形长成胎体到人死亡整个过程中一切时空体变量集合的现行。简述之就是现世的命运始末的诸因缘，构成生命命象的全部因缘，无论是微观的器官组织变化还是现量中由最微观起心动念生起的受想行识过程，乃至生命形态中任何一弹指间三十六万生灭的因缘，都在生命因缘布局里写就，这就是生化转换升华并关联融合后产生的时空体变量集合的生命因缘布局。

在"布局"内涵中的生化转换义、关联融合义以及生命因缘布局义承载下的藏象生命系统与藏象内外丹田系统、人体命象能量体系统相比因"布局"产生了局限性。这个局限性体现在生命因缘布局从胎形长成胎体到人死亡整个过程的一切因缘变量的集合是有限的，人的生命形态从胎形长成胎体到死亡的现行现量，因为因缘布局的写就而变得局限有限，一切立在三世两重因果里，受因果业力牵引，所以就形成了以"布局"内涵承载的先天因缘系统的天脉布局和五脏五行系统的中脉布局。

以此综述，"布局"布的是什么局呢？是十二因缘的三世两重因果中"无明缘行"过去二因的因缘局，而且这个无明→行的局为自己在过去世写就，受过去世熏习传导的时空因缘因业力牵引，成为过去世时空体变量集合，在这两个布局结构里完成布局。那么布局的过程是什么样呢？就是所有后天五生过程变化呈现在胎光玄精临界命门态后，五藏神内外丹田精气神形态的生化毕具，尤其体现天脉与中脉关联下的气机冲升，成为十二因缘过程中的识→名色→六入过程，把过去因带到现世果。从过去因的布局到现在五果的种子与现行来说，识→名色→六入过程只是布局的过程，导致这个过程的根本牵引力就是过去二因。或者说无明→行的过去二因的局，通过识→名色→六入过程来布，一直到了十二因缘的"触"支阶段，识→名色→六入过程根据识、根、尘和合作用义，结合人体器官组织的生成来在先天识的牵引作用下，开始恒顺先天因缘而产生后天识的熏习与传导。

这里从唯识十二因缘的识→名色→六入过程来说布局含义时，就要强调为何要在胎形命象能量体结构下言说"布局"的生化转换义、关联融合义，并以在此两者的基础上来说生命因缘布局，这就是从胎光玄精入胎临界藏象命门到胎形过程，所承载的"识"与"名色"含义，"识"的唯识变现种子现行先天牵引比较好理解，尤其是到了胎形体视野，胎形就形成了有色形但并未真正长成色体，但具足色的本义，如果把色形对比色体看作是色与空的形象比喻的话，把有实际质碍的色体当作色，而具足色本义只有色形的当作空的话，这也是在胎形具足的"名色"含义层面言说色空义的最佳阶段和素材，它的含义承载在此就是——色即是空、空即是色、色不异空、空不异色的色空义。色即是空与空即是色，从"色"的色形空与色体色两面性来说，色空是不二的；色形的空也是色法的形态，而色体的质碍是从色形的空在因缘变化上呈现的色体色，色形的空依色法和合集聚义而不空显色性，故又色不异空与空不异色。

从藏象生命系统下的天脉布局先天因缘系统以及中脉布局五脏五行

系统来看，生命的色体一切因缘结构在胎形具备，就差气机冲升后，七门窍关闭和十二结节结固，胎体从胎形生长成肉体。明了这个关于胎形具足的"名色"含义，就承载了十二因缘中的识→名色→六入过程，而这个过程就是从胎光玄精临界藏象命门，藏象内外系统下的精气神各形态生化流变，直到胎形的命象能量体结构，都是在分阶段和分层次地呈现先天因牵引下的布局过程。先天因缘系统天脉布局以及五脏五行系统中脉布局结合下，无明→行的过去二因的局，通过识→名色→六入过程来布。那么视野就聚焦到了胎形所在的命象能量体结构，以中脉为主体的三脉七轮结构下的魂神魄意志五藏神精气神形态，就构成了藏象生命系统的内容形态，这就是所谓藏象生命系统既是融合了内外丹田能量体结构的综合体，又因天脉布局先天因缘系统以及中脉布局五脏五行系统的两者"布局"而产生了局限性。在融合的综合体上，先天因缘系统和五脏五行系统这两者在按五藏神五行之藏法则发生关联，这种关联皆以五藏神精气神的形态结合在一起，产生布局形态后的系统融合，这个系统经过七门窍和十二结节通道传导和生化，最后形成的就是胎形命象能量体，完成内外丹田五藏神能量维度的结合，形成藏象生命系统，它的内容主体就是以中脉为主体的三脉七轮结构下的魂神魄意志五藏神精气神形态。

从因缘布局的局限性就能指向胎形的局限性，胎形的局限性体现在五脏五行系统承载的胎体空间。这里的五脏非单指肝心脾肺肾五脏器，而是五脏所综指的肝系统、心系统、脾系统、肺系统、肾系统有机联系的人体全身整体，而五行系统就是全身在五行法则下统一在五脏系统里，从而以五脏五行系统言说了胎体空间体的全部。如果把无明→行的过去二因的局，通过识→名色→六入过程来布看作是天脉布局先天因缘系统的话，那么识→名色→六入过程布在什么地方呢？总得有个落脚点，那就是藏象生命系统指向的胎形空间体，故成为中脉布局五脏五行系统。由过去世无明→行的过去二因的"局"就可知藏象生命系统的局限性。为何就有了局限性呢？那是因为过去世无明→行的过去二因，在累劫累世的无量种子因缘库形态下，渺小得简直不值一提，就如大海里取一滴水一样。同样是从精气神能量体形态生化转换而来，在胎形命象能量体的藏象生命系统与藏象内外丹田生命系统相比，都要局限很多，这就是因为胎形在色空义上，以色形空而有色体的实质，为无明束缚的外空间轮廓已经形成，之前的藏象内外系统言说的空间维度轨道都要远大于胎形的外空间轮廓，这就是为何在未形成胎形时，一直分内系统和外系统来说。在未以胎形命象能量体融合且布局之前，就未言胎形体和藏象生命系统，因为关于融合态，还有天脉与中脉气机冲升的过程。

生命因缘布局的基础和前提为生化转换升华并关联融合，生化转换升华与关联融合的状态结果，产生了布局义以及基于布局的融合义，指向胎形命象能量体承载的藏象生命系统。在融合态以融合义形成藏象生命系统还有非常重要的天脉与中脉气机冲升的过程，或者说是伴随天脉与中脉气机冲升过程，天脉的内系统与中脉的外系统按五藏神五行之藏法则发生融合与布局关联，最终形成藏象生命系统。

天脉与中脉关联态下气机冲升。为藏象天脉以内系统冲升形成胎形体的魂神魄意志五藏神精气神形态，命象中脉以外系统冲升形成五脏五行人体经络系统，这两者在布局融合与冲升生化形态下，生成胎形体，形成胎形体结构下的命象精气神形态和经络运转系统，共同组成藏象生命系统。就构成了通过天脉与中脉关联态下气机冲升把内系统中的五藏神能量体形态，与外系统中的五脏五行所在的人体经络系统结合在胎形体上，真正实现了既从唯识上按先天二因牵引布局，又在能量体和空间体上完成了融合，既让唯识因缘在胎形体上有了落脚点和现行现量特性，又让胎形体从此被赋予了唯识层面的精神主导地位。所以，天脉的内系统与中脉的外系统的气机冲升的实质是以胎形对诸空间体下的能量体按唯识因缘现行融合。天脉与中脉在气机冲升的过程为冲升动态同步融合，气机在天脉内冲升的同时也在中脉发生同步冲升，在动态冲升的过程中两者布局融合，交融一体。

天脉与中脉关联态下气机冲升遵循"冲气以为和"动态和"负阴而抱阳"机理。天脉冲升在泥丸宫以先天九气禀受，禀受九气有两者含义，一为先天精气神能量体的灌溉禀受，二为先天因缘布局，可称为禀受布局义，禀受布局产生了"神"居泥丸宫并生脑，《素问·脉要精微》曰："头者，精明之府也。" 又说："精明者，所以视万物，别黑白，审短长。"为禀受布局九天气后，伴随天脉三宫与中脉三田的所有精气融合，在泥丸宫有"幽室内明照阳门"的黄抱紫幽室突现光明，为何有精明之府能视万物呢？就是禀受九天之气，在泥丸宫生目瞳紫烟。目瞳为神的精气关联之义，神降泥丸，因精气关联义为高能量态，让泥丸宫成为精明之府。紫烟为目精之气。后目瞳紫烟生化三素云之素气（紫素、白素、黄素三素云），以三素云素气灌溉泥丸精明之府，在神因明的主导下，三素云素气相融合而先生左眼再生右眼继而成双目。

黄抱紫幽室突现光明的含义，为神降泥丸精明之府，以神的精气关联义高能量态的大能量缘故，为精；又因三素云素气相融合生了双目而能见，为明；黄抱紫为三素云素气相融合的层次结构，故而黄抱紫幽室突现光明，幽室就是泥丸宫，后转换生化成人脑三界构。此时状态的三素云因目瞳紫烟神的精气关联义，双目为天眼，能视万物，毫无障碍。

由于天脉与中脉在冲升动态中同步融合，天脉冲升时中脉也在同步的动态中，在命象的脑部，先天九气入泥丸宫，再转化九宫，九宫化人脑三界构。先天九气禀受中，先天精气神能量体的灌溉禀受因神降的精气关联义，五藏神之神魂神意魄志全部入泥丸宫，并全部藏以目瞳紫烟中，神化为紫素云，魄化为白素云，意化为黄素云，魂与志化为瞳仁。

天脉冲升在心绛宫接三素云素气之降，以五华灌溉灵根。同步的中脉在命象的膻中心肺部生五脏之形。五华为大道自然法则五行属性之气，也就是木性、火性、土性、金性、水性之气为五华，为伴随神的精气关联义在泥丸精明之府连同九天气禀受所生。五华随素气下降（三素气内尽含五行属性），结合命象的五脏之行，五华融合五脏形成五华五脏之气。五华五脏之气周游五脏形以及素气周游泥丸精明之府，形成了五华五脏气与素气集合形成灵气。灵气生灵根，眼耳鼻舌身意灵根生成，五华五脏之气与素气既循环灌溉五脏，又升在泥丸宫周游九宫，是灵根与脏腑发生关联，形成六根统御下的五脏五行系统。

五华五脏之气周游五脏形以及素气周游泥丸精明之府，形成了五藏神魂神意魄志与肝心脾肺肾的关联与融合，构成了灵气的具体形态内容为肝魂、心神、肺魄、脾意、肾志。同时又以灵气生眼、耳、鼻、舌、身、意灵根，五华五脏之气与素气既循环灌溉五脏，又升在泥丸宫周游九宫，是灵根与脏腑发生关联，形成六根统御下的五藏五行系统，肝魂、心神、肺魄、脾意、肾志灵气五态与五脏五行系统结合，成为五藏神统御主导并生化转换下的胎形体灵气五态形态。以此标志着五藏神彻底生化并转换成命象能量体形态，称为五藏神统御的灵气五态（五脏五行）能量体。

天脉冲升在命门宫接素气、五华五脏气、灵气之降，在命门宫生七液之妙气。同步的中脉在命象的关元腹脐部，先生玄阳（左肾）后生牝阴（右肾）并以玄阳和牝阴形成双肾。七液为心液、肝液、脾液、肺液、肾液、气液、血液，但此时命门宫生七液之妙气，为七液皆为妙气形态存在，因为名为七液且只以气在，而非以液在，故玄妙。七液妙气循环双肾，伴随外四气与内四气融合，再一次形成冲升与降阴态下的天脉内系统与中脉外系统融合，融合后出现七门窍以及十二结节通道临界态，呈现在双肾空间体与能量体轨道仪上，形成与七门窍以及十二结节通道临界态的关联。

外四气为四象二十八宿所在的列星气轮义，也为青龙、白虎、朱雀、玄武四灵所寓意代表的外四灵气，内四气为阴阳二气与父母构精所寓意的天地（父母）二气。外四气与内四气融合再一次形成冲升与降阴，在胎形体内形成由两肾间的幽关、两目间的阙庭相联系并降于华池（在口中出舌本），形成胎形长成胎体后玉浆、玉液、玉泉与玄泉的联系，成为养生功态饮刀圭的实质，为何会有饮刀圭玄泉的实质呢？因为七液之妙气在冲升融合阶段为妙气，当到了胎体阶段就要生液。正所谓"两肾者，两仪也，中间有连环，是我真精。内藏赤白二炁，在母腹中，未有此身，先有此穴，因有此穴，始生此身。左为玄阳，右为牝阴，中穴实，我后天之精海，又为真铅，儒名太极，道名水乡铅，乃北方肃杀正气紫合河车。顺则生人，逆者成仙，一名漕溪，一名祖宫，通上下二眼，降华池。在舌下窍内出，名玉泉。"通上下二眼为两肾间的幽关与两目间的阙庭联系相通，双目为上眼，双肾喻为下眼；降华池在舌内，出名玉泉，玉泉就是玉液和玄泉之统称，有了上下二眼的连通以及玉泉的实质，则有"舌下玄膺生死岸"之称谓，玄膺为气管受精符，为通津液之岸也，它为七门窍楼门（十二重楼）之门户。

"冲气以为和"是气机冲升动态过程中天脉内系统和中脉外系统布局融合的"和"，为天脉与中脉两个道元维度的气机同步冲升融合，先天运相外四气与胎形过程中内四气融合，黄庭三宫与内丹田以及中脉与内外丹田融合，内外系统各层面形态的精气与五华五脏气与素气集合形成灵气的灵光融合，以胎形体将四大融合统一，融合后五藏神统御的灵气五态（五脏五行）能量体和七液妙气按五行之藏规律，灌溉全身七万两千多条经络，形成胎形能量体，天脉内系统与中脉外系统融合形成藏象生命系统。此时融合态出现七门窍以及十二结节通道临界态，这个临界态意味着七门窍关闭和十二结节结固。

中脉视野形态下七门窍关和十二结节结固以及通道临界态下的界域流变。天脉与中脉关联态下的气机冲升动态过程，以四大融合完成布局融合后，以融合态下的胎形空间体，以及胎形空间体中的五藏神统御的灵气五态能量体，且在胎形空间体内以胎形能量体形成的藏象生命系统毕具，出现七门窍关和十二结节结固。七门窍关和十二结节结固标志着胎形体在人体命象空间体独立出来，此种独立视野要伴随着能量体和运化系统的同步成熟，独立视野构成了生化转换成熟，为五藏神的内外丹田精气神各形态生化转换过程结束，藏象第一次平衡和藏象第二次平衡出现完成平衡交互后的流变，且流变到五藏神统御的灵气五态能量体。此时作为五藏神的内外丹田精气神生化转换在藏象第一次平衡和藏象第二次平衡态的通道——七门窍和十二结节，在胎形体独立和五藏神统御的灵气五态能量体成熟临界态下，因界域道元能量维度的变化而出现关闭，呈现七门窍关和十二结节结固。

七门窍关和十二结节结固的原理为生化原理和道元能量维度差异原理两者，生化原理就是在后天五生关于生命形态生化过程中，必然要出现胎形体独立和五藏神统御的灵气五态能量体成熟，而在这个过程中七门窍和十二结节只是生化过程中的具体内容和环节，且是空间体界域的门户以及能量体生化流变的通道。在生化原理上，七门窍和十二结节会随四大融合完成诸系统与能量体的布局融合后，随七门窍关和十二结节结固后成为胎形体的一部分，而且要在胎形长成胎体后，七门作为人体命象系统中重要的能量门户，既是身体里重要的太极器官，又是藏象生命系统主导并运转生理生命系统中重要的藏魄与藏精所在——藏匿与蓄积精气的能量体空间。体现在以七门能量门户形成太极能量轮，太极能量轮的称谓是区别于三脉七轮而围绕太极器官来说的能量体结构，它是太极器官中独特的轮式能量体空间，和身体其他的经络穴位的太极器官不同，七门是大型的太极器官能量体组织，在胎形体独立和五藏神统御的灵气五态能量体成熟过程中，构成了重要的能量通道，故自身就是能量体空间。且七门在胎体命象中跟人体部位对应成为人身七处，又是从外部通过养生方法打开身体能量门户的重要通道，以此启动人身七处的太极能量轮可激发人体命象能量体所藏匿与蓄积精气的能量，并成为身体内能量联络交融通道。七门和十二结节在生化原理上最后与人体融为一体，成为命象系统中的一部分，而且作为独特的能量体空间组织是属于藏象生命系统的范畴，共同主导和运转生理生命系统。

七门窍关和十二结节结固的道元能量维度差异原理，为伴随胎形体独立和五藏神统御的灵气五态能量体成熟的布局融合机理，使藏象第一次平衡和藏象第二次平衡态产生的五藏神内外丹田能量体与中脉为主导的三脉七轮能量体，在四大融合下既完成了向五藏神统御的灵气五态能量体的融合，又在融合态下因界域道元维度的差异，产生道元能量维度差异下的流变。道元能量维度差异使几大界域内产生了作用力，这个作用力同生化过程同步作用，产生了七门窍关和十二结节结固。哪几大界域的作用力呢？为七门窍作为通道联系的后天藏象界与人体命象界，以及十二结节作为通道的人体命象界和胎形体界，这几大界域在四大融合后，因道元能量维度的差异产生了作用力，此作用力与生化过程同步使其七门窍关和十二结节结固。

可能这里有个疑问，既然道元能量维度的差异随着通道和界域的产生已然存在，为何是在四大融合之后才因道元能量维度的差异产生作用力呢？那是因为无明业力牵引作用的"无明缘行"过去二因的因缘局，要通过生命形态生化流变转换过程中以及四大融合把过去二因根本牵引力的"局"布完整，为无明→行的过去二因的"局"，通过识→名色→六入过程来布，这个过程就是胎形体独立和五藏神统御的灵气五态能量体成熟产生的完整过程。

也以此来说明无明因缘牵引力要远大于道元能量维度差异的作用力，在生命形态生化流变转换过程要以过去二因的无明业力牵引为主体，当因缘"布局"完成后，就出现了无明业力随因缘布局在胎形体开始显象写就而停止作用，因缘现量时空已经产生，此时无明因缘没有生化和布局的牵引力，几大界域系统开始以道元能量维度差异来发挥作用，道元能量维度此时因能量体的维度差产生了作用力，这个作用力为道元能量维度差异原理作用力，也是生化原理的必然体现。

生化原理和道元能量维度差异原理两者结合，在胎形体独立和五藏神统御的灵气五态能量体成熟临界态，产生共同的连贯性作用使七门窍关和十二结节结固，也以此有了后天藏象界域、人体命象界域、胎形体界域的流变产生。且随七门窍关和十二结节结固，后天藏象界域与人体命象界域隔离以及人体命象界域与胎形体界域发生隔离，呈现在生命形态面前的就是独立的胎形体以及胎形体空间里五藏神统御的灵气五态能量体，这个能量体里有以中脉为主导的三脉七轮统御的人体经络系统。那么关于生命各种形态和生化联系的后天藏象界域、人体命象界域、胎形体界域以及联系先天运相界的这四大界域，是否因胎形体的独立出现而消失了呢？它一定不是消失，而是对比胎形体承载的生命肉身人体形态，先天运相界域、后天藏象界域、人体命象界域真正构成了生命藏。

生命藏与生命象，精气神界域流变

何为生命藏？说到这里先从解析一个容易混淆不清的疑问开始，也就是既然说到了胎形体界，为何还要有人体命象界之说呢？从生化过程以及生化内容，尤其是七门窍与十二结节构成的胎形空间体结构，就可以认为人体命象界在胎形体的临界态两者是相等同的，或者说胎形体是后人体命象界的形态，两者呈现时空先后的关系，就会把人体命象界认为不就是胎形体界么？而实际上从禀受布局义上说，胎形体界只是人体命象界的一个形态，因缘布局的实质是在人体命象界，只是从胎形开始显象，伴随胎形长成胎体以及胎儿发育，出胎到死亡整个生命过程，都是以人体来显象的，构成一个生命生灭的单位。一个生命生灭的单位是从胎形体开始承载的。但在人体命象界因先天因缘的业力牵引，这样从生到死的生命生灭单位可能是无量的，有多少先天因缘就有多少个生命生灭单位,就会呈现多少胎形体,这就构成了轮回轮转的根本义。胎形体界只是人体命象界在生命形态上的具体显象,为因缘生起的现行变成现量的一个表达和呈现,所以构成一个生命生灭的单位开始——胎形体,就是生命象,以此类推凡是显象生命形态呈现在形与体上所有因缘单位以及因缘单位内生灭因缘的集合,都构成生命象。而承载了生命象显象生化转换流变过程的先天运相界、后天藏象界域、人体命象界域,以无量种子因缘库形态构成生命藏。而这三大界域只是生命藏的不同生命形态,它们并未随胎形体独立显象而消失,而是真正的生命形态藏库,是生命的宝藏。

生命象在生命藏里只构成了一个生命生灭的单位。如果说一个生命象过程里从胎形长成胎体,再从出生到死亡集合了无量的生命象因缘,构成了生命象过程内无量的生灭形态,就能明了在生命藏库里有无量的生命象单元,不仅生命藏库本来就有无量的生命象单元,而且还受生命象过程中无明业的熏习,返熏到生命藏构成其他生命象的因缘。这就是因缘布局的真正意义,也是十二因缘三世两重因果的真正视野。以此认识,可把阿赖耶识认为是生命藏,而立三世两重因果的十二因缘关于生命生灭单元的显象过程看作生命象。无明→行的过去二因的"局"在生命藏的阿赖耶识形态里只是构成一个生命生灭单元,它连接起了整个生命形态的时空性,直到通过识→名色→六入过程根据识、根、尘和合作用义来形成胎形,并布在胎形为承载的生命单元里把局做好。如果先天运相界域、后天藏象界域、人体命象界域以无量种子因缘库形态构成生命藏的话,人体命象界就是生命象——生命生灭的单元里所有生命内容和轨迹的集合,也就是自胎形到长成胎体以及从出生到人死亡的所有因缘呈现,都写就在人体命象界域内,这就是布局的真实含义和形态,以此布局义，人体生命的每一个阶段和过程都只是现量，可以看作是存了一定量的存款，生命轨迹的因缘只是按每天的取款计划取款一样，无量的因缘现行变成现量然后又生灭，构成了时间轴上的生命空间关系。

我们说凡是显象生命形态呈现在形与体上所有因缘单位以及因缘单位内生灭因缘的集合，都构成生命象。所有因缘单位以及因缘单位内生灭因缘的集合，以人自胎形到长成胎体以及从出生到死亡过程看作一个因缘单位，也就是前文所说构成一个生命生灭的单位，这就叫因缘单位；而在因缘单位内从生到死的生命轨迹就是生灭因缘的集合。而关于显象生命形态呈现在形与体上，不是说从胎形长成胎体才是具象的显象么？其实胎形的形结构就是生命象关于显象的一种形态，而体结构是形结构的一种变化，在藏相动能视野下，为无明业力右旋重型沉淀成重物质的呈现，体系为色法的质碍，它是形结构的无明业障的终形态。并不是说形结构就不是无明业障的形态了，只是比起体结构来说要轻很多，从这就能理解无色界里生命形态，无色界的生命形态就是形结构而不是体的重形态，它的烦恼染浊义要轻很多，但也没有彻底打破无明，也还只是生命藏里显象的生命象。

中脉视野形态下胎形结构体的人体经络之形与长成胎体。从七门窍关和十二结节结固的原理以及通道临界态下的界域流变可知，七门窍关闭与十二结节结固标志着天脉与中脉关联态结束，同时也是胎体临界态的到来。七门窍关和十二结节结固发生的界域流变，往内形成了生命藏，往外七门窍和十二结节连同胎形体一起长成了胎体，显象为生命象。而中脉视野形态下的胎形结构体随天脉与中脉关联态结束——胎体临界态，具足了胎形体作为空间体，五藏神统御的灵气五态胎形能量体，以及以中脉为主体的三脉七轮统御人体经络系统的能量体分布结构，在藏象生命系统主导和运转的生理生命系统胎体结构中，精气神形态转换成为命象精气神，而命象精气神的各种能量源和形态都是依五藏神统御的灵气五态能量体主导。

在以中脉为主体的三脉七轮统御人体经络系统中，五藏神统御的灵气五态（五脏五行）能量体和七液妙气按五行之藏规律，灌溉全身七万两千多条经络都是属于胎形体的——人体经络之形范畴，但伴随七门窍关和十二结节结固的胎体临界态来临长成胎体。这里从人体经络形成原理上，还有界域流变发生与胎体隔离的临界态，从结带膜层面上还有独特的精气神三态的神结带、精结带、气结带，它们和人体经络系统生成以及人体经络的能量维度相关联，可以看作它们是独特的内外丹田精气神能量维度与人体经络维度的密切关联，从这一层面上说，人体经络系统的诸多经络结构都不能放在同一道元维度视野下。

胎形长成胎体为从合而成形到形而成体，从而也完成了生命形态在中脉视野下的四部分结构与过程。此时胎形长成胎体的生命形态，正如《灵枢·天年》说："血气已和，营卫已通，五脏已成，神气舍心，魂魄毕具，乃成为人。"这是对形而成体的具体描述，从五藏始定到五脏已成，从神气与魂魄到血气与荣卫，明显就是从合而成形跟形而成体的对比，也是藏象生命系统与生理生命系统的描述。五藏为藏象生命系统中的五藏神统御的灵气五态（五脏五行）能量体与五行之藏，是胎形体全部的五行属性系统，也包含五脏系统。"神气舍心"为先天运相界、后天藏象界域、人体命象界域随七门窍关和十二结节结固，通过禀受布局完成，生命象的胎形体完成与生命藏的隔离。"舍心"的心指生命藏内无量种子因缘库形态，为生命象单元的库源；而"神气"指禀受布局层面是生命象单元的因缘集合，也就是上文所说写就在人体命象界域的胎形界承载的一个生灭单元（从生到死）生命因缘，它是以布局义和胎形体发生关联，并赋予胎体生命信息和生灭因缘。"魂魄毕具"为胎形体中五藏神统御的灵气五态（五脏五行）能量体，通过天脉与中脉关联态下气机冲升四大融合，在胎形体有了以中脉为主导的三脉七轮结构下的藏象生命系统，成为胎形体精气神形态的五藏神内容，同时魂魄毕具的形成过程也是天脉与中脉关联态下气机冲升动态融合过程呈现的；也是"神气"如何通过生命藏以布局义把生命单位的生灭因缘显象在胎形体，从而此神气与魂魄一起成为胎形体的五藏神内容形态，以能量体形式入藏象生命系统。荣卫通、血气和是形而成体乃成为人的具象描述，也是五藏神统御的灵气五态胎形能量体在胎体临界态对于生命形态来说，完成的最具伟大意义的一次生化成体，它指向了血液的生成以及心脏的第一次跳动原理，并以此激发身体的自我命象生理机能，让藏象生命系统统御并主导的生理生命系统，具足生理生命形态，乃成为人。

对于从魂魄毕具乃成为人的诸多内容层次上明了"神气舍心"的"心"之所指，以及"心"含义下的"神"内涵，才能目睹中国传统文化里以"心"和精气神对生命形态的描述所蕴含的哲学高度。从胎形与胎体层面，为生命象的心，此心还不能直接说为胎体生命的心脏，中医视野里概念为围绕心脏而言说心系统，这是最基本形态从命象从身体的角度说"心"，为心所指的心系统以及意识传导层面。心五行属火，心居包络之中而有心包络膻中、心藏神、心主血脉、心在液为汗、心在官窍为舌、心在七情为喜，有手少阴心经与手太阳小肠经相表里构成基本的中医视野的心系统。围绕心系统生命象的心，"神"指心藏神的五藏神在命象所指的心神，以及运转五脏系统含心系统的三脑意识（人脑、心络脑、肺肠脑）传导系统的心络脑。人体所有的意识支配和传导都是三脑意识传导系统主之，并且在身体里根据意识能量维度而有不同起用，这里的"神"多指三脑意识传导系统的心络脑之神，它和心藏神的心神构成了先天神与后天神的关联。心藏神的心神为先天禀受并布局在命象心系统中，而心络脑之神为后天生理生命机理运转而传导熏习的意识系统。

从五藏始定的五行之藏的藏象生命系统层面，为生命藏的心，此"心"就已经跟生命象的心彻底脱离开来，为心所指的识神的层面。虽然说脱离开来，又因识神因缘通过禀受并布局义，在人体命象界域作为藏象生命系统中的"神"来运转着人体生理生命系统，为生命象承载的生命生灭的单位（从生到死）所有识神因缘的集合。但在人体命象界域的生命藏的识神层面的心，虽然跟生命象脱离开来，但通过禀受并布局义统御了生命象的一切。从心所指的识神的层面来看待生命藏，就是生命无量种子与种子因缘的库形态，生命象的一切都从这里禀受并布局，禀受并布局的形式就是以"神气"的形式，为高维度能量体形态的意识传导，跟人体心系统的三脑意识传导系统的心络脑完全不是一个能量维度级别，用现代科学的词汇描述，如果把人体心系统的三脑意识传导系统看作量子意识，那么识神层面的种子因缘禀受并布局就已经不在现在科学认知范畴内。"神气"的形式就是神主气精以气精关联义，精以气动与气动必是精用的精气关联蕴藏"精"形态的高维度能量形态。"神气舍心"为从生命藏的无量种子与种子因缘的库形态中，通过神主气精过程把一个生命生灭的单位（从生到死）所有识神因缘的集合，布局到胎形体承载的生命象，而生命象就是禀受，以此禀受生命藏的识神因缘的集合的布局，写就在人体命象界域里。"舍心"为统御生命象识神因缘的集合通过布局的形式，脱离了生命藏库。从唯识的角度来说，为从阿赖耶识缘起，种子升起了现行世界，种子与现行而有生命象的现量。

从生命象的心——心所指的心系统以及意识传导层面，以及生命藏的心——心所指的识神的层面，"心"还有心之所指的真如的心。真如心是一切生命藏和生命象的根本，也是阿赖耶识在如来藏缘起证自证分的真如义。它为真如自性，具足真如体如来义，为清净，生命藏与生命象为无明染浊，生命藏是生命象的种子和种子因缘库，而生命象是生命藏的种子现行唯识变现的生起现量的妄象。神气舍心在心的真如义上，为无明沾染的生命藏与生命象依种子和种子因缘唯识所变现，被无明染浊，为妄心。"神气"就是无明之所指，从真如清净自性的心，到无明染浊生成生命象具象的型体，就是神气所指的无明业障染浊真如心，这个过程就是生命形成的总体形态和过程，为后天五生生育系统承载讲述的过程。且真如心是本质，是一切的根本和真相，也是起点。要从清净义和染浊义分清心与神气在这个层面的所指。神气染浊包裹清净心直到生成胎形的过程，还有周乾而易坤的"乾→姤→遯→否→观→剥→坤"执妄迷失图，也是藏相能量视野下的无明染浊按色法堕落集聚成肉身的过程。这里应该还要上升到后天五生生育系统如何与周乾而易坤执妄迷失图阶段过程集合起来。从更精深的象数思维来解释生命形态。

神气舍心，从真如心的根本来说，无明又是障碍与染浊真如心而有生命象实质的根本，也正是因为无明所寓的"神气"唯识变现，才有生命藏形态和生命象形态不同层次和维度的神气舍心义，故它们所承载的神气舍心的内容与含义维度均不一样，"心"含义所指和"神气"义皆不同。但它们都承载了以"气"来言说的精气神集合义，为神主气精关联的精以气动与气动必是精用的精气关联，解释唯识变现过程中高于现量的以神气蕴藏"精"的高维度能量形态。以"心"来说"神气"无论是真如义，还是生命藏和生命象义，其都离不开禀受并布局的藏相动能态的实质，这个实质如果以人体肉身来说禀受布局，就是三次天人离一过程中的天人合一视野。天人离一是从真如心言说生命象形成过程和机理，天为真如心，三次天人离一以后天五生生育过程三次界域流变形态来呈现无明神气的染浊义，且在藏相动能视野下如何形成肉身色法质碍的机理，可谓无比透彻和直达根本的生命学。天人合一视野就是把先天运相、后天藏象、人体命象的天人离一三个阶段过程，来集合起来看待天人大运相宏观视野，它就是禀受并布局义的实质，而且是天地人三才大运相宏观视野。

《管子·内业》说："凡人之生也，天出其精，地出其形，合此以为人。"正是对天地人三才关于生命形态相联系的大运相描述，天出其精为精气神三元一体到命象精气神生化流变过程，以神主气精关联的精以气动与气动必是精用的精气关联蕴藏"精"的高维度能量形态；地出其形为天地构精义和父母构精义，合此以为人，为天地人三才大运相的融合。以下就是以禀受并布局义联系天地人三才大运相视野关于生命形态的经典。

《云笈七签·卷三十一·禀生受命部三·说真父母》曰：气气相续，种种生缘，善恶祸福，各有命根，非天、非地、亦又非人，正由心也，心由神也。形非我有，所以得生者，从虚无自然中来，因缘寄胎，受化而生。我受胎父母，亦非我始主父母也。真父母不在，此父母贵重尊高无上。今所生父母，我寄备因缘，禀受养育之恩，故以礼报而称为父母焉。故我受形亦非我形也，寄之为屋宅，因之为营构，以舍我也。附之以为形，示之以有无，故得道者无复有形也。及无身神也，一身神并一，则为真身，归于始生父母而成道也。

《混元述禀篇》曰：夫人生于天地之间，禀二气之和，冠万物之首，居最灵之位，总五行之英，参于三才，与天地并德，岂不贵乎？

《内观经》云：天地构精，阴阳布化，人受其生。一月为胞，精血凝也；二月为胎，形兆胚也；三月阳神为三魂，动以生也；四月阴灵为七魄，静镇形也；五月五行分五藏，以安神也；六月六律定六府，用滋灵也；七月七精开窍，通光明也；八月八景神具，降真灵也；九月宫室罗布，以定精也；十月气足，万象成也。元和哺饲，时不停也；太一居脑，总众神也；司命处心，纳生气也；桃康住脐，保精根也；无英居左，制三魂也；白元居右，拘七魄也；所以週身，神不空也。《易·系辞》曰"乾道成男，坤道成女"是也。

《因缘经》曰：人始受身，从虚无中来，回黄转白，构气凝精，承天顺地，合化阴阳。一月为胞，郁单天气下浃身中；二月为胎，无量寿天气下浃身中；三月魂具，须延天气下浃身中；四月魄成，寂然天气下浃身中；五月生藏，不骄乐天气下浃身中；六月具六府，化应声天气下浃身中；七月明窍，梵辅天气下浃身中；八月景附，清明天气下浃身中；九月神降，无爱天气下浃身中；天神一万八千，身神一万八千，共三万六千。神气具足，十月而生。在胞之时，三元养育，九气布化，岁星为肝，太白为肺，镇星为脾，荧惑为心，辰星为肾，北斗七星开其七窍。七星降七童子，以卫其身。七星之气结为一星，在人头上，去顶三尺。人为善者，其星光大而明；为恶者，其星暗冥而小。善积则福至，恶积则灾生，星光坠灭，其身死矣。

《生神章经》曰：人之受生，于胞胎之中，三元育养，九气结形。九月神布，气满能声。十月神具，九天称庆。太一执符，帝君品命，主录勒籍，司命定算，五帝监生，圣母卫房，天地神祇，三界备守，九天司马在庭，东向读《生神宝章》九过，男则万神唱恭，女则万神唱奉；男则司命敬诺，女则司命敬顺，于是而生。九天司马不下命章，万神不唱恭诺，终不生也。人得还生人道，濯形太阳，惊天骇地，贵亦难称。天真地祇，三界齐临，亦不轻也。当生之时，亦不为陋也。若能爱其形，保其神，贵其气，固其根，终不死坏，而得神仙，骨肉同飞，上登三清，与三气合德，九气齐并。反于此者，自取死坏耳，可不哀乎？

《真文经》曰：人之生也，头圆象天，足方法地，发为星辰，目为日月，眉为北斗，耳为社稷，口为江河，齿为玉石，四肢为四时，五脏法五行。与天地合其体，与道德齐其生，大矣！贵矣！善保之焉。昔天真皇人于峨嵋山中告黄帝曰：一人之身，一国之象也。胸腹之位，犹宫室也；四肢之列，犹郊境也；骨节之分，犹百官也；神犹君也；血犹民也。能知治身，则知治国矣。夫爱其民，所以安其国；瞳其气，所以全其身，民散则国亡，气竭则身死。亡不可复存，死不可复生。至人消未生之患，治未病之疾，坚守之于无事之前，不追之于既逝之后。民难养而易散，气难保而易失。审威德者，保其理；割嗜欲者，保其炁。得不勤哉！得不成哉！

《云笈七签·卷三十一·禀生受命部三·济众经》：太上道君告普光真人曰：五种烟絮，聚而成体，会其宿业，因而受识，轮转其神，有其生也。因识受染，流入恶缘。处在昏衢，居于暗界，膣蔽垢浊，魔狱禁形，长劫艰辛，失于明性，由是展转迷波苦海中，未有一人求出离者。普光又问：烟絮之理，何处流来？暗界明性，是谁为主？神之与识，何处禀形？识神是一，为复二耶？是一不合二名，是二各明何事？为善作恶，不审是谁？若神之所为，则神妙无方。既曰无方，则无过恶。识为恶者，识当异神。彼此罪罚，何容累及？何以扶我？闻神尊所说道品中善恶两业必由于神，以是言之，识有何罪？臣之愚蒙，实所不了，伏惟哀愍，有以教之，则万劫因缘，一切咸荷！太上道君告普光曰：五无相结，乃有烟絮。触业生形，因形能化，性理和合，是以为物。从识生变，神乃为用。识之与神，不一不异。何以故？法同源故。体则是识，五性相和；用则为神，照于境智。神若无识，何所用智？识若无神，不能为理。譬犹荇菜而为和羹，五味相和，何曾列异？无菜则味不独擅，无神则识不为用。是以用神为智，味菜为羹。以此论之，何曾有暗？众生执著，是故无明。悟则是明，明无定处；迷则为暗，暗岂殊方？深爱为狱，形乃被拘；无爱无受，亦无所有。譬如野外无人之乡，十二时神何曾有地？墙垣既至，屋宇斯成，四方之神以效灵变。故其屋宇诸神尽在。众生暗狱，亦复如是。神之来也，不知所从？神之去也，不知所往？恶业若成，狱则为业；罪咎君尽，亦不知无。且智有大小，神有尊卑，见神则曰无方，一切人应皆圣。何以故？同不同故。普光真人，汝今当知明暗神识尽于此也。

禀受并布局义承载的生命维度形态分为先天运相界、后天藏象界、人体命象界，最后以五藏始定与五脏已成描述在藏象生命系统和生理生命系统两套生命系统在胎体融合。无论是从"神气"的含义指向还是从"人始生，先成精"的精气关联义蕴藏"精"的高维度能量形态，都是从识神种子与种子因缘与精气结合，形成精气神广义所指的生命形态，也同时成就生命在不同维度体内呈现不同的生命形态，以此就能明了人体肉身只是生命形态中的一种内容和存在形式，当你以肉身形态出现，从运相生命形态藏象生命形态以及人体命象生命形态来说，已经是藏相动能视野下的堕落形态，业障染浊，烦恼如麻。我们说作用藏象生育阶段向命象发育流变转换的就是天人命象离一，以此有了藏象空间体向人体命象空间体的转换，且依七门窍关和十二结节结固，在胎形视野下以天脉与中脉关联气机冲升的四大融合，伴随藏象第一次平衡和藏象第二次平衡，形成藏象内外丹田精气神能量体形态向命象精气神形态生化流变转换，最终在胎形体形成以中脉为主体的三脉七轮统御人体经络系统。伴随五藏始定与五脏已成的胎体长成，在肉身形成藏象生命系统和生理生命系统两套生命系统的融合。

天人命象离一，为后天藏象内外丹田精气神能量体离，以中脉为主体三脉七轮统御人体经络系统命象精气神的能量体出。以七门窍和十二结节为通道的藏象第一次和第二次平衡，以及天脉与中脉关联气机冲升四大融合为动态过程。后天藏象内外丹田精气神能量体里，为藏象内丹田精气神形态构成的藏象内系统以结带膜上的七门窍为通道，以及藏象外丹田精气神形态构成的藏象外系统以十二结节为通道，伴随藏象第一次和藏象第二次平衡，生化流变并转换为胎形体内的五藏神统御的灵气五态胎形能量体，形成了七门窍和十二结节结固形态下的后天藏象内外丹田精气神能量体离。继而有天脉与中脉关联气机冲升下的四大融合后的胎形体结构，形成以中脉为主体三脉七轮统御人体经络系统命象精气神的能量体出，在胎形体空间，命象精气神的各种能量源和形态都是依五藏神统御的灵气五态能量体统御、主导、灌溉、生化转换形成。

天人命象离一是精气神基于五藏神内外丹田形态向生命象布局种子因缘的重要动态过程，在这个动态过程中，有七门窍和十二结节在能量体生化转换上的通道视野，以及在空间体界域转换结构视野，胎形形成后的中脉视野和中脉视野形态下的天脉与中脉关联融合态，以及中脉视野下的七门窍关和十二结节结固，成为界域转换、能量体转换、空间体系统转换的几大重要聚焦视野。也是承载后天藏象内外丹田精气神能量体离，以中脉为主体三脉七轮统御人体经络系统命象精气神的能量体出的生化关窍。那么难点也在于七门窍和十二结节的通道义以及界域流变义，在通道义内涵里，不仅有精气神能量体的生化转换流变过程，更有五藏神藏匿与蓄积精气中的藏魄和藏精的过程，还有识神因缘禀受并布局动态中的无明业力作用和道元能量维度的作用。在界域流变义理，就要明确七门窍和十二结节的通道义范畴内发生的诸多生化转换的内容，发生生化流变的原理，才能目睹因为七门窍关和十二结节结固产生界域流变的本质，把生命形态聚焦到胎形体上，更要明了伴随界域流变如何产生了界域之间的隔离，隔离的含义与胎形体乃至胎体的关联。

能量体转换、界域流变、空间体多样性是天人命象离一比起天人运相离一、天人藏象离一来说，比较复杂多变的，而且还关乎到胎体的形成以及藏象生命和生理生命两大系统的形成机理。在禀受并布局义上，天脉与中脉关联态下气机冲升是生命形态形成实体的关键。它既建立在七门窍和十二结节的通道义，且要在藏象第一次、第二次平衡上发生动态关联，让之前分开叙述的藏象空间体与胎形体空间发生关联，且是天脉所在的藏象内丹田系统运转的精气神形态，要与经过藏象外丹田精气神形态转换的中脉所在的以中脉为主体的三脉七轮能量体形态发生动态融合的气机冲升，伴随四大融合胎形空间体内一切脏腑和生理生命形态系统毕具，从而实现了藏象生命系统与生理生命系统统一融合在胎体，合而成形到形而成体，乃成为人。

围绕生命的生化与发育，通过生命形态在生化发育过程中生、主、入、成、育动态过程，构成以生生、生主、生入、生成、生育的生命动态生育位域阶段，对比先天五太"太易→太初→太始→太素→太极"无极而太极过程的"无极五生象"，以此由后天五生"生生→生主→生入→生成→生育"过程呈现的太极五生象生育过程，称为"太极五生象"，形成了无极而太极与太极而胎体的生命过程，也是生命形态在形上道和形下器的全视野。在后天五生"生生→生主→生入→生成→生育"过程中，形成从太极浑沦生而未分万物凡源在太极发端的"源"起，从"生生"阶段的分后循生与分生临界、"生主"阶段的神主气精与精气关联、"生入"阶段的玄精入胎与命门临界、"生成"阶段的藏象命门与离转离散、"生育"阶段的气机冲升与合而成形，形成太极五生象生育系统的后天五生过程内涵综述。

其中各个位域阶段又独具内容。分后循生与分生临界的"生生"阶段，为立于太极体，真种子依种子库转换成识种子，种子与现行唯识变现天地构精和识神种子与精气媾和的运动态，呈现的哲学为太极体一，一生二，二生三，三生万物。神主气精与精气关联的"生主"阶段，为天地构精和识神种子与精气媾和的唯识变现过程呈现神主气精态。玄精入胎与命门临界的"生入"阶段，先天胎光以玄精的方式入胎成为后天人体初始胎体，伴随人体能量体三轮际出，并形成黄庭三宫统御的精气神聚合形态下的宫库田轮。藏象命门与离转离散的"生成"阶段，为生命形态依藏象命门临界态，经藏象宫库田轮能量体三库轮态结构发挥统御、离转作用，在藏象命门时空体内，形成五藏神统御系统与命象精气神生发运化系统，从藏象发育开始主导人体命象的发育。气机冲升与合而成形的"生育"阶段，为藏象内系依窍关七门，流变转换为五藏神外丹田精气神形态，以藏象外系主导和运转人体命象的整体发育，在人体命象空间内以人体空间体形成胎形，在胎形中以中脉为主体的三脉七轮统御的人体经络系统合而成形从胎形生长成胎体。

在后天五生象过程中，根据生命形态在阶段过程中发生的流变性生化转换视野，并以此界说位域，把后天五生分为先天运相、后天藏象、人体命象、胎形胎体位域阶段，对比生命形态的流变，并以此循迹界域间的关系。在后天五生过程中，围绕生命形态在各位域阶段的生化与发育，始终有一个内核贯穿其中，后天五生的各位域阶段以及生命形态的重要生化转换，都是围绕它的形态变化，呈现不同的关于生命的内容与内涵，它就是精气神形态。生命形态流变性生化转换视野就是以精气神的流变转换为承载，为生命形态的内核。以精气神为内核的后天五生生命形态，要解析生命形态的源流变，就要把视野聚焦放在精气神在各位域阶段的生化转换上。在这里我们也以界说位域的方式以先天运相界、后天藏象界、人体命象界（含胎形界）来描述精气神的各层面形态，以此赋予生命形态在不同界域阶段的内容属性。

关于精气神以及精、气、神三者的具体用法又有哪些说明呢？精气神形态或精气神在表述生命形态与内容时，以约定俗成习惯用语用于各种形态所指，但在精气神综述下关于三者描述具体内容和阶段特指时，经常会以用词的变化突出内容属性，尤其是在描述"气"形态时，有炁、氣、气的不同对待，但通常均以"气"来统称。总之以"精气神"的约定俗成称谓来描述生命形态和内容时，无论是在先天运相阶段、后天藏象阶段、还是在人体命象阶段，乃至胎体人身阶段，都是以"精气神"名词来统一，而且也不以精、气、神三者的内容与形态表述逻辑重点，而有"气精神""神气精"来强调。例如神主气精是讲述精气神内涵下的内容过程或特性，而以内容表述的逻辑重点来描述。

先天运相界域的精气神形态。分为太极生而未分万物凡源的精气神三元一体源体态，染浊义后分后循生临界与分生态，神主气精与精气关联的运相态，或简称为源体态、分生态、运相态。其中源体态中的精气神三元一体为元神元炁元精三元一体，是太极浑沦相中的"太极体一"

视野，为万物凡立于太极体一的发端"源"。此源是形上道和形下器为界域来言说万物凡的源，在此源上，开展了道元维度的分化，形上道三元一体的真如义是道一元论，而形下器生而分有元神、元精、元炁三者的道元三元论，从此展开关于道元维度广三元之总纲，世界中一切变化均在道元维度广三元之总纲中演绎，而演绎的法则为循顺置返哲学中的一七九变。从精气神三者一体到元神、元精、元炁三者的分而生，我们可以把太极体一在形上道真如义的形态除了以三元一体外，跟中国传统哲学相应可称为梵炁一元论，主要是突出形上道的总体视野为"道为炁说"，把无极而太极过程在此处看作一个整体，因为这里从精神气的源体态循迹万物凡源，关于梵炁的内涵从内景层面来说，在《灵宝领教济度金书·卷九四》有"十炁天君"之称，分别为"东方青帝九炁天君、南方赤帝三炁天君、西方白帝七炁天君、北方黑帝五炁天君、东北方梵炁始青天君、东南方梵炁始丹天君、西南方梵炁始素天君、西北方梵炁始玄天君、上方梵炁天君、下方九垒土皇君"。内景为界域整体内的具象形态描述，在传统研究思维上具宗教义，但同时也是以宗教内景义指向内在属性形态，如"东方青帝九炁天君"言明了"东方""青帝""九炁"延伸开来都是极其丰富的哲学内涵，从传统宗教义指向了更广阔视野的哲学义。

源体态的三元一体，就必然从元神元炁元精这三"元"指向了生而未分的太极体一的"一"体，这是一个关于精气神最基本内容的认知，而从元神元炁元精三元一体的认知，就要发挥精气神在源体态具足的藏相动能义，必须要以道元维度视野去解析精气神在形下器各位域阶段的变化。而这种变化的本质必遵循道元维度的法则和规律，而其他的任何形态以及阶段内容都只是它们在藏相法则下的藏象义，为显象。元神元炁元精三元一体在道元维度视野上为器三元道一体，或者称为命三元性一体。器三元道一体是性质综述，形上道的无极而太极乾天圣为道，为道为炁说界域整体视野下的梵炁一元，此一元为本质元，除此以外无其他。万物凡均从此出，此道一元的本质为大一元论，广大悉备无所不包。由于我们是围绕万物凡，尤其是立足于人来研究生命和生命的形态，故围绕"命"，从源体态含义指向命从性生，也是道→母→器程式呈现的源流变关系，此命为器命、生命，包含狭义的人命。器命与生命正构成了人命的形成过程，虽然最终指向了人体的人命，但通过器命与生命的描述，让我们真正了解到人命的形成过程、内容、原理、本质，从而丰富对"命"形态的认知。从命三元性一体的源体态始，对"命"形态的认知就要跟精气神各位域阶段的形态紧密相连，因为精气神就是命根，精气神在各位域阶段生化、流变、转换，故，"命"形态也紧密变化。命三元就是精气神三者之元，为精、气、神三者各自的形态域，而运化精气神三元命根的为阴阳两仪，也就是说为什么没有二元之说呢？那是因为阴阳二仪为道元维度生化转换的法则，只要具足阴阳属性的事物，就必然从一元体生化转换至三元论，那么对于不具足阴阳属性的事物呢？世间万物没有不具足阴阳属性的事物，而且在"负阴而抱阳"原理下，就算孤立的孤阴孤阳都能"冲气以为和"生阴阳而求阴阳，达到两仪平衡，从而转换出三元，所以说这是事物变化的本质规律和模型。有了道元维度三元论的出现，就一定要注意"一"的运用和所指，因为三元论里也有"一"，一元论一体里也有"一"，怎么样划分道元维度差异呢？并且一个是形上道"性"范畴的一元论，一个为形下器"命"范畴的三元轮中的"一"，这就要从名称定义上去区分道元维度以此拉开视野，否则会造成理解与学习上的灾难。我们可以把形上道"性"范畴的一元论称为大一元道元论，把命三元性一体中的命三元论称为广三元道元论。

源体态生而未分的三元一体为不再以大一元道元论为范畴讨论生命的形态，而是从广三元命器格局里言说万物凡的生化转换，立于三元一体的"源"言说阴阳属性的分化源头。从生分态来说，就要立足于精气神染浊义言说阴阳分化。如果说源体态下的精气神阴阳属性为道一元视野下的阴阳平衡，那么染浊义下分生临界态以及生而分后，就是阴性为主体，阳性为从阴体中阴体动态生阳而求阴阳的过程，呈现为"负阴而抱阳"与"冲气以为和"阴阳平衡机理。所以说除开大一元论视野中真正的阴阳平衡外，其他阴阳平衡机理下以"负阴而抱阳"与"冲气以为和"原理求的阴阳平衡，为负阴阳平衡。但要明了生而分后的阴阳属性是以阴性为主体，称为阴体，原因为无明染浊。阴性能量体强度随着阴阳平衡机理下负阴阳不断地求平衡，造成了能量体强度的减弱，呈现为藏相动能义下的右旋堕落，从而形成生命的型体，比如肉身，这也是为何生命形态除开肉身命象以外，还有形成这肉身命象形态的诸多过程，都是以大一元广三元与广三元内的三界膜的生化变化，故都是生命的形态。

本来是从精气神在源体态与分生态的内容形态言说精气神的变化过程，却深入到道元维度与藏相动能论视野下解析精气神的道元维度与藏相动能本质，就是要从哲学本质上贯穿对精气神的认识论，并形成一系列关于精气神生化转换流变过程中的规律，就能以此贯之，以精气神各界域的形态变化带领大家走入对生命的广域认知。从大一元广三元角度来说，纵然在形下器万物凡域里不再言说大一元论视野，可是从太极体一的太极浑沦相就已经具足了生而分的特性，这是从广义上说关于阴阳平衡的统一视野，所以在源体态未分时却有生而分的必然，因为它已经具足了三元变化，但为什么还要分成源体态与分生态来说呢？因为这是必定的位域阶段，或者叫发展过程，也叫能量奇点，没有经过这个能量奇点就无法生化到下一个位域阶段，这就形成了广三元内的三界膜以及构成三界膜的一七九位域界膜变，依赖循顺置返方法论中长→育→成→熟→养→覆生变易过程，构成万物在道元维度视野形态下的各位域联动生化原理。

染浊义后分后循生与分生临界的精气神形态为阴性仪能量体的先天神（已熏的为识神）、先天精、先天炁三者，也是"生生"阶段独特视野。在前文说生而未分为元神元炁元精三元一体，而分后循生与分生临界为从三元一体分生出元神、元精、元炁三者，这里又给予了它们阴性仪能量体的界定，因为"阴性仪能量体"的特殊性内涵，是从道元维度大一元论的阴阳平衡视野出发，言说的生而分，清净真如为真阳，烦恼染浊为真阴，故取真阴所在的能量体属性，真阴视野对比道元维度大一元论的阴阳平衡视野所在的阴阳两仪来说，为阴性仪，阳性仪生而分离了，或者说被无明阻隔了，它阻隔的过程就是先天八卦中八卦关系过程。阴性仪能量体为无明形下器坤地凡世界，在此阶段因独特的阴性仪视野而具足高能量态，此时的高能量态在道元维度大一元论的阴阳平衡视野下，是与真如阳性仪在能量强度上是等同，分生态中精气神的能量体形态是什么呢？为太素至精，它和真如阳性仪能量体形态一致，此时一定要放在生而分的大一元论的阴阳平衡视野下来称量阴性仪和阳性仪。以此窥见道元维度大一元论阴性仪和阳性仪的能量总和就是一合相能量级视野，由于过于精深这里不展开论述。虽然阴性仪是放在大一元论的阴阳平衡视野下来称量和对待它的能量体强度，以及它阴性仪的属性来源，但只要视野落在生而分分生态的阴性仪上，就从大一元论转换到广三元论范畴了。为了区分分后循生与分生临界所说的元神、元精、元炁三者，以"元"的名称，故要强调无明染浊义的形下器坤地凡域，分生态的精气神形态为先天神（已熏的为识神）、先天精、先天炁三者。从"元"与"先天"的名词称谓来区分的精气神位域形态，在道元能量维度上就产生了差别，从至素至精的"元"态，生化转换为太素生命素的"先天"态。

在源体态与分生态的精气神形态中，源体态精气神形态为元神元炁元精三元一体，分生态精气神形态为在分后循生的临界态为元神、元精、元炁三者，并依染浊义，而有先天神（已熏的为识神）、先天精、先天炁三者。源体态与分后循生临界态的精气神形态中的能量体为太素至精，也正是《易·乾卦》描述的："刚健中正，纯粹精也。"太素至精为阳性仪和阴性仪的能量体，它是道元维度大一元论的阴阳平衡视野下的对待，或者说为道→母→器程式中道域为阳性仪，器仪为阴性仪，母为两者临界浑沦态。除此大一元论的阴阳平衡以外，其他在阴性仪的阴体中阴生阳而求阴阳呈现的负阴阳平衡的所有内容和对待，都不在大一元论的阴阳平衡的范畴，而是属于广三元论。为了区分真如阳性仪能量体名称和阴性仪太素至精名称的混淆，我们把形上道乾天圣的道域能量体称为太素粹精，而大道无极体的能量体形态为至素至精。关于至素至精的名词以及对能量体中"素"形态的认知，确实是古人超然智慧的体现，中国哲学源流上尤其是道家精气神哲学，在神主气精的总形态下，对精和气以及精气关联态下的能量体的动能"素"的认知，实为高明。以"太素"为例，在道藏经文典籍中有大量的出处和运用。其至素至精在《黄帝四经·道法》帛书原版选篇中有载："故唯执道者能虚静公正，……故能至素至精，恬弥无形，然后可以为天下正。"

在源体态与分后循生临界态精气神的太素至精能量体形态，就是对元神、元精、元炁三者最佳综合表述，元神所在的"种子"本质是根本，元精是太素，元炁是至精形态的气。当随着分而生阶段的出现，精气神三者的形态生化转换成先天神（已熏的为识神）、先天精、先天炁三者，这是精气神从三元一体后真正意义上的第一次"分"，分的形态上有精气神一体分为三者，分在藏相动能态上为从"元"态生化转换到"先天"态，分在能量体形态上从太素至精生化转换到太素生命素，这一次从元态到先天态的分，标志着精气神生命形态运相阶段的到来，精气神就转换到运相态上。

精气神的运相态是先天运相界域中最突出的形态，它的发生基于先天态三者在运相意义上运动，为基于唯识变现层面的种子与现行——识神"种子"的本质而发生精气媾和关联义的现行，体现为神主气精。生命运相形态的运相意义，就是识神种子与精气媾和的神主气精态。精气媾和可以看作先天态三者先天神、先天精、先天炁以运相的精气媾和发生的精气聚合现行，对比第一次的"分"，在运相态形成了精和气的聚，但还是没有完成三者以聚合态融合。原因是在种子与现行格局中，识神种子是主体，而现行是客观，也正是因为主体作用客观，才形成了运相意义上的运动，其指向就是精气媾和。精气媾和形态中，具足精气关联的藏相动能态，即精以气动与气动必是精用的精气关联义。正是因为精气关联义赋予了精气媾和在运相界域中独特的视野和形态，称精气媾和的"精"形态为和精，精气媾和的"气"形态为和气。和精和气的运相形态是精气关联义下识神运相的独特运动"行"态，这个"行"就是运相行，种子现行的运动态，它是以精气关联义共同呈现的，精以气动与气动必是精用的主体都是识神种子业力的牵引，并且依唯识法则和合集聚形成精气聚合。综述之，在运相态中的精气神形态呈现了神主气精运相运动，神为识神，气精运相运动为和精与和气精气关联义。

精气神在先天运相界域内的源体态、分生态、运相态三个阶段，为先天运相界域内的三界膜。三界膜阶段和过程呈现的就是精气神从源体态三元一体，通过运相运动让精气神生化转换到运相态的识神主和精和气之精气关联现行。梳理精气神在先天运相界域内的生化转换过程，源体态呈现元神元炁元精三元一体并含元神、元精、元炁三者；分生态呈现先天神（已熏的为识神）、先天精、先天炁三者；运相态呈现识神、和精与和气关联。作用运相运动让精气神发生生化转换的实质就是天人运相离一。天人运相离一，为元态"库"离，精气嬬和"轮"位出，伴随神主气精呈现生命能量体的列星气轮义之和精和气库轮态。"离"是从源体态的"元"态万物凡发端之源起，来说生而分的原理，有内容形态离、能量体离、运动形态离三层含义。其中内容形态离为三元一体因无明染浊生而分出先天神、先天精、先天炁三者；能量体离为从大一元论道元维度视野下的阴性仪的太素至精，堕落成广三元论道元维度视野下的负阴阳平衡的太素生命素；运动形态离为先天神、先天精、先天炁三者内容形态的唯识变现各形态运动，形成了识神主和精和气之精气关联现行，发生了精气关联以下的精和气的聚合。

先天运相界域内的三界膜阶段，依天人运相离一作用发生精气神在运相界域各形态变化，这些形态变化同天人运相离一的"离"含义结合，就呈现了精气神在先天运相界域内的生化转换离，生化转换离是先天运相界观精气神变化的总体视野，也是天人运相离一的具体形态。那么天人运相离一生化转换离出现的结果是什么呢？为神主气精呈现的列星气轮义之和精和气之先天运相库轮态出，此先天运相库轮态为先天运相界域内精气神形态的临界流变形态，临界为先天运相界域与后天藏象界域临界，流变为精气神的先天运相态流变为后天藏象态。尽管即将发生临界流变形态，在先天运相界域内出现的先天运相库轮态，此库轮态的实质为识神流变为先天胎光，和精转换为太素生命素，和气转换为五天五运气，为何要以库轮态的实质来说呢？这里有界域流变转换时因负阴阳平衡，发生的道元维度转换下的能量体转换滞留，在先天运相界域与后天藏象界域转换是叫转换滞留，而在后天藏象界域转换向人体命象界域转换时就形成了藏匿与蓄积精气的藏魄和藏精。转换滞留就是会截留一部分能量体，它是发生道元维度变化，因负阴阳平衡作用而隔离的能量体，它的原理和大一元论时阴阳平衡生而分隔离成阳性仪和阴性仪一样。能量体转换滞留的形态是什么呢？为和精的"精"层面太素生命素以及和气的"气"层面五天五运气。以人类三维的视野来认识这个能量体转换滞留就进入了列星气轮空间，而我们所说的三垣二十八宿所指的五天五运规律就是这种形态的精气运动视野，与人体发生着天人合一大运相联系。

以负阴阳平衡原理作用（"负阴而抱阳"与"冲气以为和"原理求的阴阳平衡）而隔离的能量体为能量体转换滞留，未隔离的随识神先天胎光一起运相运动的能量体就形成了胎光玄精。而处于先天运相介于与后天藏象界域转换临界态，以运相运动层面的胎光玄精为先天运相胎光玄精。先天运相胎光玄精在精气神形态上体现为以先天胎光对和精和气的精气关联融合一体的聚合。这个聚为在分生态呈现先天神、先天精、先天炁三者之分离后的聚，胎光玄精层面的精气神形态的聚，伴随胎光玄精运相运动并临界藏象命门，就进入了后天藏象界域。

后天藏象界域精气神形态，分为胎光玄精入先天与后天之流界门临界藏象命门的命门态，后天藏象胎光玄精在藏象命门空间体发生命门离转动态升降的离转离散态，宫库田轮离转离散后五藏神分布而未有窍关七门通道的实质内丹田态，或简称为命门态、离转离散态、内丹田态。其中命门态首当其冲呈现的为胎光玄精层面的精气神形态的聚，但此时的精气神形态已然要把后天藏象胎光玄精与先天运相胎光玄精分离开来，因为命门态所强调的为胎光玄精入先天与后天之流界门，界域已经彻底流变了。后天藏象界域的命门态不仅以胎光玄精入流界门发生了界域的流变，还以此界域依先天与后天之流界门转换成界带膜，形成了后天藏象空间体，而界带膜也就成为先天运相界域和后天藏象界域的门户。在命门态的精气神形态为后天藏象胎光玄精精气神聚合一体，它是先天胎光的"神"层面、太素生命素的和精的"精"层面、五天五运气的和气的"气"层面的在后天藏象融合一体。

离转离散态，为后天藏象胎光玄精在藏象命门空间体，以藏象命门临界态发生命门离转动态升降而有命门离转，命门离转形成黄庭中位三宫，围绕命门离转黄庭中位三宫发生中位离散过程，形成了宫库田轮的精气神形态。为命门离转形成黄庭中位精气神三库态，三库态的中界膜与结带膜之间的能量体空间又形成了中位外境的精气神三丹田轮。伴随命门离转和中位离散的"离"，又把后天藏象胎光玄精精气神聚合一体的聚分离开来形成精气神宫库田轮三库轮态。后天藏象胎光玄精发生命门离转动态升降的过程中，因道元能量维度在黄庭中宫与中位外境的能量体强弱差异，并随命门离转动态升降形成藏象天脉。

离转离散态的精气神形态分为宫库田轮三库轮态下"神"形态、"精"形态、"气"形态，其中"神"形态为上黄庭泥丸宫神库，中位外境为丹田轮神田；"精"形态为中黄庭心绛宫精库，中位外境为丹田轮精田；"气"形态为下黄庭命门宫气库，中位外境为丹田轮气田。内丹田态，为宫库田轮离转离散态后，五藏神在丹田三轮所在的中界膜与结带膜之间的时空体空间进行分布，形成未有窍关七门通道的实质内丹田态，是宫库田轮三库轮态下"神"形态、"精"形态、"气"形态以具体的五藏神之魂、神、魄、意、志五态联系人体命象的五行之藏系统，而有肝魂、心神、肺魄、脾意、肾志的五藏神综述。它按照精气神在宫库田轮三库轮态与人体命象部位的结合，向人体命象结构转换。

五藏神自生化转换而出就以五藏神统御系统形成对后天藏象能量体与人体命象形成总统御，是真正意义上围绕生命来说的具体形态。内丹田态的精气神形态中，"神"形态的内丹田为神、魂、魄、意、志五藏神中的神、魂、意（先天）、志态，并以内丹田统御"神"形态下的外丹田，为人脑三界构。"精"形态的内丹田以藏象魄精系统为主体，藏象魄精系统为五藏神中的"魄"，以及素精形态中的太素生命素精与光子精，为阳态，成为内丹田的"精"形态。"气"形态的内丹田以藏象祖气系统为主体，藏象祖气系统为藏象祖气和后天之气，为阳态，其中藏象祖气为五藏神的气态，后天之气为宇宙生命素与光子素的素气，共同成为内丹田的"气"形态。

精气神在后天藏象界域内的命门态、离转离散态、内丹田态三个阶段，为后天藏象界域内的三界膜。三界膜阶段和过程呈现的就是自先天胎光玄精入藏象命门临界态后，以后天藏象胎光玄精形态在藏象命门空间体发生生化转换的过程，从命门态的发生界域转换的实质开始，到离转离散态以命门离转和中位离散的"离"，把精气神三者在后天藏象胎光玄精形态的融合离转开，形成宫库田轮三库轮态下"神"形态、"精"形态、"气"形态，并开始以五藏神形态在丹田三轮所在的中界膜与结带膜之间的时空体空间进行分布，形成内丹田态。作用后天藏象界域三阶段发生精气神三态离转离散并生化形成五藏神的实质为天人藏象离一。天人藏象离一，为先天神主气精能量体的库轮义离，后天藏象的"宫库田轮"出，形成黄庭三宫统御的精气神聚合形态下的宫库田轮能量体结构，并生化转换五藏神。

与天人运相离一以"离"为主体不同，天人藏象离一以"出"为主体，它形成了藏象空间体出、能量体离转形态出、五藏神内容生化出，这三种围绕生命形态生化转换"出"的含义，开始成为生命形态中实质性变化。为何天人藏象离一会有"出"含义为主体的内涵？那是基于藏象空间体的流界门、离转门、窍关七门的三门作用的呈现，此三门是认识后天藏象界域结构以及结带膜的流变转换的重要内容和视野。其中藏象空间体出的意义形成了道元能量维度的轨道视野，无论是从藏象空间体所在的界带膜还是结带膜，都形成了道元维度实质性的膜结构，从而构成了道元能量维度的差异和变化，这是从性命双修内证系统讲述丹道实质非常重要的理论，因为涉及到诸多玄关一窍和内景实证的根本，当达到了这个以功态实证的境界，自然就明了藏象义的奥妙。能量体离转形态出不仅是宫库田轮三库轮态下，以黄庭三宫丹田三轮离转离散生化分布成"神"形态、"精"形态、"气"形态三者，更主要的是依离转离散生化分布的精气神三态形成了三态所在的界膜形态空间，也就是说"神"形态、"精"形态、"气"形态三者根据自身分布，都在藏象空间体内形成了精气神藏象三态界膜，此三态界膜在内外丹田平衡转换，对七门窍与十二结节的胎形体形成生命结构都有非常关键的作用。从能量体离转形态出实际上离转形成了生命形态界膜区域，通过内外丹田转换以及胎形体和而成形，把人体生命特征分成各种特征和运转系统，这就是随能量体离转形态出而生化的生命形态界膜区域，在这里体现为精气神藏象三态界膜。五藏神内容生化出是藏象向命象转换的初始，也是宫库田轮三库轮态下"神"形态、"精"形态、"气"形态三者再一次进行交融的生化，前面都是讲如何分、离、聚、融合，而这里是精气神能量体三态如何交融以及交融后生化转换，就形成了五藏神的形态，这种交融从精气神藏象三态界膜层面来讲，界膜态还未形成隔膜，当随内外丹田转换的实质发生，各种生化转换毕具，精气神藏象三态界膜也会如七门窍关和十二结节结固般形成了隔膜，再也无法形成交融态，这就是为何在人体生命体征运转系统中，各系统都有着明确的分工，原因就是随着精气神藏象三态界膜的隔膜形成，在胎形体已经无法交融，只能各行其责。

根据天人藏象离一围绕生命形态生化转换以"出"为主体的内涵，以及精气神藏象三态界膜形态，先天运相界域的藏象动能机理就和后天藏象界域的藏象动能机理有了区别。先天运相界域的藏象动能机理强调精气神形态的"离"含义的生化转换，而后天藏象界域的藏象动能机理则呈现了聚→离→融的形态，其中"聚"和"离"都是藏相命门临界态发生的动态，而"融"就有了更宽泛的视野，不仅特指精气神藏象三态界膜层面的交融，其命门离转和中位离散都有"融"的含义，尤其是在天脉内的冲气升降以及阴阳平衡，无不是"融"含义下的融合、交融动态，这也就是为什么在五藏神内外丹田言说具体的五藏神内容分布时，形成了精气神三态中神以精气载、精气以神御的你中有我我中有你形态，就是秉承精气神藏象三态界膜交融格局下的融合。

后天藏象界域的藏象动能机理的聚→离→融的形态下的交融义，就形成交融后内丹田独特的藏象精气神能量体统御中宫——黄老中宫。黄老中宫的形成是在后天藏象界域内,黄庭三宫丹田三轮离转离散生化分布的完成,也是内丹田的精气神形态分布的完成。在后天藏象界域的藏象空间体依聚→离→融形态的发生,藏象空间体的道元维度为后天藏象界域平衡态,也就是说当内丹田精气神分布完成,藏象空间体的道元维度是平衡态的,之前不平衡的转态通过命门离转和中位离散,以及精气神藏象三态界膜交融,发生了新的平衡格局,这个格局就是后天藏象界域平衡态。但藏象精气神能量体统御中宫——黄老中宫的形成,由于升维度的关系,将后天藏象界域平衡态打破,形成要进行维度升降来平衡道元维度,就产生了结带膜上的七门窍开,从而形成在黄老中宫统御下的藏象内丹田精气神能量体向外丹田的生化转换,并以此形成了界域的流变,为人体命象界域随结带膜上的七门窍开,后天藏象界域平衡态寻求新平衡生化形成。

人体命象界域精气神形态,分为藏象内系统依窍关七门,流变转换为五藏神外丹田精气神形态的外丹田态,七门与十二结节通道形态下在胎形中以中脉为主体的三脉七轮的胎形态,依三脉七轮统御的人体经络系统周流人体命象空间形成合而成形以及形而成体的周流态。或简称为外丹田态、胎形态、周流态。其中外丹田态要立于藏象第一次平衡,依七门窍通道,形成五藏神在后天藏象界域向人体命象界域的生化转换,并且内外丹田在藏象第一次平衡视野下,形成了藏象精气系统的整体观,为藏象魄精系统和藏象祖气共同构成了藏象精气系统,这标志着五藏神内外丹田精气系统生化毕具,也以此完成五藏神在精气神形态上的"神"形态的集合,以此突出外丹田以及人体命象生理系统生化发育主要体现在"神"统御下的精气生化分布。

外丹田态的精气神形态中,外丹田的"神"形态为泥丸九真之人脑三界构，外丹田的"精"形态为运化精与生殖精，其中运化精为通过肺肠系统、脾胃系统运化的水谷精微与呼吸凡气中的气微精，而通过身体生殖系统运化形成的生殖精。丹田的"气"形态为人体命象之气所在的脏腑运化之气、经络之气、气血之气，为阴态；呼吸凡气，为浊阴态。

外丹田精气神形态结合内丹田精气神形态，除开"神"形态的内外丹田都在人体命象结构上为头脑部外，形成了"精"和"气"形态上内丹田与外丹田在人体命象结构上的对应关系不同格局，"精"形态的中黄庭心绛宫内丹田，在人体命象上为心肺部，则成为"气"形态的外丹田，成为内精外气的"精"道元能量维度结构；"气"形态的下黄庭命门宫内丹田，在人体命象上为腹脐部，则成为"精"形态的外丹田，成为内气外精的"气"道元能量维度结构。也同时因为结带膜上七门形体结构空间，形成了藏象内外系统之别。这个内外系统随七门窍和十二结节最终因为界域不同，在藏象第一次平衡和藏象第二次平衡后，产生了界域隔离。在产生界域隔离前，从藏象精气系统整体观看，有内精外气的"精"结构与内气外精的"气"结构，也构成藏象内外丹田精气系统的全部生化内容，它既统一了藏象生命系统，又强调了七门窍作为内容生化与能量转换的通道的重要性，也以此产生了精气神胎形态和周流态生化转换的根本。

胎形态，为七门窍和十二结节视野下的藏象第一次、第二次平衡后在胎形体的精气神形态，它是外丹田精气神形态分布与周流的独特形态，其中以藏象外丹田精气神三态聚合成中脉，并围绕中脉在人体空间体内形成了三脉七轮为重要特征。胎形态的精气神形态除了形成了依三脉七轮统御的人体经络系统外，还依胎形合而成形以及形而成体的胎体把周流态结合在一起。这里讲述的周流态是胎形态精气神形态如何与脏器组织结合形成五行之藏五脏系统，而具有主导和运转人体生理生命系统的实质。胎形态与周流态均立足于胎形空间体，胎形空间体的形成为中脉视野形态下七门窍关和十二结节结固以及通道临界态下的界域流变，并且伴随天脉与中脉关联态下的气机冲升动态过程形成。

胎形态和周流态的精气神形态，为天脉与中脉两个道元维度的气机同步冲升融合，以胎形体将四大融合统一，融合后五藏神统御的灵气五态（五脏五行）能量体和七液妙气按五行之藏规律，灌溉全身七万两千多条经络，形成胎形能量体，以此形成在胎形体空间，命象精气神的各种能量源和形态都是依五藏神统御的灵气五态能量体统御、主导、灌溉、生化转换形成。七万两千多条经络的灌溉以经脉和络脉为主体的人体经络系统为主体，形成十二经脉、十二经别、奇经八脉、十五络脉、十二经筋、十二皮部六部分组成人体经络精气系统，而人体经络精气系统的能量体源不仅是五藏神统御的灵气五态（五脏五行）能量体，还要从五藏神内外丹田精气神三态在人体命象结构的分布结合来看待，是一个极其复杂的人体经络系统经络立于人体的道元维度结构。

精气神在人体命象界域内的外丹田态、胎形态、周流态三个阶段，为人体命象界域内的三界膜。三界膜阶段和过程呈现的五藏神外丹田能量体如何生化转换并分布周流，形成胎形体的能量体形态，并以此形成和而成形与形而成体的实质，真正意义上完成了由藏象生命系统的转换，并且以藏象生命系统主导和运转生理生命系统。人体命象界域的精气神形态直接构成人体经络系统并与脏器组织结合形成了五藏五行系统，从而有机地联系整个人体。作用人体命象介于三阶段精气神形态生化转换的实质为天人命象离一。天人命象离一，为后天藏象内外丹田精气神能量体离，以中脉为主体三脉七轮统御人体经络系统命象精气神的能量体出。对比天人运相离一以"离"为主体以及天人藏象离一以"出"为主体的不同，天人命象离一为以"变"为主体，它形成七门窍和十二结节变、胎形自人体命象空间合而成形变、天脉与中脉关联气机冲升生命象的变，这三种言说藏象与命象转换实质的"变"，开始成为生命形态中最具决定性的禀受布局变化。

天人命象离一"变"含义中的七门窍和十二结节变，为在藏象内丹田和外丹田视野关于五藏神精气神内外丹田的分布，七门窍和十二结节为五藏神内容形态与能量体通道，它是通道视野。随着胎形体的形成，七门窍和十二结节却作为七门形体结构下的十二结节人体空间体结构，由通道视野变成了人体空间体结构一部分。且在这个转换的过程中，以七门窍和十二结节为通道还构成了藏象第一次和藏象第二次平衡。

天人命象离一"变"含义中的胎形自人体命象空间合而成形变，为人体命象界域空间内通过七门窍和十二结节在能量体生化转换上形成能量体向生命象布局，最终在人体命象界域空间形成了胎形，且是藏象生命系统与生理生命系统毕具以合而成形构成了胎形体，为何要强调合而成形呢？就是它具足了能量体系统与五脏系统结合形成了五行之藏有机整体系统，它就统一在胎形体并且随生化形而成体。胎形自人体命象空间合而成形变需要具足界域转换、能量体转换、空间系统转换几个条件，界域转换中从后天藏象界域转换到人体命象界域乃至生成胎形，再由胎形长成胎体；能量体转换中从五藏神外丹田能量体生化转换开始，依七门窍和十二结节的通道作用，最终转换成以中脉为主体三脉七轮统御人体经络系统命象精气神的能量体，这个转换需要经过中脉视野下的四部内容，尤其是聚合中脉的能量体分布和能量体分布后的周流，形成以十二经脉、十二经别、奇经八脉、十五络脉、十二经筋、十二皮部六部分组成的人体经络系统。

天人命象离一"变"含义中的天脉与中脉关联气机冲升生命象的变，为通过天脉与中脉气机冲升动态过程中发生四大融合统一，以禀受布局义将生命生灭单元写就构成生命象的实质，也以此将胎体界域同人体命象界域隔离开来，形成生命藏和生命象的先天因缘禀受布局关系，从而使生命的生理形态完全在藏象生命系统的主导和运转中。天脉与中脉关联气机冲升生命象的变，是所有基于生命藏象形态和命象形态的变，其中天脉与中脉关联气机冲升，就是藏象形态和命象形态发生在四大融合统一的变，同时生命象的写就把界域推向了胎体界域，使后天藏象界域与人体命象界域既立于七门窍和十二结节通道上发生关联变化，又立于七门窍关和十二结节结固上发生胎体生化成体的变化，从而完成生命象禀受布局以及诸多生化转换，把后天藏象界域与人体命象界域推向了生命藏的范畴，把生命象所在的胎体界域推向既熟知又极度陌生的人类自我视野中，生命的秘密一直被窍关和结固着。

综述天人命象离一"变"的含义，就呈现了由后天藏象界域、人体命象界域、胎体界域共同参与生化形成生命象胎体人身——胎体界域的实质，并且围绕界域转换、能量体转换、空间系统转换等内容，形成了布、聚、流的诸多阶段。布为藏象第一次和第二次平衡发生的能量体生化分布，尤其是五藏神内在人体命象界域的外丹田分布和以中脉为主体三脉七轮统御人体经络系统分布。聚为中脉和中脉主轴视野，是五藏神外丹田精气神三态分布形成三者分离后的聚合态，以及立足于外三丹田主体结构并分布周流形成能量体空间的中脉主轴，并形成以此主轴联系起三丹田的精气神诸形态和人体经络系统。流分布义和周流义，还有五藏神藏匿与蓄积精气中的藏魄和藏精过程的"流"义。

生命的形态，经过先天运相界域的天人运相离一，后天藏象界域的天人藏象离一以及人体命象界域的天人命象离一的生化转换流变，形成了胎体界域中人体肉身的实质。联系生命形态的生化转换过程，同时也赋予了在胎体界域视野中藏象生命系统统御并主导的生理生命系统的必然联系，既然有生理生命系统关于人体的生命体征，就有主导和运转它的藏象生命系统相联系，而且每一点滴的生命体征的内容以及围绕生命体征运转的藏象系统和因缘系统，在它们的背后都存在着一个巨大且紧密联系的哲学系统。

　　在胎体界域视野里，围绕藏象生命系统与生理生命系统而言说藏象与命体的结合，这个结合非单独两套系统言说而结合，而是先融合，就如天脉与中脉气机冲升下的四大融合一样，藏象生命系统无不是与生理生命系统完美的融合在一起，且从精气神来言说生命形态的本质，精气神藏象形态最显著的特征就是围绕"藏"，也正是因藏义才有人身肉体乃至生理生命的象，从而从生命形态的生化转换的过程，来赋予生命藏与生命象在基于藏相法则的深刻关系。精气神形态在生命形态视野里的本质为能量体形态，所以结合生理生命系统，从能量体转换与运行机理上，还有"神"形态统御精气所在人脑三界构与意识传导三脑系统，藏象能量体在道元维度上动能结构与人体经络系统运行机理的关系，阴阳五行之藏脏腑统御十二官等内容。

人卷·道元论与藏相动能论

道元论，界膜理论

在探讨道元论含义之前，我们先走入大道生化视野，从大道生化视野的方法论和认识论就能步入道元论的含义范畴。大道生化视野，为立于"生"的哲学串联起大道界域间的关系，以大道恒顺生势道生之定律下的生化本质、生化原理、生化过程而连接起的道→母→器界域程式，使其构成源流变生化视野。立于"生"哲学的生化联系而发生源流变关系为大道生化视野中的生化过程，在生化过程里，就会有视野的变化，从道→母→器界域程式来说，宏观的生化过程联系为从道域到母域再到器域的过程，它构成了界域和界域之间的必然关联，称之为界域整体视野。整体观的生化过程联系中，又必然要依赖于界域内的生化过程，它构成了界域内的生化状态的发展，成为界域内视野。当要发生界域整体视野的联系时必然要依赖于界域内视野的生化状态的发展，它们之间的联系与转换又必须立足于大道生化本质和生化原理，才能以"生"的哲学呈现生化过程。大道生化本质为道生德蓄大道生生之健本原哲学，大道生化原理为呈现大道生化基本单元——往象的道生之内容原理，它由"生"源→生变易（长→育→成→熟→养→覆）→往象过程构成。

　　立于界域整体视野和界域内视野两种生化视野，以大道生化本质和生化原理发生的生化源流变联系，就形成了道元论的哲学范畴。"道"一定是要基于事物最本质的形态，也就是本原哲学；"元"可以看作哲学视野单元，每一个哲学视野单元就构成根本中心和本原，事物就在此"元"态基础上产生联系，故"元"态是可建立在微观或宏观的弹性调节上的，但元的弹性调节一旦发生了超越界域内源流变关系，就发生了跨界域联系，这种跨界域联系就是跨维度视野。那么依跨维度视野下的跨界域联系就形成发生了道元维度的转换。"元"含义的弹性调节中，元态的根本中心可以是界域内视野的某阶段，不必追溯到本原形态，只要有一个可选取的根本中心作为视野对待即可；而元态的本原就指向了事物发展源上的联系，也就是说不仅要发生跨越界域的联系，还要是最本原的源头。从道→母→器程式来说，把"元"的根本中心如果选定为器域或器域的某一过程，那么此道元关系就是界域内视野的形态；但所选定的器域或器域的某一过程的元态本原，就必须追溯器域的发展源流变关系上的最本原的源头，以哲学逻辑来联系，就指向了母域，再从母域追溯到道域，以及产生道域的本原哲学源头。所以元态中心与元态本原的关系就发生了跨界域联系，在哲学视野上就从元态中心的界域内视野转换为跨界域视野，并形成跨界域视野的源流变关系，此跨界域视野源流变关系形态就构成了界域整体视野。

　　从本原哲学的源起发生的哲学视野单元的集合变化而形成的跨界域

源流变联系为道元论。道元论由界域整体视野形态和界域整体视野形态中的界域内视野形态的集合两种根本形态构成，在两种根本形态基础上，界域内视野形态的集合由哲学视野单元（元态中心）呈几何数值的数的界内元组成，形成常态形态。

道元论的两种根本形态中，界域整体视野形态为从本原哲学的源起发展所有源流变集合的界域整体视野形态，构成大一元论；界域整体视野形态中的界域内视野形态的集合，从元态本原认知上联系跨界域形态，构成了界域源头和自身界域的关系，以及这两者发生生化关系变化的界域，三者关联，就构成了广三元论。如果把大一元论归为大道本质视野论，那么广三元论则是大道本质下的三者生化形态，为大道三种根本内容，只不过这三者生化形态内容为最宏观的界域集合，它是大道本质整体形态以两仪原则一分为二并结合两仪浑沦相的三者，而有广三元论。广三元论为何要强调最宏观界域的集合呢？也就是说大道中的一切按根本性质分类都不会超过形上道域、浑沦相母域、形下器域三者的范畴，所以谈生化内容形态的根本性质就为最宏观的界域集合的三者。

广三元论是大一元论的生化产物，在生化过程中蕴含了两仪之二，构成了一生二、二生三的生化格局。那么在广三元的格局下，界域内视野就会形成由哲学视野单元（元态中心）呈数理倍数的界内元组成。在数理倍数的界内元中可以任一界内元为哲学视野单元，而形成广三元论下的生化源流变关系，但不产生跨界域的元态本原联系。也就是说大一元论是大道本质论，从大一元论生化广三元论三者，可以把大一元论看作道→母→器程式整体，而广三元论三者看作为道、母、器三者。当在广三元论格局下，道、母、器三者中任何一域的具体内容的单元就是界内元，所有界内元的集合构成广三元论界域，但不发生跨界域联系，只在界域内视野形态中对待界内元。而界内元的对待选定，是根据几何数值而弹性调节的，这个弹性调节可以理解为把一个圆按照需要可分成五等分，也可分成一万等分，它是根据需要的几何数值。但界内元不构成道元论的根本形态，它只是道元论两种根本形态中的组成内容。如果道元论是宏观视野，那么界内元就是宏观视野下的微观内容，它构成了广三元论格局下的常态道元形态。

立足于自身界域所发生的界域源头的跨界域形态联系，就构成了维度转换。道元论大一元论和广三元论两种大道本质的根本形态来说，构成两种根本形态的道元维度，这两种根本形态的道元维度就是形上道维度视野和形下器维度视野。除了这两种根本形态的道元维度外还有常态道元维度，常态道元维度为以界内元为基础，发生的界内元关系上的源流变关联，通常常态道元维度特指为道元维度，而根本形态道元维度在描述时常直接用形上道和形下器给予区分。所以界内元形态下的哲学视野单元转换或发展就构成了道元维度转换。道元维度的数值同界内元弹性的几何数值不一样，它构成数理数值。

大一元论和广三元论的根本道元形态，以及广三元论下的常态道元形态共同组成了道元论的哲学视野。为何是构成了道元论的哲学视野而并非道元论本身呢？那是因为根本形态和常态形态还是道元论在哲学视野上的分散态，并未构成集合的道元论概念，两种根本形态与常态形态的集合，就是大一元论广三元论道元论，简称大一元广三元道元论，当分开表达时则用大一元论或广三元论。

大一元广三论道元论，为界内元组成的界域内视野的广三元论发生跨界域联系，在界域整体视野的大一元论两者形态下，形成源流变联系，从而构成全域兼顾哲学观。其中大一元论和广三元论为从本原哲学的源起哲学视野，而广三元论格局下的界内元为哲学视野单元，界内元的单元集合变化就构成广三元论跨界域联系大一元论。在跨界域源流变视野关系上，就构成了大一元论广三元论全域兼顾哲学观。从而就能以大一元广三元道元论成为道元论的绝对主体，为何称为绝对主体呢？那是因为它作为全域兼顾哲学观以大道合相论，涵盖了所有道元论内容。从道域、母域、器域呈现在道元论的关联上来说，就形成了道→母→器程式整体与道、母、器三者的集合，构成大道本来道元合相的大一元论广三元论，即道元合相论，立于大一元论而言说广三元论的，则为大一元论而广三元论，即道元实相论。通常我们世间的哲学形态由于未触及大道本原哲学，都为立足于形下器的广三元道元论范畴，别说道元合相论以及道元实相论，真正能够在形上道层面探讨大一元道元论范畴的领域并不多见，但它从哲学形态上说为宇宙与生命的本质。

大一元广三元论道元论中，从道元维度转换来说，大一元论为根本维度，而广三元为应用维度，从道域、母域、器域三元三者来说，道三元、母三元、器三元构成广三元内容，且在广三元应用维度格局里又以形下器的器三元为世间视野。从形上道和形下器范畴来说，就有道三元——上三元，母三元——中三元，器三元——下三元。在广三元内容格局里，界域内按一生二、二生三的生化格局，又有三分，就构成了广三元下的三元三化之九者。

大一元广三元道元论为立足道→母→器整体视野又兼顾道域、母域、器域三者视野，同时在表达道域、母域、器域三者时必有整体视野相联系，为立于本体而说用，只不过这个本体为大道一合相本体，用分为道域用、母域用、器域用根本三者用。同我们之前探讨的体用概念又升级了一个层次，之前的"体"都以道域的心、性、天、乾为体，"用"都以器域的相和象、命、地、坤为用。由于大一元广三元道元合相论和大一元论而广三元论的道元实相论过于精深和复杂，就以大一元论和广三元论的狭义含义所指来表达。大一元论同心、性、天、乾相联系，为体，广三元论同相和象、命、地、坤相联系，为用。这里必须要划定一个范畴，以大一元论来狭义特指或代称大一元广三元道元论，而广三元论狭义特指形下器域，就不再把道域、母域、器域三者归入广三元，在道元应用维度来说道域就特指大一元论。那么有此前提，大一元广三元道元论则为以性命、乾坤、天地相联系，不再以大一元广三元道元论立于大道本性而言说全域视野的道元合相论。这样就形成了大一元论和广三元论的天与地、乾与坤、性与命的根本道元形态，并以此归类诸多相联系的特性。比如大一元论为天、为乾、为性、为真如、为如来藏、为清净、为大生等，广三元论为地、为坤、为命、为妄想、为烦恼藏、为染浊、为广生。但当从内证圆满层面上，一定要解构实相和合相哲学维度。这种狭义的、特指的归类，只是从便于以智慧来言说与世间应用角度出发，但一定要明晰产生道元论和道元维度转换的原理，因为道可道非常道。

有了关于大一元论为天、为乾、为性、为真如、为如来藏、为清净、为大生等联系并归类，以及广三元论为地、为坤、为命、为妄想、为烦恼藏、为染浊、为广生等联系并归类，就从根本上解决了关于大一元论的"大"和广三元的"广"的含义，它为乾大生与坤广生所联系的"大"和"广"的含义，"夫乾，其静也专，其动也直，是以大生焉""夫坤，其静也翕，其动也辟，是以广生焉"正是此谓。并以大一元论来联系乾藏界的形上道域，从而赋予大一元论"乾"与"藏"

特性，而具足光明、圆明、大生、刚健、清净、德普施、如如来去等特征；以广三元论来联系坤形界的形下器域，赋予广三元论"坤"与"体"特性，而具足无明、方体、广生、柔顺、污染、顺承天、唯识变现、质碍等特征。由此对应和联系后，就不难理解大一元而广三元道元论为立于性观照命（色）的实相论，性色一如，色为性显，见色见性的实相。

如果把大一元论看成道→母→器程式整体视野的"一"，那么广三元论则是从整体视野的"一"生化为道域、母域、器域三者的"三"，而且根据道→母→器程式中生化源流变关系，广三元论为大一元论的生化产物，在生化过程中以两仪之二，构成了一生二、二生三的生化格局。那么从"三"反观"一"，则构成了整体"一"中有"三"者的内容格局，这便是由道域、母域、器域三者组成的三界域，此整体大一元论"一"中的广三元论"三"界域结构，就是道元三界膜。

道元三界膜是大一元广三元道元论最基本的结构和内容维度。基本结构为界域整体视野中立于体而有用时，必然分生出三界膜形态的界域内视野，叫一分为三而含二，由于二为蕴含和隐藏的认识论，故在哲学视野上直接称为三界膜结构。在三界膜结构分生过程中的一分为三含二的原理中，为一生阴仪和阳仪的二，阴仪和阳仪的二生阴仪、体用浑沦、阳仪三者。体用浑沦如何理解呢？就是中间形态，比如把火柴棍从中间等分，很多人会认为这是一分为二，实际上这是一分为三，中间还有体用浑沦的"空"与他们联系，当然这是实物的分，那么从实物的分就能联系实物之外的时空。如果实物为三维，则体用浑沦的"空"构成了四维哲学视野，在这里就能明晰哲学视野和肉眼见视野并非一回事，不能以肉眼见思维来反应哲学思维。

从道元三界膜的分生方法和分生后的哲学观，就能明确道元三界膜是道元论中立于基本结构的内容维度。何为内容维度呢？为破界域视野联系的道元维度转换，从大一元论整体、本质、真如性界域视野发生的道元维度转换，也就是说从本体一转换为用体三。在数字上看似从一变为了三，实际上是从本体转换为用体，从本体的"性"转换为"用"就是破维度，非跨维度的数理关系，跨维度的数理关系只是"用"格局下的界内元之间的关系。如何理解破维度呢？为从真空实有的"无"分生出"有"。如果本体为真空实有的"无"的话，那么用体的基本形态则是分生出的"有"，从零破成三，这个破非从零→一→二→三的数理关系，从零→一→二→三的数理关系为在"有"的用体范畴的维度加减。维度加减中数值从小到大为升维度，反之数值从大到小为降维度。但这个"破"是从本体生化成用体。所以从零到三的破维度道元哲学里，它们之间不构成任何数理关系，是本质与本性关系，也就是说在有数理值计算的任何维度里（含物理学维度）是无法见本质的"性"的，还只是停留在"用"上的。这是极大的难点，是用哲学和数理关系以哲学视野、分生方法、维度转换、基本结构来论述明心见性的本质。

综述之，道元三界膜是大一元广三元道元论中，以三界两域体为主体结构，以两仪原理进行维度转换，从本体生化用体的广生与大生形态，更是大道立于生化本质、生化原理、生化过程下的"生"哲学的宏观视野。道元三界膜形态中，本体为"一"，两仪为"二"，生化破维度转换而有"三"。本体为大道〇，构成了"道生一、一生二、二生三"的大道生化法则。

道元三界膜是大道立于道→母→器程式在界膜理论上最宏观表达，也是伴随大一元广三元道元论的界膜理论根本形态。除此以外，在广三元论的用体里，也呈现了以界内元之间相互联系，构成了数理关系的升降维度，形成常态界膜理论，简称界膜理论。界膜理论为以膜形态而分维度转换之界，形成以膜划界，同时界域之间的转换和联系依赖于膜，形成以界辨膜。界膜理论以膜划界和以界辨膜特征，尤其体现在维度升降转换上的应用，以及非维度升降转换时界内元之间的数理联系。界膜就形成了位域交界的浑沦态，具上承与下启作用，能通过界膜在事物之间的上承下启的联系，从位域对待上看待界，联系位域看待膜，从而就能解构事物内部的发展形态以及外部的发展方向。

界膜理论的最高形态也是本质形态就是道元三界膜，除此道元三界膜外，界膜理论中常以三阶四象结构成为常态界膜理论的主体内容，为何以三阶四象结构为特征呢？首先，三阶四象结构为以三界两域体为主体结构的三阶四象，其次，三阶四象为四个奇点形成了三个阶段。三阶四象的含义中，在横向上三阶四象结构就会形成积累而有生变易转换，在纵向上三阶四象结构会产生维度升降的转换。如果说把横向上的三界构的生变易转换看作是纵向三阶四象结构的维度升降转换的微观形态的话，横向微观的生变易三界构则是"化"的本质。从界膜理论的本质形态来说，界膜三结构在纵向上维度升降转换的集合发展才能构成道元三界膜中的一个界域。简单来说，把坤地凡所有道体德性的内容集合，才是道元三界膜中的器域膜；反之，在任何一个道元三界膜格局下，就会构成几何形态的三阶四象结构，而且依三阶四象结构的纵向和横向变化关联上，就可无限地分下去。

无论是道元论中的跨界域联系还是界膜理论中维度升降转换，都要依赖于藏相动能作用。如大一元广三元道元论的大道源动能，以及大一元论生化广三元论破维度的大道"生"动能，广三元论格局下的维度升降的跨维度的界膜动能，也叫生化动能。在藏相动能义下，所有形态动能的本质内容就是——德性，各种哲学视野和阶段的藏相动能内容的不同就是"德"性内容的不同，道体四域与德性四体的道体德性同体承载是交融在一起。为什么说道元论中的的跨界域联系和界膜理论中维度升降转换，都要依赖于藏相动能作用呢？那是因为界膜理论中的维度升降转换以及跨界域联系在藏相动能作用下，呈现的就是大道恒顺生势道生之定律关于"生"的哲学，就真正以道元论、界膜理论、维度升降转换、藏相动能作用把大道"生"的本质解构出来；同时又以大道恒顺生势的"生"把各种哲学原理串联起来，形成道→母→器程式承载的大道"生"哲学体系。

在这里我们就来进一步地解读大道"生"哲学体系。大道恒顺生势道生之定律下的"生"哲学，有生化本质、生化原理、生化过程构成恒顺生势的基本形态，也只有基于这三者才能形成大道道生之的哲学形态。大道生化本质为道生德蓄大道生生之健本原，因大道本原才有因本原的"生"源，这个生源记为无极体源起，故无极体源起只是生化本质中道生德蓄本原所生的内容和所显的形态，道生德蓄本原又是什么呢？为大道〇无极体与玄德性合相同体承载彰显无为而无不为大道真性，以此无为而无不为真性的道生德蓄本原为大道生化本质。其中，道生德蓄本原为大道源动能，而产生大道源动能作用的便是大道〇无极体与玄德性合相同体承载彰显无为而无不为大道真性——道生德蓄一合相的大一元论广三元道元合相论；由此大道本原的动能源，就构成了最本质形态的"生"源，大道依此而"生"。而且道生德蓄一合相的大一元广三元道元合相论的大道源动能作用下的"生"，构成了大道恒顺生势之道生之，由于此大道源动能的恒定，故而有大道恒顺生势道生之定律。换言之，大一元广三元道元合相论就是大道恒顺生势道生之定律本原。在大一元广三元道元合相论的本原哲学形态下就形成了道生德蓄本原、大道源动能、大道恒顺生势道生之定律以及大道生化本质下的"生"源起。

自大道生化本质格局下的"生"源起，以此生生形成的大道生化内容，就要依赖于道生之"生"的大道生动能，这就是大一元道元论。大一元道元论在大道生动能形态作用下，就构成大道生化原理。大道生化原理由微观基数阶→变化阶→道生之单元阶三阶四象结构组成，构成大道道生之基本单元模型。大道生化原理三阶四象结构中，微观基数阶为长→育→成→熟→养→覆过程，其中长，为道体与玄德妙显蓄阳而长；育，为阳长而积；成，为阳蓄积而成大；熟，为阳大生延，延为基于未蓄之前的延展性；养，为延蓄积而养，阳大之生后继续蓄积之养；覆，为蓄变而易，为阳蓄养到了一定阶段，可以把生与变连贯起来而生的易，这个易的产生就是生与变持续的发展。变化阶为生→变→易过程共同呈现的生变易在覆易临界态出变易的实质，既是生变易过程又是覆易临界态。道生之单元阶为道生之基本道元往象生化形成。

联系整个过程就有自大道本原生化本质下的"生"源起，经过生生之健呈现的长→育→成→熟→养→覆，结合生变易过程而生成的往象道生之单元，即"生"源→恒顺生势之（长→育→成→熟→养→覆）过程→生变易→往象的程式过程中，最终在大道生化原理下生化形成的往象成为道生之基本单元。由此大道生化原理下的道生之基本单元，一切至微与至彰的生皆是此生化原理，并且道→母→器程式中的任何一域界是立足于道生之基本单元的生化过程的集合。所以，由大道生化本质和生化原理共同作用而彰显的大道生生之健为大道恒顺生势道生之定律，也叫恒顺生势定律。在大道恒顺生势定律生化基础上，由道生之往象呈现一切大道体性的内容，无论是宏观还是位域阶段，以及位域界说域内的阶段变化，都构成生化过程，以上就构成"生"的哲学体系，大道一切位域阶段的体性皆依附和立足于此，道→母→器程式中器域的生化和"生"也是如此。

道元论中，哲学视野单元的最基本形态为往象，往象——作为道生之基本单元，并非是最微观的结构，生化成往象的过程为生变易基本过程，而生变易基本过程由长→育→成→熟→养→覆结构组成。如果把长看作1，育看作为2，成看作为3，熟看作为4，养看作为5，覆看作为6，就形成了1→2→3→4→5→6的生变易，1→6横向生化模型，从1→6中间的差数为5，横向生化模型也叫差五生化模型。所以，道元论中哲学视野单元最基本形态往象的最微观的结构形态为差五生化模型。由于大道具足恒顺生势定律，且大一元论之作用，那么当1→9数就必然持续其生生之健的生，并在横向生化模型下，形成了1→6,2→7,3→8,4→9变化形态，这个变化形态就是大道生成之数模型。如果把1→9的数理关系看作是横向坐标，那么建立在差五生化模型的2→7,3→8,4→9变化形态就形成了纵向坐标，这种纵横结合就形成了空间体基本单元，而空间体基本单元又是以大道恒顺生势定律作用，恒顺生势的生化过程，以循顺置返哲学视野，就构成了时间轴。空间体基本单元在时间轴的建立下就有了空间轴，时间轴和空间轴共同构成了立足于时间的时空体单元。而且时间轴与空间轴必然要在时空体单元发生联系，这种联系就构成了藏相动能基本形态——左旋而右转动能形态。如何构成了左旋而右转动能形态呢？就是阴阳之数的动态联系，阳数联系在时空体单元形成左旋，阴数联系在时空体单元形成右旋。

大道生化原理以大道恒顺生势定律的道生之就形成了生化过程，恒顺道生之生化过程，就会发生根本形态的破维度变化，构成大一元道元论生化广三元道元论，为道域生化器域，从而道→母→器程式形成，立足于道→母→器程式就有了道元三界膜形态，在道域生化器域道元两仪原理转换下，就构成了道域、母域、器域三者三界膜。从大一元道元论生化广三元道元论破维度变化形成后，就有了广三元论格局下的维度升降联系，而作用发生维度升降的跨维度的界膜动能的就是生化动能。生化动能是藏相源动能和藏相生动能的内容形态。从作用两种哲学形态的动能的区别就可以看出它们的本末与体用，以生化动能作用的广三元道元论格局下的维度升降为命升降九维形态，而藏相源动能和藏相生动能作用的大一元道元论则为性道元维形态，以此"性"发生根本形态的破维度变化而生化"命"。

道→母→器程式承载的大道"生"哲学体系。在大一元广三元道元论大道〇本体下，宏观为大一元道元论的形上道域，生化广三元道元论的形下器域，形成道→母→器程式所在的道元三界膜。这种生化格局的形成要依赖大道生化原理和生化过程，成为宏观形态下的微观过程。宏观与微观却又构成了跨维度联系。在生化动能形成过程中，藏相生动能在道域经过元亨利贞三阶四象过程。广三元道元论的生化动能就是作用万物凡立于太极体一的发端"源"的动能方式，也是立于太极浑沦相而赋予生命的精气神形态。从太极体一到人体这个过程，精气神又历经先天运相界、后天藏象界、人体命象界三大界域，构成广三元道元论精气神三界膜。在这个三界膜结构里联系先天运相界、后天藏象界、人体命象界与人体，构成了精气神三界膜的三阶四象。生命的精气神形态在大一元道元论生化广三元道元论的转换中，如何从精气神三元一体，通过破维度转换，生化成精气神三者，从而在生命的形态中从"性"流变转换为"命"。也同时赋予大一元道元论的形上道域范畴，广三元道元论的形下器域范畴。

在先天运相界域的精气神形态中，根据源体态、分生态、运相态三个阶段赋予了先天运相界域精气神形态的三界膜结构。其中在源体态和分生态的就是生命形态如何在大一元道元论生化广三元道元论的转换，然后具足坤地染浊义，进入形下器域范畴。源体态的三元一体，就必然从元神元炁元精的此三"元"指向了生而未分的太极体一的"一"体，这是关于精气神最基本内容的认知，而从元神元炁元精三元一体的认知，就要发挥精气神在源体态具足的藏相动能义，精气神在源体态的藏相动能义的形态为藏相生动能。依藏相生动能的作用，在大一元道元论生化广三元道元论的转换后，就会在广三元道元论的范畴里有道元维度升降的变化，维度升降变化的根本前提是大一元道元论生化广三元道元论的转换过程的破维度形态发生，其实就是道域如何生器域的过程。在广三元道元论的范畴里藏相动能义的形态就转换为生化动能。

道域生化器域的三阶两域形态，赋予了太极浑沦相作为界膜成为"母"域，在前文我们解析了形上道和形下器"形"的内涵，依"形"的界膜形态把形上道域和形下器域两域联系起来，构成了三阶两域形态，从而呈现道→母→器生化程式。从藏相动能义形态上为藏相生动能转换为生化动能，而且生化动能形态下的道元维度视野就从破维度形态转换为道元维度升降，所以赋予了精气神在精气神三界膜的三阶四象（先天运相界、后天藏象界、人体命象界与人体）里的道元维度视野。此道元维度视野构成了精气神在形下器各位域阶段变化的动能来源，这就是透析进入了精气神界域流变的内在，可以看作是精气神发生界域流变的内在原因，也是为何会有精气神界域流变指向了维度升降的变化。

如果把精气神在形下器各位域阶段的变化本质，看作是遵循道元维度升降的法则和规律的话，那么精气神在各位域阶段的任何形态以及阶段内容都只是藏相动能法则下的藏象义，为规律和法则作用下的显象。

大一元道元论生化广三元道元论的"生"哲学中，我们把"大"和"广"含义转换为性和命，就会有更具体和直观的认识。真如体如来义为元神元炁元精三元一体，从形上道和形下器的范畴来说其道元维度视野上为器三元道一体，转换为性和命则称为命三元性一体。元神元炁元精三元一体在器三元道一体是性质综述，形上道的无极而太极乾天圣为道，为道为炁说界域整体视野下的梵炁一元，此一元为本质元，除此以外无其他。那么万物凡均从此出，此道一元的本质为大一元，乾大生的内涵，广大悉备无所不包。由于我们是围绕万物凡，尤其是立足于人来研究生命和生命的形态，故围绕"命"，从源体态含义指向命从性生，也是道→母→器程式呈现的源流变关系，此命为器命、生命，包含狭义的人命。器命与生命正构成了人命的形成过程，虽然最终指向了人体的人命，但通过器命与生命的描述，让我们真正了解到人命的形成过程、内容、原理、本质，从而丰富对"命"形态的认知。

从命三元性一体的源体态始，对"命"形态的认知就要跟精气神各位域阶段的形态紧密相连，因为精气神就是命根，精气神在各位域阶段生化、转换、流变故"命"形态也紧密变化。命三元就是精气神三者之元，为精、气、神三者各自的形态域，而运化精气神三元命根的为阴阳两仪，为什么没有二元之说呢？那是因为阴阳二仪为道元维度生化转换的法则，只要具足阴阳属性的事物，就必然从一元体生化转换至三元论。对于不具足阴阳属性的事物呢？世间万物没有不具足阴阳属性的事物，而且在"负阴而抱阳"原理下，就算孤立的孤阴孤阳都能

"冲气以为和"生阴阳而求阴阳，达到两仪平衡，从而转换出三元，这是事物变化的本质规律和模型。有了道元维度三元论的出现，就一定要注意"一"的运用和所指，因为三元论里也有"一"，一元论一体里也有"一"。怎么样划分道元维度差异呢？一个是形上道"性"范畴的一元论，一个为形下器"命"范畴的三元论中的"一"，要从名称定义上去区分道元维度以此拉开视野，否则会造成理解与学习上的障碍。我们可以把形上道"性"范畴的一元论称为大一元。把命三元性一体中的命三元论称为广三元，而在三元论中各种变化形态下的一七九变涉及到的生变易称为位域界膜。所以就形成了源体态三元一体视野里有大一元道元论与广三元道元论的三界膜形态，以及构成三界膜的一七九位域界膜变。这种所指是什么呢？就是大一元道元论生化广三元道元论破维度，真如性生化万物凡的生命过程中，从大一元道元论无极而太极先天五太过程的三界膜联系广三元道元论太极而生育过程的后天五生过程的三界膜，两者恒顺道生之联系，故形成了道元维度形态格局下的生命树模型。

源体态生而未分的三元一体就是指不再以大一元为范畴来讨论生命的形态，而是从广三元命器格局里言说万物凡的生化转换，但要立于三元一体的"源"言说阴阳属性的分化源头，因为从生分态来说，就要立足于精气神染浊义言说阴阳分化。如果说源体态下的精气神阴阳属性为道一元视野下的阴阳平衡，那么染浊义下分生临界态以及生而分后，就是阴性为主体，阳性为从阴体中阴体动态生阳而求阴阳的过程，呈现为"负阴而抱阳"与"冲气以为和"阴阳平衡机理。所以说除了大一元论视野中真正的阴阳平衡外，其他阴阳平衡机理下以"负阴而抱阳"与"冲气以为和"原理求的阴阳平衡，为负阴阳平衡。一定要明了生而分后的阴阳属性是以阴性为主体，称为阴体，原因为无明染浊。阴性能量体强度随着负阴阳平衡不断地求平衡，造成了能量体强度的减弱，呈现为藏相动能义下的右旋堕落，从而形成生命的型体，比如肉身，这也是为何生命形态除开肉身命象以外，还有形成这肉身命象形态的诸多过程，都是以大一元广三元生化源起与广三元内三界膜的生化变化，呈现生化原理下的生化过程，故都是生命的形态。如果负阴阳平衡形成的阴阳平衡机理，不立在"负阴而抱阳"与"冲气以为和"原理下，是无法用道元维度视野这双眼睛梳理开来这诸多复杂的变化，更无从衡量并且划分能量维度层次和阶段去谈透析本质。

在阴阳平衡机理呈现的负阴阳平衡形态就是广三元道元论视野下的道元维度升降的真相，并且在负阴阳平衡形成过程中会出现上一阶和下一阶的能量体强度差，而产生这个强度差的原因为移精变气过程中转换滞留能量体的变化。因转换滞留能量体形态，就造成了每一次精气神界域流变形态的变化，从而发生负阴阳平衡机理，这样就不断出现能量体的强度差，成为道元维度升降的原理。道元维度的升降在精气神三界膜的三阶四象里就构成了生化动能的差异，而生化动能在广三元道元论范畴里直接体现在神主气精的精气关联义"素"形态的差别，所以有精气神依生化动能的差别而形成界域流变，构成了广三元道元论下的精气神三界膜三阶四象结构。

精气神界域流变在源体态与分生态的内容形态，以道元论和道元维度视野以及藏相动能论来解析，就深入到哲学的形态上去贯穿诸多认知，从而能形成对精气神全新的认识论。以此哲学本质，就逐渐掌握了一系列关于精气神生化转换流变过程中的规律，以建立在对精气神认知基础上的，以精气神各界域的形态变化带领大家走入对生命的广域认知。

从大一元广三元角度来说，纵然在形下器万物凡域里不再言说大一元论视野，可是从太极体一的太极浑沦相就已经具足了生而分的特性，这是从广义上说关于阴阳平衡的统一视野，所以在源体态未分时却有生而分的必然，因为它已经具足了三元变化，但为什么还要分成源体态与分生态来说呢？因为这是必定的位域阶段，或者叫发展过程，也叫能量奇点，没有经过这个能量奇点就无法生化到下一个位域阶段，这就形成了广三元内的三界膜以及构成三界膜的一七九位域界膜阶段变化，依赖循顺置返方法论中长→育→成→熟→养→覆生变易过程，构成万物在道元维度视野形态下的各位域联动生化原理。

广三元道元论的染浊义，相对大一元道元论的清净义，在精气神界域流变过程中就是太极体一三元一体对比精气神生而分后的三者。分后循生与分生临界的精气神形态为阴性仪能量体的先天神（已熏的为识神）、先天精、先天炁三者，也是"生生"阶段独特视野。在前文说生而未分为元神元炁元精三元一体，而分后循生与分生临界为从三元一体分生出元神、元精、元炁三者，这里又给予了它们阴性仪能量体的界定，这是从道元维度大一元论的阴阳平衡视野出发，言说的生而分，清净真如为真阳，烦恼染浊为真阴，故取真阴所在的能量体属性，真阴视野对比道元维度大一元论的阴阳平衡视野所在的阴阳两仪来说，为阴性仪，阳性仪生而分离了，或者说被无明阻隔了，也叫滞留能量体，也是第一次阴阳离体时的滞留能量体。它的滞留和阻隔过程就是先天八卦中八卦关系过程。

大一元道元论生化广三元道元论在道元动能形态上出现的阳性能量体和阴性能量体的变化，为道元阴阳平衡变化，此道元阴阳平衡变化标志着性生化命，也是破维度视野在能量体形态上的呈现。道元阴阳平衡后，阴性仪能量体就为广三元道元论能量体的总量，而阳性仪能量体就为大一元道元论之性——能量体的总量，大道由此分生为性和命两个范畴，也就是形上道乾天圣范畴和形下器坤地凡范畴。如果从广三元道元论阴性仪能量体的总量和大一元道元论阳性仪能量体的总量之和视野来说，就是大一元而广三元道元实相论范畴。广三元道元论无明形下器坤地凡世界，阴性仪能量体为主体格局，在此阶段因独特的阴性仪视野而具足高能量态，此时的高能量态在道元维度大一元论的阴阳平衡视野下，是与真如阳性仪在能量强度上是等同。分生态中精气神的能量体形态是什么呢？为运行界域"素"形态的太素至精，它和真如阳性仪能量体形态一致，此时一定要放在生而分的大一元论的阴阳平衡视野下来称量阴性仪和阳性仪。那么以此窥见道元维度大一元论阴性仪和阳性仪的能量总和就是实相能量级视野，由于过于精深这里不展开论述。虽然阴性仪是放在大一元论的阴阳平衡视野下来称量和对待它的能量体强度，及其阴性仪的属性来源，但只要视野落在生而分分生态的阴性仪上，就从大一元论转换到广三元论范畴了。为了区分分后循生与分生临界所说的元神、元精、元炁三者，以"元"的名称，故要强调无明染浊义的形下器坤地凡域，分生态的精气神形态为先天神（已熏的为识神）、先天精、先天炁三者。从"元"与"先天"的名词称谓来区分的精气神位域形态，在道生化动能上就产生了差别，从至素至精的"元"态，生化转换为太素生命素的"先天"态。以此生化动能的差别产生的道元维度升降变化，就是精气神界域流变过程中"素"形态转换的根本机理。

精气神界域流变过程呈现的精气神三界膜的三阶四象，就是道元论哲学形态下的综述，而作用精气神界域流变过程发生三界膜的三阶四象现象的为藏相动能义下的生化动能。生化动能与道元哲学同时起用，就产生了精气神界域流变的根本原理，为道元维度升降变化，从而构成生命形态与事物时间的维度跨越，而这种跨越所导致的就是认识论以及方法论的革命，如果没有整体的哲学认知，从局部界域向局部的跨越就会出现认知和认同的灾难。例如在精气神三界膜的三阶四象里，三阶为从先天运相界域到后天藏象界域并以界带膜构成的一阶，从后天藏象界域到人体命象界域并以结带膜构成的二阶，从人体命象界域到人体并以内关外窍膜构成的三阶。整个过程中由界带膜、结带膜、内关外窍膜三界膜连接起的三阶四象，构成广三元道元论生命形态哲学观。

广三元道元论精气神三界膜的三阶四象视野的生化源头我们定义在太极体一，而"太极体一"是太极浑沦相立于圣化凡的视野言说"体"和"一"的概念，我们知道生化太极浑沦相的过程为在圣先天五太无极而太极的整个过程。而大一元道元论无极而太极先天五太过程的源起，为大道生化本质格局下的"生"源起，也就是道元合相论的大道源动能作用下的"生"。那么恒顺此"生"哲学的道生之，所联系起来的就是从大一元道元论无极而太极先天五太过程呈现的真如体如来义生命形态，它同样有三界膜的三阶四象形态，而且依托道生之基本单元的三阶四象数理，通过无极而太极的先天五太过程，在形上道域乾天圣形成一七九位域界膜变生命树数理模型。

真如体如来义在圣生命形态由大一元道元论无极而太极先天五太过程承载并呈现。从道生之基本单元——往象的生化原理和生化过程，指向了道生之空间体基本单元，以此空间体基本单元下的大道生化原理构成了大道恒顺生势定律，恒顺道生之生化过程，而有大一元道元论以根本形态的破维度变化，生化广三元道元论之形下器域万物凡。那么大一元道元论形上道乾天圣又如何立于藏相生动能义以界膜结构开始生命的"源"生化呢？或者说何为生命的"源"生化呢？为形成生化广三元道元论精气神三界膜的三阶四象的源过程,这个源过程就是生命"源"生化,它发生在广一元道元论的形上道域乾天圣过程。

大道生化本质格局下的"生"源起,依藏相生动能义,通过道生之基本单元的三阶四象(微观基数阶→变化阶→道生之单元阶之三阶四象结构)数理生化成道生之基本单元——往象。往象的实质什么呢?从一个"基本单元"的含义就能看出,往象为大道立于生化本质和生化原理在生化过程中最微观最极致的生变易构成的"易"含义,它就是先天五太中的太易。也就是说太易具足了道生之基本单元的三阶四象数理过程,而往象为太易的最始端。

恒顺道生之,经过宏大的往象生化过程的积累,就构成了太易向太初的生化流变,"太易者,未见气也",从气形质三者在先天五太的状态来看,太易以未见气更加玄之又玄,以弥纶无外、湛湛空成的洪源玄黄无象为主要的特征,其中在往象不断生化积累的过程中,逐渐"而生一气",然后不断地"乃生中二气也,中三气也",直到玄、元、始三气生化毕具,以先天五太状态的"太初者,气之始也"特征,为太易生化流变至太初,此太初阶段的玄、元、始三气成,谓三合成德。而这三合成德的"德"正是藏相生动能的内容形态。

太初始见气后,经过玄、元、始三气过程,恒顺道生之的蓄积,生化流变为"太始者,形之始也;太素者,质之始也"的太始、太素阶段,经过太初、太始、太素阶段的生化过程后便有"气形质具而未相离,故曰浑沦"的太极阶段,以太极浑沦相为主要特征,从而共同组成了太易→太初→太始→太素→太极生化源流变形态的,先天五太无极而太极过程,成为大一元道元论形上道乾天圣的内容形态。在整个先天五天生化过程中,以生化原理和生化过程贯穿大道恒顺生势定律的道生之"生"哲学，为藏相生动能义，而构成藏相生动能发挥生化玄妙的主要形态为"素"形态——太素至精。太素至精是大一元道元论先天五太过程的主要动能物质，只不过这种物质为精神范畴，为真如性范畴，非世间的物质义。藏相生动能的太素至精形态，指向了藏相源动能的至素至精。

在大一元道元论先天五太过程中，同样也具足了三界膜之三阶四象。先天五太过程的三界膜为太易与太初过程的一阶气膜，太初与太始过程的二阶形膜，太始与太素过程的三阶质膜，由于太极临界圣化凡，以太极浑沦相具足了真如清净义和烦恼染浊义，当言说在圣域视野时，故不划定在藏相生动能下的三界膜之三阶四象范畴。我们说"德"是藏相生动能的内容形态，乃至"德"为藏相动能义下各形态动能的根本真相。在藏相生动能的"德"形态里为元亨利贞四圣德，藏相生动能是如何发挥作用而产生先天五太过程的内容生化呢？为元亨利贞四圣德周行，从而具足了藏相动能的作用形态。形上道乾天圣元亨利贞四圣德周行结合先天五太过程，就有了太易为乾元，太初为乾亨，太始为乾利，太素为乾贞，同时也在乾贞部里具足了太极浑沦相形态。如果把太易→太初→太始→太素→太极的无极而太极先天五太过程看做为道体四域中的天大，为体；而乾元亨利贞为德性四体中的圣德，为性；那么体性圆融交互承载，天大与圣德交互合相，就构成了大一元道元论哲学，而天大所在的先天五太无极而太极过程，与乾元亨利贞四圣德周行的藏相生动能过程，就成为了大一元道元论哲学下具体的体与性视野形态。

我们说在大一元道元论哲学下，形上道域乾天圣形成了一七九位域界膜变生命树数理模型。那么联系道→母→器程式，就会有形上道和形下器共同建立的广义视野下的生命树数理模型。何为一七九位域界膜变？这里有道生之基本单元的三阶四象数理和先天五太的三阶四象数理两个层次的视野，道生之基本单元的三阶四象数理为基于往象生成原理，可谓至微视野，而先天五太的三阶四象数理为天大道体的宏观综述，可谓至彰视野。

在宏观视野里，把太易位域看作一，太初位域中有玄、元、始三气为三，再结合太始、太素、太极则有三，在整个无极而太极先天五太过程里就形成了从太易之易变而为一，然后一变而为七，为太易1和太初3以及太始、太素、太极三之合。七变如何为九呢？为元亨利贞四圣德周行的四→九之数。那么可能会形成这样的疑问，为元亨利贞四圣德周行以四→九差五生化模型出"九"的数是否会牵强？那是因为这里面有一个体性转换，无极而太极过程的一变而为七的过程为道体生化过程，而乾元亨利贞为四圣德之德性周行，一变而为七与七变而为九为体性合相，发生了道元维度的转换，从而形成体性圆融的空间体形态，这就形成了《列子·天瑞》所说："易无形埒，易变而为一，一变而为七，七变而为九。九变者，穷也，乃复变而为一。一者，形变之始也。"何为"九变者，穷也"？为无极而太极过程后圣化凡，从真如体如来义的具足清净生化万物凡，为如如来去的清净，穷也。"乃复变而为一"为广三元道元论精气神三界膜的三阶四象视野的生化源头——太极体一。"一者，形变之始也"从太极体一精气神界域流变，依藏相动能义而不断右旋堕落，而有具象的色法沉淀质碍之形，此"形"与先天五太气形质的"形"非同一道元维度视野所指。

从宏观至彰视野来说，一七九位域界膜变在生命形态上，以在圣和圣化凡的承接关系，把广三元道元论精气神三界膜的三阶四象视野与大一元道元论无极而太极过程连接在一起，在独特的太极浑沦相的"复变而为一"的转换中，实现道元维度的转换，这种转换为从大一元道元论破维度生化广三元道元论。所以我们谈生命形态的源头，在万物凡的源头视野下为太极体一，但要联系到大道之源，为大道生化本质格局下的"生"源起，也就是道元合相论的大道源动能作用下的"生"源。大一元道元论生化广三元道元论的过程，为无极而太极先天五太道体生化过程与乾元亨利贞为四圣德周行过程的体性合相，宏大的空间体生化形态，呈现为道→母→器程式中道域生化器域，而母域所在的太极浑沦相作为形上道域和形下器域的界膜形态，独具道元维度和藏相动能的转换功能。从真如体如来义"性"道元视野破维度转换为"命"道元视野下的维度升降；从乾元亨利贞圣德藏相生动能转换为精气神界域流变的生化动能。同时立于太极浑沦相，形成"清轻者上为天，浊重者下为地，冲和气者为人；故天地含精，万物化生。"天地人三才之藏。

联系形上道和形下器的一七九位域界膜变，就形成了全域视野的形上道精神域范畴和形下器物质域范畴（含精神相域）的大生命观，形成真正的性命一如"生命树"大生命视野，构成大道"生"哲学中最具终极关怀的哲学命题，它就是大一元广三元道元论生命哲学。那么道→母→器程式中宏观的生命树数理模型，宏观的一七九位域界膜变，必定要建立在至微的生化动态基础上，只有立足于道生之基本道元的微观去解析道元论和藏相动能义的形成原理，才谓深入根本，打开本来。

在一七九位域界膜变至微视野里，立足于道生之基本单元——往象基础上的生化动态，从长→育→成→熟→养→覆的生变易过程生化出的"往象"，在数理上构成了1→6的差五生化模型，其中1→2→3→4→5→6的生变易发展过程为横向数理逻辑，当1→6生变易过程生化出往象就标志着一个基本单元的生化完成。那么大道具足恒顺生势定律，1→6差五生化模型的发展，就从6生化发展到了7，为6→7，那么关键的问题就在这里，从6→7的生化原理是什么呢？

我们回顾往象的生化过程，为大一元广三元道元论下的藏相源动能作用所具足的大道恒顺生势定律，长→育→成→熟→养→覆的生变易过程中，从"生"的源起到"长"，也就是从0→1，为因生，当覆6临界态出现，有"覆"→"易"临界状态的易相态时，为果成，当易相态生化成往象，为一个因果单元熄灭。从因源0到因生1→恒顺生势发展2-6→果灭，构成一个因果单元的生灭过程。那么6→7的生化发展又是什么呢？为第二个因果单元的生灭过程形态，这个第二个因果单元生灭过程和第一个因果单元生灭过程一样，遵循差五生化模型，第二个因果单元生灭过程中从因生到果灭，是以第一个因果单元生灭过程承载。形成了第一个因果单元生灭过程中的"恒顺因果2"简称2,成为第二个因果单元生灭过程中的"因生1"，也就是2相对于1的因来说，2为1的果。这个2果就成为第二个因果单元生灭过程中的因，再以差五生化模型的规律，就形成了2→7；以此逻辑类推，则有3→8，4→9的数理逻辑。

所以，大道道生之生化过程下的1到9数理逻辑，非同一维度视野下的递增关系，而是以差五生化模型形成的位域阶段，从1到9构成了为1→6，2→7，3→8，4→9的三阶四象位域模型。以此原理，在大道生化过程视野下，1到9数理逻辑中的7的出现非直接的从6横向递增到7，而是在时空体单元里构成了纵向的第二个数理阶段，也就是第二个因果单元生灭过程中从因生到果灭，这个横向递增向纵向转换最重要的一个原理和视野，为第二个因果单元生灭过程中的因，来源于第一个因果单元生灭过程中的2，这个"2"的转换，在第一个因果单元生灭过程横向递增逻辑里，2为1的果，那么以此果2成为第二个因果单元生灭过程的因，成为第二个因果单元生灭过程的因生1，完成"2"从果到因的维度转换。所以这个"2"从第一个因果单元生灭过程的果，转换成为第二个因果单元生灭过程的因，通过道元维度的转换，从横向数理逻辑生化流变成为纵向数理关联，并以此为起始，以差五生化模型延续此维度的横向数理逻辑生化过程。恒顺此过程，形成大道道生之生化过程下的1到9数理逻辑三阶四象位域模型。

大道道生之生化过程下的1到9数理逻辑三阶四象位域模型里，从横向到纵向的维度转换，既构成了横向发展同时又以上果下因的关系形成了纵向联系，而且这种联系既形成了横向的数理生化形态，即前因后果，又构成了纵向联系下的数理生化形态，即上果下因后的前因后果。这里就有一个独特的错位形态，这个独特的错位形态在纵向联系上就形成上果下因联系，如在横向上2为1的果，但在纵向上2为因生，为起始，成为纵向的1。也因为上果下因的独特形态，从而形成了横向生化与纵向联系的时空体单元，那么独特的上果下因在时空体单元结构里就形成了纵横交汇点，这就是错位形态的上果下因点，这个"点"因横向与纵向的交汇而具足独特的身份，它既要恒顺横向的生化发展，又要启动纵向的生化发展，从而完成整个1-9的三阶四象位域模型过程，那么这个三阶就因独特的错位形态，形成纵向的三阶，四域就构成了立足于时空体单元的四域，如果把纵横联系的时空体单元放在视野整体来看，此三阶四域在运动上就构成了曲变，曲变的产生就打破了三维视界里的直线运动，而构成了藏相动能义下的曲变运动。

藏相动能义下的曲变运动最重要的原理形态为立足于错位形态的上果下因点，形成的横向前因后果与纵向上果下因后的前因后果的综述运动形态，也就是说虽然我们孤立出一个时空体单元的点，但从这个点视野出发，它既参与了横向生化发展，又联系纵向关系并还要以此开启另一个位域阶段的横向生化发展，这个"点"具足的曲变运动形态下时空体单元中的同步时空性。如果时空体单元为纵横联系的三维结构的话，那么立足于这种纵横运动形态，就呈现了立足于时空体单元曲变运动形态的藏相动能态，为三维结构的整体曲变运动形态，呈现四维视野。大道道生之的体性一切内容皆是此三维为结构的整体曲变运动形态。

1到9数理逻辑三阶四象位域模型承载的生化过程里，1→6横向生化发展的因果单元生灭过程的启动于因生1，以此1而有恒顺生势的发展，并形成横向的1→6差五生化模型。在纵向联系上因错位形态的上果下因点是以横向2的果来转换的，这个点具足了同步时空性的身份，按照恒顺生势定律，2在纵向上作为因生，以差五生化模型，就必然生化7，故7的出现是1→6在横向发展以2同步时空性的身份联系的纵向阶维度的果，也就是说这个7的果在横向是2就开始，以此纵横联系，纵向7形成了横向2的曲变果。以此类推，直到9的出现，且9为横向4的曲变果。不仅如此，把三阶四象过程中的相同数字联系起来，就形成了一个S曲线，且这些S曲线交织成网。自1→6差五生化模型下的因果生灭单元起，它构成一个位域界膜，到7的出现，以及9的出现，就构成了一七九位域界膜变，"变"为大道恒顺生势会持续道生之生化过程，为藏相动能义形态下的一七九位域界膜变。

这里还有一个难题，就是在1→6差五生化模型里有5，根据上因下果的纵向联系以及差五生化模型，就会出现5→10的生化过程。在上果下因的纵向联系里5→10的生化过程发生了什么呢？横向数理逻辑上的前因后果，为可以看作为时间轴上的因果生灭法，而基于时间轴的横向联系下的三阶四象纵向结构，就形成了完整的时空体模型。在时空体模型中非单纯的时间轴关系，而是空间体结构的联系，也正是以横向前因后果以及纵向上因下果承载的藏相曲变运动形态。作为一个时空体模型的曲变运动形态来说，有一个曲变运动的主轴，以此主轴让三维空间体发生了整体曲变运动形态。那么5-10又回到了时空体模型的主轴里，但要注意不是原来的起点，这个主轴也有空间数理逻辑，它就构成了时空性。所以在时空体模型里，呈现了复杂的空间曲变运动形态，从5-10又回到了时空体模型的主轴里，以此类推还会有6-11,7-12……等以空间体整体曲变运动形态生化发展下去。如果说三阶四象为一个完整的时空体模型，那么恒顺道生之的运动生化，就为进入时空因果的生灭形态，何为时空因果的生灭形态呢？从之前的横向前因后果与纵向的上因下果来说，都是直线指向，如果把这两者结合在时空体单元里，并且具足曲变运动形态，就构成了时空因果生灭形态，形成了什么原理呢？为具足同步时空性的上因下果点，也就是时空体模型里的点，构成了复杂的因果交织网态，每一个因果的生灭都形成了复杂关系的具有时空体关联的因缘集聚，这就是为什么会有因缘和合集聚的真相，以及它们以什么样的数理模型形态发生关联，从而在时空体模型里形成时空因果关系。

有了时空体模型这个概念和视野，我们再来看道生之基本单元——往象，往象一定是在时空体模型的主轴里以时空因果关系生化的单元，且具足了整体曲变运动形态，不再是一个横向的数理逻辑关系下的生变易产物，而是复杂多变的时空体多元交织，由此，三阶四象位域模型就形成了道元维度和藏相动能义共同视野下的时空体结构。那么往象和时空体模型是什么关系呢？一个时空体模型单元为三阶四象位域往象之集合，也就是说一个时空体模型单元要符合1→6、2→7、3→8、4→9的三阶四象位域往象之集合，而且这个集合是时空因果关系下的集合，构成了时空体往象模型，从而成为大道道生之的空间体基本单元。

从往象到时空体往象模型，所产生的道元维度视野的变化，非单纯的从横向生化视野结合了纵向生化视野，而是建立在横向前因后果生化发展与纵向上因下果后的前因后果生化发展基础上，再发生时空体单元的生化联系，从而产生了曲变动态，在产生的曲变动态后，又恒顺道生之的发展，就形成了时空体模型的概念和视野，而且大道道生之真正意义上的基本单元就是时空体往象模型单元，它是以空间体视野形态形成的完整的模型单元。从这个过程发展关系可以看出，横向生化视野下的往象只是时空体往象模型单元里的一个单向元素，可以把往象看作时空体往象模型的至微数理，而这个至微数理里又包含了微观基数阶→变化阶→道生之单元阶三阶四象结构。这就构成了大道道生之基于时空体往象模型而呈现至微至彰形态的三阶四象生化结构，且以这个结构不断生化发展下去，就形成了从太易到太初，乃至无极而太极的先天五太过程，呈现给我们道→母→器程式下的道体德性之大道内容，以及生命的诸多形态和内容。这一切依赖于在时空体往象模型形成过程中，从往象的横向视野介入经过多种道元视野的变化以及道元视野变化下的维度升降，从而构成一个多形态综合的动态视野。

往象作为至微数理而生化发展成大一元道元论的所有内容，再延伸到至彰的道→母→器程式，就形成了至微至彰形态。至微至彰形态体现在大道时空性上的内涵，至微至彰不能独用，没有道生之的任何内容是纯粹以至微显或单以至彰显的。任何至彰的"大"都是通过至微的生来达，任何至微的末端又都全息交易着至彰所包含的一切，这就是至微以至彰显、至彰以至微达所体现的至微至彰全时空显达性。那么在至微至彰形态里，有一个万变不离其宗的数理，为差五生化模型下的1→6、2→7、3→8、4→9的三阶四象位域结构，大道道生之生化过程下的1到9数理逻辑三阶四象位域模型因具足曲变运动形态，故形成了独特的空间排列，赋予了空间体形态的意义。无论是往象的生化过程，还是以往象构成的时空体往象模型，乃至大道生化形成的一切，都是以它为承载从而构成了生化过程，也正是它承载了道元维度视野变化，赋予道元维度哲学化和动能化，让我们找到了道元哲学下的数理维度变化视野和动能形态，从而从本质上解构了大道的生化形成过程。通过解析一七九位域界膜变，认识到时空体模型对道元论哲学和藏相动能哲学有非常重要的意义。或者说因为独特的时空体往象模型承载，让道元论和藏相动能哲学更加具备数理逻辑化特征和空间运动形态。

循顺置返哲学与负阴抱阳机理，动能三阶单元

立于道元论和藏相动能哲学下时空体往象模型，来解读大道"生"哲学的本原，就必然要借助循顺置返哲学与负阴抱阳机理这两种认识论，并依赖由认识论形成的方法论去认识诸事物，循顺置返哲学与负阴抱阳机理既是道元论和藏相动能哲学的内容，又是认识时空体真相从而解读大道本原的方法论。循顺置返哲学可以看作是解构时空体真相中时间轴的钥匙，尤其是贯穿三世两重因果的时间轴，以独特的"反者道之动，弱者道之用"视界解构大道道生之恒顺生势定律下的根本动态。负阴抱阳机理可以看作是解构时空体真相中空间轴生化与构成的机理，尤其是发生道元维度升降转换和藏相动能义下的阴阳平衡（含负阴阳平衡），以独特的"万物负阴而抱阳，冲气以为和"机理解构大道道生之阴阳机理下的动能形态。

何为循顺置返哲学呢？循顺置返中的"顺"和"返"要立于九易法则之顺返法则来解析，大道道生之恒顺生势定律生化的一切，都是顺生，顺哪儿生呢？顺承道元合相论的大道源动能作用下的"生"源起，以此顺生至微至彰呈现道→母→器程式中一切内容。顺与顺生是必然联系在一起的，就跟我们说"果"不能独用，必须联系因一样。顺则有生的含义，而生必须依顺才能生。我们在解析"生"的内涵时，从乾道元亨利贞圣德蓄大而生生，至坤元变易，坤元后顺承乾道因缘和合而有恒顺因果，自坤元恒顺乾道变易的缘起后，一切因和缘的汇聚、因与缘的条件不断成熟和充实、众因缘升起交互深入，因与果显现的同步时空性，包括无常的生灭过程、顺承因果以其生灭过程的轮回轮转，这一切的"生"，都依赖其"顺"。在道元论和藏相动能义下，大道道生之的顺生成为恒顺生势定律。"顺"指向的顺承的源，为道元合相论的大道源动能之玄德性以及大道生动能之圣德性，从顺生的果形态找到顺承的源，这个方法就是依顺循而置返。返，还也，复也，通作反。道以其如如来去的本性，以能说之性和所说之性，而显所有能说与所说，看似一切是顺生，但其实要明晰、洞察这一切真相，甚至入其本质，就必须依赖"返"。返为道之所呈的一切"生"在时空延展性上的停顿与凝滞，先要明白道之所呈的一切"生"是什么，为道→母→器程式中一切过程的"顺"的生化过程，其顺的过程就是道不断的"生"的过程，就拿人来说，从出生到老死的过程就是顺的过程，顺其十二因缘无明因果，从婴儿"顺"下去就是童年，从童年"顺"下去就是少年，以此类推，顺的过程就是人不断的生长的过程，同理，道→母→器程式中程式过程的一切，就是道不断的"生"的过程，这个"生"不像我们用人的出生到老死过程这么简单，而是整个宇宙的全时空的生，人只是三维世界的一份子，这个生就有无限的时空性，时空延展性如何理解呢？人从婴儿到童年，再从童年到少年，在婴儿时，是在向童年顺的过程中，但还未到的少年就是时空延展性，所以任何顺生都具有时空延展性，这也是宇宙的膨胀理论所在。那么在时空延展性上的停顿与停滞如何理解呢？先说停顿，我们在童年顺生向少年时，是直接就到了少年么？当然不是突然就长到了少年，而是由婴儿逐渐的长成，到童年，再到少年，那么从时空上看回去，就能看到生长的痕迹和过程，这个从时空上看回去，就是在顺生之上的停顿或者叫凝滞，注意，在这里停顿或凝滞不能独用，必须依赖于顺生之上，在顺生的过程中停顿，从时空上看回去，这就叫作返。我们举例的婴儿、童年、少年可以换作任何时间弹性，如昨天、今天、明天，乃至过去、现在、未来"三世"，所以一切的事物都具此性，一切事物的顺与返都是如此，在顺生的过程中从时空中看回去，而发现一切的"生"的本质，其停顿与停滞就是顺生在时空延展性上的返，说是停顿与停滞，一定是依赖顺生的停，本质是永不停歇，而且停不是当下顺生的停，而是过去的停，在顺生的流动过程中，当下看过去，刚才看的这一念或思维，已经就是过去的停了，这就是返的根本义，所以在顺生的时空延展性上，是用返把顺联系起来，连续而连贯，至于是否有缝连接还是无缝连接，要看所研究的事物的具体时空立场，在没有具体所指的情况下，就都是无缝顺与返连接，这就是时空延展性上的流畅性。

有了在顺生的时空延展性上的返，在全时空动态中顺与返具备同步时空性，和因与果、生与灭一样，如果在坤世界局限的对象中，因与果、生与灭、顺与返呈时间上的先后性，但同步时空性包含时间上的先后性，因为全时空动态中包含具象狭义的时空，全时空动态就是道的如如来去本性，刹那间因与果、生与灭、顺与返同时并同步显现。

这就能明晰道之所呈的一切内容或道之面目。那么我们前面所说的停顿与停滞是真的停了还是滞了？在顺生的流畅性上，根本就不存在停或滞，在上文用停或滞是为了说明返的含义，过去针对现在是停了或滞了，其实根本没有停或滞，因为一切都是顺生流动起来的，那么准确的说法是什么呢？就是"置"，什么意思呢？就是本来如是的放在哪儿，已经顺生流动起来的过去，本来如是的置着，不是过去，不是现在，更不是未来，而又包含顺而返的过去、现在、未来的一切。《说文》："置，赦也。"用赦来释义置，在这里不能解释成宽免罪过，而这通过宽免罪过的本义去理解置的含义，我们要体会在宽免层面上对"赦"含义的拿捏，不紧不松，不紧是已经宽免其罪过了，可以不用担忧责罚与刑罚，不松，就是虽然宽免了但还有警示警醒的意味在。这就是"置"在返上的状态，依顺而返，展现的是时空流畅性的状态，之所以是这种状态，就是要体会在顺生流畅的流动性中的不紧不松的返置状态，即不随顺而流也不随返而滞，这就是"置"返的神韵所在。理解了"返"所呈现的"置"义，就要更深入一层了，从置返上明晰了什么呢？就是明晰了道生的面目，怎么一个道生的面目呢？就是道在顺生流畅性的面目，例如我们从今天看到了昨天的一切一样，我们从置返上看到了道顺生的一切，如果阶段性或狭义的去理解，从今天的置返上看，把昨天道的生弄得清清楚楚，那么以时空为立足点，不断和不停的置返，就能连接起道生的全部面目，再把不断和不停的置返以及不断和不停的顺生一起连续而连贯起来，就是道的面目了，这一切都是以置返的角度与含义去呈现的，由于置是返的内涵，一般以置返连用而体现顺返两仪特性中"返"，我们前面已经从置返再联系顺生，并置返与顺生连续而连贯起来，深入到了道的面目上，若放在道的面目上，则是返来显用，这个显用不能当作独用，一定是依顺而返的基础上，返来显用，这个深刻而深入的内涵叫什么呢？就叫"反者道之动"，返通作反，道的一切"动"的面目如脉搏一样，从反而遍知一切，"动"即是从置返联系顺生并置返与顺生连续而连贯起来的"顺"生，为由变易连接起来的动态（顺返两仪特性中"顺"）。《道德经》中"反者道之动"的视野、内涵、深度必须做此解，才能触到老子玄妙的胡须。

依顺而有顺生的流动性，再把时空性连接起来，是什么呢？就是"循"，例如我们说的依顺就是依现在的顺，而说未来，把时空连接起来就是把过去放在现在之前，以过去顺现在，以现在顺未来，这个顺的时空性，就叫"循"，是连续而连贯的，带有从根源上去说，从缘起上去说之义，《道德经》里说的"循之不得"的"循"就是这个含义。在循顺的时空流畅性里，顺生是道的本性，因其道生德蓄常自然而必然生，就算在坤世界无明所主，但大光明作用力依然在作用，所有道生德蓄而顺生是道的本性，在循顺的时空先后性的含义中，昨天相对于今天来说，昨天的道之"动"虽然在时空中依然永恒不变，但已经没有那么强烈了，成了"弱"态，相对于当下的清晰具体的强势来说，过去的呈现模糊的弱态，以道动来显强的话，这个弱就是与道动的强相对的弱势的态。就因为这个"弱"态道之动，才是我们目睹一切的根本，因为明天的尚未发生，我们无法目睹，只能从过去的"弱"态道之动来目睹，人类顺从自然并改造自然的过程，就是通过过去态来总结规律、规则、原理，慢慢从浅入深，从表象模仿到深入其理，才有不断的创造发明，逐渐地改善并指导了今天乃至以后的生活，正是这种积累和积淀，才有人类文明发展到现在科技文明时代，从呈"弱"态道之动而致用的状态叫什么呢？就叫"弱者道之用"，这个"弱者"与"弱"态是指循顺过程中已逝的时空性，显流逝性。如何体现并找到"弱者"与"弱"态，答案就是反者道之动，"弱"态必须依赖并通过"反"才能显其妙义，那么反者道之动与弱者道之用就是"顺返"法则的顺与返，以及循顺置返的顺返过程最佳释义，置返必须依顺，"弱"态道之用呈现道之动，反者道之动与弱者道之用在解释法则时以及哲学义理时应该联用，而不能分割。弱态所反应的道之动显的流逝性并非消失了，它是以无法眼见的形式存在，这就是有名有相不可眼见的真空实有，昨天乃至以往过去的一切，我们都知晓名相（虽然是强名），但已不如当下的今天很多可以眼见，过去的一切不可眼见，却是今天乃至以后能继续存在的连续性，并非断灭地消失了，它在过去如是地存在着，而显真空实有性。同时，如果把视野放到轮回轮转上，以往的轮回轮转是真空实有的存在，就是因为依往昔轮回轮转的顺，才有顺而生的未来，即宇宙每天往前的步骤，往昔一切的业种子以其"弱"态作用着顺生，联系"弱"态种子力与顺生因果，就是道呈现的连续不断的时空，如果这个时空在证悟的十方圆明态来说，连续不断的时空就呈现统一性而无时空存在，即达一切处。

　　循顺置返，可以呈现顺返过程，通过循与置把顺与返联系连接起来，把顺仪与返仪融合到道动的过程里。《周易》的一卦变八卦，以及卦产生变爻后的体卦与用卦关系，其实就是循顺置返的具体应用，就因为我们通过循顺置返的卦爻变动而能预测现在之于未来的发展，以其《周易》卦与卦、爻与爻、卦与爻等象呈现出来的时空关系，以及顺返两仪规律，在道之动与道之用上，便是《周易》在"占"上的思维精髓，体现在体卦与用卦以及上一卦与下一卦的关系，并联系一卦变八卦而有时空连续性，找到爻与爻之间的时空延展性。故有"象事知器，占事知来"的循顺置返哲学内涵。我们用循顺置返乃至顺返两仪来解析这句话，两个"事"不能同指一个事物或者问题，而是有区别的，第一个"事"指置反状态下的过去的事，通过过去的事而知道所呈现的器，即通常说的名和相，就是通过已经过去的状态而知道过去的具体是什么，未经历过时不知道叫什么，经历过了就知道叫什么什么名状等，这就是象事知器，是通过置反的哲学方法来找到象事，即经历与经过，同时便"知器"，一切名相了如指掌。在此基础上，再占事知来，这个"事"便是顺状态下的当下之事，沿循这两个状态下的事，也就是循顺置返所继续呈现的未来的顺生，便知晓了未来，这就是《周易》的神奇，更是"顺返"法则中两仪规律的妙用。

十二因缘是讲人轮回轮转的时空过程，这种过去、现在、未来的时空延续性，就是"顺返"法则中顺与返以及循顺置返的顺返过程所呈现的，它既指导我们认识十二因缘的本质而悟道，又根据十二因缘来指导如何修行证道。十二因缘流转的顺、逆观，就是对顺与返以及循顺置返的顺返过程在"人"身上的具体表现，《阿毗达磨杂集论卷四》："依无明而行等顺次观迷之生起者，称为杂染顺观；于老死等支各立苦集灭道四谛，从老死逆次观迷之生起者，称为杂染逆观。由无明灭则行灭等顺次观悟之现成者，称为清净顺观；由老死灭而生灭等逆次观悟之现成者，称为清净逆观。"在十二因缘流转的顺、逆观，从老死置返到无明缘起称为逆（返）观；从无明缘行的缘起循顺到老死称为顺观。此顺、逆观又可分为流转门的顺、逆观与还灭门的顺、逆观。十二因缘流转门的顺、逆观就是循生（流动性的流转）的原因，所生的果报；还灭门的顺、逆观就是看置返灭（还灭）的原因，所灭的果报。顺观就是无明灭行就灭，行灭识就灭，识灭名色就灭。逆观是如果要老死灭则要灭掉生，要灭生就要灭有，要灭有就要灭取。这就是还灭门的顺、逆观。

覆状态是依其前五者的顺生累积，是循其前五者每个阶段的顺而得覆状态，当覆状态到了临界时，从长→育→成→熟→养→覆的有为就到了为的临界，这是循顺而到覆。在覆状态来说，以其临界状态而置，所连接起来的就是五者有为的集合，反观这五者的有为，是循其顺的为，以此循顺置返的覆临界状态，则是集合了包含覆在内的前五者有为集合的无为，覆状态势已成，此覆势是从长→育→成→熟→养→覆过程中顺生的道动而连贯起来的，以此道动连贯的生变易是置覆状态而反观前五者顺生的道动，也正是前面的道动的连贯作用的有为而有覆临界态是无为，则是含覆在内的道动过程的有为极致，以此反观，明晰覆状态到来的过程，这就是道的过程，道的脉搏一样的动态。

针对覆状态来说，前五者已经为过去态了，覆态为当下强态的话，过去的前五者为弱态，可正是用前五者弱态的极致有为，方出现覆态的无为，这就形成了循顺置返的"反者道之动、弱者道之用"。前五者依顺的累积，就是有为，且是持续的积累，当前五者蓄积到了覆的阶段的话，就是有为到发生根本变化的临界状态，含覆在内的前五者一起就是有为的尽其所能的为，此时状态的为的"物形"就有了成势的状态，势已成的状态则是包纳了含覆在内的前五者所有的蓄积，而步入了无为，然后又以其无为的势态，而把前面为的一切当成自己需要为的行为全部为到极致，则是无不为，然后依顺而为，且为到极致，才能成为下一阶段顺势的基础。从有为到无为需要以其德之行为到尽其所能，从无为到无不为需要德性到无人无我而尽其所能为到极限的境界。以循顺置返的含覆在内的前五者的有为，到覆状态的无为，却是整个长→育→成→熟→养→覆过程顺生连贯集合的有为的极致，即无不为，以其有为极致的无为，循顺置返，把无为作为弱态的道用置返，再把连贯有为与无为所有为的极致来循顺，就出现了极限境地与无可言说的无为而无不为。

何为负阴抱阳机理呢？为"负阴而抱阳"的阴阳机理。负阴而抱阳机理，在广一元道元论视野下形上道乾天圣以具足真如体如来义显至阳金性，并无太极浑沦相对比明显的阴阳性，此生化过程的负阴而抱阳机理就为错位形态的上果下因机理，它是时空体单元的纵向视野。错位形态的上果下因机理为负阴而抱阳机理在广一元道元论视野下的独特形态，我们说道元维度和藏相动能义下的能量态，实际上都是对动态过程中临界态的描述，那么承载能量态和赋予能量属性的就是阴阳机理（上因下果机理）。负阴而抱阳机理的阴阳机理中会有能量体转换滞留形态出现，这在上因下果机理里，就是错位形态，以错位形态承载了阴阳平衡阴仪阳仪体分离时的滞留义。它们共同表达了循顺置返哲学中的弱者道之用的"弱态"，成为了循顺的有为法下的动能，错位形态也好，阴阳平衡阴仪阳仪体分离也好，都以其滞留义作为过去的"弱态"，具足了时空体单元中循顺的时空义，因为循顺而恒顺生势的基础为立足于过去的弱态。当下的每一丝一毫因缘都要靠过去时空的集合生灭来呈现。故以负阴而抱阳机理来共同说明错位形态的上果下因机理。

先说阴阳平衡下的阴仪阳仪体分离，它是从广三元命器格局来言说万物凡的生化转换，立于三元一体的"源"言说阴阳属性的分化源头，从精气神染浊义言说阴阳分化。如果说源体态下的精气神阴阳属性为道一元视野下的阴阳平衡，那么染浊义下分生临界态以及生而分后，就是阴性为主体，阳性为从阴体中阴体动态生阳而求阴阳的过程，呈现为"负阴而抱阳"与"冲气以为和"阴阳平衡机理。阴阳平衡下的阴仪阳仪体分离过程原理为，广三元道元论的染浊义，相对大一元道元论的清净义，在精气神界域流变过程中就是太极体一三元一体对比精气神生而分后的三者。分后循生与分生临界的精气神形态为阴性仪能量体的先天神（已熏的为识神）、先天精、先天炁三者，也是"生生"阶段独特视野。在前文说生而未分为元神元炁元精三元一体，而分后循生与分生临界为从三元一体分生出元神、元精、元炁三者，这里又给予了它们阴性仪能量体的界定，这是从道元维度大一元论的阴阳平衡视野出发，言说的生而分，清净真如为真阳，烦恼染浊为真阴，故取真阴所在的能量体属性，真阴视野对比道元维度大一元论的阴阳平衡视野所在的阴阳两仪来说，为阴性仪，阳性仪生而分离了，或者说被无明阻隔了，也叫滞留能量体，也是第一次阴阳离体时的滞留能量体。大一元道元论生化广三元道元论在道元动能形体上就出现了阳性能量体和阴性能量体的变化，为道元阴阳平衡变化，此道元阴阳平衡变化标志着性生化命，也是破维度视野在能量体形态上的呈现。道元阴阳平衡后，阴性仪能量体就为广三元道元论能量体的总量，而阳性仪能量体就为大一元道元论之性——能量体的总量，大道由此分生为性和命两个范畴，也就是形上道乾天圣范畴和形下器坤地凡范畴。这是在前文解析的内容，这里再次重复就是要明了在生化动态下的根本原理。所以说除开大一元论视野中真正的阴阳平衡外，其他阴阳平衡机理下以"负阴而抱阳"与"冲气以为和"原理求的阴阳平衡，为负阴阳平衡。但要明了生而分后的阴阳属性是以阴性为主体，称为阴体，原因为无明染浊。阴性能量体强度随着阴阳平衡机理下负阴阳平衡不断地求平衡，造成了能量体强度的减弱，呈现为藏相动能义下的右旋堕落，从而形成生命的型体。

阴阳平衡下的阴仪阳仪体分离产生的阳体滞留能量体，具足了错位形态的上果下因机理的错位形态。除开阴阳平衡下的阴仪阳仪体分离，在负阴阳平衡原理作用时，就出现了阴体动态生阳而求阴阳的过程的第二次阴阳平衡，为负阴阳平衡，也是藏相动能义的生化能量形态下维度升降形成的原理。

在前文，我们以藏象命门动态升降原理下的离转冲升和离散下降的动态过程来承载负阴而抱阳机理内涵。视野再次聚焦藏象命门临界态，运相阳态与藏相命门阴态在流界门处（未关闭时）形成阴阳平衡，此为负阴阳平衡机理中的第一次阴阳平衡，此运相阳态与藏相命门阴态的阴阳平衡为后天藏象胎光玄精聚合态的能量属性。此为"负阴"态。当流界门关闭，运相阳态随先天道元维度的关闭而隔离，为转换滞留，此时在藏象命门临界态就形成了以后天藏象胎光玄精聚合态——藏相命门阴态为独特状态；当离转门开启，藏象命门时空体形成，藏象命门时空体为藏象能量体维度，此能量体维度的强度要低于藏象命门临界态，在这两个能量体维度差别中，之前藏相命门阴态就要在这两个能量体维度之间进行第二次阴阳平衡。这个第二次阴阳平衡是从藏象命门临界态维度转换到藏象命门时空体维度，这个动态过程产生了负阴而抱阳的从阴体中动态生阳而求阴阳，并逐渐达到阴阳平衡。过程为流界门关闭与离转门开启，此时能量体属性为以后天藏象胎光玄精聚合态——藏相命门阴态为主体，它对比藏象命门时空体来言为高维度和高能量体。那么孤阴不生孤阳不长，此时的阴体随大道两仪法则必然阴体生阳，也就是说必然会在一个总阴体里按两仪法则生出阴态和阳态，这就形成了阴体动态生阳而求阴阳，这也是以一体来一分二平衡原理。

阴体动态生阳而求阴阳的过程，就呈现了以阴体中生阳，而有冲气以为和的内在动态，对比藏象命门离转冲升过程，它为负阴抱阳的微观内在动态。也正是冲气以为和微观内在动态产生的道元维度能量体变化，才以此变化的差异推动了离转冲升冲气以为和的过程发生。从一体的阴体"负阴",到阴体动态生阳而求阴阳"抱阳"动态过程,在第二次平衡时,就呈现了完成的"负阴而抱阳"动态过程,它的作用也就平衡了因道元维度差异产生的能量体强弱的变化,随第二次阴阳平衡,藏象命门时空体能量维度形成,它对比藏象命门临界态的维度强弱来说,为能量体总体属性低于藏象命门临界态,从而也指向了藏象命门临界态道元维度要高于藏象命门时空体道元维度。说到了道元维度的差异产生了能量强弱的差异,但第二次平衡的阴阳总和再加上"冲气以为和"动态过程与离散过程的能量总量是与第一次平衡时,以及以藏相命门阴态为体时相一致。这就是为何在藏象命门临界态虽然发生了"负阴而抱阳"的动态过程,但能量总量的道元维度强弱差异必定会发生冲气以为和的命门离转冲升过程。当命门离转和中位离散过程发生后,才出现了因道元维度差异呈现为能量体强度差异,这个差异的原因既有道元维度空间体的变化,又因命门离转和中位离散动态过程中的诸多体态变化的能量消耗。以太极五生象生育系统的后天五生过程,从太极浑沦相的染浊义,其能量体结构就构成了以道元维度的变化,出现围绕精气神而有染浊→现行→现量→堕落→聚合→离转→分布的生命生育动态。在每一个阶段都会有道元维度的升降变化,从而都会出现能量体结构的再平衡,每一个能量体结构的再平衡,都是"负阴而抱阳"与"冲气以为和"阴阳平衡机理承载,这就构成了阴阳平衡机理根本原理。以阴体动态生阳而求阴阳的阴阳平衡机理与动态模型为原理和内容的"负阴而抱阳",它构成了负阴而抱阳哲学原理。

如果说把"反者道之动、弱者道之用"的循顺置返哲学视野看作认识大道本质的一双眼睛(天眼、法眼、慧眼、道眼),那么负阴抱阳机理则是这双眼睛下面大道最生动的生化本质动态,所以阴体动态生阳而求阴阳的阴阳平衡机理与动态模型下的"负阴而抱阳"同具循顺置返特性，是循顺置返哲学关于藏相动能义下的能量转换时空体的变化视野，更是以往象的差五生化模型的数理生化形态，既发生横向的前因后果联系，又以独特的错位形态发生变化，并以其曲变运动的联系，形成大道道生之四维视野下的时空体往象模型单元。如果把时空体往象模型单元看作大道道生之生化过程中具足的动态模型单元，那么这个动态模型单元又是以差五生化模型中的数理做基本的运动发展，构成时间轴和空间轴同步时空的动态运动，以牵动大道的同步时空动态，这就是宏观动态格局下的微观内在动态，真正呈现了至微至彰变动不居。而同步时空动态运动发生在时间轴和空间轴的动态，正是依赖和依存循顺置返哲学以及负阴抱阳机理。

如果用这两者哲学形态的结合再去解析大道生化本质，它们之间有一个最佳的结合视野，为时空体往象模型里独特的错位形态的上果下因点，就是这个"点"从横向上具足了循顺置返哲学，而有恒顺生势之道生之生化过程前因后果生化发展，在纵向以上果下因点形成向上因下果后的前因后果生化发展，并且以此再发生时空体单元的生化联系，从而产生了曲变动态，在产生的曲变动态后，又恒顺道生之的发展，就形成了时空体模型的概念和视野。而这里又有独特的"错位形态"形成了循顺置返哲学里的弱者道之用，成为作用下一个动能形态下的能量体基础。错位形态的上果下因点，正是以上果下因机理(负阴抱阳机理)形成维度升降的动能源。那么这样就构成了以循顺置返哲学与负阴抱阳机理交互作用，从而成为大道圆融无相的根本。

道元论和藏相动能义下的循顺置返哲学以及负阴抱阳机理，从往象横向的数理生化形态联系差五生化模型，形成了横向和纵向关联的空间体结构，且在这个空间体结构又发生曲变动态联系，从而形成动态义具足的时空体模型，这个时空体模型内形成了基于横向往象结构基础，由横向、纵向、错位形态联系交织在一起的往象数理集合，为时空体往象模型单元。这个横向、纵向、错位形态联系交织就发生了藏相动能形态的动能观，这就是从微观的往象出发，通过横向、纵向、错位形态的源流变关系，联系时空体往象模型单元，再以时空体往象模型单元联系大道至彰的一切，形成至微至彰变动不居源流变关联，就把一切的源流变关系追溯到至微的变化上。发生道生之一切至微至彰变动不居源流变关联的动态，是杂乱无章还是井然有序呢？为围绕四维运动形态的主轴发生动态关联，这个主轴里又分化多层次主轴网和多元的异轴网，形成大道的严密时空动态体系。

梳理道元论和藏相动能义下的内容和哲学视野，形成了以恒顺生势视野言说长养成熟养覆微观数理下的生变易，以差五生化模型生化往象，并以往象在横向、纵向、错位形态联系上形成空间体。以界说位域视野言说界膜理论，并以界膜理论中的三阶四象结构形成道元维度的认知，在维度形态上以根本形态的破维度以及常态形态的维度升降组成性与命生化过程的道元维度视野。总体上又以循顺置返哲学和负阴抱阳机理反映大道道生之一切微至彰变动不居源流变关联的动态，从而形成道元论和藏相动能义下的大道"生"哲学。

在大道至微至彰变动不居源流变关联时空动态体系里，道元论和藏相动能论是两大体系化支柱，尤其是道元论下的藏相动能义更是大道动态视野的本质。如果说道元论是基于大道本质的哲学形态，那么藏相动能论就是把哲学形态赋予物理动态意义，道元论和藏相动能论两者的结合，给予了我们透视大道真相的密钥。藏相动能论本身如道元论一样为基于大道本质的哲学体系，由于道元论以界说位域划分了如道器、乾坤、性命、清净烦恼等诸多范畴，从而让我们能分层次和分性质的直入道元论内部动态源流变变化，故常以道元论下的藏相动能义赋予大道一种独特的解读视角，就如在这种视角下把循顺置返哲学以及负阴抱阳机理在时空体往象模型单元建立联系一样。

我们说从本原哲学的源起发生的哲学视野单元的集合变化而形成的跨界域源流变联系为道元论，在道元论的"哲学视野单元的集合变化"含义里，就是一个至微至彰可弹性调节的表达，这个哲学视野单元我们从往象、空间体单元、时空体往象模型、无极而太极先天五太、大一元道元视野、精气神界域流变、大一元道元论生化广三元道元论等，都是关于哲学视野单元的弹性调节，所以就形成了界域整体视野形态和界域整体视野形态中的界域内视野形态的集合两种根本形态，在弹性调节上，以什么样的哲学视野单元为界域整体视野，就会有这个界域整体视野内的界域内形态构成源流变关联。所以在论述道元论时，取哲学视野单元，而不是最极致的至微起点，为哲学结果，且是阶段性结果，这个阶段性结果呈现的就是界说位域的界膜理论。也就是说在什么样的视野单元内言说什么样的层次和性质的问题、以及流变过程，就会呈现视野单元内的阶段性结果。所以要形成道元论视野下的因果生灭思维，就能以循顺置返明了一切皆通融无碍的。道元论下的藏相动能义就是大道本质哲学观下的定律法则或本质哲学逻辑模型。大道广大悉备的大而无外小而无内悉皆通用且通融无碍。

何为藏相动能论呢？为大道真性基于生化本质所显的生的源，以及基于道生之生化所需要的生的源，而发生在左旋而右转动能三阶单元能量体上的动态呈现。藏相动能论具生化本质源能体和生化源能体两种根本形态，其中生化本质下所显的生的源为生化本质源能体，它为"生"哲学的根本主轴，而道生之生化所需要的生的源为外围显化，它们之间的关系同道元论的两种根本形态不一样，道元论的两种根本形态为界域视野相互融合下的弹性调节，而藏相动能论的两种根本形态为基于生化相互显达的本末依存。本，就是生化本质层面的最本来的生化真相，为大道真性所妙显；末，为基于生化本质范畴在外围显化的生化相，立于本质显化不同位域阶段的不同体性内容生化相。本与末含义类似于体与用，同时本与末为相互依存，末的生化相依本而生，而本的生化所显依末来达，所以构成了根本主轴之本和外围显化之末的含义形态。

藏相动能论的含义范畴里有"源能体"来联系两种根本形态，那么基于藏相动能论定义中"生的源"含义与"能量体的动态"集合表述，无论是基于生化本质的"所显"还是基于道生之生化"所需"，它都是有一个"生的源"的能量体形态来作用生化，这个形态的性质是不变的，它就是源能体的形态，变化的是基于本和末而言的内容显化，所以用源能体来综述表达，只需要指出本与末的不同视野，它自然就把大道真性基于生化本质所显的生的源与基于道生之生化所需要的生的源不同内涵结合起来了，它是基于概念内涵下的集合名词。

源能体的综述表达是立于藏相动能论的"动能"范畴来解析，那么什么是藏相动能论的"藏相"含义呢？从道元论来说，藏，就含有源，一切本来尽然包囊，一切皆由此出，就如无不从此法界流、无不归还此法界之义，但这个"藏"的源义，是道元本质的源，为一斑而窥全豹的道性，处处在在见性见大道，处处在在有藏源，为以介子而包须弥。相，则是本末依存在显达上的法则，以藏源立体，则有生化显相，藏与相呈九易法则之藏相法则。在相的内涵上有内相和外象，内相的组成单位里有往象，而往象生化过程中有独特的易相，为大道根本法相，为长育成熟养的生变易生化过程中"覆"→"易"临界状态的易相，从循顺置返哲学来说，大道显易相临界态的法相而生化往象，成为道生之的基本单元从而具足大道在"生"上的恒顺生势。同时，藏相也取自由乾藏界、相虚界、坤形界构成界说空间位域的藏相系统。藏相系统说相对于道元论说，更加宏观也更加呈现大道体性内容，所以从藏相含义就可知道元论视野所赋予的哲学层面的意义是最根本的，是基于大道本质的。从乾藏界、相虚界、坤形界所呈现道→母→器程式宏观内容来看，"藏"更多描述了界域的整体视野，而"相"更多强调界域整体视野内的具体内容形态，这也是整体视野和位域阶段视野的转换，从这个形态来说，本末和体用就无法等同和通用，从末的外象来说本末更多狭义地指向了内与外，而体用则狭义地指向了整体视野与位域阶段视野的不同，但"体"中必然要指向"本"的本质和本来，才能呈现诸事物的本体而言说藏，以本体的藏，显用相与末相，都是藏相范畴的内涵。

　　藏相动能论在"生的源"上有"所显"和"所需要"两种动能形态，其中所显——大道真性基于生化本质所显，所需要——基于道生之生化所需要。从藏相动能论的"藏相"在道元论与藏相系统的含义来说，就能明晰"生的源"两种动能形态的范畴，所显的"生的源"藏相动能形态为大道源动能与大道生动能，为大道真性基于生化本质所显，而大道真性为大一元广三元道元合相论下的无为而无不为真性，反映在大道体性上为道生德蓄合相，是大道本原哲学形态下的大道"生"哲学的源，以此作用而有大道生化的"源"起。此道生德蓄合相本原哲学形态下的"生的源"动能，只能依大一元广三元道元合相论下的无为而无不为真性妙显，无以言说，所显的本质是能显，在此范畴就是圆融交互的同体承载。而所需要的"生的源"藏相动能形态为生化动能与物质动能，以及物质动能含义下独特的人体运化动能，为基于道生之生化所需要。道生之生化为大道恒顺生势定律下的生化过程，为基于所显的本质形态下的显用相和外象层面，是大道源动能和大道生动能所显作用后，发生在外围的生化发展，所以为基于道生之生化所需要的"生的源"。之所以说所需要的"生的源"藏相动能形态为生化动能与物质动能，而道生之的生化也有大道生动能的作用，尤其是立于道→母→器程式，作用道域的藏相动能主体为大道生动能，实际上我们把这个范畴的道生之在形上道乾天圣的生化内容划分为所显的"生的源"，皆是形上道——性的范畴，只是在藏相动能上以大道源动能和大道生动能来区分，也由此可知大道真性（大一元广三元道元合相论下的无为而无不为真性）和性（大一元道元论下的真如性）两个范畴的大道体性属性，也就是玄德和圣德之区别。

综述之，狭义地归类所显的"生的源"藏相动能形态为形上道精神域范畴，所需要的"生的源"藏相动能形态为形下器物质域（含精神相域）范畴。为何要以特指来狭义地归类呢？因为藏相动能对大道生化的作用是极其复杂的，狭义的特指只能说明以哪种特性为主体，但并非就隔离了其他形态的作用。所以要从道元论与藏相系统的"藏相"含义来说，要以藏源、内相、外象的藏相法则关系上去明晰，任何大道道生之的生化都是以本原起用，以本质能显所显，以外象显相来发生的。可以看作"所显"的是本质，为立于本质的基础，"所需要"的是本质作用显相后的外围建筑，是外象层面的延伸与表达，本质基础决定外围建筑，生化过程中的法则与规律一样，外象建筑的不同就看种子和因缘因素的差异；这是广义的藏相动能作用原理，有此源、法相、外象三者同体承载的关联后，才有狭义特指的归类，尤其是言说，所需要的"生的源"藏相动能形态为形下器物质域范畴的生化动能与物质动能为主体时，就不再从源起和源头上追溯，而是直接进入界域内视野，但往往直接进入界域内视野可能会导致不明根本，这就是迷惑与颠倒。

再回到藏相动能论所说的"源能体"两种根本形态，源能体为以藏相动能义来宏观综述大道生化在"动能"上的作用，为大道生化过程中无论是形上道精神域还是形下器物质域范畴的任何阶段的任何过程，都有一个源能体在作用，只是源能体在不同的位域阶段有不同的内容形态而已。抛开道元合相论的真性不谈，源能体一个核心的内容为"素"形态，它也指向了以精气神来言说生命形态的动能源能体作用之所在。通过藏相动能论的"藏相"义在本与末以及本质基础与外围建筑的内涵，就能明了具生化本质源能体和生化源能体两种根本形态的结构了，而且这两种根本形态正是"生的源"广义并结合狭义的所指，以源能体称谓就是要以藏相源动能和藏相生动能结合生化本质源能体，以生化动能与物质动能结合生化源能体，赋予藏相动能论在不同形态的具体内容。

那什么是左旋而右转动能三阶单元动态呢？为藏相动能论的藏相动能模型。首先，它是动态哲学，是以藏相动能论与道元论共同构建的哲学动态视野；其次，它具备左旋而右转的三阶单元的哲学动态逻辑。再次，立于左旋而右转的三阶单元构成河图图式与洛书图式藏相动能结构，第四，藏相动能的模型与结构构成四维动能时空视野。第五，它是至微至彰的道元维度转换枢纽。

藏相动能论的动态哲学，是以藏相动能论与道元论发生道生之一切至微至彰变动不居源流变关联的动态视野，这个动态既构建了在三维形态下（时空体往象模型单元所在的空间体）的大道体性内容，又在围观的动态上以诸生化变化超越了空间体结构，建立起形成空间体结构过程的因缘与因果的生灭。如何理解这个超越了空间体结构呢？虽然都是微观的生化过程，但以空间体结构为模型的话，大道体性内容就是基于此模型的生化单元来构建，但在这个生化单元本身我们从循顺置返哲学以及负阴抱阳机理，明了基于横向往象结构基础，还有横向、纵向、错位形态联系交织在一起的往象数理集合而构成空间体单元模型，那么这个往象数理集合的过程，就是建立形成空间体结构过程的因缘与因果的生灭。这个因缘与因果的生灭是如何体现的呢？从恒顺生势的前因后果，上果下因，以及上因下果后的前因后果等，都是在呈现空间体结构过程因缘与因果的生灭。往象数理集合过程的因缘与因果的生灭就是动态哲学，而且这个动态哲学就是关于大道至微变化的从横向、纵向、错位形态的源流变关联，为藏相动能形态的动能观。

这个"超越"可以看作是对空间体单元的内部解构，从内部解构的往象数理集合过程可以看出大道道生之微观生化过程的动态有序，这个有序就是哲学动态逻辑。对于"超越"含义的空间体单元的内部解构视野，超越还有在宏观上形成的四维动能时空视野，是对三维形态呈现在动能动态的超越。那么这个四维动能时空视野对三维形态的动能动态的超越，是宏观形态还是微观形态呢？如果把三维的空间体单元看作整体的话，四维动能时空视野则常以体世界宏观运动态呈现，实际上这种表述非四维思维形态的，而是习惯性的以三维来转换到四维的思维方式，这就是我们无法打破的思维常态。实际上，三维空间体下的动能动态从基本的往象数理都是具足的，构成四维动能态是大道道生之常态，而我们习以为常的是四维动能态被无明障碍，视野被束缚，形成三维色法为实有的假象，故在思维方式上常被冠以需要从三维来转换，其实这是很难的，因为所有的思维方式的落点先是放在三维形态上。

那么四维动态视野和三维结构是属于什么范畴的形态呢？从大一元道元论生化广三元道元论来讲，大一元道元论发生根本形态的破维度从而生化了广三元道元论的物质（含精神相域）范畴的器域，并且具足了广三元道元论格局下的维度升降，从大生命观的视野我们说大一元道元论形上道范畴为性，而广三元道元论形下器范畴为命，为性发生根本形态的破维度生化命。如果说把广三元道元论格局下的维度升降定义为命升降九维形态，那么大一元道元论则为性道元维形态。性道元维的真如体如来义视野下的生化是无以言说的，为"字之曰道"，我们为之强说，从人的三维视野，解构四维动能形态，但此四维动能形态与命升降九维形态不能等同，是两个有根本性质区别的范畴。

尽管如此，它从哲学原理（道元论视野和藏相动能视野）上是有根本规律的，以此所说和能说来描述性道元维的形态，并以此来生化命升降九维。这个生化叫根本形态的"破维度"，为何叫破呢？就是描述性生化命的妙显，为一切具足，忽然超越的显现，以此"破"实现了命升降九维形态的可说，可认知，进入了人类物理学视野。这就是从性道元维生化命升降九维而赋予的破维度。同时性道元维度的大一元道元论形上道范畴实无物理形态的维度可说，它只有本原的哲学形态。这就是要厘清同样是讲述生化本质下的生化过程，不同范畴所说的四维动态视野和三维结构在哲学类别上是完全不同的，也是不能等同的，不能等同就是不能以命升降九维形态下的物理形态下的四维或三维来认为性道元维的生化形态。

大一元道元论与广三元道元论哲学形态下的藏相动能视野，四维动能时空视野为生化过程中（因缘与因果生灭）的常态，也正是因为因缘与因果生灭的四维常态，才有四维常态下的三维生化形态，尤其是广三元道元论形下器范畴的人的视野，就是以三维感知为主体，而实际上此三维感知并非无四维动态时空的存在，而是因无明力作用四维动态时空右旋沉淀，体现以色法沉淀为相对动静观的三维感知主体，以四维动能时空视野的动态常态观照见三维色法沉淀的相对动静观，就能对照出何为无明业障的障碍，以及无明因果牵引因缘和合集聚下的无明力。

藏相动能论的左旋而右转的三阶单元动能结构，包含左旋而右转的三阶单元的哲学动态逻辑，以及在左旋而右转的三阶单元形态下的河图图式与洛书图式内容。左旋而右转的三阶单元动能结构，它是藏相动能论的动能动态视野模型。首先，在道生之基本单元——往象的生变易过程中，以长→育→成→熟→养→覆的1→6差五生化模型，形成1至9的三阶四象位域模型过程。其次，1至9三阶四象位域模型形成时空体数位排列，在时空体往象模型单元中的数位排列位置，称为时空体数位结构，1至9三阶四象位域模型的按照数位排列，形成了1与6数位象、2与7数位象、3与8数位象、4与9数位象的时空体数位结构，且1与6数位象居下阶，2与7数位象居上阶，3与8数位象、4与9数位象与5与10数位象居中阶，3与8数位象排列在5与10数位象之左，4与9数位象排列在5与10数位象之右，此数位结构为河图图式时空体数位结构。再次，在河图图式时空体数位结构里1、3、5、7、9为阳数，阳主升；2、4、6、8、10（含10而不表，常以1至9数称）为阴数，阴主降。第四，以冲气以为和之升降法则，形成阳主升阴主降，阳数动态联系主升，形成了自1与6数位象下阶的"1"左螺旋上升，经3与8数位象中阶之左与"3"相联系，螺旋升经5与10数位象中阶与"5"相联系,在"5"的中阶中位完成完整的圆周后再左旋经2与7数位象上阶与"7"相联系,然后再回旋4与9数位象中阶之右与"9"相联系。整个阳数的联系中,阳升在三阶数列秩序中按左螺旋联系构成了阳升左旋动态。在发生阳升左旋动态的同时,阴数动态联系主降,形成了自2与7数位象上阶的"2"右旋螺旋下降,经4与9数位象中阶之右与"4"相联系,再经1与6数位象下阶与"6"相联系,到3与8数位象中阶之左与"8"相联系后,回到5与10数位象中阶与"10"相联系.整个阴数的联系中,阴降在三阶数列秩序中按右螺旋联系构成了阴降右旋动态。第五,阳升左旋动态与阴降右旋动态的关联,为启动动态与升降动态两种联系,启动动态为阳数1动后阴数2动,以此交替启动后呈现同步旋转动态,为启动动态后升降同步动态,此升降同步动态构成了左旋而右转动能动态。第六,左旋而右转动能动态发生在时空体数位结构的上阶、中阶(含中左阶和中右阶)、下阶相互关联,构成三阶单元,连同左旋而右转动能动态,成为左旋而右转的三阶单元动能结构。

上述过程解析的以数的逻辑关联呈现的时空体数位结构动态,发生左旋而右转的三阶单元动能结构的哲学动态,为藏相动能论的河图图式,也由此可知,时空体数位结构是时空体往象模型单元中内部的数位空间排列,是中国古代神秘莫测的《河图》三维空间体三阶结构排列图式,也由此洞悉《河图》虽呈现了平面的象数结构,但它的阴阳象数关联且发生动态联系呈现的正是左旋而右转的三阶单元动能结构,以此《河图》在道元论和藏相动能论的哲学本原真相,将时空体往象模型单元内部时空体数位结构的左旋而右转的三阶单元动能结构,称为藏相动能河图图式。

在藏相动能论的四维动能时空视野里,既然时空体往象模型单元的内部时空体数位结构的动态关联变化为河图图式，河图图式为时空体往象模型单元所呈现的三维空间体内部动态，那么就会有一个以时空体往象模型单元为整体，发生四维动态的哲学动态逻辑。以河图图式为整体模型单元发生四维动态的动能动态哲学，为洛书图式。在洛书图式里依然以左旋而右转的三阶单元动能结构为基础，只不过在象数联系上，不再是河图图式的时空体数位结构，而是时空运动奇点数位，也就是说为时空体往象模型单元（河图图式为整体模型单元）运动的时空位置，精确的四维动态空间奇点。

洛书图式的时空运动奇点数位的规律是什么呢？分为纵、横、斜三阶结构，五居横竖纵之中，五中之横左为三，右为七，形成了横向三五七三阶结构；五中之纵上为九，下为一，形成了纵向自下而上为一五九三阶结构；五中之斜上斜左右为四与二，下斜左右为八与六，形成了斜向四五六与二五八三阶结构，此纵、横、斜三阶结构构成九宫，在此九宫中，一、三、七、九为阳数，二、四、六、八为阴数。阴阳之数分别关联运动并与中宫五发生联系，形成了一、三、五、七、九为阳数动态关联的左旋S型路线，一居下，三居左，一与三联系发生左旋的启动动态联系，故阳数为左旋螺旋动态。阴数的动态关联中二、四、五、六、八在阴数联系的同时二、四奇点位后过中宫与五发生联系，再到六与八奇点位，成为右旋S型路线，为右旋螺旋动态。左螺旋动态与右螺旋动态同步运动关联，就呈现了左螺旋而右螺旋的三阶单元双螺旋动能结构，简称双螺旋动能态。这就是以河图图式为整体模型单元在四维动态空间奇点的四维能量态，为藏相动能论洛书图式。

如果把河图图式看作时空体往象模型单元的内部动态关联变化，那么洛书图式则是宏观整体四维动态。以时空体往象模型单元的三维形态来说，河图图式为内部微观动能动态单元，洛书图式为外部宏观四维动态。所以微与宏共同结合的动态视野才是大道道元论与藏相动能论的哲学视野，也就是大道的一切事物在发生洛书图式宏观四维动态的同时，内部也进行着河图图式微观内部动态，或者说当河图图式的微观内部动态发生动态时，在宏观上就呈现了洛书图式宏观四维动态，这是两个不同维度形态下的视野转换，但彼此一定相联系，不能形成局部局限视野。大道本原的哲学模型和动态哲学逻辑要在思维中形成左旋而右旋的同步性已经很难，再立于微观的内部动态同时还要联系宏观的四维动态，确实要从哲学形态的认知上突破固有思维模式。

左旋而右转双螺旋动态，五行枢纽与河洛八卦本原

我们说以时空体往象模型单元的宏观整体四维动态为洛书图式，在洛书图式里按照九宫三阶单元所在的时空运动奇点数位动态运动，呈现了双螺旋动能态。那么一个时空体往象模型单元怎么会发生双螺旋结构的两种动能形态呢，而且是几乎同步的双螺旋双动态关联？这就是四维形态下的双质平行纠缠，以及双质平行纠缠发生的双质映射态。怎么理解这个双质映射态呢？如果把一个时空体往象模型单元当作实质的话，在藏相动能态一定有一个被映射出的虚质，以此发生纠缠并映射，而实质与虚质就是双质，双质动态关联的纠缠和映射就是双质平行纠缠，呈双螺旋动能态。洛书图式就是四维动能态下的双螺旋双质平行纠缠图式。在双质映射关联里，如果把实质看作是实有，为色，那么虚质则为虚有的无，为空，这就是色空义的根本视野形态，它是四维动能态下的

双螺旋双质平行纠缠图式，既是哲学思维，更是真实无比物理学形态。一个时空体往象模型单元为何会有双螺旋的两者，就是每一个双质映射纠缠里都有实质与虚质两者，同时每一个以实质或虚质为体的微观，又有可分的虚实。

实质的时空体往象模型单元为实质体，虚质的时空体往象模型单元为虚质体，这两者围绕四维动能主轴构成了两仪旋转运动，虚质体为阳，实质体为阴。那么何为动能主轴呢？从双质映射到平行纠缠，它们之间就建立了中宫位的主轴视野，双质围绕主轴进行两仪旋转，形成的井然有序的双螺旋动能动态，无论是宏观还是微观都是如此，只不过在宏大的事物形态里，主轴里有分化多种次主轴网和多元的异轴网，形成大道的严密时空动态体系。从虚质体为阳、实质体为阴的双质平行纠缠可知，人体中的藏象精气经络系统为不可眼见的虚质体，为阳，而人体生理体征所在的生理脏器系统为可眼见的实质体，为阴。所以哪为阴界哪为阳界一目了然，基于此认知，就构成了藏相系统养生的根本，为藏象平衡。

再来看看双质映射并纠缠建立的中宫位的主轴视野。什么是中宫位呢？在双螺旋动能态发生过程中，其双质的双螺旋运动发生九宫三阶单元运动关联时，都和"五"中宫产生了螺旋升降的联系，且双质螺旋结构的两仪运动平行纠缠，从它运动朝向的直线联系来看，就看到了一个平面，如果虚质体为阳的呈现为明，而实质体为阴的呈现暗，这个平面就是太极平面图，且是在平面旋转的太极平面图，它就是双质映射四维动态平行纠缠下太极平面图，明左旋而暗右转。为什么我们在平常的事物中无法眼见太极图，因为我们不仅只以眼见为实，只看到实质体无法联系虚质体所在的另一部分的关联，且对待事物的动态的思维方式里，只按照同一个运动方式来看事物的动态。这也是为何在定义左旋而右转的三阶单元动能结构为藏相动能论的动能动态视野模型时，要在动能动态视野模型里强调"视野"，那是基于左旋而右转的异向并结合同步思维，再以双质平行纠缠的异向同步思维联系微观内部动态同时还要兼顾宏观的四维动态，这些都需要改变我们习以为常的单向思维。

以数的逻辑关联来呈现空间哲学动态观，无论是河图图式还是洛书图式，实际上左旋而右转的三阶单元动能结构的动能动态呈现的就是气的动态，为"气"哲学，这也是为何道家和中国传统哲学都认为道为炁说，且"道为炁说"的内容中影响力最为广泛的为在中国传统哲学里认为太极为气的动态。数与数之间按照一定规律的联系，就构成了数的逻辑关联，逻辑关联下的运动态就是描绘了气的轨迹，除了启动的源动能外，每一个数的数位都构成了气的动态的动能奇点，这些动能奇点尤其是在洛书图式中代表了动能场。如果把数的逻辑关联呈现的气的动态宏观来看，那么在气的轨迹中数位形态的动能奇点就是"精"的哲学，以此气动态下的精哲学正是大道生动能下的时空奇点续动能。数的逻辑关联下的气动态，以及气动态下数位的精续动能，就是气数。从河图图式小写的数字代表的时空体数位结构以及洛书图式大写的数字代表的时空运动奇点数位，它们以河图图式以及洛书图式的运动规律和动能模型，就是气数哲学下的大道续动能，成为道生之恒顺生势之微观本质续动能源，从而让大道有恒顺生势之定律。在中国传统哲学体系里，在应用学中以中国传统历法和《黄帝内经》养生中都谈"气数"，《素问·六节藏象论》说："天度者，所以制日月之行也；气数者，所以记生化之用也。"从天度与气数的联系可知，天人合一合的是大道根本数理逻辑哲学，而它既可以制日月之行明了空间运动规律，又可以记生化之用，明了大道生命的生化之学，这就是气数哲学下的大道续动能以哲学动态观呈现的精气本根论，这种层次的精气本根论，如果没有以道元论和藏相动能论来支撑呈现它基于大道本质的精妙，自古以来谁能认为这就是放在眼前的惊天玄机。掌握了本质的气数哲学下的大道续动能机理，以河图图式以及洛书图式承载的运动规律和动能模型，就能以气数哲学下的大道续动能，在现实中应用，从而改变诸多物理学形态以及对世界的认知，或者改变对能量与能源的认识。

从气数哲学与精气续动能认识论再来看藏相动能论所说的"动能三阶单元"，无论是河图图式还是洛书图式都是立足于左旋而右转的三阶单元形态，三阶单元就是藏相动能视野下微观的三界膜形态。在河图图式微观内部动态里，左旋而右转动能动态发生在时空体数位结构的上阶、中阶（含中左阶和中右阶）、下阶相互关联，构成三阶单元；洛书图式宏观四维动态里，双螺旋动能态发生在时空运动奇点数位的纵、横、斜三阶结构，构成九宫三阶单元。三阶单元的三界膜视野为道元论哲学下的内容，在藏相动能论里，其三阶单元的三界膜为藏相动能的动能奇点位，其中河图图式的左旋而右转以及洛书图式的双螺旋动能动态，都是气数哲学下的大道续动能奇点，这就是为何大道的道性无处不在，依赖于三阶单元的气数哲学，以一套精妙的数理哲学逻辑构建了大道精气本根的动能机理。发生河图图式的左旋而右转动能动态的三阶单元和洛书图式双螺旋动能态九宫三阶单元，就共同构成了大道常态界膜结构，它是内部变化视野和宏观运动视野兼顾的微宏观常态界膜结构。

动能三阶单元作为道元论和藏相动能论共同依赖的主体内容和哲学动态逻辑，它一定有一套源于本质而达其万物的象数哲学体系，它就是《周易》象数。为何不直接说《周易》呢？因为世俗约定俗成的《周易》含文王与孔子《易经》十翼部分，而十翼只不过是《周易》象数的一种注解思维和语言体系而已。《周易》象数层面的六十四卦中经卦和别卦的三画卦就是取象于三阶单元原理，尤其是三画卦的阴阳互变，就是取自双质纠缠机理，从一个卦的象数层面可以照见双质映射的另一面形态，然后再根据爻与爻、卦与卦的关系，找出维度升降与动能变化关系，象数的取象与视野可弹性调节，故它反映的事物之间的联系变化可以是至微至彰视野，也就是说绝对可以广大悉备的精密，但取决于计算方法和计算量。它就是大彰动静视野下的升降图式。以此《周易》可推演万物历法（生化源流变）与因缘变化，从气数哲学与精气续能量认识论来说，就可以精确地从至微至彰层面计量它的"气数"，同时也是因果与因缘生灭法的最直接的数学算法。这一套根本原理和视野一旦转换成人工智能，将带来全新的革命。

　　道元论哲学内容下三界膜形态，成为藏相动能论动能三阶单元下的微宏观常态界膜结构，这就是哲学运动观。如果以三阶单元来成为哲学运动观的内容结构，把河图图式的内部微观动能变化看作为一阶，洛书图式宏观四维动能变化看作为一阶，还有在宏观四维之上的视野变化成为第三阶，这个第三阶就是哲学运动观的升降图式的大彰动能变化。这个大彰动能变化是四维运动态的宏观，如果说洛书图式是双螺旋四维动能态，那么大彰动能变化为把双螺旋四维动能态当作整体，不去纠缠双螺旋的四维动能态，而是从四维动能态的宏观去看待问题，这个视野就呈现出了大彰动静视野。如何理解大彰动静视野呢？"大彰"为以四维动能态为整体，从时空体往象模型单元来说，河图图书为其内部微观视野，洛书图式为其宏观四维视野，升降图式为其大彰视野，形成了内微→外宏→大彰的三阶结构。在大彰视野下，四维动能动态的整体呈现动静观，把内微→外宏→大彰的三阶结构的大彰当作一个界域，其界域内视野为动，界域整体为静。大彰动静视野呈现的升降图式含义里，整体右旋的为降，为沉淀，为聚，为消耗；整体左旋的为升，为散，为跃迁，为存储。同时在维度升降转换中，沉淀与消耗聚成核的为堕入低维度态，堕落沉淀凝聚时一定会发生能量体的跃迁或逃逸，也就是负阴阳平衡的机理；飞升与存储离散成气或电的为步入高维度态，离散飞升时一定也会发生能量体的滞留，这是双质纠缠态的物质与能量升降平衡。大彰动静视野的升降图式在应用上可以参照如列星气轮义体世界之间的转换联系，以及到核子与电子关系等。升降图式更为广大且庞杂的内涵，就在《周易》里，为一切事物形态的图像。

《道德经》曰："大成若缺，其用不弊。大盈若冲，其用不穷。大直若屈，大巧若拙，大辩若讷。躁胜寒，静胜热，清静为天下正。"此为大道基于藏相动能论的内微→外宏→大彰三阶结构"生"哲学的表达，为天下"生"哲学之"天下正"的正式（图式与程式）和本原智慧。"大成"者为道生之宏观生化内容已成，且具四维动能形态，为道生之大道体性之成，更为藏相动能论的内微→外宏→大彰三阶结构中"外宏"域所在的洛书图式，洛书图式的视野中有实质和虚质的双质映射与平行纠缠的双螺旋动能态，此也为实质之色与虚质之空纠缠关联的四维动态结构，大成是基于道生之宏观生化内容之成的视野，为双螺旋双质平行纠缠洛书图式视野。"若缺"为只取实质为全抛却虚质为顽空的障碍之缺。缺的为双质纠缠中另一映射质的视野，而往往只看重双质中的实质而缺虚质，以实质为全并认虚质为顽空而执取。大成视野里双质兼顾且发生四维双螺旋动能态方为全，为体；立于体，而有执取实质为用，执用言说的为有为之取法，"取"则为利益价值取向，以此取法的实用性，会并无察觉在双质为全为体里执取实质的弊端。但见大成视野者则见大道四维之动态，执其实质为用则为不见道，虽并不影响实用价值的取向，但一定会因执取实质以其弊端成为大成视野之"若缺"障碍。

"大盈"者为藏相动能论的内微→外宏→大彰三阶结构中内微与外宏之盈，既立于河图图式之内微观又有洛书图式之外宏观，以此盈为从气数哲学与精气续动能认识成为道生之恒顺生势根本之盈，大道为何会有道生之"生"哲学，无不是依赖大道源动能后的河图图式之内微观生化与洛书图式之外宏观四维动态，且在生化过程中有精气本根之续动能而成大道恒顺生势之定律，此为生化本质下的生化过程而出生化之大盈，此盈为大道体性合相的动能充盈且内微与外宏的生化过程满盈。大盈之大道生化的大象无形，故"若冲"虚灵无象，但却灵妙无穷，一切能用可用可执可取的事物，皆以大道之大盈大象而生，故无穷尽而显上天好生之德。"不穷"为不穷尽之独立不改周行不殆之生化法度，为大道以大盈之大象恒顺生势之定律。

以道元论和藏相动能论在内微→外宏→大彰三阶结构中呈现的河图图式、洛书图式、升降图式来说，其反映的大道玄妙的"生"哲学，正是大道不动声色与无影无形之"大巧"，巧到无比精微的哲学数理逻辑生化一个时空体往象模型单元，其中既有河图图式的内微所在的左旋而右转的三阶单元动能结构，又有洛书图式的外宏所在的双螺旋四维动能态，还有升降图式的大彰所在的动静视野升降机理，它们精密且精妙地以内微→外宏→大彰相连，此为大道"生"哲学的大巧、大辩、大直，可纵然是洞悉大道生化本质下生化过程的一切，若辩，必讷而无言，证道而不言道，不落一处而达所有。因大道本无言，莫之能说，莫之能说却处处可说的只能是"拙"语，所说和能说的只能为强名的"屈"语。大直又如何屈呢？无论是河图图式、洛书图式还是升降图式皆立足于1到9数理逻辑三阶四象位域模型中的曲变动态，以此基本的曲变动态到河图图式的左旋而右转动态、洛书图式的双螺旋动态，以及升降图式的整体左旋与整体右旋动态，都是曲变形态下"曲"哲学。尽管有此"曲"，但见道者谓直指人心，见心见性，此为直。以"大直"悟道又得曲而证道，脚踏实地实证实修，修道者宁拙勿巧，证道者宁讷勿辩，待见心见性而见道者宁直勿曲。"清净为天下正"，"正"为解构大道本质诸如道元论与藏相动能论之图式、程式，而悟道、修道、证道、见道为通往大成、大盈、大直、大巧、大辩的路线与程式，为"天下正"的正式，其法宝谓之清静。黄元吉云："至于清明在躬，虚灵无物，一归浑穆之天，概属和平之象，又何躁、何寒、何静、何热之有哉？学者具清静之心，化寒暑之节，而吾身之正气凝，即天下之正道立矣，又何患旁门之迭出耶？"

藏相动能论的内微→外宏→大彰三阶结构，是大道基于生化本质而体现独立不改周行不殆法度的至微至彰动能视野，所谓"君子知微知彰"要洞悉大道真机正是如此，以此方能原始要终以为质也。藏相动能论的内微→外宏→大彰三阶结构是以河图图式、洛书图式、升降图式为承载，那么它所对应的正是《河图》《洛书》《周易》的最根本的精髓和动能机理，这里并非是来解释《河图》《洛书》《周易》，而是从道元论与藏相动能论的哲学逻辑中出现的对应关系，也以此解开了它们的本原密码和应该有的解读方式，所以道元论和藏相动能论视野下的哲学体系才是《河图》《洛书》《周易》的本原密码，或者说以《河图》承载的河图图式，以《洛书》承载的洛书图式，以《周易》承载的升降图式共同构成了道元论和藏相动能论的哲学内容与哲学体系。关于《河图》《洛书》与《周易》的延伸应用，几乎构成了中华文明的一切源头。现简述传统文化里河洛的内涵。

相传伏羲氏时，黄河里龙马载负《河图》而出，神龟背负《洛书》而出，它的名称起源于《易·系辞》："河出图，洛出书，圣人则之。"在诸古籍之中对河图洛书多有记载。如《易·系辞》曰："天生神物，圣人则之；天地变化，圣人效之。天垂象，见吉凶，圣人象之。河出图，洛出书，圣人则之。"《尚书·周书·顾命》曰："赤刀、大训、弘璧、琬琰在西序；大玉、夷玉、天球、《河图》在东序。"《论语·子罕》曰："子曰：凤鸟不至，河不出图，吾已矣夫。"《淮南子》曰："洛出丹书，河出绿书。"《礼含文嘉》曰："伏羲德合天下，天应以鸟兽文章，地应以河图洛书，乃则之以作《易》。"《汉书·五行志》曰："刘歆以为伏羲氏继天而王，受河图，则而图之，八卦是也。"

河图。宋代陈抟著、邵康节述《河图真数》及朱熹《周易本义》等所附之《河图》，是由五组白圆圈（总数二十五）和五组黑点（总数三十）组成，共五十五个。其从一到十，共十个数字组成，五十居中，三八在东（左），四九在西（右），二七在南（上），一六在北（下）。其中，黑者象征阴，称地数；白者象征阳，称天数。《易·系辞》："天一、地二、天三、地四、天五、地六、天七、地八、天九、地十。天数五，地数五，五位相得而各有合；天数二十有五，地数三十，凡天地之数五十有五，此所以成变化而行鬼神也。"河图有生数与成数之分，成数由生数而来，一至五为生数，六至十为成数。依照"一阴一阳之谓道"的规律原则，有：天一生水，地六成之；地二生火，天七成之；天三生木，地八成之；地四生金，天九成之；天五生土，地十成之。明代张介宾在《类经图翼》中说："生数为主而居内，成数为配而居外，此则河图之定数也……阴阳消长互配，如以老阳之位一而配老阴之数六，少阴之位二而配少阳之数七，少阳之位三而配少阴之数八，老阴之位四而配老阳之数九，是以阴阳互藏之妙。"

洛书。其排列：戴九履一，左三右七，二四为肩，六八为足，五居中央，又称"戴九履一图"。朱熹《易学启蒙》："洛书之纵横十五，而七、八、九、六迭为消长，虚五分十，而一含九，二含八，三含七，四含六，则参伍错综，无适而不遇其合焉。此变化无穷之所以为妙也。"《黄帝九宫经》：戴九履一，左三右七，二四为肩，六八为足，五居中宫，总御得失。其数，则坎一，坤二，震三，巽四，中宫五，乾六，兑七，艮八，离九。太一行九宫，从一始，以少之多，顺其数也。

将河图四方的八个数旋转排列成八方而为八卦，每方一个数纳地支十二气象，就是洛书。只是将"火"的二、七数与"金"的四、九数变换位置，同时土五为中显用而寄八方，故为九星，土十则不显而藏于用。这样成为戴九履一，左三右七，四、二为肩，八、六为足，九个数纵横交叉皆为十五数。洛书虽用九，但宫相加则为十，一与九合、三与七合、八与二合、四与六合皆为十。数遇五变为一，遇十也变为一，故河图五、十居中。所谓生数极于五，成数极于十。

八卦有伏羲先天八卦（常称：先天八卦）和文王后天八卦（常称：后天八卦）。八卦是：乾三连，坤六断，震仰盂，艮覆碗，离中虚，坎中满，兑上缺，巽下断。《易·系辞》："易有太极，是生两仪，两仪生四象，四象生八卦。"是故易有太极，太极生两仪，两仪为阴阳，"阴"又生"阴中之阴"即是太阴，以及"阴中之阳"即是少阳；"阳"又生"阳中之阴"即是少阴，以及"阳中之阳"，即是太阳。太阴、少阳、少阴、太阳统称为"四象"。这个过程就叫作"两仪生四象"。在四象的基础上，太阳生太阳之阳为乾，和太阳之阴为兑；少阴生少阴之阳为离和少阴之阴为震；少阳生少阳之阳为巽和少阳之阴为坎；太阴生太阴之阳为艮和太阴之阴为坤。先天八卦是南乾北坤，东离西坎，东北震，西南巽，东南兑，西北艮。乾坤相对则是天地定位，坎离相对则是水火不相射，震巽相对则是雷风相薄，艮兑相对则是山泽通气。后天八卦是离南、坎北、震东、兑西、艮东北、坤西南、乾西北、巽东南，排列次序按照《易·说卦传》："帝出乎震，齐乎巽，相见乎离，致役乎坤，说言乎兑，战乎乾，劳乎坎，成言乎艮。"

再回到藏相动能论在"生的源"源能体上的内容，为大道真性基于生化本质所显的大道源动能与大道生动能，以及道生之生化所需要的生化动能与物质动能。大道源动能与大道生动能作用的道体四域为乾道所在的道大与天大，对应德性四体为玄德与圣德；生化动能与物质动能作用的道体四域为坤道所在的地大与人大，对应德性四体为用德与证德。所以源能体形态的大道动能本质属性为德——大道德性。大道德性以大道动能的方式作用，基于藏相动能的本质规律生化成大道道体四域的道大、天大、地大、王大内容。大道真如本来，以道与德合相一体、道体、德性三者"道，可道"，如如来去的真如体如来义显一切自如妙用，只能以道与德合相一体、道体、德性来"名，可名"，此"道，可道"与"名，可名"能言说的内涵、智慧的极致都是亿万分不及一的，故又"非常道""非常名"，不着道生德蓄大道本原无极相，不粘如如不动妙化万有之太极浑沦相，不执万物器部具象的型与象，不偏易道往象乃至任何法与法相，大道真性总摄实相具足又无以言说之。这便是全提道德、直指乾坤为轴串联起来的大道真如本来。全提道德、直指乾坤，从道体四域中道大、天大、地大、人大等一切可言说的道体内容，到德性四体以玄德、圣德、用德、证德的"德性"与道体内容交互合相作用，呈现无为而无不为大道真性总摄下的道生德蓄本原，一切能说与所说的道体内容与德性无有超出者，从万物尊道贵德的根本至理，到乾坤纲领本质，呈现出生动活泼，妙用显化，实相具足的宇宙与生命本质。这一切都依赖于道元论和藏相动能论视野形态下的本原哲学。在本原哲学下，形成了道元论的性与命道元视野根本以及生化源流变原理，也构建了道元论和藏相动能论下的河图图式、洛书图式、升降图式本质规律。

大道德性以大道动能的方式作用，基于藏相动能的本质规律而生化大道内容，在大道德性作用于大道内容时还有一个转换的枢纽，也就是说藏相动能论下的河图图式、洛书图式、升降图式本质规律，最后如何生化成本来如是的大道体性内容，其转换枢纽就是五行之藏的"五行"属性。从大道〇大一元广三元道元合相论的无极源起而有大道恒顺生势道生之起势。此道生之起势即〇，以具足的道生德蓄之自然性并因果性，有"长育成熟养覆"之"物形"，其物形必然经过长→育→成→熟→养→覆为内容的生变易过程，并以此道生之往象单元生化联系，形成道元论视野下的1到9数理逻辑三阶四象位域模型，并以其空间体结构曲变动态义成为时空体往象模型单元。

在时空体往象模型单元动态义中，有长1→育2→成3→熟4→养5→覆6的生变易过程，以循顺置返哲学和负阴抱阳机理来描述长1→育2→成3→熟4→养5→覆6的生变易过程，通过复杂的横向、纵向、错位形态的源流变关系，并发展联系到河图图式1到9与洛书图式的一到九，在起始动态后呈现同步曲变动态，这种时空同步性谓至微至彰变动不居源流变关联的动态，由此呈现大道生化本质下的生化过程，出现生数与成数。

洛书图式的道元维度与河图图式的道元维度的结合，其生与成就发生在时空体往象模型单元动态过程中，从而出现天一生水，地六成之，大道无极体源起至阳金性，金性依生数和成数，生水性，何谓水性？大道源动能下的两种道元维度的动态关联，发生的旋转动态联系，如1向3的联系过程，就如水性的延展或流淌，谓大道源动能给予的起始动态，又在动态过程中以其气数哲学下的精气续能量成为大道生动能，以大道生动能给予续动能，故而金性延展生化如"水"般联系。大道源动能的起始之动，为金性生水性，谓天一生水，地六成之。

从大道生动能给予续动能为金性秉水性之延展，显生发之性，以此生发之性显木性，谓天三生木，地八成之。在金性、水性、木性的动态联系下，河图图式发生左旋而右转动态并结合洛书图式的双螺旋动态，动态的延展与生发之性势不可挡，如炎炎之火而显火性，地二生火，天七成之。那么以金性之生生、水性之延展、木性之生发、火性之炎势，形成了以河图图式与洛书图式发生时空同步性源流变关联的生化过程，在此生化过程里呈现了承载受纳之土性，天五生土，地十成之。

从道元论视野下的洛书图式道元维度与河图图式道元维度的结合两个道元维度，以大道源动能作用无极体至阳金性，以其至阳金性之生生，以内微的河图图式并外宏的洛书图式发生源流变动态关联，以完整的两个道元维度下的不同1到9数理逻辑三阶四象位域模型，以时空性源流变关联，生化出金性、水性、木性、火性、土性的五行之性。以此五行之性再联系藏相动能论在内微→外宏→大彰三阶结构中的"大彰"升降图式过程，从而呈现金性生金、水性生水、木性生木、火性生火、土性生土的五行。以道元论和藏相动能论在内微→外宏→大彰三阶结构所在的河图图式、洛书图式、升降图式生化本质下的生化模型，在1至

9以及一至九不同道元维度的数理逻辑源流变动态关联的生化过程中，以天一生水，地六成之；地二生火，天七成之；天三生木，地八成之；地四生金，天九成之；天五生土，地十成之的大道生数和成数，生化出金性、水性、木性、火性、土性的五行之性，并以五行之性生化成金、水、木、火、土五行。金性以天一生水很容易理解，为大道源动能作用无极体而有生的源起后，为大道〇源起→一的过程，为何金性以天一生水后，又呈现了以天三生木呢？这就是我们前面解析曲变运动时无法直观描述的曲变数理动态，曲变动态与螺旋动态同步关联。简述之为在1到9数理逻辑中出现的天数阳数与地数阴数的内在维度区别，呈现天数与天数关联，地数与地数关联。螺旋动态里一与三关联的同时，以一和二的双质纠缠，必要联动二的动，但"二"的动发生在一与三的联系之后，或者说一与三发生联系后，才双质中的牵动"二"的平行纠缠再启动，故天三在地二动态前。同时，也是古人以超然的智慧洞悉一至九的数理逻辑后以生数和成数言说大道的生成之道。

　　《易·系辞》曰："天一地二，天三地四，天五地六，天七地八，天九地十。天数五，地数五，五位相得而各有合。天数二十有五，地数三十，凡天地之数，五十有五，此所以成变化而行鬼神也。"为何能以此"成变化而行鬼神也"？为立足于天地五十有五之数所构建的在道元论和藏相动能论下的内微→外宏→大彰三阶结构，并以河图图式、洛书图式、升降图式成为大道生化一切的生化哲学逻辑模型。大道生化一切无非形上道乾天圣域和形下器坤地凡域，以此直指乾坤而行万物之变化，从天地五十有五数，到"乾之策二百一十有六，坤之策百四十有四，凡三百有六十，当期之日。二篇之策，万有一千五百二十，当万物之数也。"所呈现的正是能"成变化而行鬼神也"的精妙与精密，且是多道元维度贯穿的内微→外宏→大彰视野兼备的至微至彰变动不居源流变关联。

从1到9数理逻辑三阶四象位域模型到时空体往象单元，并以此产生河图图式的内微生化过程，洛书图式的外宏生化过程，以及升降图式的大彰生化过程三阶结构，以此曲变动态与四维螺旋动态，而生化乾坤万物。从一切建立在微观的数理变化可知，一到九数理逻辑关联中，生数与成数呈现的就是因和果，生因成果。同时，1到9数理逻辑三阶四象位域模型下的曲变动态联系的诸因缘形态，也正所谓"万物有生数，当生之时方能生；万物有成数，当成之时方能成。"也呈现了大道基于生化本质下至微至彰变动不居源流变关联的道生之生化过程，无不是因果生灭与因缘和合法。

从五行之性生五行，从金性生水性，水性生水，就进入了大彰宏观体世界视野范畴，且为大彰宏观体世界的八卦属性联系，从五行到八卦再到以五行和八卦发生取象比类的联系而有宇宙万象与天下万物。所以说五行为大道德性作用与大道内容生化的转换枢纽，大道无极体道生之"生"的源起后，从太易阶段即备具五行属性。在道生德蓄之作用下，立足"长育成熟养覆"的1到9数理逻辑三阶四象位域模型生化之"物形"，循其"物形"的三者九玄之气的顺生成乾元态之顺势，以此开端了道体如如不动妙化万有的本色，从乾元顺势下去，便有元亨利贞过程的乾道，也就是无极而太极过程，在无极而太极过程中有先天五太的"无极五生图"至太极浑沦相，圣化凡，乾坤转换到坤尘地象，才生出属于在凡态的五行，也就是目前我们所认知层面的五行属性，但要知道这是凡态五行，和圣态五行还不是同一个道元论哲学范畴下的内容，不仅如此，同一个道元论哲学范畴下，不同的道元维度升降其五行之性下的五行皆有不一样的状态和结构，这也就构成了为何我们称五行为五行之藏，除开本质的圣凡区别外，在凡的维度升降不同则有截然不同的物态视野。这里不去展开深讲凡态五行与圣态五行的区别，以及维度升降视野不同的不同物态。以《道德经》中的"上善若水"举例之，《道德经》曰："上善若水。水善利万物而不争，处众人之所恶，故几于道。"首先这个"水"，为金性统于五行之先，道体金性以道生德蓄，且遵循"长育成熟养覆"循顺置返哲学，而有"天一生水，地六成之"之水，此为道生德蓄之自然性并因果性，为圣德态，故为上善。在圣态的水，为金性彰显，无处不达，而利万物。凡态的水，凡水也为金生，水藏金性，故无孔不入，万物为金、水、木、火、土五行所主的五大因缘和合所成，故水利万物，且圣德周行自然生其五行，一二三四之生数与六七八九之成数水木火金备具。众人之所恶，是为道尊而水呈卑势，人皆因看不到本性，观其水象而恶水之卑下势，却不知水正是道生，且依道性而生，水象就是道性所主，故几于道，"几于"是要通过象，而入性，才能觉知道之玄妙，若只停留在水象上，故如众人一般，恶其卑势之象。且在圣态的水，时刻与人身以周天度数斗罡授时联系，但在凡的人无法对应其能量频率，若能入功态修之，以坎水所指获得了真水，即得了无上至宝，再从坎卦之阴证至乾阳，则金性太极丹可成，故坎水为修真凭借。

长1→育2→成3→熟4→养5→覆6的生变易过程的道生之单元——往象实质，以循顺置返哲学思想，开启的无极圣态到无极而太极过程，以及乾道圣态化坤道凡态，以道元论和藏相动能论下的循顺置返哲学与负阴抱阳机理，构建大道"生"哲学下基于生化本质的生化过程，以藏相动能论的内微→外宏→大彰三阶结构下的河图图式、洛书图式、升降图式为承载。从一到九数理逻辑关联与生化模型中，取象道元论与藏相动能论所共有结构——三阶单元原理，而成三画卦，三画卦的每一画按阴阳之数有阴阳互变，又取自双质纠缠机理，从乾坤所指而有经卦和别卦，以此形成经卦与别卦两两组成的六十四卦。

在八卦取象成三画卦的原理与内涵里，老子在《道德经》曰："出生入死。生之徒十有三；死之徒十有三；人之生动之死地，亦十有三。夫何故？以其生生之厚。"从天地的十数（天一地二，天三地四，天五地六，天七地八，天九地十）结构在生化哲学下构成了1到9数理逻辑三阶四象位域模型，并依此生化动态形成三阶单元原理，为十有三。说"十"为基本数理，说"三"是藏相动能三阶原理的四维形态的动态，"有"不是含，不是十个数里包含的三个数，而是基于生化动态联系的"变"或者为交易的"易"，是通过河图图式与洛书图式构成的三阶原理的"三"，这实则是极其复杂的十与三的生化动态关联。老子描绘大道生化本质下的生化过程所言说的十有三必须立于此哲学和视野，才能透彻其基于十的基本数理来说十有三的视野落点。那么从十的基本数理，到形成1到9数理逻辑三阶四象位域模型，再动态变化关联成三阶单元的"三"，是一个生化过程通过道元维度的贯穿式透视。从十数的基本数理变化为"生"，到三阶单元的"三"构成生化过程为"死"，生为因，死为果，是生化的因果法则，也是生死的生灭法，从因到果与从生到死，为因生而生，果灭而死，无不是建立在十有三的基本数理与三阶原理生化哲学下。而十有三的变化过程，是通过河图图式与洛书图式共同呈现的因果生灭过程中的诸因缘和合集聚的过程。"人之生动之死地"何意呢？人只不过是大道在生化过程中显现和表现因果与因缘的一个象而已，因缘合则生动，因缘散则死地，也无有超出十有三的基本数理与三阶原理生化哲学。而十有三的基本数理与三阶原理的生化哲学，又无有超出道元论与藏相动能论的内微→外宏→大彰三阶结构生化原理，它既含有十有三的基本原理，又包罗了"生生之厚"的生化哲学。为何称"生生之厚"？因为生生下的"生"哲学在三阶结构的总御之下，要建立其他的各种模型、原理、法则等，只能以"厚"的何其多来形容，以此来指向至微至彰变动不居源流变关联的含义，而三阶结构的生化哲学只不过是原理中的根本，万变不离其哲学模型之宗。

在取象三画卦的机理中，又以阳数和阴数的气数哲学下精气根本论，数与数的关联发展就构成了阴阳二气。元阴阳二气遵循"万物负阴而抱阳，冲气以为和"，其器部天下万物按阴阳法则及阴阳法则属性归入到阴阳盈虚变化中，而有老阳、少阴、少阳、老阴四象，此四象按照天地人三才道统观，以人身全息连接先天与后天，四象分化组合而有八卦，这八卦的八种符号便是先天本原模式的最直接反应。也正是《易·系辞上传》所说"是故，易有太极，是生两仪，两仪生四象，四象生八卦"，易为易道贯穿的无极而太极过程以及太极圣态化凡过程的统称，易道由生变易生化往象所呈现的"易相"按其三易体证下的九易法则独立不改地连续而连贯呈现。在整个过程中，圣态五行逐渐转换成凡态五行，而有水、木、火、土、金在凡态五行的类比成象。以五行和八卦取类比象，《易·系辞》说："八卦成列，象在其中矣。""易者，象也。""彖者，言乎象者也。""圣人设卦观象，系辞焉！而明吉凶，刚柔相推而生变化。是故吉凶者，失得之象也；悔吝者，忧虞之象也；变化者，进退之象也；刚柔者，昼夜之象也。六爻之动，三极之道也"，其八卦之象大致有爻画之象、方位之象、爻位之象、爻变之象、错综之象、互体之象、卦情之象、像情之象、承乘比应中之象等，其八卦取象以"乾健、坤顺、震动、巽入、坎陷、离丽、艮止、兑说"为原则，对宇宙万象从八卦八个内涵属性上进行系统的类比和取象，其取象有相对取象、相反取象、相因取象等原则，经"取象比类"，则是化繁为简，而入八卦八个动态属性含义的"简易"，则为八卦的变与简之象，实际上就形成了统御并归类万物的一个原理和方法论，万物从属性的性质上万变不离其宗。

由大道"生"哲学呈现道生之的生动而深邃的内容与内涵，无不在性→相→象（用）程式里进行展现和表达。通过形成八卦三画卦的原理以及经卦与别卦建立在八卦取象比类上的内涵，直入八卦名称来从象与用的层面来言说八卦"性"与"相"的真相。我们知道乾道为元、亨、利、贞，四圣德遵循道生德蓄而周行不殆，在周行过程中，因五行属性的变化，产生了阴阳盈虚关系，由四圣德周行所伴随的阴阳盈虚变化程度的不同，所构成的乾道圣德自然就不完全是同一种形态，这种差别的记录与表述就是乾→兑→离→震这四部分。"乾"至阳金性，可谓无极圣态，也为太易之初，为元部。在太易之初后，五行始生成，出现阴侵阳之象，至阳有缺，为"兑"，兑为阴象冲兑阳象，其态势有庆悦之亨态，为亨部。阴象逐渐随五行的恒顺生势而聚，但阳为主象，故十方圆明仍为朗照，此朗照为仍见大光明之"离"象，此大光明利益十方世界，故见利，为利部。以此而道生之，阴象积蓄到了一定能量，阴阳相互交战，而大动，为"震"，此震恰恰为圣化凡一切的道生德蓄过程，故显贞势，为贞部，贞部的震态，即为乾贞临界坤元。

以乾→兑→离→震描述了由阴阳盈虚变化呈现的圣态德性状态图画，也就是无极而太极之太极浑沦相过程，此为圣态。在坤元临界乾贞出亨部的震态后，此震在坤元的角度便为圣化凡的阴阳能量交战"大爆炸"，以此大爆炸出雷霆之威，现器部万物万象，此坤尘地象被阴象无明所主，迅速与乾道分离，十方圆明圣境以如如来去之速势坍塌成各种时空维次的坤尘地象，此为"巽"，为极速，为器部万象之乱。此无明因果所主的坍塌堕落之势，逐渐形成具象的时空世界，具象事物成为无明因果的象，在这些象的限制与束缚下，堕落之势一陷再陷，为"坎"。在具象坤世界中，无明因果成为坤世界的定律，无法打破，只能依因果定律轮回轮转，在轮回轮转中又徒增无明因果，循环往复，此无明形成难以翻转之"艮"势，并且以巽→坎→艮之无明因果所主的堕落与轮回之势，构成至阴"坤"世界，阴阳彻底倒转。便有了巽→坎→艮→坤呈现的凡圣脱离过程与无明因果所主的具象世界形成图画。

乾→兑→离→震，乾道中的乾体圣德阴阳盈虚状态图，巽→坎→艮→坤，坤道中无明因果状态图。又有震连接巽，以震→巽呈现圣凡逃遁图，实为无明障碍光明坍塌堕落图。震部为光明终，这个终非断灭的终结，而是大光明渐次消减过程中标志性的阶段；巽部为无明始，这个始不是初始而是所主导，真正的初始是一个宏大时空的众因缘和合，这里不展开此真相的探究。以乾→兑→离→震→巽→坎→艮→坤八卦世界呈现的在圣、圣化凡、在凡的程式过程。便是我们称谓的先天八卦。以在圣、圣化凡、在凡的程式过程所表达的八卦世界，就不难理解《易·系辞》中"天尊地卑，乾坤定矣。卑高以陈，贵贱位矣。动静有常，刚柔断矣。方以类聚，物以群分，吉凶生矣。在天成象，在地成形，变化见矣"。其尊卑为先天圣态与后天凡态的尊卑，故定乾坤。"卑高以陈"为如如来去乾体圣德转换到坤体用德，其阴阳法则属性上发生了本质的变化，故有以阳高阴低贵贱之位。乾→兑→离→震→巽→坎→艮→坤的程式过程，就是阴阳盈虚的动静过程，也是阴阳刚柔转换过程，其体用动静的动静有常，则刚柔属性可断。"方以类聚，物以群分"类聚的为先天时空因缘种子，以其因缘和合的因显象后天的象的果，群分为按无明业力程度来归类时空维次以及显象时空维次中具象的象，如在三维里的人道就是大家有基本相等同的业力大小，所不同的为具象世界的因缘的不同，以业力的不等来群分空间与时间所对应的关系。执妄迷失，无明侵染为根本的吉凶，在乾→兑→离→震→巽→坎→艮→坤的程式过程中，其吉凶的程度就是不一样的，在至坤之地，只有无明因果的大凶，也就是轮回轮转无尽期，其他空间维次世界的福德相皆无常变迁，只要在坤地就无吉处可言。"在天成象，在地成形，变化见矣"便是性→相→象（用）的深刻内涵，以人身联系先天与后天因缘因果，窥一斑而见全豹，透过一念便明了先天与后天的时空联系，由此可直入见性，同时在大道真性总摄下，一切又是依缘起用，世间一切又诸法实相具足。

说完了以乾→兑→离→震→巽→坎→艮→坤呈现的在圣、圣化凡、在凡的程式内容后，周易易周的在圣、圣化凡、在凡、凡转圣程式中，还有一个在凡与凡转圣的内容世界需要呈现。这就是震→巽→离→坤→兑→乾→坎→艮呈现的所谓后天八卦。《易·说卦传》："帝出乎震，齐乎巽，相见乎离，致役乎坤，说言乎兑，战乎乾，劳乎坎，成言乎艮。"是从圣化凡的震部说起，对比乾→兑→离→震的先天圣德动态来说，"帝出乎震"呈现圣化凡后的凡态之描述。

"帝出乎震"为坤元临界乾贞，阴阳交战到了临界点，以因缘和合而圣化凡，呈现宇宙大爆炸而"震"，此时万象具出，一切法度法则的因果皆已在乾道圣德周行时而成，即为坤世界至高真理准则，为之"帝"，"帝"的含义这里不展开讲，体系庞大，此震为先天之雷霆，涉及诸多道家千古真相，也为先天之音，此音听之不闻，此音现在仍充斥在宇宙苍穹中。此震将十方圆明的圆满全时空以爆炸粉碎的方式，依无明因果力的总摄，成为坤尘地象的各种具象空间，并形成与空间相匹配的相对时间，这些相对空间与时间均为无明业力所主，所以万有引力的根本真相就是无明业力，其无明业力总摄因缘和合汇聚形成的具象的坤尘地象，构成宇宙中大大小小的恒星、行星，还有无法眼见的暗物质等。这种全时空粉碎并分崩离析的状态就是"巽"，齐乎巽，由于"震"为先天与后天的临界点，故为先天状态的如如来去速度，此速度是超光速的，光速为十方圆明圣态的基本速度单位，以此先天如如来去速度各自以业力聚合，叫方以类聚，物以群分。方则是坤尘地象显象具体的空间与时间的束缚，是相对比十方圆明的圆来说的。此时的齐乎巽般的坤尘地象方以类聚，物以群分，在形成的过程中，还有其乾体的大光明，还能相见乎"离"，这种离态，随着方以类聚，物以群分坤尘地象具象世界时空的形成，而视之不见，乾性光明被障碍被遮挡。随着具象时空的类聚与群分，一切依无明因果尘埃落定，便来到了至阴的"坤"世界，此至坤世界依无明因果所主，万般不离其宗，故"致役乎坤"，一切被无明业力所劳役，无明因果成为坤世界的规则与法度，而成定律，一切围着它因果轮回，并现相对时间的迟缓与先后的后果现象，呈现前因。从震→巽→离→坤为圣化凡至在凡态的程式过程所呈现的各种状态，也是这个过程转换形态的描述。

　　从传统哲学《河图》延伸的四象五行属性上常说东方为青龙，按身纳五德来说为"仁"德，此"仁"德之时空位置就在后天八卦中的东方，后天八卦中的"帝出乎震"为东，为圣化凡过程中以在圣为立足点，有仁德属圣德，故有"仁"入性，这是周易易周程式中的时空奇点位置所反应的，而"义"的时空奇点位置就在圣化凡后的在凡态了，在凡态的德为用德，因其无明障碍坤德有内外之分，故"义"为德用外相，属德行的范畴。别看这小小的区别，必须有此宏大时空观且诸知识连贯起来才能认清仁的内涵为性、义的内涵为用的本质，如果弄不清楚就根本不会理解为何说累义成仁的深意和根本落脚点，以"累义"极限的有为法到无义可累的无为境，再从无为境到"成仁"无不为至性，从而入大道的无为而无不为真性。

在至坤无明所主的世界依其因果而无量轮回轮转，一切依坤体用德性而运转坤世界，连同先天因果，随无明因果所主不见大道真性，但大道真性处处在在总摄，先天之性不生不灭，故自有见性开悟者而证大道者，为之圣人，圣人观民设教，故说言乎兑。此观民设教之教化众生，精髓为直指人心以开悟见性为宗要，剖析其无明体坤与光明性乾之凶与吉，利与害，直指乾性，且指向修真证悟其乾性，返回先天太极丹态，故有战乎乾。在开悟见性修真证道过程中，无明甚深，如漩涡陷阱般死死纠缠，要打破无量无明，必劳乎坎，以其劳动之辛立苦修之志，在无明的"坎"陷里，修其"坎"阴而达乾阳，此为功态法则属性，内证龙德的整个过程就是从坤阴，经过坎之次第，而达乾阳。以此劳乎坎的内证修真，自有其艮势脱坤阴无明而出，谓之成，此成之艮势必脱坤世界无明因果所束，超然际出于无明因果所主之界，而出坤尘地象之三界，故成言乎艮。这便是兑→乾→坎→艮呈现的在凡至凡转圣的内证修真态，也是内证过程超凡入圣的形态描述。

从震→巽→离→坤呈现的圣化凡到在凡时空过程，以及兑→乾→坎→艮呈现的在凡到凡转圣时空过程，以坤到兑连接，呈现圣人悟道证道模式图以及教化众生说教图，便有坤→兑的时空转换，打破在凡态无明因果所主，而有凡转圣之程式过程。"震→巽→离→坤→兑→乾→坎→

艮"的后天八卦为圣化凡、在凡、凡转圣的程式过程。后天八卦中在坤→兑时空转换进入内证修证体系时,其时空又是不一样的,在这个层次下,又有功态领域的后天八卦格局,从内证真炁际出,而进入多维次时空呈现八卦的时空奇点。

联系"乾→兑→离→震→巽→坎→艮→坤"先天八卦呈现的在圣、圣化凡、在凡的程式过程,与"震→巽→离→坤→兑→乾→坎→艮"的后天八卦呈现的圣化凡、在凡、凡转圣的程式过程,便有了在圣、圣化凡、在凡、凡转圣的周易易周完整程式,所以先天八卦与后天八卦必然为圆融一体,并无寻常认识所说先天八卦是体,后天八卦是用的体用关系,两者总和才是完整的体(道体四域呈现的四大道体内容总和),从大道本来五具足来说,必然要圆融成体。那么什么是用呢?六十四卦与三百八十四爻为用。以此全息交易万物,周易八卦(先天八卦与后天八卦之总和)便适用于任何至微至彰的万物,至微以至彰显、至彰以至微达所体现的万物至微至彰全时空显达性。且在大道真性的总摄与总持下,周易八卦是性与体圆融一体的呈现,以至微至彰全时空显达性,大而无外、小而无内,无边界无内核,无时间无空间,而过去、现在、未来的一切时空里的所有变量,都本来如是的显现。所以河洛并《周易》八卦,呈现的是宏大的时空过程,非三维世界所局限。在周易易周程式过程中,自然就有了"周易"与"八卦"的根本真相,先天八卦的真相为圣化凡先天光明堕落动态图,后天八卦的真相为凡转圣后天无明飞升动态图。以其阴阳刚柔盈虚性质呈现八卦真机,阴阳刚柔盈虚性质便由易道贯穿在周易易周的程式中。先天与后天的连接均是宏大时空变化,且"周"与"易"也自然呈现,"周",大道德性圆满无为、周行道生之,体与性圆周合相;"易",大道真性总摄,易道贯穿体性具足的法度与法则的周行不殆。

既然《周易》八卦分出先天八卦和后天八卦共同呈现在圣、圣化凡、在凡、凡转圣的周易易周程式，对比这个完整程式来说，先天八卦与后天八卦虽然都是宏大时空内容，但都不能概述其完整程式过程，必然要两者结合呈现，正是《周易》以先天八卦和后天八卦共同综述的"曲全"智慧，也就是《道德经》所说"曲则全，枉则直""是以圣人抱一为天下式""古之所谓曲则全者，岂虚言哉？诚全而归之"。这里不展开所引用含义的具体解析了，既然是"曲全"智慧，必然可构成哲学思想与学说，其"曲全"智慧为《周易》的精髓之一，更是生命与宇宙真相形态。从1到9数理逻辑三阶四象位域模型发生的曲变动态到河图图式的左旋而右旋动态、洛书图式的双螺旋动态以及升降图式的整体左旋与整体右旋动态，都是"曲"含义的呈现和表达。"全"既为生化过程中依因果和因缘的精密完成过程，又是大道圆满之性，同时又是两仪特性中双质平行纠缠的全视野。以两仪特性来简言之如先天八卦与后天八卦必然成体的结构，也如阴和阳，如果广义上说坤地为阴的话，必然有乾性为阳，两者交互合相以两仪特性来形成此曲全哲学，呈现的便是宇宙与生命四维动能动态图。圣人抱一，此"一"本为天下式，何为天下式，狭义指洛书图式四维动能动态图的定律，广义就是"一"的哲学内涵。

在先天八卦与后天八卦呈现的宏大时空程式轮转中，其八经卦所用的名称是一样的，却代表了不同时空内容呈现的不同含义，如先天八卦中的艮，为无明艮势，而后天八卦中证悟的艮，为超然脱无明之内证光明之艮势。可见在体性合相具足的大道本来中，其格局、视野与着眼点不同，呈现的结果就全然不同。可见没有先天与后天联系的整体观，是无法明了《周易》呈现的周易易周程式内容与内涵的。在周易易周的在圣、圣化凡、在凡、凡转圣时空格局里，八经卦为整个宏大程式过程中，全宇宙中的八个时空转换奇点，其程式转换过程中标志性的时空拐点，比如从震到巽，十方圆明圣境依因果而有时空维次转变。由八经卦两两组合而成的六十四别卦，便是周易易周程式中具体的时空内容表述，是深邃无比的，但均在在圣、圣化凡、在凡、凡转圣的周易易周程式内容中，也超脱不了三易体证下的九易法则的规则与法度。八经卦所定位时空转换奇点与六十四别卦呈现的周易易周程式中的时空世界，又通过三百八十四爻交易相互连通整个在圣、圣化凡、在凡、凡转圣的先天与后天时空关系，其动态性质与法则的精髓在《易·系辞》呈现："八卦成列，象在其中矣；因而重之，爻在其中矣；刚柔相推，变在其中矣；系辞焉而命之，动在其中矣。吉凶悔吝者，生乎动者也；刚柔者，立本者也；变通者，趋时者也。吉凶者，贞胜者也；天地之道，贞观者也；日月之道，贞明者也；天下之动，贞夫一者也。"

《易·系辞》："易与天地准，故能弥纶天地之道。仰以观于天文，俯以察于地理，是故知幽明之故；原始反终，故知死生之说；精气为物，游魂为变，是故知鬼神之情状。与天地相似，故不违；知周乎万物，而道济天下，故不过；旁行而不流，乐天知命，故不忧；安土敦乎仁，故能爱。范围天地之化而不过，曲成万物而不遗，通乎昼夜之道而知，故神无方而《易》无体。""夫易，圣人所以崇德而广业也。知崇礼卑，崇效天，卑法地。天地设位，而《易》行乎其中矣。成性存存，道义之门。""易之为书也！不可远，为道也屡迁，变动不居，周流六虚，上下无常，刚柔相易，不可为典要，唯变所适。""易之为书也，广大悉备。有天道焉，有人道焉，有地道焉。兼三才而两之，故六。六者非它也，三才之道也。道有变动，故曰爻；爻有等，故曰物；物相杂，故曰文；文不当，故吉凶生焉。"

从先天八卦与后天八卦所共同呈现的在圣、圣化凡、在凡、凡转圣的周易易周程式中，八经卦为基本的时空转换奇点，六十四别卦为呈现出来的时空体世界，三百八十四爻为在时空体世界中呈现的更具象内容，爻与爻的变化便是以阴阳盈虚过程，叙述其由性到相再到显象，同时又连接先天与后天的交易相互关系。无不是大道真性总摄下的实相具足，无不是体现其性→相→象（用）的关系。性→相→象（用）连接先天与后天，以周易八卦和六十四卦呈现的坤地体世界中，有两个关键的时空转换枢纽或通道，一个为圣化凡中的先天堕落到后天的通道，为"否"世界通道，也就是黑洞堕落理论；另一个为凡转圣的超凡入圣的通道，为"泰"世界通道，也就是白洞升华理论，否堕泰升所呈现的便是能量转化通道，"否"世界与"泰"世界既是能量通道，同时又是时空奇点。"否"世界为广三元道元论范畴的维度升降视野下高于三维形态的世界在此世界堕落坍塌，坍塌后依无明业力因缘所主形成具象坤尘地象，构成方以类聚，物以群分的纷繁三维世界。"泰"世界为至阴坤地无明所主的在凡，内证龙德，在此世界精气神阳性升华，以其阳性能量的蓄积不断入高维次时空，温养色身，以色身全息宇宙无明所在，从而打破无明，涅槃飞升。"泰"世界飞升为维度升降的飞升，并非究竟涅槃飞升，在究竟涅槃飞升之前的维度升降飞升是能摆脱三维状态的，但只有究竟涅槃飞升方能返回先天从而超凡入圣。

那么广三元道元论范畴的维度升降视野下高于三维形态的体世界是如何归类划分呢？广三元道元论格局下的维度升降定义为命升降九维形态，在命升降九维里呈现三个维度广泛联系的三阶单元。三维和三维以内的维度为相对静止或相对运动态，它是相对论的范畴。四维和五维六维建立三阶单元的联系，从四维为微观与宏观皆为运动态，且以三维整体形态运动，到五维与六维的形态呈现四维动能态又处于相对静止或相对运动态。七维八维九维建立三阶单元的联系，三维形态消失，动为静伏，动伏静消，动静寂灭，同时动者恒动，静者恒静。由于"否"世界与"泰"世界以阴阳刚柔盈虚转化的本质，处于能量转化的奇点上，故又成为周易易周程式中的时空奇点。这种转换与时空奇点以大道真性总摄，以九易法则所主，尤其是阴阳盈虚所体现的性→相→象（用）联系。在各个时空奇点里，都暗藏着《周易》呈现的密码，比如在性→相→象（用）的关系里，伴随震→巽的关系，而有先天与后天连接，从而能目睹在大一元道元论与广三元道元论哲学形态下的两种根本作用力——光明力和无明力，光明力为真如体如来义形上道范畴，无明力为烦恼与万物凡的形下器范畴，其他一切物理形态下的力学，万有引力、量子力以及包括意识传导的力都在无明力的范畴内。而本书也已经给出了从物理形态及物质形态去认识现量宇宙的哲学思维和计算模型。

　　从精气本根与精气神界域流变说起人体生化动能的源流变，再到人活一口气与人吃一口饭维持生命形迹的生理体征所依赖的运化动能，让生命的一切都呈现在数的因缘与因果逻辑关联下，这就是气数哲学下的精气本根论。从数的逻辑关联下的气动态以及气动态下数位的精续动能，以精气续动能连接的气数来呈现的生化过程，它构建了关于生命的哲学视野和哲学逻辑。精气本根论一直贯穿在藏相系统任何形态里，从数的逻辑关联到河图图式以及洛书图式的运动规律和动能模型，无不是解构大道"生"哲学建立在精气本根上的生命形态的认知。精气本根的认知是联系生命并围绕生命来反映大道的本质视野，也是赋予天地人三才独特的"人身长大独善其身"生命观，一切依托生命来构建认识论，形成唯识变现的动态联系，都是将与人体联系的世俗狭义精气神认知，从大道本质以及至微至彰源流变关联的形态拓展到本原哲学层面上来。

人体生化动能的源流变，从大一元道元论三元一体的大道源动能与大道生动能，到广三元道元论精气神界域流变与人体精气神结构，构成了广视野的藏相精气动能系统。其中，大一元道元论的大道源动能和大道生动能为人体生化动能的源，而广三元道元论精气神界域流变为人体生化动能的源流，人体生化动能所在的人体精气神结构以及运化动能为流变。有了此源流变的流变转换关系，通常也只以精气神界域流变过程下的生化动能来言说藏象精气动能系统，以不谈"源"只说"源流"来避免两种道元论形态的转换产生的混淆不清。精气神界域流变的藏象精气动能系统含人体精气经络系统，它们共同构成藏象生命系统。以藏象生命系统统御、主导并运转的基于人体生理体征的运化动能视野为生理生命系统。

人体生化动能的源流，从"源"来说为大一元道元论视野下大道源动能与大道生动能作用，呈现在精气本根上为以真如体如来义具足元神元精元气三元一体，构成大道生动能的"素"形态为太素至精，在乾道体性结构中以乾元亨利贞四圣德周行呈现无极而太极的先天五太乾道内容。以此"源"而有精气神界域流变的源流，而且这个"源"为道元论与藏相动能论共同呈现——道元论下的大一元道元论与藏相动能论下的大道源动能与大道生动能内容。从"源"到"源流"的生化转换为大一元道元论生化广三元道元论，且藏相动能论转换流变为生化动能。在广三元道元论的形下器域范畴，生化动能成为藏相动能义的主体形态，且以三界膜的三阶四象结构，具足了维度升降原理和视野，从而从逻辑形态上构成了流变的诸阶段。生化动能下的精气神形态从三元一体的源体态后，按照三界膜的三阶四象结构原理，历经先天运相界、后天藏象界、人体命象界的流变转换，到人体形成人体精气经络系统，再到以藏象生命系统基于人体精气经络系统的分布、转化、周流形成人体生理体征的运化动能视野，从而统御并主导生理生命系统，真正的从精气神的源流变关联上，赋予生命呈现在因缘与因果生灭变化下的气数哲学。反之，以人体精气神形态下诸多生理体征的系统性工作原理，来置返联系藏象精气神形态下的统御、主导联系，以此连续而连贯的源流变逻辑性关联，来透析生命在因缘与因果下的生灭法和唯识变现过程中现量之于大道的本质的意义，从而将道元论与藏相动能论下的藏相生命系统连接成完整且有机联系的整体。

从"源"到"源流"的生化转换的宏观体世界动态来说，有藏相动能义作用下的体世界转换流变过程，为以"乾→姤→遯→否→观→剥→坤"承载的周乾而易坤的执妄迷失图。从大一元道元论生化广三元道元论以及在广三元道元论范畴内，把宇宙中已经唯识变现形成的无边无量的列星气轮义的体世界，按照共同属性来取类比象归类，形成以六十四卦承载的六十四个属性的体世界，在诸体世界之间都是遵照生化本质下的生化过程而生化形成的内容，所不同的是时空体因缘不同而已，但在体性属性形态上有必然的联系，这种联系就是以卦爻的阴阳盈虚变化形成逻辑关联，而这个逻辑关联建立在"乾"的至阳金性被阴柔之妄侵袭、沾染，并以此执着而有不断堕落到坤地三维世界的过程。而且它是以大彰体世界的变化关联来承载生命形态在光明力与无明力下的动态，实际上就是气数哲学下的精气本根视野，卦体的象和数就是气数形态的哲学逻辑，只要建立模型就能计算它的因缘和因果生灭的形态。同时，象和数的变化不是杂乱无章的而是严密的数理逻辑和阴阳属性的盈虚变化呈现，故又构成了象数形态下的内在哲学逻辑。从宏观的卦爻阴阳盈虚变化的逻辑关联来说，它们在藏相动能义的大彰视野里都呈现了整体右旋堕落的形态，从乾→姤→遯→否→观→剥→坤的过程，在维度升降上为不断的下降，在生化动能形态下的能量体强度来说为不断的消耗、减弱，在精神相域与物质形态来说为不断的沉淀，不断的凝聚，乃至以色法形成具象的体型物质和世界，就如我们看到的物质世界一样。

在周乾而易坤的执妄迷失图里以"否"卦所在的否世界为分界，构成了两个阶段的三阶四象结构，为乾→姤→遯→否的三阶四象过程与否→观→剥→坤的三阶四象过程。其中"乾"为大一元道元论范畴的"源"，除此根本形态的破维度源起外，均在维度升降的范畴。以否世界来划分的执妄迷失过程，就是一个精神相域形态的范畴和一个物质形态范畴的分界界域，乾→姤→遯→否的三阶四象过程为精神相域范畴的唯识变现并现行的实质，但无色法质碍的物质世界的形迹，而否→观→剥→坤的三阶四象过程为物质逐渐被沉淀、凝聚形成，且维度升降越来越低直到三维的物质形态世界。精神相域的唯识过程与物质范畴的色法质碍过程有一个明显的分界界域，或者叫流变转换界域，它就是否世界所在的结构——黑洞。高维度高动能态的精神相域世界从这里坍塌、堕落、沉淀，通过否世界并进行转换，而形成低维度低动能态的物质域世界。如果把否世界黑洞比喻为界域之门的话，那么遵循色法物质域世界均在黑洞维度与动能态之内，且从否→观→剥→坤的体世界形态无一例外。

否世界黑洞不仅是界域之门，是维度下降和动能消耗减弱的通道，更是具足了生命形态的否卦体世界，也就是说它本身也是大彰视野下的体世界的一类，由于它介于精神相域和物质域形态转换与流变的分界形态上，故在精神相域和物质域两种截然不同的形态上成为界域。我们说否世界——黑洞只是它作为高维度高动能态的世界从这里坍塌、堕落、沉淀的形态,其实物理学上也叫黑洞,在《周易》里称为"否","大往小来"就是对它进行维度下降和动能减弱的最佳描述,高维度高动能态的世界和否世界发生关联而"大往",在经过否世界黑洞后,宇宙与生命的形态转换为色法物质域,不仅维度下降动能消耗减弱,而且色法质碍开始显现。并且在进行维度升降和动能高低的流变转换过程中,按色法沉淀与消耗聚成核的为堕入低维度态,堕落沉淀凝聚时一定会发生能量体的跃迁或逃逸,这个能量体的跃迁和逃逸就是"小来"形态与过程的描述。如果在物理学上能观测到星系从黑洞坍塌与堕落,就一定还有高能量体跃迁和逃逸出来,这是负阴阳平衡机理下的能量平衡的法则,也是光明力与无明力两种根本形态作用力的作用,而且高能量体跃迁和逃逸的动能形态为左旋,刚好和右旋堕落形成相反的飞升状态。大往小来的整体动态过程和视野就讲述了否世界黑洞的流变转换通道的体世界形态。

根据负阴抱阳机理下的负阴阳平衡,维度升降和能量体流变转换会发生滞留能量体形态,这个滞留能量体形态就是高维度高动能态的世界"大往"后以能量体的跃迁或逃逸"小来"形态,如果从物质域的体世界视野看过去,除开物质域的能量体外,跃迁或逃逸滞留能量体就构成了高维度和高能量体形态的"暗"能量。以此来说,未经否世界界域转换前的乾→姤→遯所在的体世界在能量体方式上均为"暗"能量的形态,实际上它不能称为暗能量,而是名副其实的以太素生命素存在的明能量,因为经过否世界界域转换的否→观→剥→坤在光明程度上均要弱于黑洞,这也是我们三维世界看宇宙虚空是黑暗的,是因为太素生命素存在的明能量既因维度远高于三维形态,又因能量体强度远高于物质域内最高的能量体形态,故无法肉眼见更无法捕获,就连现代科学的范畴由于是建立在物质域视野的研究，故均未突破物质的物理学形态这个瓶颈的认知。那么为什么会发生维度下降和动能消耗减弱的产生呢？那是因为无明沾染产生的无明阴妄作用力——无明力，无明力是遵照唯识变现现行牵引，呈现大彰视野上为四维动态整体右旋，以其右旋堕落的形态，在维度升降上呈现维度下降，在能量体上呈现能量体减弱，动能形态也因具相虚义的精神相域不断向物质域的流变转换而减缓，随着维度升降和动能的消耗与减弱，就呈现了体世界的变化，故有从乾→姤→遯→否→观→剥→坤的执妄迷失过程，以及在此过程中的两个阶段的三阶四象结构，并形成了以否世界作为精神相域与物质域的分界。

再以分界联系两个阶段的三阶四象结构就可以目睹从精神相域到物质域的色法沉淀过程，高维度和高动能态的相虚唯识众因缘为能量体态，在执妄迷失的过程中按色法沉淀与消耗并右旋聚合成核形成物质，为物质态，是一个能量向物质的流变生化转换过程，随着物质形态的不断凝聚和沉淀，或者是质量越来越大，需要维持动能态的能量就要更大，这就是消耗的根本原因，因为物质质量的万有引力作用而消耗了能量。由于形成物质原理为能量体按色法沉淀，为无明力的牵引才形成了物质，由物质的质量形成了万有引力，故万有引力为无明力的一种形态，且是基于物质的末端形态，从唯识变现的无明力到物质的万有引力，其中还有色法形成物质的力，其实它就是运转四维动能形态的力。那么会有一个疑问，为从否世界黑洞里坍塌堕落从而发生维度升降和动能形态的减弱，是乾→姤→遯→否的三阶四象过程的体世界都会发生这种情况，还是所有的体世界都会如此呢？从维度升降与动能形态的关联以及生化法则下因缘与因果来说，能产生与否世界黑洞关联并形成坍塌和堕落形态的为"遯"世界，遯世界不是指只有一个世界，而是指以《遯》来综述这一类型的世界集合称谓，不仅如此以《遯》卦来言说的体世界，还有错综复杂卦（如《遯》的错卦为《临》卦，综卦为《大壮》卦，交互卦为《姤》卦）的变易之关联，故也不是一个简单结构的问题。但从根本上说，其他的体世界由于不具备直接与否世界黑洞产生维度升降与动能形态的关联，尤其是没有直接在生化法则下发生因缘与因果的关联，是没有因缘和因果联系的。现代物理学观测到的列星气轮义的星系被黑洞吞噬发生与黑洞的关联，实际上都是遯世界在物理学形态上的不同所在，从现已观测并拍摄的很多宇宙星系的照片来说，若以大彰视野来辨认诸如遯世界以及否世界物理学形态，已经不是一件难事了。

以此延伸，否世界黑洞作为流变转换的界域，按色法沉淀与消耗并右旋聚成核，从精神相域相虚义形态右旋堕落而形成物质。这个动态过程为唯识主因缘依大彰视野右旋堕落沉淀，唯识主因作为核，其他的助因助缘依右旋态不断的凝聚和沉淀，然后一步一步形成密度致密的物质，在此不断的凝聚和沉淀过程中，就会发生能量体的逃逸与跃迁。从唯识的精神相域的相虚义形态依右旋堕落形成物质域的物质形态，在乾→姤→遯→否的三阶四象过程的体世界均遵照这个生化右旋堕落过程，因为整个执妄迷失就是无明力作用右旋堕落的过程，这个生化堕落的过程是四维动能态以大彰视野运动才能在一个宏大的时空体视野里形成的。而且当生化因缘发展到了否世界，否世界内部的形态可以比喻成黑洞右旋加速器，诸唯识因缘依赖并借助黑洞右旋加速器，通过否世界黑洞的通道到了否→观→剥→坤所在的观世界，就呈现为物质域的物质形态了。物质域的物质形态由精神相域依否世界黑洞流变转换而来，以此源流变关系，物质的源为高维度高动能态的能量体。且精神相域为相虚特性的唯识形态，故唯识形态里的任何识的因缘在能量体上都大于物质态。所以物质域的物质形态内能量最高的物质，就是物质领域的相依源，也就是说直接从高维度高动能态的能量体流变转换而来的物质，它具足了物质范畴但是以能量的形式指向了氢。

如果以氢—H作为物质域的物质形态的初始为指向，那么根据1到9数理逻辑三阶四象位域模型的数理关系，从1→6、2→7、3→8、4→9来说，原子序数6为碳C，原子序数7为氮N，原子序数8为氧O，原子序数9为氟F等，以河图图式和洛书图式的建立的数理逻辑以及至微至彰动态关联，既能找出其他原子序数的元素之间的联系，又能看到诸多物质形态的化合物形成关联，更重要的是能明确诸多物质形态的化合物基于原子序数在数理逻辑下的关联。在目前人类化学成就的元素周期表范围，根据1到9数理逻辑三阶四象位域模型的数理关系和界膜原理以及界膜原理下的三阶四象结构，也可推导出诸多同族元素在功用属性上的联系，还可以深入地寻找元素周期律内在的数理关系，而且这种数理关系是从数学逻辑上找到物质之间相互关联的依据，如果形成了这样的认识论，看似不变的物质元素就动态的联系起来，且能以物质的周期律计算出物质形成的过程以及形成物质前的能量体的形态，把高维度高动能态的能量体流变转换形成物质的数理哲学逻辑建立起来。实际上根据右旋堕落不断凝聚沉淀的原理，看似已经进入物质形态的微观且不变的原子也会发生此形态的变化，而且在右旋堕落不断凝聚沉淀形成维度下降与动能减弱时会有能量体跃迁或逃逸，如果观测或发现左旋跃迁或逃逸的能量体（粒子），那么这个时候就能找到它基于四维动能态的状态。

以无明力牵引并建立在维度升降和生化动能的流变转换上的周乾而易坤执妄迷失图，不仅以乾→姤→遯→否→观→剥→坤的阴阳盈虚变化承载了精气神界域流变过程，而且还以否世界为分界两个阶段的三阶四象结构，呈现了唯识所在的精神相域相虚义形成物质域物质的动态过程与原理。从乾知大始、坤作成物，柔道牵"乾"，迷失道"坤"，以周乾而易坤的执妄迷失图，呈现乾元光明世界如何堕落到坤元无明世界，且在此过程中发生了物质的形成过程，为唯识变现种子现行的相虚义的唯识因缘，在生化动能作用和右旋堕落形态下，依否世界黑洞机理，有了我们最熟知的物质世界。尤以坤世界以"坤"和"地"的特性呈现物质形成的因缘机理，不然为何叫坤厚载物呢？因为形成"物"的每一丝一毫因缘皆是大道道生之的气数哲学，为真正的上天好生之德——大道德性，差一丝一毫的气数"物"都无法显象成为现行世界。象由性显依性起用，它是大道德性彰显下的唯识变现种子与种子因缘现行法则，这个法则中又以色法成为物质形成的主要机理，而色法相对八识心王法与心所法来说只是一个非常小的范畴，只是眼、耳、鼻、舌、身、色、声、香、味、触、法处所摄色，且色法和合集聚为色蕴，在色蕴中又以对物质的妄见和可用来起领取纳受在受蕴中的尘相，那么是想说明什么呢？就是面对局限的色法物质的尘相世界，只有立于人，立于生命的全域视野才能看清生命与宇宙在唯识层面的深刻关联，才能从天地人三才以人的生命形成因缘和因果的认知关联。也由此可见，人以眼见为实的视界认知世界和生命有极大的迷惑和障碍，只是见了色蕴范畴中可用来起领取纳受（身受与意受）在受蕴中的尘相，便形成了眼见为实的妄想与颠倒，且还执着在尘相里认为一成不变。但这种迷惑和障碍又是在唯识变现以精神相域形成物质域的过程中逐步形成的。这是一条由无明力牵引堕落的哲学程式，在显著的否世界黑洞界域之门的形态里，无明力作用右旋堕落形成物质，同时以负阴阳平衡机理下会出现高能量体跃迁和逃逸的左旋升华状态，这只是周乾而易坤执妄迷失图堕落过程中负阴阳平衡机理，那么与周乾而易坤执妄迷失图堕落形成完全相反的双质纠缠程式，就是易坤周乾的"坤→复→临→泰→大壮→夬→乾"正坤返乾修真图的光明力牵引升华哲学程式。

易坤周乾的光明力牵引升华哲学程式要立足于人的内证体系，也就是德证图的修证程式，从坤→复→临→泰→大壮→夬→乾的过程，为维度升降上逐渐的上升，在藏相动能义的动能形态为立足于人体运化精气转换为内证精气，从而有内证精气能量体强度不断的积累、存储，而且结合生理体征不断的升维度乃至从物质域的物质运化形态，以跃迁飞升的方式通过泰世界进入内证内景的唯识层面，从而摆脱物质的凝聚沉淀以及物质层面的牵引束缚，并转化种子在现行并变现过程中的诸因缘，转识成智，打破无明，入大光明境。这个过程就是内证德证体系以《证德图》承载的《正坤返乾七鼎火候图》。同执妄迷失图里以"否"卦所在的否世界为分界一样，在正坤返乾修真图里以"泰"卦所在的泰世界为分界，构成两个阶段的三阶四象结构，为坤→复→临→泰三阶四象过程与泰→大壮→夬→乾的三阶四象过程。以"泰"卦所在的泰世界为分界就构成了白洞形态，它是低维度低动能态的物质域世界从这里进行能量体的运化存储、蓄积，并改变运化精气态为内证精气态，通过不断的维度与动能的上升，逐步改变、摆脱、打破物质的凝聚沉淀以及物质层面的牵引束缚，也从而改变了唯识法则有转识成智之实质，从而以物质域升华进入精神相域，这种进入有两种形态，一种是摆脱物质域的物质形态后通过泰世界升华间接改变，另一种为立于"人身长大独善其身"肉身与精神相域的唯识层面并存，依转识成智内证圆满后究竟涅槃飞升。一个为外景泰世界另一个为内景并结合外景合一的泰境功态。

泰世界白洞不仅是界域之门，是维度上升动能蓄积并获得续动能的通道，更是具足了生命形态的泰卦体世界和内证"泰"内景，和否世界黑洞刚好相反，白洞是升华生命以及升华维度与动能的界域。在《周易》里称为"泰"，"小往大来"就是对它"升华"最佳的描述，它是以凝神入静并摄受意念的"小往",而有内证精气转换并连接先天呈现内景的"大来",从而能收受并转化先天能量,成为改变肉身以及摄受意识的动能。从意识的形成过程和原理可知,人体中意识的维度和动能态为高于生理体征态,故摄受意识并转换意识需要更高的动能形态给予能量体,所以内证的意义和内容就被此赋予,它的思路和原理就是要明了人体诸系统在生化形成过程中所具足和被赋予的真实义,就能以此人体中蕴藏的天机奥秘,去运转太极器官和太极丹论,从而打开内关外窍连接先天,把精气神界域流变的过程中界域之门打开,以什么样方式天人离一的,就通过内景产生真正的天人合一,从而降服唯识因缘的牵引并转化成智慧能量体,步入高智慧的精神域态。这就是通过泰世界来言明易坤周乾的机理所在,泰世界除了宇宙中的诸如其他体世界一样的外景世界形态以外,在"人身长大独善其身"的人体就有非同一般的泰世界结构,通过内证的方法打开人体内的泰世界结构,就能目睹诸经典中被描述的内景世界,也以此能目睹生命的内景。这就是为何要解读精气神通过界域流变过程生化形成人体以及在人体的有机联系的诸系统,不仅从精气本根的形态讲述生命的形成过程所呈现的因缘与因果法则,更是以气数哲学构建生命以哲学数理逻辑,从至微至彰的生化关联赋予广阔视野并相互关联同体承载的生命观。

在宇宙中诸多体世界纷繁复杂的形态里,否世界和泰世界构成了宇宙中非常典型而独特的双质映射与纠缠的平衡形态,也就是说黑洞肯定与白洞关联,而且是外宇宙中宏观的双质映射,它构成了外宇宙中太极图式的相互通道,并且也以此说明外宇宙中黑洞与白洞的关联只是四维动能态的诸如太极图中的黑点和白点这两个点,而其他的有哲学数理关联的体宇宙,就可以镶嵌在这个模型上,从而找到一个完整的乾坤时空体模型以及各时空奇点,并把它联系到生命内景里,这个视野对我们认识外宇宙和生命的四维动能态有非常大的帮助。

易坤周乾过程中的动能"素"形态为从运化精气动能形态转换形成内证精气动能形态，从运化精气的运化水谷精微以及呼吸精气，到通过内证的方法炼气化精、炼精化炁、炼炁化神等程式步骤，实现"素"形态的逐渐转换，而且以如如来去的从哪里来到哪里去的内涵，从精气神界域流变过程的诸精气关联态，就能指向内证修证的诸阶段向高维度和高动能的精气转换原理。由此可知，立于"人身长大独善其身"的生命视野就是升华生命并洞悉一切真相的方便之门，并以此掌握根本原理和哲学形态后就能在现实中去认知宇宙并改造世界。"素"形态流变生化与转化升华的认知，就指向了生命形态的黑洞与白洞。生命形态的黑洞，为执妄为真为迷失并以此执妄过程中，以妄逐妄所造诸恶业，产生无明业力牵引，形成了八识心王与五十一心所之烦恼，以其烦恼染浊义成为无明牵引之本。生命形态的黑洞"素"形态的流变生化就是三次天人离一过程的精气神界域流变过程。生命形态的白洞，为证德修真系统的内外兼备性命双修，德用外相的积善厚德广积善行与德用内相的内证德性，以福德相的善法和福德性的明心见性之法，尤其是以内证之法打开炼精化炁、炼炁化神等程式步骤，以得真阳的升阳法转化了精气的维度和动能形态，而进入内景实证。生命形态的白洞"素"形态的转化升华为三次天人合一过程的精气神界域升华过程。以此就把生命的形态统一在天人离一的生化形成过程与天人合一的升华转化过程中。

精气神界域流变的三次天人离一过程，形成了从先天运相界、后天藏象界、人体命象界与人体构成三界膜形态的三阶四象结构，其中精气神在先天运相界域内的源体态、分生态、运相态为先天运相界域内的三界膜，在后天藏象界域内的命门态、离转离散态、内丹田态为后天藏象界域内的三界膜，在人体命象界域内的外丹田态、胎形态、周流态为人体命象界域内的三界膜。从天地人移精变气生化内涵下的精气神界域流变的三阶四象结构，无不是从"精"形态和"气"形态交互关联来言说精气本根论的实质，无论是精神相域的唯识相虚义还是物质域的物质为实的质碍义，都是"精"形态和"气"形态的本根视野，均依赖"精"形态核心动能的"素"的变化，以及依赖"素"形态下的气的动能形态的转换。在三次天人离一移精变气生化结构中，"精"形态以"素"的核心动能变化，呈现从太素至精→太素生命素（含独特的和精和气）→五藏神魄素→光子素和水谷精微素的移精过程；围绕素形态变化的移精所发生的变气，就指向了精气神三元一体的元炁→神主气精义下的和炁→五藏神下的神意祖炁→人体精气系统中精气→人体运化氣与呼吸凡气的变气过程。

从藏相动能义的范畴来划分在精气神界域流变的三次天人离一移精变气过程的动能属性，为形成人体前的运相、藏象、命象阶段的生化动能，与形成人体后围绕生理体征的运化动能，两者共同构成移精变气动能结构。从精气神界域流变的三界膜形态的三阶四象结构来说，人体的运化动能也为生化动能的一种形态和内容，又因为人统乾坤于一身，有独特的天地人视野唯识现行形成现量的当下意义，故生化动能既立足于人体的藏象生命系统和生理生命系统，又从天地人的格局产生着天人合一全息元象的大运相的交互联系，既让藏象生命系统以统御和主导地位的运转生理体征的生理生命系统，又在两者之间形成了独特的五运六气、精气经络、营卫气血等动能运转系统来连接两套系统的有机统一。从而赋予生命在唯识层面的种子与因缘现行呈现现量的巨大意义，也成为象由性显的道法自然之大象。

天人离一移精变气，天地人五行之藏

《易·系辞》曰："在天成象，在地成形，变化见矣。"其"天"与"地"究竟经过了什么样的变化能让天和地以象、以形联系起来，而"天"又是什么天？"地"又是什么地呢？这就是由天人离一呈现的天地之间移精变气的生化联系，以及由天人合一呈现的天地人五行之藏的大运相关联。

在天人离一呈现的天地之间移精变气的生化联系中，生命形态的精气神界域流变过程呈现了先天运相离一、后天藏象离一、人体命象离一的三次天人离一内涵。正是由三次天人离一的作用，精气神经过先天运相、后天藏象、人体命象界域流变的过程，在胎体乃至人体构成以人身长大联系天地，形成天地人三才合一视野。天与地经过了"太极五生象"后天五生生育过程，使精气神融合在人体而把天地含义联系并统一起来，这个统一就是天地人三才道统学。天地人融合与联系的载体就是精气神，精气神通过在先天运相界域、后天藏象界域、人体命象界域的流变转换过程，呈现了以精气神为内容形态的，以三次天人离一为转换动态的天地人移精变气的生化联系。

天地人移精变气的生化联系以天为起点，以地为动态过程，以人为统一融合，建立在精气神形态生化转换的大生命形态视野。其中"天"为道→母→器程式中，形上道范畴的乾天圣的真天，为真如心性，也为如来清净藏，此真天以"天"来联系"乾"与"圣"的特性，以真如体如来义呈现乾元亨利贞周行的圣德性。以天为形上道乾天圣的范畴，地则为形下器坤地凡的范畴，天和地在属性范畴上归类划分的界说位域。产生天与地的联系，建立在生化视野下就形成了真天→相天→地形变化过程与天象→地形含义转换。其中真天为形上道乾天圣的精神域，相天为形下器精神相域，地形为形下器物质域。所以除了真天为乾天含义下的天外，其他相天、天象、地形均为坤地凡范畴下的"地"含义，它构成了民间世俗对"天"含义狭义的认知。从天到地的真天→相天→地形变化过程中，其道元维度从大一元论转换为广三元论，从道元维度的转换来对应，乾天圣真天指向了大一元论范畴，坤地凡相天与地形指向了广三元论范畴。

联系"太极五生象"后天五生生育过程，真天虽然为道体四域中道大与天大的集合称谓，但可以把它看成"太极体一"以真如性为万物凡的发端源，而相天为先天运相界域、后天藏象界域、人体命象界域整个流变转换过程唯识变现的相虚义，既然提到了相虚义就一定为立于人的视野以地形的可见来说相虚义，则地形为人视野形态下的色尘环境，构成了狭义物质域范畴的"地"的含义。相天的坤体世界含义下的"地"视野与地形所在的人视野形态下的色尘环境"地"视野，共同构成了与真天心性真如来相对的天象。为何说以真天心性真如来相对呢？因为真天的心性真如从道相层面来说，为如来义，既是非象也是非非象，更是心性妙显妙化下的实相，当从"象"来解析，就只能从"地"的视野来联系象，更由于相天的坤体世界含义下的"地"具足相虚义，所以世间称为天象，这个天象由于无明烦恼染浊义之神意相火之妄，为妄象，天对比真天来说为相天。那么问题就来了，天象既然是形下器坤"地"范畴的相虚义，以神意相火的相虚义结合"地"应该叫地象，怎么就结合了"天"来称谓呢？那是因为从真天心性真如层面来说，一切皆相由性显，为诸法实相，故称为天象，虽然在不同的道元维度界域，由"天"关联了不同道元维度界域内容在诸法实相里的内涵，这是必然要悟透的天机。由此，也构成了天象与地形的不同位域对待以及不同位域对待下的源流变关联。

"在天成象，在地成形"以天象与地形的含义集合，呈现唯识中从种子变现现行到形成现量过程，以及在这个过程中历经精气神流变转换的三个位域阶段。且以形下器"地"范畴人的视野来说形成了先天因素——天象，又因形下器"地"范畴的天象在成住坏空时空生灭的形态上常恒久于人体生命的生灭，故又以此形成了后天环境——地形。所以天象和地形均为形下器物质域在"地"含义总体格局下，在不同时空形态上具体含义所指，尤其体现在当"地"含义以坤体世界神主天地构精的列星气轮义作为主要内容时，既有天象的含义所指，又构成了狭义相"天"含义下的地形。由于真如心性的真天为形上道层面，通常把唯识变现的相虚义看作为天象，把与人现世生命生灭单元在时间轴上相关联的看作为地形，这样形成总体在形下器层面的转换联系。为何要强调时间轴呢？因为如果没有时间轴下的空间关联，地形就又成为了相虚义的天象，所以从这个视野转换角度来说，能帮助去理解执为有与流变为相虚成"空"的执着真实义，以及执着义下的产生执着的唯识过程。

在真天→相天→地形变化过程与天象→地形的含义关联中，就赋予基于道→母→器程式格局的形上道与形下器所划分的位域，有了具体的内容形态。这些内容围绕生命视野，就形成了由天地联系在一起的天地人大生命形态，而贯穿这种联系的正是天地人移精变气的生化联系。生化联系的过程就是"太极五生象"后天五生生育过程，天地人移精变气的实质就是在界域流变的过程中呈现出的不同的精气神内容与形态。它们以真如性"太极体一"真天为万物凡的发端源，历经广义坤"地"含义下的先天运相界域、后天藏象界域、人体命象界域的相天过程，最终与人体形成统一融合。故真天→相天→地形变化过程就是以人的视野来言说移精变气动态过程，这个动态过程以三次天人离一内涵为承载。

三次天人离一为后天五生生育过程历经先天运相界域、后天藏象界域、人体命象界域以精气神的流变转换发生的天人运相离一、天人藏象离一、天人命象离一。同时三次天人离一也构成了生命形态移精变气动态过程。

天人运相离一，为元态"库"离，精气媾和"轮"位出，伴随神主气精呈现生命能量体的列星气轮义之和精和气库轮态。"离"是从源体态的"元"态万物凡发端之源起，来说生而分的原理，有内容形态离、能量体离、运动形态离三层含义。天人藏象离一，为先天神主气精量体的库轮义离，后天藏象的"宫库田轮"出，形成黄庭三宫统御的精气神聚合形态下的宫库田轮能量体结构，并生化转换五藏神。天人藏象离一跟天人运相离一以"离"为主体不同，天人藏象离一以"出"为主体，形成了藏象空间体出、能量体离转形态出、五藏神内容生化出，这三种围绕生命形态生化转换"出"的含义，开始成为生命形态中实质性变化。天人命象离一，为后天藏象内外丹田精气神能量体离，以中脉为主体三脉七轮统御人体经络系统命象精气神的能量体出。对比天人运相离一以"离"为主体以及天人藏象离一以"出"为主体的不同，天人命象离一为以"变"为主体，它形成七门窍和十二结节变、胎形自人体命象空间合而成形变、天脉与中脉关联气机冲升生命象的变，这三种言说藏象与命象转换实质的"变"，开始成为生命形态中最具决定性的禀受布局变化。

精气神在三次天人离一过程的动态流变转换便是天地人移精变气的实质。何为移精变气呢？它有两个道元维度视野的含义，第一个道元维度视野为后天五生生育过程中移精变气，为精气神三态在不同的位域阶段呈现的"精"形态和"气"形态的流变转换实质，体现为构成"精"形态核心动能的"素"的变化，以及依赖"素"形态下气的动能形态的转换。第二个道元维度视野为人体生理体征形成后，基于人的视野来说与天地之间的联系，呈现为在天象辰次分野与五天五运以及在地形斗罡授时周天历法统一融合在人体，形成五运六气人体藏象大运相精气系统。移精变气在后天五生生育过程中呈现为移精变气天人离一含义，而在五运六气人体藏象精气系统呈现的为天人离一内容体系下的移精变气天人合一含义。

移精变气的天人离一含义中，构成"精"形态核心动能的"素"的变化为移精变气的主体内容。它为从太素至精在天人运相离一过程中

"离"出太素生命素，太素生命素在天人藏象离一过程中"出"五藏神魄素，五藏神魄素在天人命象离一过程中"变"光子素和水谷精微素。其中伴随三次天人离一发生的离→出→变程式为移精变气的动态过程，它是生命形态能量体方式中核心动能的流变转换程式。在精气神诸形态中，"素"构成了能量体方式中的核心动能，素不同则在广三元论道元维度视野下的位域动能不同，就是不同的生命形态，为"移精"义。那么围绕核心动能的"素"的变化就构成了"气"形态的变化，这个"气"形态的变化就是变气，也就是能量体方式中的核心动能改变了，气的形态就发生了变化。从精以气动与气动必是精用的精气关联上，素形态变化的移精会有气变，而气变必有素形态改变后同道元维度的精与之相应，不会出现精形态与气形态发生不同位域的精气关联对应。

在三次天人离一中，"精"形态以"素"的核心动能变化，呈现从太素至精→太素生命素→五藏神魄素→光子素和水谷精微素的移精过程。围绕素形态变化的移精所发生的变气，就指向了精气神三元一体的元炁→神主气精义下的和炁→五藏神下的神意祖炁→人体精气系统中的运化氣与呼吸凡气的变气过程。从"气"形态关于炁、氣、气的不同称谓对待来说，从人体生理体征视野出发，以"炁"来言说的都指向了先天，含先天运相界域、后天藏象界域、人体命象界域的精气神流变过程；以"氣"来言说的都指向了后天，强调通过生理运化机能对光子素和水谷精微素的运化，被运化后的光子素和水谷精微素以能、光、热态的运转就是氣的形态；以"气"来言说就指向了通过鼻呼吸的凡气和人的大气层生活环境。移精与变气的变化，发生在先天运相界域、后天藏象界域、人体命象界域的三大界域转换过程，又被三次天人离一过程承载。综述生命形态的精气神流变转换和移精变气的内容与内涵，都以三次天人离一过程中的离→出→变程式承载。

三次天人离一过程的离→出→变程式中,"离"为从源体态的"元"态万物凡发端之源起,来说生而分的原理,有内容形态离、能量体离、运动形态离三层内容;"出"从宫库田轮能量体结构发生实质性变化的五藏神出,有藏象空间体出、能量体离转形态出、五藏神内容生化出三层内容;"变"为通过禀受布局发生藏象与命象转换的变和胎形与胎体的变,有七门窍和十二结节变、胎形自人体命象空间合而成形变、天脉与中脉关联气机冲升生命象的变三层内容。由此可知,三次天人离一的精气神形态移精变气而发生生命形态流变转换,均由三界域离→出→变程式承载,三界域离→出→变程式构成了先天视野下的藏象生命系统主体过程。

移精变气的天人合一含义中,五运六气人体藏象精气系统融合"地形"义斗罡授时周天历法,来统一天和地的联系,形成天和地为相天和地形的集合义。其中强调天人离一内容体系下的五运六气人体藏象精气系统,何意呢?其实是循顺置返哲学原理的具体表达,从天人合一的"合"就能循顺置返生命形态从人体往源头上去寻迹整个源流变过程,生命各形态的源流变过程就是天人离一的内容体系,从而我们也就知道在人体与天和地的联系中跟什么去合,合什么内容,天人合一的原理以及"天"的含义指向。以人的视野从天人合一立场,其先天因素的天象与后天环境的地形,在时空体的形态上有融合交叉的部分,如坤体世界神主天地构精的列星气轮义所指向的列星气轮空间。

广义"地"含义下的坤体世界(三维视野下宇宙形态)为何要强调列星气轮义呢?那是因为它们纵然为坤体世界,且在成住坏空时空生灭的形态上常恒久于人体生命的生灭，但它涵盖着生命唯识变现现行现量的集合，也就是所谓的当下的共业。坤体世界列星气轮义的实质是什么呢？是精气关联的精气为用。无论坤体世界呈现的是先天因素的天象还是后天环境的地形，界是精气为用的本质，构成由三界域离→出→变程式承载的三大界域移精变气的过程。在《云笈七签·卷七·三洞经教部·本文·符字》有云："一切万物，莫不以精气为用。故二仪三景，皆以精气行乎其中。万物既有，亦以精气行乎其中也。是则五行六物，莫不有精气者也。以道之精气布之简墨，会物之精气以却邪伪，辅助正真；召会群灵，制御生死；保持劫运，安镇五方。然此符本于结空太真，仰写天文，分置方位，区别图象符书之异。符者，通取云物星辰之势；书者，别析音句铨量之旨；图者，画取灵变之状。然符中有书，参似图象；书中有图，形声并用。故有八体六文，更相发显。"其"一切万物，莫不以精气为用"指出了万物随精气神形态移精变气而发生生命形态流变转换的本质；"万物既有，亦以精气行乎其中也。是则五行六物，莫不有精气者也"已经形成的万物与地形含义下的体世界，皆是精气行乎其中，更是言明了执着时空中的联系和非执着时空中的联系的唯识形态。从精气为用而行精气的实质，更是言明万物无时无刻都在恒常变迁。

以精气为用而行精气的实质，就是以移精变气含义来呈现唯识变现现行形成现量的藏相动能形态，既是唯识因缘的被业力牵引而产生现行的动能本质，又是唯识变现现行运动的物质内容。如何作为动能本质呢？种子和种子因缘现行为无明业力牵引，而无明业力就表现在精气为用而行精气的动能本质上。关于唯识变现现行运动的物质内容，为唯识变现的精神相域以相虚义具足了精和气的物质内容形态，以精气为用而行精气为精以气动与气动必是精用的精气关联义，并且精气关联形态具足"素"的核心动能。这个问题可以把世间两种哲学立场唯物主义论与唯心主义论统一起来，在唯识中，可以把一切现象都是心识所变现心外无独立的客观存在看作为唯心主义观，而以精气为用而行精气，以"素"的核心动能发生移精变气实质又是唯物主义观。

解析天人合一与天人离一的联系，要特别注意执着时空中的联系和非执着时空中的联系两种形态。何为执着时空中的联系呢？为人与天地处于同一时空格局下的联系，人从出生到死亡的生灭过程中，呈现以生命生灭单位与天地合一，也就是每一个当下都有和天地相联通的时空环境，它们发生着无比密切的关联。它在时间轴上串起了空间，在人的现世意识上形成执着，因为天地人以时间轴串联的空间中的任何内容，都是唯识变现现行的现量，都通过了第七识的恒审思量。非执着时空中的联系就是打破当下，把过去与未来的空间融合统一在一起，构成最宏观上的因缘关联。举例来说，与人相联系的当下的地形义环境中，天和地在成住坏空时空生灭的形态上常恒久于人体的生命的生灭，也就是说不产生人的我执，天和地都在唯识的因缘环境中，这个环境就是大道，生命形态就融入了大道，无所不在。如果真的透彻理解了非执着时空中的联系，对于打破我执见性得实相来说意义非凡。《大般若经》云："有为界不见无为界，无为界不见有为界，何以故？非离有为施设无为，非离无为施设有为故。"其有为界或无为界之界的见于非见，就是执着义的执着与非执着。

执着时空中的联系和非执着时空中的联系在天人合一"合"的原理上有一个可以依托的内容，就是负阴阳平衡原理中的能量体转换滞留。何为负阴阳平衡原理中的能量体转换滞留呢？为界域流变发生在道元维度转换下的负阴阳平衡作用而隔离的能量体。它的原理过程参考书中大一元论时阴阳平衡生而分隔离成阳性仪和阴性仪。每一次界域流变发生道元维度变化，就会产生在下一个界域体视野下的，上一个界域体的能量体转换滞留。从天象和地形的角度而言，在成住坏空时空生灭的形态上常恒久于人体的生命的生灭的后天环境，在非执着时空义上以大道的形态存在。如何理解呢？简言之，一个人的个体单元生灭后，唯识变现的坤地尘并没有一起消失，只是伴随生命的"我"消失了，除去"我"，后天环境还有一定量的成住坏空时空生灭的形态，它就是大道的形态。这是认知唯识本质的极难之点，一定要去理解唯识变现中的识根尘随生命的"我"消失，以我见离开了后天环境，没有肉体色身也没有后天环境，但实际上后天环境还存在，长辈去世了，后辈还在地球上生活，长辈并没有依唯识变现带走地球，但长辈又以生命生灭的死亡形态离开了，这就构成基于"我"的执着与非执着义，既依唯识变现发生现量时空下的执着时空中的联系，又在实相境地中以大道法则呈现非执着时空中的联系。

转换滞留能量体依大道实相非执着时空义，通过三大界域转换，就产生了和精和气层面的列星气轮空间，构成了天象与地形集合含义，这些空间发生时空上的相互联系，便是三垣二十八宿所指的五天五运规律。它们在成住坏空时空生灭的形态上要常恒久于人体的生命的生灭，故我们称为后天环境。后天环境义就是人的执着时空中的联系，为每一个当下都和天地相联通的时空环境发生着无比密切的关联。同时，后天环境又以天象的形态存在，也就是人死了，后天环境并没有消失，它构成了非执着义，成为大道实相。所以，转换滞留能量体形成的天象与地形后天环境，是天人合一与天人离一相联系的主体。既能立足于当下与人体发生关联，形成执着时空中的联系，又能立于大道从大道实相层面，形成非执着时空中的联系。为何要讲大道实相呢？那是因为从执着义和非执着义来讲，会形成执我而有，非执则空的误区，实际上为执我而有，执我也非的有无与色空义；非执则空，非执不空的有无真如义，以真如照见非执，则是非执为性显，同样执我也为性显。执与非执皆为真如性显，则为大道实相。

负阴阳平衡原理中的转换滞留能量体构成了天人合一在天人离一的内容体系下的"合"原理，更形成了如何以时间轴下的时空关联义，去理解我执以及破我执的内容凭借。这就是为何要从"在天成象，在地成形，变化见矣"的天象与地形入手天人离一的变化，以及天人离一含义下的天人合一，天象与地形集合义下的时空体变化，就蕴含着不可思议的大道真机。作为理解我执和破我执的内容凭借，时间轴下的时空关联义中执着时空中的联系和非执着时空中的联系过于精深和复杂，我们从天象与地形的其他形态转换一种关于言说执着的视野。

《云笈七签·卷七·三洞经教部·本文·八显》曰："八显者，一曰天书，八会是也；二曰神书，云篆是也；三曰地书，龙凤之象也；四曰内书，龟龙鱼鸟所吐者也；五曰外书，鳞甲毛羽所载也；六曰鬼书，杂体微昧，非人所解者也；七曰中夏书，草艺云篆是也；八曰戎夷书，类于昆虫者也。此六文八体，或今字同古，或古字同今，符彩交加，共成一法，合为一用，故同异无定也。此依宋法师所说，未见正文。而三洞经中符有字者，如《古文尚书》中有古字，与今同者耳。"其中天书、神书、地书、内书、外书、鬼书、中夏书、戎夷书八显以符书图的形态构成了"地象"，而此地象又因符书图的实质，即"然此符本于结空太真，仰写天文，分置方位，区别图象符书之异。符者，通取云物星辰之势；书者，别析音句铨量之旨；图者，画取灵变之状。然符中有书，参似图象；书中有图，形声并用"，与天象结合起来，构成了天象与地形综合表述的"八体六文、更相发显"义。

"八体六文、更相发显"八显符书图的形态，就是立于天象和地形言说大道的语言体系，而我们对语言常识的认知常常局限于对文字的执着，总认为只有文字语言体系才能充分表达，而实际上大道的语言体系，"共成一法，合为一用，故同异无定也"，说明一切天象和地形以及所有形式形态，一切皆是语言。所以开悟不要执着在文字象上，也不要过分纠结于经论本身，尤其是八显知语言类别都是显而易见的语言体系，而且八显知语言类别的语言体系都是坤地体世界中不同世界的语言主体，就如我们以汉语讲话和汉字书写一样，其他世界里的语言与汉语和汉字同异无定，先别说其他坤地体世界的语言主体，就连我们身边丰富多彩的语言体系，我们又能明白多少呢？当你死死执着地抱住一样东西的时候，你就丢了丰富多彩的世界。从以精气为用而行精气的实质言其八显符书图的形态为何能同异无定呢？那是因为精气神的生命形态就是非显知语言体系，八显符书图中，显为象，知则精气关联的相，见本质为性，透相而达性，象由性显。在《云笈七签·卷七·三洞经教部》不仅言说了八显符书图的形态的独特大道语言体系，还从《说三元八会六书之法》与《八体六书六文》的角度释其"八显"的天书、神书、地书、内书、外书、鬼书、中夏书、戎夷书的传承，更有诸如以玉字诀、皇文帝书主、天书主、龙章古、凤文古、玉牒金书古、石字斋、题素古来传递大道开演说法的传承根本，正是大道以字之曰道的 "如如齐名，本来问归无名"精妙呈现。现摘录部分如下：

玉字诀——太上道君于南丹洞阳上馆，为学士王龙赐说此灵文玉字之诀，但未知定是何世所注，学者寻之。又说诸修行符醮五方思存禳灾等法，然正是解诀八会之文，而就本文理中复明理，如解真文中更明感通之理。《定志经》又云：出思微之义，事中复有事，如玉诀中复明传经及盟授威仪之事。然诸经中凡有解诀，皆通谓之玉诀也。

皇文帝书——《三皇经》云：皇文帝书，皆出自然虚无空中，结气成字。无祖无先，无穷无极，随运隐见，绵绵常存。

天书——《诸天内音经》云：忽有天书，字方一丈，自然见空。其上文彩焕烂，八角垂芒，精光乱眼，不可得看。天真皇人曰：斯文尊妙，不譬于常，是故开《大有》之始，而闭天光明，以宝其道而尊其文。其字宛奥，非凡书之体，盖贵其妙象而隐其至真也。

龙章——《灵宝经》云：赤明开图，运度自然；元始安镇，敷落五篇；赤书玉字，八威龙文；保制劫运，使天长存。此之龙章也。

凤文——《紫凤赤书经》云：此经旧文藏在太上六合紫房之内，有六头师子巨兽夹墙，玉童玉女侍卫凤文。

玉牒金书——《三元布经》：皆刻金丹之书，盛以自然云锦之囊，封以三元宝神之章，藏于九天之上大有之宫。谓之玉牒金书。又云：以紫玉为简，生金为文；编以金缕，缠以青丝。《太上太真科》云：玉牒金书，七宝为简，又名紫简。

石字——《本行经》云：道言昔禅黎世界，队王有女，字綑音。生仍不言，年至十四。王怪之焉。乃弃女于南浮长桑之阿、空山之中。女行山週匝，忽与神人会于丹陵之舍、柏林之下。神执綑音右手，题赤石之上。语綑音曰："汝虽不能言，可忆此也。"天为其感，愍其疾，遣硃宫灵童，下教綑音治身之术，授其赤书八字。綑音于是能言。《灵宝玉诀经》云：道告阿丘曾曰："汝前生与南极尊神同在禅黎世界，于丹陵之舍、柏林之下，同发道意。尔时南极姓皇，字度明，执汝右手，俱题赤石，以记姓名南宫。即书汝笔迹题于南轩。今犹尚在，石字亦存。汝忆之不？"丘曾心悟，举目即见南极所主南壁刻书云：太甲岁七月一日，皇度明王、阿丘曾同于丹陵柏林下发愿。合二十三字，字甚分明。

题素——《五符经》云：《五符》一通，书以南和之缯；南和，赤色缯也。封以金英之函；印以玄都之章；付震水洞玄之君。《仙公请问经》云：《道德上下经》及《洞真玄经》《三皇天文》《上清众篇咏》等，皆是太上所撰而为文，书于南和之缯，故曰题素也。

玉字——《内音玉字经》云：天真皇人曰：《诸天内音》，自然玉字，字方一丈，自然而见空玄之上，八角垂芒，精光乱眼。灵书八会，字无正形。其趣宛奥，难可寻详。皆诸天之中大梵隐语，结飞玄之气，合和五方之音，生于元始之上，出于空洞之中，随运开度，普成天地之功。

文生东——《太平经》云：文者，生于东，明于南，故天文生东北，故书出东北，而天见其象。虎有文章家在寅，龙有文章家在辰。文者生于东，盛于南。是知真文初出在东北也。

玉箓——《玉清隐书》：有帝简金书玄玉箓籍，可以传《玄羽玉经》也。又云自非帝图玉箓者，不得闻见上皇玉慧玉清之隐书，金玄隐玄之羽经也。

玉篇——《众篇序》云：元始命太真按笔，玉妃拂筵，铸金为简，刻书玉篇。五老掌箓，秘于九灵仙都之宫，云蕴而授葛仙公之经也。

玉札——《金根经》云：太上大道君以《大洞真经》付上相青童君，掌箓于东华青宫，使传后圣应为真人者。此金简玉札，出自太上灵都之宫，刻玉为之。

丹书墨箓——《太真科》云：丹简者，乃砾漆之简，明火主阳也。墨箓者，以墨书文，明水主阴也。人学长生，遵之不死，故名丹简墨箓，秘不妄传。

玉策——天皇手执飞仙玉策，人皇手执上皇保命玉策，地皇手执元皇定箓玉策。

福连之书——《三十九章经》曰：太上有琼羽之门，合延为胎命之王，玄一为三气之尊，元老为上帝之宾，并扶兆身，神台刊名于福连之简。又曰：太上金简玉札为福连之书。

琅虬琼文——《飞行羽经》云：金书玉箓，乃琅虬琼文也。

白银之编——《金房度命经》云：太常灵神都宫中，有金房度命回年之诀。皆铸金为简，刻白银之编，紫笔书编也。

赤书——《玉诀经》云：元始赤书五篇真文，置以五帝，导以阴阳，转轮九天之纽，运明五星之光也。

火炼真文——《本相经》曰：吾昔赤明元年，与高上大圣玉帝于此土中炼其真文，以火莹发字形。尔时真文火漏余处，气生化为七宝林，是以枝叶成紫书，金地银镂玉文其中，及诸龙禽猛兽一切神虫，常食林露，真气入身，命皆得长寿，三千万劫。当终之后，皆转化为飞仙，从道不辍，亦得正真无为之道。

金壶墨汁字——《圣纪》云：浮提国献善书二人，乍老乍少，隐形则出影，闻声则藏形。时出金壶四寸，上有五龙之检，封以青泥。壶中有黑汁若淳漆，洒木石皆成篆隶科斗之字，记造化人伦之始。老君撰《道经》垂十万言，皆写以玉牒，编以金绳，贮以玉函。及金壶汁尽，浮提二人乃欲刳心沥血，以代墨焉。

琼札——《玉清隐书金虎符》云：《郁仪赤文》，招日同舆；《结璘黄章》，与月共居。《上清消魔经》：启洞门于希林，寻灵迹于丹穴。发元天之珠匮，望上清之琼札。玄书既刻于玉章，绛名始刊于灵阙。四遇三元于玄官，六造五老于灵室。

紫字——《八素经》云：《八素真经》玄文，生于太空之内，见于西龟之山，玄圃之上，积石之阴。《八素高玄羽章》，灵文郁乎洞标，紫字焕乎琼林，神光流辉于九元，金音虚朗于紫天。文威焕赫，气布紫庭。众真晏礼，称庆上清。

自然之字——《玉帝七圣玄记》云：尔乃回天九霄，白简青箓，上圣帝君受于九空，结飞玄紫气自然之字，玄记后学得道之名。灵音韵合，玉朗禀真。或以字体，或以隐音，上下四会，皆表玄名。空生刻书广灵之堂，旧文有十万玉言。字无正类，韵无正音。自非上圣，莫能意通。积七千年，而后昆仑之室，北洞之源，字方一丈，文蔚焕烂。四合垂芒，虚生晻暧，若存若亡。流光紫气拂其秽，黄金冶炼莹其文。遂经累劫，字体鲜明。至上皇元年九月十七日，七圣齐灵清斋长宫，金青盟天，跪誓告灵，奉受灵文。高上解其曲滞，七圣通其妙音。记为回天九霄得道之篇。刻以白银之简，结以飞青之文，藏于云锦之囊，封以启命之章。付于五老仙都左仙公，掌录琼宫也。

四会成字——《玉帝七圣玄记》云：《七圣玄记回天上文》，或以韵合，或以支类相参，或上下四会以成字。音或标其正，讳或单复相兼。皆出玄古空洞之中，高真撰集以明灵文。后学之人，若有玄名者得见此文。青空揀（初角切）名，四司所保，五帝记名也。

琅简蕊书——《八素经》云：西华宫有琅简蕊书，当为真人者乃得此文。

石碽（gōng）——《三洞珠囊》云：西王母以上皇元年七月，于南浮洞室下教，以授清虚真人王君，传于夏禹。禹封文于南浮洞室石匮之中。砇有作此碽者。故《五符》云九天灵书犹封于石碽是也。今检诸字，类无此碽字也。《玉诀》下云：五老真文封题玉碽匮，亦其例也。孔灵符《会稽记》云：会稽山南有宛委山，其上有石，俗呼为石箦。壁立干云，累梯然后至焉。昔禹治洪水，厥功未就，斋于此山，发石箦得金简字，以知山河体势。于是疏导百川，各尽其宜也。

在移精变气的天人合一含义中，立于人的视野把天地含义联系并统一起来，形成天地人三才道统观。天地人三才道统观哲学视野下最主要的内容体系便是由天人合一呈现的天地人五行之藏的大运相关联，构成了在天象以辰次分野与五天五运相联系，在地形以斗罡授时周天历法相联系，天象与地形结合构成了人体外时空的大运相周天度数。统一在人体形成五运六气下的人体经络子午流注，构成人体内时空的全息元象内历法，人体外时空的大运相周天度数与人体内时空的全息元象内历法，以天人合一全息元象为承载，以此综述，故又称为天人合一全息元象人体内外历法。在解析天地人三才道统观哲学视野下人体内外历法前，立足于移精变气内涵，认识在天地人三才道统观的哲学视野下赋予了移精变气的医学含义。

移精变气的医学含义，王冰云："移谓移易，变谓变改，皆使邪不伤正，精神复强而内守也。" 张隐庵云："移精变气者，移益其精，传变其气也。"根据三次天人离一移精变气在三界域离→出→变程式承载的生命形态过程，就能明了人体内以精气为用而行精气的实质，就能从藏象生命系统统御并主导的生理生命系统的生理体征的藏象原理入手，利用移精变气的实质达到辩证论治的目的。移精变气的医学含义在古代有一种通过移精变气原理而有一系列养生以及治疗疾病的方法，尤以巫术和祝由术著称。

《黄帝内经·素问·移精变气论》曰："黄帝问曰：余闻古之治病，惟其移精变气，可祝由而已。今世治病，毒药治其内，针石治其外，或愈或不愈，何也？岐伯对曰：往古人居禽兽之间，动作以避寒，阴居以避暑，内无眷慕之累，外无伸官之形，此恬淡之世，邪不能深入也。故毒药不能治其内，针石不能治其外，故可移精祝由而已。当今之世不然，忧患缘其内，苦形伤其外，又失四时之从，逆寒暑之宜。贼风数至，虚邪朝夕，内至五脏骨髓，外伤空窍肌肤，所以小病必甚，大病必死。故祝由不能已也。"提出"移精变气"原理下的祝由治病方法，即移精祝由术。

祝，《说文·示部》："祝，祭主赞词者。从示，从人、口。一曰从兑省。《易》曰：'兑，为口、为巫。'"巫，《说文·巫部》："巫，祝也。女能事无形，以舞降神者也。"郑玄："祝，接神者也。"由此可知，祝与巫为能与鬼神相通的同类职业者，也因能与鬼神相通在古代为神职官员。其鬼神是什么所指呢？是以鬼神寓意相虚义的精气神诸形态，这是最广义的视野，当然也包含狭义的鬼神之范畴，所以巫和祝的本质一定要站在以精气为用而行精气的移精变气实质上，才能破除对狭义鬼神的迷信，因为狭义的鬼神也只是移精变气的不同形态而已，同人体相比只是"素"形态不同而导致的生命形态和时空体空间不同。巫分男女，女巫称巫，男巫称巫与觋。《周礼·春官·神仕》："凡以神仕者，掌三辰之法，以犹鬼神示之居。"贾公彦疏："按：《外传》云：'在男曰觋，在女曰巫。'使制神之地位次主之度与此文合，故知此神仕是巫……言'在男曰觋，在女曰巫'者，男子阳，有两称，名巫、名觋。女子阴，不变，直名巫，无觋称。"据《周礼·春官》记载，巫祝之多，有大祝、小祝、丧祝、甸祝、诅祝、司巫、男巫、女巫、神仕者等，其中祝的"神职官位"比巫高。

从《素问》可知古代医家有禁咒祝由科，什么是祝由科呢？为从巫祝的天人感应内涵延伸，形成用符咒或立于中草药借符咒禁禳来养生祛病之方术，它的核心思想为通过召摄天人感应以行移精变气之术，形成天人合一的宇宙能量信息让人体接收并运化精气而达到养生治病的目的。其符咒所用的符、图、咒、诀、舞作、步罡等皆是通过一定的手段和方式方法来达到天人感应的目的，立于天人感应而形成精气相通的宇宙能量信息，从而以祝咐和祈禳来运化驾驭精气，形成移精变气之术；移精变气之术既要召摄人体外的能量精气，又要打开人体内在能量以运化精气，从而达到内外融合。在祝由科中符咒是较为常见的方法，而立于中草药借符咒禁禳则是通过对治病的中草药加以祝咐和祈禳，以其移精变气之法助推药力或提高药效，达到更佳的治病效果。所以祝由科并非局限在符图和咒诀层面，从祝由方式上有祈求式、比拟式、接触式、诅咒式、灵符式、禁忌式和占卜式等方式，同样也告之我们不要停留在符图和咒诀蒙蔽的神鬼之论的层面而被迷惑。

历代道家和医家人物多有对"祝由"的认知，诸如杨上善《太素·知祝由》："上古之时有疾，但以祝为去病所由，其病即已……有病以祝为由，移精变气去之，无假于针药也。"王冰注："祝说病由，不劳针石而已。"宋·林亿等《新校正》："按全元起云：'祝由南方神'。"张介宾《类经·论治类》："祝由者，即符咒禁禳之法，用符咒以治病。"马莳《素问注证发微》云："祝由，以祝禁被除邪魅之为疠者。"高士宗《素问直解》云："祝由者，祝其病所由来，以告于神也。"徐大椿《医学源流论·祝由科论》："祝由之法亦不过因其病情之所由，而宣意导气，以释疑而解惑……此亦必病之轻者，或有感应之理……近所传符咒之术，间有小效。"张志聪《素问集注》云："对神之辞曰祝，'由'，从也。言通祝于神明，病从而可愈已。"

祝由术由于富有神秘色彩，在世间多形成了与鬼神相通而治病的认知，也形成了鬼神致病以及只有鬼神致病后方以祝由术来治病的认识。《灵枢·贼风》："黄帝曰……卒然而病者，其故何也？惟有因鬼神之事乎？歧伯曰：……志有所恶，及有所慕，血气内乱，两气相搏，其所从来者微，视之不见，听而不闻，故似鬼神。黄帝曰：其祝而已者，其故何也？歧伯曰：先巫者，因知百病之胜，先知其病之所从生者，可祝而已也。"对于鬼神致病实为鬼魂或精怪附体而扰乱情志以及生理体征之象，为邪祟神志，如晋·葛洪《肘后备急方·治卒得鬼击方》云："今巫实见人忽有被鬼神摆拂者，或犯其行伍，或遇相触突，或身神散弱，或愆负所贻。"《丹溪心法·厥》云："尸厥、飞尸、卒厥，此即中恶之候，因冒犯不正之气，忽然手足逆冷，肌肤粟起，头面青黑，精神不守，或错言妄语，牙紧口噤，或昏不知人，头旋晕倒，此是卒厥、客忤、飞尸、鬼击。吊死问丧、入庙登冢，多有此疾。"其实在历代医学典籍的诸多医案中，多有祸祟邪气病因学说，在民间由于对神秘不解而形成"鬼神"之说。对于鬼神致病以及通过祝由术治病，张介宾从"言鬼生于心"的心神根本言说邪祟神志，并说巫祝由之意。张介宾曰："夫曰似鬼神者，言似是而实非也。曰所恶所慕者，言鬼生于心也。曰知其胜、知其所从生，可祝而已者，言求其致病之由，而释去其心中之鬼也。何也？凡人之七情生于好恶，好恶偏用则气有偏并，有偏并则有胜负而神志易乱，神志既有所偏而邪复居之，则鬼生于心，故有素恶之者则恶者见，素慕之者则慕者见，素疑之者则疑者见，素畏忌之者则畏忌者见，不惟疾病，梦寐亦然，是所谓志有所恶，及有所慕，血气内乱，故似鬼神也……心有所注，则神有所依，依而不正，则邪鬼生矣，是所谓知其病所从生也……鬼从心生，而实非鬼神所为，故曰似鬼神也。然鬼既在心，则诚有难以药石奏效，而非祝由不可者也……巫祝之用，虽先王大圣未始或废，盖借以宣诚悃，通鬼神而消灾害，实亦先巫祝由之意也。故其法至今流传，如……邪祟、神志等疾，间或取效。然必其轻浅小疾，乃可用之。设果内有虚邪，外有实邪，苟舍正大之法而崇尚虚无，鲜不误事！"

从古到今，多形成了祝由科以驱邪并以治鬼神致病的认知，大大忽略了祝由科的祝由原理，为道家在养生修炼体系中无处不在的天人感应方术，它既有外象行精气之术层面更兼具内证凝神入静运化精气之法层面，可谓内外兼济，外可治病救人，内可修真证道。《中国大百科全书·宗教卷》："道教为追求长生成仙，继承和汲取了中国传统医学的成果，在内修外养过程中，积累的医药学知识和技术。它包括服食、外丹、内丹、导引以及带有巫医色彩的仙丹灵药和符咒等，与中国的传统医学既有联系又有区别，其医学和药物学的精华，为中国医药学的组成部分。"而且祝由术是否灵验以及能发挥什么重要的作用，除了必要的传承以外，更重要的在于内证修炼是否到了一定的水平，能够天人感应驾驭精气且移精变气，总之祝由在乎德，无论是传承中的德行还是内证中的德性，皆是天人感应而发挥应用的基础。从这个角度而言，巫祝的来源和本质在于道家。另外，要上升对祝由科的认识，从精气神形态在不同界域的内容可知，宫库田轮能量体和五藏神能量体皆有生命内景，在养生和修真上，要以外象行精气之术与内证运化精气之法相结合，有助于内证功态境界的提高。

天地人三才道统观哲学视野下的天人合一全息元象人体内外历法，以天、地、人三个道元维度层次结合呈现天人合一的具体内容，其中"天"以天象言说辰次分野与五天五运，"地"以地形言说天象形态下的斗罡授时周天历法，"人"以藏象言说人体经络子午流注。天地人三者又以天人合一全息元象为承载，完成融合统一，形成天人合一全息元象人体内外历法，从而把生命与时空形态融合在一起，从空间体形态上形成大生命观的视野。不仅如此，以天地人三才视野在天人合一人体生化的秉受赋予中，发生着天人内外合一的关联，以《云笈七签·卷五十七·诸家气法部二·五脏论第七》论述为例："夫生之成形也，必资之于五脏，形或有废，而脏不可阙；神之为性也，必禀于五脏，性或有异，而气不可亏。是天有五星，进退成其经纬；地有五岳，静镇安其方位；气有五行，混化弘其埏埴；人有五脏，生养处其精神。故乃心藏神，肺藏气，肝藏血，脾藏肉，肾藏志。志通内连骨体，而成身形矣。又：心者，生之本，神之处也；肺者，气之本，魄之处也；肝者，罢极之本，魂之处也；脾者，仓廪之本，荣之处也；肾者，封藏之本，精之处也。至于九窍施为，四肢动用，骨肉坚实，经脉宣行，莫不禀源于五脏，分流于百体，顺寒暑以延和，保精气而享寿。且心为诸脏之主，主明则运用宣通，有心之子，安可不悟其神之理邪？"

在"天"以天象言说辰次分野与五天五运。在辰次分野中，辰，为北辰——北极中天（世俗称北极星）之称谓，辰次为围绕北极中天在天区划分出层次分布；与辰次相对应的地域谓之分野，这里指天区划分的界限；以辰次结合分野，形成以围绕正四时北极天之中形成日月星辰历象在天区的分布，称为辰次分野。在描述中国古代全天星官的最有名的著作中，最广为人熟知的是郑樵《通志·天文略》版本中《丹元子步天歌》，常称作步天歌。

步天歌最早见于南宋郑樵编撰之《通志·天文略》，也就是此《丹元子步天歌》版本，在中国古代由于星占学关于国运与皇朝秘密，成为并不公开传阅和学习的帝王之学，郑樵在《通志·天文略》中也说"此本只传灵台，不传人间，术家秘之"，从而也造成作者和传承来源不可考究的学术疑点。步天歌以三垣二十八宿为主体，从紫微垣、太微垣与天市垣三区，加从角宿至轸宿二十八宿区，共三十一区。在《通志·天文略》中称誉步天歌有"句中有图，言下见象，或丰或约，无馀无失"的特点。自宋以后为钦天监或占星家研究引述的步天歌中，又有石氏、甘氏、巫咸氏标注的"三家星"范本，形成了石氏以黑点、甘氏以小黑圈、巫咸氏以黄点标注特点。（说明：由于有多版本传世，以下《丹元子步天歌》和《二十八宿》摘录并对照河南教育出版社出版的《中国科学技术典籍通汇·天文卷》版本，其中《天文卷》为1997年出版。）

丹元子步天歌·三垣之紫微宫

中元北极紫微宫，北极五星在其中，大帝之座第二珠，第三之星庶子居，第一号曰为太子，四为后官五天枢，左右四星是四辅，天乙太乙当门路。左枢右枢夹南门，两面营卫一十五，上宰少尉两相对，少宰上辅次少辅，上卫少卫次上丞，后门东边大赞府。门西唤作一少丞，以次却向前门数。阴德门里两黄聚，尚书以次其位五，女史柱史各一户，御女四星五天柱。大理两星阴德边，勾陈尾指北极巅，勾陈六甲六星前，天皇独在勾陈里，五帝内座后门是。华盖并杠十六星，杠作柄象华盖形，盖上连连九个星，名曰传舍如连丁，垣外左右各六珠，右是内阶左天厨，阶前八星名八谷，厨下五个天棓宿。天床六星左枢在，内厨两星右枢对，文昌斗上半月形，稀疏分明六个星。文昌之下曰三公，太尊只向三公明，天牢六星太尊边，太阳之守四势前。一个宰相太阳侧，更有三公相西偏，即是玄戈一星圆，天理四星斗里暗，辅星近着开阳淡。北斗之宿七星明，第一主帝名枢精，第二第三璇玑是，第四名权第五衡，开阳摇光六七名。

丹元子步天歌·三垣之太微宫

上元天庭太微宫，昭昭列象在苍穹，端门只是门之中，左右执法门西东。门左皂衣一谒者，以次即是乌三公，三黑九卿公背旁，五黑诸侯卿后行。四个门西主轩屏，五帝内座于中正，宰臣太子并从官，乌列帝后从东定。郎将虎贲居左右，常陈郎位居其后，常陈七星不相误，郎位陈东一十五。两面宫垣十星布，左右执法是其数，宫外明堂布政宫，三个灵台候云雨。少微四星西南隅，长垣双双微西居，北门西外接三台，与垣相对无兵灾。

丹元子步天歌·三垣之天市宫

下元一宫名天市，两扇垣墙二十二。当门六角黑市楼，门左两星是车肆。两个宗正四宗人，宗星一双亦依次。帛度两星屠肆前，候星还在帝座边。帝座一星常光明，四个微茫宦者星。以次两星名列肆，斗斛帝前依其次，斗是五星斛是四。垣北九个贯索星，索口横者七公成。天纪恰似七公形，数着分明多两星。纪北三星名女床，此坐还依织女旁。三元之象无相侵，二十八宿随其阴，水火木土并与金，以次别有五行吟。

二十八宿之东方苍龙

角宿——两星南北正直着，中有平道上天田，总是黑星两相连，别有一乌名进贤。平道右畔独渊然，最上三星周鼎形，角下天门左平星，双双横于库楼上。库楼十星屈曲明，楼中柱有十五星，三三相着如鼎形，其中四星别名衡，南门楼外两星横。

亢宿——四星恰似弯弓状，大角一星直上明，折威七子亢下横，大角左右摄提星，三三相似如鼎形。折威下左顿顽星，两个斜安黄色精，顽下二星号阳门，色若顿顽直下蹲。

氐宿——四星似斗侧量米，天乳氐上黑一星，世人不识称无名，一个招摇梗河上，梗河横列三星状，帝席三黑河之西。亢池六星近摄提，氐下众星骑官出，骑官之众二十七，三三相连十欠一。阵车氐下骑官次，骑官下三车骑位，天辐两星立阵旁，将军阵里振威霜。

房宿——四星直下主明堂，键闭一黄斜向上，钩钤两个近其傍，罚有三星植键上，两咸夹罚似房状，房下一星号为日，从官两个日下出。

心宿——三星中央色最深，下有积卒共十二，三三相聚心下是。

尾宿——九星如钩苍龙尾，下头五点号龟星，尾上天江四横是，尾东一个名傅说。傅说东畔一鱼星，龟西一室是神宫，所以列在后妃中。

箕宿——四星形状如簸箕，箕下三星名木杵，箕前一黑是糠皮。

二十八宿之北方玄武

斗宿——六星其状似北斗，魁上建星三相对，天弁建上三三九，斗下圆安十四星，虽然名鳖贯索形，天鸡建背双黑星。天籥柄前八黄精，狗国四方鸡下生，天渊十星鳖东边，更有两狗斗魁前，农家丈人狗下眠，天渊十黄狗色玄。

牛宿——六星近在河岸头，头上虽然有两角，腹下从来欠一脚。牛下九黑是天田，田下三三九坎连，牛上直建三河鼓，鼓上三星号织女。左旗右旗各九星，河鼓两畔右边明，更有四黄名天桴，河鼓直下如连珠。罗堰三乌牛东居，渐台四星似口形，辇道东足连五丁，辇道渐台在何许？欲得见时近织女。

女宿——四星如箕主嫁娶，十二诸国在下陈，先从越国向东论，东西两周次二秦。雍州南下双雁门，代国向西一晋伸，韩魏各一晋北轮，楚之一国魏西屯，楚城南畔独燕军，燕西一郡是齐邻，齐北两邑平原君，欲知郑在越下存。十六黄星细区分，五个离珠女上星，败瓜珠上瓠瓜生，两个各五瓠瓜明。天津九个弹弓形，两星入牛河中横，四个奚仲天津上，七个伸侧扶箱星。

虚宿——上下各一如连珠，命禄危非虚上星，虚危之下哭泣星，哭泣双双下垒城，天垒团圆十三星，败白四星城下横，白西三个离瑜明。

危宿——三星不直旧先知，危上五黑号人星，人下三四杵白形，人上七乌号车府，府上天钩九黄晶。钩上五鸦字造父，危下四星号坟墓，墓下四星斜虚梁，十个天钱梁下黄，墓旁两星能盖屋，身着黑衣危下宿。

室宿——两星上有离宫出，绕室三双有六星，下头六个雷电形，垒壁阵次十二星，十二两头大似井，阵下分布羽林军，四十五卒三为群。军西四星多难论，仔细历历看区分，三粒黄金名鈇钺，一颗真珠北落门。门东八魁九个子，门西一宿天纲是，电旁两黑土公吏，腾蛇室上二十二。

壁宿——两星下头是霹雳，霹雳五星横着行，云雨次之日四方，壁上天厩十圆黄，鈇锧五星羽林旁，土公两黑壁上藏。

二十八宿之西方白虎

奎宿——腰细头尖似破鞋，一十六星绕鞋生，外屏七乌奎下横，屏下七星天溷明。司空左畔土之精，奎上一宿军南门，河中六个阁道形，附路一星道旁明。五个吐花王良星，良星近上一策名。

娄宿——三星不匀近一头，左更右更乌夹娄，天仓六个娄下头，天庾三星仓东脚，娄上十二将军侯。

胃宿——三星鼎足河之次，天廪胃下斜四星，天囷十二如乙形，河中八星名大陵，陵北九个天船名，陵中积尸一个星，积水船中一黑精。

昴宿——七星一聚实不少，阿西月东各一星，月下五黄天阴名，阴下六乌刍藁营。营南十六天苑形，河里六星名卷舌，舌中黑点天谗星，砺石舌旁斜四丁。

毕宿——恰似爪叉八星出，附耳毕股一星光，天街两星毕背旁，天节耳下八乌幢。毕上横列六诸王。王下四皂天高星，节下团圆九州城，毕口斜对五车口，车有三柱任纵横，车中五个天潢精，潢畔咸池三黑星。天关一星车脚边，参旗九个参车间，旗下直建九斿连，斿下十三乌天园，九斿天园参脚边。

觜宿——三星相近作参蕊，觜上座旗直指天，尊卑之位九相连，司怪曲立座旗边，四鸦大近井钺前。

参宿——总有七星觜相侵，两肩双足三为心，伐有三星足里深，玉井四星右足阴。屏星两扇井南襟，军井四星屏上吟，左足下四天厕临，厕下一物天屎沉。

二十八宿之南方朱雀

井宿——八星行列河中净，一星名钺井边安，两河各三南北正，天樽三星井上头。樽上横列五诸侯，侯上北河西积水，欲觅积薪东畔是，钺下四星名水府，水位东边四星序。四渎横列南河里，南河下头是军市，军市团圆十三星，中有一个野鸡精。孙子丈人市下列，各立两星从东说，阙丘两个南河东，丘下一狼光蓬茸。左畔九个弯弧弓，一矢拟射顽狼胸，有个老人南极中，春秋出来寿无穷。

鬼宿——四星册方似木柜，中央白者积尸气，鬼上四星是爟位，天狗七星鬼下是，外厨六间柳星次，天社六个弧东倚，社东一星是天纪。

柳宿——八星曲头垂似柳，近上三星号为酒，享宴大酺五星守。

星宿——七星如钩柳下生，星上十七轩辕形，轩辕东头四内平，平下三个名天相，相下稷星横五灵。

张宿——六星似轸在星旁，张下只是有天庙，十四之星册四方，长垣少微虽向上，数星欹在太微旁，天尊一星直上黄。

翼宿——二十二星太难识，上五下五横着行，中心六个恰似张，更有六星在何处？三三相连张畔附，必若不能分处所，更请向前看野取，五个黑星翼下头，欲知名字是东瓯。

轸宿——四星似张翼相近，中央一个长沙子，左辖右辖附两星，军门两黄近翼是。门下四个土司空，门东七乌青丘子，青丘之下名器府，器府之星三十二。以上便为太微宫，黄道向上看取是。

辰次分野之间的联系形成了五天五运，在围绕北极天之中形成的三十一区天区分布之间的联系就是五天五运，以五行之气散流于天之五方，纪于五天，因此而命名立运。五天为苍天、黄天、丹天、玄天、素天命名二十八区分布空间，五运为在五天发生一定规律的精气运动。"天分五气，地列五行。五气分流，散于其上，经于列宿，下合方隅，则命之以为五运。"此五气所经二十八宿，与十二分位（干支分位）相临。五天五运规律在《古今医统大全·卷五·运气易览》有歌诀曰："金素亢氐昴毕前，水玄张冀娄胃悬；木苍危室柳鬼宿，火丹牛女奎壁边；土心尾角轸度，下临（此是运位）上经天。"

丹天之气，经于牛女——奎壁四宿，下临戊癸之位，为火性之运。
黄天之气，经于心尾——角轸四宿，下临甲己之位，为土性之运。
素天之气，经于亢氐——昴毕四宿，下临乙庚之位，为金性之运。
玄天之气，经于张翼——娄胃四宿，下临丙辛之位，为水性之运。
苍天之气，经于危室——柳鬼四宿，下临丁壬之位，为木性之运。

五天五运气在辰次分野之间的五行之藏运动规律，正是以"天象"

形态存在的移精变气形态，此精和气为和精和气态，它是先天运相阶段独特的天象视野，和精和气态以天象形态运动的移精变气正是负阴阳平衡原理中的能量体转换滞留的存在，从而也赋予了它高道元维度能量体方式。从执着时空中的联系和非执着时空中的联系原理分析，在执着时空中的联系里，五天五运气参与了人体生命形态的生化，一个完整的人体肉身生命过程要依赖精气神历经三大界域过程，在精气神形态历经的三大界域过程中，从先天运相视野来说，正是列星气轮义层面上的和精和气态的移精变气，它在唯识变现现行现量的生命形态中，通过执着时空联系，成为唯识中的外在环境因缘和能量体结构，从而参与了生命的形成。

在生命形成的精气神流变转换过程里，有和精和气层面的太素生命素能量体方式，在人体立于"地形"义层面，从后天环境出发与外宇宙空间有天人合一全息元象实质时，和精和气层面的太素生命素充斥在宇宙空间里，成为一切生命之源，它在能量体方式上要远远高于光子素，由于它不是光子素的能光热形态。故我们目前还无法认知与捕捉，认识到它就能明了内证玄关一窍打开的就是能量体方式的通道，也就能寻迹到唯识层面的人脑意识传导的能量体方式。

在非执着时空中的联系里，以和精和气层面的列星气轮空间的天象与地形集合含义，与人体发生着天人合一大运相的交互联系，虽然列星气轮空间为坤地体世界的范畴，也是唯识的形态，但它又以在成住坏空时空生灭的形态上要常恒久于人体的生命的生灭，以后天环境承载了转换滞留能量体依大道实相非执着时空义。所以就构成天人合一与什么合的原理，也解释了人的生命单元生灭与列星气轮空间后天环境的生灭关系。它们之间的生灭关系并非构成了相对时空的生灭，而是由执着时空生灭与非执着时空中同步且共同组成。通俗一点讲，在整个宇宙外空间和人体内空间，两个层面的唯识系统在同时运转，只不过人体生命单元的唯识因缘总量只是宇宙外空间唯识因缘量的一部分，这两者无时无刻不是动态地在发生唯识层面的因缘生灭，并非只有人体生命单元的动态生灭，而后天环境在常识认识里出现没有生灭动态的假象。后天环境的宇宙外空间因为具足了无比宏大的唯识因缘量，故呈现在成住坏空时空生灭的形态上对比人生命单元生灭的恒久。在四维视野中观生命与外宇宙空间的因缘生灭的动态就是如此，一定要逐渐打破对有型有象事物的执着，把它们从唯识因缘的层面动态起来，那么你连接起来的可能就是人体内空间生动无比的运动形态。由此，虚空粉碎大地平沉的功态原理，就是在功态中能摄受后天环境生灭动态的因缘量，就打破了后天环境所在的无明界膜。

五天五运气从人体视野上看是日月星辰的变化，如《管子·内业》说："凡物之精，此则为生，下生五谷，上为列星，流行于天地之间……是故此气，杲乎如登于天，杳乎如入于渊。"从生命形态天人合一的哲学视野来说是移精变气内外空间联系，如《素问·五运行大论》说："虚者，所以列应天之精气也。"从唯识因缘的本质上看是相由性显的好生之德，如《素问·天元纪大论》所说："在天为气，在地成形，形气相感而化生万物矣。"所以这里讲述的五天五运规律要比传统天文学和医学精深得多，它既关乎外宇宙与生命形态相联系的秘密，又立于天人合一以全息元象把人体内外空间联系在唯识因缘的生灭层面，认识颠倒妄想的本来面目，从而破除我执而开悟。

辰次分野五天五运是以"天象"来言说人体外宇宙空间以及空间之间的联系，其中辰次分野围绕北极中天把外宇宙空间分成了三十一天区，五天五运以移精变气运动言说相互之间的往来与联系。我们说天地人三才道统观哲学视野下，在"地"以地形言说天象形态下的斗罡授时周天历法，为何说"地"以地形来言说天象形态呢？那是因为天象与地形只是空间体视野不同的划分，把天象也当成地形的范畴就能突破目光只局限在地球视野下，就能从外宇宙空间的三十一天区宏观的对待地形的规律，既然又以地形来言说，则是以我们人类的视野和尺度来作为计量，既形成了哲学观又诞生了应用学。天象与地形结合呈现的规律与法度，就是斗罡授时周天度数，承载斗罡授时周天度数的就是中国古代周天历法，它既是一套关于认知宇宙形态的哲学系统，又是一套可以精密计量而能产生多层次内容的应用学系统。这里不展开对周天历法的计量与计算推演，只通过基于三垣二十八宿所在的三十一天区所建立的斗建、二十八宿的距星和距度、干支纪年历法来给予简述，其他诸如十二辰、十二次、二十四节气、三正、朔望、上元积年、岁星纪年、岁实和朔策等独特的文化内涵就不再延伸。

斗建，为以北斗运枢随斗杓所指而建十二月。在古代的天文与天象学上，有浑天说，也以"昼参日影，夜考极星"为代表的天文历法方式方法，也有北斗运枢法说，《冠子·环流篇》："斗柄东指，天下皆春；斗柄南指，天下皆夏；斗柄西指，天下皆秋；斗柄北指，天下皆冬。"《史记·天官书》："斗为帝车，运于中央，临制四乡。分阴阳，建四时，均五行，移节度，定诸纪，皆系于斗。"北极星（又称太一、天心）为轴心，北斗七星为枢机，随斗柄方位的不断迁移，有"太一移宫"，从而有了"立端于始，表正于中，推余于终，而天度毕矣"，从而可以演睹周天度数，若真揭开古代天象历法的真相，都是令人叹为观止的。在浑天说中，朱子曰："天包地外，地处天中，故天之形半覆地上，半绕地下，而左旋不息，其枢纽不动之处为南北极。今按周天三百六十度分为十二宫，地周亦三百六十度。而在天一度者，在地二百里，以定北极出地之高下，日出入之后先，节气时刻之早晚，则天诚浑圆，地亦浑圆也。"《洪范》曰："四五纪：一曰岁、二曰月、三曰日、四曰星辰、五曰历数。""岁者，日与天会也，日一日行一度三百六十五日有奇，而匝天一周，复与天会，是为一岁。而春、夏、秋、冬统于其间矣。月者，日与月会也，日一日行一度月一日行十三度有奇，二十七日有奇而匝天一周，又二日有奇而与日会，是为一月，而晦朔弦望统于其间矣。日出地而为昼，入地而为夜，以右行论之，则为东行一度，若以左旋论之，特不及天之一度耳，亦一周也。故合昼夜以为日，而晓午昏暮统于其间矣。星者，森列之名；辰者，躔次之舍。垣宿则附天而行，五星则迟速不一。天分十二辰，辰有三十度，迭运循环，周而复始。是故一寒一暑以为岁，一盈一缺以为月，一明一昧以为日，一经一纬以为星。岁月日星纪于辰，合岁月日星辰而为历数，以调四时之气，以正晦朔之期，以定晨昏之节，推步以稽其运，行观候以窥其躔舍，所以成岁功，而齐七政者，莫大于，此故以历数终焉。"围绕斗建的运枢法说和二十八星宿的分区的距星与距度，产生的周行不殆的法度呈现在时空体上，尤其是对相对时间的计量，就构成了斗罡授时。

二十八宿的距星和距度。二十八星宿以"四象"分见于四方，其四象的二十八宿所主之不同区域，把地分亦划为二十四向（壬、子、癸、丑、艮、寅、甲、卯、乙、辰、巽、巳、丙、午、丁、未、坤、申、庚、酉、辛、戌、乾、亥），对应关系为以五天五运所代表的"五气经天"。五气，即丹天、黄天、苍天、素天、玄天五气，亦即红、黄、青、白、黑五色云气，分应火、土、木、金、水五行类属。在二十八宿中，从每宿中选定一颗星作为测量坐标称为宿距星，下宿距星和本宿距星之间的赤经差位距度。二十八宿距星的选取，汉以前的距星称为古距星而汉以后的距星称为今距星。宋代沈括《梦溪笔谈·象数一》："天事本无度，推历者无以寓其数，乃以日所分天为三百六十五度有奇。……既分之，必有物记之，然后可窥而数。于是以当度之星记之，循黄道日之所行一期，当者止二十八宿星而已。……今所谓距度星者是也。"西汉初的《淮南子·天文训》中所列二十八宿距度数值如下：角：12度；亢：9度；氐：15度；房：5度；心：5度；尾：18度；箕：11度；斗：26度；牵牛：8度；须女：12度；虚：10度；危：17度；营室：16度；东壁：9度；奎：16度；娄：12度；胃：14度；昴：11度；毕：16度；觜：2度；参：9度；东井：33度；舆鬼：4度；柳：15度；七星：7度；张：18度；翼：18度；轸：17度。各宿距度的总和为365姇度。二十八宿的距度大小相差十分悬殊；最大的井宿达到33度，最小的觜宿只有2度。

干支，天干地支简称为干支。甲、乙、丙、丁、戊、己、庚、辛、壬、癸称为十天干，子、丑、寅、卯、辰、巳、午、未、申、酉、戌、亥称为十二地支。天干地支组成形成了古代纪年历法。通过十干和十二支按固定的顺序依次相配，组成六十个基本单位，从而用于干支纪年、干支纪月、干支纪日、干支纪时的干支历法。干支历法是什么？干支历法是从天干的天道法则与地支的地道法则交合集合，呈现在两种道元维度相结合一体的哲学逻辑模型。干支历法就是最深邃的表达"在天成象，在地成形，在人成运"的数学计算模型，由天干和地支两种道元维度视野形成的六十甲子，就是天地人三才道统观的时空体表达，它是《周易》象数的另一种形式的精确表达。天地道元维度定位，干支结合以定时空，六十甲子构成具体的时空体标准，既是宇宙中时间的计量法则又是空间体的计量法则。同时以时间轴和空间体构成了与人相结合的关联义，形成了广泛而广义的天干地支时空轴、六十甲子时空体的天地人三才哲学视野和哲学逻辑模型。

天地人三才道统观哲学视野下，在"人"以藏象言说人体经络子午流注。人体经络子午流注为在天辰次分野、五天五运与在地斗罡授时周天历法，以天人合一大运相产生与人体的交互联系，形成人体内历法时空，以人体经络子午流注为主要内容。人体外宇宙历法时空与人体内历法时空发生大运相联系，在人体运气系统的结合，就是五运六气，五运六气是内外时空大运相联系的结合视野，既依外时空历法的规律又将自然六气在人体中结合，发生与脏腑经络的关联。其中以十天干的甲己配为土运，乙庚配为金运，丙辛配为水运，丁壬配为木运，戊癸配为火运，统称五运，以十二地支的巳亥配为厥阴风木，子午配为少阴君火，寅申配为少阳相火，丑未配为太阴湿土，卯酉配为阳明燥金，辰戌配为太阳寒水，叫作六气。在五运六气的内容结构下，按风木、君火、相火、湿土、燥金、寒水顺序，分主于一年的二十四节气，是谓主气。又按风木、君火、湿土、相火、燥金、寒水的顺序，分为司天、在泉、左右四间气六步，是谓客气。主气分主一年四季，年年不变，客气则以每年的年支推算。如年支逢辰逢戌，总为寒水司天，湿土在泉；逢卯逢酉，总为燥金司天，君火在泉。司天管上半年，在泉管下半年，依此类推。年干推算五运，从年支推算六气，并从运与气之间，观察其生治与承制的关系，从五运六气的生克制化运动规律，联系五脏六腑，以判断该年气候的变化与疾病的发生机理。

五运六气学说中，同五天五运的五行之藏运动规律一样，外时空历法中的季节变化、六气的属性、脏腑运转机理等方面，均按照木、火、土、金、水五行之气的根本规律以五行之藏统纳，从而做到归类以及发生毫无紊乱的生克关联，而木、火、土、金、水五行之气的根本属性，就构成了木运性、火运性、土运性、金运性、水运性的五行之藏，称为藏象范畴的本质，故能在诸多外象上显用，并有自然规律的平衡。《素问·天元纪大论》说："甲己之岁，土运统之；乙庚之岁，金运统之；丙辛之岁，水运统之；丁壬之岁，木运统之；戊癸之岁，火运统之。"凡逢甲己年则为土运所统，乙庚年为金运所统，丙辛年为水运所统，丁壬年为木运所统，戊癸年为火运所统。六气即风、寒、暑、湿、燥、火各见五行特征。由于暑和火基本属于一类，所以一般不列暑与火，而把火分为君火和相火两种。同时以三阴三阳来概括为厥阴风木、少阴君火、少阳相火、太阴湿土、阳明燥金、太阳寒水。《素问·五运行大论》曰："气有余，则制己所胜而侮所不胜；其不及，则己所不胜侮而乘之，己所胜轻而侮之。侮反受邪，侮而受邪，寡于畏也。"为五运六气的过及盛衰、生克制化联系，从而发生的五行之藏内外时空的天人合一大运相联系。

五运中又有大运、主运和客运的不同。大运是主管每年全年气候变化的岁运，又叫中运、岁运。大运有太过与不及。太过即主岁的岁运旺盛而有余；不及即主岁的岁运衰少而不足。主运是分别主治一年中5个季节时令的正常气候的岁气。全年分做5步运行，每运主一时，从木运开始，依火运、土运、金运、水运顺序运行，每运主73日零5刻（一昼夜共100刻）。每年木运的起运都开始于大寒日，岁岁如此。各运的特点与五行的特征一致，在各运主事时，其气候变化和人体脏腑的变化也就表现出与它相关的五行属性。客运是每个运季中的特殊变化，每年的客运也分为木运、火运、土运、金运、水运。它以每年的大运为初运；当年的值年大运确定后，循着五行相生的次序，分五步运行。客运是与主运相对而言的，因为主运的初运为木、二运为火、三运为土、四运为金、五运为水，年年不变。而客运则以每年的值年大运为初运，客运随着大运而年年变化。五运之气有盛衰及平气变化。盛，即五运之气太过而有余。衰，即五运之气不及而衰少。若五运之气既非太过，又非不及，为平气之年。平气是由运太过而被抑制，或运不及而得资助所形成的。

六气中分为主气、客气和客主加临三种情况。主气是主司一年的正常气候变化，也就是每年各个季节气候的常规变化。主气一年分6步，分主于春、夏、秋、冬24个节气，一步主4个节气，每一步为60天又87刻。每年从大寒日开始，初之气厥阴风木，二之气少阴君火，三之气少阳相火，四之气太阴湿土，五之气阳明燥金，六之气太阳寒水，年年不变。客气是各年气候上的异常变化。客气每年也分风木、君火、相火、湿土、燥金、寒水六步，每步也是60天又87刻，和主气不同的是，主气只管每年的各个节序，而客气除了主管每年的各个节序外，还可概括全年。其中主管每年上半年和全年的客气叫司天之气，为三之气；主管每年下半年的客气叫在泉之气，为六之气。客气除司天和在泉之外，其余四气统称间气。将每年轮值的客气，加在年年不变的主气之上，称为客主加临。加临的方法，是将司天之气加于主气的三之气上，在泉加于主气的终之气上，其余4个间气依次相加。客主加临是把主气和客气放在一起加以比较、分析，推测该年四时气候变化的正常与否。客主之气彼此是相生的，便相得而安；如果彼此是相克的，便不相得而为病。

在五运六气里我们讲少阴君火和少阳相火，而在意识三脑系统中又有神意相火和心神君火。神意相火和心神君火是从心性和妄识的角度讲述唯识层面的诸多形态，有真如心性→诸妄识→六识传导程式。而少阴君火和少阳相火为意识三脑系统统御下的人体脏腑五运六气层面在五行之藏的关联。虽然也以相火和君火来比喻，但非同一道元维度下的内容含义。"君"对"相"，为体和用的关系，以及主体和客体的联系。

　　从人体的视野出发，其在天的天象与在地的地形构成了天人合一的"天"含义，以此"天"就有了"天"的辰次分野、五天五运、斗罡授时周天历法的集合内容以及内涵，将人身以天人感应的方式与全宇宙全息交易联系在一起，即天人合一全息元象学说。宇宙万物统一在四象五行法则下进行的取象和比类，对藏象生命与生理生命共同作用的人身来讲，所体现的全息元象正是天人合一全息元象。人与宇宙的天人合一全息元象，体现在天地同律、人天同构、人天同类、人天同象、人天同数，宇宙与生命的相互收受、通应，共同遵循"四象五行"的对待协调、生克制化的法则。从人身往外来说的垣、四象二十八宿、七政按照"大运相"规律与人体的五脏、经络、气血、精气乃至情志等方方面面的律动产生同步和联系沟通，从外来说的大运相有五天五运，那么人体内部也就有着与五天五运同步的运相，这就是人体经络子午流注图。如果把外部运相与人体内部的经络精气联系起来，就有了斗罡授时与人体经络的全息图，这是一个无比庞大但十分精妙的系统，也是通过人体而了解宇宙与生命本质的一个通道，从斗罡授时与人体经络全息图来说，世间百物不废，任何一物，无论是宏观之大或微观之小都与外界深入交易联系，以全息元象交易相互，而惧以终始，其要无咎。

　　《灵枢·顺气一日分为四时》："春生、夏长、秋收、冬藏，是气之常也。人亦应之。"

　　《素问·诊要经终论》："正月二月，天气始方，地气始发，人气在肝。三月四月，天气正方，地气定发，人气在脾。五月六月，天气盛，地气高，人气在头。七月八月，阴气始杀，人气在肺。九月十月，阴气始冰，地气始闭，人气在心。十一月十二月，冰复，地气合，人气在肾。"随着月份的推移，人气在不同部位发挥作用。就一日而言，"阳气者，一日而主外，平旦人气生，日中而阳气隆，日西而阳气已虚，气门乃闭。"

《灵枢·邪客》说："天圆地方，人头圆足方以应之。天有日月，人有两目。地有九州，人有九窍。天有风雨，人有喜怒。天有雷电，人有音声。天有四时，人有四肢。天有五音，人有五藏。天有六律，人有六府。天有冬夏，人有寒热。天有十日，人有手十指。辰有十二，人有足十指，茎垂以应之；女子不足二节，以抱人形。天有阴阳，人有夫妻。岁有三百六十五日，人有三百六十节。地有高山，人有肩膝。地有深谷，人有腋腘。地有十二经水，人有十二经脉。地有泉脉，人有卫气。地有草蓂，人有毫毛。天有昼夜，人有卧起。天有列星，人有牙齿。地有小山，人有小节。地有山石，人有高骨。地有林木，人有募筋。地有聚邑，人有腘肉。岁有十二月，人有十二节。地有四时不生草，人有无子。此人与天地相应者也"。

《素问·气交变大论》曰："善言天者，必应于人。善言古者，必验于今。善言气者，必彰于物。善言应者，同天地之化。善言化言变者，通神明之理。"

《黄帝内经·平人气象论篇》曰："人一呼脉再动，一吸脉亦再动，呼吸定息脉五动，闰以太息，命曰平人。平人者，不病也。"

《黄帝内经·灵枢·卫气行篇》："子午为经，卯酉为纬。天周二十八宿，而一面七星，四七二十八星。房昴为纬，虚张为经。是故房至毕为阳，昴至心为阴。阳主昼，阴主夜。故卫气之行，一日一夜五十周于身，昼日行于阳二十五周，夜行于阴二十五周，周于五藏。"

人体经络子午流注，是把十二条经脉与五脏六腑相配，依气血在十二个时辰中的盛衰规律构成的人体五行之藏的内时空动态。它是藏象生命系统统御和主导生理生命系统的传导纽带，更是人体内时空动态整体观必不可少的内容体系。它既是关于呈现生命形态以及以整体观来联系人体的哲学视野，又是基于子午流注学说形成一套用于养生治病针灸法。所以不能直接把子午流注认知成针灸取穴疗法，它首先是一套哲学认识系统，在人体经络子午流注的认识论基础上，才有关于养生治病针灸法的应用学。其子午流注法，血气应时而至为盛，血气过时而去为衰，逢时而开，过时为阖，泄则乘其盛，即经所谓刺实者刺其来，补者随其去，即经所谓刺虚者刺其去，刺其来迎而夺之，刺其去随而济之。

《针灸大成·论子午流注》："子午流注者，谓刚柔相配，阴阳相合，气血循环，时穴开阖也。何以子午言之？曰：子时一刻，乃一阳之生；至午时一刻，乃一阴之生，故以子午分之而得乎中也。流者，往也。注者，住也。天干有十，经有十二：甲胆、乙肝、丙小肠、丁心、戊胃、己脾、庚大肠、辛肺、壬膀胱、癸肾，余两经，三焦、包络也。三焦乃阳气之父，包络乃阴血之母，此二经虽寄于壬癸，亦分派于十干，每经之中，有井、荥、俞、经、合，以配金、水、木、火、土，是故阴井木而阳井金，阴荥火而阳荥水，阴俞土而阳俞木，阴经金而阳经火，阴合水而阳合土。经中有返本还元者，乃十二经出入之门也。阳经有原，遇俞穴并过之，阴经无原，以俞穴即代之。是以甲出丘墟，以太冲之例。又按《千金》云：六阴经亦有原穴，乙中都，丁通里，己公孙，辛列缺，癸水泉，包络内关是也。故阳日气先行，而血后随也。阴日血先行，而气后随也。得时为之开，失时为之阖，阳干注腑，甲、丙、戊、庚、壬而重见者气纳于三焦；阴干注脏，乙、丁、己、辛癸而重见者，血纳包络。如甲日甲戌时，以开胆井，至戊寅时正当胃俞，而又并过胆原，重见甲申时，气纳三焦，荥穴属水，甲属木，是以水生木，谓甲合还元化本。又如乙日乙酉时，以开肝井，至己丑时当脾之俞，并过肝原，重见乙未时，血纳包络荥穴属火，乙属木，是以木生火也。余仿此。俱以子午相生，阴阳相济也。阳日无阴时，阴日无阳时，故甲与己合，乙与庚合，丙与辛合，丁与壬合，戊与癸合也。何谓甲与己合？曰：中央戊己属土，畏东方甲乙之木所克，戊乃阳为兄，己属阴为妹，戊兄遂将己妹，嫁与木家，与甲为妻，庶得阴阳和合，而不相伤，所以甲与己合。余皆然。子午之法，尽于此矣。"

人体经络子午流注，是天地人内外时空体融合最佳载体，并且依天地人三才道统观在人体形成独特的藏象生命形态和生理生命系统，从而能统御和主导着生命的生理体征。在人体经络子午流注的概念中，"人体经络"构成了以人体为承载的经络系统，它是人体内空间在经络层面的整体视野，构成了人体经络空间，"子午"是干支历法中的干支纪时，从子时到亥时一日十二个时辰，而在十二时辰中，子时一刻，乃一阳之生；至午时一刻，乃一阴之生，故以子午分之而得乎中也，同时，子午也是后天八卦九宫中的坎一离九宫相对应的坎一子、离九午联系，在时间含义中蕴含空间含义，结合人体经络空间，形成了人体时空体的视野。"流注"为气血遵藏相动能义的循经动能在人体经络中的流行灌注，流为依循经动能而往，注为气血灌注经络和穴位太极器官及太极能量场满后的住，满住；以此流往和满住构成了阴阳盛衰、营卫运行，经脉流注，时穴开阖的内动态法则，从而依藏相动能和内外时空法则次序呈现生命的动态。何为内外时空法则次序呢？例如在干支纪时中子时到亥时一日十二个时辰的次序，在人体中从胆经到三焦经的次序等，都是自然法则呈现的有一定的数理逻辑的内外时空法则次序，其天地人三才含义下的五行之藏生克制化的法度规律，皆是如此。

从人体经络子午流注所在的藏象生命系统，再从藏象生命系统延伸天地人五行之藏的生克制化整体观，就能明晰生理机能中的脏器功能有条不紊，不仅在内外时空体有天人合一全息元象的密切联系，而且在生理生命系统的脏腑本身还有首脑主司在主导和统一制调。藏象生命系统统御并主导生理生命系统而有人体诸生理体征，在脏腑层面就是十二官相使，或称为十二脏之相使，十二脏指肝、心、脾、肺、肾、膻中、胆、胃、大肠、小肠、膀胱、三焦等十二个组织器官，官者，主司、掌控、功能之义，十二官为基于十二个组织器官的相使功能。为何把这十二个组织器官称为十二脏呢？"张介宾《类经三卷·藏象类一》注："脏，藏也。六脏六腑总为十二，分言之，则阳为腑，阴为脏；合言之，则皆可称脏。"所以这个"脏"并非五脏六腑之脏腑分别，而是主司官职，是高于脏腑组织器官生理形态的首脑形态。《素问·灵兰秘典论》："黄帝问曰：愿闻十二脏之相使，贵贱何如？岐伯对曰：悉乎哉问也！请遂言之。心者，君主之官也，神明出焉。肺者，相傅之官，治节出焉。肝者，将军之官，谋虑出焉。胆者，中正之官，决断出焉。膻中者，臣使之官，喜乐出焉。脾胃者，仓廪之官，五味出焉。大肠者，传道之官，变化出焉。小肠者，受盛之官，化物出焉。肾者，作强之官，伎巧出焉。三焦者，决渎之官，水道出焉。膀胱者，州都之官，津液藏焉，气化则能出矣。凡此十二官者，不得相失也，故主明则下安，以此养生则寿，没世不殆，以为天下则大昌；主不明则十二官危，使道闭塞而不通，形乃大伤，以此养生则殃，以为天下者，其宗大危。戒之戒之！至道在微，变化无穷，孰知其原？窘乎哉！消者瞿瞿，孰知其要？闵闵之当，孰者为良？恍惚之数，生于毫厘，毫厘之数，起于度量，千之万之，可以益大，推之大之，其形乃制。"有首脑主司在主导和统一制调的脏腑十二官，在人体经络子午流注下建立了关系，从而构成了藏象生命系统与生理生命系统的无缝联合和转换。

依赖人体经络子午流注，从人体内部的时空体视野把天地外时空体融合起来，从而形成完整的人体内外历法，把人的生命律动法则与自然大道融在一起，破除人生命形态的执着，一切就都如如来去，反之从人体联系天地人内外，以天人合一全息元象就能找到生命的秘密。那么能让天地人融合大道法则下的天人合一全息元象数理法度又是什么呢？是以《周易》承载的以八卦取象比类法则。《周易》以八卦的取象比类将宇宙万物有机联系起来，不仅是以人的角度，而是以万变不离其宗的属性来概括包括人身在内的宇宙万物性质。以此统一既有法则属性又有外象，法则属性与外象之间是藏相法则的关系，而这个外象恰恰又是经过统一综述后的表现。故卦象、爻象非直接能懂，因为它已经统一了外象而连接起了法则属性的缘由。

《易·系辞》说："八卦成列，象在其中矣""易者，象也""彖者，言乎象者也""圣人设卦观象，系辞焉！而明吉凶，刚柔相推而生变化。是故吉凶者，失得之象也；悔吝者，忧虞之象也；变化者，进退之象也；刚柔者，昼夜之象也。六爻之动，三极之道也"，其八卦之象大致有爻画之象、方位之象、爻位之象、爻变之象、错综之象、互体之象、卦情之象、像情之象、承乘比应中之象等，其八卦取象以"乾健、坤顺、震动、巽入、坎陷、离丽、艮止、兑说"为原则，对宇宙万象从八卦八个内涵属性上进行系统的类比和取象，其取象有相对取象、相反取象、相因取象等原则，经"取象比类"，则是化繁为简，而入八卦八个动态属性含义的"简易"，则为八卦的变与简之象。《周易》八卦乃至六十四卦就是天人合一全息元象学说最经典呈现，在《说卦传》其"然后能变化，既成万物"，便是"妙万物而为言者也"，其"乾、坤、震、巽、坎、离、艮、兑"实则为万物属性的全息类比，这样人在其中，就成为宇宙中生生不息运转的一份子。宇宙中的任何一份子又反过来都与其他全息交易相互，其天人合一的界定，是基于人来说，人因无明障碍呈坤尘地象的时空局限性，而往往只有坤道的色尘外象。"《易》之为书也，广大悉备。"在《周易》里有一卦变八卦与卦的变与简之象，就是说其八卦之变，以任何一卦为元，皆可变出八卦。其实这就是全息元象的具体表现，是全息时空性，这个表现即有法则、方式、藏与相以及相和象。

天人合一全息元象学说，可谓以色尘人身为用，在与人身相密切关联并能作用与影响到人身的自然、社会、宇宙等色尘上入手，以外象直入其法则属性，再到运转法则属性的根本便是大道德性，也就是大道真性上，而透彻其宇宙与生命的本质。从象入手，体察"一"则洞察"万"，从而入全息元象，通过象之言，象与象之间的联系，进入卦的圣人之道即察言、观变、制器或卜占，从而知其所有，能够做到体察一象则洞察万情，而有"子曰：知变化之道者，其知神之所为乎"以及"以体天地之撰，以通神明之德""是故知鬼神之情状"。如何从"象"而研究其自然规律与法则属性呢？那个能统一类比和归纳总结的便形成了"数"，这个"数"便是"象"的统一类比与归纳总结。《易·系辞》："大衍之数五十，其用四十有九。分而为二以象两，挂一以象三，揲之以四以象四时，归奇于扐以象闰，五岁再闰，故再扐而后挂。天一地二，天三地四，天五地六，天七地八，天九地十。天数五，地数五，五位相得而各有合。天数二十有五，地数三十，凡天地之数五十有五。此所以成变化而行鬼神也。"以此象与数，而通往先天之机，更通过先天之机与后天坤地色尘之间的联系，实际上就是明道。

圣人透彻其道，明示之，而我们根本不知所云，《易·系辞》说："易之为书也不可远，为道也屡迁，变动不居，周流六虚，上下无常，刚柔相易，不可为典要，唯变所适""易穷则变，变则通，通则久""其道甚大，百物不废。惧以终始，其要无咎，此之谓《易》之道也"。体察一（象与数）与洞察万（类比而产生的法则属性）之间的联系又是至微至彰全时空显达性，又是内藏、内相、外象三者实则一体的关系，无处不见性，无处不圆融。

心动能与初始精气，人脑三界构与意识三脑

　　藏相动能义下的生化动能和人体运化动能，围绕藏象生命系统与生理生命系统所指向的藏象与命体的结合，它们呈现在人体的融合与关联上有一个"交接"的形态，实际上是以"交接"来言说生化动能和人体运化动能的流变转换，以及两种动能形态在人体的融合。它们"交接"融合的形态主要有三方面内容，第一方面为人体经络系统的形成以及人体经络中的初始经络精气的布局与周流，第二方面为心脏第一次跳动的动能给予及心脏第一次跳动的同步气血的生化，第三方面为先天意识秉受布局在意识三脑系统中的意识电和心生物电的启动并与人体生理系统的融合。这三方面的内容是生化动能与人体运化动能至关重要的交接形态，此三个内容的生化完成也标志着生化动能过程在人体内成为先天精气的范畴，而人体也以此三方面的内容作为人体初始生化动能的形态，

统御并启动着人体运化动能。

生化动能与人体运化动能交接形态的三方面内容，是伴随先天与后天能量体通道关闭以及胎形长成胎体的同一个生化动态过程中而建立的，这个过程为五藏神外丹田能量体生化转换成以中脉为主体三脉七轮统御人体经络系统能量体，所在的能量体转换通道——七门窍关和十二结节结固过程，并伴随胎形长成胎体，人体色身的界逐渐从人体命象时空体中显象出来，从而从物质形态上彻底隔绝于先天的联系，转换为以人体肉身通过运化动能以及诸六识传导和返熏形态来与先天发生联系。如果简化这个交接的生化动态过程为能量体通道的关闭以及时空体的隔离两个结构。

人的肉体色身在现世为后天生命象，七门窍关和十二结节结固的能量体通道的关闭让先天运相界、后天藏象界、人体命象界成为先天生命藏。七门窍关和十二结节结固是直接描述伴随藏象第一次和藏象第二次平衡后，藏象能量体与基于胎形的人体能量体的关系，而且在胎形的空间体内人体经络系统已经生成，分布与周流在人体经络系统的为五藏神统御的灵气五态（五脏五行）能量体和七液妙气组成的胎形能量体，按五行之藏规律，灌溉全身七万两千多条经络，构成能量体通道关闭后的人体初始经络精气，这个精——灵气五态能量体和气——七液妙气共同指向的人体初始经络精气，从藏象第一次平衡和藏象第二次平衡并伴随"四大融合"后，完成了向五藏神统御的灵气五态能量体的融合。灵气五态能量体作为人体初始经络精气形态，灌溉并周行全身的经络系统，它作为从先天生命藏转化而来的能量体，自然是区别于能量体通道关闭后人体运化动能下的运化精气，而且先天灵气五态能量体除了灌溉成为人体初始经络精气形态外，又在七门所对应的人身七处进行集聚而成为人体先天暗能量。

这里描述一下先天灵气五态能量体在人身七处集聚存储的动态过程，先天灵气五态灌溉在人体经络系统成为人体初始经络精气，在胎形空间体时人体初始经络精气是充沛充盈的，但伴随能量体通道的关闭以及时空体隔离为两个结构，人体初始经络精气就被布局和赋予了，当进入了人体生理体征阶段，现量的因缘和因果的生灭产生了能量体的消耗，故需要补充能量体，当伴随心脏的第一次跳动和持续的律动，此时人体生理系统启动人体运化动能；由于人体初始经络精气强度高于人体运化动能的运化精气，故消耗到人体初始经络精气与人体运化动能精气平衡后，就是心脏第一次跳动启动的时机。人体运化动能启动就标志着生理体征的生理系统开始运转，也因为消耗而对比出七门所对应的人身七处的能量体的强度就高于人体经络系统能量体，为了避免先天灵气五态能量体在人体内因为消耗而流失，故人身七处的太极器官就发生反射性的保护，就把人身七处的太极器官与人体经络系统的流失门关闭，而只保留通道门保证人体经络系统的常态通畅。也因此形成了人身七处太极器官能量体和人体经络精气能量体的能量强度差，而且有流失门的保护，成为了人体先天暗能量，当人体养生时通过一定的方法打开流失门的通道，就开启了人体先天暗能量的门户，流失门就转换成为七门关窍和内证精气存储门。

伴随先天灵气五态能量体在人体经络的灌溉分布并周流，那么心脏的第一次跳动的动能给予的机理是什么样呢？首先为灵气五态能量体灌溉人体经络系统成为人体初始经络精气。在藏象第一次和藏象第二次平衡后，五藏神统御的灵气五态能量体在"四大融合"后形成人体经络系统的灌溉，成为人体初始经络精气，这是未发生能量体通道的关闭以及时空体的隔离两个结构前的平衡。

其次为能量体通道的关闭和时空体隔离。这个关闭为先天运相界、后天藏象界、人体命象界三大界域内，在界带膜和结带膜视野下诸如宫库田轮能量体维度差、黄老中宫与内外丹田的能量体维度差、七门窍关、十二结节结固等均发生了同步关闭。这个同步关闭的同时，在人体会有一个临界态，这个临界态就是发生时空体隔离形态的人体肉身长成，三维物质态的肉身从人体命象时空体中显象出来，形成了以物质形态上与先天的四维动能动态彻底隔绝，而以三维物质形态为重物质实体。时空体隔离形态的发生标志着人体能量体进入后天视野，但此时时空体隔离形态的人体，要发生两个极其关键的转换，第一转换为色身的显象，标志着发生在人体的因缘与因果的秉受布局开始，色身色法的凝聚与和合就是因缘与因果的在人体的起用，这就是种子与种子因缘现行的现量，它是唯识系统按色法在此状态的现量形态，唯识的现行并发生现量而消耗能量；第二个转换为由于色身的显象物质形态的负重，对比唯识因缘的相虚义来说为重物质，也要消耗能量；这两个转换既形成了现量的因缘和因果的生灭，又以此生灭产生了能量体的消耗。

再次为能量体因落差显象而启动了人体生理体征的第一次心跳产生以及心脏第一次跳动的同步气血的生化。这里先介绍何为心脏动能平衡，它指向了先天心脏和生理心脏的平衡，由先天灵气五态能量体也就是五藏神统御的先天能量体关于生命的律动——先天心脏，此心脏无形无相，完全是精气的律动也就是先天生命的律动；生理心脏为生长出心脏器官的肉体心脏，生理心脏的律动就是生理生命体征的所在；先天心脏与生理心脏在未发生人体初始经络精气消耗时为平衡临界状态。当人体初始经络精气能量体被消耗时，就因落差显象出现了动能缺乏的形态，生理生命需要一个动能源来补充生理体征现量的因缘和因果的生灭所消耗的能量体，故此时为产生启动生理心脏的时机。落差显象就是先天灵气五态能量体因消耗而产生动能减弱，就如水落石出一样把生理心脏的律动凸显出来了。这里就从先天心脏和生理心脏的平衡，因能量体的消耗形成了人体初始经络精气与人体运化动能精气的平衡与非平衡，当这个平衡到来就是心脏第一次跳动的天机。由此可见，人体生理心脏发生第一次心跳的时机为先天与后天动能平衡以及精气能量体的落差显象临界态出现后，人体的心脏显象了第一次跳动并根据生理生命形态而继续的律动。产生心脏第一次跳动的机理为产生落差显象的临界状态发生的动能平衡和精气平衡。也由此可知，心脏跳动的动能来源于先天生化动能和先天灵气五态能量体所在的精气，而且生命形态的心脏律动在先天精气态已经发生，只是在人体因色身与生理消耗等诸多现量的因缘和因果的生灭，产生了动能平衡和精气平衡的落差显象，故出现了生理心脏的跳动，成为生理生命的动能源。先天心脏的律动和生理心脏的跳动刚好对比四维形态的大道律动以及生理心脏三维动能态形态的跳动。

从生理心脏启动的时机与第一次心跳时心脏启动动能过程来说，先天与后天的动能平衡和精气平衡发生的落差显象，也是负阴抱阳机理的一种形式，它要通过先天与后天的动能和精气的不平衡，产生维度升降差，以此既依赖心脏启动了生理生命而让心脏成为维持生理体征的动能源，又从心脏启动机理上言明了发生心脏第一跳动的动能来源。所以就要真正的明了先天与后天发生在能量体与精气上的落差显象，发生落差显象的视野就指向了未有落差——维度升降差出现时，先天与后天在能量体和精气态上的平衡，也就是灵气五态能量体灌溉人体经络系统成为人体初始经络精气的实质，而这个实质又是通过精气神三大界域流变过程发生的一系列的连贯。那么导致落差显象的直接因素是出现在人体现量的因缘和因果的生灭所消耗的能量体，之所以能量体会被消耗因为人体的因缘与因果的秉受布局在色身已经开始以及色身的显象为重物质形态，而产生这两种转换的时空临界又发生在七门窍关和十二结节结固能量体通道的关闭，以及胎形长成胎体人体色身的界形成了时空体隔离。以此就言明了人体经络中的初始经络精气的布局与周流形态以及心脏的第一次跳动的动能给予。

心脏第一次跳动的同步气血的生化是如何发生的呢？同心脏第一次跳动含义一样，这里探讨的气血的形态也为人体初始气血的生成，它要依赖几个主体因素的共同作用。第一主体因素为唯识因缘与因果的先天秉受与布局。人体生命形态的一切组织器官和气血在三维以物质显现，为唯识现量的一种形态，它是由因缘与因果的生灭呈现的，而且当以物质形态显象时，要发生色蕴的色法集聚众因缘和合，而血液里的红细胞、白细胞、血小板等都是可见的物质形态，故从色法层面它有根本的物质生化原理，是由因缘和因果现行呈现的物质现量，它是生灭法的一种形态，这是一切的主体因素，包括心脏在内的人体在因缘法下的动态生灭的一切。第二主体因素为先天灵气五态之精气生血。人体经络中的初始经络精气的布局与周流形态，为先天灵气五态能量体在能量体通道未关闭以及时空体未隔离前的布局与周流，当能量体通道关闭以及时空体隔离，随后会发生在能量体与精气上的落差显象，这个落差显象诸如前文叙述的原理一样，会产生能量体所在的精气在经络中周流布局的动态震荡。为何是动态震荡呢？也就是能量体被消耗与心脏第一次跳动未启动的极其细微的临界态，会有一个类似于波谷式的起伏震荡，伴随这个动态的起伏震荡，灵气五态能量体（含七液妙气）所在的精气依因缘和因果生灭的布局以及人体众组织器官的共同作用而生血。此时的格局里，生血的因缘和因果生灭的布局为气血时空体，而灵气五态能量体的精气为主因，人体众组织器官为主缘，在因缘和合和精气流转的人体时空体中，众因素的和合作用而生血。何为人体时空体中的精气流转呢？从大彰视野来说为右旋动态，也为灵气五态能量体的精气右旋凝聚成红细胞、白细胞、血小板等提供了宏观的动能。第三主体因素为人体组织器官按生理功能有机联系并发挥作用。这个共同作用有两大机理同时启动，第一大机理为人体组织器官的自身功能职责，和造血有直接关联的器官诸如肝脏、脾、肾、淋巴系统、骨髓等都依自身的功能行使职责，成为参与造血过程的组织器官。第二大机理为人体经络系统有机整体联系，人体经络系统实际与组织器官紧密联系在一起，精气和组织器官作用几乎同步发生，把气血生化的机能和机理全部联系在一起。所以就形成了以唯识因缘与因果的先天秉受与布局、先天灵气五态之精气生血、人体组织器官按生理功能有机联系并发挥作用三大主体因素共同作用下的气血生化，也以此成为心脏动能系统的一部分。

　　生化动能和人体运化动能的流变转换"交接"的第三方面为先天意识秉受布局与人体生理系统的融合，先天意识秉受布局与人体生理系统融合的显著标志，为在意识三脑系统中，人脑的先天意识电如何与心脏系统的心生物电的发生启动与传导过程的关联，也以此指向了意识三脑系统如何基于人体在生理生命系统中有机连接并运转起来。关于先天意识在人脑产生意识电然后与心络脑所在的心脏系统产生的心生物电发生关联，以此统御和主导诸生理生命系统的运转，其实是一个极其复杂的机理以及全方位的视野，这里我们围绕意识三脑传导的右降左升螺旋形态图讲述人体基于生理生命系统来完成先天意识布局以及传导和返熏。

藏象生命系统与生理生命系统的关联就涉及到藏象精气与运化精气的临界转换，尤其是胎体界域视野下的生理体征形成，"神"形态就从藏象精气态转换到运化精气态。但这种转换并非藏象精气态失去了作用，而是藏象精气态转换到运化精气态共同作用，尤其是在意识三脑系统中，人脑六识系统就由藏象精气态能量体方式为主，心络脑和肺肠脑就以运化精气态能量体方式为主。更重要的是在人脑三界构中还形成了以藏象精气态为主体且联系关联人脑生理界构，形成了统御、主导和作用三个不同层次的作用机理。藏象精气态下的人脑三界构是"神"形态的大总持，也是大宗师象，它以独特的有极界、太极界、无极界统御了所有的生命形态，且以"神"来关联精气。在有极界的左阳脑由于与大脑相关联且以主导生理机能活动为主体，故既受藏象精气态的先天作用，也依赖人体生理体征运化转换的运化精气态。

"神"形态为泥丸九真之人脑三界构。泥丸九真之人脑三界构为藏象视野和人体视野的综合表述，也是后天藏象界域、人体命象界域、胎体界域针对精气神的"神"形态的综合指向，从精气神"神"形态与身体对应部位来讲为人脑。它涵盖了宫库田库含义下的上黄庭泥丸宫神库与上丹田泥丸神田，内丹田和外丹田含义下的泥丸九真，以及包含外丹田能量体形态以人体意识传导形态存在的人脑三界构。泥丸九真为高真、天真、神真、上真、玄真、仙真、虚真、太真、至真之洞房结构，人脑三界构为有极界、太极界、无极界三个道元维度层次的藏象内景。

泥丸九真在《黄庭经·内景经》云"一面之神宗泥丸，泥丸九真皆有房"，以此言说泥丸为一面众神之神宗，其泥丸九真各有洞房以轮群布。《大洞经》云："三元隐化则成三宫，三三如九，故曰三丹田。又有三洞房，合上三元，为九宫，中有九真神，三九二十七神，气和人当存之，亦谓九皇、九魂，变九气以为九神，各居一洞房也。"又有《八素经》云："真有九品，向外列位，则当上真。上向高真，南向太真，东向神真，西向玄真，北向仙真，东北向天真，东南向虚真，西南向至真，西北向天真者，不视而明，不听而听，不言而正，不行而从也。"以泥丸神宗统御宫库神轮。从这几部经典可知，泥丸九真为泥丸九宫洞房之真神所在，那么它是否就在泥丸宫神库与泥丸神田的形态结构中呢？这是一个极其容易误会或混淆的视野，我们从人体肉身的角度来说，其宫库田轮为极其精深甚至是不可思议的内景，非超然的内丹功态不可触及。而泥丸九宫洞房之九真却又是基于宫库田轮内证视野形态下的内景，就如你看到了山，以及山中有房子，而洞房之九真就是不仅看清了房子的结构布局，还知晓了每间房子应有的主人。

在《紫清指玄集》云"头有九宫，上应九天，中间一宫，谓之泥丸，亦曰黄庭、又曰昆仑、又名天谷，其名颇多。"其中"头有九宫"即是指泥丸九宫洞房，"中间一宫"指九宫格局下的中位为黄庭泥丸宫，而"上应九天"为道家北斗信仰所指的九皇道体。何为九皇道体呢？在《太上玄灵斗姆大圣元君本命延生心经》曰："斗母登于宝座之上，怡养神直，修炼精魄，冲然撮炁，炁入玄玄。运合灵风，紫虚蔚勃，果证玄灵妙道，放无极微妙光明，洞彻华池。化生金莲九苞，经人间七昼夜，其华池中光明愈炽愈盛，其时一上腾九华天中，化成九所大宝楼阁。宝楼阁中，混凝九真梵炁，自然成章。是九章生神，应现九皇道体，一曰天皇，二曰紫微，三曰贪狼，四曰巨门，五曰禄存，六曰文曲，七曰廉贞，八曰武曲，九曰破军。"由斗母化生的九皇道体，就是北斗九辰星君。在禀受布局后的人体能量体格局里，形成了七曜对应七窍，九元对应上元九宫，七曜九元通过七窍九宫对应生门的无形时空体层面的天人合一。

斗母化生九皇道体，是道家的"斗""母"内涵下的斗母信仰，"斗"为以宇宙中北斗璇玑而辰次分野的三垣七斗授时周天法度，"母"为灵性之祖母，为生化之源，更为众星之母，而斗与星皆为列星气轮义层面的坤地体世界的人间视野，用一个现实的对比来说，每一个斗和星所呈现的列星气轮义视野都要比银河系大无数倍。道家的"斗""母"含义在道教形成了斗母信仰以及北斗七星所在的紫薇信仰，斗母信仰在道教称为"斗姥元君"，又作"斗姆元君"或"中天梵气斗姆元君"，关于斗母元君以及九皇道体的来历在《玉清无上灵宝自然北斗本生真经》曰："在昔龙汉，有一国王，其名周御，圣德无边，时人禀受八万四千大劫，王有玉妃，明哲慈慧，号曰紫光夫人，誓尘劫中，已发至愿，愿生圣子，辅佐乾坤，以神造化。后三千劫，於此王出世，因上春日，百花荣茂之时，游戏后苑，至金莲花温玉池边，脱服澡盥，忽有所感，莲花九包，应时开发，化生九子，其二长子，是为天皇大帝，紫微大帝，其七幼子，是为贪狼、巨门、禄存、文曲、廉贞、武曲、破军之星，或善或恶，化导群情，於玉池中，经于七日七夜，结为光明，飞居中极，去地九千万里，化为九大宝宫，二长帝君居紫微垣太虚宫中，勾陈之位，掌握符图，纪纲元化，为众星之主领也。"《云笈七签》云："夫九星者，实九天之灵根，日月之明梁，万品之宗渊也。故天有九气则以九星为其灵纽，地有九州则以九星为其神主，人有九孔则以九星为其命府，阴阳九宫则以九星为其门户，五岳四海则以九星为其渊府。"斗姆作为九皇道体之母，主天地万物之生化之源。这里要强调，众多关于斗母元君为佛教与印度文化中的"摩利支利菩萨"演变的认识是错误的。

九皇道体在中国古代信仰最为广泛的为斗母次子紫薇大帝，既是因为对"北辰""紫宸""天枢"的崇拜与信仰，更是中国周天历法与众多术数文化与哲学的源头。那么这里就有必须要厘清的"帝"和"斗"的关系，斗为帝车。无论是"斗"文化承载的周天历法还是"斗"信仰所在的北斗星君，都只是围绕北极中天"帝"的宇宙法度。按《天文志》云："南极入地三十六度，北极出地三十六度，天形倚侧。盖半出地上，半还地中，万星万炁悉皆左旋，惟南北极之枢而不动，故天得以动转也。世人望之在北而曰北极，其实正居天中。为万星之宗主，三界之亚君，次于昊天，上应元炁是为北极紫微大帝也。"而昊天则为广为熟知的玉皇大帝，居三清四御中的四御之首。《云笈七签·卷二十四·日月星辰部》曰："北斗九星，七见（现）二隐。"这里的北斗九星（北斗七星加左辅右弼），不能跟九皇道体同等，若同等就会把北斗七星的基础上加上天皇大帝与紫薇大帝，这是不能扯在一起的，天皇大帝与紫薇大帝居紫薇垣，中元北极紫薇宫之北极五星之中，且天皇大帝与紫薇大帝为紫薇垣北极五星的第一珠和第二珠；而北斗七星是紫薇垣外之帝车之象，北斗七星格局内隐而不见的其他左辅右弼二星合称北斗九星。

何为帝车之象呢？为北极星之上帝的象征，驾北斗御辇而巡视与临制四乡之象，所谓"斗杓东指，天下皆春；斗杓南指，天下皆夏；斗杓西指，天下皆秋；斗杓北指，天下皆冬。"《史记·天官书》说："北斗七星，所谓'旋、玑、玉衡、以齐七政'。……斗为帝车，运于中央，临制四乡。分阴阳，建四时，均五行，移节度，定诸纪，皆系于斗。"所谓"七政"，《甘石星经》云："北斗星谓之七政，天之诸侯，亦为帝车。"那么何为"运于中央，临制四乡"呢？为基于由九皇道体构成的"帝"哲学和"斗"文化,按照北斗璇玑以及三垣七政二十八星宿分区的辰次分野,以斗罡授时,形成了中国古代智慧无比且辉煌灿烂的周天历法文化。从帝车斗罡到三垣七政辰次分野,实为精深无比哲学智慧从至微至彰上对生命形态的呈现与解读。由于我们的视野所限,把它在宇宙与生命认识论上的哲学与文化,仅停留在对时间的计量上,却不知它能达乎生命诸形态生化本质,溯至宇宙本源;就连在时空计量上,除开太阳系与地球的时空关联外,宇宙中任何列星气轮义视野的时空计量都能承载,它既能自成体系,又能与《周易》象数合为一体而能广大悉备原始要终,实在为中华瑰宝被冷落扼腕叹息。

泥丸九真上应九天,通过禀受布局在胎体有七门中的泥丸天门与身体部位对应,十二结节中围绕人脑有一结在泥丸中、二结在口中、三结在颊中、四结在目中的胞上部四结与身体部位对应,以此形成人体能量体的内关外窍。其中对泥丸和泥丸九真的结合人体意识传导的中枢功能来综合称谓为天脑,"天"为针对人体意识传导形态来说为人体形成之先的先天赋予,把形成人体之前的一切过程统划分为先天的范畴,这个一切过程含先天运相界域、后天藏象界域、人体命象界域以及胎形体过程都认为先天范畴,此先天非后天五生过程的先天运相界域所在的阶段过程,而是围绕生命形态以相虚含义来定义的视野范畴,也就是把无法眼见的相虚义和哲学视界对生命的生育的描述划分为先天范畴,为哲学视野,在这里要把后天五生的先天运相阶段与先天视野区分开来。这里以"天"来划分生命在相虚义的先天范畴,就要跟乾天圣形上道范畴的"天"区分开来。"脑"主意识与思考,与"天"合用来称谓是强调"神"形态对精气形态的统御主导地位,尤其是当人体进入藏象生命系统主导并运转生理生命系统,人体能量体方式从藏象与命象形态,转换流变为人体运化形态，生理生命运化形态下的精气就是运化精与运化氣，而"神"形态统御精气的意识传导就是天脑之所谓，既要从"天"的含义去强调先天禀受赋予与后天运化的区别，所形成的道元维度的差异，又要从"脑"的含义去强调统御的主导功能；又由于人类对认识"天"指向的生命形态的先天哲学视野来说还未取得广泛的价值认同，故天脑常称为人脑。

从道家与中国传统医学（含道医与中医）的角度来说天脑与人脑的含义指向为不在同一个维度层面的内容，天脑含生命形态的来源与过程，是围绕生命形态关于生命生化的本质指向；而人脑为停留在人体视野对意识诸形态的狭义认知，基本上无法剥离甚至认知先天意识（先天哲学视野层面）与后天意识（运化层面的主导系统以及形成的运化精气传导），从先天意识与后天意识之分，可以看出人脑只是天脑在反应在人体脑部结构中的一种形态和表现，天脑是人脑的哲学本源，既有"天"的先天赋予又有"脑"的后天思考与主导，而"天"的先天禀受含义要统御并主导支配"脑"的后天思考与运化传导。正因为如此，道家和中国传统医学把泥丸和泥丸九真从人体角度称为天脑，而且是内证修真内景之所在。何为内景呢？《大戴礼记·曾子天圆》曰："天道曰圆，地道曰方。方曰幽，而圆曰明。明者，吐气者也，是故外景；幽者，含气者也，是故内景。"，又有《说文》云："景，光也。"，王聘珍《说文》解："外景者，光在外。内景者，光在内。"而此"内景"是延用《黄庭内景经》通过内证对人体在精气神的藏象视野以内神称呼的词汇，属于道家内丹养生和中国传统医学范畴。同时以"含气"寓意内神所在的内景，而"吐气"寓意藏象外象之外景，内景与外景从"含"与"吐"的描述中构成了藏相法则。天脑与人脑的区别就在于天脑为内证内景范畴，多在道家内丹养生和中国传统医学领域广泛应用，而人脑多用于人通过大脑对意识、情志、思想上的表达。

《道枢·平都篇》亦云："天脑者，一身之灵也，百神之命窟，津液之山源，魂精之玉室也。夫能脑中园虚以灌真，万空真立，千孔生烟，德备天地，洞同大方，故曰泥丸。泥丸者，形之上神也。"又有《修真十书》云："天脑者，一身之宗，百神之会，道合太玄，故曰泥丸。"从天脑的"泥丸"之称，可以看出藏象内景的"神"形态，并且依"神"形态统御一身之百神、精液山源、魂精玉室所在的精气形态。张景岳《类经》云："人之脑为髓海，是谓上丹田，太乙帝君所居。"所谓"太乙"便是一面众神之神宗，万神总会之都，太乙帝居之，是从道家信仰之源上对泥丸从"德备天地"在圣德性属性的描述。从泥丸九真以天脑来称谓的藏象内景来说，其有"吐气"之象的外景则是人脑，这里是研究"神"形态所在的泥丸九真之人脑三界构，故也是解析的人脑范畴中对"神"形态有承载功能的三界构，是从藏象原理上而非人脑的生理系统。人脑三界构为从藏象原理上解构人脑在"神"形态中的意识传导系统，以有极界、太极界、无极界构成三个道元维度的三界构。

人脑三界构之有极界，也称为有为界，在藏象领域为左界构，在人脑生理生命领域相联系的为左脑（左阳脑），以物质为实和精神为空形成认识论为常态，呈现在"神"形态以六识对六根尘的先天意识禀受业因，以及后天受、想、行、识返熏，共同构成神意相火。从有极界或有为界的"有"就能明晰此左脑有极界为眼耳鼻舌身意所对应的六识六根六尘主宰。因五蕴炽盛而只能依六识六根六尘对境生心并反复熏习，体现为贪嗔痴慢疑之五毒为盛，是不折不扣的受先天禀受业因布局牵制，只能顺从三世两重因果来对境的人脑思维；同时受先天禀受业因布局牵制的识根尘现行，呈现出现实中的受、想、行、识等现量，又在此有极界返熏，现行与现量在后天现实交汇，形成"神"形态的神意相火。只要有此神意相火在有极界，就是人受三世两重因果牵制轮回轮转的根本，它就是业障呈现在"神"形态反应在人脑三界构的具体所在，且神意相火呈现的便是五蕴炽盛下的妄念横飞，无知躁动，不识心性根本而以妄逐妄。久而久之，有极界在业因的障碍下只以三维感知为主体，且还是眼见为实的具象思维来作茧自缚，表现出来的世界观和价值观多以世间有为的物质为实成为价值导向，以寻常器物和经世济用成为界域范畴，由于业障深重和"有极"之障碍，对于形而上的心性精神领域以及相虚特性的精神相领域认为是空谈，在世间上对人类宗教认识不深或者是涉猎浅尝即止，甚至极度厌恶排斥，更无法在哲学领域探讨人类终极关怀的诸多对待，呈现出以"有极"为承载的先天业因业障束缚。

有极界在藏象领域为左界构，在人脑对应的部位为左脑，那么左界构与左脑是什么关系呢？在有极界以物质为实和精神为空的认识论中，这里的"物质"指眼见为实的理性思维和具象思维，以及基于理性思维和具象思维基础上的形象思维和感性直觉思维，物质为实则以理性和具象思维认为物质为实有，而精神为空则以物质为实有反衬精神为虚幻，那么精神为空的"精神"则是从主导左脑思维意识的左界构相虚义的六识六根尘为虚，为不实，为空无所有。这里要解析清楚左界构与左脑的关系，就要厘清以"物质"来对应的人在现实世界中体现在生命体征上的思维与意识，而不能把"物质"停留在色法质碍的重物质形态上，此时在生命体征上呈现的思维与意识都是物质的范畴，而主导物质的所谓六识六根尘的精神相域范畴的为"精神"所指，为藏象领域的左界构的具体形态。所以的"精神"含义非形上道的心性精神含义，而是具足相虚特性的精神相域的范畴的六识与六根尘。

左脑主导人在现实世界中的思维与意识，呈现为各种思维形态，如主管语言、擅长于定量思维尤其是逻辑学与数学分析、具备哲学理性和抽象思维等，而这些左脑主导的思维与意识却为左界构六识对六根六尘的外象，就如左脑是吐气原理，左界构为含气原理。如果从左脑为人在现实世界中"物质"范畴的思维与意识，那么主导左脑思维与意识的左界构，则为精神相域所在的"精神"范畴下的六识与六根尘，并且左界构成为左脑一切的主导，是左脑思维与意识的精气神能量体高级形态，是藏象"神"形态具体呈现，更是统御了人脑左脑运化精气形态。

如何以藏象"神"形态统御并主导人脑左脑运化精气形态呢？为左界构六识对六根六尘的业因是根本，而左脑的一切基于人体生理体征的表现都是以精气运动的形态呈现的，任何思维与意识以及思维意识下的行为动作，都是精气关联的呈现，而且"神"形态的六识对六根六尘的业因是一切生理生命体征的指挥棒，毫无差错。识根尘承载的左界构藏象"神"形态，每一念（刹那）的业因都有九百生灭的因缘和合而成。尽管如此，在左界构藏象"神"形态一定会有开悟的因缘和合而生，从而有了解脱的因缘，左界构与左脑下的开悟与解脱因缘要建立在无量的福德相基础上，而福德相的基础为积善厚德广行善法。

人脑三界构之太极界，也称为无为界，在藏象领域为右界构，在人脑生理生命领域相联系的为右脑（右阴脑），以物质和精神兼顾并以精神为实的认识论为常态。呈现在"神"形态对比有极界的神意相火而有心神金水之心神君火，呈现为以第七识恒审思量以分别而能传导六识，以及传导后依六识熏染形成记忆，同时也是六识所在的有极界以我识传导形成我执与法执之所在，并能据七识传导与思量转识成智。太极界为修真证道之功态境地，是基于有极界解脱种子业因成熟入内证领域而能明心见性之界，并能在明心见性基础上就成摆脱三界之轮回轮转。心神金水之心神君火，心为明心见性之真如心，为真君；火为七识恒审思量之妄，为火，且以此七识之妄火，统纳六识所在之神意相火，或者说神意相火是七识妄火的具体吐气之外象。

太极界以物质和精神兼顾，为在有极界的"神"形态下赋予"物质"与"精神"含义的基础上，立足于有极界的精神相域的广义物质含义，去认识太极界道元维度视野下的物质与精神义。太极界的物质与精神是性→相→用程式下的认识论，也就是在《藏相系统论》中以形上道划分的精神域、以形下器划分的物质域（含精神相域）形成认识论。用这个认识论作为认识人脑三界构之太极界的方法论来说，在此处就不能将物质与精神和性→相→用程式一一对应，认为心性所在的"性"范畴为精神，而"相"与"用"范畴为物质，而是在不同的立场与对待上，物质与精神会与三者均有对应。从七识的层面来说，为相虚义所在的精神相域的"相"层面，它在有极界就是精神的范畴，而在太极界由于还是"识"的层面，从心性的精神域来讲，它又为形下器物质域，精神相域从形上道心性精神域来说，划分为物质域的范畴。太极界以物质和精神兼顾明显在道元维度的认知上要高于有极界，且是建立在六识六根尘的基础上言说七识的恒审思量，前五识只能了知现前的东西能对根、尘起了别的作用，第六意识和第七识在了别的基础上，以我执而形成分别，尤其是第七识的了别义，就像一面镜子一样照见有极界的种种识根尘所在的形态，有了此种内景功态的照见，就能明了精神为实的根本，而且在这面镜子下，不仅是呈现在人体生命体征下左脑主导的思维意识传导过程中的运化精气形态，就连有极界的左界构的识根尘神意相火和合集聚的过程，呈现的藏象精气关联运动会一目了然，这个一目了然非肉眼见，而是天眼与法眼。

呈现在"神"形态对比有极界的神意相火而有心神金水之心神君火，为以明心见性之心君，来观照神意相火之妄。心神君火非一个界域维度层面，而是物质和精神兼顾的两域结合，在心神君火的含义中以"火"包含了神意相火，故如果颠倒执着在神意相火的妄识妄见里，则会不知明心之真君；若明心见性以真如心性"镜"来照见妄识妄见，则有心神君火之谓。所以太极界"神"形态就从神意相火之妄里触到了真如心性的正面目，就从识神层面回归到元神的境地，并以神意相火对应识神，而明心见性的心性真君对应元神，这就构成了太极界"神"形态从识神到元神的飞升跃迁。那么它需要什么条件呢？就是要明心见性。如何明心见性呢？非嘴皮子口头禅之空谈，而要功态实证，围绕功态实证明心见性的就是修真证道的内证体系，内证体系的本质为证"德"，故要立于内证德证体系来实修证悟明心见性。当功态实证见性后的真如境地的"镜"来观照神意相火的妄，以此观照对比觉知，则就能彻底明了"无为"之含义。在这里可以说，无为境是明心见性境地，要达到无为境，就得内证修真有为到极致而明心见性，以此起修。识神到元神的飞升跃迁就是摆脱了神意相火的业因牵制与束缚，从藏相动能视野来说，为把业因牵引束缚之运化精气化为内证精气系统，则有道家内证系统中内丹范畴的炼精化气、炼气化神、炼神还虚三程式。以无为见性境来对比世间对无为以干坐等死、消极避世的理解和认知来说，大家误读了老子几千年，很明显这是在用有极界的左界构形态下的左脑来思维，且是字面解读的直线思维。

太极界在藏象领域为右界构，在人脑对应的部位为右脑。在左脑主导人在现实世界的各种思维形态基础上，右脑更加接近于左界构的含气原理功能，既为左脑的思维形态输送形象与抽象思维，更是左界构范畴内诸意识形态中的记忆传导之场所，或者为左界构范畴六识六根尘的存储以及分别之所，如果说左脑为受先天禀受业因布局牵制，而只会左脑处理并有识根尘的现行，那么右脑就是对先天禀受的识根尘的现行有分别之功能，并形成记忆，并以记忆来完成两种功能，一种为联系左界构功能向左脑做先天意识传导，二种为以记忆来控制现行现量的业习返熏，以此形成执着的根本。总之右脑跟左界构诸多功能联系紧密，并以此参与布局左脑对先天意识的执行，而且以独特的记忆本质形成先天与后天的交汇之所，可以说以处理意识而形成记忆的诸多秘密，成为三世两重因果的重要执行官，它既参与先天意识的禀受布局乃至执行，又把后天左脑对先天意识的执行情况作为记忆来储存，形成返熏的本质而联系三世两重因果，形成无明业障的具体形态——执着。

从右脑与左界构的关系以及他们共同对左脑的作用可以看出，左脑为受先天业因布局并依识根尘支配而有意识之外象，而左界构为主导并支配左脑意识外象，以六识与六根尘和合集聚成为业因的具体形态，因接受业因禀受布局以及主导和支配左脑意识外象的功能，成为颠倒的根本，右脑以独特的记忆功能，从参与左界构功能向左脑做先天意识传导到以记忆来控制现行现量的业习返熏，形成以记忆形态来作用的意识传导和业习返熏，成为执着的根本。从左脑、左界构与右脑的功能形态，由此可指向功能形态的本质，即左脑以生理运化成为意识外象，左界构以神意相火布局支配为意识形成颠倒，右脑以传导意识和业识存储的独特的记忆本质构成执着，并以意识外象→颠倒→执着的程式，从受先天业因禀受到后天习气熏习形成业识存储，来联系三世两重因果，从而构成诸意识（前六识）生灭传导形态下的因果统一场。

右脑以传导意识和业识存储的独特的记忆本质构成执着，它指向了有极界"神"形态心神君火所在的第七识（我识）分别之功能，在右脑联系左界构参与业因布局，这个业因布局的过程就是从和合集聚业识种子诸因缘开始传导，从右脑传导给左界构，这个过程是第七识在起作用，是第七识（我识）的分别，如何起分别功能呢？就是把和合集聚在一起的业识诸因缘通过分别按眼、耳、鼻、舌、身、意的类别来分类，把分类好的六识形态传导给左界构。如何"通过分别"来分类呢？就是识根尘和合作用发生在"我"的恒审思量，而在"我"的恒审思量的根本就是"我"由来已久并和合集聚的诸业因缘，第七识通过恒审思量对诸业因缘来按眼、耳、鼻、舌、身、意的类别来分类，就等于分类机器一般，把一般混杂不堪的杂物分类好，这也就是为什么依第七识恒审思量作用以及传导功能，去把第七识称为我识的缘故。由于有"我"在，第七识成为染浊烦恼的执行官。右脑第七识功能分别后，就传导给左界构，在左界构的业识因缘就构成了六识与六根尘具体的类别形态，然后再把它们传导给左脑，构成左脑的意识外象，从而有了人脑中的思维与意识。第七识分别后在左界构的再传导，就是第六识意识和第七识共同主导（以第七识为主体）的了别，就有了右脑第七识分别和左界构了别构成业识因缘现行，而左脑构成六识现量，从而形成右脑第七识分别→左界构了别→左脑六识现量程式。

再次梳理一下，右脑联系左界构既参与了先天诸意识的传导，又以独特的记忆本质联系先天与后天三世两重因果，故称为右脑为三世两重因果的执行官。如何执行呢？就是把唯识因缘以七识来分别，以此分别传导给左界构，在左界构形成六识与六根尘的具体形态，然后依六识作用的根尘，传导给左脑而显出外象，主导并支配生理生命。自右脑第七识依"我"分别后构成执着，在左界构依了别就构成了颠倒，而左脑六识现量则成为妄想。在这里一定要明确大一元道元维度的前提，就是我们谈论右脑第七识执着、左界构了别颠倒、左脑六识现量妄想的根本是什么呢？就是心神君火中的明心见性真如自性的真君，这是形上道心性领域的大一元道元维度视野，没有真如自性境地的观照，就不会有神意相火的执着颠倒妄想，同样什么样形态的染浊烦恼就能生起明心见性的菩提心，两者相互依存，只是一个为彼一个为此，究竟你取什么样的彼或此，是前往真如清净还是烦恼染浊，这就需要智慧，而通常我们迷而不觉，要想通往真如清净之真君境，就要内证见性转识成智。

在太极界"神"形态中，以右脑联系左界构以第七识分别执着参与了先天诸意识的传导，又以独特的记忆本质联系先天与后天成为三世两重因果的执行官。那么右界构又具备什么样的功能和特性呢？右界构的功能与特性就是太极界"神"形态下心神君火藏相动能视野下的能量体方式，何为心神君火的能量体方式呢？有两个层面的含义，第一个层面为内证功态下明心见性的能量体方式，即内证精气态，它是左旋飞升跃迁态，呈现为炼精化气、炼气化神、炼神还虚三程式；第二个层面为神意相火诸妄形态下的"右脑第七识分别→左界构了别→左脑六识现量"程式传导的藏象精气和运化精气态，也就是说神意相火诸妄业识因缘现行传导并形成现量过程的能量方式，它是右旋堕落态，它又因传导层次的区别，分为藏象精气态和运化精气态。藏象精气态就是右脑和左界构层面的能量体方式，而左脑的能量体方式就是运化精气态，它主人体的生理生命的思维和意识。从总体来说，太极界右界构心神君火能量体方式以藏象动能义，既要完成三世两重因果层面的诸业识传导的右旋堕落的先天神意，又要完成后天神志所主的内证见性左旋飞升跃迁态的转识成智；先天神意为顺生因缘，受三世两重因果禀受布局并牵制，而后天神志为通过后天修真证道之志向，在先天神意禀赋的基础上去修证，摆脱业因束缚和烦恼染浊而飞升跃迁升华生命。要想完成后天神志所主的飞升跃迁升华生命，就要通过内证修真有为法有为到极致，从而明心见性入无为境，才能从心性的膜镜来观照诸妄业识。

无论是先天神意禀赋布局，还是后天神志内证飞升升华，都要通过一种方式和渠道来实现，或者说要有一个载体，这个载体就是神主精气态的能量体方式。神主精气态从先天神意禀赋布局层面来说分为藏象精气态和运化精气态，从后天神志内证层面来说为内证精气态，虽然在不同的范畴和领域，但它们共同构成了右界构能量体方式。抛开藏象、运化、内证对精气界域和不同范畴的特指外，它们共同的特征就是精气态的能量体方式。何为精气态呢？用现代科学的词汇来形容的话就是能、光、热形态下的能量方式，实际上是由能、光、热共同组成的高维度能量体形态——素形态，素形态为精气关联的集合。也就是说精气态的本质就是"素"形态，如藏象精气态中的精气关联义范畴的太素生命素，它是唯识变现种子因缘现行传导的"素"形态，也是藏象精气态完成"右脑第七识分别→左界构了别→左脑六识现量"程式的业识传导能量体形态。左脑六识与六根尘现量，主导并支配形成思维与意识等生理生命行为的为运化精气态，它主要是运化精气范畴的光子素形态。内证精气态就更为复杂，根据内证精气神各能量体维度"药材"的不同，就有不同的内证素形态，就形成了不同的内证精气态，主要看运用不同界域视野的精气神——药材的维度不同，功态境界自然不同。

右界构能量体方式的根本就是"素"形态的不同，找到了构成"素"形态的不同视野，它就是太极界"神"形态下心神君火藏相动能视野下的能量体方式，由"素"的道元维度构成不同的藏相动能，自然形成的传导效果就是不一样的。说到运化精气态以人体运化光子素来主导人体思维与意识等生理生命行为，形成以光子素为基本单位的传导方式，也就是说人体经络系统的传导速度是光速态，而意识在藏象精气态以太素生命素形态传导，就要在光速态的基础上呈几何数值的增加，它不仅不为现代科学认识，就连当下流行的"量子"学都望尘莫及，那是因为太素生命素的形态界域不在当下科学思维的范畴，它必须走向哲学领域，才能迈开人类的步伐。就如这里探讨的是右界构的能量体方式，而"量子"还在围绕人脑的生理生命行为的运化精气形态上，连左脑和左界构都未曾涉及。

太极界"神"形态下右界构的"素"形态能量体方式，从神意相火所在的光子素与太素生命素形态，到明心见性太素至精形态，真正意义上从精神相域步入精神域，而且是形下器的精神相域（唯识变现与业识传导层面）向形上道的精神域飞升跃迁。以此循顺置返来联系从精神相域来主导物质域的现实认知，就能对"素"形态下的能、光、热有更多的发现。首先，从运化精气态的运化机理来说，生理生命的人体可以运化什么呢？有通过食物运化水谷精微和通过呼吸运化呼吸精气两大方面，身体能运化的最高级形态就是光子素，动植物通过光合作用运化了光子素，人体再经过生理机能运化这种光子素中的热量，所以"素"就是高能高维度的精华与精粹，"素"的能形态就是指高能量，它指向了"精"的含义。其次，从运化机理后的运动过程来说，人体或动植物接收光子素的过程就是通过光合作用，依赖太阳光，而且人体运化光子素后形成水谷精微之精气传导，也是光态，很多人可能会说吸收的是营养或者是生了血液，营养和血液是水谷精微运化光子素在人体经络系统里以光速传导，入脉形成营卫之气，然后在藏相动能态下形成，那么营养中精华和精粹就是分解了光子素能量而形成了营养素，营养素的部分构成形态就是我们标榜在嘴边的科学或化学。那么"素"的光形态就是指运动传导过程，无论是运化也好、转化、吸收、分解也好、它传导的动态过程指向了"气"的含义。再次从"素"的能形态和光形态结合就是高能量体所存在的形迹，为"素"的热形态。通俗一点的讲高能高光的素形态，都是高热的。这个"热"形态的依能形态和光形态的道元维度而存在道元维度关联，也就是说你只有在同等的道元维度才能接收或打开它的高热，如热形态在人体里通过运化精气的平衡形成的体温平衡，人体运化光子素就处于吸收基于太阳光的热量，而光子素更高的光速能量形态要通过身体内藏象内证系统来运化转化和打开，脏器生理机能是无法转化的。这也是为什么要强调内证精气态，以及强调内证精气态中的"药材"的能量体维度。

对比右脑和右界构的"神"形态下的功能可见，右界构的"素"形态能量体方式是右脑基于第七识的以独特的记忆本质成为三世两重因果的执行官的根本，或者叫一切业识唯识变现的真面目，如果右脑在神意相火形态下基于第七识分别与六识了别是人体意识的根本的话，那么右界构的"素"形态能量体方式界构了业识形态依存的根本，以"神"形态统御的"素"形态的精气关联，则是人脑三界构中的神主精气。不要认为业识的传导到唯识层面就无迹可寻，不要再以色空义空无所有回答一切，当你真正功态明心见性以真如境的"镜"照见神意相火诸妄，就能明了不同道元维度视野下的构成不同见识。业识形态唯识变现层面依存的根本就是"素"形态的精气关联，只不过它是太素生命素层面的精气形态。

人脑三界构之无极界，也称为无不为界，在藏象领域为中界构，在人脑生理生命领域相联系的为中脑（至阳脑），以我执和法执为妄以及真如清净为实认识论为常态。呈现在"神"形态对比太极界明心见性观照下的心神君火"素"形态能量体方式，无极界为从染浊的太极浑沦相（阿赖耶识染浊义）转识成智，由识神飞升跃迁为元神，从而打破无明，把"神"形态的能量体方式从心神君火转换为真如光明智，呈现为至素至精，生命形态彻底摆脱无明染浊而具足清净。无极界的"无极"非明心见性层面去洞见真如，而是真如清净为实为常态并以此转化心神君火下的神意相火，也就是立于清净真如把染浊的无明浑沦转为清净义，从佛学角度来说以明心见性观照下依阿赖耶识的证自证分——真如性来照见阿赖耶识的见分、相分、自证分，从而转识成智。在太极界右界构第七识分别并有记忆本质的基础上，无极界的中脑和中界构，从第七识的传导与观照直入阿赖耶识，从真如清净光明转化染浊无明浑沦。

中脑联系右界构，从右界构"素"形态能量体方式所界构的业识形态依存的根本，直入阿赖耶识，从种子和种子因缘的起心动念处观照与觉知，把心神君火"素"形态能量体方式，既立于心神真如君性又立于神意相火妄，从而"龙战于野"，解构种子因缘染浊之妄，并从种子因缘的细微流注处彻底转换。因为每一个种子都有无量的种子因缘和合集聚，要想种子清净，必然组成种子的种子因缘中每一个至微的生灭都是具足清净的。所以无极界"神"形态能量体方式从心神君火转为真如光明智，之前的"火"妄逐渐被转换，只有立于真如以及相对无明来说的光明之"智"——真如光明智。这就是真如体如来义之觉性，依真如光明智，从无明染浊浑沦的种子及种子因缘染浊之妄，转第六识意识转为妙观察智，第七识末那识转为平等性智，第八识转为大圆镜智。无明妄火与光明觉性在转识成智状态呈现的就是"龙战于野"，如果光明觉性为佛的话，无明妄火则为魔，而"龙"寓意元神所在的太素至精的至阳，为光明觉性，"野"则为元神中位外景之阴凝坤地，为无明染浊之妄火。这就是中国传统文化对佛（大光明、心性、乾）与魔（无明、妄识、坤）的根本认知和概念转换。"龙战于野"为《易·坤卦》呈现，既体现了对真如清净与无明染浊的根本认知，又是从内证功态对转识成智状态的表述，从而它也组成了道家内丹金丹学无比精深的理论。

中脑为立于真如光明智，转心神君火中"火"层面的神意相火之妄，入无明染浊浑沦的种子态，以及和合集聚成种子的种子因缘细微流注，打破无明染浊的执着、颠倒、妄想，从而在大圆镜智觉性下具足清净。简言之，中脑为转识成智之所，从烦恼藏飞升跃迁至如来清净藏。

无极界的中脑在"神"形态上呈现元神用事，从右太极界的心神君火转换为真如光明智，此时真正的"君火"为元神用事，为真如体如来义之具足清净之念，呈现为如如不动妙化万有。而心神君火所在的太极界还有"火"相，为神意相火之"火"相，为妄，而元神用事在"用事"上呈现为两方面含义，为既转换了神意相火之妄火相，又立足于真如体而有妙化万有之生化，前者元神在无明染浊的形下器域用事，后者元神在真如清净的大光明境形上道用事，从道→母→器程式来说为从器域凡飞升跃迁至道域圣，而这个转识成智的场所就是元神用事立于母域，对象为无明染浊浑沦之谓的浑沦相，佛家称阿赖耶识。之所以说从器域凡飞升跃迁至道域圣，以飞升跃迁来形容，那是因为在周而易的在圣与圣化凡为顺从大道恒顺生势的顺生，而此状态为易而周的在凡与凡转圣，故打破恒顺生势之顺生而内证逆修飞升跃迁成圣，古语云"顺生则人，逆修则仙"正是如此。所以周而易的道→母→程式，在易而周的范畴里就成为器→母→道程式。无极界的中脑元神用事，在《易·坤卦·文言》曰"天玄而地黄"，为直入种子及种子因缘染浊的母域中宫，也就是在阿赖耶识范畴转识成智，且是从第八识直接转起，不再有第七识与前六识的传导，也就是说直入种子因缘的细微流注，由于直入了种子因缘的细微流注，故第七识和前六识从所依门和所缘门来说皆依附在种子因缘上，从而依赖第七识的恒审思量，从八识的根本转起。"天玄"为清净真如的乾天圣之义，因得圣而玄；"地黄"为四象五行之中宫至依，"地"为烦恼染浊坤地器域之"地"，"黄"为黄庭之"黄"，黄裳元吉、黄中通理之"黄"。其"黄裳元吉"与"黄中通理"皆为《易·坤卦》呈现的内证功态表述。

从中脑元神用事转识成智，是从"火"到"智"的转换，"火"为神意相火之妄，"智"为真如光明智，中脑作为转识成智之所，元神用事的"元神"才是无极界的"神"形态。元神用事转识成智就形成了通过内证从烦恼藏飞升跃迁至如来清净藏，从凡转圣，连续而连贯的看待这个过程，就呈现了在凡与凡转圣的易而周的器→母→道程式。同样，从元神用事转识成智的易而周过程，就能再来以循顺置返哲学反观周而易过程中的唯识变现，种子与种子因缘现行的业识传导，就能非常清晰的明确，生命形态在人体命象界域尤其是以生理机能呈现的时候，人在现世中的一切，从宏观的坤地体世界（放眼看去的山河大地、日月星辰等），微观的思维意识乃至生命机能的代谢运动，这一切皆唯识变现种子与种子因缘现行，形成识根尘和合集聚的现量世界，包括跟生命相联系的一切构成的每一个生灭的因缘皆是生命的形态。

从元神用事转识成智易而周过程，再返观唯识变现周而易过程，就能目睹无明业识（包含业识因缘）从哪里来，以及到哪里去。如果你在实证功态中观照到当下因缘的来龙与去脉，就证悟了从哪里来到哪里去的如如来去之如来真性，再以真如"镜"观照觉知，就能真正洞悉实相的妙义。当下因缘的来龙与去脉以真如自性观照觉知，就能明了真心与妄心如何在真如"镜"分清真假，正所谓"一切众生，若干种心，如来悉知悉见"，见自性如来，照见妄心业识，以大圆觉性悉知悉见。在诸法实相境，一切皆因缘和合而因果造就，此时的境界便是从无为境，随缘转换，随遇而安，从而道法自然常自然，渐入无不为境。无不为境是以无为境有为到极限，何为有为到极限呢？为精深的内证转识成智功态。而无为境又是内证修真的有为到极致的境界，无不为境是在无为境的基础上再行有为，两个境界和功态境地完全不同，并且两个"有为"也是不同功态内容的所指。无不为境说的"有为"指内证以真如镜转识成智，转业识为清净如来藏；而无为境说的"有为"指行内证德证系统。道法自然无不为界，看似有无为境之清闲，实则退藏于密，业识的细微流注之因缘连绵相续，没有超然的功态与智慧怎能斩断洪流？那么这一切的基础，就是通过现世立后天修真之神志，从以生理生命之机能转化内证精气态开始，走一条和自己生命形态相关联的光明坦途。

转识成智易而周，从业识的染到真如的净，再来从证悟的无极界厘清"神"形态的转换与传导，为从业识的识神转换为真如的元神。从元神的清净周而易染浊，再到主导与支配生理生命机能的过程就有了中脑→右界构→右脑→左界构→左脑，构成一个完整的真如种子→种子唯识变现而现行（八识）→第七识恒审思量分别，以"我"形成执着并记忆→六识与六根尘分类传导→六识与六根尘了别因缘，并完成后天熏习，返熏传导给第七识记忆。说到从业识的识神转换为真如的元神，就有了关于识神与元神的道元维度关系，元神是大一元论视野，为形上道范畴，而识神是广三元论视野，为形下器范畴。在识神的广三元轮视野下，又有先天运相、后天藏象、人体命象三大界域之不同的精气神形态。之所以要强调元神与识神道元维度的差异以及明了它们应该有的界域位置，因为在养生中我们常常把"元神"挂在嘴边，其实在道家内丹系统中不要轻易用元神来对精气神形态给予定义，就如佛家不轻易谈圆满证圣一样，都非一般的境地。如果以实证功态来描述元神的话，其最低的底线就是要功态实证明心见性，否则根本触及不到元神真如心性的面目，都是在打大妄语。道家的炼神还虚，就是炼阳神还元神，同时也说明了阳神和元神的本质区别，而阳神也只是内证精气态的内证系统中识神的一种形态。

无极界的中界构则是在中脑的转识成智之所的基础上，以如来清净藏具足真如体如来义之觉性，以大圆镜智觉和法界体性智觉而入无为而无不为大道本性。无极界的中界构就是在中脑的真如体法身圆满的觉性基础上，以无为而无不为大道本性真正的转换入大道〇。现真如体法身大光明并达如来义之周遍圆明圣境，在转识成智的视野里，诸法所依的体性亦为在缠的如来自性转为法界体性智，也就是说把圆满证悟了如来的圣，也要转入大道本性中，以无为而无不为大道本性妙显的法界体性智炼虚合道。

如果把中脑从烦恼藏转识成智飞升跃迁至如来清净藏看作是炼神还虚，为炼识神还元神的话，中界构的真如体性转法界体性智就是炼虚合道。"炼"是内证功态有为法的表述，"虚"就不是精神相域范畴的相虚义，而是指元神的真如境。而精神相域范畴的相虚义的"虚"就是识神所在的唯识变现现行现量形态。所以不厘清道元维度下的不同对待，就无法分层次分阶段地建立哲学模型，所有的概念就会形成依文字表述而解读成文字层面的含义，离真实义趣相差甚远，比如世人对《周易》的解读正是如此，在佛和道的各种经典层面，几千年来以这种解读方式害人不浅不在少数。

无极界的中脑和中界构，为立于如来清净藏具足真如体如来义，而有一个哲学本原的问题，这个哲学本原就是无为而无不为大道本性。从大道周而易的过程我们知道，中脑为如来清净藏具足真如体如来义为形上道乾天圣，在道体四域格局中为天大，而中界构则是体四域格局中的道大。由此道大无不为大道本性的道生德蓄的本原，才有无极体源，一切的源起。所以无为而无不为大道本性下的哲学本原成为大道道生之一切的源，它的真相境为道生德蓄一合相。

人脑三界构的左脑和左界构、右脑和右界构、中脑和中界构，呈现了三种"神"的能量体形态以及基于能量体形态下的生命形态实境。从左脑和左界构的神意相火，右脑和右界构的心神君火，中脑和中界构的真如光明智，分位域阶段呈现了以"神"为主体的生命形态，无论是从真如光明智的真，心神君火的亦真亦妄，还是神意相火的妄，都是生命的具体形态，而且在不同的位域阶段都有宏大的生命实境，且从本质上联系了现世中的人体生命形态。从神意相火六识之妄开始，生命就从藏象境走入了现世生理生命境，也依六识之妄的藏象精气态，来主导生理生命态的运化精气态。在藏象精气态与运化精气态以人身来发生关联的同时，要明晰三世两重因果下的十二因缘对生命的关联，呈现为神意相火六识之妄并以此六识对因缘的了别而主导生理生命的机能，又以现实的识根尘和合作用形成返熏，返熏的现世信息在第七识恒审思量作业形成记忆本质，在我识执着下以现世果成为未来因，而神意相火六识之妄就是过去先天因。关于第七识恒审思量的记忆本质，为何在人生理生命的思维意识活动无法彰显呢？也就是说无法记忆过去世的种种，那是因为前六识的业障为六识与根尘相互对境和合作用，形成了因缘的重沉淀，业障形态大于第七识，故第七识在业障界膜屏障下无法显露记忆痕迹，但当到了一定程度的内证功态下，就能观照到当下因缘的来龙与去脉，其来龙与去脉正是第七识我执的记忆，包括每一细微的因缘都丝毫不差。在中国传统文化里有关于"孟婆汤"与记忆的文化，其实那碗"孟婆汤"里照见的都是自己现世阴性的恶业，那座"奈何桥"就是业障界膜，一切皆是自作而自受。

《道德经》："五色令人目盲；五音令人耳聋；五味令人口爽；驰骋畋猎，令人心发狂；难得之货，令人行妨(fáng)。是以圣人为腹不为目，故去彼取此。" 从人脑三界构"神"形态的神意相火、心神君火、真如光明智呈现的妄与真对比里，就明晰了生命因妄而堕落的本质，以及明晰堕落本质后如何"去彼取此"开悟修真内证去生化生命。五色、五因、五味等令人发狂的谓六尘外境，而目、耳、口等为六根，"驰骋畋猎"为识、根、尘交互和合作用，识作用根于根对尘，根对尘境合尘依根而生识。目盲、耳聋、口爽之令人发狂谓之被业识障碍而以妄逐妄，只能自作而自受自甘堕落。那么何为难得之货呢？就是令人发狂的障碍是什么，什么就是难得之货。以业识之障碍和显现，就能观照到业障和识根尘起用的所在，圣人对烦恼，烦恼即菩提，以此反观开悟，没有烦恼的难得之货又拿什么来修呢？在"难得之货"——神意相火之妄的业障烦恼的面前，圣人对难得之货为觉悟，凡夫对难得之货为贪欲。那么修证的方法是什么呢？去神意相火贪欲所在的业识障碍而取从烦恼觉悟的真如光明智。"是以圣人为腹不为目"为具体功态表述，"腹"指内，为以内证得真性之称，也在功态上指得真阳之所在的玄牝之门；以目之能视外界的"目"指外，为攀缘妄想之堕落之外道。"故去彼取此"谓去彼取此哲学，如何构成哲学呢？从人脑三界构的三个不同位域阶段就可知，凡是位域的立场对待不同，其彼和此的内容和形态皆不同，有什么样的道元维度视野就会构成维度差异下的去彼取此哲学形态。那么根本的彼和此，为真如光明智的真和神意相火的妄。有了根本形态的去彼取此哲学，就要在真如境地中，做到"居一切时，不起妄念，于诸妄心，永不熄灭"的活泼妙用，从而在难得之货的面前，不去驰骋畋猎令人心发狂，去真正的应无所住而生其心，既要生烦恼即菩提的真心，又要生诸法实相的妙心，才触及老子的去彼取此哲学。烦恼即菩提的真心如何生起？谓"凡所有相，皆是虚妄。若见诸相非相，即见如来。"诸相非相的妙义里就是开悟见性的难得之货。应无所住在诸相非相里见真如自性的真心后，以此真如照见烦恼之妄火，就能洞见诸法实相的妙心。

在人脑三界构的内容形态里，我们分为藏象领域和人体生理生命领域，把藏象领域以左界构、右界构、中界构来称谓，而藏象领域的三界构与人体生理生命形成联系，这种联系我们对应了人脑的生理结构，把左界构与人脑生理结构的左脑相联系，右界构与人脑生理结构的右脑相联系，中界构与人脑生理结构的中脑相联系。在现代科学和医学对人脑的生理结构按照左、右、中的位置划分为左脑、右脑、中脑。这里就要从概念来梳理好藏象领域和人体生理生命领域的区别。我们在这里探讨的人脑三界构联系人体生理生命领域所说的左脑，实际上就包含了现代科学和医学范畴的左脑、右脑、中脑人脑结构与功能。如果把人脑三界构的左脑划分以左脑的左半区脑与右半区脑则是现代科学对人脑的研究范畴，也就是说人脑三界构的左脑就是现代科学和医学对人脑的生理结构的划分。但现代科学和医学仅停留在生理生命机能层面，其思维与意识为"神"的运化精气态，而三界构的左脑也研究人生理生命机能层面的思维与意识，但是在藏象精气态的层面和视野去解读的。

依照生命形态的藏象义和中国传统文化的阴阳概念，把人脑三界构的左脑定义为左阳脑、右脑定义为右阴脑、中脑定义为至阳脑来加以区分。那么又如何理解这个左阳、右阴、至阳的阴阳属性呢？我们前面讲过关于阴阳平衡机理，左阳脑的"阳"是对比三世两重因果的未来世轮转的阴，以阴阳平衡机理来对比的。为何未来世的轮转为阴呢？那是因为从现世角度出发，左脑神意相火诸意识不断变现造业，之前先天因未除而业障越来越深，据藏相动能义右旋堕落来讲，未来世为业障更加深重的"阴"态，它是业障加重的阴，以此"阴"对比而有左阳脑的"阳"。至阳脑与"至阳"与左阳脑的"阳"又有什么区别呢？左脑阳因诸意识神意相火之妄，虽处"阳"态，仍然为染浊义，以中脑真如光明智照见染浊的阴妄，以真如体如来义具足清净藏而有"素"形态能量体方式的太素至精，以太素至精的至阳，称为至阳脑。同时，以至阳脑真如至阳，对比右阴脑的诸意识神意相火之妄为阴，形成右阴脑的"阴"的缘由。

这就是两个道元维度下的阴阳平衡机理，如果不用阴阳平衡机理去梳理道元维度视野，诸多概念下的阴阳属性就会因为放在一个锅里煮而容易煮成浆糊。以此可看出，人脑三界沟的内容形态里，非左右中的三维结构区域划分，而是从三个不同的道元维度，以真如心性领域、藏象领域、生理生命领域来构建对"神"形态的认识论，呈现道→母→器形态下的性→相→用的关系。如果以生理生命领域来对应性→相→用关系中"用"的话，基于左阳脑与人脑生理结构的联系，在人脑划分左半区脑（简称左脑）与右半区脑（简称右脑），就是立于运化精气态的生理生命机能。

"神"主气精立于运化精气态在生理生命机能的呈现就是大脑、心络脑、肺肠脑意识三脑，而大脑与"神"形态在泥丸九真之人脑三界构紧密联系，成为人脑三界构左阳脑与大脑的呼应关系，而意识三脑即是将在左阳脑与人脑呼应关系的基础上，其视野在左阳脑的左半区脑、右半区脑或中脑，它是人体生理生命机能中意识传导的最高级形式，也是运化精气态在人体能量体形态的最高级形式，可以说它是五藏神与六识六根尘传导的最直接体现。通过人脑三界构的无极界、太极界、有极界的生命"神"形态可知，大脑在人体的生理形态上跟左阳脑直接关联，而如果通过一定的方法打开了大脑与人脑三界构的几个界域之间的联系，就能触摸道生命形态在唯识层面的形迹，就能从唯识因缘结合人体的生理代谢去至微至彰观照到生命。其实这个方法只能是通过内证在功态中找到动静二相的秘密，在动静二相不同层面去一步一步升华内在的道元维度，飞升跃迁各个无明业障界膜。

人脑三界构在"神"形态对意识传导的统御作用并非只局限在与大脑的关联，而是人体全身任何细微的变化都来源于唯识变现现行与现量，只不过这种宏大的至微至彰生命格局，以人脑三界构通过意识三脑分成了三个意识传导系统来实现，实际上让生命形态通过意识领域更加具体。人脑三界构对意识三脑起统御和主导作用，联系并支配着意识三脑对生理生命的发挥生理机能的作用。在意识三脑中，人脑意识系统作用精神相域，主要以眼、耳、鼻、舌、身、意六识的相虚义为主，并且以先天六识领受布局后的先天意识为主体，先天意识传导现行后，又与根尘和合作用，从而产生基于生理体征的思维、意识活动，在现代科学和医学研究范畴内的人脑左半区脑与右半区脑诸多功能、特征，就是有先天意识为主体并主导起用，再通过大脑形成生理体征的诸多反应。经过生理体征活动的诸多反应，由于识根尘和合作用，就会直接在生理体征中产生返熏的后天意识，后天意识经过返熏与传导，在第七识我识的恒审思量作用下会记忆，而这个记忆有六识层面的记忆以及生理体征层面的业习记忆两方面形态。六识层面的意识记忆很好理解，它返熏传导给了人脑左半区脑和右半区脑，且六识层面的记忆在大脑中形成；而生理体征层面的业习记忆就是当六识起用在人体会有生理体征活动的诸多反应，也就在生理体征活动的现场产生了业习记忆，由此可知，身体任何场所都会产生记忆功能，并非只有人脑产生记忆，只是这种记忆的能量维度是不同的，人脑的记忆要高级于生理体征活动现场的业习记忆。

人脑意识系统中，先天禀受六识意识与识根尘交互作用产生返熏的后天意识，共同组成人脑意识的全部内容。人脑意识无论是先天六识意识还是返熏后天意识其传导动能皆为藏象精气态能量体方式作用下意识动能——意识电。意识电是"神"主藏象气精态在人体生理体征上的反应，人脑意识电通过六根对眼、耳、鼻、舌、身、意六识在人体生理体征上的起用。对比人脑意识系统作用精神相域来说，心络脑意识系统作用人体生理体征所在的物质域，这个人体生理体征主要是基于人体肉身组织器官，它是色法和合集聚形成质碍的色尘，为"器"含义下的型与象，故构成物质域范畴。心络脑意识系统作用的人体物质域主要分为肉眼可见和肉眼不可见的，可见的就是人体的组织器官，不可见的就是脏腑机能，它都是心络脑意识系统作用的物质域范畴。

心络脑是基于心绛宫与内丹田中的精丹田和外丹田的气丹田三者道元能量维度的结合，并与人体生理生命发生关联形成的意识传导系统，但并非是心绛宫与内丹田中的精丹田和外丹田的气丹田能量体的直接传导，而是在人体生理结构中围绕心包络和心脏发生的意识传导，跟心包络和心脏发生关联的心绛宫与内丹田中的精丹田和外丹田的气丹田三者只是对意识传导统御、指挥、关联作用，最主要的传导形态还是基于心包络和心脏的生理机能，以运化精气态作为能量体方式来传导。心络脑意识传导的主要特点为以心包络和心脏共同作用，在心脏发生的生理动能的脉动——心生物电为传导动能，而且它是维持生理生命具备生命体征的最主要动能系统，它主要统御和支配人脑意识下的生理代谢、生理活动、体能消耗、人的行为动作等，是与人体的生理机能以及人体所处的外在空间体发生关联的意识传导和生理动能系统。

肺肠脑是基于命门宫与内丹田中的气丹田和外丹田中精丹田三者道元能量维度的结合，并与人体生理生命发生关联形成的意识传导系统，肺肠脑的意识系统的传导也非命门宫与内丹田中的气丹田和外丹田中精丹田三者直接来传导，也非这三者为肺肠脑提供能量体方式的传导动能。肺肠脑意识系统作用机理为在人体的肺部和肠腹部的生理体征活动场所，完成先天意识并产生后天意识返熏的过程中，产生微生物电从而形成以五毒为代表业习记忆，并转换为人的习气性格。简单的说，肺肠脑是在人体生理体征活动现场，以人体中的微生物反应，激发了人体生理体征中业习记忆而形成的意识系统。肺肠脑意识系统发挥作用的前提为人脑与心络脑意识系统作用于人体生理体征并呈现活动现场，而恰恰是人脑与心络脑意识系统的这种作用与生命形态无不严密地联系交织在一起，故肺肠脑意识系统也是无时无刻不在发生，只不过它的能量体方式要弱于人脑与心络脑意识系统。由于人体中的微生物反应构成肺肠脑意识系统的主体，故肺肠脑传导的主要特点为以人体中微生物反应作用，尤其是在肺肠部位的微生物与业习共同作用而形成的生物反应——微生物电为传导动能。

什么是微生物与业习共同作用形成微生物电的传导动能呢？为先天宿业的业习起用过程与微生物在生理体征活动现场共同作用，从而形成产生业习记忆的微生物电。先天宿业的业习起用过程为人脑意识系统中的先天六识现行作用人体（含六根尘），并且结合心络脑作用所有的人体生理体征，呈现内容就为先天宿业的业习起用。如何构成业习呢？其六根尘在六识作用下领受的贪嗔痴慢疑就是业习伴随在六识六根尘里，共同构成先天宿业的业习起用过程，而业习起用必须要在人体生理体征中完成，就形成了业习之所。在人体所有的业习之所中，尤以肺肠部有特别显著的形态，它就是肺肠部的微生物群，其微生物同时在宿业起用的生理体征活动现场发挥作用，从而产生了微生物电。微生物电的产生就必须有先天宿业的业习起用过程与微生物在生理体征活动现场共同作用。它们两者共同作用后就产生了在人体生理体征活动现场的业习记忆，它构成了后天业习并形成性格习气的重要形态。以此可知，人在生活中表现的很多习气性格除了先天禀受的宿业外，很多都是人体生理体征活动中的微生物群的作用。所以，如果以肺肠脑微生物电作用的意识系统联系心络脑对人体生理体征的作用可知，心络脑和肺肠脑就构成了先天六识作用下的业所，它们共同构成了业障与习气性格形态，尤其是当下因未来果的无明业，就是经过这三脑系统不断的传导、作用和熏习，且是三个道元维度同步围绕生命形态共同作用。

在意识三脑的"神"形态中，人脑六识传导的意识电为藏象精气态，心络脑围绕心脏动能的心生物电和肺肠脑围绕肺肠微生物的微生物电为运化精气态。根据心络脑和肺肠脑的作用机理不同，运化精气态也形成了生理体征动能与微生物能量供给的差别。很明显心络脑在运化精气态中属于生理体征动能的范畴，而肺肠脑在运化精气态中属于微生物能量供给的范畴。生理体征动能即人体生理生命活动需要和消耗的一切动能，它是一个无比复杂且庞大的运化精气动能形态，它有提取消耗、热量供给、精气存储内容组成。其中提取消耗为提取身体里藏匿与蓄积的精气能量，只不过一般的生理体征活动并非是涉及到藏魄和藏精范畴的能量体；热量供给为运化呼吸与通过食物运化水谷精微形成运化精气态的热量形态；精气存储为在运化呼吸和运化水谷精微的同时会吸收"素"形态的能量体，此"素"形态会被身体的太极器官与太极丹轮捕获吸收，形成支持人脑意识传导高能量体形态的生理活动，同时也是以生理体征来进行藏魄和藏精的方式。微生物能量供给简单地说就是人体中的微生物群需要吃东西，而且它们是构成人习气性格的具体形态，比如贪念的美食与各种口味、戒不掉的坏毛病、包括惯性思维方式等都是以微生物的在不同业习之所通过微生物电形成的具体反应，久而久之就形成业习记忆带入无明业的形态范畴，并伴随轮回轮转，这个业习记忆的最初形态在人体生理动能活动现场，也就是业所现场，但贪受熏习时间累积到一定阶段后会返熏到人脑六识系统，形成六识意识电的传导，就会形成以生理机能的调整和改变无法打破的见识，要打破这种无明业形态——见识，只有内证消业，通常体现为戒定慧三学，先持戒断粗习气，大家都知道持戒很难，就能明了人体微生物的业习形成微生物电远远大于我们后天神志的控制，但尽管很难，也是能做到的，这也正是后天神志金刚力的能动作用。

从意识三脑在传导系统中的能量体形态不同，就在人体形成了基于生理体征而有意识传导的不同机理。综述之，人脑六识传导系统以藏象精气态为能量体方式，通过藏象精气态能量体方式作用下意识动能——意识电形成载体，并构成六识传导的通道，它依赖于人脑三界构的先天禀受；心络脑传导系统以运化精气态中的生理体征动能为能量体方式，通过人体生理体征动能——生物电形成载体，并构成围绕人体的生理动能活动场所，它依赖于心脏动能机理以及生理运化精气；肺肠脑传导系统以运化精气态中的微生物能量供给为能量体方式，通过微生物与业习共同作用而形成的生物反应——微生物电形成载体，并构成微生物的不同业习之所和业习记忆，它依赖于运化精气中的微生物能量供给以及微生物业所的环境。

关于意识动能意识电的形成原理、人体生理体征动能生物电形成原理以及微生物电形成原理，为藏相动能视野范畴，它既涉及到心脏工作的原理，又关于血液的生成以及心脏第一次跳动的机理，解决了心脏第一次跳动的动能机理以及心脏动能机理下的心脏工作原理，就能把意识三脑系统通过人体精气经络系统把生理生命以哲学观联系成生命形态的整体。而且立于人体精气经络系统以及意识三脑整体系统，去看待人体微生物三尸九虫的形态，去解构生命在肉身形态下的先天六识禀受、肉身业习场所、后天业习记忆以及无明业返熏的生命哲学真相。

意识三脑系统从道元维度和动能形态上划分，意识三脑中的人脑为意识维度视野，以识根尘和合作用的六识传导系统为主体，藏相动能义形态为生化动能精气态，以生化动能精气态的六识传导就形成了意识动能——意识电。意识电为六识的载体，在意识维度的层面作用六根并对六尘，从而在六识六根六尘的和合作用下启动对生理生命系统的作用。

心络脑为生理动能维度视野，以营卫气血的生化并促进生理生命的微观生灭代谢和脏腑与身体的有机联系为主体，藏相动能义形态为运化动能精气态，以运化动能精气态的作用营卫气血的人体精气经络动能以及生理生命动能而形成了——心生物电。心生物电以心脏动能下的心脏律动和生理运化精气为载体，在生理动能维度视野层面作用。肺肠脑为生理层面的精气运化维度视野，以人体生理的精气运化（显著特点为热量）以及供给微生物能量为主体，藏相动能义形态为运化动能精气态，以运化精气态中的微生物能量供给为能量体方式，通过微生物与业习共同作用而形成的生物反应——微生物电。微生物电以人脑和心络脑作用后在身体里产生六识返熏为显著特点，主受想行识过程中形成的后天意识的返熏，并构成微生物的不同业习之所和业习记忆，它依赖于运化精气中的微生物能量供给以及微生物业所的环境。

六识传导与返熏，经络维度升降与精气源流

　　意识三脑系统中人脑、心络脑、肺肠脑呈现了三个不同道元维度、三种不同的藏相动能义形态，也形成了三种截然不同的作用机理和作用内容，但整体连贯起来就形成了意识三脑的纬度升降联系以及动能流变联系，从意识三脑的作用机理就可以洞见基于人体六识传导系统中的三个紧密相连的维度升降，以及在维度升降下的动能形态的变化。这是根据意识三脑各自的功能功用特点分位域的解析，如果整体连贯起来就构成了从先天到后天的秉受布局与传导，以及后天因缘生灭显象在人体生理层面的返熏到业库的传导过程，这个连贯视野基于人体结构以及在精气本根形态下就构成了意识三脑传导的右降左升螺旋形态，可以理解成这是意识三脑以相互联系的关联，呈现在四维动能态的六识传导模型。

意识三脑传导的右降左升螺旋形态，首先，为右降，右降为右旋螺旋下降，为维度升降形态的维度下降以及动能减弱，体现在通过右旋螺旋下降传导，意识电维度联系到心生物电维度再传导到微生物电维度，动能状态也从意识电的生化动能减弱成运化动能，而步入物质领域。其次，为左升，左升为左旋螺旋上升，为维度升降形态的维度上升以及动能增强，体现在通过左旋螺旋上升传导，从微生物电维度联系心生物电维度再传导意识电维度，动能状态也从运化动能增强升高到生化动能，而步入唯识领域。再次，受先天因缘秉受与布局，先天意识随因缘和合唯识现行而启用传导到人脑后，依六根对六尘，就进入了现量的后天界域，以此先天与后天之界域，体现为时空的先后性，必须是右旋先降。产生了六识传导的并结合人体生理机能作用后，为要通过受想行识的过程反映，然后才在现量层面产生返熏，进入后天（六识）的范畴。从先天与后天在六识传导过程中可洞见唯识领域所言说的现行与现量，在生命因缘生灭的形态来说区别甚大，它既有时空之差别又有时空之连续而连贯的表达。意识电传导右旋先降通过现量的受想行识反应，通过在人体时空体烦恼所的作用而产生了后天意识的返熏，返熏的传导就是左旋上升，因为只有升到意识电的维度才能进入业库在三世两重因果中成为未来果的现在因。第四，虽然是右降为先左升为后，这是从微观时空性上赋予的先天与后天之界，同心脏第一次跳动机理一样，总有一个初始生化结构的形成，右降先天秉受赋予在先，依先天秉受赋予而产生生理机能反映的左旋返熏在后。除开初始的右降先与左升后之外，以因缘生灭法，六识系统的传导呈现在六识六根六尘的交互关系上，立于人体现量的宏观来说，右降而左升又有同步时空性的属性。实际上这就是从宏观与微观不同对待出发的所言说的相对时空体，在微观既显现了差别和界域，在宏观上又融为一体而道法自然，同样反过来说道法自然的一切一定有微观的生变易变化，而且构成道元论和藏相动能论在内微→外宏→大彰三阶结构。在右降而左升的同步时空性上结合先天与后天的传导过程，就呈现了双螺旋传导与返熏结构。此双螺旋传导与返熏结构的动态正是因缘与因果生灭的数理逻辑呈现。

有疑问说，在六识先天秉受和布局的传导中，有可能直接从六根对六尘的层面而并未从六识传导并结合人体生理机能并产生反应，这个问题就是孤立意识电的作用，而并没有联系意识电关联心生物电以及微生物电的整体过程，尤其是对人体生理生命系统的诸多生理体征归位于意识系统的统御和主导作用认识不足。实际上这个思考是非常有价值的，它有两方面的内涵，第一方面为可以形成从意识电传导过程的精神相域的相虚义与生理体征所在的物质域密切的联系，既建立了意识三脑动能传导的有机联系，又建立了从物质域到相虚义的认知，就把生命形态的认知视野拓宽了。先天六识作用六根并对六尘是否就会形成疑问所说的不会启动人体生理机能的反映呢？答案是一定会以先天六识秉受依六根对六尘产生人体生理机能的启动。因为六根所在的眼、耳、鼻、舌、身、意依五行之藏的联系，就是身体中所有器官组织的取类比象的对应和全息归类，且全身组织器官乃至因缘生灭的生理体征下的一切都是色、声、香、味、触、法——六尘所在的范畴，所以六识先天秉受就一定联动了人体生理机能并产生了意识三脑系统的传导过程，以及发生传导后的返熏，连绵不绝地以因缘和因果的生灭来产生轮回轮转的实质。

第二方面正是指出修证关窍的秘诀，返熏为三世两重因果的未来果的现在因，要想摆脱轮回打破无明，就得不产生后天意识的返熏存储，就得从斩断心生物电和微生物电的作用开始，转换意识电所呈现的因缘生灭。这就是为何要通过四禅八定修证细微流注的念头的原理。入四禅八定就能从降服身体入手让身体入寂静状态，以此切断心生物电和微生物电的作用和产生返熏与烦恼的场所，以此斩断左升返熏路径。那么斩断了心生物电和微生物电的四禅八定是否就可以了呢？这只是能够完成不产生返熏，但先天意识的秉受与布局的因缘还在生灭，故而要同时在四禅八定中将细微流注的念头依转识成智转换圆满，这也是为何四禅八定不能入死定，一定要活泼妙用，去在细微流注里将妄识转换，否则死定之后，本来要发生现量的因缘还要生起生灭，呈现出来的就是更重的习气与业障。那么如何斩断心生物电和微生物电以及修四禅八定呢？从精气本根论入手，就是把意识三脑系统的维度差提高到一个层次，也就是说通过精气升阳的方式使微生物电维度和心生物电维度的维度差达到平衡，并提高到意识电维度的层次。

在意识三脑传导的右降左升螺旋形态里，立足于人体进行六识传导，并结合精气经络系统与五行之藏，有左肝升与右肺降的功能属性。说到左肝升与右肺降，这里要立足于"肝"和"肾"分清六识传导系统和精气升降系统的两套系统，因为说肝说肾就会离不开肝肾组织器官，肝肾乃至人体一切组织器官都只是藏相法则在物质域依因缘法和合集聚的外象。左升右降的双螺旋形态，通过肝官和肺官传导，但区别于精气系统中的左肝升与右肺降。通过肝官和肺官传导的为意识系统的传导，呈现魄降与魂升。通过左肝升与右肺降基于生理的运化并运转五行之脏的精气的升降，呈现浊降清升。虽然六识传导系统和精气升降系统在道元维度和藏相动能义上有差别，但都依赖于"肝"和"肺"在升降上的功能，这种功能体现的精髓就是"官"的含义。

六识传导先天六识秉受的右螺旋下降，为从意识人脑产生的意识电，通过泥丸九真之敕令肺魄，来启动心生物电并以肺降来形成联络，然后依心脏（已启动的心生物电）再联动肺肠脑所在的微生物电，并依肺肠脑的肺官之治节发生五脏六腑的有机联动。这里有几个复杂的层面，要注意分清肝与肺功能在六识传导系统与精气系统的交叉联系。泥丸九真之敕令肺魄，为六识秉受以右旋传导，必定要产生从意识电维度联系到心生物电维度的维度下降，跨越维度的界膜就会发生动能形态的减弱，被维度下降减弱的传导动能要维持在心生物电维度的传导过程，就得有能量补充，它补充的形式就是泥丸九真之敕令肺魄，魄为魄精，为先天滞留能量体通过藏魄藏精存储在人体空间体内。为何要用敕令呢？因为泥丸九真与肺魄为丹田内景层面，为内"神"态，故有维度高的内神敕令低维度内神产生法度的运转，敕令也是符咒之语言。被敕令后的肺魄依敕令法度调度肺魄之魄精，形成了心生物电维度的能量体成为动能源，这个肺魄能量体的动能源在右旋传导意识过程就形成了直接导致心脏跳动或律动的动能源，心脏的跳动一定要结合前文的内容在此形成一个认识论。心脏跳动就会产生心生物电，以此心生物电连同肺魄共同形成了肺官的升降功能，并以此联系肺所在的肺肠脑，来产生微生物电。

在产生微生物电的临界态前，有肺的相傅治节之官的启动，也就是说启动了精气运化系统，精气运化系统启动后就产生了肺肠脑的微生物电，微生物电连同运化的精气同步下降。何为肺的相傅治节之官的启动呢？《素问·灵兰秘典论》："肺者，相傅之官，治节出焉。"王冰注："位高非君，故官为相傅。主行荣卫，故治节由之。"张景岳注："肺主气，气调则营卫脏腑无所不治。"就是通过肺的相傅治节之官启动升降功能，"治节"就是气数哲学下的气升降的法度，是对人体精气经络系统的治和节，治就是能量体和动能的给予，节就是给而不过有所节度，既保证因缘的周布现实现量，又将气数严格控制。但是肺的治节之官只是宰辅的相傅，必须得依君主的法令才能行气数法度，所以肺的相傅治节之官启动必须依心的君主神明之官的发令指挥，这样就形成了一个明确的路线图，为从泥丸九真敕令肺魄，在降维度视野下肺魄启动心并产生心生物电，心生物电生发心的君主神明之官，心的君主神明之官反过来启动肺的相傅治节之官。从而形成了意识电到心生物电，以及心的君主神明之官到肺的相傅治节之官，六识传导系统与精气系统这两套系统的启动路线和先后顺序。也正是必须立于此视野和原理才能解释清楚十二官的密码，不仅如此，这两套系统还有机联动了五行之藏下的五脏六腑的运转机理。

心的君主神明之官就是从泥丸九真意识电传导生化的心生物电，获得的高能量体的神明，且还有肺魄的补充与动能推动，虽然降了维度但还是高于精气系统的能量体强度。"神明"是因为精气神能量体强度高，也是因为五脏六腑精气未运转前业力束缚小的缘故。肺的"相傅"之官与心的"神明"之官，为何会有这样的命名呢？虽然是根据它们在功能属性上的显著特点来给予的这种赋予，其实从根源上为取象于"在天成象、在地成形"的天象占星，为三垣紫微宫与太微宫之星象在大宇宙环境中呈现出来的功能、职责、法度属性，比如围绕北极紫薇五星所在的左枢八星与右枢七星形成的左辅右弼。从天象与星象延伸并映射大道规则和天人合一法度而发源的古代的政治体制以及官职形态，都能一一对应，找到根源，并找到可以计算称量的历法法度。

意识电敕令肺魄启动，肺与魄五行属金，金生水，同时又有肺的相傅治节之官运转，又进一步增强了金，并促进金生水，水性的蓄积就会生木；同时在肺的相傅治节之官运转前，启动了心生物电，在心生物电的层面，心属火，火生土，当心的君主神明之官运转后，又进一步增强了火，并促进火生土，土性的蓄积就会生土。此时土生金，就把五脏六腑的五行启动，五脏六腑的五行启动，就产生了精气运化与升降，精气运化与升降就会通过人体精气系统联动全身所有经络，来完成全身五行之藏的有机运化和联动，生理生命就这样被启动。当五行之藏的精气运化和生理生命联动起来，心生物电启动微生物电也有了肺肠之场所。这就是先天六识秉受的右螺旋下降产生的由意识电产生的心生物电，以及心生物电再启动微生物电的临界态，启动了五脏六腑五行之藏的精气运化以及生理生命的联动机理。

微生物电启动与人体五行之藏运转，有一个必须要强调的视野，为人体五行之藏的运转联动实质是精气系统与生理系统的同步联动，故就产生了物质形态的生化与生灭过程，当微生物电被心生物电传导作用并启动后，因为人体五行之藏的运转联动就产生了业力束缚的实质，呈现为维度下降以及精气动能减弱。从意识电呈现出来的六识本来就是业障的所在和形态，当经过了六识系统的传导以及传导过程中启动的人体五行之藏的运转联动，就更加加重了业障的形态，哪怕只是六识系统传导完成识因缘现行并现量的生灭，不产生恶业的沾染，业障形态就因为维度下降和动能减缓，尤其是人体五行之藏运转联动下的全身精气系统的周流以及生理生命的物质束缚。这个原理和机理指向了什么呢？就指向了在人体五行之藏的运转联动下的六识传导的返熏法则，只要传导无论有无恶业，在现量形态下的精气系统的周流以及生理生命的物质生灭，就启动了六根对六尘且因缘生灭的生理体征下的一切都又是在六尘的范畴，故身体就形成了烦恼所，无论是宏观还是微观以此来"受"，故就会产生精气系统连同生理生命系统共同呈现的受想行识过程，指向了由意识电、心生物电、微生物电的返熏原理。

返熏有两个形态,为保持右旋堕落后天六识熏习入业库,以及转换为左旋上升且维度与动能皆升阶返熏入业库。前者为顺承业识自然返熏,业识传导经过识根尘交互作用后依然以右旋堕落返熏态,返熏记录的为不善业,为从"命门"处入业库时空;后者为后天神志之德升阳返熏,呈现德的善行返熏产生的精气升阳,通过肝官启动左旋,在"左肾"处左旋升阳,以上升维度与动能返熏入业库。综述之,六识传导启动与人体五行之藏运转联动产生的返熏,积善而升阳,积不善而降阴,呈现的为善恶法下的善恶门,其中积不善则包含恶与无记,也就是说业识自然返熏不积善是无法以升阳返熏的。

在先天业识秉受并传导过程中,六识对六根六尘以及在人体五行之藏的运转联动,会依因缘生灭的格局产生受想行识过程,在顺承业识自然返熏的机理下,凡在受想行识过程未产生积善法的德行有为法或无为法,也就是不善业的返熏都随意识三脑传导的右降螺旋下降形态,在双肾的左肾右命门所在的右命门处,返熏入业库时空,成为未来果的现在因。但是凡在受想行识过程产生了积善法的德行有为法或无为法,此时返熏的形态就会改变。如何改变呢?为顺承业识自然返熏也经过受想行识过程后,右旋螺旋下降至右命门处。此时由于积善法的德行所在之作用,此积善法的德行通过什么来作用呢?为肝的将军之官严格把控善恶之德,凡受想行识过程有为法或无为法善法德行存在,故敕令肝魂作用,以升阳。升阳过程首先为肝官将军行令辨善恶,当有善行之余后就行令至心的君主之官,心的君主之官敕令升阳,此时肝魂动以助升阳,得敕令后在命门处的善恶之门为关闭态,返熏的业识从右命门过左肾阳,经过左肾阳的左旋作用,业识化为阳气上升入肝,肝官再次启动疏泄生发之功能而运化精气,给五脏六腑与五行之藏的全身补充运化的生发精气，这种补充就是以"肝藏血"所在的肝血的形态。

那么这里就要分清升阳返熏的六识范畴与肝官运化的精气范畴，肝魂作用为六识返熏借助阳气左旋上升，这个视野为从微生物电升阶至心生物电的范畴，因为敕令肝魂生阳的为心的君主之官，必须是心生物电启动，肝魂升阳类似于接引的意思，把微生物电维度的六识返熏接引到心生物电维度。肝官将军行令如何辨善恶呢？心君主之官敕令肝魂升阳，就需要辨善恶；辨善恶就要肝目能视，为肝启动先天肝目，这个时候就要心官与肝官同用——以神明而视善恶。心主神明故有精明之义，而精明之府为头，《素问·脉要精微论》曰："头者，精明之府也。"，也就接续上文心官启动产生心生物电为泥丸九真敕令，心的精明之义来源于头所在的泥丸九真。同时，"精明者，所以视万物，别黑白，审短长。"视万物为心官与肝官同用而以先天肝目，来别黑白审短长，就是审视与辨别善恶。这就是在前文解析泥丸宫生目瞳紫烟的内景深度了，在泥丸宫有"幽室内明照阳门"的黄抱紫幽室突现光明，为何有精明之府能视万物呢？就是禀受九天之气，在泥丸宫生目瞳紫烟。目瞳为神的精气关联之义，神降泥丸，因精气关联义为高能量态，让泥丸宫成为精明之府。紫烟为目精之气。后目瞳紫烟生化三素云之素气（紫素、白素、黄素三素云），以三素云素气灌溉泥丸精明之府，在神因明的主导下，三素云素气相融合而先生左眼再生右眼继而成双目。同时参考前文关于黄抱紫幽室突现光明的含义。此过程为心官与肝官同用，心官敕令肝魂升阳接引右旋堕落的微生物电维度的六识，并且升至入肝，成为心生物电维度，实际上就是中焦维度，而微生物电的维度为下焦维度，泥丸九真敕令肺魄启动心官为上焦维度。

六识返熏的心生物电维度经过肝魂升阳的传导入肝，入肝后经过肝功能的转化，肝官再次启动疏泄生发之功能而运化精气，此状态进入了运化精气范畴。以什么为标志呢？就是肝血生化而运转，我们说肝官再次启动疏泄生发之功能而运化精气，以"肝藏血"所在的肝血的形态来给五脏六腑与五行之藏的全身补充气血。《灵枢·本神》："肝藏血，血舍魂。"为通过"藏"的肝官生化含义，肝官再次启动进入精气运化形态，从六识返熏传导的肝官到肝官再次启动运化精气，里面有一个交接转换的形态就是——血舍魂，也就是说六识返熏传导的肝官为肝魂的主导作用，在这个过程里确实是心官与肝官同用并以肝魂升阳接引；而肝官再次启动运化精气为肝血生化，此时的肝血生化为何叫血舍魂呢？因为肝魂作用在前，肝魂升阳入肝之后启动肝官的作用生了肝血进入运化精气态后，两套系统产生了交接转换，当进入了运化精气态后自然就因为交接转换而有血舍魂。肝官运化精气生化肝血精气，以此补充五脏六腑和五行之藏的全身，让全身皆有升阳的愉悦感，阳气生发充沛，这就是为什么行善会心安也会愉悦，而且会改变气色与人的气场，就是此意。全身通过肝血运化的精气升阳后，就带动了从心生物电来传导到意识电升阳，从而以上升维度与动能返熏入业库。如何从心生物电形态转换成意识电形态呢？为从人身七门所在的玉枕后门而进入泥丸九宫，肝官作用的升阳形态只要精气过人脑玉枕，善业就安枕无忧转换为意识电返熏，且道元维度和动能形态皆要远远高于无善业的从右命门堕落的恶业。

说到善恶之辨，这里再回到心官与肝官同用后以先天肝目辨善恶。心官以精明之义和肝官审视辨别之义，视万物之长短黑白，黑白就是善恶，长短就是善恶的多寡，以此辨善恶后，心的君主之官敕令升阳，五脏六腑连同肝魂得敕令后在命门处的善恶之门为关闭态。关闭是阻止右旋继续堕落，由于堕落的命门善恶之门为常开，故关闭需辨善恶后敕令方得阻止右旋堕落，当命门处的善恶之门关闭，此时肝魂作用而左旋升阳，六识返熏的意识就从右命门经过双肾两仪到左肾阳，此时左肾阳发动连同肝魂升阳接引，就把微生物电六识传导入肝，并转换为心生物电形态。心官与肝官同用后以先天肝目辨善恶为升阳的内在作用原理，以肝的将军之官而出谋虑，"虑"就是考量思量，"谋"为以肝官连同心官，并上注于目，以先天肝目所在的泥丸宫所生目瞳紫烟的精明来谋，为泥丸九真之精明和心官之精明，以高能态的觉照来考量思量。肝的将军谋虑之官在辨善恶作用时，上连通泥丸宫所生目瞳紫烟的精明——以天魂来虑，中连通心官、肺官、脾官、肾官以及五脏六腑五行之藏的肉身现量——以人魂来虑，下连通右命门顺承业识自然返熏的所在——以地魂来虑，肝官之魂的三魂齐备，从而主浊清，以此"主"之清者升，浊者降；善业升阳并升维度与动能，恶业降阴并降维度与动能，这就是堕与升的善恶法则。

在堕与升的善恶法则里又有肝魂可谋虑的标准，为善法德行的有为法或无为法。何为善法德行的有为法呢？为后天神志在受想行识过程中立志行善法并付诸行而有善果，也就是德用外相积善厚德外修德行；何为善法德行的无为法呢？为把德用外相积善厚德外修德行该做的当作职责本分，是立德并德当位的一个内容，然后行善积德于寻常无形中且不以德居、不以善言，它所指向的含义就是德的当位、称位、配位知行合一。从善法德行的有为法或无为法所延伸到的德的当位、称位、配位知行合一，就构成了肝官三魂齐备辨善恶的天地人三才周天法度，而德的当位、称位、配位又是和《周易》六十四卦紧密相连，便赋予了可以严密衡量的法度，如果没有严格且严密的法度标准，肝的将军谋虑之官如何审视万物的黑白长短呢？就真正形成了内外法度严密的天人合一全息元象人体内外历法，构成天地人三才道统观哲学视野下的从因缘与因果生灭呈现的数理哲学逻辑。

从双肾的右命门到左肾阳就构成了双肾两仪,此双肾两仪在六识传导升降和精气升降上都是关键性的门户枢纽。肾官范畴所在的双肾两仪的空间体,分为物质范畴的外肾组织器官和精神相域范畴的内肾精气以及相虚空间体。其实这种物质范畴的外组织器官以和精神相域范畴的内精气以及相虚空间体,就是生理生命系统和藏象生命系统的实质。古代医学上经常争论"肾"和"命门"的所在,在《难经·三十九难》中有"肾两者,非皆肾也,其左者为肾,右者为命门"的定位,是最恰如其分的。从肾官来说,左肾阳和右命门均为肾官的一部分,而且左肾阳为阳仪,右命门为阴仪。从命门穴来说它只是肾官所在的肾空间体中经络上的穴位。从命门宫来说,含义指向了腹脐所在的空间体,又包含了肾官以及肾官所在的空间体,如同张景岳《类经附翼》说:"命门总主乎两肾,而两肾皆属于命门。"就是关于这几个视野的转换和认知,这就是同一个"命门"的词汇所引发的特指的不同,如果不把体系弄清楚,一定会出现学习与理解上的障碍。"两肾者,两仪也,中间有连环,是我真精。内藏赤白二炁,在母腹中,未有此身,先有此穴,因有此穴,始生此身。左为玄阳,右为牝阴,中穴实,我后天之精海,又为真铅,儒名太极,道名水乡铅,乃北方肃杀正气紫合河车。顺则生人,逆者成仙,一名漕溪,一名祖宫,通上下二眼,降华池。在舌下窍内出,名玉泉。"从内肾两仪连环以及通上下二眼就关联到了泥丸与心官的精明之府、肝官,而且通心官与肝官说明肾官也具左升功能,为左肾阳主;降华池出玉泉在舌内说明又联系肺降,联系肺降为右命门主。这就有了通过肾官范畴的双肾两仪把心官、肝官、肺官联系起来,且把六识传导系统与精气运化系统交叉联系起来。那么在五行之藏所在的五脏范畴,是不是唯独没有联系脾官呢?答案是所有启动与运转的十二官以及精气发源源头后的运转都为中焦的脾官所在——黄老中宫,尤其是十二正经的经脉循经起点,起于中焦上注于肺,就是起于脾官所在的黄老中宫，并且上注于肺为六识传导右旋下降时，敕令肺魄启动心官以及给予心脏动能的精气能量，这套系统就指向了生化动能与人体运化动能的交接融合所言说的三方面内容的第一方面，人体经络系统的形成以及人体经络中的初始经络精气的布局与周流——藏象精气经络系统。

从意识三脑传导的右降左升螺旋形态所关联的肺官主降与肝官主升，不仅把六识传导生化动能与精气升降人体运化动能交接融合在一起，还通过它们共同呈现的升降来反映的堕与升的善恶法则可知，右旋下降为精气能量减弱呈现降阴，而降阴的本质在六识传导与精气升降的受想行识过程受不善业制约，而且呈现在返熏上右旋降阴为常态，故堕落是恒顺的大趋势，它也从大彰视野上接续了右旋的总体格局。但是在右旋降阴堕落的总体格局下，由于有善恶之法度，凡积善厚德法所主则有善业制约，呈现左旋精气能量上升而生阳，形成了后天神志之德升阳返熏。从升阳返熏以及升阳返熏过程中肝魂接引降阴堕落态的六识，再依左肾阳和肝官作用而有升阳传导与精气升阳的实质。

善恶业的传导与返熏，从善恶之辨发生两种返熏的路线，都是烦恼的形态，还无法断烦恼破无明，其善恶无记都只不过是无明的形态，只不过不善法下的顺承业识自然返熏形成了业障，是极深重的障碍，而后天神志之德升阳返熏是福德相的所在，会有人天福报的现报。从福德相来说，人们因为贪取人天福报也喜欢善的，但往往只顾贪而忘了善法，从因果来说不举善，不去积善厚德如何能升阳返熏而存人天福报呢？福德相上的福报都在旦夕之间，无论官禄与财富多大都是转瞬即逝，随因缘聚随因缘灭，从福德性来说，均是烦恼业之所在，也因其业力在缠而无有解脱的实质。《金刚经》："是福德即非福德性，是故如来说福德多。"所以必须入福德性的根本，从明心见性的福德性的根本来说，任何福德多的善恶的贪取皆不可取。只不过在善恶之分里，要取善。只有不断的善的积累，才能有开悟并内证的机缘。要从世间福德相里积累福德资粮去入"德"性内证，方能走一条解脱之路。

那么说到升阳的本质，有为法和无为法的积善厚德法皆停留在德用外相积善厚德外修德行上，而内证功态的炼精化炁得真阳之炁的升阳可谓最直接和根本，而且不着德行之外相，从"德"的阴阳法则属性来说，应该结合证德体系来从德性根本入手，认清外德行和内德性最根本的心髓而立足于内证。同时对于机缘不足者就要广修善行，以积善厚德为立世准则，从六识传导与返熏和精气升降的过程来说，善法所呈现的阴阳盈虚转化过程是分毫不差的，诸法因缘更是分毫不差，因果更是分毫不差，通过积善法的外修德行的重要积蓄，只有厚积入了"德"性才有承载万物并全息宇宙乃至打破无明的能量。从内证精气升阳的返熏，就指向了为何一定要通过功态将精气升阳，从而提升六识返熏的维度，将微生物电维度和心生物电维度提升至意识电的维度层次，而步入甚深的内景功态。

在精气本根哲学下的人体生命形态，自然要在人体视野讲述基于精气源流形态下的人体经络系统，同时也从人体经络系统来认知不同维度和动能义下的精气，实现生化动能和人体运化动能在流变转换上的交接与贯通，从而形成了精气神界域流变视野下的藏象生命系统与生理生命系统的有机融合。我们说生化动能和人体运化动能的流变转换"交接"融合的形态主要有三方面内容，其中第一方面为人体经络系统的形成以及人体经络中的初始经络精气的布局与周流，概述之则为经络系统与经络系统中的精气源流。

如何来理解经络系统与经络系统中的精气源流呢？经络系统为从人体整体而言，它有一套运转生理体征的动能系统，也就是从人体生理体征的生理生命系统而言指向了人体经络系统，这是一个整体视野。那么立足于人体生理体征的生理生命系统言说经络系统，构成运转经络动能系统的就是精气，通常言说经络系统的时候把经络和精气看成了一个整体的概念，也就会形成在人体经络系统中作为运转经络动能的精气是一回事的概念，或者认为在人体经络系统中运转动能都是同一种属性的精气内容的认识误区。由于生理体征复杂性和多样性，故人体经络系统在作用生理体征的机理上也是复杂多变的，在后天五生生育系统的生命形态里，是通过精气神三大界域流变转换过程实现了生命形态在人体的统一，它不仅有复杂多变的维度转换，还有动能形态之间的流变与交接融合，而实现维度转换以及动能的交接融合的正是经络系统。反之，经络系统中的精气并非是同一个维度来源以及动能源流，而是从精气神界域流变视野开始就形成了精气系统的几大源流。

从十二正经精气动能源以及在循经顺序中关联的精气相比，奇经八脉既从横向以及纵向上联络并贯穿先天维度，又从精气动能维度上关联并融合人体精气，使生命形成一个严谨严密而有序的有机整体。抛开道元维度和藏相动能义的范畴，对于经络系统与经络系统中的精气源流，自古以来这都是极大的难点和极精深的视野，道家内丹学从内证功态上根据功态层次不同，对精气内容不同有过概述和所指外，其他领域均未能从道元维度和藏相动能义上赋予精气维度上的差异，以及以此差异作用和运转下的经络系统。在中医领域，由于哲学观和视野发源于道，或者说历代道家内证大成者以自身的修为和认识补充以及发扬了中医，故经络和精气在中医既是一套系统全面的认识论，如从经络和脏腑络属关系来构建人体医学整体哲学观，又是一套基于哲学观和认识论原理指导下用来养生治病的方法论，如六经辨证的辨证施治以及针灸学和推拿学等。尽管如此，道元维度认识论下的人体经络系统又是怎样连接先天与后天呢？而且在道元维度下的人体经络系统在动能层面的精气源流，又是如何统御在生理体征层面完美的融合呢？自古以来，医学上不问源，也无从问源，只能以此来用，道家内丹学以内证所谈的诸多问题，也形成了秘而不宣和宣而又无法洞察其意的局面，更无从以分阶段分层次来构建体系。所以从道元维度和藏相动能义视野，把精气神界域流变的过程呈现，既从厘清源流问题上把经络系统与精气源流的诸多疑点和难点归类清楚，又从先天与后天的转换联系上拓宽了对生命形态的认知。

经络系统与经络系统中的精气源流，一定要建立起经络系统的形成机理和经络系统下的精气源流关系，才能从维度与动能义的不同认识经络中的精气源流，尤其是经络中依赖的精气动能源以及不同动能形态之间在同一条经络内的转换，才能真正认识人体经络系统，并以此认识生理体征下的诸系统。如何建立这个整体联系呢？就要和前文的内容体系贯穿起来，尤其是生命形态的后天五生过程以及精气神三大界域的流变过程。为了理解和阅读的连贯性，我们从生化动能和人体运化动能的流变转换"交接"融合说起，生化动能与人体运化动能的转换融合，尤其以先天六识传导与返熏发生的能量体动态过程启动精气运化成为显著内容，并且以此联系心脏第一次跳动的动能源流关联，以及与心脏同步气血的过程所联系人体经络系统的运转原理。

由六识传导与返熏发生的能量体动态过程，我们从意识三脑传导的右降左升螺旋形态，通过意识电维度→心生物电维度→微生物电维度过程，依赖肺官主降描述了六识传导能量体右旋下降的动态过程，在堕与升的善恶法则关联下，由于有善恶之法度，凡积善厚德法所主则有善业制约，呈现左旋精气能量上升而生阳，依赖肝官主升并联动肾官左肾阳，通过微生物电维度→心生物电维度→意识电维度过程，描述了意识返熏能量体左旋上升的动态过程。以此六识传导与返熏发生能量体动态过程，从六识先天秉受并布局传导，自意识电敕令肺魄启动在五藏神的层面就已经启动了精气运化，而且是五行之藏的联动。从意识电敕令肺魄动而启动心生物电，心的君主神明之官启动为心神联动，以此来联动的肺官、心官、肾官、肝官、脾官并启动的五行之藏所在的五脏六腑，也由此启动了精气运化与升降，通过精气运化与升降在人体经络系统的联动，生理生命就这样被统御主导和启动。这里之所以从能量体动态视野来说经络系统以及精气源流，就是要联系人身七处，也就是在藏象能量体精气神系统向人体命象能量体精气神系统的流变过程的人身七门，它是人体内精气神能量体非常重要的关窍。从藏象能量体到人体命象能量体的流变转换过程就可知，它要先于人体经络系统的生化形成，且能量体强度要高于人体精气神形态，但它又和先天意识秉受传导以及后天意识返熏紧密联系在一起，以此步入对精气源流的认知，既包含了维度视野又是从动能义出发。

在六识返熏以升阳上升维度与动能返熏入业库，在此过程中从心生物电形态转换成意识电形态，我们说从人身七门（处）所在的玉枕后门（处）而入进泥丸九宫，依赖肝官作用升阳形态的精气过人脑玉枕则善业转换为意识电完成返熏。那么在六识传导与返熏的右降左升螺旋动态过程中，又是如何联动人身七处（立于人体当以人身七处称之）呢？意识电先天秉受从百会天门处作用现量的人体，右旋入泥丸宫，泥丸宫对六识进行分别和了别，为泥丸宫六识分类；随后被分类的六识右旋出泥丸，经慧中前门处而降，此时出泥丸并经慧中前门处，肺魄动，为泥丸敕令魄助其动能，出泥丸宫意识电维度被右旋降低，需肺魄助其动能而降；降则经重楼楼门处，并以此处入心络脑空间体，在心络脑空间体入膻中房门处，从而启动心，生心生物电，入房门则为心脏器官亦获得动能，同时心官启动亦联动肺官以及其他的五行之藏所在的肾官、脾官、肝官。此时顺承先天六识传导，会发生两种形态的返熏，顺承业识自然返熏者从右肾命门堕落，能量体走会阴地门处。从右肾命门到会阴地门处就发生了恶业的能量体滞留，为负阴抱阳机理下的能量体滞留。另一种形态的返熏，为肾官范畴的双肾两仪从左肾阳把心官、肝官、肺官联系起来完成左升的返熏，返熏的升阳能量体走夹脊中门处，返熏意识维度从微生物电维度上升到心生物电维度，并再次联动肺官与心官，依赖肝官作用持续左升形态，后过人脑玉枕后门处入泥丸宫，从而完成经过人身七门处来连贯六识传导与返熏，并且启动了善恶门。

从人身七门处连贯的六识传导与返熏，实际上就从先天六识层面连通了人体能量体，也就成了人体经络系统的能量体转换门户。除了人身七门处外，还暗藏两个极其重要的内外命门。外命门为双肾两仪空间体所在三焦之下焦中心点，可称为下焦外命门处，它非双肾的右命门，也非命门穴。内命门则为命门宫所在的命门宫处，它为内证功态中通往窈冥功态极其重要的关窍，凡实证到此关窍者可入窈冥内景。联系《三脑六识传导的右降左升双螺旋形态图》可知，右降和左升的双螺旋形态在人体有两个交叉，上交叉为重楼楼门交叉，下交叉为黄老中宫与外命门交叉。这两个交叉就是六识传导与返熏能量体与经络系统以及经络系统中的精气源流发生独特的交融之所在，也正是这两个独特的交叉，赋予了生化动能与人体运化动能之间的交接融合，更是把人体经络系统以此联系起来，而发生直接关联的就是能量体之间的转换，它指向了精气源流。在重楼楼门交叉就发生了以肺魄启动心，产生心生物电，并启动心官以及肺官的联动，就是因为此状态把意识电维度形态与心生物电维度形态连接起来，同时把五行之藏所在的"官"启动，从精气运化到人体经络系统的联系，就构成了人体运化动能的有机运转。我们常说"舌下玄膺生死岸"，就是对玄膺和重楼之所指，在人身七门为玄膺，在人身七门处为重楼；为何能有"生死岸"之描述呢？除开"降华池在舌内，出名玉泉"的以金津玉液炼精化炁之饮刀圭实质外，更深层的所指为从因缘与因果生灭的层面来说生死。从意识电维度到心生物电维度的为生命的先天因缘与因果秉受而降，先天因缘与因果一但从现行秉受完成到传导的现量层面，就出现了从过去到现在的生灭，故先天因缘与因果秉受而降意味着灭的形态，就呈现了现行的灭与现量的生，再从现量的灭到未来返熏的生，就是一条三世两重因果的轮回之路。那么后天返熏之善路，为在死中求生，但也无法摆脱轮回打破生死，只能从无量的积善厚德之善行才能有内证解脱之时空际遇，方能立于生死之岸，所以玄膺和重楼尤其对返熏之意义十分重大，六识返熏是从右命门而下还是从重楼而上，才是自己真正的命运，而且能够主动去把握玄膺和重楼命运的又是黄老中宫与外命门交叉的善恶门。

在黄老中宫与外命门交叉就发生了通过善恶门给予了双肾两仪功能的赋予，从而从善恶之辨发生两种返熏的路线；双肾两仪功能为右命门与左肾阳，它是运化动能的范畴，而善恶门的赋予为六识传导与返熏的生化动能范畴，故又是关于生化动能与人体运化动能之间的交接融合。由于善恶门赋予的双肾两仪功能要在六识返熏的临界状态通过善恶之辨来选择两条返熏的路线，虽然它为微生物电动能形态下的双肾两仪功能，但此时右旋下降到右命门的临界态，两条返熏的路线如何选择，就要启动善恶之辨，从善恶之辨到善恶门实际上就联动了意识电、心生物电与微生物电同用，并且发挥心的君主神明之官的统御指挥功能调配五藏之官，在顺承业识自然返熏状态下，随时启动后天神志之德升阳返熏，既然是以心的君主之官来调配五藏之官以运转返熏，为何要说善恶门赋予了双肾两仪功能呢？那是因为肾主志，后天神志之德行以肾官主之，从五藏五行生克运转周行来看，在肾官的水性不会出现中断隔绝或停止，断绝了五行中的水，五行生克制约是无法周行的，故肾官的水性必然要在五行生克运转周行，这也就是所谓人有自发的善性，而且是自主之善。况且在有为法与无为法的积善厚德中，无为法的积善厚德受先天秉受的因缘制约，恒顺自然尽人之本分就是自发的自主的善，当然有为法下的后天神志所主的善只会增强升阳返熏。从善恶门赋予的肾主志来说，人体的阳气就是从肾生发出来并借助五藏之官相调和，以水性温煦全身，而且在人体中的津、液、血、脉，乃至包括精和气都跟水性关联，可见肾官从受先天秉受到运转善恶因缘再到联系人体生理生命，其视野完全在因缘与因果生灭的层面赋予了肾的先天之本。而且肾官所在的空间体，以独特的内丹田气丹田与外丹田精丹田之结合成为先天之本，在外丹田的精丹田视野上为"封藏之本，精之处也"，故可主生殖并从后天的精气运化上以能生阳气而抵御外邪，而从先天之本的先天视野启动了后天肾官的精气运化。

善恶门是否只有后天神志之德升阳返熏时候启动，而顺承业识自然返熏者右旋下降就不启动呢？实际上无论是顺承业识自然返熏还是后天神志之德升阳返熏，都要依赖善恶之辨，善恶之辨均需要启动善恶门，只有辨了善恶，才能依善恶而左右返熏的路线。能到这个层面的解读和认识，对现世现量的当下的我们多么重要，尤其是把握生命当下的意义和未来的格局，因为大道好生之德一切向善，一切唯德，先天秉受的因缘和因果虽然我们无力改变，但先天意识和后天意识在受想行识发生的后天神志之能动作用，就是生命现量的当下的重大意义，为何很多人信心不坚悟性不足呢？就是因为往昔累业的善法不够，其福德的资粮少得可怜不说，在现世又在以妄逐妄的错误追求。

　　从人身七门处连贯的六识传导与返熏，以及在人身七门处所关联的重楼楼门交叉和黄老中宫与外命门交叉视野，就是六识传导与返熏的生化动能能量体交接融合人体运化动能最直接的联系，而它们交接融合所关联的载体就是人体经络系统，并且以此经络系统赋予经络精气源流，况且人身七门处所关联的人身七门在后天五生生育过程里为藏象能量体视野，为先天精气神范畴的能量体。也正是由于我们的视野从精气神在先天的三大界域流变过程来联系人体精气神的源流变，故人体经络系统中有经，有络，有经别、别络、经筋，有正经还有奇经，与经和络相关联有脉，又常以经脉总称。以经说"脉"实际指经络中的精气形态，其脉的灌注流溢等则是精气源流以及诸多维度的变化，对于经络以及经脉的重要地位，更有李时珍感叹"医不知此，罔探病机，仙不如此，难安炉鼎。"同时他在《奇经八脉考》中曰："凡人一身，有经脉、络脉；直行曰经，旁支曰络。经凡十二：手之三阴三阳，足之三阴三阳是也。络凡十五：乃十二经各有一别络，而脾又有一大络，并任督二络，总为十五。共二十七气，相随上下，如泉之流，如日月之行，不得休息。故阴脉营于五脏，阳脉营于六腑。阴阳相贯，如环无端，莫知其纪，终而复始。其流溢之气，入于奇经，转相灌溉，内温脏腑，外濡腠理。奇经凡八脉，不拘制于十二正经，无表里配合，故谓之奇。盖正经犹夫沟渠，奇经犹夫湖泽。正经之脉隆盛，则溢于奇经。故秦越人比之天雨降下，沟渠溢满，霈霈妄行，流于湖泽。"

在人体经络系统构成的十二正经、奇经八脉、十五别络、十二经别、十二经筋等内容，尽管古代立于《灵》《素》以及诸大医家、大仙家以群书典籍之大成，不仅寻根溯源，还以诸多实证良工心苦，似乎已无所阐发叙述之余地，就连在《灵》《素》基础和已有之大成基础上来学习贯通都非易事，而今通过精气神三大界域源流变的先天之流变过程，从道元维度和藏相动能义，把生命形态的后天之先与先天之源相结合，述之人体经络系统以及经络精气源流，应该可以给对人体经络系统的学习和认识，多一双看待问题的眼睛，若有新奇之处，也是参考萃集诸说，而未必要发出大有未发之秘者之感叹。

立足精气神三大界域源流变过程的生命形态的后天之先与先天之源，如何从道元维度和藏相动能义来看待人体经络系统呢？就要根据人体与先天的关联建立三大体系化的视野，为藏视野下的意识维度层面、相视野下的经络动能维度与能量源流、象视野下的生理运化精气灌溉流注这三方面。以此分维度以及动能转换把先天精气神融入人体经络系统，就把生命形态所在的大生命观，通过生化动能与人体运化动能的交接融合贯穿起来。那么三大体系化视野所构成的连贯视野为意识维度→经络动能→运化精气，正好是先天唯识因缘禀受，启动经络的维度和动能转换构成藏象系统源流，并立足于藏象经络精气周行运转统御并主导人体生理体征，形成完整的生命体，既承载了六识层面的现行与现量转换，又赋予了生理生命在因缘生灭的现量时空意义。

人体经络的藏视野，为从意识维度层面，通过六识传导与返熏的完整过程，建立意识维度下的生化动能与五藏神相互关联的源流载体。怎么理解这个人体经络在五藏神形态下的源流载体呢？也就是说五藏神既参与了六识传导与返熏的完整过程，作为意识维度下的生化动能内容，又以此五藏神成为人体经络中的精气源流所在，故人体经络的藏视野就要识取五藏神的在转化和启动过程中的载体形态，同时又是精气源流的高级内容。六识传导与返熏的过程中从意识电敕令肺魄并启动肺官以降，这里说肺魄是为了方便理解肺和魄的关联，而实际上在六识传导层面，为意识电敕令五藏神的魄，由魄关联肺官；同样以神关联心，以志关联肾，以魂关联肝，以意关联脾，形成由五藏神作为源流载体来启动五藏之官。如果以此过程和顺序来看，是否最先以意识电敕令魄，魄动启动肺官，从而魄与肺成为经络精气的源头呢？从六识传导系统来说应该是魄先动，但从生命整体形态来说答案是否定的。而是从意识电形态最先启动的为意与脾官，然后才到魄与肺以及神与心。那么这里的内容就要比从六识传导与返熏的过程更深邃，它又直接指向了精气神的宫库田轮态。为何最先启动的为意与脾官呢？"意"的内涵中本身包含了六识中的意识部分，虽然我们经常宏观地把六识称为先天意识，但在具体言说六识时，意识在六识之中，故先天秉受入泥丸宫，从泥丸中宫右旋出，经明堂而降时，"意"便已动。

我们说上黄庭泥丸宫为精气神的宫库田轮三库轮态下的视野，精气神的宫库田轮三库轮态，其空间体形态与人体三维体并非一致，而是上黄庭泥丸宫中位居正中之中，也就是四象五行之中宫，在四象五行的格局里为土性，故有"意"与土性结合，居中宫，这与河图图式与洛书图式都有一个属土性的中宫是一致的，它统于生化之先。也就是说"意"在六识传导之初就以上黄庭泥丸宫关联土性，故六识秉受传导动，则意与土性启动。然后才有与人体五行之藏相关联，形成了以"意"和土性来关联脾官。从通过"意"与土性来关联脾官的思维过程可以看出，结合人体组织器官来言藏象，从五行之性到五藏神能量体，再到五行之藏立足于五脏来与五行之性和五藏神关联，最后才是基于五行之藏的五脏之官言说诸系统，就能形成不一样的认识论，例如在哲学视野上就连脾官的内涵都是要远高级于人体组织器官脾脏。我们在前文叙述关于六识传导与返熏过程所联系的肺官、心官、肾官、肝官时，就唯独没有说到与脾官的关联关系，就是因为它是更深一层次的视野。而且我们在前文说所有启动与运转的十二官以及精气发源源头后的运转都为中焦的脾官所在——黄老中宫，尤其是十二正经的经脉循经起点，起于中焦上注于肺，就是起于脾官所在的黄老中宫，并且上注于肺为六识传导右旋下降时，敕令肺魄启动心官以及给予心脏动能的精气能量，这样就从意关联脾，再到魄与肺以及神与心。

如果以这种顺序来言说五藏神与五脏之官，是否就违背了五行相生的顺序，而且出现了杂乱无章呢？所以窍诀和秘密就在这里，因为这是先天范畴生命形态的生化动能所在的精气神能量体，非后天五脏五行的精气运化。先天范畴的生命形态的五行法则又是如何呢？它为五行交合下的五气朝元，呈现为金木交并水火相济的五气朝元与凝结中宫俱归于土的四象五行等内容。先天范畴生命形态下的五行法则，立于人体的后天来说，精气神三大界域流变过程在生命形态上就为先天范畴，且遵循先天范畴的五行法则；同时立于人体修证证道逆证成仙返回先天，所返回的先天也是修证生命形态立于先天范畴。所以五行交合下的五气朝元既是生命形态的先天范畴五行法则，同时也是五气朝元的后天证悟的内丹学所依托的五行法则。先天五行法则与内证五行密码的内容中，金木交并水火相济的五气朝元说的是五行交合法则，凝结中宫俱归于土的四象五行说的是土性中宫，两者交互联系构成了先天精气神所赋予的生化动能与人体运化动能的交接融合。

其中金木交并为魄魂同用，金魄为先，六识能量体传导先行，后返熏木魄同用，虽然这里以传导和返熏的先后来言明，实际上为生化动能能量体所在的太素生命素的运动方式，完全超越光速的精气运动，故从人体三维运动形态来看此先后也为金木交并的魄魂同用。在内证范畴的金木交并为制魂纳魄，实则是炼精化炁后以精气升维度的形态降服意念，进入致虚极守静笃的禅定境界，换句话说只要金木交并的魄魂同用，意念的传导与返熏就会永不停歇，并以此启动的生理生命的运化也是永不停歇，就会出现意念横飞，根本无法入静进入禅定祥和之态，但通过一定的功态达到制魂纳魄的境地，就能让精气以升维度的形态进入金木交并的功态境地，就能入先天内景，此时六识传导与返熏尚未中断停止（先天因缘也无法中断），但就可依此六识的妄念在金木交并的先天内景里观其因缘，降伏意念从而不随意念奔驰，以见性之膜镜观照就能转智，到了这个功态就能明了什么叫妄念即菩提，这就是为何要通过一定的方法炼精化炁，让精气升维度，不升维度就无法把意念的速度控制住。

水火相济为神志同用，以土居中宫则有火神居上与水志居下，同用相济取水志尊上，取火神君主卑下；为何居下的水志能尊上呢？为金木交并的魄魂同用时必有德行之辨，心的君主之官感其德而成卑势，水志以升阳而从玉枕后门入泥丸宫，为水志从北极入中宫，再以敕令顺下和心神君主相济。从水性之肾官到火性之心官，此状态之言说即为心肾相交，此时言说的"心肾相交"非中医医学层面，而是五藏神作为生化动能与人体运化动能交接融合的源流载体，更是道元维度与动能义的结合；既然是源流载体，就能以此延伸到精气运化层面来说心肾相交，从而赋予了医学上的心系统与肾系统的辩证论治。在先天态和内证态上，水志以升阳与心神君主相济的圆融一体，则至阳乃生，非一般功态描述的真阳生，而是真阳生后以此升阳再以升维度达到至阳生的境界。在内丹金丹之功态中为极其玄奥且著名无比的取坎添离之抽添玄机，坎离如何抽添，乾坤如何交媾，铅汞如何生发，龙虎如何升腾，功态中金木如何交并以及水火如何相融。说了这么多，道理似乎都能懂，可在功态中升起觉性入此内景，是何等的造化，那得打多么深厚的基础，可实际上你除了瞎想还能干什么呢？敬请诸君非以实证且功夫娴熟而慎言。金木交并之雷天大壮卦与天雷无妄卦，水火相济之水火既济卦和火水未济卦均呈现了不同的功态以及境界所指。也是从先天时空世界和后天时空世界两种不同的视野言说生命形态，这也是为何在道家和中国传统文化里谈魂魄，且为魂魄同用以及神志同用。

　　五行交合下的五气朝元，从金木交并水火相济言说了金木水火，那么在四象五行格局下凝结中宫俱归于土，则构成了金木交并水火相济意土不驰，形成了五气朝元，且为先天精气神态，更有五藏神的魂魄神志意之精气关联态被"神"形态所统御，成为五行合而太极成的太极金丹，实际为生命形态的极高维度，为从先天之源而窥后天之玄机。那么本来五行相生的土→金→水→木→火的五行相生顺序，怎么就在先天态变成了金木交并水火相济的格局呢？皆是因为生命形态的左旋而右转动能态，以及双螺旋形态的曲变关联，回头再好好思索对照河图图式与洛书图式，这就是先天跟后天之别，也是维度形态下的四维动能态与三维态之差别。以五藏神的源流载体延伸到后天人体精气神态，就是从先天生动能态交接融合到后天的运化态，就构成了金水相连之君火，木火相连之相火，意土补五脏气尤以土生金，因为从人体运化精气来说，从意关联脾再到魄与肺，则有土生金，魄与肺为右降，右降必关联水与肾，则有金生水；肾水生阳入肝化血，故水生木，肝血舍魂气血推动灌注全身，心脉乃推，故木生火，就真正回到了土→金→水→木→火的五行相生格局。

我们说意土补五脏气尤以土生金为主体，除了六识传导与返熏过程中在六识传导之初就以上黄庭泥丸宫关联土性外，在五藏神的载体形态以及后天人体运化精气形态上，都是以意土关联脾为先，构成了意土统于诸生化及运化之先。且在运化精气形态上，脾统血，化生营气于脉中，故脉中的营气源则为脾官，也就是说脉中的营气精气态之源为脾官，为何言说"统"呢？就是以统御统筹之义统于诸生化及运化之先。以此营气精气态行于脉中就构成运化形态，尤其是以此五行之藏所在的脏腑十二官，更是以五行之藏的联动指向了经络精气源流的所在。所以从五藏神的载体形态到人体运化精气上，就找到源流式的交接融合。

肝藏血和脾统血有何区别呢？肝藏血是以肝魂升阳入肝之后启动肝官的作用生了肝血，藏的是肝魂，指向了肝血的源流为五藏神的魂，直到"血舍魂"后，魂与血完成了生化动能向人体运化动能的转换，魂和血两个维度的动能形态，魂为五藏神形态的能量体，血为运化精气态。脾统血，"统"在统筹义为统五行之先，故可补五脏气以温五脏；在统御义上为统诸生化及运化之先，是能量体之源流；从统血可知，脾为血的生化以及运化精气之源流。所以从这里就解释开了，启动与运转的十二官以及精气发源源头后的运转都为中焦的脾官所在——黄老中宫，尤其是十二正经的经脉循经起点，起于中焦上注于肺，就是起于脾官所在的黄老中宫。由此所梳理的哲学逻辑可以看出，要想解释出十二正经起于中焦的真相，以及起于中焦发生了什么，还有这个"起"到底相对于经络的意义是什么。答案为它是维度升降的转换与动能形态的源流，尤其是给十二正经灌注高维度精气能量体，一定是高于运化形态的精气能量体。

以此梳理从六识传导与返熏过程、维度升降与动能流变转换过程、精气神三界域流变内容、精气本根赋予的精气神能量体实质等联系起来，才能从土→意→脾官→意土脾→脾脏给予维度升降和动能视野的解析。所以可以眼见的血，到底关联了哪些系统？到底跟什么密不可分，用一个仪器查一下血红蛋白和白细胞是不是就能打开维度与动能关联的视野呢？从脾统血到肝藏血，有了高维度精气能量体的赋予和推动，才给予了脉动的实质，也就从心主血的层面赋予了生理生命的动能，从而通过血把五藏神的生化动能→人体经络系统的基于生化的源流动能→生理生命的运化动能接续起来。从维度升降与动能流变关系所赋予的脉的精气层面的变化，指向了脉学。脉学的实质，既有先天动能源流的灌注以此洞悉先天之机，又有后天脏腑精气的运化，可查脏腑经络精气的盛衰；既能连接善恶之辨的先天之目而窥德行真伪，又能觉察喜怒之情志联系组织器官的病变，从未病到三世两重因果皆不是什么秘密，究竟能把脉学学到什么层次，以及从脾经连舌本散舌下的舌胎能看出什么造化，完全不是一个靠什么传承能说清楚的。

关于五藏神在维度升降与动能流变形态下的源流载体，唐朝胡愔在《黄庭内景五脏六腑补泻图》中说："夫黄帝谓歧伯曰：夫人者，受天地之气以生之，来也谓之精，精之遇为之灵，灵之发也为之神，神之化也为之魂，魂随神往谓之识，并精出入谓之魄，主荣积魂谓之心，心有所从谓之情，情有所属谓之意，意之有所指谓之志，志有所忆谓之思，思之有所远慕谓之虑，虑而事成谓之智，智者尽此诸见者焉。盖精神、魂、魄、意，情智见识之为用也。"如果这里不是解释人体经络在五藏神形态下的源流载体，通过五藏神这个载体完成生化动能与人体运化动能转换，并以此指出运化精气的源流，很难将本是内丹金丹学不传之秘和五气内景在此合盘托出。在《古本周易参同契集注》和周敦颐太极图（又称化生万物图）里对先天范畴的五行交合下的五气朝元有过图式呈现，也有过文字概述，先不说真正到了内证境界以内景洞悉此金丹学极深之奥秘，就连从文字与图式本身推导五行规则还能说出一番道理来者已是夺了造化之机了，面对此等绝学，由于根本看不懂此图，一些学者以点评江山的方式竟然说出周子《太极图说》义理都对就是图画错了的不知羞耻之语，恐怕连义理的文字字面意思都没读通。从魏伯阳著《周易参同契》到周敦颐《太极图说》这套内丹金丹学不传之秘大白于天下，其五行交合下的五气朝元图式，别说以内证功态识取真面目，或者从文字图式本身来看穿讲通这套义理，就连能归类到内丹金丹学的范畴也寥寥无几，大多在自己的见识尺度下以瞎猜的方式来致敬古人，且不以为耻。

　　人体经络的相视野，为从经络动能维度与能量源流层面，通过五藏神在维度升降与动能流变形态下的源流载体，建立经络维度和动能能量，并从精气维度流变的源流关系上赋予经络流注的关联。相视野相比藏视野来说，视野更加关注于经络系统本身，只不过是探讨经络中最原始的精气形态，因为只有从经络中在生化动能与人体运化动能交接融合的最原始的精气形态，才能厘清经络关于维度和动能的根本，更是以此透析人体精气神能量体与五脏运化的关系。从五藏神的生化动能→人体经络系统的基于生化的源流动能→生理生命（五脏六腑运化）的运化动能程式联系五行之性→五藏神→五脏之官→五脏系统可知，相视野在藏视野的五藏神源流载体启动（交接融合）下，赋予了经络的维度升降与动能流变形态，所以这就构成了相视野的主体。

从藏视野的意识维度层面，让五藏神有了源流载体的交接身份，认识五藏神在精气神三大界域流变过程中可知它是内丹田精气神能量体形态的能量体方式，故它以六识传导的因缘生灭层面，从内丹田精气神能量体方式启动了人体精气神的关联，而且这种关联直接形成了经络中的精气源流，如从脾土所在的黄老中宫发源了十二正经的精气灌注，从源流的源头上让人体经络的初始动能的接续到了内丹田的能量体方式，而且还是高于内丹田五藏神形态的黄老中宫能量体。

这里就有一个问题，为相视野的经络维度和精气动能是藏视野的六识传导赋予的么？这是一个很容易造成误区的认识，就是藏视野所言说的六识传导赋予了经络维度和动能能量，因为在前文的解析也是此逻辑过程，但要注意的是经络维度与动能能量相对六识传导的根本是什么呢？都是能量体方式——精气神为载体，抛开"神"的层面，其都是精气本根下的能量动态关联，六识是同时经络中的精气源流也是，只不过六识的精气神能量方式为先天态，而经络中的精气以人体运化精气神态为主体，它们之间有五藏神源流载体的交接身份。所以一切皆是精气本根下的不同因缘与因果形态，除此以外无其他玄妙，而"神"层面的是什么呢？就是种子，精气神能量体形态不同，种子的表现就不同，但以六识赋予与五藏神同用最为常见。"神"形态的种子与精气本根下的能量体形态叙述的就是种子现行与现量体世界的关系，现量体世界是精气本根下的因缘总量。一般来说凡夫的体世界的现量因缘量要远大于六识因缘量，故在人体内会不断接受六识的先天秉受，就呈现了现量的生命。如果现量的体世界和六识因缘量等同，就意味着六识传导灭了肉体也就随之生灭了，之所以肉体有一定的外观稳定性，就是因为肉体所在的现量体世界的因缘量要远大于六识单位的因缘秉受，虽然在微观上是随种子现行并呈现现量的巨大生灭，也就是说种子现行和现量体世界是同步的生灭的，这就是唯识变现的法则，但物质形态的色法业障限制了同步性，或者说障碍了同步性，这就是无明业力。以此类推，肉体所在的环境，环境山水所在的地球，地球所在的太阳系，太阳系所在的银河系等，都是体世界的因缘量，就能逐渐透彻唯识的动态，一切皆在随因缘并因果生灭，只不过呈现出体世界的生灭量有时空关系而已。以此就能步入相对时空关系去观照念头因缘，而不受念头因缘的体世界的束缚，时空量能大能小，大者转化的因缘量就大，小者转化的因缘量就小，如果往昔累劫的总因缘量是一定的，随观照转化的时空量大小就决定了修证时间的长短。不过这一切经络维度和动能能量取决于精气升维度对意念和念头因缘的控制。那么所要说明的是什么呢？为经络维度和精气动能为精气神能量体方式赋予的，为"神"种子主气精现行在不同时空体的现量因缘所赋予的。

经络维度和精气动能在精气神的能量体方式被赋予，就从精气神三大界域流变过程，找到了精气源流，从黄老中宫以及内丹田给予了运化精气的动能源，同时赋予了人体经络的维度升降。但是它伴随着六识传导与返熏过程来启动人体五行之藏的诸脏官。六识传导与返熏所依赖的生化动能以及人体五行之藏的诸脏官的人体运化精气动能，就呈现了维度升降，而且这中间还有五藏神的源流载体的交接身份。相视野下的经络动能维度与能量源流层面结合精气神能量体方式的流变过程，就形成了经络能量体方式的源流变形态，为黄老中宫→内丹田→外丹田→中脉与三脉七轮；维度升降上就从意识电维度→心生物电维度→微生物电维度→三焦内运化精气维度。从黄老中宫发源的十二正经的精气灌注的源头，依十二正经的流注顺序，就在十二正经内连同五脏六腑形成了十二正经精气源流变形态，以此共同联系三焦内运化精气维度，形成动能能量源流与人体脏腑维度结合的生理体征形态。

在人体经络的相视野里，发生维度联系并贯通维度以及实现精气连通的为维脉，阳维脉联系升，阴维脉联系降，而且阴阳维脉从经络的藏视野在六识维度层面就发生了联系，所以说它贯穿了维度之间的联系，又以维度联系将维度差异的精气连通。也可以说人体经络从藏视野到相视野发生维度联系的为阴阳维脉，阴维联系降，为阴，故沉入里，从维度贯穿上主一身之里，阳维联系升，为阳，故透于表，从维度贯穿上主一身之表，由于它贯穿维度，从先天能量体维度连接到后天能量体维度，故有透彻乾坤之说。李时珍《奇经八脉考》："故阳维主一身之表，阴维主一身之里，以乾坤言也。"所以阴阳维脉为贯穿乾坤维度视野，可谓维度与阴阳主轴，因透彻乾坤而有贯穿维度视野，阴阳主轴因阴维脉在贯穿维度的基础上"维络诸阴"，阳维脉 "维络诸阳"，贯穿乾坤维度而谈阴阳为人体经络从先天到后天的第一层面的阴阳观，也正因如此它在内证内景层次上可谓是最高最深的经络隧道，因为从阴阳维脉精气升维度就是三大意识维度的关联，阴阳维脉通透不仅能入内景禅定，而且诸多细微流注因缘形态的来龙去脉皆能降伏。阴阳维脉的贯穿乾坤维度与阴阳主轴同任督脉的阴阳视野区别很大，从藏视野到相视野的阴阳维脉位置，就能区分从相视野到象视野的任督冲带脉的维度差异，督脉的阳脉之总督与任脉的阴脉之海，再加上冲脉的十二经脉之海是从后天人体视野来说阴阳诸脉的关系，而阴阳维脉是先天与后天生命形态交接融合时的贯通视野。从生命形态的时空奇点上不在同一维度层面。这就是医学和道家内证所关注视野的区别，医学要通俗易懂并强调致用，故从任督冲带入手即可。所以这种视野和哲学深度认识阴阳维脉，对认知人体经络系统有着十分重要的作用，尤其是我们以人体经络系统连接先天和后天的关联，并且赋予了它在藏象生命系统和生理生命系统的统御主导作用。

阴阳维脉对于内证中从内景隧道而言内证功态实质的重要意义不言而喻，由于阴阳维脉为内景层次上最高最深的经络隧道，故不能直接从阴阳维脉入手，同阴阳维脉联系的就是阴阳跷脉，也就是说阴阳跷脉是入阴阳维脉的前提和基础。尤其是对于破玄牝之生死玄关有极其关键作用的阴阳跷脉，当破玄牝玄关，阴阳跷脉就可借助炼精化炁所在的真阳而有精气升维度入阴阳维脉，渐入功态内景。可谓玄牝玄关阴阳跷，玄关入后阴阳维，阳维通透阴维连，阴维连贯经络全的金丹绝对玄妙视野。如果把阴阳维脉理解成纵向乾坤轴，那么阴阳跷脉联系的就是横向前后轴，或以左右向、东西向言；为阳跷主一身左右之阳，阴跷主一身左右之阴，以东西言也。阴阳维的贯穿乾坤的维度联系与阴阳跷的贯穿前后（或左右、或东西）正是以此空间体的时空关系言明先天、后天、人体的维度差异，自然就会呈现从先天到后天的人体精气神能量体的源流变，它赋予了维度升降与动能流变下的经络精气的流注。关于阴阳跷脉与阴阳维脉的在内丹上的内证视野，张紫阳《八脉经》云：凡人有此八脉，俱属阴神，闭而不开。惟神仙以阳炁冲开，故能得道。八脉者，先天大道之根，一炁之祖，采之惟在阴跷为先。此脉才动，诸脉皆通。次督、任、冲三脉，总为经脉造化之源。而阴跷一脉，散在丹经，其名颇多：曰天根，曰死户，曰复命关，曰酆都鬼户，曰生死根，有神主之，名曰桃康。上通泥丸，下透涌泉，倘能知此，使真炁聚散，皆从此关窍，则天门常开，地户永闭，尻脉周流于一身，贯通上下，和炁自然上朝，阳长阴消，水中火发，雪里花开。所谓天根月窟闲来往，三十六宫都是春。得之者，身体轻健，容衰返壮，昏昏默默，如醉如痴，此其验也。要知西南之乡，乃坤地，尾闾之前，膀胱之后，小肠之下，灵龟之上，此乃天地逐日所生炁根，产铅之地也，医家不知有此。"

奇经八脉者，先天大道之根，一气之祖。这才是从先天到后天的认知，也是从奇经八脉的角度视野去赋予十二正经的五行之藏的联系，为何会发生在十二正经内连同五脏六腑形成了十二正经精气源流变形态呢？就是靠奇经八脉从维度升降与动能流变上贯穿联络并交汇，因为五行之藏的整体观并非停留在五脏六腑的狭义视野上，而是全身的联络流注以及转换。李时珍《奇经八脉考》："奇经八脉者，阴维也，阳维也，阴跷也，阳跷也，冲也，任也，督也，带也。阳维起于诸阳之会，由外踝而上行于卫分；阴维起于诸阴之交，由内踝而上行于营分；所以为一身之纲维也。阳跷起于跟中，循外踝上行于身之左右；阴跷起于跟中，循内踝上行于身之左右；所以使机关之跷捷也。督脉起于会阴，循背而行于身之后，为阳脉之总督，故曰阳脉之海。任脉起于会阴，循腹而行于身之前，为阴脉之承任，故曰阴脉之海。冲脉起于会阴，夹脐而行，直冲于上，为诸脉之冲要，故曰十二经脉之海。带脉则横围于腰，状如束带，所以总约诸脉者也。故阳维主一身之表，阴维主一身之里，以乾坤言也。阳跷主一身左右之阳，阴跷主一身左右之阴，以东西言也。督主身后之阳，任、冲主身前之阴，以南北言也。带脉横束诸脉，以六合言也。是故医而知乎八脉，则十二经、十五络之大旨得矣；仙而知乎八脉，则虎龙升降，玄牝幽微之窍妙得矣！"

在相视野经络维度升降与动能流变形态主体内容里，从精气神三大界域流变的实质，有独特的内精外气的"精"结构与内气外精的"气"结构，它构成藏象内外丹田精气系统的全部生化内容，并且从精气本根论上统一了藏象生命系统——无外乎精气。那么就要在无外乎精气的形态下分出在人体经络系统里的经络维度升降与动能流变形态。我们知道内精外气的"精"结构与内气外精的"气"结构，是在言说内外丹田平衡以及胎形态精气神平衡时以七门窍能量转换通道为视野的总结内容，也正是此内容，产生了精气神在人体经络的诸形态以及周流生化转换的根本。

内精外气的"精"结构与内气外精的"气"结构中，内丹田精丹田与外丹田气丹田在人体的反映指向了心肺区所在的部位，构成"精"结构，但一定要注意它有两个完全不同的能量体方式源，内丹田精丹田的能量体方式源为心绛宫"精"形态，五藏神为以魄为主体，而外丹田气丹田的能量体方式源为呼吸运化精气。内丹田气丹田的能量体方式源为命门宫"气"形态，五藏神为以志为主体，而外丹田精丹田的能量体方式为运化精和生殖精。内与外在能量体方式源上不同，故作用在人体经络上的机理是完全不同的，以内精外气的"精"结构为例，魄作用六识传导与返熏的维度升降，呼吸运化精气作用肺官，以肺官成为人体运化精气范畴，并成为十二正经的精气流注源流。所以从"精"结构与"气"结构在内与外的能量体方式上就赋予了维度升降的视野，也就是说精气神的界域流变的诸形态过程皆不能放在同一维度层面，否则对认识经络维度以及精气源流就没有多大的帮助了。

精气神三大界域流变过程的内精外气的"精"结构与内气外精的"气"结构，是赋予人体经络系统中经络维度升降与精气动能源流的根本，或者叫先天之源。我们经常立于人体精气神来说先天之源，会把先天之源归结为"祖气"这一种形态，实际上它还有多种不同层次和层面的内容与体系。为什么要展开精气神三大界域流变过程来认识内外丹田不同的"精"形态和"气"形态，实际上就是为了构建人体经络系统立体化多维度的精气源流内容体系。从人体经络能量体方式源流上有黄老中宫→内丹田→外丹田→中脉与三脉七轮的精气源流程式，也有从意识电维度→心生物电维度→微生物电维度→三焦内运化精气维度的维度升降程式，以精气源流程式和维度升降程式构建的立体化多维度的精气内容体系，就指向了立于人体经络系统而言说的藏象生命系统，所以我们一直在言说的藏象生命系统到底为何物？有哪些哲学原理？有哪些体系和内容构成呢？到了这里就能一目了然，而且也就能明了人体经络系统既作为藏象生命系统的载体，又是藏象生命系统的内容的重要性。

内精外气的"精"结构与内气外精的"气"结构，赋予了经络维度升降以及精气动能源流的先天之源，那么它是如何与十二正经的流注发生关联并为其经络提供先天之源的精气呢？根据道元论及藏相动能义的维度升降原理，我们常以三界膜的三阶四象结构分析事物之间的维度关联以及动能源流关系，在十二正经的流注顺序里有三组三界膜的三阶四象结构，分别是手太阴肺经→手阳明大肠经→足阳明胃经→足太阴脾经的三阶四象结构、手少阴心经→手太阳小肠→足太阳膀胱经→足少阴肾经的三阶四象结构与手厥阴心包经→手少阳三焦经→足少阳胆经→足厥阴肝经的三阶四象结构。为何要如何分三阶四象结构呢？因为在每一组三阶四象结构的联系上，正好是先天之源的内精外气的"精"结构与内气外精的"气"结构给予十二正经灌注动能源。在常规的十二正经流注顺序上，把十二正经当成了一个整体，从起于中焦上注于肺开始进行了循经流注，实际上依道元论和藏相动能义的维度升降原理，每一个三界膜的三阶四象结构就会发生维度升降和动能流变的变化，十二正经也不例外。当每一次维度升降和动能流变的变化发生后，第二个起点就需要补充先天之源的"精"形态和"气"形态了，所以三组三阶四象结构就有了三次先天之源的"精"形态和"气"形态的灌注，从十二正经的整体来说或叫补充。而灌注的先天之源的"精"形态和"气"形态就是内精外气的"精"结构与内气外精的"气"结构，它在黄老中宫→内丹田→外丹田→中脉与三脉七轮的精气源流程式内容里。这三次先天之源对十二正经的提供能量的形式就叫灌注，因为有维度升降的维度差，高维度能量体流向低维度能量体空间为灌，被灌注后成为新动能源的循经顺序才叫流注。

十二正经的流注顺序的三组三界膜的三阶四象结构，从先天之源的动能灌注来说构成了精气总源、内精外气的"精"结构的精源，内气外精的"气"结构的气源为灌注结构。也就是说起源于黄老中宫的精气总源，成为了手太阴肺经→手阳明大肠经→足阳明胃经→足太阴脾经的三阶四象结构的灌注源，简称总源灌注。内精外气的"精"结构的精源，成为手少阴心经→手太阳小肠→足太阳膀胱经→足少阴肾经的三阶四象结构的灌注源，简称精源灌注。内气外精的"气"结构的气源为手厥阴心包经→手少阳三焦经→足少阳胆经→足厥阴肝经的三阶四象结构的灌注源，简称气源灌注。从总源灌注→精源灌注→气源灌注的十二正经才具备了我们所知的整体的流注顺序，当它们灌注到十二正经后就形成了十二正经能量体方式的动能形态，就是中脉与三脉七轮的精气态，它就是象视野的能量体结构。如果没有先天之源的高维度与高动能的能量体灌注十二经脉，就无法赋予十二经脉在人体运化精气态下的流注与运转，也就是说万事万物都有一个源，十二正经接受五脏六腑与五行之藏的运化精气，必然要有一个动能给予的源头。而人体运化精气态就是启动了生理体征属于生理生命系统，而十二正经的先天动能源以及运化精气的流注为藏象生命系统。在生理生命系统还未发生运化精气来流注于十二正经时，十二正经就是通透的、运转的，它就是胎形体阶段的经络系统；当生理生命系统发生运化精气来流注于十二正经时，十二正经在大彰视野的右旋总形态下，其流注是要消耗和减弱动能的，而且生理生命系统运化的精气是不足于推动十二正经的运转的，况且还有五行之藏相关联的十二经别、十二经筋、十二皮部的关联，更加需要有动能源的灌注了，这就是先天动能灌注源所发挥的藏象生命系统与生理生命系统交接融合的身份。就如五藏神为作为源流载体的身份一样，通过交接融合把维度升降的差异和动能流变转换统一在人体。

起源于黄老中宫的精气总源的总源灌注，既然是总源灌注也是精气总源，故为先天六识生发之源，以此源出，秉受至泥丸宫进行意识维度层面的传导。在黄老中宫的先天六识生发之源后的传导，就发生从魄与肺官的关联，而且是从意识维度传导引起的，这就是为何十二正经是从肺流注开始，因为先天意识传导从泥丸宫下降，因维度降低必动能减弱，故敕令魄动助于动能，以此开始并以魄关联肺，故有了肺为十二正经之先。但这个先必有一个动能之源，这个源就是黄老中宫的精气总源。我们为何在前文解释相视野的经络维度和精气动能是否为藏视野的六识传导所赋予的，就是因为精气神的种子总源在黄老中宫，它跟土性的意关联，土性的意又与脾关联。在黄老中宫的总源形态里，发生跟脾官相关联的就是脾土黄宫，它为后天意识熏习之所以及脾统血之处。脾官统血就会发生精气能量体方式在人体里因为右旋凝聚成血的物质态，也就是说当脾官发生统血形态的运化运转，精神相域相虚义的精气能量体就会发生极其重大的变化，变为物质态血，发生精神相域相虚义向物质域的色法形态转换，就产生了维度的升降变化和动能降低，而且维度升降与动能降低是发生了根本形态的改变。故从手太阴肺经→手阳明大肠经→足阳明胃经→足太阴脾经构成了一个三阶四象结构。从这个循经的结构就可知，先天精气总源同肺所在的魄与呼吸运化气，成为脾官统血的主因，从肺与大肠相表里后，流注于为胃，主因的"气"形态需要水谷精微的助缘，而且也是血这种物质形态发生的重要诸源，之所以称为"精微"它既不是精也不是气，也就是运化的物质态。"气"形态与"精微"结合就发生了血的生化变化，精神相域相虚义向物质域的色法形态转换，就需要更高的动能形态给予灌注或补充，它就是精源灌注。

精源灌注，为内精外气的"精"结构的精源在十二正经的脾经之后与心经之前发生的灌注，它在心绛宫所在的心肺部位通过阴阳维脉的维度联络灌注于十二正经，成为手少阴心经→手太阳小肠经→足太阳膀胱经→足少阴肾经的三阶四象结构的灌注源，并以此给予了先天精源动能。精源灌注后其动能推动脾统血以及全身器官所参与造的血入心，血入心的同时，血能载气，心脏因血载精源灌注的精气而获得动能，成为生理动能一部分。精源灌注的动能除了推动十二正经的流注外，最大的一个作用就是推动血入心，这是一个非经络层面的动态，而是全身器官参与的整体动态，尤其是参与造血的组织与器官的运转。我们知道心脏动能形态里有一个先天意识动能，也就是意识传导过程中心脏第一次跳动的动能，在此阶段又有精源动能和心脏生理动能让心脏在两个道元维度下成为心络脑的主体，因动能具足并以此主血。心脏以舒张压和收缩压的形态让生理体征可见的血由此获得了推动力。当十二正经流注到肾时，先天意识的传导与返熏要在肾官发生两种路径返熏路线，这两种路线都要以肾官为主体，故善恶门下的善恶之辨要消耗动能，除此以外，肾官以水性主津、液，血脉中的水液形态乃至人体全身组织器官的水液形态皆要消耗极大的动能，这两种为主体的动能消耗下，就需要更高的动能形态给予灌注或补充，它就是气源灌注。

气源灌注，为内气外精的"气"结构的气源在十二正经的肾经之后与心包经之前的发生灌注，它在命门宫所在的腹脐部位通过阴阳跷脉的动能联络灌注于十二正经，成为手厥阴心包经→手少阳三焦经→足少阳胆经→足厥阴肝经的三阶四象结构的灌注源，并以此给予了先天气源动能。气源灌注后其动能通过心包经发生了与精源灌注的交融混合，形成独特由先天精源能量与先天气源能量交融的精气结构，也就是人体的中脉与三脉七轮的精气融合态，彻底进入了生理生命系统运化范畴。也是从此以相视野进入了象视野的形态，意味着跟先天发生了最后一次的交接融合。但要强调一点，气源灌注的动能主要的部分参与流注于手厥阴心包经→手少阳三焦经→足少阳胆经→足厥阴肝经的三阶四象结构，另一部分不参与这个十二正经的流注，而是以精气融合态流入中脉与三脉七轮，形成象结构的主体能量体结构，以此统御着任督冲带脉。以此来看，精气融合态的维度和动能形态要低于气源灌注形态以及精源灌注形态，更因为它是象视野维度层面，自然要低于相视野的维度层面。精气融合态的三脉七轮的主体能量体结构是象视野的经络主体，围绕它构成了任督冲带脉结构，以及营卫气血的运化层面，并且又以营卫气血的形态融入象视野层面的十二正经所关联的十二经别、十二经筋、十二皮部以及络脉的流注。

先天之源的动能灌注下的经络维度升降与精气动能源流，为总源灌注、精源灌注、气源灌注的三种灌注源同十二正经结合，产生了灌注动能源→经脉源流→精气流变→维度与动能变的程式形态，一目了然地以三界膜的三阶四象结构把经络中的精气动能的源流呈现，而且在先天之源的动能源的灌注上，内精外气的"精"结构的精源灌注与内气外精的"气"结构的气源灌注，都是精和气在内外丹田的共同配对，并非产生了精源灌注的能量结构要大于气源灌注的能量结构，它们从先天之源来说是平衡的，只有总源灌注的能量结构高于精源灌注和气源灌注。

精源灌注和气源灌注作为先天之源的动能灌注，既然高于脏腑十二正经的能量维度，那么它们到底从哪里与人体生理生命结合呢？精源灌注通过阴阳维脉在心绛宫所在的心肺部位，尤以肩胛左夹脊处发生沟通往来，有一个维度与动能交接融合的精结带。气源灌注通过阴阳跷脉在命门宫所在的腹脐部位，尤以命门穴处发生沟通往来，有一个维度与动能交接的气结带。精源灌注和气源灌注这种先天之源的动能灌注并非时时刻刻与生命发生着往来，它只发生三次藏象调节，第一次为先天赋予，为心脏未获得第一次跳动前生理运化未启动的先天赋予，发生于胎形体时的经络中的精气周流；第二次为生理启动后产生的藏象生命系统与生理生命系统的交接融合，两套生命系统就会产生维度与动能的差异，此时为生命平衡的调节；第三次为在女子二七（14岁）与男子二八（16岁）最后一次赋予并调节平衡，以天癸至为标志，也以天癸至而发生精结带与气结带的后天生命动能源与先天之源的彻底隔绝与关闭。先天之源与后天之体的三次藏象调节，前两次都发生于胎中，且为关闭态，并非发生隔绝态，关闭态为能量通道还存在，待第三次赋予并调节平衡后，其能量通道彻底失去联系成为隔绝态。这三次藏象调节就产生了先天之源与后天之体的生育密码和在后天之体内的生殖密码。生育密码我们用后天五生生育过程和精气神三大界域流变完整的呈现了，而生殖密码又有哪些生命秘密呢？这就是人体经络象视野的范畴。

人体经络的象视野，为从以生理运化精气流注经络的层面，通过肺呼吸运化其呼吸精气中的光子素，以及通过脾胃运化水谷精微素成为经络维度和动能能量的主体，成为与人体生理体征密切相关联的并密不可分的整体，它既是藏象生命系统统御主导生理生命系统的动能源，也因参与生理运化而成为生理生命系统的主体内容。象视野的经络结构是相视野经络系统的外在延续，这个"外在"就是人体生理运化精气之先，在相视野的先天之源的先天精源能量与先天气源能量交融的精气融合态，以精气融合态流入中脉与三脉七轮形成象结构的主体能量体结构，以此统御着任督冲带脉。在象视野的任督冲带以及以人体运化精气参与的十二经脉的运转的格局下，其藏视野和相视野的经络精气皆为先天之源，而且精气融合态对比人体运化精气来说，也是先天融合态，在医学里把所有先天之源的集合统称为"元气"。这个"元气"的"元"非精气神三元一体的"元"，只是以人体的后天对比先天来说的"元"，为描述先天与后天之界域。在前文我们说，胎形中人体的第一次分布与周流的能量体来源为来源于五藏神内外丹田能量体生化流变转换的先天，只有在七门窍关与十二结节结固后，能量体才由父母构精和母腹养胎形态以及自身运化形态出现，先天与后天之界域也是以人体运化精气的运化形态出现为界。

在说任督冲带之前，我们先来认识天癸的面目以及通过天癸转换的任督冲带。精源灌注和气源灌注这种先天之源的动能灌注对身体有三次藏象调节，最后一次的调节就是发生天癸至现象的原因，同时天癸至现象的发生也标志着精结带与气结带所联系的后天生命动能源与先天之源的彻底隔绝与关闭。那么在赋予天癸至产生的先天之源的动能灌注对身体的第三次藏象调节，为从精结带通道来源的精源灌注和从气结带来源的气源灌注，通过阴阳跷脉的融合连通也形成了跷脉先天精气融合态，此跷脉先天精气融合态通过阴跷脉连通冲脉，再从冲脉走任脉，从任脉降则天癸至。精源与气源的第三次藏象调节之前的两次赋予与调节，第一次灌溉流注到冲脉的精气态叫太冲脉，也就是说太冲脉中最先出现的为跷脉先天精气融合态，为精源灌注和气源灌注先天之源的动能精气。太冲脉对于冲脉的意义是什么呢？为赋予了冲脉气街的源。第三次藏象调节的天癸至路线赋予了天癸——先天"元气"的阴性属性。

天癸的先天"元气"的阴性属性如何理解呢？天癸为先天之源的精气态，无论是从精结带通道来源的精源灌注和从气结带来源的气源灌注，还是所谓的跷脉先天精气融合态，都是先天的并以"元气"来统称；何为阴性属性呢？天癸为天干之癸水，为天干名，从天为阳，干也阳指向了先天之意，在《类经·脏象类》曰："故天癸者，……其在人身，是为元阴，亦曰元气。"这就是以元气统称的先天之义。那为何有阴性属性呢？这就是如果没有负阴抱阳机理就无法解释这些极难点。第一次和第二次藏象调节后能量通道为关闭态，高维度能量体向低维度能量体的灌注就会发生负阴抱阳机理，在能量通道关闭态的前后，前者先天为阳，后者后天为阴，也就是说每一次维度升降平衡的初期都是阴体为主，故呈阴性，阴体为主的阴性在先天"元气"所指，统称为元阴，张景岳说："故天癸者，言天一之阴气耳。"有了关于天癸在先天"元气"的阴性属性上理解，就能理解天癸之功用，为主男女浊精之生殖，

《素问·上古天真论篇》亦曰："女子七岁，肾气盛，齿更发长，二七而天癸至，任脉通，太冲脉盛，月事以时下，故有子……。""丈夫八岁，肾气实，发长齿更，二八肾气盛，天癸至，精气溢泻，阴阳合，故能有子……。"天癸至而主男女之浊精，并非天癸就是男女之浊精，天癸至后标志着后天生命动能源与先天之源的彻底隔绝与关闭，也就是说先天的天癸元阴经过生殖运化后，产生了可以主生殖的生殖浊精，当在男女阴阳交合后就能产子。

天癸元阴如何经过生殖运化而生成生殖浊精呢？在《三脑六识传导的右降左升双螺旋形态图》中除了重楼楼门交叉和黄老中宫与外命门交叉外，还有胞宫生殖运化交叉，此胞宫生殖运化交叉在肾官空间体之下，就主生殖运化，赋予此生殖运化的先天动能源就是天癸元阴降至胞宫。从天癸降的路线可知，跷脉先天精气融合态通过阴跷脉连通冲脉，再从冲脉走任脉，从任脉绕脐腹降至胞宫，经过独特的胞宫生殖运化交叉运化产生生殖浊精，如果生殖出现障碍，可以针灸或汤药导引阴跷脉、冲脉或任脉滞留储藏的天癸元阴，可以让胞宫生殖运化交叉有了运化源而助生殖。说到这里，有一巨大误区需要矫正，就是内丹中的漏精问题，都理解成为男不射精女不漏液与月事，但由于不是根本故有一定的误区。根本是什么呢？根本就是以阴跷脉关联玄牝要害之所在，在阴跷脉处斩断天癸元阴降至冲脉，为根本的不漏。元阴不降不漏则由元阴所运化的浊精则不漏，或者说玄牝元阴止则可无关乎外浊精。如何有玄牝玄关后元阴不降不漏呢？这就是炼精化气之所在，阴阳跷脉的元阴，虽为阴但立于"元气"统称的先天之源，故要远强于身体中运化精气的光子素和水谷精微素，对比人体生理运化精气来说，先天之源的元阴为阳精，此时元阴至，则显一阳来复功态，一阳来复功态依玄牝玄关处，此时以功法升阳则为炼精化气，不采就叫元阴漏，"漏"是指此处。炼元阴阳精的气走何处呢？有两条路线为走阴阳维脉和入中脉。走阴阳维脉是精气升阳升维度，而入中脉则是开全身经脉，两者相辅相成，玄妙无比。

关于男浊精和女阴液与月事漏，虽然因为浊精为生殖系统运化也跟元阴关联，用多了或者漏多了肯定也会损伤元阴，但不是内丹金丹学言明的漏的根本。在内丹金丹学视野与格局下，若从玄牝玄关处采一阳来复功态之阳精，炼精化气而不关乎身体部位实为上策，更为不同寻常的见识。关于阴跷脉元阴与外浊精是两个不同道元维度的视野，更是认识内丹金丹学不产生迷信最重要的正见，丹经祖师言明要害后，自古无真正实证到此内景境地的几乎无人说清，尤其是把一阳来复理解为阴茎勃起，以采所谓浊精来炼精化气的理论和理解，将祖师置于何处？当然很多门派有此养生之功法或功夫，虽不是金丹学之要害，但也不能以此来谤其他门派的养生法，因为从祛病养生来说皆有不同的作用和目的，不能一概而论。既然天癸元阴至只有三次藏象调节由先天赋予，那么身体中运转的阴性就来源于人体运化精气，它走任督冲带脉。在人体运化精气所在的五行之藏关联里，天癸藏于肾，并随肾气的生理消长而变化。肾气初盛，天癸亦微；肾气既盛，天癸蓄极而泌；肾气渐衰，天癸乃竭。当到了七七任脉虚的时候，人体运化精气也到了虚衰竭的转换所在了，正所谓"七七任脉虚，太冲脉衰少，天癸竭……"。这是寻常人的先天赋予和后天运化的生命内历法，生老病死皆随气数而定，唯有修真证道者能打破常规，通过后天修证之移精变气转换并升华生命。凡夫皆把先天能量体耗光以及后天运化失养后逐渐步入衰老并死亡，而修行人通过修行的诸多方法避免先天能量体的损耗并且把后天运化精气存储起来，其舍利子就是先天精气和后天精气精华所凝聚而成，当藏象领域的精神域和精神相域经过升华后，并且摆脱了物质域的物质态的业束缚，其物质域所在的身体精气精华未被消耗就成了舍利子，它要远远高于身体所在的其他物质形态，但又因不是精神域心性的范畴，故成为法身脱离业束缚而舍这座身体房子的证物。但要明了心性修行圆满者也会有舍利子，但有舍利子的修行人并非都大功告成，但一定是修行之所在，不修不得。

从冲脉来言说象视野层面所在的任督冲带，以及营卫气血的运化层面的十二正经所关联的十二经别、十二经筋、十二皮部以及络脉的流注。任督冲三脉皆起于胞中，且为水谷精微所化。其实这个胞中之三脉源的视野就是循迹太冲脉，太冲脉赋予了冲脉与冲脉气街的源，而太冲脉之源又是从阴跷脉注入的跷脉先天精气融合态，跷脉先天精气融合态为精源灌注和气源灌注先天之源的精气动能，先天之源的精气动能从阴跷脉赋予到太冲脉，有一个汇聚之处——胞中，也就是说太冲脉通过阴跷脉所连通的先天之源的精气动能到胞中，然后才起源了象视野层面的任督冲三脉，也以此对比了太冲脉与阴跷脉为相视野的不同维度层面。所以太冲脉在先天之源的精气动能赋予下才有任督二脉与冲脉的起源，它们之间有先天与后天的维度升降和动能流变，冲脉以太冲脉秉受先天精气的基础上，又以自身输送后天运化精气，以此濡养五脏六腑，被称为"五脏六腑之海"。那么什么是被先天之源的动能赋予的后天之胞中呢？胞中者，包含丹田、下焦、肝、胆、肾、膀胱，为精气所聚之处，为任脉、督脉、冲脉、带脉和肾脉之根源，以调和阴阳调理气血成为后天人体生命之根。任督冲起源于胞中，为一源而三歧，其中任脉任养一身之阴经、督脉总督一身之阳经、冲脉者为十二经之海，冲脉通过交会任、督二脉而通行十二经气血。"冲脉者，起于气街" 气街有四，《灵枢·卫气》："胸气有街，腹气有街，头气有街，胫气有街。"又称四街、四气街，为脉气所行的路径，经脉之气汇聚和流通的共同通道。冲脉循行范围广泛，其上者"出于颃颡，渗诸阳，灌诸精"；其下者"渗三阴"；其前者"渗诸络而温肌肉"张景岳曾对冲脉分布给予高度概括："其上自头，下自足，后自背，前自腹，内自溪谷，外自肌肉，阴阳表里无所不涉"。冲脉"血海"特性有通行、溢蓄全身气血的作用，与女子经、孕，男子发育、生殖功能有密切联系。

带脉者，起于季胁，回身一周；十二经与奇经七脉，皆上下周流，唯带脉围身一周有束缚之象。带脉为束，以束的功能来进行纵行维度转换， 为让十二经和其他奇经七脉在周流中唯独在带脉所束处停留减速，以供胞中运化转换生殖精足够的精气源，有减速后截流以供应身体的意思。所以修真证道就要脱带脉之束，这也是为何筑基过程漫长且艰辛，生殖之浊精总是能生发人的诸多欲望尽在此。也由于带脉的"束"特性，就会有身重之沉淀，从右旋降阴理论来说什么会被束缚而逐渐沉淀并沉重呢？就是德行有亏者，必然习气深重且身重，带脉有警醒人要反省躬身修德之寓意。

在女子二七（14岁）与男子二八（16岁）后全部由人体运化精气为主体，也就是通过肺的呼吸运化其呼吸精气的光子素与通过脾胃运化水谷精微素，经过五行之藏的诸多运化在脉中呈现卫气营血，无论是奇经八脉，还是十二经（十二正经、十二经别、十二经筋、十二皮部）都为人体运化精气所流注，当无先天之关联后，任督二脉就构成了人体现世现量之乾坤，任督冲三脉就总统全身经络的运化，并以此主导生理生命成为生理生命的动能源。尽管如此，人体经络象视野还有一个主体能量体结构，就是精气融合态的三脉七轮的主体能量体结构，在人体运化精气为主体的格局里，三脉七轮为主体的精气融合态能量体就成为了高维度能量体，以先天赋予而代表了先天，但它不是真正的先天之源，只是被先天之源赋予和秉受。也正因为它被先天赋予和秉受而成为象视野格局下的人体运化精气的总能量库，也正是这个总能量库形态的存在，调节着人体的藏象与生理平衡，一旦藏象与生理平衡出现偏差，如果被生理体征消耗过多，总能量库就会呈现提取态，如果消耗过少而又运化之多，总能量体就会呈现存储态。但无论是提取态还是存储态都没有真正的先天之源的联系，精结带和气界带已经完全失去了通道联络。

在象视野层面的十二正经，也失去了相视野中从总源灌注→精源灌注→气源灌注的动能补给，而是全部由人体运化精气所流注，一切只能依赖人体运化，并且当出现动能不足的藏象与生理平衡时，也只能依赖于三脉七轮的主体能量体结构，以此来调节人体运化功能，若藏象与生理出现无法正常调节的亚平衡时，身体就会出现病变。在十二正经的流注下，还要发生十二正经、十二经别、十二经筋、十二皮部流注转换和关联，通过手足阴阳表里经的联接而逐经相传，构成了一个内至脏腑，外达肌表，营运全身的周而复始、如环无端的系统。手足三阴、三阳，通过经别和别络互相沟通，组成六对"表里相合"的关系。其中，足太阳与足少阴为表里，足少阳与足厥阴为表里，足阳明与足太阴为表里，手太阳与手少阴为表里，手少阳与手厥阴为表里，手阳明与手太阴为表里。其走向和交接规律为手之三阴经从胸走手，在手指末端交手三阳经；手之三阳经从手走头，在头面部交足三阳经；足之三阳经从头走足，在足趾末端交足三阴经；足之三阴经从足走腹，在胸腹腔交手三阴经。并且其走向和交接规律构成建立在人体身体结构下的人体维度自动转换的四维动能回路。

人体经络系统，与十二正经相关联的还有十二经别、十二经筋、十二皮部，以及诸络脉。十二经别是十二正经离、入、出、合的别行部分，是正经别行深入体腔的支脉，十二经别都是从十二经脉的四肢部位别出，阳经经别合于本经，阴经经别合于相表里的阳经。十二经筋是十二经脉之气结聚于筋肉、关节，约束骨骼，利于关节屈伸活动，以保持人体正常的运动功能的体系，是十二经脉的外周连属部分。十二经脉及其所属络脉，在体表有一定的分布范围，与之相应，全身的皮肤也就划分为十二个部分，称十二皮部。皮部，是十二经脉之气散布之所在，由于它居于人体最外层，所以是机体的卫外屏障。《灵枢·经脉》："经脉十二者，伏行分肉之间，深而不见；其常见者，足太阴过于外踝之上，无所隐故也。诸脉之浮而常见者，皆络脉也。" 属于络脉方面的，包括别络、浮络、孙络三类，又以十五络脉为主。它们纵横交贯，遍布全身。人体内络脉的分支，纵横交错，网络周身，无处不至地将人体内外、脏腑、肢节联成为一个有机的整体。《灵枢·脉度》："经脉为里，支而横者为络。"别络是络脉较大的分支，由手足三阴三阳经在腕踝关节上下各分出一支络脉，加上躯干部任脉之络、督脉之络及脾之大络所组成，称十五别络、十五络脉。浮络是络脉中浮行于浅表部位的分支，在全身络脉中，浮行于浅表部位的称为"浮络"，从别络分出最细小的分支称为"孙络"。《针经指南》："络有一十五，有横络三百余，有丝络一万八千，有孙络不知其纪。"

人体经络的象视野相对于藏视野和相视野来说，就是以生理运化精气成为人体运化动能，藏视野和相视野为经络系统赋予了维度升降和动能源流，而象视野就是以先天禀受赋予生命在生理体征上的因缘生灭的现量时空意义。象视野的经络系统以独特的运化精气成为经络的精气能量形态，也正是因为十二经与奇经八脉在水谷精微与营卫气血的层面，故为立于生理体征的外在。这个藏视野和象视野的内外与象视野的外在之分，对于内证的视野和落点有极其重要的作用和关联，否则都停留在身体部位的象上，无法洞悉维度升降下的流变转换与生灭形态。

尽管如此，在象视野里因能量体方式的差别，又形成了维度升降，为精气融合态的三脉七轮的主体能量体结构→运化精气下的十二经与奇经八脉→以任督冲统人体六经藏象系统的全身流布与关联格局。既然象视野的经络动能以运化精气为主体，那么就有运化场所和动能输出源，就是独特的三焦精气运化系统。为何三焦精气运化系统成为了运化场所和动能输入源呢？主要就是在能量体结构上有空间体的对应，以及在生化之源的动能转换上的赋予动能源的关联。在空间体的对应上，先天之源的精气动能内精外气的"精"结构与内气外精的"气"结构所在的人体部位相关联对应了人体的中丹田与下丹田，而人体的中丹田和下丹田几乎就是三焦的空间体所在，这种空间体的对应，虽然有维度差异但处于维度差异的同区域能量场空间体，就能把藏视野、相视野和象视野之间联动交织在一起的，这样就在生化之源上，给予动能转换的直接关联，尤其是通过水谷精微运化营卫之气。

关于上中下三焦，在《灵枢·营卫生会》曰："黄帝曰：愿闻三焦之所出。歧伯答曰：上焦出于胃上口，并咽以下，贯膈而布胸中，走腋，循太阴之分而行，还至阳明，上至舌，下足阳明，常与营俱行于阳二十五度，行于阴亦二十五度，一周也。故五十度而复大会于手太阴矣。黄帝曰：人有热饮食下胃，其气未定，汗则出，或出于面，或出于背，或出于身半，其不循卫气之道，何也？歧伯曰：此外伤于风。

内开腠理，毛蒸理泄，卫气走之，固不得循其道。此气剽悍滑疾，见开而出，故不得循其道，故命曰漏泄。黄帝曰：愿闻中焦之所出。歧伯答曰：中焦亦并胃中，出上焦之后，此所受气者，泌糟粕，蒸津液，化其精微，上注于肺脉，乃化而为血，以奉生身，莫贵于此，故独得行于经隧，命曰营气。黄帝曰：夫血之与气，异名同类，何谓也？歧伯答曰：营卫者，精气也。血者神气也。故血之与气，异名同类焉。故夺血者无汗，夺汗者无血。故人生有两死，而无两生。黄帝曰：愿闻下焦之所出。歧伯答曰：下焦者，别回肠，注于膀胱，而渗入焉。故水谷者，常并居于胃中，成糟粕而俱下于大肠，而成下焦，渗而俱下，济泌别汁，循下焦而渗入膀胱焉。黄帝曰：人饮酒，酒亦入胃，谷未熟而小便独先下，何也？歧伯答曰：酒者熟谷之液也，其气悍以清，故后谷而入，先谷而液出焉。黄帝曰：善。余闻上焦如雾，中焦如沤，下焦如渎，此之谓也。"这里解释中医无法厘清的几个源起的问题，"愿闻营卫之所行，皆何道从来"，那是说营卫的运行从哪先开始？歧伯回答说，"营出于中焦"。营出中焦也就是营气的化生出于中焦，然后从中焦输出，这个中焦为黄老中宫，从黄老中宫而出，上注于肺，就是手太阴肺脉起于中焦，下络大肠，还循胃口，上膈等。"卫出下焦"，卫气也是水谷之气化生的，卫气运行的第一条经脉是足太阳膀胱经，肾与膀胱相表里同属下焦区，就对应了内气外精的"气"结构的内丹田气丹田和外丹田精丹田所在的空间体，而且连接太冲脉。

"愿闻三焦之所出"的"之所出"是讲的三焦的部位以及输布精微的基本路线，"上焦出于胃上口"。从起点后上注往上到胃上口，胃之上口叫上焦，然后从胃上口"并咽以下、贯膈而布胸中"。贯通膈膜从食道往上到达于胸中。那么上焦从起到贯到布的过程，就从起点黄老中宫贯隔膜，连接了内精外气的"精"结构所在的内丹田之精丹田和外丹田之气丹田。连接之后才是"走腋循太阴之分而行"到"还至阳明"为循经手太阴肺经与手阳明大肠经相表里，进入循经，同时也是气的路线。下足阳明，卫气是与营气相偕而行，进入了营卫之气的循环之中。"常与营俱行于阳二十五度，行于阴亦二十五度"。常与营相偕而行，行于阳二十五度，行于阴二十五度，以此延伸经脉运行与子午流注，就是人体内历法的度和数的问题，就涉及到经脉与气的数理逻辑层面，而且从数理关系上就可以厘清经脉与气的维度升降。"其气未定，则汗出"，其气未定为饮食水谷还没有化生精微就汗出了？这是说皮肤汗孔的开合是以卫气司开合，所以汗、腠理与卫气相关。

中焦之所出。中焦亦并胃中，上焦出于胃上口，中焦亦并胃出，从"并"可知出上焦之后再出 "此所受气者"，为中焦接受水谷之气。中焦接受水谷之气就行使"泌糟粕，蒸津液，化其精微"的主要功能。"泌"是泌别过滤糟粕，同时又把糟粕和津液通过蒸化的方式分开，化其精微，从而转化了水谷精微素，化生的水谷精微素上注于肺，就成为营气，营又为血之气，经过肺官、脾官、肝官、心官、肾官共同作用化生血再"奉心神而化赤"以心主血，故血以赤为主，里面兼有黄色、青色、白色、黑色等五行色。"以奉生身，莫贵于此，故独得行于经隧，命曰营气"。身体里最贵重宝贵的东西莫过于行在深层经脉里的营气了，因为就是它奉养滋养生命和身体。

在营卫的运行规律上，"卫气行于阴二十五度，行于阳二十五度"，其中"行于阴"是指行于五脏内以及行于夜，"二十五度"为二十五周。"循于阳二十五度"为在白天循着阳经而运行二十五周，以夜里循于五脏，白天循行阳经而"分为昼夜"。同时"故气至阳而起，至阴而止"，起、止是指息的规律，即卫气行于阳的时候，阳气就起来了，"至阴而止"阳气止则阴气起；起和止也以气和人的活动关系说明了是起床与睡眠的规律。"故曰日中而阳陇为重阳"，日中，阳气隆盛，"陇"为陇盛的陇，日中卫气也行于阳，自然界的阳气也最盛，所以叫"重阳"，意思是自然界阳气最盛时人体的卫气也行于阳也最盛。同样"夜半而阴陇为重阴"为夜半气行于阴和自然界的阴气构成重阴。"故太阴主内，太阳主外"其中"太阴"为手太阴肺经主内，营属阴是从手太阴肺经开始行于脉内，所以"太阴主内"。"太阳"为卫从足太阳膀胱经开始行脉外，所以叫"太阳主外"，并且"各行二十五度，分为昼夜"。卫气的运行规律中，有卫行脉外与营气并行，以及故卫气之行，一日一夜五十周于身，昼日行于阳二十五周，并且还有其始入于阴，常从足少阴注于肾，肾注心，心注肺，肺注肝，肝注脾，脾复注于肾为周等特点。

营气与卫气运行的规律中营卫的会合的问题，有营气自会、卫气自会、营卫交会、营卫脉内外的交会、营卫大会等特点。其中营气自会，为营气五十周大会一次，始于手太阴五十周还是会于手太阴；卫气自会，卫气循经而行，白天行于阳经复会于足太阳，夜行于五脏，昼夜五十周于身，大会足太阳；营卫交会，营卫在运行当中是相互贯通，既有"营在脉中，卫在脉外"，但这两者，内外二气又相互感应、相互贯通、相互交会。张介宾说："虽卫主气而在外，然亦何尝无血；营主血而在内，然亦何尝无气"，又有"故营中未必无卫，卫中未必无营，但行于内者便谓之营，行于外者便谓之卫，此人身阴阳交感之道，分之则二，合之则一而已"。

三焦精气运化系统，以运化呼吸精气所在的光子素和水谷精微所在的水谷精微素，构成独特的营卫气以及卫气营血系统，主导并运转着人体的生理生命系统，从而构建起精气融合态的三脉七轮的主体能量体结构→运化精气下的十二经与奇经八脉→以任督冲统人体六经藏象系统的全身流布与关联格局。其中既有来源于先天的精气融合态的三脉七轮的主体能量体结构的能量库，又有营卫气以及卫气营血系统下的十二经与奇经八脉能量结构，还兼顾任督冲统人体六经藏象系统运转下的生理生命象，结合于人体就把藏视野、相视野和象视野之间的能量体结构与能量体方式联动交织在一起。

经络系统与经络系统中的精气源流下的三个视野，除了以生命本质认识来服务于平常的养生与祛病外，它更是基于生命的哲学形态，为我们所提供的就是在人体生理生命形态上更高级形式和内容的生命形态的所在，以认知来指引，更以指引来引发思考，思考什么呢？就是如何升华生命，如何立于藏视野和相视野的生命藏高级生命形态来摆脱生命象的低级生命形态。

在三个视野的升华生命的思考和修证起点上，就分开了明显的维度差异，藏视野以独特的六识传导的高维度形态，立于唯识变现与现量过程，为直指色空，透色空而观六识之因缘，其妙显诸因缘的就是性，明心见性，悟后起修，直接从六识种子与因缘现行的精气根本入手。相视野，从经络动能维度与能量源流层面，觉知六识传导和返熏的本质，立足于精气升阳而性命双修，从升维度和升动能形态打破维度与动能减弱带来的束缚，厘清相视野在维度升降和动能流变转换的具体内容就可洞悉修真的真正秘诀，明了炼精化气、炼气化神、炼神还虚三关程式的妙义，洞悉真玄关和真火候，同时任何经典的妙义以及隐喻的障碍都将一目了然而不会再存在，更不会牵强附会猜测其意。象视野的生命象本身就以物质域形态成为实无明和重无明之所在，所以诸多经典的要义均在如何教导人如何开悟为主体，在实修上更要特别注意摆脱好小术之世间多作怪的贪婪，并且要下功夫审道之深浅，广范围涉猎并深研经典，尤其是要脱任督冲统人体经络之所在的外在河车，在未真正破玄关，而行丹经王《周易参同契》所说的"种种捏怪，勉强行持，究其流弊，至于身体疲倦，精神恍惚，周身之百脉，势必奔逸散驰，而无一刻清宁澄湛之时"的诸多鼎沸散驰之低层次功法，贻误自身。

藏象平衡，道德与精气养生视野

什么是藏象平衡？藏象平衡为藏象精气系统与生理体征之间因生化与消耗差异发生的调节性动态平衡，它有维度内源流平衡和维度升降流变平衡两种形态，以及每种形态下的常规平衡、亚平衡、非平衡、再平衡三阶四象结构组成。藏象平衡是围绕精气的生化与消耗而构成的独特生命现象，也是人体中藏象生命系统与生理生命系统交融配合并运转着生命的最重要哲学原理，而且它是藏象内在与生理外在的桥梁，更是从哲学向应用学转换的关键所在。

作为藏象内在与生理外在的桥梁，就是从藏象生命系统和生理生命系统各自的道元维度视野以及动能形态而言说，也正因为道元维度的不同，故而存在动能形态的本质性区别。藏象生命系统立于精气神三大界域流变并经过先天神主气精秉受,生理生命系统立于人体五行之藏的脏腑机能后天运化转换,以先天和后天之道元维度的本质性差别,赋予了动能形态的迥异,同时也出现了与道元维度相匹配的动能形态,藏相内在的先天维度视野为神主气精生化动能,生理外在的后天维度视野为后天人体运化功能下的运化精气动能。先天和后天两种道元维度的生命形态进行交接、融合、沟通的桥梁就是藏象平衡。既然谈到了桥梁和平衡,就自然是两种宏观的且道元维度与内容迥异的生命形态,而且这两种生命形态又统一在人体,又是整体生命观,这就构成了整体生命观下的内在藏象生命系统和外在的生理生命系统两种道元维度赋予的内容。

同样是言说交接融合,前文从生化动能向人体运化动能流变转换"交接"的三方面与藏象平衡的桥梁有什么区别呢?生化动能向人体运化动能的"交接"是动能形态下的源流变关联,是内容层面的具体生化联系;而藏象平衡的桥梁式的交接融合为两种生命形态宏观视野上的动态联系。也恰恰是这两者的结合,就形成了宏观整体位域与位域间的生化转换关系上的结合,先言说生化转换关系,再从两种道元维度的整体形态上建立联系。它赋予的内涵是什么?就是藏象内在的藏象精气生命系统对生理外在的生理生命系统的统御地位以及主导和运转的功能。也正是"桥梁"含义下的整体位域与位域间的关联视野,就赋予了生命哲学观下的体用关系,为哲学形态的体与由哲学延伸的应用学的用。从生命观和生命形态来说,哲学向应用学转换的最大的应用体系就是道家养生与中医学。

藏象内在与生理外在既存在道元维度视野下位域间的动能生化关联,又有"桥梁"视野下的动能平衡,这就赋予了生化和消耗发生的机理。先从生化来说,藏象内在的神主气精所在生化动能,由精气神三大界域流变过程赋予，同时也在这个过程中秉受了生理生命的源动能，这就是从源生化下的生化关联。当生理生命源动能被完全秉受赋予后，藏象内在的总能量体出现了定量。此时要抛开精气神界域流变过程的关联，因为此源生化关联已经随七门窍关和十二结节结固以及人体肉体的发育长成而独有藏象内在，这个藏象内在的能量体形态就是三脉七轮为主体的精气融合态能量体以及全身经络系统和经络系统下的动能源流，它是藏象内在的生化。当生理运化系统启动以及生理体征开始运转，也就是说人体开始有诸多复杂的生理体征的活动，就产生了消耗。基于生理体征下的消耗形态与藏象内在的生化形态，就构成"桥梁"视野所在的动能平衡，称为藏象平衡。

藏象内在的生化形态有先天源生化与续动能灌注和人体精气运化这两大体系，先天源生化和续动能灌注为精气神三大界域流变过程，在内外丹田已经藏象两次平衡态下赋予并秉受的，续动能灌注为先天之源的总源灌注、精源灌注、气源灌注三种灌注，也实际为先天内精外气的"精"结构与内气外精的"气"结构的能量体方式与人体发生的源生化联系。当先天源生化发生完成后，在人体内就会出现藏象内在的总能量体，这个总能量体"藏"在身体内在，构成藏象内在，而尤以精气融合态能量体的三脉七轮为主体，以及被三种灌注下的全身经络系统和经络系统下的动能源流，共同构成了总能量体形态下的不同能量体方式，且以不同的内容和形式存在。这是藏象内在的生化形态在先天源生化与续动能灌注上的体系。

藏象内在生化形态的人体精气运化体系，就是以三焦精气运化系统为主体的人体精气运化体系，以运化呼吸精气所在的光子素和水谷精微所在的水谷精微素，共同构成独特的营气卫气以及卫气营血系统，三焦精气运化系统不仅转换身体需要的热量、水液，更重要的是能运化一定的"素"形态，如光子素和水谷精微素，它被任督冲所统御而有人体六经藏象系统在全身流布，它们也成为藏象平衡下的生化体系。所以藏象平衡下言说的生化体系，有先天源生化能量体结构，呈现为身体内先天藏魄与藏精系统，经络的原始动能以及心脏原始动能赋予，以及续动能灌注所在的精气融合态的三脉七轮的主体能量体结构，此为总能量体，为定量，这个定量的含义就是先天赋予并秉受完成后，便与先天发生了维度隔离以及联系中断，这就是先天因缘与因果秉受之所在，因缘和合在现世中的因缘总量是一定的，故与之相应的先天精气动能的秉受赋予也是定量。除了此定量下的总能量体外，人体精气运化体系就是后天非定量形态，这两者结合构成了藏象平衡视野下的藏象内在生化形态。

藏象平衡下生理外在消耗形态有生命活动消耗、生理代谢性消耗、思想意识活动消耗三大体系，形成外、身、内为结构的消耗体系。生命活动消耗为人作为社会属性的分子融入社会并产生诸多社会属性的活动，如围绕衣食住行产生的走路、工作、忙碌、交际应酬等与生命所在的社会属性相关联的外在活动，构成了外生命活动消耗形态，这种消耗主要是热量的消耗。生理代谢性消耗为身体内的组织器官、气血水液所在的细胞微观代谢，属于机体与外界环境之间的物质和能量交换以及生物体内物质和能量的自我更新过程的新陈代谢的范畴，无论是身体与环境还是身体内的代谢联系，都是因缘与因果生灭呈现在物质形态上的生化代谢和消耗，而不是纯粹的精神相域层面的相虚义代谢，也就是说它存在物质形态的基础和前提，就连光合作用都存在可见光的物质域视野，虽然也是非眼见的微观，但还是基于物质域层面的因缘与因果生灭的具体形态。思想意识活动消耗是基于人内在的思维意识活动而产生的能量代谢性消耗，对比物质域形态的微观生理代谢，思想意识活动就呈现在精神相域的相虚义上，进行思想意识活动就会发生能量的传导。

对比外生命活动消耗、身体生理代谢性消耗以及内思想意识活动消耗，前两种消耗为热量和物质域形态的能量消耗。何为物质域形态的能量消耗呢？也就是说是基于物质形态的转化与运化形成的能量方式，太阳系的常规能量源为光合作用下的光子素，为可见的物质形态属物质域范畴。对比前两种能量方式的消耗，意识活动消耗为根本消耗，是六识传导的精气层面，也是身体中能量方式最高级的形态，同时它也是最微观的因缘与因果生灭的具体呈现，先天因缘秉受后通过六识活动而有精气传导，六识所在的思维意识活动为精气本根的活动形态，六识秉受的传导过程为先天炁的速度，先天炁的六识活动又依赖先天精素的动能，故为精气本根的精气关联义。同时六识所在的思维意识活动更是因缘与因果生灭的在唯识层面的呈现，要远远高级于从精神相域生化转换成物质域的物质形态。也正是精气本根下的精气关联义的六识活动消耗，成为唯识所在的因缘与因果生灭而产生的根本性消耗，并且从思想意识活动消耗延伸到身体的物质层面的代谢的根本也是因缘与因果的生灭。只要因缘在聚合生灭，就要消耗大量的精气能量体。所以藏象平衡下生理外在消耗形态以六识因缘为巨，在六识因缘生灭格局下，会产生因缘的唯识形态聚合成物质，通常为身体的组织器官的代谢转换，为精神相域向物质域的两种形态的生化转换的消耗。总体归纳为因缘生灭与物质形态生化消耗，为消耗的主体。而且从大彰图式所示的四维动态的宏观来说，物质域下的生命形态是顺从右旋堕落的宏观运动的，这种宏观业力形态是无明因果而不可逆的，右旋下降堕落的态势是无法阻止的，这就更构成了消耗的宏观格局。

消耗的宏观格局与微观形态，都是因缘和因果的生灭根本。在因缘和因果生灭根本的消耗形态里，还有一个消耗法则，这个法则就是习气与恶行消耗法则。六识因缘形态下的因缘与因果生灭，在唯识现行并产生现量的生命活动上，就产生了受想行识过程。从受想行识的过程来说，"受"有身受和意受，其中外生命活动消耗和生理代谢性消耗为身受消耗，思想意识活动消耗为意受消耗；"想"有外在思维活动想和六识善恶之辨想；"行"有生命活动行与身体代谢行和因缘生灭行，其中生命活动行上又以习气和恶行成为最大的消耗因素，同时习气和恶行又反过来影响身体代谢和因缘的生灭，并且关联到受与想的诸多内容和形态，成为消耗的主体形态。在习气上尤以贪嗔痴慢疑五毒为甚，在恶行上又以积不善法而无积善厚德之实质为基本，关于积善法和积不善法为德当位、称位、配位的体系与内容。

习气与恶行反映在受想行识过程，反过来影响着生理外在消耗的三大体系，形成了消耗结合熏习影响的连环消耗恶果形态，就构成了习气与恶行消耗法则。习气与恶行消耗法则是立于人身而言说生理外在消耗三大体系的消耗法则，它不是以此法则来判断藏象平衡下生理外在消耗形态是否发生，而且在必定的消耗总格局下，判断是否会消耗更甚，情况会不会更糟。在外生命活动消耗和身体生理代谢性消耗一般为人体精气运化体系的热量供应，而且这种由物质形态转化和运化的热量在身体里就更依赖于意识传导和心脏动能的推动，以此来供应全身的代谢，同时在依赖意识传导和心脏动能推动的生命动态里，又从高维度的形态消耗精气。这种被消耗的精气在身体里呈现的就是阳气，如果有习气和恶行来加重消耗，习气与恶行直接消耗的阳气就会更多，就更需要身体加速运化以及负荷运转来供应，就形成了由消耗来主导的生理活动。

由于习气与恶行在受想行识过程中也承载了生理外在消耗形态三大体系的内容，故习气与恶行消耗直接呈现了阳性消耗，消耗的为阳气。如果联系六识的升阳返熏，就直接关联到五藏神对五行之藏的脏腑官能运转，就会从根本上减弱人体精气运化，就会出现精气更加不足的局面，形成一个恶行循环。

在生理外在消耗形态下，当阳气的消耗大于身体运化热量供应，就会启动藏象内在的生化形态供应。当生化形态的供应和消耗在一个常规平衡状态时，就构成了藏象平衡下的常规平衡。由于人体运化精气形态转换的热量以及物质形态的能量都属于阴性的能量体，故阳气的不断消耗，就会发生维度下降的降维度形态，当阳消耗大于阴转化，就会出现藏象平衡下的亚平衡，而随着亚平衡往阳消耗的持续发展，就会出现维度下降后降维度形态发生的非平衡。那么这个非平衡时指什么样的非平衡呢？是指阳消耗与阴转化的总体与总能量体的对比，这里有个视野的转换，前面的常规平衡和亚平衡都是基于阳消耗和阴转化与运化的关系上言说的，而藏象非平衡时以阳消耗与阴转化的总体，与总能量体的比较。当非平衡状态发生时，就会发生总能量体向藏象非平衡供给能量体和发生维持平衡的再平衡现象，那么这个藏象再平衡一定是总能量体减弱，以及藏象非平衡维度降低的共同形态，它已经不在最初始的藏象常规平衡形态下，从藏象非平衡到藏象再平衡就如向银行里提取积蓄一样，只会越用越少。

既然如能量体的提取形态，习气与恶行所在的生理外在消耗的阳气消耗，就直接与世间福德相关联，阳气消耗的越多福报就越薄，顺延藏象非平衡与再平衡含义，俗语所谓的不是不报时候未到，习气与恶行导致的"德"的亏损，当常规平衡和亚平衡下的阳气消耗到了一定阶段的时候，当藏象平衡的维度差异彻底发生，无法有同维度形态下的运化供给桥梁作用时，就是恶果现前。如果以不善法不积阴德而损阳气的情况下，六识的升阳返熏功能就会减弱，人体内的六识返熏就呈现了以顺承业识自然返熏为常态和主体，精气运化的能量体越来越弱，善因缘越来越少，堕落越来越甚。

藏象平衡下生理外在消耗形态与藏象内在的生化形态从宏观上说构成藏象平衡"桥梁"视野下两种动态变化，这两种动态变化为藏象内在生化与生理外在消耗，立于人身而发生的内、身、外转换平衡。这种平衡状态常指藏象内在人体精气运化的生化与生理外在消耗形态三大体系的平衡内容和形态，为常规藏象平衡态，由于它特指人体精气运化的范围而构成常规的认识视野。而实际上以消耗的宏观格局与因缘与因果生灭的实质来说，会有建立在常规藏象平衡态下的本质藏象平衡态，这个平衡态就是有藏象内在的生化形态的先天源能量体的介入，以及要有透彻到生命的状态的实质是因缘和因果的生灭，人体的物质形态的本质也是唯识变现成现量的因缘和合，而且生命状态不是死的定性的，而是无微不至地在发生宏大的因缘和因果的生灭，所以它必然构成本质藏象平衡态。本质视野下的生命活动就解构了人身的内、身、外视野，也没有立于人身而说宏观或者微观变化了，它直接入唯识层面的精神相域范畴的相虚义，也就是说从"色"直接入"空"，哪怕是身体的物质形态范畴的变化，也从物质域的物质形态指向了物质形成来源和机理——唯识所变的精神相域的相虚义的因缘和合。

本质藏象平衡态就进入了因缘和因果的生灭的形态本质，从唯识层面描述精神相域相虚义的因缘和合过程，也就是精气关联义下的精气本根哲学，所以它就要从藏象内在的先天源生化能量体的层面来言说，至于人体精气运化只是其中的一种内容和转换环节。那么在人体中属于先天源生化能量体的就是藏象内在的总能量体，而且这个总能量体的来源为经过精气神三大界域流变过程的先天源生化，以及生化动能向人体运化动能交接融合的续动能灌注。故，本质藏象平衡态是在常规藏象平衡态的基础上，有总能量体进入调节的平衡状态。何为总能量体进入调节呢？虽然是调节，实际上是伴随常规藏象平衡态下消耗的非平衡而产生维度升降，以此提取总能量体来维持生理体征而已，虽说在生理体征上维持了一定程度的再平衡，但从生命总体格局的能量体方式来讲，都是消耗态且总能量都在减弱降低，只不过身体里的生理体征能量方式当被消耗后是由总能量体来以提取的方式供给，造成生理平衡的饮鸩止渴的假象，只不过是动用了积蓄而已。由于人体先天源的总能量体在人身长成就被秉受赋予了，为定量；且伴随精结带和气结带的关闭与隔离，先天与后天失去能量联系，只能在被储存的总能量体上提取，所以消耗的格局与因缘从因果生灭的实质来说，总能量体是被持续消耗的状态。从人体生理体征要保持平衡的机理来看，每一个维度升降的平衡，就会发生总能量体被提取的实质，而且总能量体为人体五藏神、意识传导、精气动能补充的根本动能，故当总能量体被提取消耗到一定量的时候，就会出现生理体征根本动能不足而发生病变。由此可见，藏象平衡视野就是身体病变的根本原理。

总能量体因藏象生理外在消耗从常规藏象平衡态到本质藏象平衡态的消耗实质，被提取，能量体维度不断降低。就算在通常无有大恶行消耗阳气降低维度的局面发生，由于人的诸多习气是无法觉察和根除的，生理外在消耗也会使总能量体不断的被提取，直到现世的现量生命的终结，而发生轮回轮转下的生命形态被秉受赋予的生育过程，再从生到死。在生命形态的生到死的轮转过程中，其恶行因六识返熏路线和形态的不同，直接影响到未来世的空间体格局维度。何为空间体格局维度呢？就是福德相层面的体世界，通俗来讲为六道轮回中三恶道的轮转轮回，为现世现量以现世果严密书写着未来世的因缘和因果生灭的形态与内容。那么本质藏象平衡态是纯哲学式的思维或内容么？实际上它既是生命科学的本质，又是高层次和高级的功态描述，也正是由于内证对本原的洞悉，才有如此坚实的哲学逻辑形态来描述未来物理学、生命学以及科学要抵达的领域，但要知道中医的哲学认识论从一开始就占领了极高的制高点，而诸多中医在诊治上的方法论还未被发现它的价值。

藏象平衡"桥梁"视野下的生理外在消耗形态与藏象内在的生化形态的视野两端，通过"桥梁"的融合转换，就构成了立于藏象内在和生理外在体系上的藏象平衡三阶四象结构，这个结构就是藏象内在和生理外在的能量消耗动态模型。既然说消耗的总体格局以及能量体提取形态是无法逆转的，那为何要以藏象平衡来言说能量消耗动态呢？那是因为有消耗的路线就会有存储的路线，视野两端都能发生转化才能构成平衡，否则就成为了单一的形态了，而且就在能量消耗的路线里，以此藏象平衡三阶四象结构记录着非常重要的一个哲学原理，那就是藏象平衡能量体方式下的能量维度升降。

何为藏象平衡能量体方式下的能量维度升降呢？从藏象平衡视野两端的不同形态，就有两种不同的能量体方式，为消耗能量体和生化供给能量体，在生化供给能量体中又有先天源总能量体方式与人体运化精气能量体方式，产生能量维度升降就是当有先天源能量体因消耗被提取，当先天源能量体形态的介入使藏象平衡在非平衡阶段向再平衡阶段的过程，就构成了维度升降联系下的平衡动态。在这个动态过程里，首先就会发生消耗能量体和人体运化精气能量体的平衡状态，当这个平衡被总消耗打破，就会发生先天源总能量体的介入，这种介入就是提取，为由总能量体被提取去供给总消耗能量体。此时又有一个视野转换，为总消耗能量体中包括已经被消耗的人体运化精气能量体，因为正是人体运化精气能量体的消耗平衡被打破，才有先天源总能量体的提取供给，人体运化精气能量体从常规平衡到亚平衡态再到被消耗成非平衡态，总消耗能量体对比之前常规平衡态的人体运化精气能量体来说，维度就产生了下降，维度下降就标志着人体运化精气能量体无法供给消耗，而先天源总能量体的提取供给介入就是维度下降状态下的再平衡。这就是为何我们赋予了先天源总能量体的调节功能。这个调节功能的介入，就是能量维度下降的体现，同时也是藏象再平衡的出现，而且这个再平衡的能量状态已经是低能量维度状态，非之前常规平衡的状态了。

能量维度升降下的藏象平衡既然是从生理外在消耗参与并作为内容，那么出现什么样的生理体征就能让人觉察和觉知产生了总能量体的提取消耗而导致能量维度下降呢？那就是维度下降后的再平衡过程，一定会有生理体征健康状况的反应，一般为感冒，感冒就肩负着维度升降调节生理再平衡的转换枢纽。为何会发生病症式的生理体征反应呢？那是因为藏象平衡动态下的能量维度下降是能量体方式之间的动态，在藏象常规平衡态时生理体征是与常规平衡保持维度平衡的健康状态，当在藏象平衡动态中发生了能量维度下降，生理体征就要进行反射性调节和生理体征再平衡性调节，也就是说要把生理体征调节到下降后新的维度再平衡的状态。由于是维度下降和因消耗而导致的能量体强度降低，故呈现了感冒调整，实际上从严格意义上来说普通感冒不能称为病变，它是生理体征健康调整的状态。

根据生理体征代谢周期来说，普通的感冒七天就会自愈，因为全身七天会完整更新一次。同时也说明物质形态的身体在因缘和因果生灭形态上也是七天的周期。由于藏象平衡下的消耗总格局是不可逆转的，故感冒调节的状态会经常发生，既然说常规感冒为生理体征健康自然调整和调节，为何我们常常把感冒列为病变呢？那是因为由常规感冒调节引发了诸多身体机能的连锁反应，比如说不明发热和感染等，那是因为身体其他机能出现了亚健康状态，并随感冒的调整调节而被凸显出来。哪里伴随感冒出问题就是哪里病变并薄弱，所以感冒就成为了一个极其复杂的问题，感冒调节的感冒现象再深入发展就是伤寒，当然感冒也是属于伤寒的一种类别，"伤寒"也只有在藏象平衡的状态才能目睹以伤寒来称谓的机理。伤者，消耗格局中能量体因消耗而又未得总能量体提取供给补充谓之伤；寒者，未消耗前生理系统充盈的能量体为满，消耗后以及未补充谓之缺，满阳缺阴，阴则为寒；寒者结合伤以及伤者结合寒，就是藏象平衡视野下的精气所在的能量体，以缺阴之寒描述的藏象平衡下的非平衡与再平衡之间临界状态所呈现的，精气虚缺与生理病变的状态，为伤寒论的真实义。

由于感冒（伤寒）是维度升降调节生理再平衡体现在生理体征上的转换枢纽，有了这个原理就不难理解往往经过感冒后会觉得焕然一新的感觉，虽然感冒前和感冒后身体健康状况都一样，实际上总能量体已经下降了，由于我们无法察觉故从整体感官上觉得一样，实际上差别甚大，而且感冒后焕然一新的状态为维度下降后新维度下的高点状态，故有焕然一新的原理。新维度下的消耗与人体运化精气能量体还在常规平衡状态，就在藏象平衡三阶四象结构发生新的动态平衡。

我们说总能量体被提取供给总消耗能量体，而且身体又产生了感冒调节，而新维度下的消耗与人体运化精气能量体又处于了常规平衡状态，所以就指向了总能量体被提取后发生了两种内容形态的供给，一种为被总消耗能量体给消耗了，另一种就是补充了人体内在藏象平衡动态过程中被消耗了的人体运化精气能量体。为何要补充呢？就是因为人体能够存储生理运化的精气能量，当伴随着维度下降的过程发生，人体存储的生理运化精气能量被透支，由于透支才有先天源的总能量体才给予调节，这个调节就出现了新维度下藏象再平衡，似乎人体运化精气能量体又充沛充盈了一样，而感冒症状下的种种身体不适只不过正在发生以新换旧的生理体征更新而已。

在这里就要解析一下藏象平衡的维度位域问题，藏象平衡的维度位域就为先天源总能量体位域→人体精气存储体位域→人体运化精气位域→生理体征常规消耗热量位域三阶四象结构。为何称为维度位域呢？就是它们之间联系一定是在藏象平衡中因消耗产生了亚平衡和非平衡过程后才发生的，才建立起联系的通道和供给的机制，也就是说只有到了亚平衡和非平衡的消耗状态，它们之间才构成能量体位域形态。而且位域内的消耗以及生化都和其他位域不产生直接联系，也就是说维度位域之间发生的因消耗产生的调节、供给、补充是有一定的状态条件的。怎么样来理解这个状态条件呢？这就是任何位域间的空间体内容包括能量方式，都有"万物有数"的数理结构内涵，不发生到一定程度的变化，就不会产生关联性的联系。那么当发生了总能量体位域层面的先天源总能量体介入供给，这种"介入"的形态一旦发生，就标志着人体精气存储体位域层面就已经被消耗到了一定的程度了；反之，总能量体供给消耗形态就会补充人体精气存储体位域被消耗的部分。这就是藏象平衡动能态能量体的维度位域间的联系原理，其实这个联系原理延伸开来就是能量体与生理体征之间动态转换关系，或者说为何非要发生感冒，不是有总能量体的提取供给和补充么？就没有必要发生生理体征上的感冒调节，那是因为精气本根下时空体在"数"的联系上没有对位和产生必要的联系，这种时空体在"数"的联系上没有对位，就是微观数理逻辑关联中曲变动态产生的结果，由于微观数理下的曲变动态数理逻辑，就让万物在"数"的逻辑上并不是直接关联，而是曲变思维，也就是说总能量体的提取供给和补充不是直线式，不是消耗多少就立即补充多少，而是曲变原理下非直接供给与补充。同时这也是万物的曲则全的曲全哲学范畴，所以感冒的"曲变"式调节本身就是能量体的语言方式。理解了感冒这种人人讳病的生理体征反映，就去慢慢体悟藏象平衡下通过感冒调节的能量体消耗而承载的因缘与因果的生灭，从中体悟曲全哲学观下的曲全智慧。

围绕藏象平衡下的维度升降的精气能量体方式动能变化和差异的实质，认识感冒（伤寒）实际上为精气能量体与生理体征发生关联的曲变语言方式，它遵循着藏象平衡三阶四象结构的常规平衡、亚平衡、非平衡、再平衡过程，以及动态平衡下的维度位域间的关联。在藏象平衡的过程里，感冒只不过是生理体征呈现的调节反映，是藏象平衡动态下的外在并呈现在身体上的环节，而藏象平衡的内容从先天源能量体到人体精气运化能量体，再到立足于身体的内、身、外各种视野，都是围绕精气能量体方式的实质发生变化的。由此视野和内容可知，以发生的感冒生理体征调节入手，从维度升降的动能变化，以及结合五运六气的外、身、内精气关联为构建，就形成了藏象平衡视野的能量体维度升降下的的感冒论。这也是为什么张仲景的《伤寒论》立足于六经辨证，就是从经络与精气能量体的本质，以五运六气的外、身、内精气关联为格局，以六经变化为载体,来联系脏腑以及生理的关系而述之于医学表达。

从感冒的生理体征调节可知,由藏象平衡下的消耗格局就会出现并非感冒那么简单的健康问题,而事实也是如此,人之所以会产生诸多生理健康状况并且生病,除了藏象平衡下的消耗主因外,在身体里还存在诸多病因病机原理,如果身体里没有诸多病因病机原理,在藏象平衡的动态平衡过程中通过感冒调节就能达到基本的生理健康。人体病理病机的哲学原理就分为三大体系因素,第一体系为主因,为藏象平衡下的消耗格局因发生能量体消耗,能量维度的降低出现精气动能不足;第二体系为结构因和诱发因,为身体在人体经络动能体系下无论是经络流转系统还是组织器官都产生了痰膜沉淀,此痰膜沉淀为结构因;在结构因的生理亚平衡状态产生了五运六气的诱发因。第三大体系因素为道德层面的善恶行因,从善恶行关乎福德相根本,包括生老病死。

在人体病理病机哲学原理的结构因和诱发因体系里,综述之为人体小命象与时空大运相之间的关联,这个关联为健康平衡状态下的五运六气统运十二官原理,非健康平衡状态为运气郁和组织滞产生的痰膜沉淀结构。五运六气统运十二官原理这里就不展开,在本书都有具体的呈现。那么何为非健康平衡状态为运气郁和组织滞产生的痰膜沉淀结构呢?运气郁,为时空大运相的五运六气与身体内的六气发生了运行上"郁",郁为不畅快,不通畅,为"郁则结聚不行,乃致当升不升,当降不降,当化不化",郁的不畅快不通畅但并非阻塞,原本五运六气统运十二官,人体小命象与时空大运相发生天人合一全息元象联系时,气机是通畅无碍的,内外是交融的一体,而人与时空只不过是界域不同而已实则圆融一体。当出现了"郁"的不畅快就可知,以前通畅无碍的精气运动就因郁而减缓了。那么发生运气郁的原因是什么呢?就是在身体中产生了组织滞，也就是说在原本精气的气机运转通道中产生了导致"滞"发生的组织器官变化，这个变化就是痰膜结构的组织滞。大运相的气机因痰膜结构的组织滞而产生了运气郁，所以就由运气郁与组织滞共同构成了命象与运象的气机郁滞，而造成了动能被减弱。

气机郁滞发生在组织器官和经络系统中就逐渐产生了因精气动能减弱而形成沉淀，沉淀的逐步累积就构成了瘀堵，就发生了局部病变，又由于人体经络系统所在的整体，局部病变直接关联到六经系统，出现六经病变。既然运气郁的原因为痰膜结构的组织滞，痰膜又是如何在身体里逐步生化形成的呢？我们知道在人体里有精气流布和气血水液流布两大主要形态的流布，气血水液通过十二正经、十二经别、十二经筋、十二皮部以及各种络脉流布到人体所有的组织器官，气血水液的流布就会逐渐产生痰膜结构。为何一定会有痰膜结构的出现呢？以十二正经的流注为例，在十二正经的流注顺序里，我们根据道元论及藏相动能义的维度升降原理在经络系统中发生的维度关联以及动能源流，分为三组三界膜的三阶四象结构，也正是因为维度关联以及动能源流实质，才形成了在每一组的三界膜的三阶四象结构的循经流注顺序后，发生总源灌注、精源灌注、气源灌注所在的精气动能灌注的续动能结构。为何会发生续动能的灌注呢？就是因为每一组的三阶四象结构都有一个三界膜形态，三个界膜就是三个界域就产生了能量的消耗和减弱。并且从万物构成的内微→外宏→大彰的三阶结构程式来看，万物的每一个位域单位里都能细分出三界膜的三阶四象结构。故人体里精气流布和气血水液流布就会出现气机和动能减弱的形态发生，并逐渐形成了膜结构的沉淀，这种膜结构就是界膜形态，它只是时空体的界域，是万物的数理逻辑下的形态，它无形无相，由于人体里有气血水液流布发生，故逐渐产生了物质形态的膜结构，就变成了痰膜。为何界膜结构在人体内的沉淀称为痰膜呢？正是因为它"痰"的结构，痰结构在组织器官内逐渐生化形成，就形成了痰膜结构的组织滞。

从界膜结构向痰膜结构的转变，要明了界膜结构为万物生化的常态结构，是精气本根的数理逻辑赋予的，界膜理论下的界膜的三阶四象结构，为万物立于生化本质、生化原理、生化过程形成的基于数理逻辑关联的常态结构，从河图图式和洛书图式的数理逻辑和关联我们可知界膜理论既是道元维度的视野，也是动能三阶单元的藏相动能义视野。从内微的河图图式到外宏的洛书图式，从小而无内到大而无外均具备界膜理论下的常态结构，所以在身体里的组织器官的每一部分，也是界膜结构的形态。在人体经络和五藏气形成的最初始，有七液妙气（心液、肝液、脾液、肺液、肾液、气液、血液）伴随外四气与内四气融合，七液妙气在伴随肉体长成就形成了七液，就从先天的气生化转换成液，当然这个转换既有气向物质态液的转化，又有肉体生成的内容以及环境，可以说身体中七液无所不在，就连致密的骨骼里都有液的形态。当身体里的"液"与界膜的三阶四象结构结合，就需要动能的推动，由于在界膜的三阶四象结构里有维度升降和动能变化，故液就会在界膜处形成集聚，成为液膜。又由于界膜的三阶四象结构里都是液的形态，而作为位域转换的界膜的液膜会比其他液形态沉淀更甚，故形成了比液膜更具沉淀特性的痰膜。

从时空体界域的界膜生化转换，经过液膜形成的痰膜，为五运六气统运十二官原理下的痰膜结构。痰膜结构就导致了从时空大运相到人体小命象共同结合的运气郁，痰膜结构的组织滞和运气郁会根据五行之藏的属性，在身体形成独特的五行属性的痰膜，尤其是什么样五行属性的脏腑系统就生什么属性的痰膜组织滞，这些具备五行属性的痰膜组织滞，再遇风寒暑火湿燥六气就会生病痰。病痰就是痰膜结构发生六气所在的再沉淀，根据风寒暑火湿燥六气不同，就会形成风痰、寒痰、热痰、火痰、湿痰、燥痰不同的病痰，病痰一旦生化形成，就成为身体内产生病变的结构因。痰膜沉淀的病痰结构因，在风寒暑火湿燥六气诱发下，就会以五行属性的生克关系，产生"相克"的压制和瘀租，长时间"相克"的压制和瘀租，就成为诱发因，就会产生器官或系统的病变。那么什么样的情况会产生风寒暑火湿燥六气诱发呢？就是促进病痰结构形成以及产生六气诱发，凡是能归入五行之藏的五行属性的不良习气、不良生活习惯、性格情志、外在环境等诸多方面的作用，都会产生五行属性的六气诱发。

以五运六气影响五行之藏，并通过经络系统形成痰膜结构和病痰过程，我们以人吸一口气为例。人吸一口气，经过肺官功能而运化呼吸精气，肺又与大肠相表里，那么经过肺运化的精气就会传导大肠经络，大肠为传道（导）之官，其运化的环境必定会有液湿，其呼吸精气在大肠经络遇液湿就会沉淀变重，那么肺运化的呼吸精气就会因经络表里行而发生精气形态的变化。如果肺的呼吸气形态里，本来就有暑气、寒气、燥气、风气等复杂情况，经过经络表里行就会发生更大的变化。而手太阴肺经为十二正经的流注起点，从手太阴肺经与手阳明大肠经就发生了精气所在的五运六气的变化，再到经络系统的循环流注以及脏腑五行之藏的属性联系，以此类型的精气流注全身并与脏腑五行属性相结合，以此五行属性的"相生"关系，就会产生风痰、寒痰、热痰、火痰、湿痰、燥痰不同的病痰。所以人体本身与无论是外在还是内在的五运六气就产生了非常复杂的诱发关联。

从运气郁到痰膜结构以及病痰产生的病因病机原理，都从三界膜的三阶四象结构指向了维度升降，又从维度升降关联到精气动能源流，两者相结合就形成了维度升降下的动能源流变化。如果说到身体里的藏象平衡病变过程，就直接以精气动能指向了心脏动能形态，而且人体病理病机的哲学原理三大体系因素里的第一体系主因就是能量维度的降低出现精气动能不足。那么在从藏象平衡到发生病理病机过程中，起着极其重要的精气动能调节的就是心脏，它是人体中进行藏象平衡调节和病理病机调节最主要动能源。那么心脏究竟是如何进行藏象平衡调节和病理病机调节，并发挥精气动能的作用呢？为心脏依赖生理反射机理。何为生理反射机理呢？常规的通畅气机和精气运动在身体产生不畅、郁滞、瘀租后产生的压力反射回应，由于气机和精气具动能态，属于能量的运动形式，常规平衡下心脏为正常工作，当身体组织器官或经络产生了不畅、郁滞、瘀租的情况，就会产生压力反射回应，心脏根据此反射回应察觉常规平衡的通畅发生了变化，就会以调节动能的方式来增加动能压，比如增加精气的流转、血液的循环以及身体机能的诸多反应，以心的君主之官来调配和指挥，以达到重启平衡的作用。如果不畅、郁滞、瘀租的情况无法得到改善，且随着痰膜结构沉淀现象加重，病痰的结构因和诱发因也发生了更严重的情况，心脏就会增加大负荷来工作，久而久之就出现了围绕心系统和心脏的诸多疾病。比如高血压情况的出现就标志着心脏基于运气郁、痰膜结构以及病痰产生了增加精气动能的调节性负荷工作，或者说心脏的动能没有调节增强反而身体环境减弱，以此凸显了心脏动能形态而身体无制约调节能力，也是高血压之视野。如果出现心血管疾病、脑血管疾病乃至发生心梗、脑梗现象，就不再是运气郁、痰膜结构以及病痰层面，而是由着三者不断积累产生了重物质沉淀（重痰沉淀）造成了严重阻塞。

从精气动能运转在全身形成的气机，以气数哲学下的精气本根论来说，人与自然时空圆融畅通，当精气动能因被消耗出现能量体强度减弱时，就会形成由动能减弱气机不畅引发的病理病机。从运气郁→痰膜结构→病痰→重痰沉淀为病理病机变化原理，在这个变化过程中，其痰膜结构和病痰的发生一定出现在有位域源流变转换的"膜"结构中，然后逐渐形成了病理病机变化，而产生病理病机变化不再是藏象平衡的精气动能方面的调节，因为它是在藏象平衡动态过程中在身体里的变化。或者说藏象平衡的动能调节就因身体变"重"而产生负荷调节，而变重的原理为动能不足气机不畅形成重沉淀的形态。负荷调节就是要消耗更多的先天源总能量体，而且并不是用更多的先天源总能量体就能把身体变重的负荷调节好，因为前面已经说过它不是直线和直接的调节，它为曲变运动下维度位域的调节，也就是说当下一个调节周期还未到，身体就已经因沉淀变重的负荷而产生了病变，并且在生理体征呈现病症和病态，就必须给予治疗，就诞生了医学。

医学是哲学和应用学两大体系的结合，哲学为体，应用学为用，体用关系一定要明确，一定是围绕哲学观的应用，而不是只以运用的局部取代了医学哲学的视野，更不能以药来代替医，药只是手段。在中医体系的辨证论治里，就连在治疗上也是先于具体运用形成治疗原理，然后再在治疗原理指导下做治疗手段的选择。中医就是生命哲学为体与辨证论治为用的体用兼具的学科，有了生命哲学的认识论，才在哲学观的指导下，根据认识问题的角度和方法论不同，出现了诸多养生治疗上的用法，如基于配伍原理下的方剂治法，基于精气经络原理下的针灸与推拿治法，基于精气升阳原理的站桩与打坐养生法、基于移精变气实质的符咒祝由之法、基于人与自然合一的自然属性疗法等门类极其之多。以配伍原理下的方剂治法为例，方剂的配伍，为以生命哲学的认识论为辨证基础，从精气动能与经络维度视野出发，通过君臣佐使的五行生克制衡原理，来对病症有作用的药加以分析并进行配伍，从而达到治病养生的作用。配伍的学问里有君臣佐使的道元维度，以及五行生克的制衡法则，就能形成基本的配伍方法或计算公式，如张仲景《伤寒论》所借鉴以及所呈现的《汤液经法图》就可以形成配伍的计算公式。关于中药的动植物经络精气原理以及形成的治病的药性，配伍的中药如何搭配并在人体里转换成药气，药气如何运转以及与身体病灶形成什么样的生克机理达到养生治病的目的，这不仅是解读并弘扬中医哲学无比精髓的内容，而且还是透彻洞悉生命奥秘的生命哲学。

从运气郁→痰膜结构→病痰→重痰沉淀的病理病机变化原理来说，《黄帝内经》就从"郁"的角度视野来阐述五行之藏的养生哲学，《素问·六元正纪大论》云："木郁达之，火郁发之，土郁夺之，金郁泄之，水郁折之。"。为何是五行之藏而不是直接针对脏腑呢？那是因为脏腑只是五行之藏的内容和环节，世间万物包括身体里的一切形态都是统一在五行之藏里来生克运转，这是大道法则。张介宾曰："天地有五运之郁，人身有五脏之应，郁则结聚不行，乃致当升不升，当降不降，当化不化，而郁病作矣。故或郁于气，或郁于血，或郁于表，或郁于里，或因郁而生病，或因病而生郁。郁而太过者，宜裁之抑之；郁而不及者，宜培之助之。"

围绕五行之藏的"郁"，以木郁达、火郁发、土郁夺、金郁泄、水郁折形成了治疗原理。其中，木郁达之为五行之藏的"木"性走梳理畅达之原理，张介宾注曰："达，畅达也。凡木郁之病，风之属也，其脏应肝胆，其经在胁肋，其主在筋爪，其伤在脾胃、血分。然木喜条畅，故在表者当疏其经，在里者当疏其脏，但使气得通行，皆谓之达。"火郁发之为五行之藏的"火"性走发越发散之原理，张介宾注曰："发，发越也。凡火郁之病，为阳为热之属也，其脏应心主、小肠、三焦，其主在脉络，其伤在阴分。凡火所居，其有结聚敛伏，不宜蔽遏，故当因其势而解之、散之、升之、扬之，如开其窗，如揭其被，皆谓之发。"土郁夺之为五行之藏的"土"性走消滞直取之原理，张介宾注曰："夺，直取之也。凡土郁之病，湿滞之属也。其脏应脾胃，其主在肌肉四肢，其伤在胸腹。土畏壅滞，凡滞在上者夺其上，吐之可也；滞在中者夺其中，伐之可也；滞在下者夺其下，泻之可也。"金郁泄之为五行之藏的"金"性走宣泄疏利之原理，张介宾注曰："泄，疏利也。凡金郁之病，为敛为闭，为燥为塞之属也。其脏应肺与大肠，其主在皮毛声息，其伤在气分。故或解其表，或破其气，或通其便，凡在表在里、在上在下皆可谓之泄也。"水郁折之为五行之藏的"水"性走调制分利之原理，张介宾注曰："折，调制也。凡水郁之病，为寒为水之属也。水之本在肾，水之标在肺，其伤在阳分，其反克在脾胃。水性善流，宜防泛溢。凡折之之法，如养气可以化水，治在肺也；实土可以制水，治在脾也；壮火可以胜水，治在命门也；自强可以帅水，治在肾也；分利可以泄水，治在膀胱也。"

我们说藏象平衡把人体内藏象生命系统与生理生命系统交融配合运转着生命形态，从藏象平衡动态所连接起的藏象生命系统与生理生命系统，有一大独特的体系，为以五行之藏的五行属性通过人体经络系统的载体串联的六经藏象系统。我们以太阳藏象为例，在太阳经中有手太阳小肠经和足太阳膀胱经构成主要的太阳经系统，而手太阳小肠经又与手少阴心经相表里，足太阳膀胱经又与手太阴肺经相表里，而太阳经系统的表里关系的运转又从手少阴心经开始关联，就构成了独特的心太阳藏象，为心→小肠→膀胱成关联构成心太阳藏象过程。六经藏象系统在十二正经表里流注关系的五行之藏关联上，又多了一类五行之藏的相互联系的内容。

藏象平衡围绕精气的生化与消耗动态，建立起藏象内在与生理外在的桥梁，而从因缘和因果生灭的实质来说，消耗总格局下的精气生化似乎只是维持现量生命时间的一种短暂形式，因为无论人体精气运化如何生化，在总格局上都是消耗的态势，且是无可逆转的，而且会逐渐地动态消耗先天源总能量体，直到现量生命的因缘全部生灭完结。既然视野落在此处，把消耗从生理外在上升到因缘与因果生灭的层面，那么就一定存在围绕两种消耗而有两种存储补充的藏象平衡形态。基于生理外在消耗而发生精气生化的存储为精气升阳，以及基于先天源总能量体提取消耗而有打破现量的秉受赋予的精气神三态总升阳。对比先天源总能量体的提取来说精气神三态总升阳为升阳总存储。无论是精气升阳还是精气神三态总升阳，都要通过内证养生。

如何通过内证养生达到精气升阳和精气神三态总升阳呢？其实就是基于内丹学的三关程式，从精气神在气数哲学的精气本根的根本入手。精气神三大界域的流变以及人体精气神能量体的形成原理和过程，就是内证养生的指导哲学。从藏象平衡来说消耗大于生化，就算常规消耗与人体运化精气有短暂的平衡，但从大彰程式右旋堕落的总格局、人体物质域范畴的物质形态转换动能消耗以及因缘与因果微观生灭的消耗来说，人体运化精气就不足于提供平衡，就必然会出现总能量体的提取状态而产生实质性的消耗，出现生老病死生命状态。那么升阳存储的原理就是首先把常态的消耗节约或者叫积累起来，常态的消耗是因为动，那么升阳存储就需要静。从站桩打坐来说，不仅以身静和意静来达到减少常态消耗的目的，还能从独特的功法中做到积累以及存储，久而久之，就能改善藏象平衡中的非平衡和亚平衡，把常规平衡的状态持续久一点，就能把维度升降下总能量体的消耗周期时间变长一点。从站桩来说，一般的站桩功法姿势通常是把走路动态静止化，双腿微曲就如走路时候膝盖的弯曲，把走路要消耗的身体能量静止化，就逐渐节约了消耗。在把身体调静的同时，虽然减少了外动态动能的消耗，但生理还在代谢运化，生命的因缘还在秉受赋予，若在站桩的基础上再以凝神入静，调节呼吸方式和节奏，并以呼吸来调节并控制意念飞驰，较少内运化消耗，久之就能从节约消耗变成精气积累，长时间的积累就会有精气积蓄，精气的积蓄就会发生升阳转化。

消耗的根本为消耗精气动能，那么升阳存储的根本就是提高精气维度以增强精气动能，为围绕"气"来养，气升阳则为精动能升高，从而发生实质的精气关联并且影响到"神"形态，进入"神"形态所在的因缘与因果生灭层面，去降伏先天秉受的六识，并把诸因缘的现行与现量转识成智。精气关联的养生，一定是养生的基础也是一切的根本，在《素问·五常政大论》说："夫经络以通，血气以从，复其不足，与众齐同，养之和之，静以待时，谨守其气，无使倾移，其形乃彰，生气以长，命曰圣王。故大要曰：无代化，无违时，必养必和，待其来复。此之谓也。"升阳存储的精髓莫过于内丹学的内证三关平衡，为炼精化炁、炼炁化神、炼神还虚的精气神三态关联，而内证三关的精气神三态关联就是以人身为用，以精气神为相，以大道真如为体。

内证三关的精气神三态关联的以人身为用的内证视野里，要利用人体独特的能量体结构，来分层次和维度去解读炼精化炁、炼炁化神、炼神还虚的含义。第一个维度层面为外丹田精气能量体层面，从精气神三界域流变过程的外丹田为视野，从外丹田的精气形态与人体对应部位来说，外丹田的精丹田在人体的下部，外丹田的气丹田在人体的中部，而神在上部，此时的"神"指六识所在的识神。以此外丹田精气能量体层面，便可赋予内容精髓，为转换外丹田的精丹田来化炁，很多人会认为外丹田的精丹田在人体的下部就是转换生殖浊精，前面已经讲了生殖浊精有个根本，从阴阳跷脉及太冲脉的元阴入手，就可从浊精的生化源处来转换，切记这个要诀。既然不是转换浊精而是从浊精的生化源处入手，就是让阴阳跷脉及太冲脉所在的肾官空间体，通过肾与上下二眼以及降华池于舌内的关联，让肾气升阳上注处玉泉，以玉泉所在的金津玉液来炼精化炁，这就是饮刀圭之所在。饮刀圭功法中有个神意升降导引法，神意升降需呼吸升降来依赖身体转换，那么呼吸升降中就对应了外丹田的气丹田关联，就能通过呼吸升降再次关联外丹田的气丹田，让炼精化炁与调精化炁同步进行。为何叫调精化炁呢？那是因为外丹田的气丹田在人体的中部，也就是心肺部，实际上是通过呼吸转换光子素，同时肺关联魄，从光子素到魄都是需要用呼吸升降来"调"的，它们都是"精"形态的主要内容，所以叫调精化炁。"精"的素材都有了也明晰了真相，可是在哪里化呢？就在玄牝关窍，玄牝关窍一开就有了安炉立鼎之所，这个时候无论是外丹田还是身体运化所在的"精"形态和"气"形态就都能转化成真阳，真炁源源不断的生发灌溉，就可补充生理外在的一切消耗，同时还以此真阳之炁开脉，痰膜结构和痰病所在的病灶都会被真阳之炁所化，就会从根本上达到祛病并养生的目的。

  第二个维度层面为内丹田精气能量体层面，在外丹田精气能量体层面的基础上，其精气态已经升了一个维度，精气动能也在真阳的基础上。从内丹田的精气形态与人体对应部位来说，内丹田的气丹田在人体的下部，内丹田的精丹田在人体的中部，而神在上部，此时的"神"为入神与化神的"神"形态参与精气态。内丹田的气丹田下部为从真阳层面接入先天之炁，内丹田的精丹田在人体的中部，为接入先天之炁的同时联动身体内魄的高能精气形态。而无论是接入先天之炁还是联动魄形态，都需要破七门关窍和十二结节，把内外肉体的界打破，融入"神"形态唯识因缘所在的"虚"内景真境中，从而步入内景功态，以此入神而化神。在入神与化神的"神"形态参与精气态过程里，"神"形态传导的意识三脑，必然要通过精气升维度和动能，来把意识三脑中的心络脑和肺肠脑调到同一个维度，心络脑和肺肠脑所主的生理代谢在精气升维度和动能的状态下，就会出现生理代谢暂停或极缓，此时就能入大禅定，从而进入"神"形态入神与化神，解析"神"形态的种子和种子因缘，入先天内景并转识成智。

外丹田精气能量体层面和内丹田精气能量体层面的内证三关，就从精气升阳到精气神三态升阳，也以此做到了存储功能。生命的一切形态，无论是相虚义的精气态还是肉身的物质态，都是种子和种子因缘唯识变现所形成的现量。当从精气升维度和动能的状态进入"神"形态所在的入神与化神，藏象平衡的总消耗就停止了，而且精气神关联的三关内证功态会源源不断进行存储。那么也以此进入了第三个维度层面的炼神还虚的清净圆满之圆觉态。

从藏象平衡以藏象内在与生理外在的桥梁，所建立的常规平衡、亚平衡、非平衡、再平衡三阶四象结构，实际上为消耗形态下模型，那么升阳存储形态下也有常规非平衡、动静平衡、升平衡、存储平衡的三阶四象结构。在藏象平衡所在的消耗与存储视野下，就让我们根据原理形成了如何养生的视野与内容。说到藏象养生，从藏象平衡所在的消耗与存储原理入手，就能形成精气神养生与道德养生所在的藏相论养生观。

精气神养生观以天人合一全息元象为格局,在天地人三才的时空经络里,宏大视野地将时空体外历法与人体内经络精气内历法交融相互,从"藏"含义的视野出发,要无为清净而藏神,从"相"含义的视野出发,要恒顺因缘而不攀缘附会以妄逐妄,从"象"视野出发要立于人身,从经络的子午流注、从生活情志等遵循大道法则,以精气神内外历法关联为时间轴,以人体经络与脏腑机理的藏象系统为空间轴,从藏相系统中的能量流变,精神与物质转换关系,形成精气神的养生观。

道德养生观,为在精气神养生观的基础上,从精气神的身体健康转入道德健康。道德健康的养生,就要深入明晰道德层面的善恶行因,从善恶行关乎福德相根本来联系道德养生不仅关联生老病死,还是人间福祸的标尺,更重要的是人在现世的一切现量因缘和因果的生灭,皆由它来具体呈现。道德养生,分世间法积善厚德广善行和内证法证德性圆大道两个层面,前者为从世间俗谛道象的层面积德行,后者为从德性的层面证大道。无外乎全提道德。

参考文献

《易经》
《道德经》[春秋]老聃
《诗经》
《礼记》[汉]戴德
《礼记正义》[汉]郑玄
《周礼》[西周]周公旦
《尚书》[春秋·鲁]孔丘
《中庸》[春秋·鲁]孔伋
《大学》[春秋·鲁]曾参
《尚书故实》[唐]李绰
《尚书正义》[汉]孔安国
《仪礼注疏》[汉]郑玄
《诗经稗疏》[清]王夫之
《诗经集传》[宋]朱熹
《大戴礼记》[汉]戴德
《春秋公羊传》[战国·齐]公羊高
《春秋左传》[春秋·鲁]左丘明
《春秋繁露》[汉]董仲舒
《尔雅》[秦]佚名
《康熙字典》[清]张玉书、陈廷敬等
《方言校笺》[汉]扬雄
《说文解字》[汉]许慎
《说文解字注》[清]段玉裁
《说文解字系传》[五代·南唐]徐锴
《中庸直指补注》[明]释智旭
《中庸章句集注》[宋]朱熹
《四书章句集注》[宋]朱熹
《大学点睛补》[明]释智旭
《大学章句集注》[宋]朱熹
《孟子》[战国·鲁]孟轲
《孟子杂记》[明]陈士元
《孟子注疏》[汉]赵岐·注[宋]孙奭·疏

《孟子集注》[宋]朱熹
《论语》[春秋·鲁]孔丘
《论语全解》[宋]陈祥道
《论语学案》[明]刘宗周
《论语拾遗》[宋]苏辙
《论语点睛补注》[明]释智旭
《论语集注》[宋]朱熹
《女孝经》[唐]郑氏
《孝经》[春秋·鲁]孔丘
《乐育堂语录》[清]黄元吉
《传习录拾遗》[明]王守仁
《周子全书》[宋]周敦颐
《太极图说》[宋]周敦颐
《太极图说述解》[明]曹端
《太极通书》[宋]周敦颐
《子思子》[宋]汪晫
《孔丛子》[秦]孔鲋
《帝范》[唐]李世民
《延平答问》[宋]朱熹
《弘道书》[清]费密
《张载集摘》[宋]张载
《新书》[汉]贾谊
《新学伪经考》[清]康有为
《新序》[汉]刘向
《日知录》[清]顾炎武
《日知录之馀》[清]顾炎武
《日知录集释》[清]顾炎武
《明本释》[宋]刘荀

《曾子》[宋]汪晫
《朱子语类》[宋]朱熹
《王明阳集》[明]王守仁
《说苑》[汉]刘向
《遗言录》[明]王守仁
《阳明先生文集》[明]王守仁
《陆九渊文选》[宋]陆九渊
《陆九渊集》[宋]陆九渊
《三字经》[宋]王应麟
《三字鉴》[清]张宜明
《千字文》[梁]周兴嗣
《四字经》[清]佚名
《增广贤文》[明]佚名
《女儿经》[清]贺瑞麟订正
《家塾教学法》[清]唐彪
《弟子规》[清]李毓秀
《纯正蒙求》[元]胡炳文
《经学启蒙》[宋]陈淳
《续小儿语》[明]吕坤
《续幼学歌》[清]王用臣
《蒙求》[唐]李翰
《蒙训》[清]刘沅
《了凡四训》[明]袁了凡
《了凡训子书》[明]袁黄
《养真集》[清]王士端
《劝孝歌》[清]王中书
《家范》[宋]司马光
《戒子孙》[宋]邵雍

《戒子益恩书》[汉]郑玄
《戒子通录》[宋]刘清之
《朱子家训》[清]朱用纯
《菜根谭》[明]洪应明
《袁氏世范》[宋]袁采
《伊川易传》[宋]程颐
《周易举正》[唐]郭京
《周易口诀义》[唐]史徵
《周易尚氏学》[清]尚秉和
《周易新讲义》[宋]耿南仲
《周易本义》[宋]朱熹
《周易正义》[唐]孔颖达
《周易浅述》[清]陈梦雷
《周易略例》[三国·魏]王弼
《周易述》[清]惠栋
《周易集注》[明]来知德
《周易集解》[唐]李鼎祚
《周易音义》[唐]陆元朗
《大易象数钩深图》[元]张理
《子夏易传》[春秋]卜子夏
《御纂周易折中》[清]李光地
《易学辨惑》[宋]邵伯温
《易数钩深图》[宋]刘牧
《易童子问》[宋]欧阳修
《易纬乾元序制记》[汉]郑玄
《易纬坤灵图》[汉]郑玄
《易纬是类谋》[汉]郑玄
《易纬稽览图》[汉]郑玄

《易纬辨终备》[汉]郑玄
《易纬通卦验》[汉]郑玄
《易经证释》[清]陆宗舆
《横渠易说》[宋]张载
《温公易说》[宋]司马光
《三命指迷赋》[宋]岳珂
《三命通会》[明]万民英
《乙巳占》[唐]李淳风
《乾元秘旨》[清]舒继英
《五行大义》[隋]萧吉
《五行精纪》[宋]廖中
《入地眼全书》[宋]静道
《六壬一字诀玉连环》[宋]徐汶滨
《六壬兵占》[明]佚名
《六壬大全》[明]郭载騋
《六壬寻源》[清]张纯照
《六壬指南》[明]陈公献
《六壬指南注解》[明]陈公献
《六壬秘本》[清]金正音
《六壬管辂神书》[三国·魏]管辂
《六壬经纬》[清]京江铁瓮子
《周易尚占》[元]李道纯
《命理正宗》[明]张神峰
《地理辨正》[明末清初]蒋大鸿
《天元五歌》[明末清初]蒋大鸿
《天玉经》[唐]杨筠松
《天玉经外篇》[唐]杨筠松
《太乙秘书》[宋]王佐

《太乙金镜式经》[唐]王希明
《太玄经》[汉]扬雄
《奇门宝鉴御定》[唐]徐道符
《奇门旨归》[清]朱浩文
《奇门遁甲元灵经》许松如
《奇门遁甲秘笈大全》[明]刘伯温
《奇门遁甲统宗》[三国·蜀]诸葛亮
《子平真诠评注》[清]沈孝瞻
《宅法举隅》[清]锡山
《开元占经》[唐]瞿昙悉达
《心相篇》[宋]陈希夷
《推背图》[唐]李淳风、袁天罡
《撼龙经》[唐]杨筠松
《文王金钱课》[周]姬昌
《易冒》[清]程良玉
《星命总括》[辽]耶律纯
《星学大成》[明]万民英
《李虚中命书》[周]鬼谷子
《梅花易数》[宋]邵雍
《正易心法》[宋]麻衣道者
《永乐百问》[明]袁柳庄
《渊海子平》[宋]徐子平
《潜虚》[宋]司马光
《灵台秘苑》[宋]王安礼
《灵棋经》[汉]东方朔
《焦氏易林》[汉]焦延寿
《焦氏易林注》[汉]焦延寿
《焦氏易诂》[清]尚秉和

《皇极经世心易发微》[明]杨向春
《秘本诸葛神数》[汉]诸葛武侯
《葬书》[晋]郭璞
《葬法倒杖》[唐]杨筠松
《遁甲演义》[明]程道生
《遁甲符应经》[宋]杨维德
《青乌经》[秦]樗里子
《青囊奥语》[唐]杨筠松
《青囊序》[唐]杨筠松
《修真九要》[清]刘一明
《修真辩难参证》[清]刘一明
《元气论》[宋]张澡
《关尹子》[周]尹喜
《内修十论》[元]王重阳
《冲虚经》[战国]列御寇
《列子》[战国]列御寇
《列子集释》杨伯峻
《化书》[五代]谭峭
《北游记》[明]余象斗
《南游记》[明]余象斗
《参同契阐幽》[清]朱元育
《参同直指》[清]刘一明
《古书隐楼藏书》[清]闵一得
《吕祖全书》[清]刘体恕
《吕祖全传》[清]汪象旭
《吕祖师三尼医世说述》[唐]吕洞宾
《吕祖指玄篇诗注》[宋]白玉蟾
《吕祖金华宗旨阐幽问答》[清]惠觉

《唱道真言》[清]青华老人
《大成捷要》[清]柳华阳
《大道真传》[西蜀]魏尧
《天口篇》[明]张三丰
《太乙金华宗旨》[唐]吕洞宾
《太虚集录》[清]闵一得
《女丹十则》佚名
《女丹合编选注》[清]贺龙骧
《幻真先生服内元气诀》[唐]幻真先生
《庄子》[战国]庄周
《庄子内篇注》[明]匡庐逸叟
《庄子注》[魏晋]向秀
《庄子通》[清]王船山
《庄子集解》[清]王先谦
《庄子集释》[清]郭庆藩
《张三丰先生全集》[明]张三丰
《归藏》[清]马国翰
《御制周颠仙人传》[明]朱元璋
《性命圭旨》[明]佚名
《性命要旨》[清]汪东亭
《悟玄篇》[元]余洞真
《悟真直指》[清]刘一明
《悟真篇》[宋]张伯端
《悟真篇阐幽》[清]朱元育
《悟道录》[清]刘悟元
《慧命经》[清]柳华阳
《敲爻歌》[唐]吕洞宾
《方壶外史》[明]陆西星

《服气精义论》[唐]司马承祯
《梅华问答》[清]薛阳桂
《水石闲谈》[明]张三丰
《洞玄子》[唐]佚名
《济一子道书十七种》[清]傅金铨
《海琼传道集》[宋]洪知常
《玄机直讲》[明]张三丰
《玄牝之门赋注释》
《玄珠录》[唐]王玄览
《玄肤论》[明]陆西星
《玄要篇》[明]张三丰
《玄谭全集》[明]张三丰
《王弼老子注》[三国·魏]王弼
《男女丹工异同辩》
《百字碑》[唐]吕洞宾
《百字碑注》[清]刘一明
《真诰》[南朝·梁]陶弘景
《碧苑坛经》[清]闵一得
《神仙传》[晋]葛洪
《秘本种子金丹》[清]叶天士
《简帛老子校正》
《素女妙论》[明]佚名
《素女经》[先秦]佚名
《紫清指玄集》[宋]白玉蟾
《老子想尔注》[汉]张道陵
《老子本义》[清]魏源
《老子校释》朱谦之
《老子衍》[清]王夫之

《老子解略》[宋]员兴宗
《老子说略》[清]张尔岐
《老子道德经憨山注》[明]蔡德清
《老子道德经河上公章句》
《胎息经笺疏》
《西池集》[清]积善堂
《西游录注》[元]耶律楚材
《西游真诠》[清]陈士斌
《象言破疑》[清]刘一明
《跨天虹》[清]鹫林斗山学者
《通关文》[清]刘一明
《通玄真经》[周]文子
《道书十二种》[清]刘一明
《道德真经口义》[宋]林希逸
《道德经》[唐]龙兴观碑本
《道德经注》[汉]河上公
《道德经注释》[清]李涵虚
《道德经注释》[清]黄元吉
《道德经真义》[清]黄元吉
《道教三字经》易心莹
《道门语要》[清]黄元吉
《邱祖秘传大丹直指》[金]邱处机
《郭店楚墓竹简》
《重阳注五篇灵文》[宋]王重阳
《金丹四百字注》[明]陆西星
《金丹妙诀》[清]济阳子
《金丹就正篇》[明]陆西星
《金华直指女功正法》[清]纯阳子

《铜符铁卷》[晋]吴猛
《阴符发秘》[清]张清夜
《阴符经玄解正义》[清]闵一得
《陆西星四篇》[明]陆西星
《马王堆帛书之老子乙本》
《鲁班全书》[春秋·鲁]鲁班
《黄帝四经》[战国]佚名
《龙门心法》[清]王常月
《养鱼经》[春秋]范蠡
《农书》[宋]陈敷
《农政全书》[明]徐光启
《农桑衣食撮要》[元]鲁明善
《四时纂要》[唐]韩鄂
《天工开物》[明]宋应星
《田家五行》[元]娄元礼
《神农书》[战国·魏]李悝
《耒耜经》[唐]陆龟蒙
《蚕书》[宋]秦观
《蚕经》[明]黄省曾
《齐民要术》[南北朝]贾思勰
《三十六计》[明]佚名
《八阵合变图说》[明]龙正
《八阵总述》[晋]马隆
《六韬》[周]姜尚
《兵典》[唐]杜祐
《兵法心要》[明]刘基
《卫公兵法辑本》[唐]李靖
《吴子兵法》[战国]吴起

《太公兵法》[周]太公望
《太公金匮》[周]吕尚
《太公阴谋》[周]吕尚
《太白阴经》[唐]李筌
《孙子兵法》[春秋]孙武
《孙子注》[唐]李筌
《孙子略解》[三国·魏]曹操
《孙膑兵法》[战国]孙膑
《将苑》[三国·蜀]诸葛亮
《尉缭子》[战国]尉缭
《战略》[明]胡宗宪
《战略辑佚》[晋]司马彪
《投笔肤谈》[明]西湖逸士
《李卫公问对》[唐]李靖
《水战兵法辑佚》[春秋]伍子胥
《百战奇略》[明]刘基
《盖庐》[春秋·楚]伍子胥
《策林》[唐]白居易
《诸葛亮集》[三国·蜀]诸葛亮
《道德经论兵要义述》[唐]王真
《黄帝问玄女兵法》[唐]佚名
《黄石公三略》[秦]黄石公
《黄石公素书注》[宋]张商英
《管子》[春秋·齐]管仲
《仁学》[清]谭嗣同
《傅子》[晋]傅玄
《公孙龙子》[战国]公孙龙
《公孙龙子注》[清]陈澧

《刘子》[南北朝]刘昼
《司马法》[战国]司马穰苴
《周生烈子》[三国·魏]周生烈
《器经》[战国]孤子
《墨子闲诂》[清]孙诒让
《子华子》[周]程本
《尸子》[周]尸佼
《慎子》[周]慎到
《文中子中说》[隋]王通
《无能子》[唐]无能子
《杨子折衷》[明]湛若水
《扬子法言》[汉]扬雄
《止学》[隋]王通
《淮南子》[汉]刘安
《渔樵问对》[宋]邵雍
《物不迁论》[晋]僧肇
《申子》[战国]申不害
《素履子》[唐]张弧
《胡子衡齐》[明]胡直
《范子计然》[春秋]范蠡
《荀子》[战国]荀况
《论衡》[汉]王充
《论衡校释》[清]吴承仕
《诸子辩》[明]宋濂
《郁离子》[明]刘伯温
《郭子》[晋]郭璞
《长短经》[唐]赵蕤
《鬼谷子》[春秋·卫]王诩

《鹿门子》[唐]皮日休
《九章算术》[汉]张苍
《九章算经》[汉]佚名
《五经算术》[南北朝]甄鸾
《周髀算经》[汉]佚名
《严复集》[清]严复
《中兴论》[宋]陈亮
《书斋夜话》[宋]俞琰
《京东考古录》[清]顾炎武
《人物志》[三国·魏]刘劭
《六艺纲目》[元]舒天民
《典论》[三国]曹丕
《势胜学》[宋]薛居正
《发微论》[宋]蔡元定
《大同书》[清]康有为
《天史》[清]丁耀亢
《天演论》[清]严复
《孔子改制考》[清]康有为
《守弱学》[晋]杜预
《席上腐谈》[宋]俞琰
《庚巳编》[明]陆粲
《忍经》[元]吴亮
《忠经》[汉]马融
《昭德新编》[宋]晁迥
《晋五胡指掌》[明]张大龄
《曾国藩家书》[清]曾国藩
《权书》[宋]苏洵
《权谋残卷》[明]张居正

《杜阳杂编》[唐]苏鹗
《格致余论》[元]朱丹溪
《梦溪笔谈》[宋]沈括
《清代学术概论》[清]梁启超
《温公琐语》[宋]司马光
《独断》[汉]蔡邕
《盛世危言》[清]郑观应
《经史百家杂钞》[清]曾国藩
《美芹十论》[宋]辛弃疾
《谈天》[明]宋应星
《谈薮》[宋]庞元英
《谈辂》[明]张凤翼
《野议》[明]宋应星
《訄书》章太炎
《世说新语》[南朝·宋]刘义庆
《世说新语笺疏》余嘉锡
《世说旧注》[明]杨慎
《东坡志林》[宋]苏轼
《东山杂记》王国维
《丽情集》[宋]张君房
《仇池笔记》[宋]苏轼
《仙杂记》[唐]冯贽
《优语录》王国维
《伯牙琴》[宋]邓牧
《列异传》[三国·魏]曹丕
《友会谈丛》[宋]上官融
《括异志》[宋]张师正
《拾遗记》[晋]王嘉

《搜神后记》[晋]陶潜
《搜神秘览》[宋]章炳文
《搜神记》[晋]干宝
《教坊记》[唐]崔令钦
《汉宫春色》[晋]佚名
《汉武帝内传》[汉]班固
《汉武故事》[汉]班固
《海内十洲记》[汉]东方朔
《渔樵闲话录》[宋]苏轼
《独异志》[唐]李亢
《玉泉子》[唐]佚名
《王阳明靖乱录》[明]冯梦龙
《神异经》[汉]东方朔
《述异记》[南朝·梁]任昉
《医垒元戎》[元]王好古
《医学三字经》[清]陈修园
《医学正传》[明]虞抟
《医学源流论》[清]徐大椿
《医学纲目》[明]楼英
《医方考》[明]吴昆
《医方论》[清]费伯雄
《医林改错》[清]王清任
《医案精华》[清]叶天士
《医理真传》[清]郑钦安
《医经小学》[明]刘纯
《医说》[宋]张杲
《医贯》[明]赵献可
《医述》[元]程杏轩

《医间先生集》[明]贺钦
《十四经发挥》[元]滑寿
《千金宝要》[唐]孙思邈
《千金翼方》[唐]孙思邈
《千金食治》[唐]孙思邈
《华佗神方》[汉]华佗
《卫生易简方》[明]胡濙
《原机启微》[元]倪维德
《古今医统大全》[明]徐春甫
《古今医鉴》[明]龚信
《古本难经阐注》[清]丁锦
《史载之方》[宋]史堪
《喉舌备要秘旨》[清]佚名
《圣济总录》[宋]赵佶
《增订十药神书》[明]葛乾孙
《外台秘要》[唐]王焘
《外科十三方考》[清]张云航
《外科十法》[清]朱世杰
《外科枢要》[明]薛己
《外科正宗》[明]陈实功
《外科理例》[明]汪机
《外科精义》[元]齐德之
《外科精要》[宋]陈自明
《外科集验方》[明]赵宜真
《大小诸证方论》[明]傅青主
《太平圣惠方》[宋]王怀隐
《太平惠民和剂局方》[宋]陈承
《奇经八脉考》[明]李时珍

参考文献 643

《女科切要》[清]吴道源
《女科旨要》[清]雪岩禅师
《女科百问》[宋]齐仲甫
《妇人大全良方》[宋]陈自明
《妇人良方集要》[宋]陈自明
《妇科玉尺》[清]沈金鳌
《妇科百辩》[明]庄履严
《婴儿论》[清]周士祢
《婴童百问》[明]鲁伯嗣
《婴童类萃》[明]王大纶
《子午流注说难》吴棹仙
《子午流注针经》[金]何若愚
《孙真人海上方》[唐]孙思邈
《察病指南》[宋]施桂堂
《察舌辨症新法》[清]刘恒瑞
《小儿卫生总微论方》[宋]何大任
《小儿药证直诀》[宋]钱乙
《局方发挥》[元]朱丹溪
《幼幼新书》[宋]刘昉
《广瘟疫论》[清]戴天章
《张卿子伤寒论》[清]张卿子
《急救良方》[明]张时彻
《慎斋遗书》[明]周慎斋
《慎柔五书》[明]胡慎柔
《房中补益》[唐]孙思邈
《扁鹊心书》[宋]窦材
《摄生总要》[明]洪基
《敖氏伤寒金镜录》[元]杜清碧

《易牙遗意》[明]韩奕
《普济方》[明]朱橚
《普济方针灸》[明]朱橚
《景岳全书》[明]张介宾
《未刻本叶氏医案》[清]叶天士
《本草图经》[宋]苏颂
《本草征要》[明]李中梓
《本草思辨录》[清]周岩
《本草简要方》张宗祥
《本草纲目》[明]李时珍
《本草纲目别名录》[明]李时珍
《本草纲目拾遗》[清]赵学敏
《本草经集注》[南朝·梁]陶弘景
《析骨分经》[明]宁一玉
《河间伤寒心要》[金]镏洪
《注解伤寒论》[金]成无己
《温热暑疫全书》[清]周扬俊
《温疫论》[明]吴又可
《濒湖脉学》[明]李时珍
《灵枢经》[唐]王冰
《灵枢经脉翼》[明]夏英
《灵素节注类编》[清]章楠
《灵药秘方》[清]师成子
《炮炙大法》[明]缪希雍
《玉机微义》[元]徐彦纯
《理虚元鉴》[明]汪绮石
《疠疡机要》[明]薛己
《痰火点雪》[明]龚居中

《痧疹法门》[清]李子毅
《瘴疟指南》[明]郑全望
《白喉全生集》[清]李纪方
《眉寿堂方案选存》[清]叶天士
《祝由十三科》佚名
《神仙济世良方》[清]柏鹤亭
《神农本草经》[清]孙星衍
《秘藏膏丹丸散方剂》[清]佚名
《类经》[明]张介宾
《类经图翼》[明]张介宾
《类证治裁》[清]林佩琴
《素问六气玄珠密语》[唐]王冰
《素问玄机原病式》[金]刘完素
《素问病机气宜保命集》[金]刘完素
《素问经注节解》[清]姚止庵
《素问要旨论》[金]刘完素
《经络全书》[明]沈子禄
《经络汇编》[明]翟良
《经络考》[明]张三锡
《肯堂医论》[明]王肯堂
《脉学阐微》[清]陈士铎
《脉症治方》[明]吴正伦
《脉经》[晋]王叔和
《脉诀》[宋]崔嘉彦
《脉诀刊误》[元]戴起宗
《脉诀指掌病式图说》[金]李杲
《脉诀考证》[明]李时珍
《脉诀阐微》[清]陈士铎

《脉象统类》[清]沈金鳌
《脾胃论》[金]李杲
《血证论》[清]唐宗海
《褚氏遗书》[南齐]褚澄
《证治心传》[明]袁班
《证类本草》[宋]唐慎微
《诊家正眼》[明]李中梓
《质疑录》[明]张介宾
《走马急疳真方》[宋]滕伯祥
《重广补注黄帝内经素问》[唐]王冰
《金匮要略方论》[汉]张仲景
《金匮要略浅注》[汉]陈修园
《金匮钩玄》[元]朱震亨
《金针秘传》[清]方慎庵
《针灸大全》[明]徐凤
《针灸大成》[明]杨继洲
《针灸易学》[清]李守先
《针灸甲乙经》[晋]皇甫谧
《针灸神书》[宋]琼瑶真人
《针灸素难要旨》[明]高武
《针灸聚英》[明]高武
《针灸节要》[明]高武
《针灸资生经》[宋]王执中
《银海精微》[唐]孙思邈
《颅囟经》[汉]卫汛
《鬼门十三针》佚名
《黄帝内经素问集注》[清]张志聪
《黄帝素问宣明论方》[金]刘完素

正统道藏系列：

《正统道藏·大洞玉经》
《正统道藏·九转流珠神仙九丹经》
《正统道藏·九转灵砂大丹资圣玄经》
《正统道藏·九转青金灵砂丹》
《正统道藏·参同契五相类秘要》[宋]卢天骥
《正统道藏·大丹问答》
《正统道藏·大还丹金虎白龙论》[唐]还阳子
《正统道藏·太上卫灵神化九转丹砂法》
《正统道藏·太极真人九转还丹经要诀》
《正统道藏·太极真人杂丹药方》
《正统道藏·太清修丹秘诀》
《正统道藏·太清金液神丹经》
《正统道藏·太清金液神气经》
《正统道藏·太白经》
《正统道藏·抱朴子神仙金汋经》
《正统道藏·种芝草法》
《正统道藏·通幽诀》
《正统道藏·通玄秘术》[唐]沈知言
《正统道藏·金华冲碧丹经秘旨》[宋]白玉蟾
《正统道藏·金华冲碧丹经秘旨传》[宋]白玉蟾
《正统道藏·金木万灵论》[晋]葛洪
《正统道藏·金碧五相类参同契》[汉]阴长生
《正统道藏·魏伯阳七返丹砂诀》
《正统道藏·黄帝九鼎神丹经诀》
《正统道藏·龙虎还丹诀》[唐]金陵子
《正统道藏·太上三洞传授道德经紫虚箓拜表仪》[前蜀]杜光庭
《正统道藏·太上正一阅箓仪》[前蜀]杜光庭

《正统道藏·太上洞神三皇仪》

《正统道藏·太清道德显化仪》

《正统道藏·太上戒经》

《正统道藏·太上老君戒经》

《正统道藏·太上老君经律》

《正统道藏·保生铭》[唐]孙思邈

《正统道藏·修真秘录》[宋]符度仁

《正统道藏·元阳子五假论》

《正统道藏·太上养生胎息气经》

《正统道藏·太上洞神玄妙白猿真经》

《正统道藏·太上老君大存思图注诀》

《正统道藏·太上肘后玉经方》[唐]卢道元

《正统道藏·太上除三尸九虫保生经》

《正统道藏·太清中黄真经》[唐]中黄真人

《正统道藏·太清元极至妙神珠玉颗经》

《正统道藏·太清导引养生经》

《正统道藏·太清服气口诀》

《正统道藏·太清经断谷法》

《正统道藏·太清调气经》

《正统道藏·存神炼气铭》[唐]孙思邈

《正统道藏·孙真人摄养论》[唐]孙思邈

《正统道藏·庄周气诀解》

《正统道藏·抱朴子养生论》[晋]葛洪

《正统道藏·枕中记》

《正统道藏·秘藏通玄变化六阴洞微遁甲真经》

《正统道藏·胎息抱一歌》

《正统道藏·胎息精微论》

《正统道藏·鬼谷子天髓灵文》

《正统道藏·黄庭遁甲缘身经》

《正统道藏·冲虚至德真经》[周]列御寇

《正统道藏·南华真经》[周]庄周

《正统道藏·太上玄灵北斗本命延生真经》

《正统道藏·太上玄灵北斗本命长生妙经》

《正统道藏·太上玄灵斗姆大圣元君本命延生心经》

《正统道藏·太上老君内观经》

《正统道藏·太上老君说五斗金章受生经》

《正统道藏·太上老君说天妃救苦灵验经》

《正统道藏·太上老君说常清静妙经》

《正统道藏·太上老君说报父母恩重经》

《正统道藏·太上老君说救生真经》

《正统道藏·太上老君说消灾经》

《正统道藏·太上说紫微神兵护国消魔经》

《正统道藏·太上飞步南斗太微玉经》

《正统道藏·无上妙道文始真经》[周]尹喜

《正统道藏·洞灵真经》[春秋]庚桑楚

《正统道藏·混元八景真经》

《正统道藏·西升经》[宋]赵佶

《正统道藏·道德真经》

《正统道藏·道德经古本篇》

《正统道藏·四气摄生图》

《正统道藏·南华真经拾遗》[宋]王雱

《正统道藏·南华真经注疏》[晋]郭象·注[唐]成玄英·疏

《正统道藏·南华真经章句音义》[宋]陈景元

《正统道藏·唐玄宗御制道德真经疏一》[唐]李隆基

《正统道藏·唐玄宗御制道德真经疏二》[唐]李隆基

《正统道藏·唐玄宗御注道德真经》[唐]李隆基

《正统道藏·大明太祖高皇帝御注道德真经》[明]朱元璋

《正统道藏·太上太清天童护命妙经注》[金]侯善渊

《正统道藏·太上玄灵北斗本命延生真经批注》

《正统道藏·太上玄灵北斗本命延生真经注》[元]徐道龄

《正统道藏·太上玄灵北斗本命延生经注》[宋]傅洞真

《正统道藏·太上老君元道真经批注》

《正统道藏·太上老君说常清静妙经纂图解注》[元]王玠

《正统道藏·太上老君说常清静经注》[元]李道纯

《正统道藏·太上老君说常清静经注》[前蜀]杜光庭

《正统道藏·太上老君说常清静经注》[宋]佚名

《正统道藏·太上老君说常清静经注》[宋]白玉蟾

《正统道藏·太上老君说常清静经注》[金]侯善渊

《正统道藏·太上说玄天大圣真武本传神咒妙经注》[宋]陈伋

《正统道藏·宋徽宗御解道德真经》[宋]赵佶

《正统道藏·庄子内篇订正》[元]吴澄

《正统道藏·德经异同字》[唐]佚名

《正统道藏·文始真经注》[元]牛道淳

《正统道藏·文始经言外旨》[宋]陈显彻

《正统道藏·洞灵真经注》[宋]何璨

《正统道藏·西升经集注》[宋]陈景元

《正统道藏·通玄真经注》[唐]徐灵府

《正统道藏·道德会元》[元]李道纯

《正统道藏·道德玄经原旨发挥》[元]杜道坚

《正统道藏·道德真经三解》[元]邓锜

《正统道藏·道德真经义解》[宋]李嘉谋

《正统道藏·道德真经传》[唐]陆希声

《正统道藏·道德真经传》[宋]吕惠卿

《正统道藏·道德真经指归 老子指归》[汉]严遵

《正统道藏·道德真经新注》[唐]李约
《正统道藏·道德真经次解》[唐]佚名
《正统道藏·道德真经注》[元]吴澄
《正统道藏·道德真经注》[元]林志坚
《正统道藏·道德真经注》[唐]李荣
《正统道藏·道德真经注》[宋]苏辙
《正统道藏·道德真经注》[汉]河上公
《正统道藏·道德真经注》[三国·魏]王弼
《正统道藏·道德真经注疏》[南齐]顾欢
《正统道藏·道德真经玄德纂疏》[前蜀]强思齐
《正统道藏·道德真经疏义》[宋]江澂
《正统道藏·道德真经疏义》[宋]赵志坚
《正统道藏·道德真经直解》[宋]邵若愚
《正统道藏·道德真经藏室纂微篇》[宋]陈景元
《正统道藏·道德真经解》[宋]陈象古
《正统道藏·道德真经论》[宋]司马光
《正统道藏·道德真经论兵要义述》[唐]王真
《正统道藏·道德真经集义》[元]刘惟永
《正统道藏·道德真经集义》[明]危大有
《正统道藏·道德真经集义大旨》[元]刘惟永
《正统道藏·道德真经集注》[宋]张太守
《正统道藏·道德真经集注杂说》[宋]彭耜
《正统道藏·道德真经集注释文》[宋]彭耜
《正统道藏·道德真经集解》[宋]董思靖
《正统道藏·太上老君混元三部符》
《正统道藏·太上老君说益算神符妙经》
《正统道藏·天坛王屋山圣迹记》[前蜀]杜光庭
《正统道藏·太上混元真录》

《正统道藏·武当福地总真集》[元]刘道明
《正统道藏·武当纪胜集》[元]罗霆震
《正统道藏·玄天上帝启圣录》
《正统道藏·玄天上帝启圣灵异录》[元]徐世隆
《正统道藏·终南山祖庭仙真内传》[元]李道谦
《正统道藏·终南山说经台历代真仙碑记》[元]朱象先
《正统道藏·太上说玄天大圣真武本传神咒妙经》
《正统道藏·犹龙传》[宋]贾善翔
《正统道藏·玄品录》[元]张天雨
《正统道藏·太上洞神五星赞》[汉]张平子
《正统道藏·上清六甲祈祷秘法》
《正统道藏·黄帝太乙八门入式秘诀》
《正统道藏·黄帝太乙八门入式诀》
《正统道藏·黄帝太乙八门逆顺生死诀》
《正统道藏·太上慈悲道场消灾九幽忏》[汉]葛玄
《正统道藏·太上救苦天尊说拔度血湖宝忏》
《正统道藏·太上洞玄灵宝授度仪》[南朝·宋]陆修静
《正统道藏·太上消灭地狱升陟天堂忏》
《正统道藏·太上灵宝上元天官消愆灭罪忏》
《正统道藏·太上灵宝下元水官消愆灭罪忏》
《正统道藏·太上灵宝中元地官消愆灭罪忏》
《正统道藏·太上灵宝十方应号天尊忏》
《正统道藏·太极真人敷灵宝紫戒威仪诸经要诀》
《正统道藏·上清众真教戒德行经》
《正统道藏·上清骨髓灵文鬼律》[宋]邓有功
《正统道藏·太上洞玄灵宝三元品戒功德轻重经》
《正统道藏·太上洞玄灵宝上品戒经》
《正统道藏·太上洞玄灵宝智慧罪根上品大戒经》

《正统道藏·太上洞玄灵宝法身制论》
《正统道藏·上清北极天心正法》
《正统道藏·上清大洞九官朝修秘诀上道》
《正统道藏·上清金匮玉镜修真指玄妙经》
《正统道藏·太乙救苦护身妙经》
《正统道藏·太上七星神咒经》
《正统道藏·太上救苦天尊说消愆灭罪经》
《正统道藏·太上洞渊神咒经》
《正统道藏·太上洞渊说请雨龙王经》
《正统道藏·太上洞玄灵宝三涂五苦拔度生死妙经》
《正统道藏·太上洞玄灵宝上师说救护身命经》
《正统道藏·太上洞玄灵宝业太玄普慈劝世经》
《正统道藏·太上洞玄灵宝业报因缘经》
《正统道藏·太上洞玄灵宝出家因缘经》
《正统道藏·太上洞玄灵宝十号功德因缘妙经》
《正统道藏·太上洞玄灵宝开演秘密藏经》
《正统道藏·太上洞玄灵宝往生救苦妙经》
《正统道藏·太上洞玄灵宝护诸童子经》
《正统道藏·太上洞玄灵宝救苦妙经》
《正统道藏·太上洞玄灵宝智慧定志通微经》
《正统道藏·太上洞玄灵宝智慧本愿大戒上品经》
《正统道藏·太上灵宝元阳妙经》
《正统道藏·太上灵宝天地运度自然妙经》
《正统道藏·太上灵宝天尊说延寿妙经》
《正统道藏·太上灵宝天尊说禳灾度厄经》
《正统道藏·太上灵宝洪福灭罪像名经》
《正统道藏·太上玄一真人说三途五苦劝诫经》
《正统道藏·太上玄一真人说劝诫法轮妙经》

《正统道藏·太上玄一真人说妙通转神入定经》
《正统道藏·太上黄庭内景玉经》
《正统道藏·太上黄庭外景玉经》
《正统道藏·洞玄灵宝自然九天生神章经》
《正统道藏·洞玄灵宝诸天世界造化经》
《正统道藏·洞玄灵宝飞仙上品妙经》
《正统道藏·上方大洞真元图书继说终篇》
《正统道藏·上方大洞真元妙经品》
《正统道藏·上方大洞真元妙经图》
《正统道藏·上清胎精记解行事诀》
《正统道藏·固气还神九转琼丹论》
《正统道藏·太上飞行九晨玉经》
《正统道藏·洞玄灵宝定观经注》
《正统道藏·黄庭内外景玉经解》[宋]蒋慎修
《正统道藏·黄庭内景玉经注》[唐]白履忠
《正统道藏·黄庭内景玉经注》[金]刘处玄
《正统道藏·许真君仙传》
《正统道藏·众仙赞颂灵章》
《正统道藏·明道篇》[元]王惟一
《正统道藏·清微丹诀》
《正统道藏·灵台经》
《正统道藏·真仙秘传火候法》
《正统道藏·秤星灵台秘要经》
《正统道藏·通占大象历星经》
《正统道藏·金液大丹口诀》
《正统道藏·黄帝授三子玄女经》
《正统道藏·黄帝金匮玉衡经》
《正统道藏·黄帝龙首经》

《正统道藏·九天应元雷声普化天尊玉枢宝忏》
《正统道藏·五显灵观大帝灯仪》
《正统道藏·北斗七元星灯仪》
《正统道藏·北斗本命延寿灯仪》
《正统道藏·南斗延寿灯仪》
《正统道藏·地府十王拔度仪》
《正统道藏·太上上清禳灾延寿宝忏》
《正统道藏·玉皇赦罪锡福宝忏》
《正统道藏·雷霆玉枢宥罪法忏》
《正统道藏·太上九真妙戒金箓度命拔罪妙经》
《正统道藏·太上十二上品飞天法轮劝戒妙经》
《正统道藏·太上洞玄灵宝宣戒首悔众罪保护经》
《正统道藏·太上洞真智慧上品大诫》
《正统道藏·太微仙君功过格》
《正统道藏·太微灵书紫文仙忌真记上经》
《正统道藏·太极真人说二十四门戒经》
《正统道藏·太清五十八愿文》
《正统道藏·太真玉帝四极明科经》
《正统道藏·赤松子中诫经》
《正统道藏·三天易髓》[元]李道纯
《正统道藏·上乘修真三要》[金]圆明老人
《正统道藏·中和集》[元]李道纯
《正统道藏·修真十书上清集卷》[宋]白玉蟾
《正统道藏·修真十书悟真篇卷》
《正统道藏·修真十书杂着指玄篇》[宋]石泰
《正统道藏·修真十书杂着捷径》
《正统道藏·修真十书武夷集》[宋]白玉蟾
《正统道藏·修真十书玉隆集》[宋]白玉蟾

《正统道藏·修真十书盘山语录》[元]王志谨

《正统道藏·修真十书金丹大成集》[元]萧廷芝

《正统道藏·修真十书钟吕传道集》[唐]施肩吾

《正统道藏·修真十书黄庭内景五脏六腑图卷》[唐]胡愔

《正统道藏·修真十书黄庭内景玉经注》[唐]梁丘子

《正统道藏·修真十书黄庭外景玉经注卷》

《正统道藏·元阳子金液集》

《正统道藏·全真集玄秘要》[元]李道纯

《正统道藏·启真集》[元]刘志渊

《正统道藏·大丹直指》[金]邱处机

《正统道藏·大洞金华玉经》

《正统道藏·太上九要心印妙经》[唐]张果

《正统道藏·太微八景箓》

《正统道藏·太微灵书紫文琅玕华丹神真上经》

《正统道藏·洞真太微黄书九天八箓真文》

《正统道藏·清微元降大法》

《正统道藏·清微神烈秘法》

《正统道藏·灵宝无量度人上经大法》

《正统道藏·玉清金笥青华秘文金宝内炼丹诀》[宋]张伯端

《正统道藏·玉溪子丹经指要》[宋]李简易

《正统道藏·真气还元铭》[五代]强名子

《正统道藏·真龙虎九仙经》

《正统道藏·破迷正道歌》[汉]钟离权

《正统道藏·碧虚子亲传直指》[宋]陈景元

《正统道藏·紫元君授道传心法》[汉]阴长生

《正统道藏·至真子龙虎大丹诗》[宋]周方

《正统道藏·诸真论还丹诀》

《正统道藏·谷神篇》[元]林辕

《正统道藏·谷神赋》[宋]赵大信
《正统道藏·还丹众仙论》[宋]杨在
《正统道藏·还丹显妙通幽集》[宋]潜真子
《正统道藏·还丹歌诀》[五代]元阳子
《正统道藏·还丹金液歌注》[唐]羊参微
《正统道藏·金丹赋》[金]马莅昭
《正统道藏·金液还丹百问诀》[唐]李光玄
《正统道藏·金阙帝君三元真一经》
《正统道藏·陈虚白规中指南》[元]陈冲素
《正统道藏·陶真人内丹赋》[五代]陶植
《正统道藏·龙虎中丹诀》
《正统道藏·三光注龄资福延寿妙经》
《正统道藏·上方天尊说真元通仙道经》
《正统道藏·上清大洞真经》
《正统道藏·上清黄气阳精三道愿行经藏月隐日经》
《正统道藏·九天应元雷声普化天尊玉枢宝经》
《正统道藏·元始五老赤书玉篇真文天书经》
《正统道藏·元始八威龙文经》
《正统道藏·元始天尊济度血湖真经》
《正统道藏·元始天尊说三官宝号经》
《正统道藏·元始天尊说北方真武妙经》
《正统道藏·元始天尊说十一曜大消灾神咒经》
《正统道藏·元始天尊说变化空洞妙经》
《正统道藏·元始天尊说得道了身经》
《正统道藏·元始天尊说梓童帝君本愿经》
《正统道藏·元始天尊说玄微妙经》
《正统道藏·元始天尊说甘露升天神咒妙经》
《正统道藏·元始天尊说生天得道经》

《正统道藏·元始天尊说酆都灭罪经》

《正统道藏·元始天王欢乐经》

《正统道藏·元始无量度人上品妙经直音》

《正统道藏·元始洞真决疑经》

《正统道藏·元始洞真慈善孝子报恩成道经》

《正统道藏·元始说功德法食往生经》

《正统道藏·太上一乘海空智藏经七宝庄严经》

《正统道藏·太上三十六尊经》

《正统道藏·太上三洞神咒》

《正统道藏·太上九天延祥涤厄四圣妙经》

《正统道藏·太上修真体元妙道经》[宋]刘元瑞

《正统道藏·太上升玄三一融神变化妙经》

《正统道藏·太上升玄消灾护命妙经》

《正统道藏·太上太玄女青三元品诫拔罪妙经》

《正统道藏·太上导引三光九变妙经》

《正统道藏·太上导引三光宝真妙经》

《正统道藏·太上开明天地本真经》

《正统道藏·太上无极总真文昌大洞仙经》

《正统道藏·太上洞渊北帝天蓬护命消灾神咒妙经》

《正统道藏·太上洞渊辞瘟神咒妙经》

《正统道藏·太上洞真五星秘授经》

《正统道藏·太上洞真安灶经》

《正统道藏·太上洞真贤门经》

《正统道藏·太上玄都妙本清静身心经》

《正统道藏·太上玉佩金珰太极金书上经》

《正统道藏·太上玉华洞章拔亡度世升仙妙经》

《正统道藏·太上虚皇天尊四十九章经》

《正统道藏·太上说九幽拔罪心印妙经》

《正统道藏·太上诸天灵书度命妙经》
《正统道藏·太上长生延寿集福德经》
《正统道藏·太乙元真保命长生经》
《正统道藏·无上大乘要诀妙经》
《正统道藏·洞真太极北帝紫微神咒妙经》
《正统道藏·混元阳符经》
《正统道藏·灵宝无量度人上品妙经》
《正统道藏·玉清元始玄黄九光真经》
《正统道藏·玉清无上内景真经》
《正统道藏·玉清无上灵宝自然北斗本生真经》
《正统道藏·玉清胎元内养真经》
《正统道藏·高上太霄琅书琼文帝章经》
《正统道藏·高上玉皇心印经》
《正统道藏·高上玉皇本行经髓》
《正统道藏·高上玉皇本行集经》[唐]佚名
《正统道藏·高上玉皇本行集经》[汉]张良
《正统道藏·高上玉皇胎息经》
《正统道藏·黄帝阴符经》
《正统道藏·三才定位图》[宋]张商英
《正统道藏·上清太玄九阳图》[金]侯善渊
《正统道藏·上清洞真九宫紫房图》
《正统道藏·修真历验钞图》
《正统道藏·修真太极混元图》[宋]萧道冉
《正统道藏·修真太极混元指玄图》
《正统道藏·周易图》[元]张理
《正统道藏·大易象数钩深图》[元]张理
《正统道藏·无量度人上品妙经旁通图》[宋]刘元道
《正统道藏·易数钩深图》[宋]刘牧

《正统道藏·易象图说内篇》[元]张理

《正统道藏·易象图说外篇》[元]张理

《正统道藏·灵宝无量度人上品妙经符图》

《正统道藏·玄元十子图》[元]赵孟頫

《正统道藏·遗论九事》[宋]刘牧

《正统道藏·金液还丹印证图》[宋]龙眉子

《正统道藏·龙虎手鉴图》

《正统道藏·上清大洞真经玉诀音义》[宋]陈景元

《正统道藏·上清握中诀》[南朝·梁]陶弘景

《正统道藏·九天应元雷声普化天尊玉枢宝经集注》[宋]白玉蟾

《正统道藏·元始天尊说太古经注》[金]长诠子

《正统道藏·元始无量度人上品妙经内义》[宋]萧应叟

《正统道藏·元始无量度人上品妙经四注》[宋]陈景元

《正统道藏·元始无量度人上品妙经注》[宋]青元真人

《正统道藏·元始无量度人上品妙经通义》[明]张宇初

《正统道藏·吕纯阳真人沁园春丹词批注》[宋]全阳子

《正统道藏·太上升玄消灾护命妙经注》[元]李道纯

《正统道藏·太上升玄说消灾护命妙经注》[元]王玠

《正统道藏·太上大通经注》[元]李道纯

《正统道藏·太上求仙定录尺素真诀玉文》

《正统道藏·太上洞房内经注》

《正统道藏·太上洞玄灵宝无量度人上品妙经法》[宋]陈椿荣

《正统道藏·太上洞玄灵宝无量度人上品妙经注》[元]陈致虚

《正统道藏·太上洞真凝神修行经诀》

《正统道藏·太上灵宝诸天内音自然玉字》

《正统道藏·太上赤文洞古经注》[金]长诠子

《正统道藏·太清真人络命诀》

《正统道藏·紫阳真人悟真直指详说三乘秘要》[宋]翁葆光

《正统道藏·紫阳真人悟真篇三注》[宋]薛道光
《正统道藏·紫阳真人悟真篇拾遗》[宋]翁葆光
《正统道藏·紫阳真人悟真篇注疏》[元]戴起宗
《正统道藏·紫阳真人悟真篇讲义》[宋]夏元鼎
《正统道藏·胎息秘要歌诀》
《正统道藏·胎息经注》
《正统道藏·阴真君还丹歌诀注》[宋]陈抟
《正统道藏·阴符经三皇玉诀》
《正统道藏·青天歌注释》[元]王玠
《正统道藏·黄帝阴符经心法》[元]胥元一
《正统道藏·黄帝阴符经批注》[宋]任照一
《正统道藏·黄帝阴符经批注》[宋]邹欣
《正统道藏·黄帝阴符经注》[唐]张果
《正统道藏·黄帝阴符经注》[宋]俞琰
《正统道藏·黄帝阴符经注》[宋]沈亚夫
《正统道藏·黄帝阴符经注》[宋]蔡望
《正统道藏·黄帝阴符经注》[宋]黄居真
《正统道藏·黄帝阴符经注》[金]侯善渊
《正统道藏·黄帝阴符经注》[金]刘处玄
《正统道藏·黄帝阴符经注》[金]唐淳
《正统道藏·黄帝阴符经注夹颂解注》[元]王玠
《正统道藏·黄帝阴符经疏》[唐]李筌
《正统道藏·黄帝阴符经解》[宋]塞昌辰
《正统道藏·黄帝阴符经解义》[宋]萧真宰
《正统道藏·黄帝阴符经讲义》[宋]夏元鼎
《正统道藏·黄帝阴符经集注》[唐]李筌
《正统道藏·黄帝阴符经集解》
《正统道藏·黄帝阴符经集解》[宋]袁淑真

《正统道藏·太上洞真经洞章符》
《正统道藏·太上秘法镇宅灵符》
《正统道藏·洞真太微黄书天帝君石景金阳素经》
《正统道藏·列仙传》[汉]刘向
《正统道藏·广黄帝本行记》[唐]王瓘
《正统道藏·汉武帝内传》[汉]班固
《正统道藏·汉武帝外传》[汉]班固
《正统道藏·紫阳真人内传》
《正统道藏·元始上真众仙记枕中书》[晋]葛洪
《正统道藏·清微仙谱》
《正统道藏·玄风庆会录》[元]耶律楚才
《正统道藏·黄帝阴符经颂》[五代]元阳子
《正统道藏·上清太玄鉴诫论》[金]太玄子
《正统道藏·丹阳神光灿》[金]马钰
《正统道藏·云光集》[金]王处一
《正统道藏·云山集》[元]姬志真
《正统道藏·仙乐集》[金]刘处玄
《正统道藏·仙传外科秘方》[明]赵宜真
《正统道藏·净明忠孝全书》[元]黄元吉
《正统道藏·太上妙法本相经》
《正统道藏·太上洞玄灵宝三十二天天尊应号经》
《正统道藏·太上洞玄灵宝中和经》
《正统道藏·太上洞玄灵宝国王行道经》
《正统道藏·太上洞玄灵宝本行宿缘经》
《正统道藏·太上洞玄灵宝飞行三界通微内思妙经》
《正统道藏·太上灵宝净明中黄八柱经》
《正统道藏·太上灵宝净明九仙水经》
《正统道藏·太上灵宝净明天尊说御殟经》

《正统道藏·太上灵宝净明洞神上品经》
《正统道藏·太上灵宝净明玉真枢真经》
《正统道藏·太上灵宝净明道元正印经》
《正统道藏·太古集》[金]郝大通
《正统道藏·太平经》
《正统道藏·太平经圣君秘旨》
《正统道藏·太平经钞》
《正统道藏·孙真人备急千金要方》[唐]孙思邈
《正统道藏·急救仙方》[宋]佚名
《正统道藏·水云集》[金]谭处端
《正统道藏·洞玄金玉集》[金]马钰
《正统道藏·渐悟集》[金]马钰
《正统道藏·玄虚子鸣真集》[元]玄虚子
《正统道藏·磻溪集》[金]邱处机
《正统道藏·草堂集》[金]王丹挂
《正统道藏·葆光集》[金]尹志平
《正统道藏·重阳全真集》[宋]王嚞
《正统道藏·重阳分梨十化集》[宋]王嚞
《正统道藏·重阳教化集》[宋]王嚞
《正统道藏·重阳真人授丹阳二十四诀》[宋]王嚞
《正统道藏·重阳真人金阙玉锁诀》[宋]王嚞
《正统道藏·公孙龙子》[周]公孙龙
《正统道藏·墨子》[周]墨翟
《正统道藏·天原发微》[宋]鲍云龙
《正统道藏·天机经》
《正统道藏·太上感应篇》[宋]李昌龄
《正统道藏·太上老君中经珠宫玉历》
《正统道藏·太上老君清静心经》

《正统道藏·太上老君说上七灭罪集福妙经》

《正统道藏·子华子》[周]子华子

《正统道藏·孙子批注》[宋]吉天保

《正统道藏·孙子遗说》[宋]郑友贤

《正统道藏·尹文子》[周]尹文

《正统道藏·抱朴子内篇》[晋]葛洪

《正统道藏·抱朴子外篇》[晋]葛洪

《正统道藏·淮南鸿烈解》[汉]刘安

《正统道藏·秘传正阳真人灵宝毕法》[汉]锺离权

《正统道藏·阴丹内篇》

《正统道藏·集注太玄经》[宋]司马光

《正统道藏·韩非子》[周]韩非

《正统道藏·鹖子》[周]鹖熊

《正统道藏·鹖冠子》[宋]陆佃

《正统道藏·黄石公素书一》[汉]黄石公

《正统道藏·黄石公素书二》[汉]黄石公

《正统道藏·上清太渊神龙琼胎乘景上玄玉章》

《正统道藏·上清太玄集》[金]侯善渊

《正统道藏·上阳子金丹大要》[元]陈致虚

《正统道藏·丹阳真人语录》[金]马钰

《正统道藏·云宫法语》[元]汪可孙

《正统道藏·云笈七签》[宋]张君房

《正统道藏·伊川击壤集》[宋]邵雍

《正统道藏·修炼须知》[元]陈致虚

《正统道藏·华阳陶隐居集》[南朝·梁]陶弘景

《正统道藏·南统大君内丹九章经》

《正统道藏·周易参同契发挥》[宋]俞琰

《正统道藏·周易参同契注》储华谷

《正统道藏·周易参同契注》[宋]朱熹

《正统道藏·周易参同契注》[汉]阴长生

《正统道藏·周易参同契解》[宋]陈显微

《正统道藏·周易参同契释疑》[宋]俞琰

《正统道藏·周易参同契鼎器歌明镜图》[后蜀]彭晓

《正统道藏·坐忘论》[唐]司马承祯

《正统道藏·太虚心渊篇》

《正统道藏·大道论》[宋]周因朴

《正统道藏·天隐子》[唐]司马承祯

《正统道藏·太上修真玄章》

《正统道藏·太玄宝典》

《正统道藏·宗玄先生文集》[唐]吴筠

《正统道藏·宗玄先生玄纲论》[唐]吴筠

《正统道藏·山海经》[晋]郭璞

《正统道藏·心目论》

《正统道藏·洞渊集》[宋]李思聪

《正统道藏·洞渊集》[金]长荃子

《正统道藏·玄真子外篇》[唐]张志和

《正统道藏·玄精碧匣灵宝聚玄经》

《正统道藏·玉室经》[宋]李成之

《正统道藏·皇极经世》[宋]邵雍

《正统道藏·纯阳真人浑成集》[唐]吕纯阳

《正统道藏·还真集》[元]王玠

《正统道藏·道体论》[唐]通玄先生

《正统道藏·道枢》[宋]曾慥

《正统道藏·道玄篇》[元]王玠

《正统道藏·道禅集》[金]王真人

《正统道藏·金丹四百字》[宋]张伯端

《正统道藏·金丹正宗》[宋]胡混成

《正统道藏·金丹直指》[宋]周无所

《正统道藏·金锁流珠引》[唐]李淳风

《正统道藏·随机应化录》[明]何道全

《正统道藏·鬼谷子注》[南朝·梁]陶弘景

《正统道藏·黄帝八十一难经注义图序论》

《正统道藏·黄帝八十一难经纂图句解》[宋]李駉

《正统道藏·黄帝内经灵枢略》

《正统道藏·黄帝内经素问补注释文》[唐]王冰

《正统道藏·黄帝内经素问遗篇》[宋]刘温舒

《正统道藏·黄帝素问灵枢集注》[宋]史崧

《正统道藏·上清太微帝君结带真文法》

《正统道藏·上清太极真人神仙经》

《正统道藏·上清黄庭五藏六府真人玉轴经》

《正统道藏·上清黄庭养神经》

《正统道藏·太上紫微中天七元真经》

《正统道藏·太上老君太素经》

《正统道藏·太上黄庭中景经》[金]李千乘

《正统道藏·太平御览道部》[宋]李昉

《正统道藏·太清元道真经》

《正统道藏·老子秘旨例略》[三国·魏]王弼

《正统道藏·葛仙翁肘后方备急方》[晋]葛洪

《正统道藏·虚静冲和先生徐神翁语录》[宋]徐守信

《正统道藏·重阳立教十五论》[宋]王嚞

《正统道藏·长春真人西游记》[元]李志常

《正统道藏·长生胎元神用经》[唐]郎筆

《正统道藏·雷法议玄篇》[宋]万宗师

《正统道藏·静余玄问》[宋]白玉蟾

大藏经系列：

《优婆塞戒经》[北凉]昙无谶

《佛说五恐怖世经》[宋]沮渠京声

《佛说八种长养功德经》[宋]施护

《佛说大乘戒经》[宋]施护

《佛说舍利弗悔过经》[后汉]安世高

《十诵比丘波罗提木叉戒本》[姚秦]鸠摩罗什

《四分律》[姚秦]佛陀耶舍

《四分律比丘戒本》[姚秦]佛陀耶舍

《根本萨婆多部律摄》[唐]义净

《根本说一切有部戒经》[唐]义净

《梵网经》[姚秦]鸠摩罗什

《清净毗尼方广经》[姚秦]鸠摩罗什

《菩萨戒本》[唐]玄奘

《菩萨戒羯磨文》[唐]玄奘

《菩萨璎珞本业经》[姚秦]竺佛

《菩萨藏经》[梁]僧伽婆罗

《传法正宗论》[宋]契嵩

《华严经传记》[唐]法藏

《大唐大慈恩寺三藏法师传》[唐]慧立

《大唐故三藏玄奘法师行状》[唐]冥详

《大唐西域求法高僧传》[唐]义净

《大唐西域记》[唐]玄奘

《大方广佛华严经感应传》[唐]惠英

《大明高僧传》[明]如惺

《大阿罗汉难提蜜多罗所说法住记》[唐]玄奘

《天台九祖传》[宋]士衡

《异部宗轮论》[唐]玄奘

《弘明集》[梁]僧祐

《提婆菩萨传》[姚秦]鸠摩罗什

《迦叶结经》[后汉]安世高

《释迦方志》[唐]道宣

《释迦牟尼如来像法灭尽之记》[唐]法成

《阿育王传》[西晋]安法钦

《阿育王经》[梁]僧伽婆罗

《马鸣菩萨传》[姚秦]鸠摩罗什

《龙树菩萨传》[姚秦]鸠摩罗什

《龙树菩萨传之二》[姚秦]鸠摩罗什

《胜宗十句义论》[唐]玄奘

《佛华严入如来德智不思议境界经》[隋]阇那崛多

《佛说十地经》[唐]尸罗达摩

《佛说大方广菩萨十地经》[元魏]吉迦夜

《佛说庄严菩提心经》[姚秦]鸠摩罗什

《佛说菩萨十住经》[东晋]祇多蜜

《佛说较量一切佛刹功德经》[宋]法贤

《十住经》[姚秦]鸠摩罗什

《大方广佛华严经》[东晋]佛驮跋陀罗

《大方广佛华严经》[唐]实叉难陀

《大方广佛华严经》[唐]般若

《大方广佛华严经入法界品》[唐]地婆诃罗

《大方广入如来智德不思议经》[唐]实叉难陀

《大方广如来不思议境界经》[唐]实叉难陀

《大方广总持宝光明经》[宋]法天

《文殊师利发愿经》[东晋]佛陀跋陀罗

《显无边佛土功德经》[唐]玄奘

《普贤菩萨行愿赞》[唐]不空

《渐备一切智德经》[西晋]竺法护
《佛说般舟三昧经》[后汉]支娄迦谶
《地藏菩萨本愿经》[唐]实叉难陀
《大乘大集地藏十轮经》[唐]玄奘
《大集大虚空藏菩萨所问经》[唐]不空
《宝女所问经》[西晋]竺法护
《自在王菩萨经》[姚秦]鸠摩罗什
《般舟三昧经》[后汉]支娄迦谶
《虚空藏菩萨经》[姚秦]佛陀耶舍
《佛说优填王经》[西晋]法炬
《佛说大乘菩萨藏正法经》[宋]法护
《佛说大方广善巧方便经》[宋]施护
《佛说大迦叶问大宝积正法经》[宋]施护
《佛说大阿弥陀经》[宋]王日休
《佛说如幻三摩地无量印法门经》[宋]施护
《佛说如幻三昧经》[西晋]竺法护
《佛说如来不思议秘密大乘经》[宋]法护
《佛说宝积三昧文殊师利菩萨问法身经》[后汉]安世高
《佛说摩诃衍宝严经》
《佛说普门品经》[西晋]竺法护
《佛说普门品经之二》[西晋]竺法护
《佛说胞胎经》[西晋]竺法护
《佛说阿弥陀经》[姚秦]鸠摩罗什
《佛说须摩提菩萨经》[姚秦]鸠摩罗什
《大宝积经》[唐]菩提流志
《弥勒菩萨所问本愿经》[西晋]竺法护
《拔一切业障根本得生净土神咒》[刘宋]求那跋陀罗
《文殊师利所说不思议佛境界经》[唐]菩提流志

《称赞净土佛摄受经》[唐]玄奘

《胜鬘师子吼一乘大方便方广经》[刘宋]求那跋陀罗

《观世音菩萨授记经》[宋]昙无竭

《一切如来大秘密王未曾有最上微妙大曼拏罗经》[宋]天息灾

《一切如来心秘密全身舍利宝箧印陀罗尼经》[唐]不空

《金刚顶一切如来真实摄大乘现证大教王经》[唐]不空

《一切如来心秘密全身舍利宝箧印陀罗尼经之二》[唐]不空

《一切如来正法秘密箧印心陀罗尼经》[宋]施护

《七佛八菩萨所说大陀罗尼神咒经》

《不空罥索神咒心经》[唐]玄奘

《佛母大孔雀明王经》[唐]不空

《佛说一切功德庄严王经》[唐]义净

《佛说咒齿经》[东晋]竺昙无兰

《佛说圣观自在菩萨梵赞》[宋]法贤

《佛说大吉祥陀罗尼经》[宋]法贤

《佛说大威德金轮佛顶炽盛光如来消除一切灾难陀罗尼经》

《佛说大孔雀咒王经》[唐]义净

《佛说大方广曼殊室利经》[唐]不空

《佛说大白伞盖总持陀罗尼经》[元]真智

《佛说大轮金刚总持陀罗尼经》

《佛说大金刚香陀罗尼经》[宋]施护

《佛说如意宝总持王经》[宋]施护

《佛说如意摩尼陀罗尼经》[宋]施护

《佛说如意轮莲华心如来修行观门仪》[宋]慈贤

《佛说弥勒菩萨发愿王偈》[清]工布查布

《佛说拔除罪障咒王经》[唐]义净

《佛说文殊菩萨最胜真实名义经》[元]沙啰巴

《佛说虚空藏菩萨陀罗尼》[宋]法贤

《佛顶大白伞盖陀罗尼经》[元]沙啰巴

《供养十二大威德天报恩品》[唐]不空

《八名普密陀罗尼经》[唐]玄奘

《六门陀罗尼经》[唐]玄奘

《十一面神咒心经》[唐]玄奘

《千手千眼观世音菩萨大悲心陀罗尼》[唐]不空

《咒五首》[唐]玄奘

《大虚空藏菩萨念诵法》[唐]不空

《孔雀王咒经》[姚秦]鸠摩罗什

《孔雀王咒经》[梁]僧伽婆罗

《拔济苦难陀罗尼经》[唐]玄奘

《持世陀罗尼经》[唐]玄奘

《文殊师利菩萨根本大教王经金翅鸟王品》[唐]不空

《日光菩萨月光菩萨陀罗尼》

《白救度佛母赞》[清]阿旺扎什

《胎藏金刚教法名号》[唐]义操

《胜幢臂印陀罗尼经》[唐]玄奘

《诸佛心陀罗尼经》[唐]玄奘

《金刚王菩萨秘密念诵仪轨》[唐]不空

《金刚秘密善门陀罗尼经》

《金刚顶瑜伽三十七尊礼》[唐]不空

《金刚顶经瑜伽文殊师利菩萨法》[唐]不空

《佛本行集经》[隋]阇那崛多

《佛说九色鹿经》[吴]支谦

《佛说医喻经》[宋]施护

《佛说十二游经》[东晋]迦留陀伽

《佛说大意经》[刘宋]求那跋陀罗

《佛说大鱼事经》[东晋]竺昙无兰

《佛说德光太子经》[西晋]竺法护

《佛说月光菩萨经》[宋]法贤

《大乘本生心地观经》[唐]般若

《大庄严论经》[姚秦]鸠摩罗什

《悲华经》[北凉]昙无谶

《杂譬喻经》[后汉]支娄迦谶

《贤愚经》[元魏]慧觉

《金色王经》[东魏]般若流支

《银色女经》[元魏]佛陀扇多

《不退转法轮经》

《佛说广博严净不退转轮经》[刘宋]智严

《佛说法华三昧经》[刘宋]智严

《妙法莲华经》[姚秦]鸠摩罗什

《无量义经》[萧齐]昙摩伽陀耶舍

《佛临涅槃记法住经》[唐]玄奘

《佛垂般涅槃略说教诫经》[姚秦]鸠摩罗什

《佛灭度后棺敛葬送经》

《佛说法灭尽经》

《大般涅槃经》[北凉]昙无谶

《大般涅槃经》[宋]慧严

《集一切福德三昧经》[姚秦]鸠摩罗什

《不思议光菩萨所说经》[姚秦]鸠摩罗什

《佛为海龙王说法印经》[唐]义净

《佛为胜光天子说王法经》[唐]义净

《佛藏经》[姚秦]鸠摩罗什

《佛语经》[元魏]菩提流支

《佛说三品弟子经》[吴]支谦

《佛说乳光佛经》[西晋]竺法护

《佛说佛十力经》[宋]施护

《佛说佛地经》[唐]玄奘

《佛说八大人觉经》[后汉]安世高

《佛说八大菩萨经》[宋]法贤

《佛说分别经》[西晋]竺法护

《佛说分别缘生经》[宋]法天

《佛说千佛因缘经》[姚秦]鸠摩罗什

《佛说华手经》[姚秦]鸠摩罗什

《佛说大迦叶本经》[西晋]竺法护

《佛说布施经》[宋]法贤

《佛说弥勒下生成佛经》[姚秦]鸠摩罗什

《佛说弥勒下生成佛经》[唐]义净

《佛说弥勒下生经》[西晋]竺法护

《佛说弥勒大成佛经》[姚秦]鸠摩罗什

《佛说弥勒来时经》

《佛说心明经》[西晋]竺法护

《佛说忠心经》[东晋]竺昙无兰

《佛说文殊师利净律经》[西晋]竺法护

《佛说文殊师利般涅槃经》[西晋]聂道真

《佛说文殊师利行经》[隋]豆那掘多

《佛说木槵子经》

《佛说海龙王经》[西晋]竺法护

《佛说清净心经》[宋]施护

《佛说琉璃王经》[西晋]竺法护

《佛说盂兰盆经》[西晋]竺法护

《佛说维摩诘经》[吴]支谦

《佛说胜义空经》[宋]施护

《佛说药师如来本愿经》[隋]达摩笈多

《佛说观弥勒菩萨上生兜率天经》[刘宋]沮渠京声

《佛说象头精舍经》[隋]毗尼多流支

《佛说贤者五福德经》[西晋]白法祖

《佛说贤首经》[西秦]圣坚

《佛说阿难问事佛吉凶经》[后汉]安世高

《佛说首楞严三昧经》[姚秦]鸠摩罗什

《佛说龙施女经》[吴]支谦

《佛说龙施菩萨本起经》[西晋]竺法护

《入楞伽经》[元魏]菩提流支

《八吉祥经》[梁]僧伽罗

《分别缘起初胜法门经》[唐]玄奘

《受持七佛名号所生功德经》[唐]玄奘

《右绕佛塔功德经》[唐]实叉难陀

《四十二章经》[后汉]迦叶摩腾、竺法兰

《坐禅三昧经》[姚秦]鸠摩罗什

《大乘入楞伽经》[唐]实叉难陀

《大乘宝月童子问法经》[宋]施护

《大庄严法门经》[隋]那连提耶舍

《大方广如来秘密藏经》

《大方广如来藏经》[唐]不空

《大方广宝箧经》[刘宋]求那跋陀罗

《大方广师子吼经》[唐]地婆诃罗

《大方等如来藏经》[东晋]佛陀跋陀罗

《大树紧那罗王所问经》[姚秦]鸠摩罗什

《天请问经》[唐]玄奘

《如来示教胜军王经》[唐]玄奘

《寂照神变三摩地经》[唐]玄奘

《持世经》[姚秦]鸠摩罗什

《文殊师利问菩提经》[姚秦]鸠摩罗什

《最无比经》[唐]玄奘

《本事经》[唐]玄奘

《禅法要解》[姚秦]鸠摩罗什

《禅秘要法经》[姚秦]鸠摩罗什

《称赞大乘功德经》[唐]玄奘

《维摩诘所说经》[姚秦]鸠摩罗什

《缘起圣道经》[唐]玄奘

《药师琉璃光七佛本愿功德经》[唐]义净

《药师琉璃光如来本愿功德经》[唐]玄奘

《菩萨诃色欲法经》[姚秦]鸠摩罗什

《说无垢称经》[唐]玄奘

《诸法无行经》[姚秦]鸠摩罗什

《诸法最上王经》[隋]阇那崛多

《过去庄严劫千佛名经》

《过去庄严劫千佛名经之二》

《金光明最胜王经》[唐]义净

《金光明经》[北凉]昙无谶

《阿难七梦经》[东晋]竺昙无兰

《佛说仁王般若波罗蜜经》[姚秦]鸠摩罗什

《佛说佛母宝德藏般若波罗蜜经》[宋]法贤

《佛说圣佛母般若波罗蜜多经》[宋]施护

《佛说遍照般若波罗蜜经》[宋]施护

《大般若波罗蜜多经》[唐]玄奘

《实相般若波罗蜜经》[唐]流志

《小品般若波罗蜜经》[姚秦]鸠摩罗什

《摩诃般若波罗蜜大明咒经》[姚秦]鸠摩罗什

《摩诃般若波罗蜜经》[姚秦]鸠摩罗什

《文殊师利所说摩诃般若波罗蜜经》[梁]曼陀罗仙
《文殊师利所说般若波罗蜜经》[梁]僧伽婆罗
《般若波罗蜜多心经》[唐]法成
《般若波罗蜜多心经》[唐]玄奘
《金刚般若波罗蜜经》[姚秦]鸠摩罗什
《金刚般若波罗蜜经之二》[元魏]菩提流支
《中阿含经》[东晋]伽提婆
《五阴譬喻经》[后汉]安世高
《佛母般泥洹经》[刘宋]慧简
《佛般泥洹经》[西晋]白法祖
《佛说七佛经》[宋]法天
《佛说七处三观经》[后汉]安世高
《佛说五蕴皆空经》[唐]义净
《佛说人仙经》[宋]法贤
《佛说信佛功德经》[宋]法贤
《佛说八正道经》[后汉]安世高
《佛说分别布施经》[宋]施护
《佛说四谛经》[后汉]安世高
《佛说园生树经》[宋]施护
《佛说大生义经》[宋]施护
《佛说大集法门经》[宋]施护
《佛说帝释所问经》[宋]法贤
《佛说应法经》[西晋]竺法护
《佛说恒水经》[西晋]法炬
《佛说戒德香经》[东晋]竺昙无兰
《佛说放牛经》[姚秦]鸠摩罗什
《佛说海八德经》[姚秦]鸠摩罗什
《佛说舍卫国王十梦经》

《佛说蚁喻经》[宋]施护
《佛说轮王七宝经》[宋]施护
《佛说阿含正行经》[后汉]安世高
《佛说阿罗汉具德经》[宋]法贤
《佛说马有三相经》[后汉]支曜
《佛说鸯掘摩经》[西晋]竺法护
《佛说鹦鹉经》[刘宋]求那跋陀罗
《增一阿含经》[东晋]伽提婆
《大般涅槃经》[东晋]法显
《杂阿含经》
《杂阿含经》[刘宋]求那跋陀罗
《法海经》[西晋]法炬
《缘起经》[唐]玄奘
《长阿含十报法经》[后汉]安世高
《长阿含经》[姚秦]佛陀耶舍、竺佛念
《华严经义记》[元魏]慧光
《大乘起信论广释》[唐]昙旷
《大乘起信论略述》[唐]昙旷
《中论》[姚秦]鸠摩罗什
《十二门论》[姚秦]鸠摩罗什
《大丈夫论》[北凉]道泰
《大乘中观释论》[宋]惟净
《大乘二十颂论》[宋]施护
《大乘广百论释论》[唐]玄奘
《大乘掌珍论》[唐]玄奘
《广百论本》[唐]玄奘
《百论》[姚秦]鸠摩罗什
《天台菩萨戒疏》[唐]明旷

《梵网经菩萨戒本疏》[唐]法藏
《五事毗婆沙论》[唐]玄奘
《入阿毗达磨论》[唐]玄奘
《阿毗达磨俱舍论》[唐]玄奘
《阿毗达磨俱舍论本颂》[唐]玄奘
《阿毗达磨品类足论》[唐]玄奘
《阿毗达磨大毗婆沙论》[唐]玄奘
《阿毗达磨法蕴足论》[唐]玄奘
《阿毗达磨界身足论》[唐]玄奘
《阿毗达磨藏显宗论》[唐]玄奘
《业成就论》[元魏]毗目智仙
《唯识三十论颂》[唐]玄奘
《唯识二十论》[唐]玄奘
《唯识论》[元魏]瞿昙般若流支
《大乘五蕴论》[唐]玄奘
《大乘唯识论》[陈]真谛
《大乘广五蕴论》[唐]地婆诃罗
《大乘成业论》[唐]玄奘
《大乘法界无差别论》[唐]提云般若
《大乘百法明门论》[唐]玄奘
《大乘阿毗达磨杂集论》[唐]玄奘
《大乘阿毗达磨集论》[唐]玄奘
《成唯识宝生论》[唐]义净
《成唯识论》[唐]玄奘
《摄大乘论本》[唐]玄奘
《摄大乘论释》[唐]玄奘
《摄大乘论释》[陈]真谛
《摄大乘论释之二》[唐]玄奘

《显扬圣教论颂》[唐]玄奘

《瑜伽师地论》[唐]玄奘

《瑜伽师地论释》[唐]玄奘

《观所缘缘论》[唐]玄奘

《两卷无量寿经宗要》[新罗]元晓

《人本欲生经注》[东晋]道安

《仁王护国般若波罗蜜多经疏》[唐]良贲

《仁王般若经疏》[隋]吉藏

《佛说仁王护国般若波罗蜜经疏神宝记》[宋]善月

《佛说盂兰盆经疏》[唐]宗密

《佛说观无量寿佛经疏》[隋]智顗

《佛说金刚般若波罗蜜经略疏》[唐]智俨

《佛说阿弥陀经义疏》[宋]元照

《佛说阿弥陀经疏》[新罗]元晓

《佛说阿弥陀经疏》[宋]智圆

《华严经文义纲目》[唐]法藏

《四十二章经注》[宋]赵恒

《大乘入楞伽经注》[宋]宝臣

《大华严经略策》[唐]澄观

《大方广佛华严经疏》[唐]澄观

《大毗卢遮那成佛经疏》[唐]一行

《大般涅槃经疏》[隋]灌顶

《大般涅槃经集解》[梁]宝亮

《大般若波罗蜜多经般若理趣分述赞》[唐]窥基

《妙法莲华经玄赞》[唐]窥基

《法华义疏》[隋]吉藏

《法华宗要》[新罗]元晓

《法华经义记》[梁]法云

《维摩经义疏》[隋]吉藏

《维摩诘经注》[姚秦]僧肇

《胜鬘宝窟》[隋]吉藏

《般若波罗蜜多心经幽赞》[唐]窥基

《观弥勒上生兜率天经赞》[唐]窥基

《观无量寿佛经义疏》[宋]元照

《观音玄义记》[宋]知礼

《金光明最胜王经疏》[唐]慧沼

《金刚般若波罗蜜经注解》[明]宗泐

《阿弥陀经通赞疏》[唐]窥基

《首楞严义疏注经》[宋]子璇

《佛地经论》[唐]玄奘

《佛母般若波罗蜜多圆集要义论》[宋]施护

《十住毗婆沙论》[姚秦]鸠摩罗什

《十地经论》[元魏]菩提流支

《大智度论》[姚秦]鸠摩罗什

《涅槃论》[元魏]达磨菩提

《阿含口解十二因缘经》[后汉]安玄

《中观论疏》[隋]吉藏

《俱舍论疏》[唐]法宝

《俱舍论记》[唐]普光

《俱舍论颂疏论本》[唐]圆晖

《大乘起信论义记》[唐]法藏

《大乘起信论义记别记》[唐]法藏

《成唯识论掌中枢要》[唐]窥基

《成唯识论述记》[唐]窥基

《起信论疏》[新罗]元晓

《入大乘论》[北凉]道泰

《发菩提心经论》[姚秦]鸠摩罗什

《因明正理门论本》[唐]玄奘

《大乘缘生论》[唐]不空

《大乘起信论》[唐]实叉难陀

《大乘起信论》[梁]真谛

《成实论》[姚秦]鸠摩罗什

《止观门论颂》[唐]义净

《辟支佛因缘论》

《迦叶仙人说医女人经》[宋]法贤

《六祖大师法宝坛经》[唐]法海

《净土境观要门》[元]怀则

《净土论》[唐]迦才

《十不二门》[唐]湛然

《十不二门指要钞》[宋]知礼

《华严一乘十玄门》[隋]杜顺

《华严一乘教义分齐章》[唐]法藏

《华严法界观门注》[唐]宗密

《华严经旨归》[唐]法藏

《华严经明法品内立三宝章》[唐]法藏

《四念处》[隋]智顗

《大乘入道次第》[唐]智周

《宝藏论》[姚秦]僧肇

《念佛三昧宝王论》[唐]飞锡

《念佛镜》[唐]道镜、善道

《止观大意》[唐]湛然

《炽盛光道场念诵仪》[宋]遵式

《禅关策进》[明]袾宏

《禅宗决疑集》[元]智彻

《肇论》[姚秦]僧肇
《肇论新疏》[元]文才
《肇论疏》[唐]元康
《鸠摩罗什法师大义》[东晋]慧远问．罗什答
《五家正宗赞》[宋]绍昙
《佛说四十二章经解》[明]释智旭
《佛说盂兰盆经新疏》[明]释智旭
《佛说阿弥陀经要解》[明]释智旭
《佛遗教经解》[明]释智旭
《六祖坛经》[唐]惠能
《出三藏记集》[南朝·梁]释僧佑
《印光法师文钞》[清]释印光
《印光法师文钞三编》[清]释印光
《印光法师文钞续编》[清]释印光
《妙法华莲经玄义节要》[明]释智旭
《广弘明集》[唐]道宣
《庐山莲宗宝鉴》[元]普度
《弘明集》[梁]释僧
《御制神僧传》[明]朱棣
《御制金刚般若波罗蜜经集注》[明]朱棣
《憨山老人梦游集》[明]蔡德清
《成唯识论观心法要》[明]释智旭
《法苑珠林》[唐]道世
《相宗八要直解》[明]释智旭
《菩提道次第广论》宗喀巴
《菩提道次第心论》宗喀巴
《菩提道次第略论》宗喀巴
《达摩宝传》[明]悟真子

《天真》[王爱品]，中央编译出版社

《道统》[王爱品]，中央编译出版社

《问道》十二辑，[张剑锋]主编，陕西师范大学出版社

《屈原年谱》[任国瑞]，中国文史出版社

《楚辞今绎讲录》[姜亮夫]，北京出版社

《屈原评传》[郭维森]，南京大学出版社

《天问研究》[孙作云]，中华书局

《楚辞的文化破译——一个微宏观互渗的研究》[萧兵]，湖北人民出版社

《楚辞全译》[黄寿祺、梅桐生]，贵州人民出版社

《屈原研究》[褚斌杰]主编，湖北教育出版社

《随"贝格尔号出游"：论动作与话语的关系》[敬文东]，河南大学出版社

《事情总会起变化》[敬文东]，台湾秀威书局

《失败的偶像》[敬文东]，花城出版社

《颓废主义者的春天》[敬文东]，台湾秀威书局

《流氓世界的诞生》[敬文东]，花城出版社

《写在学术边上》[敬文东]，云南人民出版社

《灵魂在下边》[敬文东]，河南大学出版社

《艺术与垃圾》[敬文东]，作家出版社

《牲人盈天下》[敬文东]，广西师范大学出版社

《涅槃与再生》[乐黛云]，中央编译出版社

《光明大手印》上下卷，[雪漠]，中央编译出版社

《建国之道—周易政治哲学》[姚中秋]，中央编译出版社

《治道的历史之维 明代政治世界中的儒家》[任文利]，中央编译出版社

《故宫的隐秘角落》[祝勇]，中信出版集团

《被思想惊醒》[祝勇]，世界知识出版社

《辛亥年》[祝勇]，三联书店

《丹道今诠》增订本，[戈国龙]编著，中央编译出版社

《论语力》[于丹、孔健]，新世界出版社

《一日一生的智慧》[孔健]，华夏出版社

《先秦政治思想史》[梁启超]，东方出版社

《皇权与绅权》[吴晗、费孝通]等，天津人民出版社

《士大夫政治演生史稿》[阎步克]，北京大学出版社

《从爵本位到官本位》[阎步克]，三联书店

《西周史》[许倬云]，三联书店

《张岱年学术论著自选集》[张岱年]，首都师范大学出版社

《魏晋南北朝史论丛》[唐长孺]，三联书店

《中国古代史学史》[傅玉璋]，安徽大学出版社

《中国思想史》[葛兆光]，复旦大学出版社

《孔教乌托邦》[周宁]，学苑出版社

《中国绅士》[费孝通]，惠海鸣译，中国社会科学出版社

《天下体系：世界制度哲学导论》[赵汀阳]，江苏教育出版社

《中国现代学术经典·傅斯年卷》[傅斯年]，河北教育出版社

《中国史探研》[齐思和]，河北教育出版社

《中国古代思想史论》[李泽厚]，安徽文艺出版社

《浮生论学》[李泽厚、陈明]，华夏出版社

《中国方术正考》[李零]，中华书局

《丧家狗》[李零]，山西人民出版社

《去圣乃得真孔子》[李零]，三联书店

《郭店楚简校读记》[李零]，中国人民大学出版社

《中西文化研究十论》[张隆溪]，复旦大学出版社

《周予同经学史论著选集》[朱维铮]编，上海人民出版社

《朱熹的历史世界》[余英时]，三联书店

《中国思想传统的现代诠释》[余英时]，江苏人民出版社

《中国民族性》[丁伟]编，陕西师范大学出版社

《两汉思想史》[徐复观]，华东师范大学出版社

《中国人性论史》[徐复观]，商务印书馆

《国史大纲》[钱穆]，商务印书馆

《先秦诸子系年》[钱穆]，中华书局

《国学概论》[钱穆]，商务印书馆

《魏晋南北朝的社会》[蒙思明]，上海人民出版社

《先秦七子思想研究》[童书业]，齐鲁书社

《中国现代学术经典·冯友兰卷》[冯友兰]，河北教育出版社

《逻辑与语言：分析哲学经典文选》[陈波]等主编，东方出版社

《礼教下延之后：中国文化批判诸问题》[赵毅衡]，上海文艺出版社

《先秦学术概论》[吕思勉]，东方出版中心

《归隐之路——20世纪法国哲学的踪迹》[尚杰]，江苏人民出版社

《老子注释及评介》[陈鼓应]，中华书局

《易传与道家思想》[陈鼓应]，三联书店

《老子思想的史官特色》[王博]，文津出版社

《哲学的童年》[杨适]，中国社会科学出版社

《谈艺录》[钱钟书]，中华书局

《国学略说》[章炳麟]，香港中文大学出版社

《中国哲学十九讲》[牟宗三]，上海古籍出版社

《中国文化的深层解构》[孙隆基]，集贤出版社

《周秦道论发微》[张舜徽]，中华书局

《中国算学史》[王渝生]，上海人民出版社

《中国哲学史大纲》[胡适]，上海古籍出版社

《夏商西周法制史》[胡留元、冯卓慧]，商务印书馆

《韩非子的政治思想》[蒋重跃]，北京师范大学出版社

《"封建"考论》[冯天瑜]，武汉大学出版社

《游民文化与中国社会》[王学泰]，同心出版社

《中国史学史》[金毓黻]，河北教育出版社

《中国盗墓史》[王子今]，九州出版社

《郭象与魏晋玄学》[汤一介]，北京大学出版社

《中国思想通史》[侯外庐、赵纪彬]等，人民出版社
《中国古代思想研究》[乔健]，民族出版社
《楚文化史》[张正明]，上海人民出版社
《郭店楚墓竹简》荆门市博物馆编，文物出版社
《易经释梦》[吴钢]，上海三联书店
《20世纪德国哲学》[张汝伦]，人民出版社
《启迪：本雅明文选》[本雅明]，张旭东等译，三联书店
《迎向灵光消失的年代》[本雅明]，许绮玲等译，广西师范大学出版社
《中国与中国人影像》[约翰·汤姆逊]，徐家宁译，广西师范大学出版社
《大哲学家》[雷·蒙克]等编，韩震等译，海南出版社
《孔子：即凡而圣》[H．芬格莱特]，彭国翔等译，江苏人民出版社
《巴赫金、对话理论及其他》[托多诺夫]，蒋子华等译，百花文艺出版社
《资本论》[马克思]，人民出版社
《文明的进程》[埃利亚斯]，王佩莉译，三联书店
《文化研究简史》[约翰·哈特利]，季广茂译，金城出版社
《声音与现象》[德里达]，杜小真译，商务印书馆
《本雅明：一个友谊的故事》[肖勒姆]，朱刘华译，上海译文出版社
《雅典与耶路撒冷：宗教哲学论》[舍斯托夫]，徐凤林译，浙江人民出版社
《现象学的观念》[胡塞尔]，倪梁康译，上海译文出版社
《哲学研究》[维特根斯坦]，汤潮、范光棣译，三联书店
《环境与历史》[威廉·贝拉特、彼得·科茨]，包茂红译，译林出版社
《通过身体思考》[简·盖洛普]，杨莉馨译，江苏人民出版社
《原则问题》[罗纳德·德沃金]，张国清译，江苏人民出版社
《精神现象学》[黑格尔]，贺麟等译，商务印书馆
《法哲学原理》[黑格尔]，范扬等译，商务印书馆
《历史与真理》[保罗·利科]，姜志辉译，上海译文出版社
《西方哲学史》[梯利]，葛力译，商务印书馆
《零的历史》[卡普兰]，冯振杰等译，中信出版社

《英国哲学史》[索利]，段德智译，山东人民出版社

《中国书简》[谢阁兰]，邹琰译，上海书店

《历史决定论的贫困》[卡尔·波普尔]，杜汝楫等译，华夏出版社

《精致之瓮》[布鲁克斯]，郭乙瑶等译，上海人民出版社

《周汉文学史考》[冈村繁]，陆晓光译，上海古籍出版社

《法的形而上学原理：权利的科学》[康德]，沈叔平译，商务印书馆

《奇人录》[尼·列斯科夫]，非琴译，上海文艺出版社

《论学者的使命》[费希特]，梁志学等译，商务印书馆

《蒂迈欧篇》[柏拉图]，谢文郁译，上海世纪出版集团

《理想国》[柏拉图]，郭斌和等译，商务印书馆

《孔子与中国之道》[顾立雅]，高专诚译，大象出版社

《心的概念》[吉尔伯特·赖尔]，刘建荣译，上海译文出版社

《语言哲学》[马蒂尼奇]编，牟博等译，商务印书馆

《论历史》[费尔南·布罗代尔]，刘北城等译，北京大学出版社

《理解大众文化》[约翰·费斯克]，王晓珏等译，中央编译出版社

《在中国发现历史》[柯文]，林同奇译，中华书局

《爱因斯坦传》[库兹涅佐夫]，刘盛际译，商务印书馆

《人类的内在限度》[欧文·拉兹洛]，黄觉译，社会科学文献出版社

《道德语言》[理查德·麦尔文·黑尔]，万俊人译，商务印书馆

备注：

以此书目向古哲先贤致敬。参考文献书目虽多，也只是十取其一。

感谢牛爽对参考文献以及本书的整理、查阅和编校。

致敬敬文东先生"补课"式阅读的言传身教和"终身学徒"的精神启迪。

谨以此书致谢刘宁与陈徽先生，感谢"野感红"点滴相伴。

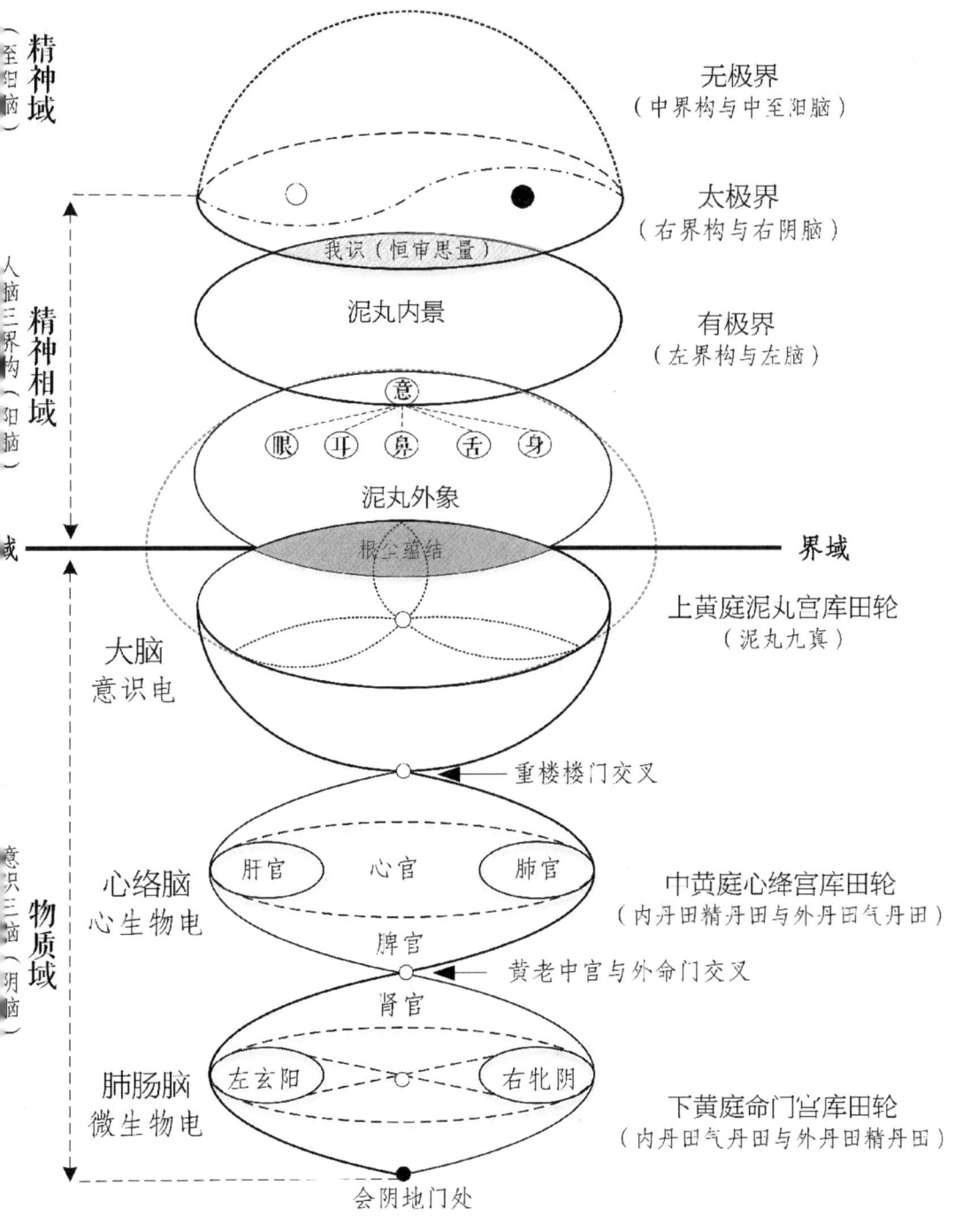

人脑三界构与意识三脑藏相动能视野图示

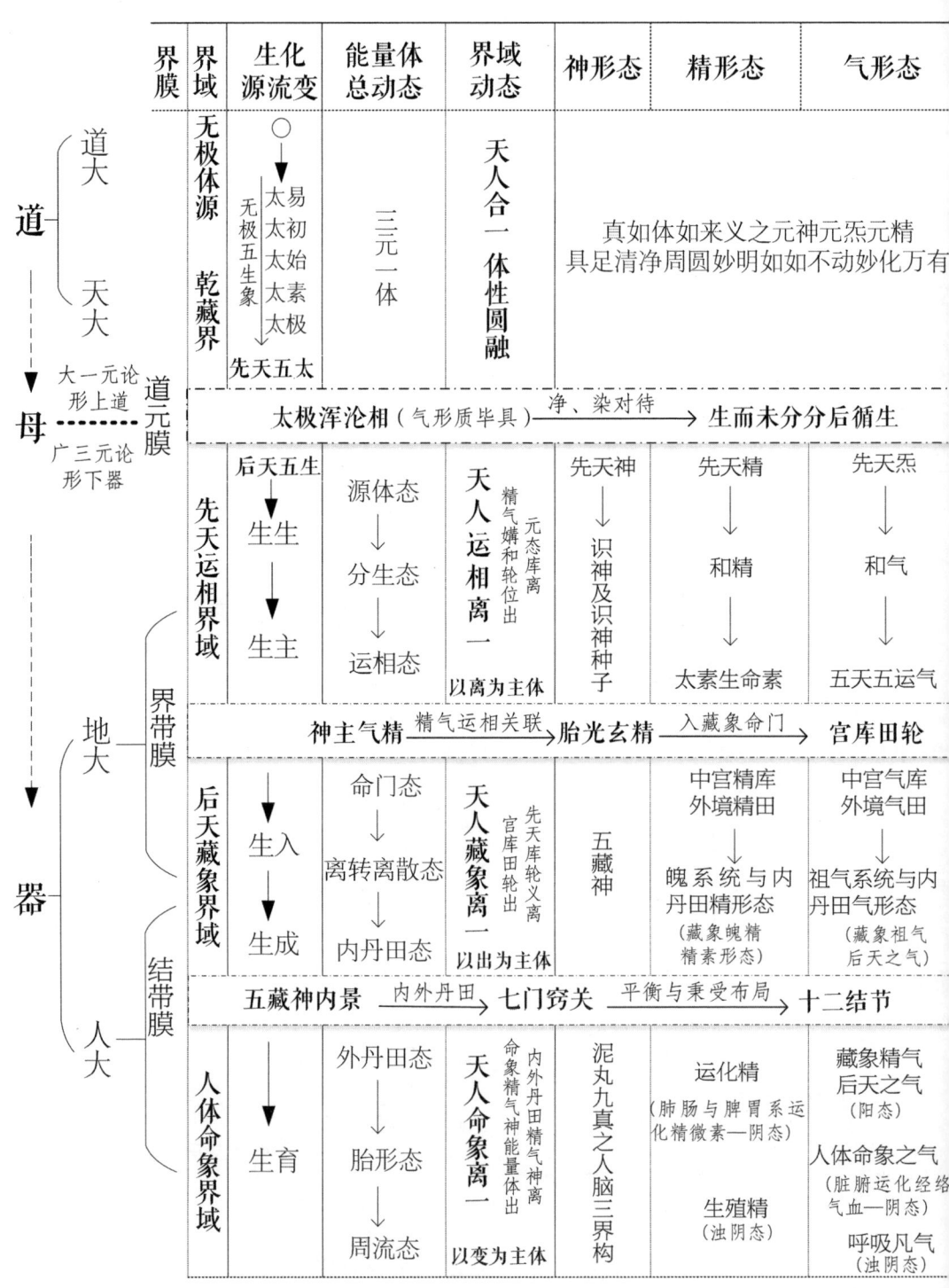

大道体性生化源流之精气神生命本根图示

意义与命运分崩离析，唯有照看寸功未立